MANUAL DE DIREITO PROCESSUAL CIVIL

Fernando Gonzaga Jayme

MANUAL DE DIREITO PROCESSUAL CIVIL

Belo Horizonte
2023

EDITORA DEL REY LTDA.
www.editoradelrey.com.br

Editor: Arnaldo Oliveira

Editor Adjunto: Ricardo A. Malheiros Fiuza (*in memoriam*)

Coordenação Editorial: Letícia Neves

Diagramação: Know-how Editorial

Capa: JP Designer

Editora:
Rua dos Goitacazes, 71 – Lojas 20 a 24
Centro – Belo Horizonte – MG
CEP 30190-050

Comercial:
Tel.: (31) 3284-3284 / 3293-8233
vendas@editoradelrey.com.br

Editorial:
editorial@editoradelrey.com.br

J42m Jayme, Fernando Gonzaga
Manual de direito processual civil / Fernando Gonzaga Jayme.-- Belo Horizonte : Del Rey, 2023.
642 p.: il.

ISBN 978-65-00-66303-7

Bibliografia: p.[569]-615.

1. Processo civil - Brasil. 2. Poder judiciário - - Brasil. 3. Organização judiciária - Brasil. 4. Acesso à justiça - Brasil. I. Título.

CDU: 347.9(81)

Junio Martins Lourenço – Bibliotecário – CRB-6/3167

"Vê-se todos os dias a sociedade reformar a lei;
nunca se viu a lei reformar a sociedade."

Jean Cruet

APRESENTAÇÃO

Recebemos do Professor Fernando Gonzaga Jayme, nosso amigo e colega de magistério, o honroso convite para realizarmos a apresentação do seu MANUAL DE DIREITO PROCESSUAL CIVIL cercados de forte emoção e apreensão, naturalmente compreensíveis, devido à importância e magnitude do encargo.

Manifestamos ao Professor Fernando Jayme a nossa alegria e contentamento já quando nos comunicou que estava finalizando o Manual, pois sabemos o quanto esta obra e seu autor representam para a Casa de Afonso Pena. Este Manual constitui um novo marco para o ensino do Direito Processual Civil na Vetusta Casa de Afonso Penna e referência para inúmeras outras faculdades brasileiras de direito, alunos, professores e advogados.

Esta obra é fruto dos estudos e do magistério a que o autor se dedica há anos, na graduação e pós-graduação em direito, com passagens pela Universidade Federal de Viçosa, pela Pontifícia Universidade Católica de Minas Gerais, pela Fundação Mineira de Educação e Cultura – FUMEC, acrescido ainda pelos estudos, conhecimento e experiência adquiridos no exercício das funções do cargo de Promotor de Justiça do Estado de Goiás, de Procurador-Geral da UFMG e no exercício da advocacia.

O Professor Fernando Jayme há muito se preocupa com o Acesso à Justiça e o Processo Justo, com o respeito aos Direitos Humanos e sua efetiva aplicação, não se esquecendo também da defesa intransigente das garantias constitucionais do processo. Todo este seu pensamento e modo de agir se refletem na obra com que neste momento presenteia a todos nós, como se pode ver já em sua introdução quando afirma que "a fruição dos direitos humanos é a teleologia da democracia. O devido processo legal, a seu turno, é o meio legítimo para proteger os indivíduos contra incursões ilícitas no seu acervo de direitos, constitucionalmente protegido. O devido processo legal é a garantia que assegura às partes oportunidade para fazer valer seus direitos e defender seus interesses de forma efetiva em condições de igualdade processual. O processo é o meio para assegurar, na maior medida possível, a solução justa de um conflito de interesses".

Este Manual de Processo Civil, que hoje é publicado em sua 1ª edição pela Editora Del Rey, tem fôlego para chegar a muitas outras edições e o vaticinamos não porque admiramos seu autor, mas porque esta obra é na realidade um verdadeiro tratado de direito processual civil. Todo o ensinamento que ora vemos plasmado neste livro é fruto de sementeira e cultivo de anos. Basta correr os olhos por todas as suas páginas para que se reconheça haver o autor perpassado por todos institutos contidos no Código de Processo Civil de 2015 e por todas as normas de direito processual constitucionalmente previstas. E mais, não será visto conceito, afirmação, observação, crítica ou elogio que não seja produto do estudo, prática, conhecimento e competência de um estudioso, de um observador do direito sempre atento e perspicaz.

Pode-se ver que o Professor Fernando Jayme bem pensou todas as palavras, frases, tópicos e capítulos. Nada há que seja fruto do inopino, tanto que este livro é publicado 7 anos depois da entrada em vigor do Código de Processo Civil vigente.

As novas técnicas, conceitos, interpretações e aplicação do direito processual civil pelos tribunais foram objeto de enfretamento e prudente análise pelo autor. Até mesmo aquelas questões ainda não pacificadas foram abordadas. Vê-se que o autor faz um prognostico do que ainda deve e merece ser enfrentado, devidamente considerado sob os novos ares e a dinâmica de um "processo civil democrático".

A obra reflete também a preocupação do autor com o ensino de qualidade do direito e, em particular, do direito processual civil e do direito constitucional.

Este manual que nasce com o objetivo de, como bem ressalta o autor, ser claro, objetivo e acessível a todos, propicia, do início ao fim de suas páginas, uma consulta, leitura e compreensão facilitadas. Entretanto, pode o leitor estar certo de que verá o posicionamento claro e objetivo do autor, que não economiza nas palavras para defender seus pontos de vista, ao tratar das mais diversas questões que são abordadas.

Convidamos a todos a lerem esta brilhante obra que vem a público trazendo opiniões e observações que fogem ao lugar comum, que nos levam a pensar e refletir sobre o ensino, a prática do direito, a atuação dos advogados, promotores, magistrados, juristas, professores, estudantes, a respeito dos jurisdicionados, enfim, que nos faça repensar sobre o efetivo papel de todos aqueles que vivem e operam o Direito em busca de melhores tempos para se alcançar Justiça.

Renata Christiana Vieira Maia

João Alberto de Almeida

PREFÁCIO

O livro, que tenho a honra de prefaciar, nasceu de um dos mais brilhantes juristas que integram o corpo docente da Faculdade de Direito da Universidade Federal de Minas Gerais.

Curriculum que comporta tanto um Curso Livre de Teatro, cumprido no Galpão Cine Horto, em Belo Horizonte, como atividades de Professor Visitante da Université Laval – Ulaval – Canadá, com realização de programa de pós-doutorado, é de uma extraordinária riqueza, que se irradia pela temática da obra, ora dada ao público.

O Professor Fernando Gonzaga Jayme colocou o seu talento e os frutos de sua sólida formação jurídica a serviço do Direito, do Magistério, da Faculdade de Direito da UFMG, da Universidade Federal de Minas Gerais e de uma apaixonada busca da realização de um sonho, acalentado já em suas primeiras pesquisas e inspiração permanente de todo o seu trabalho: tornar o mundo um lugar melhor e mais acolhedor, pela substituição de uma cultura do conflito por uma cultura de conciliação e de paz.

Ampla experiência profissional, nas atividades de magistério, de administração e de extensão universitárias, como Professor e pesquisador, como Procurador-Geral da UFMG, como Vice-Diretor e Diretor da Faculdade de Direito da UFMG, foi sempre marcada por admiráveis exemplos de luta em prol da intransigente defesa da autonomia da Universidade, da liberdade e dos mais nobres valores que se inscrevem na história da vetusta Casa de Afonso Pena.

De sua vasta produção intelectual constam orientação de dezenas de trabalhos de pesquisa, de Dissertações de Mestrado e de Teses de Doutorado, de centenas de trabalhos acadêmicos em coautoria, livros e artigos publicados, entrevistas e textos divulgados em jornais, revistas e em diversas plataformas da mídia, palestras proferidas em Universidades e instituições brasileiras e estrangeiras.

No âmago dessa densa produção, os temas Direitos Humanos, Métodos autônomos de resolução de conflitos, Justiça Restaurativa, Acesso à Justiça, que sempre lhe foram caros e integram sua linha de pesquisa, motivam suas análises, direcionando o foco de suas reflexões. A eles o Autor se mantém fiel quando se detém na análise e na crítica dos institutos do processo, norteado pelo ethos que preside toda a obra, didaticamente enunciado na Introdução.

O livro cobre toda a temática do Código de Processo Civil de 2015. Em uma análise fundamentada, aponta as inovações do Código, as mudanças que se produziram no

Direito e no coração da própria sociedade, no período que antecedeu sua elaboração, a relevância da tecnologia para a ampliação do acesso à justiça, os compromissos da jurisdição para a plena efetivação dos direitos. Não se esquiva, porém, de apontar as precariedades, os entraves e os muitos problemas e paradoxos do sistema jurídico, que se interpõem entre a realidade e o sonho de efetivação da justiça para todos.

Quem fez do estudo do Direito e da lei um ofício cotidiano sabe que não se pode, ingenuamente, saudar uma nova legislação como se ela estivesse surgindo no limiar dos tempos e no albor da história.

Não se pode emprestar credibilidade às palavras de Julius Kirchmann, proferidas na célebre Conferência de Berlim, de 1847, publicada em alemão com o título correspondente a "O Direito não é uma Ciência", amiúde relatadas nos Compêndios de Direito. Não bastam três palavras do legislador para levar bibliotecas inteiras à ruína.

No curso do tempo, leis foram feitas e revogadas, Códigos ingressaram na cena jurídica e a deixaram, e as bibliotecas jurídicas não desmoronaram. Em suas estantes, luminares do Direito, da antiguidade clássica aos nossos tempos, estrelas da constelação do Processo Civil, do século XIX aos nossos dias, continuam inspirando os estudiosos e abrindo caminhos para a compreensão, a crítica e a construção de novos modelos jurídicos.

O mundo que recebeu o novo Código de Processo Civil não é, por certo, um mundo sem passado e sem história. Mas é um mundo diferente daquele que recebeu o Código de Processo Civil de 1973, quando os compromissos com o Estado Democrático de Direito ainda estavam além dos horizontes e sequer havia instrumentos como os que hoje permitem diagnósticos, balanços e relatórios sobre os problemas que comprometem a agilidade da atuação jurisdicional.

O livro do Professor Fernando Gonzaga Jayme deixa antever, em muitas passagens, que o novo Código de Processo Civil, embora ainda sujeito a críticas, criou condições favoráveis a que a jurisdição e o processo sejam instrumentos que permitam que o sol da Justiça brilhe para todos.

Como está no pórtico desta obra, a lei não transforma a sociedade. Mas, da análise que o Professor Fernando apresenta, a sociedade, que necessita da lei, dos Juízes, da jurisdição e do processo, ao menos terá um indicador da boa aplicação do Direito. Esse indicador, nas lições deixadas pelo livro, será a satisfação dos direitos fundamentais e dos direitos humanos. Tratando de sua proteção, a jurisdição estará no rumo certo.

A obra, que se quis um Manual, certamente será um guia de grande auxílio a Professores, alunos, juristas, advogados e todos que trabalham com o processo, nutrindo a esperança de que as expectativas e promessas, nascidas com o Código de Processo Civil de 2015, encontrem meios seguros para sua efetiva realização.

Belo Horizonte, março de 2023.

Aroldo Plínio Gonçalves

Professor de Direito Processual Civil
da Faculdade de Direito da Universidade Federal
de Minas Gerais.

SUMÁRIO

Capítulo 12

Capítulo 13

Capítulo 41

Capítulo 42

INTRODUÇÃO

O Código de Processo Civil, vigente a pouco mais de cinco anos, está no alvorecer de sua interpretação e aplicação. Proliferam teorias e os tribunais ainda não debateram, nem assimilaram suficientemente a dinâmica de um processo civil democrático que assegure efetiva proteção jurídica. O propósito desse trabalho é servir de consulta e referência para atuação dos profissionais do direito com objetividade e linguagem acessível.

A premissa é a de que o processo tem a missão de assegurar a efetividade do direito substantivo. E nesse aspecto, o CPC inovou substancialmente o Direito, ao realçar a importância da jurisprudência, conferindo-lhe *status* de fonte primária do direito, razão pela qual, metodologicamente, neste Manual, optei por prestigiar as decisões do Supremo Tribunal Federal e do Superior Tribunal de Justiça, uma vez que adquiriram, desde a Reforma do Poder Judiciário pela Emenda Constitucional nº 45/2004, maior prestígio. A importância da jurisprudência enquanto fonte do direito, não a imuniza de análise, haja vista que a origem da decisão lhe confere, tão somente, presunção *iuris tantum* de acerto. O intuito que motiva o presente trabalho é singelo: participar do debate de forma colaborativa com fidelidade ao modelo constitucional de processo, e, assim como Kazuo Watanabe, "sempre com a preocupação de fazer com que o processo tenha plena e total aderência à realidade sociojurídica a que se destina, cumprindo sua primordial vocação, que é a de servir de instrumento à efetiva realização dos direitos"[1].

Esta é uma obra jurídica didática que tem um *ethos:* a formação jurídica que possibilite desenvolver o potencial de construção de uma cultura jurídico-acadêmica compromissada com a excelência e atavicamente conectada com os valores democráticos, com a promoção, concretização e garantia dos direitos humanos e fundamentais, com o desenvolvimento econômico e social, com a integridade do Estado de Direito e intolerante com a corrupção, a discriminação e a iniquidade social.

---

[1] WATANABE, Kazuo. *Cognição no processo civil.* 4ª ed. São Paulo: Saraiva, 2012, p. 20.

A academia tem oportunidade de participar da construção epistemológica do processo democrático. A cultura jurídica brasileira reclama profunda mudança, diante da lamentável ironia de, o Brasil, um dos países com maior número de advogados do planeta, ter um acesso à justiça precário que mantém a discriminação de direitos em patamares inaceitáveis, para significativa parcela da população vulnerável, inexistem direitos[2], mas, contra ela, proliferam condenações criminais tendenciosas[3].

Em relação ao acesso à justiça, relatório publicado pelo World Justice Project com dados coletados em 128 países, constatou que no biênio 2017-2018, o Brasil era o 63º país em acesso à justiça civil, situado entre a Rússia e a China. O que já não era bom, piorou, há um vertiginoso declínio no Brasil da garantia de acesso à justiça. No ano de 2021, o país despencou para a 77ª posição.

No que diz respeito ao sistema de justiça criminal, ostentavamos em 2018, o 103º posto[4]. Em 2021, o Brasil é declarado o segundo sistema judiciário criminal mais parcial do mundo[5]. Para sairmos dessa inaceitável situação de violação de direitos humanos por negação de acesso à justiça, um longo caminho há para percorrermos e a educação jurídica é o guia.

Com efeito, o epicentro da formação jurídica deve priorizar a universalização do acesso à justiça a fim de assegurar a vitalidade do regime democrático:

> As escolas de direito têm uma oportunidade e obrigação únicas a de garantir que o acesso à justiça ocupe a centralidade em seus currículos e que a atividade *pro bono* tenha um papel determinante na experiência educacional de seus alunos[6]. (tradução livre)

O objetivo do processo civil brasileiro na atualidade é tentar minimizar os efeitos do legado do Código Buzaid. Nada há a celebrar em relação à herança recebida dos poucos mais de 42 anos de vigência do Código de 1973. A judicialização cresceu exponencialmente e, na mesma proporção, a incapacidade de a jurisdição

---

2 A pontuação geral do estado de direito no Brasil sofreu uma redução de 2,9% no Índice deste ano. Posicionado no 77º lugar de 139 países e jurisdições em todo o mundo, o Brasil caiu três posições na classificação global A pontuação do Brasil o coloca na 16ª de 32 países na região da América Latina e Caribe* e em 20º lugar de 40 entre os países de renda média alta.

3 Brasil ocupa 2º lugar para a Justiça Criminal mais parcial do mundo. No ranking global que avalia a qualidade da Justiça Criminal, o Brasil está na posição 112º, atrás do Paquistão (108º); Serra Leoa (100º) e Nigeria (83º).

4 World Justice Project. *World Justice Project Rule of Law Index® 2020.*

5 Brasil ocupa 2º lugar para a Justiça Criminal mais parcial do mundo. No ranking global que avalia a qualidade da Justiça Criminal, o Brasil está na posição 112º, atrás do Paquistão (108º); Serra Leoa (100º) e Nigeria (83º).

6 Deborah L. Rhode, Access to Justice: "Law schools have a unique opportunity and a corresponding obligation to insure that issues concerning access to legal services occupy a central place in their curricula, and that *pro bono* activity plays a central role in their students' educational experience."

resolver os conflitos em tempo hábil. A crise do Poder Judiciário, portanto, tornou-se inevitável; muitas demandas para poucos juízes e um normativo processual inspirado em uma teoria que enaltecia o formalismo e o tecnicismo em um ambiente de restrição das liberdades. Pode-se afirmar, portanto, que, sem legitimidade democrática, ao longo de mais de quatro décadas de vigência, o CPC de 1973 ainda é um fator determinante da sistemática negação de direitos existente em nossa sociedade e um dos protagonistas da crise do sistema judicial brasileiro.

Pode-se dizer que a legislação processual em vigor emergiu diante do caos do sistema judiciário. Em 2015, tramitavam mais de 74 milhões de processos perante o Poder Judiciário brasileiro, a um custo superior a R$ 79 bilhões[7]. Em 2022 nota-se que aumentaram o custo e o número de processos tramitando. O orçamento do Judiciário foi superior a R$ 103 bilhões e um acervo de 77,3 milhões de processos aguardando alguma solução definitiva[8]. Após mais de cinco anos de vigência devemos refletir se as promessas do advento do CPC/2015 foram realizadas.

O Poder Judiciário brasileiro tem um custo exacerbado para a cidadania brasileira. As despesas totais do Poder Judiciário correspondem, em 2022, a 1,2% do PIB nacional, ou a 9,64% dos gastos totais de todos os entes federados. A título de comparação, a proporção do custo do Poder Judiciário na Espanha, Argentina, Estados Unidos, Inglaterra e Itália, varia entre 0,12% a 0,19%; na Alemanha, o orçamento é de 0,32% do PIB[9]. Em todos estes países a justiça é mais acessível do que no Brasil. Com efeito, gasta-se bastante no Brasil, mas o custo não se reverte em proveito da sociedade.

Assim, alto custo não significa excelência do serviço. O investimento é feito para as Cortes, deixando o primeiro grau de jurisdição, principalmente estadual, em situação precária. Os processos judiciais no Brasil duram um tempo exageradamente longo. Consequentemente, pela morosidade nega-se acesso à justiça pois, a efetiva proteção judicial deve ser tempestiva, pois "justiça tardia não é justiça, senão injustiça qualificada e manifesta." Contemporâneo às celebrizadas palavras de Rui Barbosa, foi o pronunciamento do presidente dos EUA, Howard Taft, ressaltando a importância da duração razoável do processo:

> Pode ser afirmado, como uma proposição geral, que o que tende a prolongar ou demorar o processo é uma grande vantagem para o litigante que tem a maior bolsa. O indivíduo que tem envolvido no litígio tudo o que possui é muito prejudicado em uma luta judiciária com um contendor apto, pelos seus recursos, a prolongar a lide e, portanto, a manter, pelo maior espaço de tempo possível, o outro litigante privado daquilo que realmente lhe pertence[10].

---

7 CNJ. Justiça em Números, 2016, ano base 2015.

8 CNJ. Justiça em Números, 2022.

9 DA ROS, Luciano. O custo da Justiça no Brasil: uma análise comparativa exploratória.

10 BRASIL. Decreto-lei nº 1608/1939 (Exposição de Motivos do CPC/1939).

Importante reafirmar: a morosidade processual é particularmente mais grave para a parte economicamente mais fraca, que não tem como suportar os custos do processo[11].

No entendimento de José Adércio Leite Sampaio, "os tribunais são irresponsáveis, ineficientes e inacessíveis, produzindo um quadro de desconfiança e de incerteza jurídica que afasta o crescimento e as inversões econômicas"[12].

O Poder Judiciário, assevera Humberto Theodoro Jr.,

> é lamentável reconhecê-lo, é o mais burocrático dos Poderes estatais, é o mais ineficiente na produção de efeitos práticos, é o mais refratário à modernização, é o mais ritualista; daí sua impotência para superar a morosidade de seus serviços e o esclerosamento de suas rotinas operacionais[13].

Vê-se, portanto, que a crise do Poder Judiciário é suportada pelo financiamento pelo cidadão brasileiro, com renda per capita consideravelmente menor do que a do estadunidense, paga proporcionalmente 10 vezes mais para manter o funcionamento do Poder Judiciário[14]. Este Poder, contudo, vem negando à sociedade o direito fundamental para o qual foi constituído, o de proporcionar acesso à justiça e efetiva proteção judicial.

Paradoxalmente, o Judiciário, que deveria prezar pela garantia de acesso à ordem jurídica justa, é quem a violenta ao não se desincumbir do dever de prestar tutela jurisdicional efetiva em tempo razoável. A morosidade tipifica o ilícito constitucional de negação de acesso à justiça privando a sociedade de direitos e fazendo prevalecer o arbítrio e a violência. A negação de justiça é também, capitulada como violação da Convenção Americana de Direitos Humanos e consequentes condenações impostas ao Brasil[15].

Inobstante o custo econômico e social, observa-se, ainda, que a morosidade processual promove o descrédito do Poder Judiciário e debilita o Estado Democrático, que não se realiza sem a garantia fundamental do acesso à justiça. Trata-se de

---

11 CAPPELLETTI, Mauro. Fundamental Guarantees of the Parties in Civil Litigation: Comparative Constitutional, International, and School Trends, 25 Stan. L. Rev. 651 (1973). "delay has become particularly unacceptable in the dynamics of modern societies, and particularly unbearable for the party who is not economically strong enough to endure the burdens of delay".

12 LEITE SAMPAIO, José Adércio. *O Conselho Nacional de Justiça e a independência do Judiciário.* Belo Horizonte: Del Rey, 2007, p. 257.

13 THEODORO JUNIOR, Humberto. Celeridade e efetividade da prestação jurisdicional. Insuficiência das reformas das leis processuais. Revista da Academia Mineira de Letras Jurídicas. Vol. 1, Belo Horizonte: Del Rey, 2007, p. 159-185, p. 177.

14 PIB médio *per capita* nos EUA: U$ 61280,19, 2021. PIB médio *per capita* no Brasil, 2021: U$ 7518,80.

15 CORTE INTERAMERICANA DE DIREITOS HUMANOS. Caderno de Jurisprudência da Corte Interamericana de Direitos Humanos No. 36: Jurisprudência sobre o Brasil/Corte Interamericana de Direitos Humanos. -- San José, C.R.: Corte IDH, 2022.

manter, em última instancia, um dos pilares fundamentais do Estado de Direito em uma sociedade democrática[16].

Pesquisa realizada pela Faculdade de Direito da FGV São Paulo no 1º semestre de 2017 mediu o Índice de Confiança no Judiciário (ICJ). Os resultados dimensionam a desconfiança da população em relação ao Poder Judiciário ao apurar que 76% da sociedade enxergava o Poder Judiciário como uma instituição não confiável em termos de eficiência, imparcialidade e honestidade, precisamente:

> 78% dos entrevistados consideraram o Poder Judiciário nada ou pouco honesto, ou seja, a maioria da população entendeu que essa instituição tem baixa capacidade para resistir a subornos. Além disso, 73% dos respondentes consideraram que o Judiciário é nada ou pouco competente para solucionar os casos; e 66% acreditam que o Judiciário é nada ou pouco independente em relação à influência dos outros Poderes do Estado[17].

Em 2021, os indicadores apontam crescimento na confiabilidade da sociedade no Poder Judiciário brasileiro, 40%[18].

Ainda assim, 3/5 da sociedade brasileira não confia no Poder Judiciário. E, desconfiança tão massiva é preocupante, principalmente quando se vê que a sociedade confia menos no Judiciário do que na imprensa escrita e quase na mesma proporção do Judiciário são acreditadas as Igrejas Evangélicas, que congregam, segundo o IBGE, cerca de 30% da população.

Além disso, a ineficiência da prestação jurisdicional repercute negativamente no desenvolvimento econômico e social. O desenvolvimento humano somente se realiza em um ambiente onde o sistema jurídico é eficaz para reger todas as relações entre governos, cidadãos e setor produtivo, resolvendo os conflitos e organizando as relações sociais. Entretanto,

> as perspectivas a curto prazo não são animadoras. Na verdade o país, agora, está mobilizado, todo ele, para vencer a grave crise econômica e financeira que o agride, superar o abismo que medeia entre os poucos ricos e os muito miseráveis, e acima de tudo, tentar retomar para a sociedade civil a participação no poder que ela perdeu com graves danos para o Brasil e para os brasileiros[19].

Ora, o mal funcionamento do sistema judiciário, ao comprometer a eficiência econômica, impede o crescimento, tornando combalido o combate à pobreza fica combalido. A boa funcionalidade do Poder Judiciário é essencial para o desenvolvimento humano pois, sua atuação contramajoritária contribui para reduzir a pobreza e fortalecer a democracia, ao se contrapor às iniquidades existentes na sociedade brasileira[20].

---

16 CORTE INTERAMERICANA DE DIREITOS HUMANOS. Caso *López Álvarez vs. Honduras* Voto concorrente do Juiz CANÇADO TRINDADE.

17 DIREITO FGV SP. Índice de Confiança no Judiciário. 2017.

18 DIREITO FGV SP. Índice de confiança no Judiciário. 2021.

19 CALMON DE PASSOS, J. J. *Ensaios e artigos.* Vol.I. Salvador: Juspodium, 2014, p. 336.

20 STF, RE 477554 AgR, Rel. Min. CELSO DE MELLO, DJe-164 DIVULG 25-08-2011 PUBLIC 26-08-2011.

A dimensão da crise que assola o sistema judicial brasileiro em razão da negativa da garantia fundamental de proteção judicial transcende os limites da soberania nacional, com repercussão internacional extremamente negativa.

A incapacidade de o Poder Judiciário garantir, em prazo razoável, o direito de acesso à justiça, com plena observância das garantias constitucionais resultou em responsabilização internacional, com algumas condenações da República Federativa do Brasil perante a Corte Interamericana de Direitos Humanos[21]. Essa circunstância, por si só, é suficiente para comprovar a gravidade da situação, ao mesmo tempo em que chama a atenção para a necessidade de alterar essa situação que coloca o Brasil como um estado violador de direitos humanos.

A Corte, na decisão que condenou o Brasil, ressaltou que a intempestiva prestação de justiça constitui uma das mais graves violações de Direitos Humanos: "*El atraso se inscribe entre los errores judiciales más graves practicados por el Estado, indemnizantes según la normativa internacional*"[22].

É, portanto, insuficiente possibilitar acesso à justiça sob aspecto meramente formal. É antiga a constatação de que a lei, por si só, não assegura a ocorrência de mudanças estruturais

Após uma década de vigência do Código Buzaid, iniciaram-se clamores pela reforma da legislação processual civil. Em resposta, no ano de 1985, nomeou-se Comissão constituída por Luis Antônio de Andrade, Calmon de Passos, Kazuo Watanabe, Joaquim Correia de Carvalho Junior e Sérgio Bermudes, para elaborar o 'Anteprojeto de Modificação do Código de Processo Civil a ser discutido com a comunidade'.

Como toda e qualquer reforma da legislação processual, o Anteprojeto teve por escopos a celeridade e a efetividade, razão por que, neste aspecto, não se diferencia do CPC vigente. Acrescente-se, ainda, o reconhecimento da impotência da norma para, por si só, suplantar a crise.

> O que empiricamente se constata é que malgrado as sucessivas alterações das leis processuais, a justiça continua 'rotineira e ineficiente', apegada a métodos arcaicos e que, fatalmente, redundam em 'julgamentos tardios', que mais negam do que distribuem a verdadeira justiça[23].

Vale aqui a mesma metáfora empregada por Cappelletti para descrever as tentativas de agilização do processo civil italiano:

> a marcha da justiça civil lembra, ainda, a imagem do relógio danificado; cada vez que se quer colocá-lo em marcha por algum segundo, tem necessidade de ser repetidamente sacudido e golpeado[24].

---

21 CORTE INTERAMERICANA DE DIREITOS HUMANOS. Caso Ximenes Lopes *vs.* Brasil.

22 CORTE INTERAMERICANA DE DIREITOS HUMANOS. Caso Garibaldi *vs.* Brasil.

23 THEODORO JUNIOR, Humberto. Celeridade e efetividade da prestação jurisdicional. Insuficiência das reformas das leis processuais. Revista da Academia Mineira de Letras Jurídicas. Vol. 1, Belo Horizonte: Del Rey, 2007, p. 159-185, p. 176.

24 CAPPELLETTI, Mauro. *Processo, ideologias e sociedade.* V. I, Porto Alegre: SAFE, 2007, p. 327.

A Comissão de 1985 diagnosticou "os males que nos afligem, na área dos serviços públicos da justiça, não encontram sua causa maior na deficiência, inadequação ou falta de procedimentos judiciais. A crise é de recursos humanos, financeiros e materiais ao nível dos presentes reclamos da sociedade brasileira, em termos da segurança de seus direitos"[25].

A despeito das carências acima apontadas e das limitações transformativas próprias das normas jurídicas, o CPC tem uma oportunidade de contribuir para mitigar consideravelmente a crise do Judiciário. Pedagogicamente, ele propõe uma nova cultura para lidar com os conflitos.

Há, portanto, uma ruptura com o paradigma anterior, que se pautava em um procedimento intensificador da litigiosidade endoprocessual. No sistema processual antecedente, os espaços dialógicos eram reduzidos, a participação das partes relegada a plano secundário e os poderes do juiz exacerbados, em um ambiente de pouco ou nenhum compromisso das partes com a efetividade do processo. A depreciação da autonomia dos cidadãos os impeliu a sempre buscarem na sentença judicial a resposta para quaisquer conflitos. A necessidade de reconhecimento da autonomia teórica do direito processual civil exagerou e chegou a tal ponto que, no Código revogado, o processo representava fim em si mesmo. Não raras vezes, a realização do direito material cedeu espaço para questões processuais prejudiciais do julgamento do mérito, frustrando, assim, a solução da controvérsia.

Primeiro código processual democrático da história republicana brasileira, o Código de Processo Civil de 2015 moderniza a técnica processual harmonizando-a com os princípios e valores constitucionais democráticos (art. 1º). Inspirado nesses valores e princípios, transformou o processo em poderoso instrumento para possibilitar a promoção da justiça social e da dignidade humana. Nos exatos termos preconizados no preâmbulo da Constituição da República, almeja-se um Estado "destinado a assegurar o exercício dos direitos sociais e individuais, a liberdade, a segurança, o bem-estar, o desenvolvimento, a igualdade e a justiça como valores supremos de uma sociedade fraterna, pluralista e sem preconceitos, fundada na harmonia social e comprometida [...] com a solução pacífica das controvérsias".

A democratização do processo civil tem como consequência positiva a transferência do protagonismo do juiz para as partes. Essa mudança do epicentro da resolução do conflito, transferindo-o para a cidadania, reconhece e valoriza a autonomia dos indivíduos como sujeitos capazes de solucioná-lo, realçando, com isso, a dignidade humana.

---

25 Anteprojeto de modificação do Código de Processo Civil – A ser discutido com a comunidade. Revista de Processo nº 43, julho/setembro 1986, São Paulo. Integraram a Comissão do Anteprojeto de 1985 os juristas Luis Antônio de Andrade, José Joaquim Calmon de Passos, Kazuo Watanabe, Joaquim Correia de Carvalho Junior, Sérgio Bermudes.

A Declaração Universal dos Direitos do Homem, ao explicitar que nossa humanidade decorre do fato de sermos dotados de razão e consciência, permite inferir que os seres humanos são livres e responsáveis. Com efeito, o reconhecimento da liberdade e responsabilidade implica, também, no reconhecimento da presença dos atributos imprescindíveis para a construção autônoma e dialógica da solução adequada dos conflitos. Seres humanos iguais, livres, racionais e autônomos assumem o controle de suas vidas, fazendo parte de uma sociedade formada por cidadãos emancipados.

Desta maneira, os conflitos devem ser tratados adequadamente, aplicando-se o procedimento que possa solucioná-los conforme os interesses e necessidades das pessoas neles envolvidos. É a natureza do conflito e os sujeitos nele envolvidos que determinarão a técnica a ser adotada para solucioná-lo da melhor forma possível e com o mínimo de desgaste.

Assim, o Código de Processo Civil reconhece que acesso à justiça não se restringe a uma fórmula unitária e transcendental. O processo judicial, ou seja, a solução adjudicada não é a única e nem sempre será a melhor maneira para se resolver um conflito intersubjetivo de interesses. Por isso, o CPC reconhece vários procedimentos possíveis para se obter uma solução adequada e efetiva do conflito, é o que se denomina "justiça de múltiplas portas".

Os procedimentos disciplinados no CPC pautam-se na lógica da solução do conflito. A flexibilização da forma do procedimento, passível de adaptação às exigências do caso concreto em conformidade com o direito material reivindicado em juízo, bem como a adequação constitucional do significado do contraditório e o estímulo à busca da solução consensual demonstram o comprometimento do CPC com a construção da melhor solução possível. Essa é a direção apontada na Exposição de Motivos do Projeto do CPC, ao indicar cinco objetivos a serem alcançados, baseados na ideia de que a simplificação dos procedimentos enseja um processo mais célere e mais justo. São eles:

1. estabelecer expressa e implicitamente verdadeira sintonia com a Constituição;
2. criar condições para que o juiz possa proferir decisão de forma mais rente à realidade fática subjacente à causa;
3. simplificar, resolvendo problemas e reduzindo a complexidade de subsistemas, como, por exemplo, o recursal;
4. dar todo o rendimento possível a cada processo em si mesmo considerado; e,
5. finalmente, sendo talvez este último objetivo parcialmente alcançado pela realização daqueles mencionados antes, imprimir maior grau de organicidade ao sistema, dando-lhe, assim, mais coesão[26].

---

[26] BRASIL. Congresso Nacional. Senado Federal. Código de Processo Civil: anteprojeto/ Comissão de Juristas Responsável pela Elaboração do Anteprojeto de Código de Processo Civil. Brasília: Senado Federal Presidência, 2010. p. 14.

Nesse sentido, o ordenamento jurídico preconiza uma nova forma de conceber o processo fazendo emergir a cultura da solução do conflito com a consequente superação da cultura da litigiosidade. Sem olvidar, ainda, a preferência pelo emprego dos meios consensuais.

Não se pode dizer que alguma das técnicas existentes é melhor do que a outra, mas é possível identificar uma que seja mais adequada do que a outra para resolver determinado conflito, concretamente considerado. Os conflitos têm características peculiares e a adoção do meio adequado possibilita uma resposta específica para se alcançar resultados qualitativamente adequados.

Nessa linha de entendimento, a garantia de acesso à justiça, privilegia, primordialmente, o respeito à autonomia das pessoas para optarem por métodos autônomos de resolução e transformação do conflito. As partes escolhem o método adequado ao caso concreto, priorizando-se a solução consensual, por meio da conciliação, ou da mediação, ou da justiça restaurativa. Por meio do diálogo, acredita-se ser possível alcançar a paz social.

A solução consensual é horizontal, os cidadãos se encontram isonomicamente habilitados para participarem do diálogo. Conversando é possível que construam uma decisão adequada a todos os sujeitos envolvidos no conflito. Em grande parcela dos casos, a solução consensual tem por premissas o reconhecimento da responsabilidade do autor do dano e do dever de reparação dos danos suportados pelos atingidos direta e indiretamente.

Historicamente, as soluções consensuais, por possibilitarem a participação dos interessados na resolução do conflito, subsiste sem a necessidade da presença de uma autoridade decisória. Por várias razões, quando adequado, esse procedimento de tomada de decisões é mais recomendável do que a solução adjudicada (*v.g.* menor custo, maior agilidade, maior grau de satisfação). Assim, deve-se estimular a busca por soluções consensuais dos conflitos, resguardando a provocação da jurisdição somente se por nenhum outro meio foi possível obter uma solução construída autonomamente pelas partes.

Portanto, somente quando frustrada a solução consensual do conflito é que o direito de ação se apresenta como corolário inafastável da garantia do acesso à justiça (CR/88, art. 5º, inc. XXXV). O acesso à justiça é o meio pelo qual a República, por intermédio do Poder Judiciário, protege os direitos de qualquer pessoa contra todo e qualquer abuso de direito praticado pelo poder público ou por particulares. Afinal, o Estado de Direito não sobrevive na ilicitude e na violência. Por isso, compete ao Poder Judiciário garantir os direitos e as liberdades por meio da tutela jurisdicional prestada àquele que a requerer.

No entanto, é importante ressaltar a inconstitucionalidade da instituição de barreiras prévias ao acesso à jurisdição. Há projetos de lei propondo a mediação ou conciliação prévias à propositura da ação. Esses projetos, contudo, são natimortos, tendo em vista a declaração de inconstitucionalidade do art. 625-D da CLT pelo

Supremo Tribunal Federal, que pretendia instituir conciliação prévia ao ajuizamento da reclamatória trabalhista. Ressaltou o STF que:

> Em obediência ao inciso XXXV (4) do art. 5º da Constituição da República (CF), é desnecessário prévio cumprimento de requisitos desproporcionais, procrastinatórios ou inviabilizadores para a submissão de pleito ao órgão judiciário. Não cabe à legislação infraconstitucional expandir o rol de exceções ao direito de acesso ao Judiciário.
>
> Nesse sentido, contraria a CR/88 a interpretação do art. 625-D e parágrafos que reconheça a submissão da pretensão à Comissão de Conciliação Prévia como requisito para ajuizamento de reclamação trabalhista.
>
> Essa compreensão, contudo, não exclui a idoneidade do subsistema de autocomposição previsto nos preceitos, apto a buscar a pacificação social. A legitimidade do referido meio alternativo de resolução de conflitos baseia-se na consensualidade, importante instrumento de acesso à ordem jurídica justa[27].

A fruição dos direitos humanos é a teleologia da democracia. O devido processo legal, a seu turno, é o meio legítimo para proteger os indivíduos contra incursões ilícitas no seu acervo de direitos, constitucionalmente protegido. O devido processo legal é a garantia que assegura às partes oportunidade para fazer valer seus direitos e defender seus interesses de forma efetiva em condições de igualdade processual. O processo é o meio para assegurar, na maior medida possível, a solução justa de um conflito de interesses.

Por isso, democracia e processo entrelaçam-se umbilicalmente: aprimorar o devido processo legal contribui para o aperfeiçoamento do regime democrático. Ambos estão em permanente desenvolvimento, permitindo, assim, reconhecer o caráter dinâmico, tanto do regime democrático, quanto do devido processo legal, "*jamás una realidad agotada, sino un sistema dinámico, en constante formación – que debe ser interpretado a la luz de las condiciones contemporáneas*"[28].

O art. 133 da Constituição da República é um exemplo desse dinamismo do devido processo legal e do regime democrático ao garantir a presença do advogado no processo, por ser ele, na terminologia constitucional, *indispensável à administração da Justiça.*

Nesse aspecto, o devido processo legal se projeta como garantia fundamental, na medida em que possibilita ao cidadão repousar tranquilo, seguro quanto a garantia de seus direitos.

A exata compreensão do CPC proporciona à sociedade brasileira oportunidade para promover a necessária ruptura com a ordem e cultura jurídicas processuais pretéritas. As mudanças trazidas pelo Código de Processo Civil não se resumem à formalidade procedimental, mas transformam o âmago da filosofia do processo. O

---

27 STF. ADI 2160, Relª Minª: CÁRMEN LÚCIA, Tribunal Pleno, julgado em 01/08/2018, PROCESSO ELETRÔNICO DJe-033 DIVULG 18-02-2019 PUBLIC 19-02-2019.

28 CORTE INTERAMERICANA DE DIREITOS HUMANOS. *Opinião Consultiva nº 16/99.* Voto concorrente do Juiz Sergio Garcia Ramirez.

CPC pode ser um alento para contornar a grave situação atual, desde que a comunidade jurídica e a sociedade assimilem os valores democráticos que o inspiraram e comprometam-se com as mudanças culturais propostas, tendentes à construção da cidadania, democratização, desjudicialização e à solução autônoma dos conflitos. Neste diapasão, formam-se sujeitos autônomos, assim considerados aqueles capazes de "fazerem escolhas próprias, de formularem objetivos pessoais respaldados em convicções e de definirem as estratégias mais adequadas para atingi-los"[29].

A grande questão com que o processo civil se depara é a harmonização da garantia do acesso ao processo justo com uma resposta efetiva e em prazo razoável pelo Poder Judiciário. A celeridade é o mote da ciência processual; todo o movimento reformista visa a promover medidas aceleratórias e simplificadoras do procedimento, como meio de propiciar efetivo acesso à justiça. A duração razoável do processo, princípio lógico de qualquer processo, a partir da EC nº 45/04, agregou-se explicitamente aos conteúdos conformadores do devido processo legal ao inserir no inc. LXXVIII do art. 5º da CR/88 a duração razoável como garantia fundamental:

> Não se pode buscar a simplicidade e eficácia processuais, com sacrifício das garantias fundamentais do processo, do sistema jurídico menos opressivo e menos gravoso economicamente. Os princípios constitucionais efetivam-se através de uma justiça menos onerosa, mas sem se esquecer custo e qualidade. O juiz como órgão terminal de apreciação da Constituição, deve ser objetivo e claro em garantir os direitos fundamentais, como pressuposto de qualquer outro direito ou interesse individual ou coletivo, nos termos dos procedimentos consagrados[30].

Desta maneira, a resposta a essa questão é a chave para que o Direito Processual Civil possa cumprir o seu desiderato, mediante a compreensão dos seus fundamentos, princípios e dinâmica do funcionamento do procedimento.

> Impõe-se uma mudança fundamental de mentalidade, uma melhor compreensão da matéria. Não se pode continuar pensando dentro de categorias e esquemas jurídicos construídos há várias décadas, ante a realidade de um mundo que já não existe[31].

Sabemos ser impossível expandir quantitativamente o Poder Judiciário para que possa atender ao crescimento das demandas por prestação jurisdicional. Daí a necessidade de que os serviços judiciários alcancem um grau de eficiência que possa conferir efetividade e celeridade aos procedimentos. O emprego da tecnologia é uma resposta positiva à tais necessidades. A diminuição da burocracia do

---

29 GUSTIN, Miracy Barbosa de Sousa. Necessidades Humanas, autonomia e o direito à inclusão em uma sociedade que se realiza na interculturalidade e no reconhecimento de uma justiça do bem-estar. In: GRINOVER, Ada Pelegrini; LIMA, Paulo César Vicente de; GUSTIN, Miracy *et alli.* (Org.). *Direitos fundamentais das pessoas em situação de rua.* Belo Horizonte: D'Plácido, 2014, p. 41.

30 BARACHO, José Alfredo de Oliveira. *Teoria Geral do Processo Constitucional.* Manaus: FGV, 1999, p. 11.

31 Corte Interamericana de Direitos Humanos, Caso Ximenes Lopes *vs.* Brasil. Fondo, Reparaciones y Costas. Sentencia de 4 de julio de 2006.

processo, representa concreta possibilidade de atenuar sensivelmente o 'tempo morto' do processo.

A utilização da tecnologia é um fenômeno irreversível e com potencial extraordinário para racionalizar, agilizar e conferir efetividade ao processo por meio das ferramentas computacionais. A tecnologia tem revolucionado qualitativamente a prestação de serviços públicos e privados e, naturalmente, o processo civil deve se aproveitar desses recursos para assegurar acesso à justiça e efetiva proteção judicial.

A Pandemia do COVID-19 ao impor o isolamento social foi importante motor do avanço da tecnologia no Poder Judiciário. A realização virtual dos atos processuais é notadamente uma iniciativa que amplia acesso à justiça. Hoje é possível observar que advogados em razão da distância e dos elevados custos eventualmente tinham acesso aos julgamentos das Cortes. Com a virtualização das sessões de julgamento e das sustentações orais concedeu-se oportunidade a esses advogados de atuarem diretamente nos tribunais. Inobstante a notável evolução, ainda há muito a ser realizado para que o processo eletrônico adquira a celeridade e racionalidade que os recursos tecnológicos lhe proporcionam.

Ainda que a circunstâncias impostas pela Pandemia tenham acelerado a incorporação de novas tecnologias pelo sistema judicial, o procedimento ainda é caudatário do processo escritural. Percebe-se em diversas fases do procedimento eletrônico que apenas modificou-se a forma de se praticar os atos processuais, que a partir da Lei nº 11.419/2006, passaram a ser admitidos eletronicamente. Todavia, o procedimento não se alterou e as mazelas decorrentes do tempo morto do processo físico, manifestam-se no procedimento eletrônico, uma vez que mantidas rotinas burocráticas e formalidades processuais.

O direito processual deve integrar-se ao extraordinário avanço da internet e das mídias sociais como ferramenta de trabalho. a profusão do uso de smartphones e o crescimento da comunicação por meio das mídias sociais. É imprescindível, contudo, estabelecer limites para comunicações realizadas por meio de mídias eletrônicas. É preciso, ao incorporar-se às novidades, conferir segurança jurídica, com o propósito de garantir a liberdade e conferir maior racionalidade, agilidade, informalidade e transparência ao procedimento, o que implica redução de custos, possibilitando investir na ampliação do acesso à justiça.

> Para proporcionar acesso à justiça a todos, as políticas públicas devem ser desenvolvidas para aproveitar o potencial que os recursos tecnológicos oferecem.

Não nos esqueçamos da chegada no Poder Judiciário da Inteligência Artificial. A utilização da IA destina-se a aumentar a produtividade, buscar a inovação, melhorar a qualidade dos serviços judiciários e reduzir custos[32].

> No final do ano de 2020, o CNJ e o Programa das Nações Unidas para o Desenvolvimento (PNUD) firmaram parceria para criação do 'Programa Justiça 4.0:

[32] CNJ. Justiça 4.0: Inteligência Artificial está presente na maioria dos tribunais brasileiros.

inovação e efetividade na realização da justiça para todos", visando a torna-la menos burocrática, mais célere e humanizada por meio do emprego de tecnologia e inteligência artificial. Dentre os objetivos do programa consta o uso de "ferramentas para transformar decisões e petições em texto puro de forma automatizada"[33]. A ideia nuclear deste programa é o diálogo entre o real e o digital, proporcionando transparência e eficiência, além de maior proximidade do cidadão com o Poder Judiciário. As ações que fazem parte do Justiça 4.0 são:

- Implantação do Juízo 100% Digital.
- Implantação do Balcão Virtual.
- Projeto da Plataforma Digital do Poder Judiciário (PDPJ), com possibilidade de ampliar o grau de automação do processo judicial eletrônico e o uso de Inteligência Artificial (IA).
- Auxílio aos Tribunais no processo de aprimoramento dos registros processuais primários, consolidação, implantação, tutoria, treinamento, higienização e publicização da Base de Dados Processuais do Poder Judiciário (DataJud), visando contribuir com o cumprimento da Resolução CNJ nº 331/2020.
- Colaboração para a implantação do sistema Codex, que tem duas funções principais: alimentar o DataJud de forma automatizada e transformar, em texto puro, decisões e petições, a fim de ser utilizado como insumo de modelo de IA.[34]

Assim, diante de todo os projetos em desenvolvimento e de todo o investimento realizado, o Poder Judiciário tem o dever de assimilar as novas tecnologias com a maior brevidade. Ao implementá-las, deve a optar por aquelas que promovam a efetividade da prestação jurisdicional e a democratização do acesso à justiça. Deve, ainda, cumprir com os deveres éticos, com a transparência e com a governança na produção e no uso de IA, conforme determinado na Resolução CNJ 332/2020.

Convido-os a prosseguirem na leitura destas reflexões que buscam compreender a dinâmica do processo civil brasileiro com as lentes da proteção dos direitos humanos que almeja o acesso à justiça como garantia de efetiva proteção dos direitos.

---

33 PNUD. Parceria entre CNJ e PNUD, Programa Justiça 4.0 amplia uso de novas tecnologias no Judiciário. 13/07/ 2021.

34 CNJ. Tecnologia da informação e comunicação.

I

A CONTEXTUALIZAÇÃO DO FUNCIONAMENTO DO PODER JUDICIÁRIO NO BRASIL

Não se promove uma sociedade mais justa, ao menos primariamente, por obra do aparelho judicial.

Barbosa Moreira

A exposição contextualizada da situação em que se encontra o Poder Judiciário, mediante uma análise dos dados estatísticos, é importante para que se ter noção do grau de emperramento do funcionamento do sistema judiciário.

A sociedade brasileira está padecendo com a crise instalada no Poder Judiciário, vendo-se privada de efetiva tutela jurisdicional, sendo a morosidade do processo um de seus maiores adversários.

A resolução do problema referente à lentidão dos processos judiciais demanda estudos complexos e abrangentes[1]. Sobre isso, há apenas uma certeza, a de que todos os atores sociais, com maior ou menor intensidade, concorrem para a morosidade processual. Registre-se, desde logo, que sobre o Estado recai a maior parcela de responsabilidade, pois, "por trás de todo direito há um Estado que o garante. E por trás de todo direito truncado há um Estado que não chega a torná-lo efetivo"[2].

O ministro Sepúlveda Pertence, por ocasião do julgamento da ADC 1, há mais de duas décadas, já reclamava uma transformação do modelo de funcionamento do Judiciário que

> não se faz sem uma permanente tensão dialética na qual, a meu ver, a experiência tem demonstrado que será inevitável o reforço do sistema concentrado, sobretudo nos processos de massa; na multiplicidade de processos a que inevitavelmente, a cada ano, na dinâmica da legislação, sobretudo da legislação tributária e matérias próximas, levará se não se criam mecanismos eficazes de decisão relativamente rápida e uniforme; ao estrangulamento da máquina judiciária, acima de

---

1 A respeito da necessidade de um estudo interdisciplinar e multidisciplinar do processo, cf. CAPPELLETTI, Mauro, GARTH, Bryant. Acesso à Justiça, p. 13.

2 PNUD. A Democracia na América Latina rumo a uma democracia de cidadãs e cidadãos. New York: PNUD. 2004, p. 96.

qualquer possibilidade de sua ampliação e, progressivamente, ao maior descrédito da Justiça, pela sua total incapacidade de responder à demanda de centenas de milhares de processos rigorosamente idênticos, porque reduzidos a uma só questão de direito[3].

Ainda que se reconheça notável avanço na transparência, as estatísticas existentes sobre o Poder Judiciário são insuficientes quando analisadas sob os aspectos quantitativo e qualitativo. A deficiência da informação obsta conhecer as verdadeiras causas da elevada taxa de congestionamento na jurisdição brasileira, bem como ordenar quais são as mais agudas e determinantes causas da crise do Judiciário. Mesmo assim, os dados existentes não são desprezíveis e subsidiam os estudos sobre a efetividade do processo.

O Conselho Nacional de Justiça apurou que a União é responsável pelo abarrotamento do Poder Judiciário, porquanto, somente no ano de 2006, ela ajuizou 4.014.771 processos, tendo sido demandada em outros 2.240.726[4]. Esse volume de processos distribuídos aos 1.346 juízes federais resultou, naquele ano, na distribuição média de mais 4.647 processos para cada juiz federal. Essa quantidade de processos, desconsiderando o estoque já existente, representa um volume inadministrável.

Em 2014, na Justiça Federal, o número de novos processos aumentou 20,8% e a taxa de congestionamento alcançou 70%[5]. A Justiça do Trabalho estimava, para 2016, três milhões de processos ajuizados, um aumento de 13% em relação ao ano anterior[6]. Esses dados permitem inferir que a crise do Poder Judiciário agiganta-se com o passar do tempo, sendo vã qualquer esperança de reversão da situação a curto prazo.

O Diagnóstico do Poder Judiciário, publicado pelo Ministério da Justiça, em 2004, informa que quase 80% das causas em trâmite no Supremo Tribunal Federal são levadas pela administração pública, direta e indireta, dos três entes federativos[7].

Esse mesmo Diagnóstico noticia que, em 2003, 17,3 milhões de processos foram ajuizados perante o Poder Judiciário brasileiro, mas somente 12,5 milhões foram

---

3 STF. ADC 1, rel. min. Moreira Alves, julgada em 1º.12.1993, DJ de 16.6.1995.

4 CNJ. Relatório faz radiografia do Judiciário Brasileiro. Brasília: 14.02.2008.

5 CNJ. Justiça em números 2015.

6 O presidente do Tribunal Superior do Trabalho (TST), Ives Gandra da Silva Martins Filho, prevê que três milhões de ações trabalhistas devem ingressar na Justiça em todo o País este ano. Se a previsão se confirmar, o volume representará um aumento de quase 13% em relação a 2015, quando as Varas do Trabalho receberam 2,66 milhões de novos casos. Esse montante já havia representado um avanço de 5,1% na comparação com 2014, segundo dados do TST.

7 Essa visão deformada da responsabilidade do Estado distorceu também o papel da Justiça. De guardiã das liberdades individuais e dos direitos dos cidadãos foi transformada em administradora da moratória do Estado e em eficiente proteladora do pagamento das suas dívidas e do cumprimento das suas obrigações para como os cidadãos". GRECO, Leonardo. Estudos de Direito Processual. Campos dos Goytacases: Ed. Faculdade de Direito de Campos, 2005, p. 201.

julgados. A despeito do índice de produtividade do Judiciário, apenas no ano em referência, o acréscimo do estoque de causas não julgadas foi de 4,7 milhões de processos.

Uma década depois e os dados catastróficos agravam-se. O CNJ, no relatório Justiça em Números de 2014, informa o seguinte:

> Em 2014, o Poder Judiciário iniciou com um *estoque de 70,8 milhões de processos*, que tende a aumentar devido ao total de processos baixados ter sido inferior ao de ingressados (Índice de Atendimento à Demanda – IAD de 98,7%). Estima-se, portanto, que ao final de 2014 o estoque cresça em meio ponto percentual, ultrapassando, assim, 71,2 milhões de processos pendentes. Apesar deste cenário, desfavorável, houve aumento de 1,4% no total de processos baixados e que representa cerca de 28,5 milhões de processos em 2014. Já o número de casos novos aumentou em 1,1%, atingindo quase 28,9 milhões de processos ingressados durante o ano de 2014 (Gráfico 3.14). Como consequência do aumento do quantitativo de casos novos e de pendentes, a Taxa de Congestionamento do Poder Judiciário foi de 71,4% no ano de 2014, com aumento de 0,8 pontos percentuais em relação ao ano anterior[8].

Pesquisa realizada sob o auspício do Supremo Tribunal Federal apurou que, no Rio de Janeiro, em 2004, 49,5% das ações propostas versando sobre responsabilidade civil nos Juizados Especiais Cíveis foram ajuizadas contra as mesmas 16 companhias. Estas empresas condenadas a pagamentos totais equivalentes a R$ 2,3 bilhões à época; entretanto, prosseguiram reincidindo nas mesmas práticas. As sanções judicialmente impostas contra essas empresas evidenciam a ineficácia do processo enquanto instrumento apto a prevenir a reiteração de condutas ilícitas[9].

O Superior Tribunal de Justiça, no ano de 2007, teve aumento de 10% quanto ao volume da demanda em relação ao ano anterior, que, por sua vez, apresentou aumento de 25% em relação ao ano de 2005. A média de processos diários que chegou ao STJ foi de 1.256, o que elevou em mais 140 mil o número de processos nestes dois anos. Pois bem, oito anos depois, foram distribuídos mais de 330 mil, tendo sido julgados mais de 460 mil processos, sendo que, no final de 2015, o estoque de processos na Corte era de aproximadamente 255 mil[10]. Em 2016, a produtividade aumentou 8,5% em comparação com o ano anterior, chegando a 380 mil processos julgados e, assim, ano a ano há o incremento da produtividade. Todavia, todo esse esforço tem sido em vão para reduzir o estoque do acervo[11], que ainda permanece na casa das centenas de milhares, conforme se vê dos dados referentes a agosto de 2022, no Tribunal tramitam 277.498 processos[12].

---

8 CNJ. Justiça em Números 2014.

9 FERRÃO, Brisa Lopez de Mello, RIBEIRO, Ivan César Ribeiro. Como os juízes decidem casos no Brasil ?. Berkeley Program in Law & Economics. Latin American and Caribbean Law and Economics Association (ALACDE) Annual Papers (University of California, Berkeley). 2006.

10 STJ. Relatório Estatístico 2015.

11 STJ. STJ encerra o semestre forense com mais de 223 mil processos julgados. 01/07/2016.

12 STJ. Boletim Estatístico, agosto de 2022.

O Tribunal de Justiça do Rio Grande do Sul, em 2009, realizou pesquisa de avaliação do judiciário no Estado e concluiu que há uma discriminação de gênero no acesso à justiça, constatando-se maiores dificuldade de acesso às mulheres. Sob o aspecto socioeconômico, a pesquisa apurou que os pobres têm mais dificuldade de acesso do que os ricos. Com efeito, o acesso ao Poder Judiciário reflete a desigualdade e as injustiças que campeiam pela sociedade[13].

Os números evidenciam, também, que a excessiva litigiosidade demonstra encontrar-se a sociedade brasileira doente por causa da carência de efetividade do Direito, inexistindo, até o momento, remédios que possam preveni-la. Para a cura, dispúnhamos apenas de um processo oneroso, lento e ineficiente, ainda mais deteriorado quando a ele se somam padrões éticos lenientes[14]. A desordem social decorrente da crise do Direito face à incapacidade da jurisdição de preservar a coesão da sociedade e de fazer as normas jurídicas serem cumpridas, além de comprometer a imagem do Poder Judiciário, ocasiona insegurança jurídica e debilita a democracia.

O astronômico volume de processos julgados anualmente pelo Supremo Tribunal Federal e pelo Superior Tribunal de Justiça não representa nenhum alento e, muito ao contrário, deve constituir motivo para sérias preocupações, principalmente por se verificar manifesta ofensa ao princípio do juiz natural, com a substituição deste pelo "juiz eletrônico", expressão cunhada pelo Ministro Humberto Gomes de Barros. No seu discurso de posse como Presidente do STJ ele denunciou que uma das formas de se agilizar o andamento dos processos no Superior Tribunal de Justiça foi a transferência do julgamento para o computador:

> Outro artifício é a utilização da informática no exame e julgamento de processos. No exercício dessa operação, os processos repetitivos são agrupados conforme os temas e recebem decisão padronizada, aplicada pelo computador e firmada por assinatura eletrônica. Criou-se o juiz eletrônico[15].

O juiz eletrônico também julga no Supremo Tribunal Federal[16], pois somente com a utilização de recursos computacionais se explicam as mais de 150 mil decisões proferidas no ano de 2007[17], uma média diária de 38 decisões por Ministro[18].

---

13 TJRS. Os dados encontravam-se disponíveis em: http://www.tjrs.jus.br/export/administracao/prestacao_de_contas/pesquisa_de_avaliacao_poder_judiciario/doc/Pesquisa_de_Avaliacao_Poder_Judiciario.pdf.

14 Espera-se que o CPC ao privilegiar as formas consensuais de resolução de conflitos possa contribuir para substituirmos a cultura do litígio para a cultura da solução dos conflitos de forma autônoma, consensual e pacífica.

15 STJ. Discurso de posse do Ministro Humberto Gomes de Barros no cargo de Presidente do STJ, proferido em 07/04/2008.

16 STF. Relatório de Atividades, biênio 2006-2007.

17 STF.Relatório de Atividades 2007.

18 Os cálculos foram feitos considerando que todos os juízes têm uma devoção à judicatura, idêntica à proclamada pelo Ministro Milton Pereira, "dedicação diuturna, aqui ou em casa, incluindo sábados, domingos e férias, na prestação jurisdicional".

A partir de 2008, com a aplicação do instituto da repercussão geral, verificou-se uma redução considerável no número de processos distribuídos no STF até o final de 2011, voltando a crescer vertiginosamente a partir de 2014, sendo que em 2015 foram protocolizados mais de 93 mil processos. O acervo do STF aumentou quase 10% no ano de 2016, superando 58 mil feitos. Em 2022, esse acervo foi reduzido a 21,947 processos[19].

Entretanto, todos os dados mencionados são insignificantes diante da gravidade do que consta no Justiça em Números, publicado pelo Conselho Nacional de Justiça em 2014:

> a série histórica da movimentação processual do Poder Judiciário permite visualizar o aumento do acervo processual no período, visto que os casos pendentes (70,8 milhões) crescem continuamente desde 2009 e, atualmente, equivalem a quase 2,5 vezes do número de casos novos (28,9 milhões) e dos processos baixados (28,5 milhões). Dessa forma, mesmo que o Poder Judiciário fosse paralisado sem ingresso de novas demandas, com a atual produtividade de magistrados e servidores, seriam necessários quase 2 anos e meio de trabalho para zerar o estoque. Como historicamente o IAD não supera 100%, ou seja, a entrada de processos é superior à saída, a tendência é de crescimento do acervo. Além disso, apesar do aumento de 12,5% no total de processos baixados no período 2009-2014, os casos novos cresceram em 17,2%, fato que contribuiu para o acúmulo do estoque de processos.

Em 2016, o Conselho Nacional de Justiça apurou que:

> Este universo de processos, que em 2014 era de 100 milhões e em 2015 passou a ser de 102 milhões, representa o montante de casos que o judiciário precisou lidar durante o ano, entre os já resolvidos e os não resolvidos. Não é, de forma alguma, o número de processos em tramitação, pois por este conceito compreende-se o que de fato está pendente no judiciário aguardando solução definitiva. Com isto posto, podemos afirmar que o Poder Judiciário finalizou o ano de 2015 com quase 74 milhões de processos em tramitação[20].

Diante desse número extraordinário e abismante de processos perante o Poder Judiciário, não há como deixar de reconhecer que o modelo de organização judiciária, concebido pelo constituinte originário e pontualmente reformado ao longo das últimas duas décadas através de emendas à Constituição ou à legislação processual, entrou em colapso. Não será difícil prever o insucesso das reformas empreendidas se a comunidade jurídica e a sociedade não se comprometerem radicalmente com as propostas de mudanças culturais trazidas pelo CPC, tendentes à desjudicialização e à solução autônoma dos conflitos.

No afã de resolver os problemas da efetividade, morosidade, segurança jurídica e igualdade, o CPC adotou a técnica de vinculação dos juízes aos precedentes. Se a prática não for ponderada e a técnica decisória qualificada, há o risco de

---

19 STF. Paineis estatísticos.

20 CNJ. Justiça em Números 2016.

silenciamento da sociedade mediante a vinculação aos precedentes. Essa vinculação pode vir a significar a subtração do Poder Judiciário do exame de qualquer lesão ou ameaça a direito, uma vez que retirará do juiz a autonomia decisória. Esse tema será tratado de forma mais aprofundada adiante, mas pode-se adiantar que a ideia de segurança jurídica sustentada para implantação do instituto está absolutamente equivocada e viola agudamente o princípio constitucional da igualdade. O Brasil é o país da heterogeneidade. São abissais as diferenças ambientais, sociais, culturais, históricas, econômicas e de desenvolvimento humano existentes em cada comunidade desse país e, portanto, para promover o princípio da igualdade perante a lei, os indivíduos devem, necessariamente, ser tratados desigualmente, na medida de suas diferenças. Ou seja, a heterogeneidade existente no Brasil nos obriga a tratar desigualmente os desiguais para promover a igualdade substancial.

Além disso, a autonomia federativa legitima os Estados membros a aplicarem o direito conforme as suas particularidades. Espera-se, por exemplo, que os juízes amazonense e paranaense interpretem de forma diversa o Direito, tal como se espera que as gestões administrativas em um e outro Estado sejam distintas, posto que as realidades são profundamente heterogêneas, bem como as necessidades da sociedade.

Com efeito, Alf Ross indica as economias de tempo, de dificuldades e de responsabilidade ao juiz decorrentes da doutrina do precedente, relacionando-a "à ideia de justiça formal"[21]. Todavia, essa perspectiva meramente formal de justiça é insuficiente, para legitimar democraticamente a técnica dos precedentes, pois, como reconhece o referido jusfilósofo "as diversas formulações de justiça para grupos ou contextos diversos incluem - além da ideia de igualdade - um padrão de avaliação, que deve ser aplicado como um pré-requisito à definição da categoria cujos membros devem ser tratados com igualdade"[22].

O modelo constitucional brasileiro incorporou diversos mecanismos institucionais para corrigir as distorções resultantes de uma aplicação puramente formal do princípio da igualdade[23].

Assim, é inaceitável a uniformização da interpretação da lei, de norte a sul, de leste a oeste do nosso País. Trata-se de flagrante inconstitucionalidade que deve ser repelida, sob pena de gravíssima injustiça para com aqueles que necessitam de políticas públicas para terem uma existência digna.

Existe um extraordinário desequilíbrio de poder argumentativo entre os litigantes habituais, que têm presença constante no Judiciário, e os litigantes eventuais. Há tempos já o denunciava Barbosa Moreira:

---

21 ROSS, Alf. *Direito e Justiça.* São Paulo: Edipro, 2000, p. 111.

22 ROSS, Alf. *Direito e Justiça.* Op. cit., p. 215.

23 STF. ADI 3745, Rel. Min. DIAS TOFFOLI, ACÓRDÃO ELETRÔNICO DJe-148 DIVULG 31-07-2013 PUBLIC 01-08-2013.

> Todos sabemos que o cidadão comum não se sente à vontade nos recintos tradicionais em que se exerce a função jurisdicional: tudo aí se lhe afigura estranho, misterioso, e não é de admirar que lhe inspire mais desconfiança e temor do que tranquilidade.[24]

Nesse aspecto, também merecem menção as considerações do Ministro Herman Benjamin em julgamento de recurso especial repetitivo no STJ:

> Aqui, contudo, afloram peculiaridades que desaconselhariam tal "afetação", na forma e no momento em que foi feita, quase que automaticamente, sem qualquer discussão prévia e amadurecimento, no âmbito interno de ambas as Turmas, das múltiplas questões novas e controvertidas que acompanham esta demanda. Os pontos complexos que este processo envolve – e são tantos, como veremos no decorrer deste Voto – não se submeteram ao crivo de debates anteriores entre os Membros das Turmas, debates esses necessários para identificar e esclarecer as principais divergências e controvérsias de conflito desse porte, que, embora veiculado por ação individual (e formalmente refira-se com exclusividade a uma única consumidora), afeta, de maneira direta, mais de 30 milhões de assinantes (*rectius*, consumidores). Difícil negar que, no âmbito do STJ, a demanda não estava madura para, de cara, prolatar-se decisão unificadora e uniformizadora a orientar a Seção, suas duas Turmas e todos os Tribunais e juízos do Brasil. Em litígios dessa envergadura, que envolvem milhões de jurisdicionados, é indispensável a preservação do espaço técnico-retórico para exposição ampla, investigação criteriosa e dissecação minuciosa dos temas ora levantados ou que venham a ser levantados. Do contrário, restringir-se-á o salutar debate e tolher-se-á o contraditório, tão necessários ao embasamento de uma boa e segura decisão do Colegiado dos Dez. É bem verdade que o Regimento Interno prevê a "afetação" de processos à Seção "em razão da relevância da questão jurídica, ou da necessidade de prevenir divergências entre as Turmas" (art. 127). Contudo, escolheu-se exatamente uma ação individual, de uma contratante do Rio Grande do Sul, triplamente vulnerável na acepção do modelo constitucional welfarista de 1988 – consumidora, pobre e negra – para se fixar o precedente uniformizador, mesmo sabendo-se da existência de várias ações civis públicas, sobre a mesma matéria, que tramitam pelo País afora. Ou seja, inverteu-se a lógica do processo civil coletivo: em vez da ação civil pública fazer coisa julgada *erga omnes*, é a ação individual que, por um expediente interno do Tribunal, de natureza pragmática, de fato transforma-se, em consequência da eficácia uniformizadora da decisão colegiada, em instrumento de solução de conflitos coletivos e massificados. Não se resiste aqui à tentação de apontar o paradoxo. Enquanto o ordenamento jurídico nacional nega ao consumidor-indivíduo, sujeito vulnerável, legitimação para a propositura de ação civil pública (Lei 7347/1985 e CDC), o STJ, pela porta dos fundos, aceita que uma demanda individual – ambiente jurídico-processual mais favorável à prevalência dos interesses do sujeito hiperpoderoso (in casu o fornecedor de serviço de telefonia) – venha a cumprir o papel de ação civil pública às avessas, pois o provimento em favor da empresa servirá para matar na origem milhares de demandas assemelhadas – individuais e coletivas. Aliás, em

---

[24] BARBOSA MOREIRA, José Carlos. *Por um processo socialmente efetivo.* Revista de Processo vol. 105/2002, pp. 181-190. Jan-Mar/2002, p. 184.

> seus Memoriais, foi precisamente esse um dos argumentos (a avalanche de ações individuais) utilizado pela concessionária para justificar uma imediata intervenção da Seção. Finalmente, elegeu-se exatamente a demanda de uma consumidora pobre e negra (como dissemos acima, triplamente vulnerável), destituída de recursos financeiros para se fazer presente fisicamente no STJ, por meio de apresentação de memoriais, audiências com os Ministros e sustentação oral.
>
> Como juiz, mas também como cidadão, não posso deixar de lamentar que, na argumentação(?) oral perante a Seção e também em visitas aos Gabinetes, verdadeiro monólogo dos maiores e melhores escritórios de advocacia do País, a voz dos consumidores não se tenha feito ouvir. Não lastimo somente o silêncio de D. Camila Mendes Soares, mas sobretudo a ausência, em sustentação oral, de representantes dos interesses dos litigantes-sombra, todos aqueles que serão diretamente afetados pela decisão desta demanda, uma gigantesca multidão de brasileiros (mais de 30 milhões de assinantes) que, por bem ou por mal, pagam a conta bilionária da assinatura-básica (lembro que só a recorrente, Brasil Telecom, arrecada, anualmente, cerca de três bilhões e meio de reais com a cobrança dessa tarifa – cfr. www.agenciabrasil.gov.br, notícia publicada em 8.6.2007). (...)
>
> Em síntese, a vitória das empresas de telefonia, que hoje se prenuncia, não é exclusivamente de mérito; é, antes de tudo, o sucesso de uma estratégia judicial, legal na forma, mas que, na substância, arranha o precioso princípio do acesso à justiça, uma vez que, intencionalmente ou não, inviabiliza o debate judicial e o efetivo contraditório, rasgando a *ratio essendi* do sistema de processo civil coletivo em vigor (Lei 7347/85 e CDC)[25].

Outro aspecto a ser considerado é a petrificação do direito pela jurisprudência, uma vez que são restritas as hipóteses previstas no CPC para provocar a revisão do precedente. Acresce, ainda, a circunstância de que os tribunais tendem a conservar o entendimento por não desejarem que suas decisões sejam contestadas, nem por demonstrarem vulnerabilidade da sua jurisprudência, corrigindo entendimentos precedentes.

Por fim, os juízes corporativamente se submetem aos precedentes uma vez que o quantitativo de decisões reformadas nas instâncias superiores afeta, negativamente, sua carreira.

A ideia do precedente vinculante é uma inovação que, segundo Fredie Didier, é produto de "tradição jurídica própria e bem peculiar, que, como disse um aluno em sala de aula, poderia ser designada, sem ironia ou chiste, como o *brazilian law*"[26].

Entretanto, até o momento vigeu um modelo concebido sob uma lógica de organização estatal de mais de cem anos; o mesmo modelo implantado na primeira Constituição republicana se manteve quase intocado até hoje. A despeito das transformações sociais, políticas, culturais e tecnológicas vivenciadas no curso do século XX, o Poder Judiciário subsiste intocado. Não se pode omitir que algumas

---

25 STJ. REsp nº 902.811, Rel. Min. José Delgado. DJe 01/09/2008.

26 DIDIER JR., Fredie. *Curso de Direito Processual Civil 1*. 17ª ed. Salvador: JusPodium, 2015.

mudanças foram de natureza estrutural e propiciaram maior efetividade e acesso à justiça, como ocorreu com a criação da Justiça do Trabalho, na década de 40, e do controle concentrado de constitucionalidade, na década de 60, mas a evolução parou por aí. Ademais, ao longo da história republicana brasileira, sofremos alguns espasmos democráticos.

Segundo o CNJ, cada um dos 18.168 juízes do país julgou, em média, 1.819 processos no ano passado, 7,2 casos por dia útil, pouco a mais que em 2016[27].

Nossa tradição jurídica, ademais, não é nada confiável; há 50 milhões de brasileiros, ou 25,4% da população, vivendo na linha de pobreza, com renda familiar equivalente a R$ 387,07 - ou US$ 5,5 por dia, conforme dados divulgados pelo IBGE em dezembro de 2017[28]. O World Justice Project Index, já mencionado, informa que o Brasil ocupa o 83º lugar, dentre 128 países no que diz respeito à realização e proteção dos Direitos Humanos. O fato de haver unidade linguística no Brasil não significa que haja igual dignidade entre todos os cidadãos brasileiros.

Essa filosofia dos precedentes adotada pelo CPC implica em danos à cidadania, haja vista que os maiores litigantes e que, portanto, têm voz e são escutados nos tribunais constitucionais, STJ e STF, fazendo com que os litigantes habituais, pela reiteração de casos, participem ativamente da construção dos precedentes, situando-se em situação de extrema vantagem em relação aos litigantes eventuais.

> A expansão dos direitos e a expectativa elevada de proteção e reparação — agora sob prolongado ataque — é uma das principais tendências do desenvolvimento jurídico no século XX (Friedman, 1975; Galanter, 2011). Outra tendência, igualmente importante, porém menos visível, é o recuo contra o direito: a crescente corporativização da vida jurídica e a legalização da vida organizacional (Edelman e Suchman, 1999). Cada vez mais, os atores jurídicos que desempenham a função de jogadores habituais são as organizações (sociedades, associações e organismos governamentais).
>
> A presença crescente desses jogadores que são organizações — entre os quais se incluem governos e associações, bem como corporações — significa mais oportunidades para a efetivação das vantagens estruturais que são discutidas em *Por que "quem tem" sai na frente*. Para esclarecer, quando afirmo que, de modo geral, corporações e outras pessoas jurídicas são mais capazes no jogo do direito, não atribuo a elas uma competência pré-natural e a isenção de erros. Corporações erram tanto quanto indivíduos e o nível do erro é um reflexo de seus traços organizacionais: os problemas de coordenação, assim como a necessidade de atuar por meio de agentes que têm perspectivas limitadas e ambições próprias. Eu argumentaria, no entanto, que o crescente desenvolvimento da capacidade das

---

[27] Disponível em: https://g1.globo.com/politica/noticia/2018/08/27/processos-sem-solucao-na-justica-crescem-em-ritmo-menor-mas-atingem-80-milhoes-em-2017-aponta-levantamento-do-cnj.ghtml . Acesso 22/01/2018.

[28] EBC AGÊNCIA BRASIL. Disponível em http://agenciabrasil.ebc.com.br/economia/noticia/2017-12/ibge-brasil-tem-14-de-sua-populacao-vivendo-na-linha-de-pobreza. Acesso em 14/02/2018.

entidades corporativas para atuar como ator jurídico em geral importa mais do que essas distrações (Galanter, 2006).

Por tais razões, o Ministro Hermann Benjamin a partir da perplexidade político-processual gerada pela possibilidade de solucionarem conflitos coletivos pela via de ação civil individual e a consequente "mutilação reflexa do direito de acesso à justiça de milhões de consumidores", aponta a estratégica tática dos *repeat players* geradora do silenciamento da cidadania:

> Não se resiste aqui à tentação de apontar o paradoxo. Enquanto o ordenamento jurídico nacional nega ao consumidor-indivíduo, sujeito vulnerável, legitimação para a propositura de ação civil pública (Lei 7347/1985 e CDC), o STJ, pela porta dos fundos, aceita que uma demanda individual – ambiente jurídico-processual mais favorável à prevalência dos interesses do sujeito hiperpoderoso (in casu o fornecedor de serviço de telefonia) – venha a cumprir o papel de ação civil pública às avessas, pois o provimento em favor da empresa servirá para matar na origem milhares de demandas assemelhadas – individuais e coletivas. Aliás, em seus Memoriais, foi precisamente esse um dos argumentos (a avalanche de ações individuais) utilizado pela concessionária para justificar uma imediata intervenção da Seção. Finalmente elegeu-se exatamente a demanda de uma consumidora pobre e negra (como dissemos acima, triplamente vulnerável), destituída de recursos financeiros para se fazer presente fisicamente no STJ, por meio de apresentação de memoriais, audiências com os Ministros e sustentação oral.
>
> Como juiz, mas também como cidadão, não posso deixar de lamentar que, na argumentação(?) oral perante a Seção e também em visitas aos Gabinetes, verdadeiro monólogo dos maiores e melhores escritórios de advocacia do País, a voz dos consumidores não se tenha feito ouvir. Não lastimo somente o silêncio de D. Camila Mendes Soares, mas sobretudo a ausência, em sustentação oral, de representantes dos interesses dos litigantes-sombra, todos aqueles que serão diretamente afetados pela decisão desta demanda, uma gigantesca multidão de brasileiros (mais de 30 milhões de assinantes) que, por bem ou por mal, pagam a conta bilionária da assinatura-básica (lembro que só a recorrente, Brasil Telecom, arrecada, anualmente, cerca de três bilhões e meio de reais com a cobrança dessa tarifa – cfr. www.agenciabrasil.gov.br, notícia publicada em 8.6.2007). (...)
>
> Em síntese, a vitória das empresas de telefonia, que hoje se prenuncia, não é exclusivamente de mérito; é, antes de tudo, o sucesso de uma estratégia judicial, legal na forma, mas que, na substância, arranha o precioso princípio do acesso à justiça, uma vez que, intencionalmente ou não, inviabiliza o debate judicial e o efetivo contraditório, rasgando a *ratio essendi* do sistema de processo civil coletivo em vigor (Lei 7347/85 e CDC)

Enfim, "devagar com o andor, o santo é de barro."

2

A CAUTELA NECESSÁRIA NA LEITURA E APLICAÇÃO DO CPC

A partir da entrada em vigor do Código de Processo Civil, em 18/03/2016, vem acontecendo verdadeiro rebuliço na comunidade jurídica. É necessário, contudo, ponderação, cautela e responsabilidade na assimilação e interpretação das novidades trazidas. Extraio dos mestres da Vetusta Casa de Afonso Pena, algumas lições essenciais de sabedoria e prudência que devem ser consideradas quando nos deparamos com o processo e suas inovações.

Aroldo Plínio Gonçalves pontifica que nenhum valor "pode se sobrepor ao valor do contraditório, do direito de defesa e do devido processo legal"[1].

Há quatro décadas, Sálvio de Figueiredo Teixeira já ensinava que o direito processual é a "Ciência da pacificação social" e que a norma processual é o instrumento de harmonia social. Quatro décadas se passaram, mas, lamentavelmente, ainda vivemos no mesmo cenário daquele 08/12/1976, ocasião por ele descrito como "um quadro no qual ameaçados estão os direitos humanos, por meio de prisões arbitrárias, da negação do *due process of law*; do trabalho escravo, da sufocação da liberdade religiosa, da perseguição racial, da repressão política, do uso da tortura e da restrição às manifestações de pensamento, abusos que se vêm tornando assustadoramente frequentes"[2].

Para ilustrar o cenário atual veja, a propósito, decisão proferida por magistrado do Distrito Federal que, para a reintegrar a posse de escola ocupada por estudantes, autorizou a Polícia Militar a utilizar métodos de tortura contra os adolescentes[3]. Acrescente-se a conclusão da Secretaria Especial de Direitos Humanos

---

1 GONÇALVES, Aroldo Plínio. Expectativas em torno do novo Código de Processo Civil como instrumento de aprimoramento do Direito. Faculdade de Direito da UFMG, 27.11.2015, Conferência de encerramento do I Congresso Mineiro Sobre os Impactos do Novo Código de Processo Civil no Judiciário.

2 FIGUEIREDO, Sálvio de Figueiredo. A última aula, In: Compromisso com o Direito e a Justiça. Belo Horizonte: Del Rey.

3 Disponível em: https://www.correiobraziliense.com.br/app/noticia/cidades/2016/11/01/interna_cidadesdf,555619/juiz-autoriza-corte-de-luz-e-agua-para-desocupar-escola-publica-no-df.shtml.

do Ministério das Mulheres, da Igualdade Racial e dos Direitos Humanos no Relatório de Violência Homofóbica no Brasil: ano 2013:

> Conclui-se, portanto, que a violência contra a população LGBT no Brasil é uma realidade. O perfil da população LGBT mais vitimizada continua sendo o de jovens (54,9%), pretos e pardos (39,9%) do sexo biológico masculino (73%), gays (24,5%) e travestis/transexuais (17,8%)[4].

E, por fim, decisão de Desembargador do Tribunal de Justiça de Minas Gerais proibindo, em caráter liminar, manifestações populares nas ruas durante a Copa das Confederações[5].

Como acima referenciado, em relação ao acesso à justiça, relatório publicado pelo World Justice Project com dados coletados em 128 países, constatou que a garantia do acesso à justiça reduziu drasticamente, pois, considerando o biênio 2017-2018, o Brasil era o 63º país em acesso à justiça civil, situado entre a Rússia e a China. O que já não era bom, piorou, houve um vertiginoso declínio da garantia de acesso à justiça no Brasil. No ano de 2021, o país havia despencado para a 77ª posição.

Humberto Theodoro Jr., coautor do anteprojeto que culminou na legislação processual em vigor, nos legou a lição de que um processo justo é aquele que se "faça dentro de um prazo razoável e sob método presidido pelas exigências da economia processual, sempre assegurando aos litigantes o contraditório e a ampla defesa". Compete à sociedade e à comunidade jurídica realizar esse anseio, de um processo justo preconizado na Constituição e no CPC.

A nova codificação não representa uma ruptura absoluta com o processo civil vivenciado nas últimas quatro décadas, sob a égide do Código Buzaid, nem reinventa o Direito Processual Civil. É, de acordo com Aroldo Plínio Gonçalves, "o aperfeiçoamento de seus princípios, de suas normas e de seus institutos, de modo a torná-lo apto a atender aos reclamos de um novo tempo"[6].

A legislação processual civil brasileira incorporou novas técnicas desenvolvidas na contemporaneidade, objetivando conferir ao procedimento maior aproveitamento e efetividade, como, por exemplo, o princípio da primazia do julgamento do mérito. No plano jurídico-político, a incorporação dos princípios e garantias constitucionais do processo democratizou o processo e qualificou o acesso à justiça e a prestação jurisdicional. O contraditório, conforme disciplinado pelo CPC,

---

4 BRASIL. Secretaria Especial de Direitos Humanos do Ministério das Mulheres, da Igualdade Racial e dos Direitos Humanos. Brasília, 2016.

5 Disponível em https://oglobo.globo.com/brasil/justica-mg-proibe-manifestacoes-durante-copa-das-confederacoes-8693063#ixzz57EbxKR89. Acesso em 14/02/2018.

6 GONÇALVES, Aroldo Plínio. Expectativas em torno do novo Código de Processo Civil como instrumento de aprimoramento do Direito. Faculdade de Direito da UFMG, 27.11.2015, Conferência de encerramento do I Congresso Mineiro Sobre os Impactos do Novo Código de Processo Civil no Judiciário.

bem como a motivação das decisões judiciais, "são esses temas de uma pequena amostra da riqueza inovadora temática do novo Código de Processo Civil"[7]. A legislação, contudo, não é panaceia e os novos institutos caracterizadores de um processo efetivamente democrático carecem de concretização na prática cotidiana do Judiciário.

Inolvidável, contudo, o compromisso do CPC com as vigas mestras das garantias constitucionais do processo; o Código em vigor aprimora a técnica processual e reafirma o vínculo simbiótico entre processo e democracia.

---

7 GONÇALVES, Aroldo Plínio. Expectativas em torno do novo Código de Processo Civil como instrumento de aprimoramento do Direito. Faculdade de Direito da UFMG, 27.11.2015, Conferência de encerramento do I Congresso Mineiro Sobre os Impactos do Novo Código de Processo Civil no Judiciário.

3

DIREITO PROCESSUAL – CONCEITOS ELEMENTARES

Para prosseguir nesse estudo, considere a seguinte história:

Carlos sofreu acidente motociclístico e está internado no João XXIII entre a vida e a morte, porém consciente. A única possibilidade de evitar o óbito é submetê-lo a uma arriscada cirurgia de emergência, na qual haverá necessidade de se realizar transfusão de sangue. Carlos, por ser Testemunha de Jeová, recusa a cirurgia. O cirurgião, por sua vez, temendo ser responsabilizado penal, civil e administrativamente, independentemente da manifestação de vontade do paciente, realiza a operação. Restabelecido, Carlos sentiu-se violentado em sua liberdade religiosa, pois o procedimento médico o tornou impuro e excomungado por sua comunidade.

Pois bem, a partir dessa história é possível distinguir as normas de direito processual das de direito material.

As normas processuais atuam quando o cidadão peticiona ao Estado-juiz alegando que outro sujeito lesou ou ameaça seu patrimônio jurídico. Nessa hipótese, a pessoa está pleiteando tutela jurisdicional para obter a solução do conflito. Pois bem, é por meio do devido processo legal que o Estado-Juiz presta tutela jurisdicional e soluciona o conflito aplicando imperativamente ao caso concreto o direito material que dará a resposta sobre a existência de lesão ou ameaça ao direito vindicado. Pode-se dizer, assim, que a norma de direito material regula as relações entre os sujeitos, organiza as funções socialmente úteis e estabelece as sanções nas hipóteses de descumprimento da norma.

A norma processual, por sua vez, de natureza instrumental, disciplina o procedimento que legitima a aplicação das normas de direito material na hipótese de existir um conflito de interesses não solucionado consensualmente. O direito processual disciplina o devido processo legal, o instrumento que legitima o ato estatal de intervenção no patrimônio ou na liberdade das pessoas. O processo irá efetivar as normas de direito processual para fazer o acertamento da situação jurídica controvertida e a satisfação do direito reconhecido na sentença.

> A lei processual não está redigida nem como um mandamento, nem como um *status*, nem, tampouco, está escrita como um uma delimitação jurídica para determinar a ilicitude da conduta humana. A lei processual é uma descrição. O legislador descreve como se realizará, no futuro, um processo. (...) o legislador

determina, descritivamente, a evolução e o desenvolvimento do processo. (...) Quando o Código de Processo Civil estabelece como se redigirá uma petição, enumera suas partes essenciais e deixa ao arbítrio do requerente o conteúdo dessa petição, dentro do esquema fornecido pelo legislador[1].

Voltando ao caso acima narrado, inquestionável que a situação descrita caracteriza uma lide, pois há uma resistência insuperável dos interesses dos sujeitos envolvidos no conflito, uma vez que têm pretensões contrapostas e inconciliáveis.

Interesse, de acordo com Frederico Marques, é "a posição favorável para a satisfação de uma necessidade"[2].

Se houver outro sujeito opondo resistência à satisfação desta necessidade, tem-se uma lide, ou seja, "um conflito de interesses qualificado por uma pretensão resistida; e denomina-se pretensão à exigência de subordinação de um interesse alheio a um interesse próprio"[3].

O conflito deve ser visto como algo positivo nas sociedades democráticas, pois, como elucidou Maquiavel, "o conflito é o indício de que há liberdade, de que os interesses de uma parte não subjugaram inteiramente os de outra"[4].

> A democracia não é somente diálogo, deliberação, ética da palavra e consenso. Se excluirmos de nossa definição o conflito, tropeçaremos com um consenso forçado, que reprime, que oculta, que nega as contradições, as disputas, os interesses, os valores e as diferentes visões do mundo que, mesmo sob a superfície, sempre continuarão existindo[5].

> O conflito previne estagnações, estimula interesse e curiosidade, é o meio pelo qual os problemas podem ser manifestados e no qual chegam as soluções, é a raiz da mudança pessoal e social[6].

Ainda que inerentes às sociedades e necessários ao desenvolvimento humano, os conflitos não podem se perpetuar em virtude do risco de potencializarem a violência das relações, criando uma espiral de violência. Por essa razão, estão à disposição da sociedade métodos autônomos e heterônomos de resolução de conflitos.

Os meios autônomos se farão presentes nas hipóteses em que os titulares do conflito, por sua própria iniciativa, constroem a solução para a lide, por meio da conciliação, mediação, renúncia ou transação. A controvérsia é solucionada entre os interessados, sem a imposição de uma ordem de caráter imperativo por parte de um terceiro desinteressado (juiz ou árbitro).

---

1 COUTURE. *Interpretação das leis processuais*. Rio de Janeiro: Forense, 1988, p. 18.

2 MARQUES, José Frederico. Instituições de Direito Processual Civil. 3ª ed. Rio de Janeiro: Forense, 1966, p. 27.

3 MARQUES, op. cit., p. 28.

4 *Apud* MIGUEL, Luis Felipe. *Consenso e conflito na teoria democrática: para além do "agonismo.*

5 VITULLO, Gabriel Eduardo. *O lugar do conflito na teoria democrática contemporânea.*

6 DEUTSCH, Morton. *A resolução do conflito*. Trad. Arhur Coimbra de Oliveira, rev. Francisco Schertel Mendes. In: AZEVEDO, André Gomma de (org.). Estudos em arbitragem, mediação e negociação. Brasília: UNB, 2004, pág. n.d.

Também é possível afirmar que na situação acima narrada, diante dos bens jurídicos envolvidos, uma solução autônoma construída pelos próprios titulares do conflito é inviável. No caso narrado encontra-se um exemplo de impossibilidade de solução autônoma do conflito, pois qualquer concessão que as partes fizerem importaria em danos irreparáveis ou de difícil reparação ao concedente.

Considerando que a lei criminaliza o exercício arbitrário das próprias razões, quando as partes não alcançam por suas próprias forças a solução da controvérsia, necessariamente haverá de se buscar a intervenção de um terceiro desinteressado em relação ao conflito, para impor uma solução à qual estarão vinculadas as partes. Trata-se do método heterônomo de resolução das lides.

Com efeito, é imprescindível a intervenção de um terceiro que esteja habilitado a solucionar esse litígio, proferindo uma decisão que vincule os sujeitos envolvidos no conflito. Desta forma, Carlos acessou a justiça visando à obtenção de um provimento judicial de caráter imperativo, que resolva o litígio.

No caso, ele ingressou em juízo porque se sentiu lesado em seu patrimônio jurídico, no caso, a liberdade de credo. Assim, mediante o exercício do direito de ação demandou tutela jurisdicional ao Poder Judiciário que, por sua vez, assegurado o devido processo legal, proferirá uma decisão definitiva.

O Estado-Juiz, no exercício da soberania estatal, impõe autoritativamente a decisão por meio do processo. Há mais de meio século, Frederico Marques, invocando o magistério de Carnelutti, desenvolveu o conceito de processo a partir da cooperação. Para o autor, o processo define-se como "um conjunto de atos destinados à formação de imperativos jurídicos, que se caracterizam pela cooperação ou colaboração, para este fim, de pessoas interessadas com uma ou mais pessoas desinteressadas"[7].

O Estado Democrático de Direito convive com o conflito, mas não tolera o ilícito nem a violência, de modo que o processo propicia ao Estado, por intermédio da jurisdição, reparar a lesão ou fazer cessar a ameaça a direito. O exercício da função jurisdicional é, assim, um dos meios pelos quais se concretiza o princípio da segurança jurídica, um dos princípios basilares da democracia.

O conteúdo do provimento jurisdicional dependerá da observância do devido processo legal, ou seja, o atendimento das normas de direito processual que possibilitam a instauração e o desenvolvimento de um processo válido.

Somente se o processo estiver imaculado é que o juiz poderá prover sobre o mérito da situação jurídica controvertida, cujo teor dependerá da demonstração dos fatos constitutivos do direito alegado e da inexistência de prova de quaisquer fatos desconstitutivos, extintivos ou modificativos desse direito.

---

7 MARQUES, José Frederico. *Instituições de Direito Processual Civil.* Vol. I. 3ª ed. Rio de Janeiro: Forense, 1966, p. 28.

Na história entre Carlos e o cirurgião, o conflito de interesses tolera aguardar todo o trâmite processual para que, ao final, seja solucionado pelo juiz, sem que qualquer das partes sofra dano irreparável ou de difícil reparação[8].

Todavia, há situações urgentes em que não é possível aguardar todo o trâmite do procedimento, para que, ao final se realize o direito. Nessas hipóteses, o Código, visando a conferir efetividade aos provimentos jurisdicionais, prevê a possibilidade de concessão de provimentos de urgência, pois o direito processual compreende ser absolutamente inconcebível a existência de um direito sem a respectiva garantia processual a efetivá-lo tempestivamente. É o caso envolvendo, por exemplo, a matrícula de uma criança na escola; não é possível postergar a decisão sem causar incomensuráveis prejuízos na formação desta criança. O mesmo se pode dizer em relação a causas relacionados ao direito à saúde, ao nome, à liberdade, à imagem, à subsistência.

---

8 PARECER CRM-MG Nº 103/2018 – PROCESSO-CONSULTA Nº 6.138/2017 PARECERISTAS: Cons. Augusto Diogo Filho e Cons. Ricardo Hernane Lacerda Gonçalves de Oliveira EMENTA: A transfusão sanguínea em situações iminentes de risco à vida está autorizada na Resolução CFM N.º 1021/1980.

4

A LEI PROCESSUAL NO TEMPO E NO ESPAÇO

A lei processual tem eficácia imediata aplicando-se aos processos em curso tão logo entre em vigor. Neste sentido, a norma processual fala por si mesma:

> Art. 14. A norma processual não retroagirá e será aplicável imediatamente aos processos em curso, respeitados os atos processuais praticados e as situações jurídicas consolidadas sob a vigência da norma revogada .

Esta regra decorre do fato de o processo constituir-se por uma sucessão de atos jurídicos processuais, integrados entre si através de uma relação cronológica, lógica e teleológica. Por isso, os atos processuais são considerados, isoladamente, um ato jurídico perfeito que sucessivamente se integram até se alcançar o provimento final. Daí decorrem duas situações: os atos já praticados não serão repetidos pelo advento de lei posterior, mas os atos subsequentes serão regidos pela nova lei.

Apesar da clareza da norma que disciplina a lei processual no tempo, sob inspiração da regra *tempus regit actum*, nem sempre se tem segurança quanto à norma aplicável ao caso concreto. Principalmente quando ainda coexistem processos cíveis instaurados na vigência do Código de 1973, as dificuldades surgem com uma frequência invulgar. A propósito, visando a dirimir a controvérsia, o Superior Tribunal de Justiça editou o Enunciado Administrativo 2/STJ:

> Aos recursos interpostos com fundamento no CPC/1973 (relativos a decisões publicadas até 17 de março de 2016) devem ser exigidos os requisitos de admissibilidade na forma nele prevista, com as interpretações dadas, até então, pela jurisprudência do Superior Tribunal de Justiça.

Pelo princípio *tempus regit actum* aplica-se a norma processual vigente no momento em que se abre a oportunidade para a prática do ato processual, isto é, no momento em que a parte é intimada para a prática do ato processual. A lei nova, portanto, não se aplicará ao processo cujo prazo para a prática do ato estava em curso antes da sua vigência. A jurisprudência do STJ sintetiza a questão de forma didática:

> Ocorre que, por mais que a lei processual seja aplicada imediatamente aos processos pendentes, deve-se ter conhecimento que o processo é constituído por inúmeros atos. Tal entendimento nos leva à chamada "Teoria dos Atos Processuais Isolados", em que cada ato deve ser considerado separadamente dos demais para o fim de se determinar qual a lei que o rege, recaindo sobre ele a preclusão consumativa, ou seja, a lei que rege o ato processual é aquela em vigor no momento em que ele é praticado. Seria a aplicação do Princípio *tempus regit actum*. Com base neste princípio, temos que a lei processual atinge o processo no estágio em que ele se encontra, onde a incidência da lei nova não gera prejuízo algum às parte, respeitando-se a eficácia do ato processual já praticado. Dessa forma, a publicação e entrada em vigor de nova lei só atingem os atos ainda por praticar, no caso, os processos futuros, não sendo possível falar em retroatividade da nova norma, visto que os atos anteriores de processos em curso não serão atingidos[1].

Quanto ao lugar da prática dos atos processuais, o art. 217 do CPC dispõe que deverão ser praticados na sede do juízo. O mencionado dispositivo admite, em caráter excepcional, a realização de atos processuais em local diverso em razão de deferência, do interesse da justiça, da natureza do ato ou de obstáculo arguido pelo interessado e reconhecido pelo juiz. Nada mais singelo.

---

[1] STJ. REsp Repetitivo 1404796/SP, Rel. Ministro MAURO CAMPBELL MARQUES, DJe 09/04/2014.

5

BREVE NOTÍCIA HISTÓRICA DO PROCESSO

A evolução histórica do processo deve ser desmembrada entre as famílias[1] do direito: a romano-germânica e a do *common law*. Apesar de trilharem caminhos distintos, esses sistemas tendem a se aproximar, pois o processo é uma garantia preconizada nos artigos 8º e 10 da Declaração Universal dos Direitos Humanos, de 1948[2].

A família romano-germânica, conforme os modelos de processo adotados, historicamente, atravessou, de acordo com De Plaza, as seguintes fases: 1º) processo romano; 2º) processo romano-canônico; 3º) processo moderno[3].

O processo civil romano pode ser dividido em três eras: a das *legis actiones*, a do formulário e a da *cognitio extra ordinem*.

A primeira era, a das *legis actiones,* caracterizou-se pelo rigor formal. A inobservância do rito sacrificava o direito. A segunda fase, *per formulas,* foi a mais importante e caracterizava-se pelo fato de o magistrado estar autorizado a "conceder fórmulas de ações que fossem aptas a compor toda e qualquer lide que se lhe apresentasse"[4]. Por fim, a fase da *cognitio extra ordinem* caracterizou-se pela assunção da função de julgar pelo Estado, pela adoção do procedimento escrito e pela utilização de meios de coação para fazer cumprir as sentenças.

---

[1] Família é expressão adotada por DAVID, René. *Os grandes sistemas de direito contemporâneo.* 4ª ed. São Paulo: Martins Fontes, 2002.

[2] Artigo 8º Toda a pessoa tem direito a recurso efetivo para as jurisdições nacionais competentes contra os atos que violem os direitos fundamentais reconhecidos pela Constituição ou pela lei. Artigo 10º Toda a pessoa tem direito, em plena igualdade, a que a sua causa seja equitativa e publicamente julgada por um tribunal independente e imparcial que decida dos seus direitos e obrigações ou das razões de qualquer acusação em matéria penal que contra ela seja deduzida.

[3] Apud, MARQUES, José Frederico. *Instituições de Direito Processual Civil.* 3ª ed. Rio de Janeiro: Forense, 1966. vol. I, p. 100.

[4] THEODORO JR., Humberto. *Curso de Direito Processual Civil.* Vol. I, 59ª ed. Rio de Janeiro: Forense, 2018, p. 14.

Na verdade, em toda a evolução do processo civil romano observa-se uma orientação constante no sentido da superação da primitiva rigidez formal, imposta aos litigantes, em favor de uma cada vez mais acentuada liberdade de formas procedimentais[5].

Frederico Marques aponta que o principal legado do período romano foi a concepção de jurisdição:

> O processo romano tinha o juiz como investido de uma função pública – a *jurisdictio* – para decidir da *res in judicio deducta*, como árbitro e sujeito imparcial que encarnava a viva *vox juris*, segundo os elementos fornecidos pelos interessados e de acordo com as provas produzidas[6].

O processo penal, a seu turno, refletia o caráter despótico do Império Romano. Conforme Tornaghi, o "procedimento de tipo inquisitório, iniciado na Roma imperial com o processo extraordinário e vulgarizado a partir do século XIII, era mais propriamente um inquérito seguido de uma sentença do que o *iudicium* do Direito Romano clássico"[7]. O acusado era considerado objeto do processo e toda espécie de castigos corporais era admitida.

Após as invasões dos povos germânicos, o processo penal romano foi fragmentado em razão da decadência dos institutos jurídicos imperiais.

Caracterizado pelo transcendentalismo, uma das principais provas do processo no medievo eram "os ordálios ou Juízos de Deus, e o juramento. O acusado jurava não ter praticado o crime de que era processado, e tal juramento podia ser fortalecido pelos Juízes, os quais declaravam sob juramento que o acusado era incapaz de afirmar uma falsidade A prova do juramento baseava-se "na crença de que Deus, conhecendo o passado, pode castigar aquele que jura falsamente"[8].

O processo civil romano-canônico caracterizava-se por ser essencialmente escrito, formalista e, consequentemente, moroso. A execução era inadmissível sem cognição e o *onus probandi* recaia sobre o autor. "O processo de conhecimento, ordinário por natureza e propósitos, parte da suposição de que o demandante, qualquer que ele seja, não tem razão, a não ser que prove em contrário"[9].

A partir da Revolução Francesa, especificamente com a edição do *Code de Procédure Civile*, de 1807 e do *Code d'Instruction Criminelle*, de 1808, observa-se um salto no direito processual, que se livra das amarras do direito material. A influência e difusão do direito francês pelo continente europeu foi responsável pela formação do direito processual moderno.

---

5 SILVA, Ovídio A. Baptista da. *Teoria Geral do Processo Civil*. São Paulo: Revista dos Tribunais, 1997, p. 14.

6 MARQUES, José Frederico. *Instituições de Direito Processual Civil*. Op. cit., p. 102.

7 TORNAGHI, Hélio. *A Relação Processual Penal*. 2ª ed. São Paulo: Saraiva, 1987, p. 3.

8 TOURINHO FILHO, Fernando da Costa. *Processo Penal*. São Paulo: Saraiva, 1990. vol. I, p. 75.

9 SILVA, Ovídio A. Baptista da. *Teoria Geral do Processo Civil*. Op. cit., p. 23.

Entretanto, apesar da modernização, conservaram-se princípios inspirados no cristianismo, como a complacência para com o devedor (*favor debitoris*) e, de um modo geral, perante os demandados, ao colocar o ônus da prova sobre o autor da demanda, *actore non probate reus absolvitur*[10].

Foi no século XIX que o direito processual recebeu as bases teóricas para sua renovação e autonomia científica. A teoria da relação processual, de Oscar Von Büllow, publicada em 1868, representa o marco teórico inaugural da autonomia do direito processual.

> O novo processualismo científico partiu da conceituação publicística do processo civil e da ideia de autonomia do direito de ação, para infundir, em seguida, maior precisão sistemática ao estudo das categorias processuais, submetendo-as a rigoroso método científico[11].

Essa teoria, que predominou até fins do século XX, na visão da maioria dos processualistas brasileiros, representa uma garantia do indivíduo contra o Poder Judiciário e contra o próprio Estado. A relação jurídica processual, de acordo com Trocker, constitui-se na obrigação de o Estado prestar tutela jurisdicional, delimitada pelo devido processo legal, cuja estrutura encontra-se na Constituição da República[12]. A constitucionalização dos princípios e garantias constitucionais não

---

[10] Dada a importância desta questão, merecem ser contrapostas as opiniões de Ovídio Baptista e de Calmon de Passos. Para o primeiro, "a ética do procedimento ordinário é o sacrifício do direito verossímil, em favor do direito improvável! Sob a falsa suposição de que a recusa em prover, baseada em juízos *prima facie*, preservaria a neutralidade do julgador, o procedimento ordinário (leia-se *processo de conhecimento*) acaba privilegiando invariavelmente o demandado, pela manutenção, em seu benefício, do *statu quo ante*, de que o réu desfrutará às vezes, por anos a fio, até que sobrevenha sentença definitiva. E o que é pior, a proclamação final da lide de que o réu não era titular de qualquer direito que legitimasse sua resistência à pretensão do autor não lhe acarretará qualquer ônus". (*Teoria Geral do Processo Civil.* Op. cit., p. 25-26). Por sua vez, Calmon de Passos adota posicionamento diametralmente oposto, ao defender que "Direito é decisão, destarte a participação no processo decisório, em todos os seus pressupostos e fases, revela-se um elemento constitutivo da dimensão democrática do Estado de Direito, uma garantia para o cidadão e um espaço real de liberdade e de efetiva autodeterminação, indispensáveis para haver real cidadania. Digo mais, é a única forma de realizar os direitos fundamentais, bem como os que deles decorrem como seus desdobramentos, tirando-os do mundo do *faz de conta* dos enunciados bombásticos para colocá-los no mundo real dos acontecimentos. Esquecer tudo isso e proclamar com palavras retumbantes, a necessidade da efetividade, da celeridade, de deformalização, de diferenciação de tutela, é, em verdade, atrair-se com isca tentadora da carne fresca o pobre animalzinho para a armadilha. A democracia é mais que discurso, é compromisso, é permanente autodisciplina e exigência de respeito à dignidade própria e à dignidade do outro, principalmente do outro, porque no cuidar de nós mesmos, somos todos por demais diligentes." (*Direito, justiça, processo e poder*. Rio de Janeiro: Forense, 1999, p. 71-72).

[11] MARQUES, José Frederico. *Instituições de Direito Processual Civil.* Op. cit., p. 109.

[12] TROCKER, Nicòlo. *Processo Civile e Costituzione.* Milão: Dott. A. Giuffrè Editore, 1974, p. 10: "*Alla prestazione dovuta della tutela giurisdizionale delle situazioni giuridiche individuali (tutela intesa appunto come escuzione di un obbligo che lo Stato stesso si è assunto),*

concede ao parlamento ampla liberdade para fazer de qualquer processo o devido processo legal. Da mesma forma, o juiz não pode aplicar as normas processuais sem reconhecer que acima delas sobrepaira a Constituição.

Aroldo Plínio Gonçalves esclarece que a teoria do processo como relação jurídica está superada, tendo importância meramente histórica. Para o autor,

> não é demais insistir em que faculdades e poderes não significam faculdades e poderes de um titular de direitos sobre atos de outras pessoas, mas são prerrogativas que derivam da norma e que qualificam o ato do próprio agente em relação à sua própria conduta. Uma faculdade é a posição de vantagem do sujeito em relação a um bem e realiza-se pelo simples ato de (conduta) sem necessidade de prévias declarações de vontade, sendo que esta constitui a consciente determinação para o ato. Na faculdade essa determinação não necessita ser explicitada, manifesta-se naturalmente na conduta. Um poder que decorre da norma é a posição de vantagem do sujeito em relação a um bem, que se realiza pela declaração da vontade do agente, ou seja, quando é condição do ato a manifestação, a exteriorização da consciente determinação que o produziu[13].

A teoria do processo como procedimento realizado em contraditório, em simétrica igualdade entre as partes, concebida na Itália por Fazzalari e entre nós, desenvolvida por Aroldo Plínio Gonçalves, veio para dar seguimento ao ciclo evolutivo do direito processual. A essa teoria, mais recentemente, por construção do direito germânico, agrega-se um terceiro elemento, o direito de as partes verem as questões, por eles debatidas, apreciadas pelo julgador[14].

A expressão *due process of law* surgiu na Inglaterra em 1354[15], mas desde 1215, o processo era objeto de regulamentação na Carta Magna: "*nullus liber homo capiatur vel imprisionetur ... nisi per legale judicium parium suorum vel per legem terrae*"[16]. (nenhum homem livre deve ser capturado ou aprisionado a não ser através de uma decisão legal de seus pares através da lei da terra).

> Pelo direito da terra, compreendido como o direito de todos, ouve-se antes de condenar; procede-se por meio da audiência, e se proferem sentenças somente após julgamento. Isto significa que todo cidadão deve ter sua vida, liberdade,

---

corrisponde la 'pretesa' del singolo ad una posizione processual indipendente e dinamica, chiaramente delimitada nei direiti e nei doveri".

13 GONÇALVES, Aroldo Plínio. *Técnica Processual e Teoria do Processo.* Rio de Janeiro: AIDE, 1992, p. 96.

14 STF. MS 24.268, Rel. Min. Gilmar Mendes.

15 "A expressão *due process of law* ocorre pela primeira vez em um *estatuto* emanado de Eduardo III, em 1354: "*None shall be condemned without trial. Also, that, no man, of what Estate Condition that he be, shall be put out of Land or Tenement, nor taken or imprisioned, nor disinherited, nor put to death, with out being brought to Answer by due Process of Law*". In: VIGORITI, Vicenzo. *Garantie Costituzionali del Processo Civile.* Milão: Dott. A. Giuffrè Editore, 1973, p. 25.

16 MAGNA CHARTA, 1215, art. 39, in: VIGORITI, Vicenzo. *Garantie Costituzionali del Processo Civile.* Milão: Dott. A. Giuffrè Editore, 1973, p. 25.

propriedade e imunidades, protegidas pelas normas gerais que governam a sociedade[17].

O sistema jurídico de *common law* foi construído a partir da concepção de que *remedies precede rights.* Essa ideia fundamentou todo o sistema jurídico inglês a partir da garantia do processo, por considerar "simplesmente supérflua qualquer declaração formal de direitos"[18].

O processo inglês crê que para realizar o processo justo é necessário garantir a igualdade entre as partes e o contraditório. O processo justo conduzirá, necessariamente, a provimentos judiciais também justos.

> A preocupação do processo vai colocar-se, então, no primeiro plano das preocupações destes práticos que são os juristas ingleses: porque parece claramente a esta gente de bom senso que não serve para nada ter razão se não se puder obter a justiça que se deseja.
>
> A ideia de que o acusado deve ter um *fair trial* (ser tratado com lealdade no processo), a ideia de que não se pode estatuir senão observando as formas de um processo regular (*the rules* ou *natural justice*) são ideias centrais do direito inglês, mais preocupado com a administração da justiça do que propriamente com a justiça em si mesma. O estado de espírito inglês merece ser notado. Segui um processo bem regulado, cheio de lealdade – pensa o jurista inglês – e chegareis quase seguramente a uma solução de justiça[19].

Já no sistema de *civil law* pensa-se o contrário: "é necessário dizer ao juiz qual é a solução de justiça; e se o juiz conhece esta solução, não se deve impedi-lo de chegar a ela, regulamentando com excessiva minúcia o processo e as provas"[20].

No Brasil, a Constituição de 1988 consagra expressamente a garantia do devido processo legal. É importante registrar que essa garantia somente é compatível com regimes democráticos, uma vez que nos regimes de exceção, o processo é apenas uma garantia formal, sem instrumentalização suficiente para fazê-la funcionar.

A promulgação da Constituição de 1988 e a superação da teoria do processo como relação jurídica, que atribuía aos sujeitos do processo "deveres e direitos"[21] foram os fatos recentes mais importantes para o direito processual no último século. A primeira por estabelecer os pressupostos para o correto exercício da jurisdição:

---

[17] COOLEY, Judge Thomas M. *A Treatise on Constitutional Limitations,* 5th Ed. Little, Brown & Co.: Boston, 1883, Sec.353-54, p.432. *"By the law of the land is most clearly intended the general law; a law which hears before it condemns; which proceeds upon inquiry, and renders judgement only after trial. The meaning is that every citizen shall hold his life, liberty, property, and immunities, under the protection of the general rules which govern society."*

[18] VIGORITI, Vicenzo. *Garantie Costituzionali del Processo Civile.* Padova: CEDAM, 1973, p. 30.

[19] DAVID, René. *Os Grandes Sistemas do Direito Contemporâneo.* São Paulo: Martins Fontes, 1996, p. 321-322.

[20] DAVID, René. *Os Grandes Sistemas do Direito Contemporâneo.* Op. cit., p. 323.

[21] Ver a respeito CHIOVENDA, Giuseppe. *Instituições de Direito Processual Civil.* Vol. I. Saraiva: São Paulo, p. 96.

"a conformidade do direito positivo em conformidade com a normativa constitucional sobre o exercício da atividade jurisdicional"[22] e a segunda por conceber o processo em harmonia com os princípios do Estado Democrático de Direito.

> A propósito do ideário do processo justo, prevalece na consciência da civilização de nosso tempo a concepção de que um Código moderno, republicano e democrático, há de observar um 'modelo social de processo' que esteja atento às exigências da instrumentalidade, da efetividade e da presteza na promoção da tutela aos direitos subjetivos em crise. Em tal modelo, como é inegável, não podem merecer guarida as espertezas do litigante no manejo das puras técnicas procedimentais e argumentativas como a causa do resultado da disputa travada em juízo. Para o processo justo (...) urge, antes de tudo, mudar essa ótica deformadora do verdadeiro papel reservado à prestação jurisdicional. É preciso, urgentemente, substitui-la pela objetiva e singela busca da justa e adequada realização do direito material na solução do conflito deduzido em juízo[23].

Neste século, a promulgação de um novo CPC, estruturado em ideologia e principiologia democráticas, já se destaca dentre tudo que foi feito nas últimas cinco décadas em prol da cidadania e do Estado de Direito. É necessário, contudo, assimilar a cultura democrática para concretizarmos o processo democrático.

---

22 ANDOLINA, Italo. *I fondamenti costituzionali della giustizia civile.* 2ª ed. Torino: G. Giappichelli, 1997, p. 5: "*la conformità del suo asseto positivo alla normativa costituzionale sull'esercizio dell'ativitá giurisdizionale*".

23 THEODORO JR., Humberto. *Curso de Direito Processual Civil.* Vol. I, 59ª ed. Rio de Janeiro: Forense, 2018, p. 28 e 29.

6

O PROCESSO

Processo e procedimento, apesar da origem etimológica comum, em razão de valores convencionais da linguagem científica, foram conceituados, juridicamente, de forma distinta. A distinção tradicional, que reinou absoluta no século XX, não se sustenta diante do estágio que a ciência processual alcançou.

Nos moldes existentes anteriormente, a distinção entre *processo* e *procedimento* tem um caráter artificial, adotada em razão de um convencionalismo científico[1]. Todavia, foi importante para a consolidação da autonomia científica do direito processual essa diferenciação, ainda que meramente convencional, apresentada, por Frederico Marques nos seguintes termos:

> Não se confunde *processo* com *procedimento*. Este é a marcha dos atos do juízo, coordenados sob formas e ritos, para eu se atinjam os fins compositivos do processo. Já o processo tem um significado diverso, porquanto consubstancia uma relação de direito 'que se estabelece entre seus sujeitos durante a substanciação do litígio[2].

A interrelação existente entre processo e procedimento não decorre dos entendimentos anteriormente concebidos. Processo e procedimento relacionam-se na mesma proporção existente entre gênero e espécie. O procedimento, enquanto estrutura normativa de descrição de condutas e de qualificação de direitos e obrigações, é o gênero do qual o processo é a espécie mais elaborada e complexa, que se qualifica pela exigência da participação simétrica, em contraditório, dos interessados no provimento jurisdicional final.

Pode-se dizer, então, que o contraditório é a *ratio distinguendi* do processo em relação aos demais procedimentos existentes. Processo conceitua-se, portanto, como o procedimento que se realiza em contraditório. Por sua vez, o contraditório se define como "a igualdade de oportunidade no processo, é

---

1 CARNELUTTI, Francesco. *Derecho y processo.* Buenos Aires: Ediciones Jurídicas Europa-América, 1971, p. 21.

2 MARQUES, José Frederico. *Instituições de Direito Processual Civil,* 6. ed. Rio de Janeiro: Forense, 1966, v. 1, p. 57.

a igual oportunidade de igual tratamento, que se funda na liberdade de todos perante a lei"[3].

Acolhendo esta teoria, para a qual o contraditório é a "estrutura dialética do procedimento", podem ser destacados os elementos seguintes:

a) participação dos destinatários dos efeitos do ato final, em simétrica paridade de posições, na fase procedimental preparatória do provimento;

b) mútua implicação das atividades dos destinatários – partes – destinadas a obter um provimento conforme seus interesses;

c) efetiva capacidade de as atividades realizadas pelas partes influenciarem o autor do provimento final proferido pelo juiz ou árbitro;

d) possibilidade de exercício, por cada interessado ou destinatário dos efeitos do ato final, de um conjunto de escolhas, de respostas e de controles;

e) existência de controle não só das atividades de cada uma das partes, mas também na possibilidade de fiscalização dos resultados da função exercida pelo autor do provimento final[4].

Pode-se afirmar que o procedimento é uma sequência de normas e de posições subjetivas[5] preparatória do provimento, denominação que se atribui ao ato estatal imperativo destinado a produzir efeitos na esfera jurídica de seus destinatários. A estrutura do procedimento é constituída a partir de uma série de normas, em que cada uma delas regula uma específica "conduta (qualificando-a como direito ou como obrigação), mas que enuncia como pressuposto da sua própria aplicação, o cumprimento de uma atividade regulada por uma outra norma da série"[6].

Desta maneira, os atos processuais, enquanto espécies de ato jurídico, realizam-se no curso do procedimento mediante a sujeição às regras que determinam sua aparição e seus efeitos. Cada ato processual deve ajustar-se às normas que presidem sua criação e lhe conferem valor jurídico, pressuposto para que produza efeitos válidos. Se isso não ocorre, o ato carecerá de validez e o procedimento estará maculado, pois cada um dos atos jurídicos do itinerário procedimental influi sobre a validez do conjunto, ou seja, cada ato se encontra sustentado pelo ato precedente e é, a seu turno, sustentáculo dos consequentes. A culminância desta sequência de atos é o provimento, que dirime a controvérsia e estabelece a verdade legal, com

---

3 GONÇALVES, Aroldo Plínio. *Técnica Processual e Teoria do Processo.* 2. ed. Belo Horizonte: Del Rey, 2012, p. 109.

4 FAZZALARI, Elio. *Instituições de Direito Processual.* Tradução de Elaine Nassif. Bookseller: Campinas, 2006, p. 119-120.

5 A expressão *posição subjetiva* (ou posição jurídica subjetiva) contém um significado peculiar e se refere "à posição de sujeitos perante a norma, que valora suas condutas como lícitas, facultadas ou devidas", e com isso não se relaciona "à posição de sujeitos em uma relação com outro sujeito ou à posição de sujeitos em um quadro qualquer de liames". A posição subjetiva, como posição do sujeito em relação à norma, permite "qualificar a conduta como faculdade ou poder, se é valorada como lícita, e como dever, se é valorada como devida" (GONÇALVES, Aroldo Plínio, op. cit., p. 106-109).

6 FAZZALARI, Elio, op. cit., p. 113-114.

autoridade de coisa julgada. Se os atos que dão sustentação ao provimento estão afetados por vícios graves, que os privam da eficácia que deveriam ter em condições normais, o provimento não subsistirá. Carecerá do suporte necessário: um processo válido.

Pode-se dizer, então, que todo processo está integrado por atos jurídicos que guardam entre si relação cronológica, lógica e teleológica. Uns são suporte ou pressuposto dos outros e todos se ordenam a um fim supremo e comum: a solução da controvérsia por meio de um provimento (sentença)[7]. A validade e a eficácia de um ato inserido na estrutura normativa do procedimento dependem, portanto, da regularidade do ato precedente e influem sobre a validade e a eficácia dos atos posteriores.

A correlação entre os princípios do contraditório e os valores democráticos, liberdade e igualdade, é a grande contribuição desta teoria para a ciência jurídica.

> A faculdade concedida aos litigantes de pronunciar-se e intervir ativamente no processo impede, outrossim, sujeitem-se passivamente à definição jurídica ou fática da causa efetuada pelo órgão judicial[8].

A teoria do processo como procedimento realizado em contraditório expressa o fundamento de legitimidade do exercício do poder jurisdicional.

Nos termos do § único do art. 1º da Constituição da República, o exercício do poder estatal somente se legitima quando exercido por representantes eleitos ou diretamente, nas hipóteses constitucionalmente previstas. Ao constatar que os membros do Poder Judiciário não são eleitos, a legitimidade dos provimentos jurisdicionais somente pode advir da participação direta dos destinatários do provimento. Esta participação ocorre mediante a garantia do contraditório em que os interessados atuam em 'simétrica paridade' na construção do provimento a que se sujeitarão.

Trata-se de exercício da soberania popular na medida em que as partes, sujeitos do contraditório, de forma coparticipativa, interferem decisivamente na construção do provimento, ato de poder estatal que produzirá efeitos no patrimônio jurídico dos partícipes.

A certeza que esse poder de influência foi exercido pelas partes advém do dever de o juiz proferir uma decisão congruente e adequadamente motivada. Assim, a sentença há de se referir à demanda ajuizada pelo autor, bem como as questões de direito e de fato que foram debatidas no curso do procedimento e que têm aptidão para sustentar ou infirmar o veredito.

O princípio do livre convencimento fundamentado é suplantado pelo princípio da congruência e da persuasão racional. Por este princípio há de existir,

---

7 GONÇALVES, Aroldo Plínio, op. cit., p. 108-109. No mesmo sentido: OLIVEIRA, Carlos Alberto Alvaro de. *Do formalismo no processo civil.* São Paulo: Saraiva, 2003, p. 107-111.

8 ALVARO DE OLIVEIRA, Carlos Alberto. *Poderes do juiz e visão cooperativa do processo.* Academia Brasileira de Direito Processual Civil.

necessariamente, a correlação entre a matéria deduzida em juízo, as provas e o julgamento. É congruente a sentença que se fundamenta nos fatos discutidos e nas provas produzidas no processo.

O juiz não pode surpreender as partes, proferindo sentença com fundamentos estranhos àqueles debatidos no processo. O princípio da não surpresa nega ao magistrado poderes para livremente atribuir outra interpretação ou qualificação à causa, inspirado nos brocardos latinos *da mihi factum dabo tibi ius* e *iura novit curia*. O art. 10 do CPC diz que nenhum magistrado, em grau algum de jurisdição, pode apresentar fundamento decisório sem antes assegurar às partes o direito de sobre ele se pronunciar, mesmo em relação às matérias cognoscíveis de ofício.

Nessa linha de raciocínio, o contraditório é uma garantia constitucional, conforme expresso no inc. LV do art. 5º da CR/88, elemento essencial do processo e pressuposto de legitimidade do provimento jurisdicional.

O processo é o procedimento que garante a participação dos destinatários do provimento em simétrica paridade. Vale dizer, é assegurado às partes os direitos de participação, de influenciar na elaboração do provimento final com paridade de armas e o de receber uma decisão congruente e adequadamente fundamentada.

O contraditório para realizar-se tem de contar com a participação de, pelo menos, dois sujeitos, as partes do processo. Esses sujeitos, em relação ao conflito de interesses, estão em posições processuais contrapostas, porém, simetricamente iguais no que diz respeito ao direito de participarem no procedimento e influenciarem o veredito. As partes, destinatárias dos efeitos do provimento, têm assegurado o direito de participação na construção do provimento com iguais oportunidades de manifestação e de instrução.

O juiz ou árbitro, autor do provimento, por sua vez, é um terceiro desinteressado no provimento, na medida em que é "estranho aos interesses em contenda, não sendo parte daquela situação"[9]. Reconhece-se assim que o autor do provimento é sujeito do processo, mas não é parte, porque "ele não participa 'em contraditório com as partes', entre ele e as partes não há interesse em disputa"[10].

Ao compreender o processo como o procedimento que se realiza em contraditório, constata-se a presença dos dois valores essenciais à democracia: igualdade e liberdade. "O contraditório é a garantia de participação em simétrica paridade, das partes, daqueles a que se destinam os efeitos da sentença"[11].

Nesta definição, liberdade e igualdade se fazem explicitamente presentes. O indivíduo tem a liberdade de participar, em igualdade de condições, na construção do provimento que repercutirá no seu patrimônio jurídico. Todavia, se por qualquer razão, optar por não participar do procedimento, sujeitar-se-á aos ônus da sua

---

9 FAZZALARI, op. cit., p. 121.

10 GONÇALVES. *Técnica Processual e Teoria do Processo*. Op. cit., p. 103.

11 GONÇALVES. *Técnica Processual e Teoria do Processo*. Op. cit., p. 109.

inércia. Em harmonia com a Declaração Universal dos Direitos do Homem, todos os seres humanos são livres e iguais, dotados de razão e consciência, capazes, portanto, de assumir a responsabilidade por seus atos e omissões.

A garantia de uma paritária participação das partes na elaboração do provimento faz com que o processo se estruture a partir da igualdade de oportunidades entre os destinatários da decisão judicial, o que torna o contraditório indissociável da ordem jurídica democrática.

Na Exposição de Motivos do CPC esclarece-se que a técnica processual assegura e efetiva os direitos e os valores constitucionais, melhor dizendo, o processo democrático confere efetividade às normas de direito material e às garantias constitucionais do Estado Democrático de Direito.

A garantia é de que as partes participem de um procedimento comparticipativo, podendo dialogar entre si e com o juiz, apresentar seus argumentos com igual respeito e consideração, e, ao final, obter um provimento imperativo, um ato de poder estatal que decide o conflito e impõe *ex vi* o seu cumprimento. Assim estarão atendidos os pressupostos de legitimidade democrática do exercício do poder jurisdicional.

A doutrina identificou, todavia, que o contraditório não se encerra apenas na participação das partes por ser insuficiente para legitimar o provimento jurisdicional, nem afastar o risco do exercício arbitrário do poder jurisdicional. O risco do abuso do poder, senão eficazmente controlado, é sempre iminente, como historicamente demonstrado, as autoridades facilmente se deixaram seduzir por interesses e paixões.

Não é sem razão, portanto, que, modernamente, um novo elemento foi acrescentado ao contraditório: o direito à fundamentação da decisão judicial de forma adequada e congruente. Vale dizer, cuida-se do direito de que a resposta jurisdicional considere tudo aquilo que foi debatido entre as partes e que possa influenciar o veredito. Na jurisprudência do STF o contraditório teve reconhecido o seu caráter tridimensional, como se vê no voto proferido pelo Min. Gilmar Mendes, por ocasião do julgamento do MS 24.268 :

> Daí afirmar-se, correntemente, que a *pretensão à tutela jurídica*, que corresponde exatamente à garantia consagrada no art. 5º, LV, da Constituição, contém os seguintes direitos:
>
> 1) *direito de informação (Recht auf Information)*, que obriga o órgão julgador a informar à parte contrária dos atos praticados no processo e sobre os elementos dele constantes;
>
> 2) *direito de manifestação* (*Recht auf Äusserung*), que assegura ao defendente a possibilidade de manifestar-se oralmente ou por escrito sobre os elementos fáticos e jurídicos constantes do processo;
>
> 3) *direito de ver seus argumentos considerados* (*Recht auf Berücksichtigung*), que exige do julgador capacidade, apreensão e isenção de ânimo (*Aufnahmefähigkeit_ und Aufnahmebereitschaft*) para contemplar as razões apresentadas (Cf. Pieroth e Schlink, Grundrechte-Staatsrecht II, Heidelberg, 1988, p. 281; Battis e Gusy, Einführung in das Staatsrecht, Heidelberg, 1991, p. 363-364; Ver, também, Dürig/Assmann, in: Maunz-Dürig, Grundgesetz-kommentar, Art. 103, vol IV, nº 85-99).

Em harmonia com o entendimento do STF, vem em boa hora a lição de Comoglio:

> [...] graças a uma tríplice ordem de situações subjetivas processuais, na qual a qualquer parte vêm reconhecidos: (I) o direito de receber adequadas e tempestivas informações, sobre o desencadear do juízo e as atividades realizadas, as iniciativas empreendidas e os atos de impulso realizados pela contraparte e pelo juiz, durante o inteiro curso de processo; (II) o direito de defender-se ativamente, posicionando-se sobre cada questão, de fato ou de direito, que seja relevante para a decisão da controvérsia; (III) o direito de pretender que o juiz, a sua vez, leve em consideração as suas defesas, as suas alegações e as suas provas, no momento da prolação da decisão[12].

Ao conceito de contraditório, portanto, novo conteúdo foi agregado com vistas a potencializar a garantia fundamental que ele representa, conferindo-lhe, assim, maior efetividade. Desta forma, o dever de o juiz responder todas as questões suscitadas no curso do processo decorre diretamente do direito de ação que consiste no direito de "exigir o provimento jurisdicional final"[13].

> Nesse quadro se insere a mudança de perspectiva por que tem passado o fenômeno processual dos tempos atuais. A constitucionalização do direito ao processo e à jurisdição, de envolta com o direito fundamental de efetividade e a um processo justo determina também seja assegurada a efetividade real do 'resultado', aspecto que ressalta o nexo teleológico fundamental entre o 'agir em juízo' e a 'tutela' jurisdicional do direito afirmado, ao final reconhecido[14].

Pois bem, este provimento jurisdicional final, nos termos da Constituição da República, art. 93, IX, deve ser fundamentado.

Assim, pode-se dizer que do exercício do direito de ação emerge o dever de o juiz fundamentar adequadamente sua decisão, respondendo às questões suscitadas. Ao fundamentar, não se exige do juiz o exame pormenorizado de todas as alegações e provas, pois algumas destas alegações ou provas poderão ser manifestamente impertinentes ou desinfluentes no deslinde da demanda. O enfrentamento dessas questões não qualificaria a decisão, sobrecarregaria o juiz e contribuiria para práticas procrastinatórias das partes, que alargariam o objeto do contraditório, única e exclusivamente com o intuito de dificultar a prestação jurisdicional. Agora, em relação às questões que sustentam ou infirmam a conclusão do julgador, ele deverá responder a todas, acolhendo-as ou rejeitando-as, ainda que com fundamentos sucintos.

Por outro lado, violada a garantia de resposta adequada, congruente e devidamente fundamentada, para admitir, em substituição, a possibilidade de decisões

---

12 *Apud*, THEODORO JR. Humberto. Processo justo e contraditório dinâmico. *Revista de Estudos Constitucionais, Hermenêutica e Teoria do Direito* (RECHTD) 2(1): 64-71 janeiro-junho 2010. Disponível em http://www.rechtd.unisinos.br/pdf/91.pdf. Acesso em 01/03/2013.

13 DINAMARCO, Cândido Rangel. *Instituições de Direito Processual Civil*. Vol. I, 4ed. São Paulo: Malheiros, 2004, p. 300.

14 ALVARO DE OLIVEIRA, Carlos Alberto. *Teoria e prática da tutela jurisdicional*. Ed. Forense. 2008, p. 84.

derivadas do solipsismo judicial, o processo não servirá para coisa alguma, nem será depositário da confiança da sociedade que nele acredita como instrumento pacífico de tutela jurídica[15].

O legislador do CPC foi perspicaz e evitou aventurar-se na definição conceitual do que é uma decisão fundamentada. O dever de fundamentação, nos termos do art. 489, § 1º do CPC, deriva diretamente do texto constitucional, motivo pelo qual se limitou o legislador a negar eficácia à decisão desmotivada.

Com efeito, o Judiciário, ao motivar suas decisões, está obrigado a responder, de maneira explícita, sobre todas as pretensões deduzidas pelas partes que tenham relevância para o julgamento, sob pena de negar jurisdição. A omissão ou o silêncio do julgador sobre determinadas questões constitutivas do objeto do processo e debatidas no curso do procedimento viola a garantia de efetiva proteção judicial e tipifica negativa de tutela aos interesses juridicamente protegidos.

O dever de considerar os argumentos e provas deduzidos pelas partes é de indiscutível evidência à luz da garantia de efetiva proteção judicial.

O indivíduo, ao acessar a justiça, tem o direito de receber, na solução da controvérsia submetida à deliberação jurisdicional, uma resposta correspondente ao que foi demandado. O art. 489, § 1º, inc. IV do CPC c/c o art. 93, inc. IX da CR/88 ao cominarem sanção de nulidade às decisões que não enfrentam todos os argumentos deduzidos no processo capazes de, em tese, infirmar a conclusão adotada pelo julgador, afasta quaisquer dúvidas quanto ao dever imposto à jurisdição de considerar os argumentos apresentados. Esse entendimento encontra-se recepcionado pela jurisprudência do STJ:

> A prescrição trazida pelo art. 489 do CPC/2015 veio confirmar a jurisprudência já sedimentada pelo Colendo Superior Tribunal de Justiça, sendo dever do julgador apenas enfrentar as questões capazes de infirmar a conclusão adotada na decisão recorrida[16].
>
> Impõe-se o afastamento da alegada violação dos arts. 489, § 1º, IV e 1.022 do CPC/15, quando integralmente apreciada a questão jurídica postulada, por meio do exame da matéria, inclusive dos argumentos apresentados pelas partes, que se mostraram relevantes ao deslinde da controvérsia, ou seja, capazes de, em tese, infirmar a conclusão adotada no julgado. Não é o órgão julgador obrigado a rebater, um a um, todos os argumentos trazidos pelas partes em defesa da tese que apresentaram. Deve apenas enfrentar a demanda, observando as questões relevantes e imprescindíveis à sua resolução[17].

A Constituição da República não exige, contudo, que o magistrado esteja "obrigado a emitir juízo de valor expresso a respeito de todas as teses e dispositivos legais

---

15 É importante esclarecer que o processo, enquanto método de resolução de conflitos, desenvolve-se pacífica e civilizadamente, com o debate entre os titulares do conflito, mas, a solução adjudicada proveniente do processo não produz, necessariamente, paz social.

16 STJ, EDcl no MS 21.315/DF, Rel. Minª Diva Malerbi, (Convocada), DJe 15/6/2016.

17 STJ. AgInt no REsp n. 1.950.376/CE, Rel. Min Francisco Falcão, DJe de 1/12/2022.

invocados pelas partes"[18]. O Judiciário, portanto, está obrigado a motivar suas decisões respondendo à todas as pretensões deduzidas pelas partes que sejam relevantes para o resultado do julgamento, sob pena de violação da garantia do acesso à justiça substancial.

A jurisprudência constitucional da Espanha possui entendimento sedimentado a respeito da violação do dever de fundamentação judicial e pode ser um importante paradigma a ser observado por nossas Cortes. O Tribunal Constitucional espanhol estabeleceu para constatação da negativa de prestação jurisdicional por carência de fundamentação a omissão do julgado quando:

> I – pela motivação exposta pelo julgador, não se apreende a refutação tácita das questões omitidas;
>
> II – a pretensão é deduzida pelas partes no momento processual oportuno e sobre ela a decisão não se pronuncia; e, por fim,
>
> III – as matérias não enfrentadas pelo julgador são influentes no desfecho da causa, aptas para sustentar veredito diverso[19].

O STF também evidenciou a importância da fundamentação das decisões judiciais enquanto garantia da cidadania contra o arbítrio judicial ao consignar:

> O ordenamento jurídico brasileiro, ao tornar a exigência de fundamentação das decisões judiciais um elemento imprescindível e essencial à válida configuração dos atos sentenciais, refletiu, em favor dos indivíduos, uma poderosa garantia contra eventuais excessos do Estado-Juiz, e impôs, como natural derivação desse dever, um fator de clara limitação dos poderes deferidos a magistrados e Tribunais. (...) Não há, em tema de liberdade individual, a possibilidade de se reconhecer a existência de arbítrio judicial. Os juízes e tribunais estão, ainda que se cuide do exercício de mera faculdade processual, sujeitos, expressamente, ao dever de motivação dos atos constritivos do *status libertatis* que pratiquem no desempenho de seu ofício. – A conservação de um homem na prisão requer mais do que um simples pronunciamento jurisdicional. A restrição ao estado de liberdade impõe ato decisório suficientemente fundamentado, que encontre suporte em fatos concretos[20].

Neste julgamento, a Suprema Corte realçou os motivos preponderantes, justificadores da fundamentação das decisões judiciais em um Estado Democrático, como instrumento de limitação do poder e, consequentemente, prevenção do arbítrio e subjetivismo judiciais. Trata-se de paradigma exemplar que, se observado em sua inteireza, conferiria legitimidade democrática indistintamente a todas as decisões judiciais e, consequentemente, conferiria à sociedade segurança jurídica.

Na mesma linha do apontado pelo Supremo, Taruffo esclarece:

> o juiz ao motivar não deve persuadir pessoa alguma; ao invés disso, deve fornecer as razões pelas quais sua decisão pode parecer fundada diante de um controle

---

18 STJ. AgRg no AREsp 99.364/RS, Rel. Ministra MARGA TESSLER (JUÍZA FEDERAL CONVOCADA DO TRF 4ª REGIÃO), PRIMEIRA TURMA, julgado em 24/02/2015, DJe 03/03/2015.

19 LLOBREGAT, José Garberí. *Constitución y Derecho Procesal – los fundamentos constitucionales del Derecho Procesal.* Pamplona: Thomson Reuters, 2009, p. 179-180.

20 STF. HC 68530, Relator(a): Min. CELSO DE MELLO, Primeira Turma, julgado em 05/03/1991, DJ 12-04-1991 PP-04159 EMENT VOL-01615-01 PP-00131.

intersubjetivo de validade e confiabilidade. (...) o dever de motivar requer que a justificativa da decisão sobre os fatos *exista*, seja *completa* e, ainda, *coerente*[21].

Além disso, a fundamentação é um instrumento poderoso para a concretização do princípio da dignidade humana, pois a fundamentação adequada e congruente enquanto pressuposto autorizativo da intervenção na liberdade e no patrimônio dos sujeitos de direito, confere ao jurisdicionado certeza de que eventuais restrições à sua liberdade ou ao seu patrimônio jurídico não decorreram de violência ou de arbitrariedade.

Quanto à extensão da matéria a ser apreciada na fundamentação judicial, o Supremo Tribunal Federal atribui ao julgador o dever de apreciar todas as questões suscitadas pelas partes como meio de conferir a máxima efetividade ao dever de fundamentação:

> A DECISÃO JUDICIAL DEVE ANALISAR TODAS AS QUESTÕES SUSCITADAS PELA DEFESA DO RÉU.
>
> Reveste-se de nulidade o ato decisório, que, descumprindo o mandamento constitucional que impõe a qualquer Juiz ou Tribunal o dever de motivar a sentença ou o acórdão, deixa de examinar, com sensível prejuízo para o réu, fundamento relevante em que se apoia a defesa técnica do acusado[22].

O Supremo Tribunal Federal, em momento subsequente, firmou entendimento definitivo a respeito da fundamentação judicial ao interpretar, em recurso com repercussão geral reconhecida, o art. 93, IX da Constituição da República nos seguintes termos:

> O art. 93, IX, da Constituição da República exige que o acórdão ou decisão sejam fundamentados, ainda que sucintamente, sem determinar, contudo, o exame pormenorizado de cada uma das alegações ou provas, nem que sejam corretos os fundamentos da decisão[23].

A importância da fundamentação decisória decorre da circunstância de que a sentença dela desprovida agride o ordenamento constitucional e mostra a face da arbitrariedade, incompatível com o Estado de Direito. Por fim, Barbosa Moreira sintetiza tudo o que até então foi dito:

> Ora, é na motivação que se pode averiguar se e em que medida o juiz levou em conta ou negligenciou o material oferecido pelos litigantes, assim, essa parte da decisão consititui o 'mais válido ponto de referência' para controlar-se o efetivo respeito daquela prerrogativa (...).
>
> A motivação das decisões judiciais, como expressão da 'justificação formal' dos atos emanados do Poder a que compete, por excelência, a tutela da ordem jurídica e dos direitos subjetivos, constitui garantia inerente ao Estado de Direito[24].

---

21 TARUFFO, Michele. *Uma simples verdade – o juiz e a construção dos fatos*. São Paulo: Marcial Pons, 2012, pp. 273-274.

22 STF. HC 74073, Relator(a): Min. CELSO DE MELLO, Primeira Turma, julgado em 20/05/1997, DJ 27-06-1997 PP-30227 EMENT VOL-01875-03 PP-00597.

23 STF. AI-QO-RG 791292, Relator(a): Min. MIN. GILMAR MENDES, julgado em 23/06/2010, publicado em 13/08/2010.

24 BARBOSA MOREIRA, José Carlos. *Temas de Direito Processual*, 2ª Série. São Paulo: Saraiva, 1980. p. 88 e 95.

O STJ nas Informações Complementares a recente julgado, consignou:

A omissão, definida expressamente pela lei, ocorre na hipótese de a decisão deixar de se manifestar sobre tese firmada em julgamento de casos repetitivos ou em incidente de assunção de competência aplicável ao caso sob julgamento.

O Código de Processo Civil considera, ainda, omissa, a decisão que incorra em qualquer uma das condutas descritas em seu art. 489, § 1º, no sentido de não se considerar fundamentada a decisão que: i) se limita à reprodução ou à paráfrase de ato normativo, sem explicar sua relação com a causa ou a questão decidida; ii) emprega conceitos jurídicos indeterminados; iii) invoca motivos que se prestariam a justificar qualquer outra decisão; iv) não enfrenta todos os argumentos deduzidos no processo capazes de, em tese, infirmar a conclusão adotada pelo julgador; v) invoca precedente ou enunciado de súmula, sem identificar seus fundamentos determinantes, nem demonstrar que o caso sob julgamento se ajusta àqueles fundamentos; e, vi) deixa de seguir enunciado de súmula, jurisprudência ou precedente invocado pela parte, sem demonstrar a existência de distinção no caso em julgamento ou a superação do entendimento.

Sobreleva notar que o inciso IV do art. 489 do Código de Processo Civil de 2015 impõe a necessidade de enfrentamento, pelo julgador, dos argumentos que possuam aptidão, em tese, para infirmar a fundamentação do julgado embargado[25].

A respeito da fundamentação *per relationem*, a jurisprudência do STF, em Repercussão Geral, a admite. Com efeito, é válida a decisão que é motivada fazendo remissão a outra peça ou documento processual, desde que seja ela suficientemente específica fazendo a transcrição dos fundamentos da peça processual remissiva para que se saiba quais os argumentos foram considerados relevantes para a formação do convencimento do juízo é constitucionalmente legítima[26],[27].

OBSERVÂNCIA DO DEVER DE FUNDAMENTAÇÃO DAS DECISÕES JUDICIAIS. TEMA N. 339/RG. ADMISSIBILIDADE DA FUNDAMENTAÇÃO *PER RELATIONEM*. 1. Uma vez observado o dever de fundamentação das decisões judiciais, inexiste contrariedade ao art. 93, IX, da Constituição da República (Tema n. 339/RG). 2. É constitucionalmente válida a fundamentação *per relationem*[28].

JURISPRUDÊNCIA STF

Tema 339 – RG reconhecida e mérito julgado

Obrigatoriedade de fundamentação das decisões judiciais

Tese

O art. 93, IX, da Constituição da República exige que o acórdão ou decisão sejam fundamentados, ainda que sucintamente, sem determinar, contudo, o exame pormenorizado de cada uma das alegações ou provas.

---

25 STJ. AgInt no REsp n. 1.984.433/RS, relatora Ministra Regina Helena Costa, DJe de 23/9/2022.

26 STJ, AgRg no REsp 1454702/PE, Rel. Min. HERMAN BENJAMIN, DJe 27/11/2014.

27 STF, RHC 128143 AgR, Rel. Min. CELSO DE MELLO, DJe-232 DIVULG 18-11-2015 PUBLIC 19-11-2015.

28 STF. ARE 1346046 AgR, Rel. NUNES MARQUES, PROCESSO ELETRÔNICO DJe-119 DIVULG 20-06-2022 PUBLIC 21-06-2022.

7

O MODELO CONSTITUCIONAL DO PROCESSO CIVIL BRASILEIRO

A Constituição da República garante o acesso à justiça ao dispor que nenhuma lesão ou ameaça a direito será excluída da apreciação do Poder Judiciário. O texto constitucional também assegura que o julgamento pelo Poder Judiciário pressupõe a observância do devido processo legal que, considerado teleogicamente, é a instituição e o desenvolvimento do procedimento em contraditório[1]. O acesso à justiça assegura a todos o direito de ser ouvido por um juiz ou Tribunal competente, com as devidas garantias e dentro de um prazo razoável.

> Base de todo orden procesal está el principio y con él, el derecho fundamental a la justicia, entendida ésta como la existencia y disponibilidad de un sistema de administración de la justicia, valga decir, de un conjunto de mecanismos idóneos para el ejercicio de la función jurisdiccional del Estado. Dentro de ese concepto se pretende declarar el derecho controvertido o restablecer el violado, interpretándolo y aplicándolo imparcialmente en los casos concretos; lo cual comprende, a su vez, la existencia de un conjunto de órganos judiciales independientes especializados en ese ejercicio, la disponibilidad de ese aparato para resolver los conflictos que origina la vida social en forma civilizada y eficaz y el acceso garantizado a esa justicia para todas las personas, en condiciones de igualdad y sin discriminación[2].

A constitucionalização das garantias fundamentais do processo, conforme ressaltado por Mauro Cappelletti, lhes confere um *status* hierárquico-normativo superior e é de crucial importância por inúmeras razões, dentre as quais se destacam as de hermenêutica constitucional. A interpretação das leis processuais a partir da Constituição estabelece *standards* mínimos do justo processo e promove a adequação e integração da legislação a essas respectivas garantias para possibilitar

---

1 VIGORITI, Vincenzo. *Garnzie Costituzionali del Processo Civile.* Milão: Giuffrè Editore, 1973, p. 3. CAPPELLETTI, Mauro. Fundamental Guarantees of the Parties in Civil Litigation: Comparative Constitutional, International, and School Trends, 25 Stan. L. Rev. 651 (1973). "each party must have a fair opportunity to be heard."

2 RESCIA, Víctor Manuel Rodríguez. El debido proceso legal y la Convención Americana Sobre Derechos Humanos.

segurança jurídica ao procedimento, mediante adoção do formalismo ponderado, na medida em que se confere razoabilidade às formalidades, possibilitando discernir aquelas não essenciais à validade do procedimento[3].

A Constituição da República, portanto, estabelece um elenco de garantias processuais a serem respeitadas para legitimar a atuação da jurisdição. Essas garantias atuam, primeiramente, como um anteparo à discricionariedade do legislador, que está subordinadamente vinculado a elas para editar normas de direito processual. O mesmo acontece em relação ao juiz; ao aplicar as normas processuais há de considera-las a partir da teleologia constitucional, destinadas a assegurar efetiva proteção judicial.

Essas garantias constitucionais são analiticamente concretizadas no Código de Processo Civil ao conformar o devido processo legal, pressuposto de legitimidade dos provimentos jurisdicionais. As garantias constitucionais do processo, uma vez disciplinadas pela legislação, ordenam democraticamente o procedimento ao assegurarem a participação igualitária das partes para que tenham acesso a um processo justo.

Sobre o tema, a Corte Interamericana de Direitos Humanos decidiu que só se alcança uma sentença justa, conforme a ideia de justiça em uma sociedade democrática, quando forem lícitos os meios processuais utilizados[4]. Victor Manuel Rodríguez Rescia, por sua vez, ressalta a natureza de direito fundamental do devido processo legal:

> El derecho al debido proceso busca confirmar la legalidad y correcta aplicación de las leyes dentro de un marco de respeto mínimo a la dignidad humana dentro de cualquier tipo de proceso, entendido este como aquella actividad compleja,

---

3 CAPPELLETTI, Mauro. Fundamental Guarantees of the Parties in Civil Litigation: Comparative Constitutional, International, and School, 25 Stan. L. Rev. 651 (1973).: "plays a twofold role: first, an "interpretative" role, since ambiguous laws must be interpreted in conformity with the constitution;" second, a "promoting" role, in that it promotes conforming legislation".

4 CORTE INTERAMERICANA DE DIREITOS HUMANOS. *Opinião Consultiva nº 16/99.* Voto concorrente do Juiz Sergio Garcia Ramirez. "No es posible sostener que hay debido proceso cuando el juicio no se desarrolla ante un tribunal competente, independiente e imparcial, o el inculpado desconoce los cargos que se le hacen, o no existe la posibilidad de presentar pruebas y formular alegatos, o está excluido el control por parte de un órgano superior. La ausencia o el desconocimiento de esos derechos destruyen el debido proceso y no pueden ser subsanados con la pretensión de acreditar que a pesar de no existir garantías de enjuiciamiento debido ha sido justa la sentencia que dicta el tribunal al cabo de un procedimiento penal irregular. Considerar que es suficiente con lograr un resultado supuestamente justo, es decir, una sentencia conforme a la conducta realizada por el sujeto, para que se convalide la forma de obtenerla, equivale a recuperar la idea de que "el fin justifica los medios" y la licitud del resultado depura la ilicitud del procedimiento. Hoy día se ha invertido la fórmula: "la legitimidad de los medios justifica el fin alcanzado"; en otros términos, sólo es posible arribar a una sentencia justa, que acredite la justicia de una sociedad democrática, cuando han sido lícitos los medios (procesales) utilizados para dictarla.

progresiva y metódica, que se realiza de acuerdo con reglas preestablecidas, cuyo resultado será el dictado de la norma individual de conducta (sentencia), con la finalidad de declarar el derecho material aplicable al caso concreto[5].

O devido processo legal enquanto garantia processual fundamental, é *conditio sine qua non* do exercício da jurisdição e, por conseguinte, da formação da coisa julgada.

Com efeito, pode-se afirmar que o devido processo legal é o instrumento que propicia ao Estado assumir a responsabilidade pela proteção, garantia, promoção e universalização dos direitos fundamentais. Assim, é poder-dever do Estado, por intermédio do Judiciário, garantir o acesso à justiça sob o aspecto substantivo, ou seja, assegurar efetiva proteção judicial mediante a reparação de toda lesão ou ameaça a direito que lhe for submetida.

O devido processo legal é garantia inerente ao homem, erigido à condição de direito fundamental nas constituições dos estados democráticos e nos termos enunciados nos arts. 8º e 10 da Declaração Universal dos Direitos do Homem.

Desta maneira, o desenvolvimento de uma teoria do processo efetivamente democrático, apto a promover a transformação da realidade, deve direcionar-se a assegurar a universalidade e a indivisibilidade dos direitos fundamentais.

A natureza finalística do processo é a de assegurar direitos e garantias fundamentais reconhecidos na Constituição, inclusive aqueles decorrentes do regime e dos princípios por ela adotados e os decorrentes de tratados internacionais em que o Brasil seja parte.

O processo civil portanto, está impregnado dos valores e das normas fundamentais estabelecidos na Constituição da República e tem o propósito de proteger e garantir o ser humano contra quaisquer atentados ao seu patrimônio jurídico, garantia oponível, inclusive, ao próprio Estado.

O processo é garantia de liberdade. O acesso à justiça garante a liberdade do indivíduo e a integridade de sua personalidade jurídica. Todo ser humano é dotado de personalidade jurídica portanto, todos os seres humanos, igualmente considerados, gozam de igual proteção do Direito.

O enunciado da Declaração evidencia o caráter universalista da garantia do processo – todo ser humano tem direito ao processo, ou nas célebres palavras de Calamandrei, "*non sembra concepibile civiltà senza garantia giudiziaria*', afirmação que traduz de modo asertivo, o papel fundamental do processo na vida dos povos, como instrumento de paz social, de justiça e de garantia dos direitos do homem"[6,7].

---

5 RESCIA, Víctor Manuel Rodríguez. El debido proceso legal y la Convención Americana Sobre Derechos Humanos.

6 Apud, MARQUES, José Frederico. *Instituições de Direito Processual Civil*. Op. cit., p. 34.

7 STF, EXT-633/CH, Rel. Min. Celso de Mello, DJ de 06/04/01, p. 67, assegura essa proteção de caráter internacional: EXTRADIÇÃO E DUE PROCESS OF LAW. O extraditando assume, no processo extradicional, a condição indisponível de sujeito de direitos, cuja intangibilidade há de ser preservada pelo Estado a quem foi dirigido o pedido de extradição. A possibilidade de ocorrer

A Constituição garante a liberdade, em toda sua dimensão. Entretanto, esta garantia para se tornar efetiva e concreta não prescinde do devido processo legal, que se desenvolve validamente quando atendidos os pressupostos constitucionais para o correto exercício da função jurisdicional, entendendo-se como tal "todo aquele que satisfaz às exigências de um Estado Democrático de Direito"[8].

Pois bem, visando ao propósito de garantir direitos, a Constituição da República contém um sistema principiológico do processo, no qual estão estabelecidos os princípios e garantias do devido processo. Com a codificação de normas fundamentais que afastem o juriscentrismo e criam, para o Poder Judiciário, o dever de assegurar o diálogo em contraditório entre os sujeitos destinatários da decisão, o processo cumpre a sua missão de democraticamente manter a higidez do Estado de Direito.

A partir da leitura e análise das normas constitucionais compreende-se o modelo constitucional de processo adotado no Brasil. Fica esclarecido que este estudo dos princípios e garantias processuais não esgota o tema; por razões didáticas e pelos limites objetivos desse trabalho serão abordados apenas em relação ao processo civil.

A exposição será feita mediante o desenvolvimento analítico do art. 5º, inc. LV, da CR/88, que dispõe que "ninguém pode ser privado da liberdade ou de seus bens sem o devido processo legal".

7.1 ACESSO À JUSTIÇA

> XXXV – a lei não excluirá da apreciação do Poder Judiciário lesão ou ameaça a direito

O acesso à justiça é "requisito fundamental - o mais básico dos direitos humanos - de sistema jurídico moderno e igualitário que pretenda garantir, e não apenas proclamar os direitos de todos"[9].

Daí sua intrínseca relação com os direitos sociais, conforme ressaltam Mauro Cappelletti e Garth:

> À medida que as sociedades de laissez-faire cresciam em tamanho e complexidade, o conceito de direitos humanos começou a sofrer uma transformação radical. Uma vez que as ações e as relações assumiam cada vez mais um caráter coletivo e não individual, as sociedades modernas necessariamente se afastavam da visão

a privação, em juízo penal, do due process of law, nos múltiplos contornos em que se desenvolve esse princípio assegurador dos direitos e da própria liberdade do acusado – garantia de ampla defesa, garantia do contraditório, igualdade entre as partes perante o **juiz natural** e garantia de imparcialidade do magistrado processante – impede o válido deferimento do pedido extradicional (RTJ 134/56-58, Rel. Min. CELSO DE MELLO). O Supremo Tribunal Federal não deve deferir o pedido de extradição, se o ordenamento jurídico do Estado requerente não se revelar capaz de assegurar, aos réus, em juízo criminal, a garantia plena de um julgamento imparcial, justo, regular e independente. A incapacidade de o Estado requerente assegurar ao extraditando o direito ao fair trial atua como causa impeditiva do deferimento do pedido de extradição.

8 PASSOS. J. J. Calmon de. *Direito, poder, justiça e processo.* Op. cit., p. 71.

9 CAPPELLETTI, Mauro, GARTH, Brian. *Acesso à justiça.* Porto Alegre: SAFE, 1988, p. 12.

> individualista e *laissez-faire* dos direitos refletida nas declarações de direitos dos séculos XVIII e XIX. O movimento tem sido no sentido de reconhecer os direitos e deveres sociais dos governos, comunidades, associações e indivíduos. Estes novos direitos humanos, exemplificados pelo preâmbulo da Constituição francesa de 1946, são sobretudo os necessários para tornar efetivos e efetivamente acessíveis a todos os direitos anteriormente proclamados. Entre esses direitos tipicamente afirmados nas constituições modernas estão os direitos ao trabalho, à saúde, à segurança material e à educação. (...) o direito de acesso efetivo é cada vez mais reconhecido como de suma importância entre os novos direitos individuais e sociais, uma vez que a posse de direitos não tem sentido sem mecanismos para sua efetiva reivindicação[10]. [tradução livre]

É preciso, entretanto, olhar os relatos do Projeto Florença no contexto da contemporaneidade. Cappelletti e Garth publicaram sua grandiosa pesquisa há 45 anos, sob o paradigma do *wealfare state*, atualmente combalido. Segundo os autores, os direitos sociais estão intrinsecamente relacionados com a cidadania, pressuposto para a efetiva garantia de proteção judicial. Apontam, ainda, que a possibilidade de demandar pelos direitos sociais, sem a garantia de efetiva proteção judicial tais direitos não teriam significado algum.

Uma década após a publicação da pesquisa, foi promulgada a Constituição da República, que ampliou os direitos fundamentais, até então agrilhoados pela ditadura militar, e rompeu com as barreiras formais de acesso à justiça. Essas barreiras foram rompidas na Constituição da República mediante as garantias fundamentais de acesso universal ao Judiciário, mesmo para as pessoas desprovidas de recursos para tanto. As essas pessoas, que não dispuserem de recursos suficientes para arcar com as despesas processuais, sem comprometer o sustento, próprio ou da entidade familiar, gozarão do benefício da assistência judiciária que as isentará do pagamento de custas e honorários advocatícios. Para proporcionar o acesso dessas pessoas, constitucionalizou-se a Defensoria Pública, dotando-a das garantias institucionais que asseguram a independência funcional de seus membros para que possam exercer a representação judicial das pessoas hipossuficientes econômicas de nossa sociedade.

Duas décadas após o Projeto Florença, em 1997, as Diretrizes de Maastricht sobre Violações a Direitos Econômicos, Sociais e Culturais, declarou haver violação dos Direitos Humanos quando o Estado se omite, privando milhões de pessoas "de alimentos esenciales, atención básica de salud, habitación y vivienda mínima o las formas más básicas de enseñanza. Estas obligaciones mínimas esenciales son aplicables independiente de la disponibilidad de recursos en el país de que se trate o cualquier otro factor o dificultad" [11]. Nesse aspecto, a Pandemia do COVID 19 é

---

[10] CAPPELLETTI, Mauro, GARTH, Brian. *Access to Justice*, Vol. 1: A World Survey. Milão: A. Giuffrè, 1978-1979, p. 7, *Apud,* Cornford, T. (2016). The Meaning of Access to Justice. In E. Palmer, T. Cornford, A. Guinchard & Y. Marique (Eds.). Access to Justice: Beyond the Policies and Politics of Austerity (pp. 27–40). Oxford: Hart Publishing. Retrieved October 24, 2022.

[11] Directrices de Maastricht sobre Violaciones a los Derechos Económicos, Sociales y Culturales. Maastricht, janeiro de 1997.

uma constatação da essencialidade da intervenção estatal para atenuar os efeitos da pandemia e das dificuldades advindas das medidas de contenção de sua proliferação e as incertezas decorrentes do ineditismo da situação.

Há um crescente reconhecimento de que o acesso à justiça é fundamental para o desenvolvimento econômico e social. A Organização para Cooperação e Desenvolvimento Econômico (OCDE) sustenta que "a incapacidade de resolver problemas legais diminui o acesso a oportunidades econômicas, reforça a armadilha da pobreza e prejudica o potencial humano e o crescimento inclusivo"[12].

Observamos, transcorridas mais de três décadas da redemocratização do país, que os direitos sociais não foram efetivados; o ano de 2021 começa com 14,3 milhões de desempregados e cerca de 1/4 da população vivendo abaixo da linha da pobreza[13].

O contexto está substancialmente alterado, na realidade brasileira, o excessivo número de processos judiciais em tramitação no Judiciário não é devida à ampliação do rol de direitos, mas por sua sistemática negação.

O acesso à justiça destina-se a atender "os cidadãos de cada sociedade, a cujo serviço deve operar o sistema jurídico em sua inteireza, em um ordenamento verdadeiramente democrático"[14].

A temática do acesso à justiça foi objeto de interessantes pronunciamentos do Supremo Tribunal Federal:

> O direito à jurisdição é a garantia fundamental das liberdades constitucionais. Sem o controle jurisdicional, todos os agravos às liberdades permanecem no limbo político e jurídico das impunidades. Todas as manifestações da liberdade, todas as formas de seu exercício asseguradas de nada valem sem o respectivo controle jurisdicional. A liberdade sem a garantia do pleno exercício do direito à jurisdição é falaciosa, não beneficia o indivíduo, pois não passa de ilusão do direito, o que sempre o acomodamento estéril e a desesperança na resistência justa e necessária. Não é por acaso que os regimes políticos antidemocráticos iniciam suas partes e manhas políticas pela subtração ou pelo tolhimento do direito à jurisdição. É que sem este direito plenamente assegurado e exercitável o espaço para as estripulias dos ditadores é mais vasto e o descontrole de seus comportamentos confere-lhes a segurança de que eles se veem necessitados de continuar no poder[15].

---

[12] World Justice Project. *Global Insights on Access to Justice*. No original: There is indeed growing recognition that access to justice is foundational to economic and social development. The Organisation for Economic Cooperation and Development (OECD) maintains that the "inability to resolve legal problems diminishes access to economic opportunity, reinforces the poverty trap, and undermines human potential and inclusive growth".

[13] IBGE. Disponível em https://agenciadenoticias.ibge.gov.br/agencia-noticias/2012-agencia-de-noticias/noticias/30390-desemprego-fica-estavel-em-14-2-no-trimestre-encerrado-em-janeiro.

[14] CAPPELLETTI, Mauro. *Juízes irresponsáveis ?* Porto Alegre: SAFE, Trad. Carlos Alberto Alvaro de Oliveira. 1989, p. 13.

[15] STF. ADI 2160 MC. Relator(a): p/ Acórdão: Min. MARCO AURÉLIO. (Extraído do voto do relator) DJe-200 DIVULG 22-10-2009 PUBLIC 23-10-2009.

Em outra oportunidade, asseverou, a Suprema Corte tratar-se de

> uma expressiva garantia de índole constitucional destinada a permitir a intervenção do Poder Judiciário com o objetivo de restaurar a ordem jurídica vulnerada por atos eivados de ilicitude ou de desrespeito ao sistema normativo. A possibilidade de solução jurisdicional dos conflitos sociais representa índice revelador do grau de desenvolvimento cultural dos povos e significa, por isso mesmo, a diferença fundamental entre civilização e barbárie. O direito ao processo – mesmo quando exercido numa perspectiva multitudinária – constitui prerrogativa jurídica da maior relevância. Funda-se em proclamação formal, que, introduzida, de modo explícito, pela Constituição democrática de 1946 (art. 141, § 4º), tem sido reiterada, ao longo do nosso processo histórico, pelos sucessivos documentos constitucionais republicanos até hoje promulgados. O legislador constituinte, ao consagrar o postulado assegurador do ingresso em juízo, fez uma clara opção de natureza política, pois teve a percepção fundamental sob todos os aspectos – de que, onde inexiste a possibilidade do amparo judicial, há sempre, a realidade opressiva e intolerável do arbítrio do Estado ou, até mesmo, dos excessos de particulares, quando transgridem, injustamente, os direitos de qualquer pessoa[16].

7.1.1 Acesso formal à justiça – assistência judiciária

Sob o aspecto formal, o acesso à justiça é assegurado diante da existência de óbices para que o cidadão ingresse com a demanda judicial.

A hipossuficiência econômica é um grave entrave para assegurar a todos igual acesso à justiça. Por isso, a Constituição, além da cláusula da inafastabilidade da jurisdição, art. 5º, inc. XXXV, assegura no inc. LXXIV assistência jurídica e judiciária, integral e gratuita, a qualquer pessoa que não disponha de recursos financeiros para arcar com os custos do processo[17], inclusive estrangeiros não residentes no país.

O CPC, arts. 98 a 102, disciplina o direito à assistência judiciária, fazendo remissão à lei, no caso, a Lei nº 1.060/50, que estabelece as normas para concessão de assistência judiciária aos legalmente pobres. Ressalvados os arts. 2º, 3º, 4º, 6º, 7º, 11, 12, revogados expressamente pelo CPC, a Lei nº 1.060/50 permanece em vigor. O art. 98 deixa claro que a regulamentação do CPC sobre a matéria é subsidiária, ao remeter o benefício da assistência judiciária às disposições da lei extravagante.

A despeito de a Lei nº 1.060/50 ter sido recepcionada pela Constituição, ainda perdura na jurisprudência grande celeuma a respeito da interpretação para concessão do benefício. O franqueamento do acesso à justiça gratuito de forma irrestrita, é certo, tem gerado abusos do direito de demandar e contribuído, sobremaneira, para o aumento do número de processos. A parte que litiga sem ônus vai a juízo "arriscar a sorte", ingressando em verdadeira aventura jurídica. Entretanto, os abusos cometidos por cidadãos não avalizam os abusos da jurisdição. É inaceitável, por exemplo, a

---

16 STF. RE 422.642. Rel. Min. Celso de Mello (Decisão monocrática), Dj de 23/04/2004.

17 STJ, REsp 1225854/RS, Rel. Ministro MARCO BUZZI, DJe 04/11/2016.

conduta de alguns magistrados que para a concessão do benefício exijam a declaração de imposto de renda da parte[18]. Trata-se de verdadeiro atentado ao direito fundamental à intimidade, haja vista a proteção constitucional do sigilo fiscal. Há outros meios legais para se aferir a capacidade financeira da pessoa. Ademais, há de se considerar norma expressa do CPC, art. 99, § 3º, que estabelece a presunção de veracidade *iuris tantum* da declaração de pobreza firmada por pessoa natural.

O art. 2º da referida Lei de Assistência Judiciária está derrogado pelo art. 98 do CPC que, explicitamente, amplia o rol das pessoas que podem se beneficiar da justiça gratuita. Visando a assegurar acesso universal à justiça, o CPC assegura às pessoas naturais e jurídicas, nacionais ou estrangeiras o direito à assistência judiciária. Entretanto, o tratamento jurídico dispensado à pessoa natural e à pessoa jurídica é distinto.

A pessoa natural será beneficiária da assistência judiciária mediante afirmação de sua indisponibilidade de recursos para arcar com os custos processuais. Milita a seu favor a presunção de veracidade da afirmação[19]. O Supremo Tribunal Federal assim decidiu:

> CONSTITUCIONAL. ACESSO À JUSTIÇA. ASSISTÊNCIA JUDICIÁRIA. Lei 1.060, de 1950. CF, art. 5º, LXXIV.
>
> I. – A garantia do art. 5º, LXXIV – assistência jurídica integral e gratuita aos que comprovarem insuficiência de recursos – não revogou a de assistência judiciária gratuita da Lei 1.060, de 1950, aos necessitados, certo de que, para obtenção desta, basta a declaração, feita pelo próprio interessado, de que a sua situação econômica não permite vir a Juízo sem prejuízo da sua manutenção ou de sua família. Essa norma infraconstitucional põe-se, ademais, dentro no espírito da Constituição, que deseja que seja facilitado o acesso de todos à Justiça (CF, art. 5º, XXXV)[20].

Todavia, a mera declaração de insuficiência de recursos, desprovida de plausibilidade, como no caso de Desembargador Federal, que "conforme Declaração de Imposto de Renda do ano-calendário 2010 (fl. 36), recebeu naquele ano o valor total bruto de R$ 417.040,19. Subtraindo as despesas com dependentes, contribuições previdenciárias, despesas médicas e o valor devido de IRRF, o autor contou com um valor líquido aproximado, somente naquele ano, de R$ 260.000,00 (duzentos e sessenta mil reais),"[21] o pedido deve ser indeferido.

---

18 TJMG. Agravo 1.0024.12.182582-2/002, Rel. Des. Wanderley Paiva, DJ de 11/12/2012. No mesmo sentido: Agravo 1.0024.11.332106-1/001, Rel. Des. Otávio Portes, DJ de 14/09/2012.

19 STF, RE 245646 AgR, Rel. Min. Celso de Mello, DJe-030 DIVULG 12-02-2009 PUBLIC 13-02-2009

20 STF. RE 205029, Rel. Min. CARLOS VELLOSO, DJ 07-03-1997 PP-05416 EMENT VOL-01860-06 PP-01198. STF, AI 759421 RG, Rel. Min. CEZAR PELUSO, DJe-213 DIVULG 12-11-2009 PUBLIC 13-11-2009.

21 STJ. AgInt na AR n. 4.914/DF, relator Ministro Herman Benjamin, Primeira Seção, julgado em 14/11/2018, DJe de 25/3/2019.

Outro exemplo de abusividade do direito de demandar, devidamente sancionado pelo Judiciário foi o processo ajuizado pelo jogador de futebol, Leandro Damião, que requereu assistência judiciária mesmo recebendo salário mensal de R$ 850 mil. Além do pagamento das custas processuais, foi condenado a uma multa correspondente a 20% do valor da causa[22].

Em relação às pessoas jurídicas, a exigência de comprovação da hipossuficiência econômica apresenta-se razoável, na medida em que a mera declaração de pobreza é insuficiente para que possa usufruir deste benefício. A presunção, tratando-se de pessoa jurídica, é contrária à pobreza legal. Por essa razão, as pessoas jurídicas de direito privado que carecerem de assistência judiciária gratuita têm o ônus de demonstrar sua incapacidade financeira[23].

Concedido o benefício da assistência judiciária, às pessoas, natural ou jurídica, todas as despesas do foro judicial e extrajudicial estarão com sua exigibilidade suspensa.

O § 4º do art. 98, excepciona as multas processuais, cujo pagamento é sempre exigível, mesmo em relação à parte beneficiada pela justiça gratuita. A razão pela qual não se estendeu o benefício da gratuidade às multas é porque a aplicação da sanção pecuniária decorre do comportamento atentatório ao andamento regular do processo, com reflexos na duração razoável e na efetividade do provimento jurisdicional. Trata-se de um ato atentatório à ética processual, violando o compromisso que a parte tem de cooperar para que o processo realize seus propósitos.

Entretanto, a exigibilidade da multa, da mesma forma que ocorre com as demais despesas processuais condiciona-se, nos termos do art. 12 da Lei nº 1.060/50, à alteração da fortuna do devedor beneficiário de gratuidade da justiça.

Mesmo com a previsão do § 4º do art. 98 do CPC, a regra do § 1º, inc. VIII deste mesmo artigo, combinado com o art. 12 da Lei nº 1.060/50, o pagamento das sanções processuais pecuniárias "ficará obrigada a pagá-las, desde que possa fazê-lo, sem prejuízo do sustento próprio ou da família, se dentro de cinco anos, a contar da sentença final, o assistido não puder satisfazer tal pagamento, a obrigação ficará prescrita".

O processo não pode exigir que a pessoa, para demandar, fique em estado de miserabilidade, impedindo-a de sustentar-se e à sua família. Assim, o pagamento das multas processuais poderá ser exigido somente se o devedor dispuser de bens penhoráveis, livres e desembaraçados para arcar com o débito.

A gratuidade de justiça não gera imunidade, mas, tão somente suspensão da exigibilidade das despesas processuais em virtude da incapacidade financeira do beneficiário. A prescrição do direito à cobrança das despesas processuais é de 5 anos após o trânsito em julgado. Antes do quinquênio que fulmina o direito ao

---

22 https://ge.globo.com/sp/santos-e-regiao/futebol/times/santos/noticia/2015/01/maior-salario-do-santos-damiao-se-declara-pobre-para-convencer-juiz.html.

23 STF, AI 673934 , Rel. Min. Ellen Gracie, DJe-148 DIVULG 06-08-2009 PUBLIC 07-08-2009.

crédito, o credor poderá executar o devedor mediante a demonstração de que o estado de sua fortuna se alterou. Podem ser exigidas as despesas processuais realizadas pelo credor, bem como os honorários advocatícios sucumbenciais.

A suspensão da exigibilidade do débito do beneficiário da justiça gratuita desperta um sentimento altruísta. Enquanto o crédito não estiver fulminado pela prescrição, o credor tem interesse que o devedor adquira saúde financeira em proporções suficientes para livrar-se da condição de legalmente pobre.

O Código inovou ao possibilitar a concessão parcial do benefício à assistência gratuita. Nos termos do § 5º do art. 98, há possibilidade de concessão parcial da assistência judiciária, restrita a algum ou alguns atos processuais, ou, na redução percentual de despesas processuais que a parte beneficiária tiver de adiantar no curso do procedimento.

Até então, diante do silêncio da Lei nº 1.060/50, os tribunais negavam-se a reconhecer a possibilidade de concessão parcial da assistência judiciária[24].

O § 6º, por sua vez, outorga ao julgador poderes para determinar o parcelamento das despesas processuais para o beneficiário da assistência judiciária. O parcelamento é uma inovação extremamente salutar, na medida em que expande o número de contribuintes, sem privar-lhes de acesso à justiça, nem prejudicar o próprio sustento ou da família do assistido.

A garantia de acesso à justiça não se resume ao acesso formal à justiça, mantendo estreito contato com todos os princípios e garantias constitutivas do devido processo legal. Trata-se, apenas, da primeira porta que deve ser aberta para o cidadão.

Entretanto, a ideia de acesso à justiça está indissociavelmente conectada à de garantia de efetiva proteção judicial. Assim entendida como a que assegura aos jurisdicionados direito ao justo processo, a se realizar por meio da prestação jurisdicional tempestiva e efetiva, apta a realizar, garantir ou concretizar o direito substancial demandado.

Uma vez concedida a assistência judiciária, seus efeitos perduram por todo o processo:

> 1. O benefício prevalecerá em todas as instâncias e para todos os atos do processo, nos expressos termos do art. 9º da Lei 1.060/50.
>
> 2. A decisão que defere o benefício somente perderá eficácia em caso de expressa revogação pelo Juiz ou Tribunal.
>
> 3. O STJ entende que, apesar da possibilidade de renovação, no ato de interposição do recurso especial, do pedido de assistência judiciária que foi revogado/denegado nas instâncias ordinárias, imprescindível a comprovação da mudança na situação econômico-financeira do requerente[25].

---

24 TJMG, AI 10024122471584001, Rel. Des. Veiga de Oliveira, DJ 12/01/2013; TJRS, AI 70007264765, Rel. Luiz Ary Vessini de Lima, j. 02/10/2003.

25 STJ. AgInt nos EDcl no AREsp 1.908.161/DF, Relator Ministro MARCO AURÉLIO BELLIZZE, Terceira Turma, julgado em 21/3/2022, DJe de 24/3/2022.

4. Não se faz necessário para o processamento do recurso que o beneficiário refira e faça expressa remissão na petição recursal acerca do anterior deferimento da assistência judiciária gratuita, embora seja evidente a utilidade dessa providência facilitadora.

Basta que constem dos autos os comprovantes de que já litiga na condição de beneficiário da justiça gratuita, pois, desse modo, caso ocorra equívoco perceptivo, por parte do julgador, poderá o interessado facilmente agravar fazendo a indicação corretiva, desde que tempestiva[26].

5. A ausência de indeferimento expresso do pedido de Assistência Judiciária formulado enseja a presunção da concessão do benefício em favor da parte que o pleiteou, quando acompanhado da declaração de hipossuficiência, só podendo ser afastada por decisão judicial fundamentada, quando impugnada pela parte contrária, ou quando o julgador buscar no processo informações que desqualifiquem referida declaração[27].

Apesar de o ordenamento jurídico não opor obstáculos para os pobres acessarem o Judiciário, é preciso não perder de vista que parcela significativa do povo brasileiro ainda não tem acesso formal à justiça. Em 2014, Diagnóstico da Defensoria Pública, editado pelo Ministério da Justiça constatou que a cobertura da assistência prestada pela Defensoria Pública é, em média, inferior a 40% de presença. Nas 2727 comarcas instaladas há apenas 1088 providas com Defensores Públicos[28].

Em resumo, pode-se sustentar que o sistema judicial brasileiro nos moldes atuais estimula um paradoxo: demandas de **menos** e demandas de **mais**. Ou seja, de um lado, expressivos setores da população acham-se marginalizados dos serviços judiciais, utilizando-se, cada vez mais, da justiça paralela, governada pela lei do mais forte, certamente muito menos justa e com altíssima potencialidade de desfazer todo o tecido social. De outro, há os que usufruem em excesso da justiça oficial, gozando das vantagens de uma máquina lenta, atravancada e burocratizada.

As deficiências do aparelho judicial somadas aos ritos processuais criam situações de vantagem e/ou privilégios, portanto, de desigualdade. Assim, a ampla possibilidade de recursos facultada pela legislação favorece o "réu", o "devedor", adiando uma decisão por anos. Chega a ser consensual entre os especialistas a avaliação de que ingressar em juízo, no caso de quem deve, é um bom negócio, seja este réu o setor público ou particulares[29].

Constata-se, portanto, que o Brasil ainda não ultrapassou a primeira onda de acesso à justiça, consistente em prover assistência jurídica aos necessitados, conforme fases de acessibilidade definidas por Mauro Cappelletti em sua obra clássica, Acesso à Justiça.

---

[26] STJ. AgRg nos EAREsp 86.915/SP, Rel. Ministro RAUL ARAÚJO, CORTE ESPECIAL, julgado em 26/02/2015, DJe 04/03/2015.

[27] STJ. AgInt no AREsp n. 1.597.135/PR, relatora Ministra Assusete Magalhães, Segunda Turma, julgado em 10/10/2022, DJe de 13/10/2022.

[28] Ministério da Justiça. *Estudo diagnóstico da Defensoria Pública.* Brasília, 2014.

[29] SADEK, Maria Tereza Aina. Poder Judiciário: perspectivas de reforma. Opin. Publica, vol. 10 n. 1, Campinas, May 2004.

> Aqui, como alhures – [observa BARBOSA MOREIRA] – prevalece a velha e conhecida contraposição entre o 'país legal' e o 'país real'. Seria de estranhar, aliás, que funcionassem bem os serviços da Justiça, e outros correlatos, em proveito de pessoas carentes de meios, se o funcionamento deixa tanto a desejar mesmo quando prestados tais serviços a quem dispõe de recursos para ocorrer às despesas necessárias.
>
> Na verdade, estamos longe – neste e em inúmeros outros pontos – de realizar o que promete a Constituição da República[30].

JURISPRUDÊNCIA STF

Tema 103 – RG rejeitada

Exigência da comprovação de insuficiência econômico-financeira para a concessão de assistência judiciária gratuita a pessoas jurídicas.

Tema 188 – RG rejeitada

Declaração de hipossuficiência para obtenção de gratuidade de justiça.

Tese:

A questão sobre o preenchimento dos requisitos para assistência jurídica gratuita às pessoas naturais quanto à comprovação do estado de hipossuficiência tem natureza infraconstitucional e a ela são atribuídos os efeitos da ausência de repercussão geral, nos termos do precedente fixado no RE n. 584.608, rel. a Ministra Ellen Gracie, DJe 13/03/2009.

7.1.2 Acesso à justiça substancial ou material

O acesso à justiça, sob o aspecto substancial ou material, significa a garantia de efetiva proteção judicial que reconhece o processo como instrumento hábil para realização do direito material. Vale frisar que esta garantia não significa o direito à obtenção de uma sentença favorável à pretensão deduzida em juízo pelo autor. O que se assegura é a efetividade do devido processo legal que proporcionará seja proferida uma decisão congruente e adequadamente fundamentada no Direito aplicável ao litígio.

> Processo efetivo é aquele que, observado o equilíbrio entre os valores segurança e celeridade, proporciona às partes o resultado desejado pelo direito material[31].

Não há como buscar celeridade a qualquer custo, pois, como adverte David Lascano, "perigoso seria render homenagem à celeridade e se consagrar o reinado da injustiça"[32].

---

30 BARBOSA MOREIRA, José Carlos. O direito à assistência jurídica: evolução no ordenamento brasileiro de nosso tempo. In: TEIXEIRA, Sálvio de Figueiredo (coord.). *As garantias do cidadão na justiça*. São Paulo: Saraiva, 1993, p. 207-218, p. 217.

31 BEDAQUE, José Roberto dos Santos. *Efetividade do processo e técnica processual*. São Paulo: Malheiros, 2006, p. 49.

32 LASCANO, David H. Nulidades de Procedimiento. Revista General de Derecho y Jurisprudencia, 3, 1932, p. 201-248. HeinOnline. Acesso em 13/05/2020.

Por essa razão, emerge a questão relacionada à duração razoável dos processos, haja vista que tanto a aceleração desmedida quanto a morosidade processual "estrangulam os direitos fundamentais do cidadão"[33].

> uma dilação temporal excessiva dos julgamentos determina uma série de graves inconvenientes individuais e coletivos. (...) Um processo que é arrastado por um longo tempo também se torna uma ferramenta conveniente de ameaça e pressão, uma arma formidável nas mãos dos mais fortes para ditar ao adversário as condições de rendição[34-35].

O acesso à justiça materializa-se por meio do exercício do direito de ação. Ação deve ser compreendida, portanto, como direito fundamental posto à disposição dos indivíduos para demandarem tutela jurisdicional[36] a fim de verem realizada a pretensão de direito material deduzida em juízo, gerando, a partir do seu exercício, o processo.

Basta ao indivíduo sentir-se receoso de ser molestado em seu patrimônio jurídico para lhe ser franqueado o direito de ir a juízo. Esclarece José Rubens Costa que "com ou sem a composição da lide ou solução do conflito entre autor e réu, o Estado atende ao direito à Justiça"[37]. Assim, mesmo que não se profira uma sentença definitiva resolutiva do mérito, o indivíduo teve assegurado o acesso à justiça.

O autor, ao exercer o direito de ação, pede ao juiz que acolha sua pretensão e lhe permita usufruir do interesse insatisfeito pela resistência oposta pelo réu. Este, por sua vez, em decorrência da garantia do contraditório, tem o direito de se contrapor ao pedido, resisitindo à pretensão deduzida pelo autor na mesma intensidade em que é exercido o direito de ação, com o objetivo de ver mantido o *status quo ante*. Manoel Galdino ensina que na ação, autor e réu têm "faculdades idênticas,

---

33 MARINONI, Luiz Guilherme. *Novas linhas do Processo Civil*. São Paulo: RT, 1993, p. 31.

34 ANDOLINA, Italo. *I fondamenti costituzionali ella giutizia civile*. Turim: Giappichelli Editore, 1997, p.96: un'eccessiva dilatazione temporal dei giudizi determina un serie di gravissii inconvenienti individuali e collettivi. (...) Un processo che si trascina per lungo tempo diventa anche un comodo strumento di minaca e di pressione, un'arma formidabile nelle mani del più forte per dettare all'avversario le condizoni di resa.

35 STF. HC 98621, Rel. Min. RICARDO LEWANDOWSKI, DJe-071 DIVULG 22-04-2010 PUBLIC 23-04-2010: Viola o princípio da dignidade da pessoa humana e o direito à duração razoável do processo o encarceramento do paciente por quase sete anos sem que haja previsão de julgamento da causa.

36 A partir do julgamento da SE nº 5.206 pelo Supremo Tribunal Federal, o ordenamento jurídico brasileiro passou a contemplar a solução arbitral como alternativa à jurisdição, possuindo a sentença arbitral a mesma eficácia das decisões jurisdicionais, desde que válida a cláusula compromissória que a institui. A conseqüência desta decisão é o abrandamento da exclusividade do Poder Judiciário para solucionar os conflitos de interesses surgidos na sociedade, porquanto admissível a renúncia ao direito de ação.

37 COSTA, José Rubens. *Tratado do Processo de Conheicmento*. São Paulo: Juarez Oliveira Editor, 2003, p. 41.

diferenciadas pela ordem de chegada a juízo, mas com acesso livre e facilitado, independente do direito à proteção que vão buscar."[38] Por esta razão, Humberto Theodoro afirma que as partes – autor e réu – exercem o direito de ação[39].

O destinatário da ação é o Estado, que detém o poder-dever de solucionar, através do órgão jurisdicional competente, o conflito de interesses que lhe é submetido, através de um provimento definitivo e imperativo. Liebman esclarece:

> Naturalmente, só tem direito à tutela jurisdicional aquele que tem razão, não quem ostenta um direito inexistente. Mas a única maneira de assegurar a quem tem razão a possibilidade de impor o seu reconhecimento em juízo consiste em permitir que todos tragam os seus pedidos aos tribunais, aos quais incumbirá a tarefa de examiná-los e de acolhê-los ou rejeitá-los, conforme sejam procedentes ou improcedentes[40].

Cronologicamente, pode-se estabelecer a seguinte sequência:

LITÍGIO => AÇÃO => PROCESSO

A ação não se resume à provocação do Poder Judiciário, devendo ser compreendida e vista de maneira dinâmica, conforme ensina Alcala-Zamora:

> la acción no es un empujón que se le dé a la pretensión litigiosa para que franquee la puerta jurisdiccional, sino una vibración continuada para que llegue a su destino (pronunciamento de fondo), ya que el procedimiento no se mueve en virtud de la inercia, sino por obra del impulso procesal, del juez o de las partes[41].

A ação é um direito abstrato, na medida em que se desvincula do direito material discutido na demanda. Mesmo que o juiz rejeite a pretensão do autor, julgando improcedente o pedido, ainda assim ter-se-á exercido, de forma válida, o direito de ação.

Por esse motivo se reconhece a autonomia do direito de ação em relação ao direito subjetivo substancial[42].

A autonomia do direito de ação torna necessário distingui-lo do direito subjetivo substancial. Sob o aspecto subjetivo, o direito subjetivo substancial consiste no dever de prestação pela outra parte; já o direito de ação é público, sendo seu

---

38 PAIXÃO JR., Manuel Galdino. *Teoria Geral do Processo.* Belo Horizonte: Del Rey, 2.002, p. 73.

39 THEODORO JR., Humberto. *Curso de Direito Processual Civil.* Vol. I, 59ª ed. Rio de Janeiro: Forense, 2018, p. 154.

40 LIEBMAN, Enrico Tullio. *Manual de Direito Processual Civil.* 2ª ed. Rio de Janeiro, 1985, p. 147. No mesmo sentido CARNELUTTI, Francesco. *Derecho Y Processo.* Op. cit., p. 126.

41 ALCALÁ-ZAMORA Y CASTILLO, Niceto. *Estudios de Teoria General e Historia del Proceso (1945-1972).* T. I. México: UNAM, 1974, p. 350.

42 Para CHIOVENDA, direito subjetivo é "a expectativa de um bem da vida garantida pela vontade da lei". CHIOVENDA, Giuseppe. *Instituições de Direito Processual Civil.* V. I. São Paulo: Saraiva, 1942, p. 25.

exercício sempre direcionado ao Estado com o propósito de promover a atuação dos órgãos judiciários. Ressalta-se que o exercício válido do direito de ação não tem por pressuposto o acolhimento judicial da pretensão deduzida pelo autor.

> O direito de ação não existe para satisfazer a si mesmo, mas para fazer atuar toda ordem jurídica, de modo que o seu exercício é condicionado a determinados requisitos, ligados à pretensão, chamados condições da ação. Convém esclarecer, contudo, que não há dois direitos de ação, um constitucional e outro processual. O direito de ação é sempre processual, pois é por meio do processo que seu exercício se concretiza. Constitucionalmente, há a garantia fundamental do direito de ação, a fim de que a lei não obstrua o caminho ao Judiciário na correção das lesões de direito, porém, o seu exercício sempre será processual e conexo a uma pretensão[43].

7.2 PRINCÍPIO DO JUIZ NATURAL

Precisamos de juízes compenetrados da relevância social de sua tarefa e das repercussões que o respectivo desempenho produz no tecido da sociedade. Em época de crises reiteradas e de transformações profundas, como esta em que vivemos, o juiz vê-se convocado a dar mais que o mero cumprimento pontual de uma rotina burocrática.

Barbosa Moreira

> XXXVII – não haverá juízo ou tribunal de exceção
>
> LIII – ninguém será processado nem sentenciado senão pela autoridade competente

O exercício legítimo da função jurisdicional em um Estado Democrático pressupõe a imparcialidade nos julgamentos, o que se assegura mediante a observância do princípio do juiz natural.

> No paradigma constitucional do processo jurisdicional assume uma configuração de todo particular o órgão público que, em cooperação com as partes, concorre a dar vida concreta aquele conjunto de atos lógica e cronologicamente ordenados que integram o processo: o juiz[44].

São elementos essenciais deste princípio, que devem concomitantemente coexistir:

- prévia instituição do órgão jurisdicional por lei;
- investidura do magistrado na função judicante feita em conformidade com Constituição;

---

[43] GRECO FILHO, Vicente. *Direito Processual Civil Brasileiro.* vol. 1. São Paulo: Saraiva, 1981, p. 76. **Os elementos, a classificação e as condições da ação serão tratados adiante.**

[44] ANDOLINA, Italo. *Il modello Costituzionale de Processo Civile Italiano.* Turim: Giappichelli Editore, sd., p. 19.

- atribuição de competência ao juiz de acordo com as normas constitucionais e legais;
- outorga de garantias que permitam o exercício da função judicante com independência e imparcialidade.

A função jurisdicional enquanto manifestação de poder soberano do Estado consiste, *lato sensu*, na administração da justiça em nome do povo.

O que se almeja com a garantia do juiz natural é a confiabilidade do Judiciário deve ser transmitida e percebida pela sociedade.

Sobre o tema, a jurisprudência do Supremo Tribunal Federal consagrou que:

> O princípio que emerge da clausula constitucional inscrita no art. 5º, LIII, da Carta Política, tem por finalidade obstar que a pessoa sujeita a procedimentos de natureza persecutória seja subtraída ao seu juiz natural, que traduz conceito jurídico de fundamental importância, vocacionado a impedir, na abrangência de sua destinação tutelar, a interferência ilegítima dos outros poderes do Estado na esfera de desempenho da atividade jurisdicional[45].

> A consagração constitucional do princípio do juiz natural (CF, art. 5º, LIII) tem o condão de reafirmar o compromisso do Estado brasileiro com a construção das bases jurídicas necessárias à formulação do processo penal democrático. O princípio da naturalidade do juízo representa uma das matrizes político-ideológicas que conformam a própria atividade legislativa do Estado, condicionando, ainda, o desempenho, em juízo, das funções estatais de caráter penal-persecutório. A lei não pode frustrar a garantia derivada do postulado do juiz natural. Assiste, a qualquer pessoa, quando eventualmente submetida a juízo penal, o direito de ser processada perante magistrado imparcial e independente, cuja competência é predeterminada, em abstrato, pelo próprio ordenamento constitucional[46].

A independência funcional do juiz é o que lhe assegura liberdade para interpretar, decidir e aplicar o Direito ao caso concreto. Interessante é perceber a idiossincrasia da nossa Constituição ao tratar da independência do juiz. No Brasil, o juiz, sequer, está sujeito à lei, a exemplo do que diz a Constituição italiana, pois, detentor do poder de controle difuso de constitucionalidade, pode deixar de aplicar a lei quando a entender inconstitucional. A independência estabelece, para o juiz, o dever de imparcialidade e de decidir de forma fundamentada e técnica.

A imparcialidade do juiz significa "decidir sem ser influenciado pela identidade das partes"[47].

---

45 STF, HC nº 71402/RJ, Rel. Min. CELSO DE MELLO, DJ 23/09/94, p. 25315.

46 STF, HC nº 73801, Rel. Min. CELSO DE MELLO, DJ 27/06/97, p. 30226. **O que foi dito neste acórdão em relação ao processo penal aplica-se integralmente ao processo civil, são as garantias constitucionais necessárias para a imparcialidade do juiz.**

47 GALANTER, Marc. *Porque 'quem tem' sai na frente: especulações sobre os limites da transformação no1 direito.* Trad. e organização Ana Carolina Chasin. Disponível em: http://bibliotecadigital.fgv.br/dspace/bitstream/handle/10438/25816/Por%20que%20%27quem%20tem%27%20sai%20na%20frente.pdf?sequence=1&isAllowed=y. Acesso em 13/08/2020.

A respeito da imparcialidade do juiz, Aroldo Plínio Gonçalves apresenta sua correta dimensão, ao reconhecer que o juiz, no processo, posiciona-se como terceiro em relação às partes:

> ele não participa 'em contraditório com as partes', entre ele e as partes não há interesse em disputa, ele não é um 'interessado' ou 'contra-interessado' no provimento[48].

A imparcialidade é caracterizada, portanto, pela "*estraneità del giudice*". Vale, contudo, a observação de Fazzalari: a imparcialidade do juiz não significa imparcialidade do provimento, que deve ser sempre parcial no sentido de ser favorável a quem tem razão. Nas palavras de Barbosa Moreira:

> O juiz deve desejar ardentemente que vença quem tem razão e, para isso ele deve utilizar todos os meios a seu alcance, inclusive, por exemplo, a determinação de medidas probatórias *ex ofício*[49].

Para Taruffo, "o juiz é verdadeiramente imparcial quando busca de modo objetivo a verdade dos fatos, fazendo dela o verdadeiro e exclusivo fundamento racional da decisão"[50].

O art. 10 do Código Modelo Iberoamericano de Ética Judicial define a imparcialidade judicial nos seguintes termos:

> O juiz imparcial é aquele que busca nas provas a verdade dos fatos com objetividade e com fundamento mantendo, ao longo de todo o processo, uma distância equivalente com as partes e com os seus advogados, e evita todo o tipo de comportamento que possa configurar favoritismo, predisposição ou preconceito[51].

O princípio do juiz natural se aperfeiçoa com a competência do juízo. A distribuição de competência entre os diversos órgãos jurisdicionais determina qual deles terá a prerrogativa de processar e julgar determinado processo *in concreto*.

Os limites impostos ao poder jurisdicional pelas regras de competência estabelecidas na Constituição e na legislação processual conferem legitimidade ao exercício da função jurisdicional, na medida em que o juiz somente estará habilitado para julgar as causas para as quais é competente. Desta maneira, "em tudo aquilo que não lhe for atribuído, um juiz, ainda que continuando a ter jurisdição é incompetente"[52].

Essa delimitação do exercício de poder pelo Judiciário conforma-se com a Constituição da República e assegura a todo sujeito o direito de ser processado

---

48 GONÇALVES, Aroldo Plínio. *Técnica Processual e Teoria do Processo*. Op. cit., p. 121.

49 BARBOSA MOREIRA, José Carlos. Ética e justiça. Revista da EMERJ, v. 8, n. 29, 2005.

50 TARUFFO, Michele. *Uma simples verdade – o juiz e a construção dos fatos*. Madrid: Marcial Pons, 2012, p. 144.

51 ATIENZA, Manuel. VIGO, Rodolfo Luis. Código Ibero-americano de ética judicial. Manuel Atienza, Rodolfo Luís Vigo. Brasília: CJF, 2008.

52 COUTURE, Eduardo J. *Fundamentos del Derecho Procesal Civil*. Buenos Aires: De Palma. 1974, p. 29.

pelo juiz natural. Com efeito, a competência é condição de validade da prestação jurisdicional pelo órgão prolator do provimento[53].

Pois bem, é lógico e razoável que os poderes legislativo e executivo, pela natureza de suas funções, funcionem em uma sede centralizada na Capital Federal. Entretanto, para distribuir justiça, faz-se necessária a proximidade geográfica entre a jurisdição e os jurisdicionados. Por essa razão, o Poder Judiciário está difusamente distribuído pelo território. A participação direta do cidadão na construção do provimento exige proximidade física com o órgão jurisdicional. Além disso, em razão da especificidade de determinadas matérias ou da qualidade da parte envolvida no conflito exigem dos diversos órgãos jurisdicionais brasileiro diferenciada competência territorial ou funcional ou material.

Por fim, a vedação da criação de tribunais de exceção, consistente na proibição de o Estado criar "tribunais que não apliquem normas processuais devidamente estabelecidas para substituir à jurisdição que corresponda normalmente aos tribunais ordinários"[54] atua como uma cláusula de reafirmação e reforço do princípio do juiz natural.

> JURISPRUDÊNCIA STF
>
> Tema 170 – Julgamento proferido por órgão fracionário de tribunal composto majoritariamente por juízes convocados.
>
> Tese
>
> Não viola o postulado constitucional do juiz natural o julgamento de apelação por órgão composto majoritariamente por juízes convocados, autorizado no âmbito da Justiça Federal pela Lei 9.788/1999.

7.3 GARANTIAS DO CONTRADITÓRIO, DA AMPLA DEFESA E DO DUPLO GRAU DE JURISDIÇÃO

> LV – aos litigantes, em processo judicial ou administrativo, e aos acusados em geral são assegurados o contraditório e ampla defesa, com os meios e recursos a ela inerentes.

---

53 STF, AI 177313 AgR, Rel. Min Celso de Mello, DJ de 17/05/1.996, p. 16.343. "O postulado do juiz natural, por encerrar uma expressiva garantia de ordem constitucional, limita, de modo subordinante, os poderes do Estado – que fica, assim, impossibilitado de instituir juízos *ad hoc* ou de criar tribunais de exceção –, ao mesmo tempo em que assegura, ao acusado, o direito ao processo perante autoridade competente abstratamente designada na forma da lei anterior, vedados, em consequência, os juízos *ex post facto*."

54 Princípios Básicos Relativos à Independência do Judiciário, adotadas pelo Sétimo Congresso das Nações Unidas sobre Prevenção do Delito e Tratamento do Delinqüente celebrado em Milão, 26.08 a 06.09 de 1985, confirmado pela Assembléia Geral em suas resoluções 40/32, de 29 de novembro de 1985 e 40/146 de 13 de dezembro de 1985.

"O desenvolvimento do processo é essencialmente desenvolvimento do diálogo"[55]. O contraditório, como visto, é elemento essencial, constitutivo do processo, vindo a significar a participação das partes em simétrica paridade, fundando-se, portanto, na igualdade.

Assegurar o contraditório é função do juiz no processo, a ele incumbe proporcionar a participação das partes em igualdade de condições.

> *Para alcanzar sus objetivos, el proceso debe reconocer y resolver los factores de desigualdad real de quienes son llevados ante la justicia. Es así como se atiende el principio de igualdad ante la ley y los tribunales y a la correlativa prohibición de discriminación. La presencia de condiciones de desigualdad real obliga a adoptar medidas de compensación que contribuyan a reducir o eliminar los obstáculos y deficiencias que impidan o reduzcan la defensa eficaz de los propios intereses. Si no existieran esos medios de compensación, ampliamente reconocidos en diversas vertientes del procedimiento, difícilmente se podría decir que quienes se encuentran en condiciones de desventaja disfrutan de un verdadero acceso a la justicia y se benefician de un debido proceso legal en condiciones de igualdad con quienes no afrontan esas desventajas*[56].

A ampla defesa, no meu ponto de vista, é garantia afeita ao processo penal, porque a contraposição dialógica das partes há de ser real e não apenas formal. O exercício da defesa em sua plenitude, no processo penal, é mais do que um direito irrenunciável do acusado, constitui verdadeiro dever do Estado promovê-la em havendo omissão do acusado.

No processo civil, entretanto, a defesa é um direito, a parte tem ampla liberdade para participar do contraditório. Caso não o faça, assumirá os ônus decorrentes da sua omissão. Mas, em hipótese alguma, há um dever de exercer a defesa, pois no processo civil, há direito de defesa e não obrigação.

As consequências são absolutamente distintas. Processo penal sem defesa é irremediavelmente nulo[57-58]; por sua vez, o processo civil sem defesa resolve-se pela aplicação dos efeitos da revelia (CPC, arts. 344-346).

Essa diferença manifesta-se também na atuação das partes no processo. No processo penal o réu não tem de provar sua inocência, aplica-se o princípio *in dubio pro reo*. Com efeito, o seu silencio pode lhe ser favorável haja vista que o ônus da

---

55 CARNELUTTI, Francesco. *Derecho y processo.* Buenos Aires: Ediciones Jurídicas Europa-Marica. 1971, p. 211.

56 ROJAS, Claudio Nash, DAVID, Valeska C. Igualdad y no discriminación en el sistema interamericano de derechos humanos. *In*, Derechos humanos y juicio justo. Red Interamericana de Formación em Governabilidad y Derechos Humanos, Colégio de las Américas - COLAM, Organización Interamericana Universitária. Editores Claudio Nash Rojas y Ignacio Mujica Torres. p. 159-212, p. 188.

57 STF. HC 82672, Rel. Min. CARLOS BRITTO, Rel. p/ Acórdão: Min. MARCO AURÉLIO, DJ 01-12-2006, p. 76.

58 GRINOVER, Ada Pelegrini. *Novas tendências do Direito Processual.* Forense Universitária: Rio de Janeiro, p. 13.

prova é exclusivamente do autor-acusador. Já no processo civil, o silêncio implica revelia e se o réu não demonstrar a existência de fato desconstitutivo, modificativo ou extintivo do direito do autor, muito provavelmente, sucumbirá. No que diz respeito à produção probatória: no processo penal a prova ilícita é admissível para absolver o réu ou pela aplicação do princípio da proporcionalidade, ainda que em desfavor do acusado[59]; no processo civil são inadmissíveis provas obtidas por meios ilícitos.

O duplo grau de jurisdição, imanente à ordem constitucional, é a garantia por meio da qual se assegura à parte sucumbente o direito de ver por duas vezes debatidas e apreciadas as teses de defesa do seu direito. Portanto, para cada demanda, existe a possibilidade de duas decisões válidas e completas no mesmo processo, emanadas de juízes distintos, prevalecendo sempre a derradeira decisão em relação às antecedentes.

De acordo com a jurisprudência da Corte Interamericana de Direitos Humanos:

> O direito de recorrer da decisão, consagrado pela Convenção, não se satisfaz com a mera existência de um órgão de grau superior ao que julgou e condenou o inculpado, mas que este tenha ou possa ter acesso. Para que haja uma verdadeira revisão da sentença, no sentido requerido pela Convenção, é preciso que o tribunal superior reúna as características jurisdicionais que o legitime para conhecer do caso concreto. (...) Em consequência, o conceito de juiz natural e o princípio do devido processo legal que regem essas etapas e se projetam sobre às diversas instâncias processuais. Se o julgador de segunda instância não satisfaz às condições do juiz natural, não poderá estabelecer-se como legítima e válida a etapa processual que se desenvolve ante ele[60].

Tratando-se de garantia, não se concede licença ao legislador para instituir, no processo jurisdicional, julgamentos de instância única[61]. Se assim legislar, incorrerá em violação ao art. 5º, inc. LIV e § 3º, expondo o Brasil à responsabilização internacional por violação de direitos humanos, haja vista que a Convenção Americana de Direitos Humanos assegura, expressamente, o duplo grau de jurisdição (art. 8, item 2, *h*).

Por outro lado, conforme decidido pelo Supremo Tribunal Federal, o direito de recorrer não é absoluto, condiciona-se ao atendimento dos pressupostos processuais:

> Os princípios constitucionais que garantem o livre acesso ao Poder Judiciário, o contraditório e a ampla defesa, não são absolutos e hão de ser exercidos, pelos jurisdicionados, por meio das normas processuais que regem a matéria, não se constituindo negativa de prestação jurisdicional e cerceamento de defesa a

---

59 STJ, HC 148.178/PR, Rel. Min. ROGERIO SCHIETTI CRUZ, DJe 05/12/2013.

60 CORTE INTERAMERICANA DE DERECHOS HUMANOS. Caso Castillo Petruzzi y otros *vs.* Peru, Sentencia, de 30/05/99, *in*, Informe anual de la Corte Interamericana de Derechos Humanos. Washington, D.C. Secretaria General Organización de los Estados Americanos, 1999, p. 283.

61 Em sentido diametralmente oposto à garantia do duplo grau de jurisdição: STF, RHC 79785, Rel. Min. SEPÚLVEDA PERTENCE, DJ 22-11-2002, p. 57.

inadmissão de recursos quando não observados os procedimentos estatuídos nas normas instrumentais[62].

7.4 VEDAÇÃO DA PROVA ILÍCITA

> LVI – são inadmissíveis, no processo, as provas obtidas por meios ilícitos

O processo deve ser ético, reprimindo-se a deslealdade das partes, razão pela qual, a Constituição inadmite a utilização de provas ilícitas. Sobre a polêmica que a matéria suscita, Barbosa Moreira[63] pondera:

> O mesmo delicado problema das provas adquiridas por meios ilícios: pode-se considerar que haveria sido preferível menor dose de rigidez no respectivo tratamento do que a evidenciada pelo teor do art. 5º, LVI, da Carta de 1988, mas todos, ou quase todos, convirão na necessidade de fixar algum limite à sem-cerimônia dos menos escrupulosos na busca insofrida de elementos que lhes corroborem as alegações.

A jurisprudência do Supremo Tribunal Federal, em alguns casos, adota a teoria dos *fruits of the poisonous tree* ao reconhecer que a prova obtida ilicitamente contamina as demais provas que dela se originavam, salvo se "somente veio a corroborar as outras licitamente obtidas pela equipe de investigação policial"[64].

> A exclusão da prova originariamente ilícita – ou daquela afetada pelo vício da ilicitude por derivação – representa um dos meios mais expressivos destinados a conferir efetividade à garantia do *due process of law* e a tornar mais intensa, pelo banimento da prova ilicitamente obtida, a tutela constitucional que preserva os direitos e prerrogativas que assistem a qualquer acusado em sede processual penal[65].

Prevalece na doutrina e na jurisprudência a aplicação do princípio da proporcionalidade, originário do direito germânico. Por este princípio, busca-se preservar o indivíduo de intervenções desnecessárias e excessivas; "uma lei não deve onerar o cidadão mais intensamente do que o imprescindível para a proteção do interesse público"[66].

No que tange às provas obtidas ilicitamente, por aplicação deste princípio, Ada Pelegrini Grinover admite o abrandamento da norma constitucional em "casos excepcionalmente graves e quando a prova ilícita for a única a ser produzida, com o objetivo de tutelar outros valores fundamentais"[67].

---

62 STF, AG. REG. EM AG. DE INST. OU DE PETIÇÃO nº 152676, DJ 03/11/95, p. 37245 Rel. Min. MAURÍCIO CORREA.

63 BARBOSA MOREIRA, José Carlos. *Efetividade do processo e técnica processual.*

64 STF, HC nº 74530, Rel. Min. ILMAR GALVÃO, DJ 13/12/96, P.50167.

65 STF, RHC 90376, Relator(a): Min. CELSO DE MELLO, DJe-018 DIVULG 17-05-2007 PUBLIC 18-05-2007 DJ 18-05-2007.

66 HECK, Luiz Afonso. *Tribunal Constitucional Federal e o Desenvolvimento dos Princípios Constitucionais.* Safe: Porto Alegre, 1995, p. 177.

67 GRINOVER, Ada Pelegrini. *O Processo em sua unidade II.* Rio de Janeiro: Forense, 1984, p. 174.

Esse posicionamento, todavia, encontra-se repelido pelo STF:

> qualquer prova cuja obtenção, pelo Poder Público, derive de transgressão a cláusulas de ordem constitucional, repelindo, por isso mesmo, quaisquer elementos probatórios que resultem de violação do direito material (ou, até mesmo, do direito processual) não prevalecendo, em consequência, no ordenamento normativo brasileiro, em matéria de atividade probatória, a fórmula autoritária do *male captum, bene retentum*[68].

Todavia,

> se (...) o órgão da persecução penal demonstrar que obteve, legitimamente, novos elementos de informação a partir de uma fonte autônoma de prova – que não guarde qualquer relação de dependência nem decorra da prova originariamente ilícita, com es[s]a não mantendo vinculação causal –, tais dados probatórios revelar-se-ão plenamente admissíveis, porque não contaminados pela mácula da ilicitude originária[69].

7.5 PRINCÍPIO DA PUBLICIDADE

> LX – a lei só poderá restringir a publicidade dos atos processuais quando a defesa da intimidade ou o interesse social o exigirem.

O princípio da publicidade é essência da democracia pois a transparência é fator de legitimação das decisões e dos atos de poder, representa o instrumento capaz de viabilizar o exercício do controle social sobre a atividade estatal. Nesta linha de raciocínio, Bobbio nos brinda com uma lição lapidar:

> Um dos lugares-comuns de todos os velhos e novos discursos sobre a democracia consiste em afirmar que ela é o governo do "poder visível". Que pertença à "natureza da democracia" o fato de que "nada pode permanecer confinado no espaço do mistério" é uma frase que nos ocorre ler, com poucas variantes, todos os dias. Com um aparente jogo de palavras pode-se definir o governo da democracia como o governo do poder público em público[70].

A publicidade consiste em tornar acessível à sociedade o conhecimento dos atos processuais, conferindo transparência ao processo, ao mesmo tempo que possibilita à sociedade exercer o controle sobre as atividades do Poder Judiciário. Mas não é tudo,

> A participação passiva do povo na vida jurídica deveria criar a intimidade com o direito, que é premissa para sua participação ativa, simultaneamente introduzida: dos tribunais de leigos, da auto-administração e do parlamentarismo[71].

A Constituição e o CPC (art. 189) restringem-na quando a publicidade causar prejuízo à intimidade ou ao interesse social[72].

---

[68] STF. HC 103325, Rel. Min. CELSO DE MELLO, DJe-213 DIVULG 29-10-2014 PUBLIC 30-10-2014.

[69] STF. HC nº 93.050/RJ, Segunda Turma, Relator o Ministro Celso de Mello, DJe 31/7/08.

[70] BOBBIO, Norberto. O futuro da democracia – uma defesa das regras do jogo. São Paulo: Paz e Terra, 1986, p. 83.

[71] RADBRUCH, Gustav. *Introdução à Ciência do Direito.* São Paulo: Martins Fontes, 2000, p. 158.

[72] CONSTITUIÇÃO DA REPÚBLICA. Art. 5º, inc. LX.

> A doutrina brasileira tem visto, na exigência constitucional de publicidade e fundamentação das decisões, a oportunidade do controle popular sobre os atos judiciais, ou uma 'função política da motivação das decisões judiciais, cujos destinatários não são apenas as partes e o juiz competente para julgar eventual recurso, mas *quisquis de populo*, com a finalidade de aferir-se em concreto a imparcialidade do juiz e a legalidade e justiça das decisões[73].

Certo é que a publicidade do processo resguarda a sociedade contra o autoritarismo e arbitrariedade manifestados em nome da lei e possibilita o controle social sobre a atividade jurisdicional[74].

> A regra no Estado democrático de Direito inaugurado pela Constituição de 1988 é a publicidade dos atos estatais, sendo o sigilo absolutamente excepcional. Somente em regimes ditatoriais pode ser admitida a edição ordinária de atos secretos, imunes ao controle social. O regime democrático obriga a Administração Pública a conferir máxima transparência aos seus atos. Essa é também uma consequência direta de um conjunto de normas constitucionais, tais como o princípio republicano (art. 1º, CF/1988), o direito de acesso à informação detida por órgãos públicos (art. 5º, XXXIII, CF/1988) e o princípio da publicidade (art. 37, *caput* e § 3º, II, CF/1988).
>
> A Constituição ressalva a publicidade em apenas duas hipóteses: (i) informações cujo sigilo seja imprescindível à segurança do Estado e da sociedade (art. 5º, XXXIII, parte final); e (ii) proteção à intimidade, vida privada, honra e imagem das pessoas (arts. 5º, X e 37, § 3, II, CF/1988). Como se vê, o sigilo só pode ser decretado em situações específicas, com forte ônus argumentativo a quem deu origem à restrição ao direito fundamental à informação, observado o princípio da proporcionalidade.
>
> Fixação da seguinte tese de julgamento: "Os processos administrativos sancionadores instaurados por agências reguladoras contra concessionárias de serviço público devem obedecer ao princípio da publicidade durante toda a sua tramitação, ressalvados eventuais atos que se enquadrem nas hipóteses de sigilo previstas em lei e na Constituição"[75].

Em sintonia com o art. 5º, inc. LX da CR/88, o art. 189 do CPC explicita as exceções à publicidade do processo, restringindo-as às seguintes hipóteses:

> I – em que o exija o interesse público ou social;
>
> II – que versem sobre casamento, separação de corpos, divórcio, separação, união estável, filiação, alimentos e guarda de crianças e adolescentes;
>
> III – em que constem dados protegidos pelo direito constitucional à intimidade;

[73] GONÇALVES, Aroldo Plínio. *Técnica Processual e Teoria do Processo.* Op. cit., p. 166.

[74] Folha de São Paulo. *Após ser xingado em voo de carreira, Gilmar usa avião da FAB para ir a São Paulo.* Edição de 31/01/2018. Disponível em http://www1.folha.uol.com.br/poder/2018/01/1954701-apos-ser-xingado-em-voo-de-carreira-gilmar-usa-aviao-da-fab-para-ir-a-sao-paulo.shtml. Acesso em 18/02/2018.

[75] STF. ADI 5371, Relator(a): ROBERTO BARROSO, Tribunal Pleno, julgado em 02/03/2022, PROCESSO ELETRÔNICO DJe-061 DIVULG 30-03-2022 PUBLIC 31-03-2022.

> IV – que versem sobre arbitragem, inclusive sobre cumprimento de carta arbitral, desde que a confidencialidade estipulada na arbitragem seja comprovada perante o juízo.

7.6 GARANTIA DA DURAÇÃO RAZOÁVEL DO PROCESSO

> LXXVIII – a todos, no âmbito judicial e administrativo, são assegurados a razoável duração do processo e os meios que garantam a celeridade de sua tramitação.

O processo não tem um tempo de duração preestabelecido, são várias circunstâncias que repercutem no seu prazo de duração. Naturalmente, o processo não pode eternizar-se. Há critérios elencados na jurisprudência das cortes Intermaricana e Europeia de Direitos Humanos que possibilitam avaliar a razoabilidade da duração do processo e identificar os motivos de sua demora.

De acordo com a Corte Interamericana dos Direitos Humanos, o exame da duração do processo deve avaliar a) a complexidade da causa; b) a atividade processual das partes; c) a atuação judicial, e d) a afetação da situação jurídica da pessoa envolvida no processo[76] (se o correr do tempo incide de maneira relevante na situação jurídica do indivíduo, resulta necessário que o procedimento avance com maior diligência a fim de que o caso se resolva em um tempo breve)[77].

Ressalta, ainda a jurisprudência das cortes internacionais que é dever do Estado assegurar a duração razoável do processo como corolário do acesso à justiça, sendo, portanto, ônus processual do Estado demonstrar a excepcionalidade do caso e suas circunstâncias aptas para justificar sua longa duração.

Esses critérios são replicados na jurisprudência do STF:

> O excesso de prazo na instrução criminal não resulta de simples operação aritmética, uma vez que a complexidade do processo, retardamento injustificado, atos procrastinatórios da defesa e número de réus envolvidos são fatores que, analisados em conjunto ou separadamente, indicam ser, ou não, razoável o prazo para o encerramento da instrução criminal.
>
> É justificável eventual dilação no prazo para encerramento da instrução processual quando se trata de ação penal complexa e o excesso de prazo não decorra da inércia ou desídia do Poder Judiciário[78].

A jurisprudência da Corte Interamericana de Direitos Humanos proclama:

> O acesso à justiça pode ser verificado quando o Estado garante, em um tempo razoável, o direito das supostas vítimas ou de seus familiares de que se tomem

---

[76] CORTE EUROPEIA DE DIREITOS HUMANOS. CASO CASTRO FERREIRA LEITE c. PORTUGAL SENTENÇA (Queixa n.º 19881/06).

[77] CORTE INTERAMERICANA DE DIREITOS HUMANOS. CASO SALES PIMENTA *vs.* BRASIL.

[78] STF. HC 115201, Rel. Min. LUIZ FUX, DJe-187 DIVULG 23-09-2013 PUBLIC 24-09-2013. HC 102062, Rel. Min. RICARDO LEWANDOWSKI, j. 02/12/2010.

todas as medidas necessárias para conhecer a verdade sobre o ocorrido e, caso seja pertinente, punir os eventuais responsáveis. (...) Nesse sentido, a Corte recorda que os artigos 8 e 25 da Convenção também consagram o direito de obter resposta às demandas e solicitações apresentadas às autoridades judiciais, visto que a eficácia do recurso implica uma obrigação positiva de oferecer uma resposta em um prazo razoável[79].

A Corte acrescenta, ainda, que "uma demora prolongada do processo pode chegar a constituir, em si mesma, uma violação das garantias judiciais"[80].

7.7 DEVER DE FUNDAMENTAÇÃO DAS DECISÕES JUDICIAIS

Art. 93, CF

IX – todos os julgamentos dos órgãos do Poder Judiciário serão públicos, e fundamentadas todas as decisões, sob pena de nulidade, podendo a lei limitar a presença, em determinados atos, às próprias partes e a seus advogados, ou somente a estes, em casos nos quais a preservação do direito à intimidade do interessado no sigilo não prejudique o interesse público à informação.

A fundamentação dos atos decisórios legitima a decisão ao serem explicitados os motivos que conduziram o julgador àquela decisão. Esse dever do magistrado relaciona-se diretamente ao Estado Democrático de Direito que vincula a atuação jurisdicional ao princípio da segurança jurídica, haja vista, *a contrario sensu*, que a sentença sem fundamentação é inconstitucional e arbitrária, por isso, incompatível com o Estado de Direito.

Assinala Barbosa Moreira:

o princípio de que as decisões judiciais devem ser motivadas aplica-se aos pronunciamentos de natureza decisória emitidos por qualquer órgão do Poder Judiciário, seja qual for o grau de jurisdição, sem exclusão dos que possuam índole discricionária ou se fundem em juízos de valor livremente formulados[81].

Nelson Nery arremata:

A falta de fundamentação é vício de tamanha gravidade que o legislador constituinte, abandonando a técnica de elaboração da Constituição, cominou no próprio texto constitucional a pena de nulidade[82].

Nos termos do art. 489, § 1º, inc. IV do CPC, ao fundamentar sua decisão, o juiz deve apreciar a demanda, observando as questões relevantes e imprescindíveis à sua resolução[83], não se eximindo, sob esse critério, de analisar as questões

---

79 Corte Interamericana de Direitos Humanos Caderno de Jurisprudência da Corte Interamericana de Direitos Humanos No. 36: Jurisprudência sobre o Brasil.

80 CORTE INTERAMERICANA DE DIREITOS HUMANOS. CASO SALES PIMENTA *vs.* BRASIL.

81 BARBOSA MOREIRA, José Carlos. *Temas de Direito Processual*, 2ª Série. São Paulo: Saraiva, 1980. 270p. p. 95.

82 NERY, Nelson. *Princípios do processo na Constituição da República.* 9ª ed. São Paulo: RT, 2009, p. 293.

83 STJ. REsp 927.216/RS, Rel. Min. Eliana Calmon, DJ de 13/8/2007; REsp 855.073/SC, Rel. Min. Teori Albino Zavascki, DJ de 28/6/2007.

deduzidas pelas partes que sejam aptas para influenciar o veredito, haja vista tratar-se, o poder de influência, de elemento do contraditório.

Atualmente, prevalece o seguinte entendimento externado pela jurisprudência do STF:

> a imprescindibilidade de fundamentação da decisão judicial – art. 93, IX, da Lei Maior – não se confunde com a imposição, ao órgão julgador, do dever de discorrer verticalmente sobre todos os argumentos esgrimidos pela parte, quando explicitadas as razões hábeis e suficientes a conduzir ao entendimento esposado. Nesse sentido: "3. O art. 93, IX, da Constituição da República exige que o acórdão ou decisão sejam fundamentados, ainda que sucintamente, sem determinar, contudo, o exame pormenorizado de cada uma das alegações ou provas, nem que sejam corretos os fundamentos da decisão"[84].

7.8 A GARANTIA DE EFETIVA PROTEÇÃO JUDICIAL

O processo é garantia de liberdade em toda sua dimensão. É direito inerente ao homem, erigido à condição de direito fundamental nas constituições dos estados democráticos, nos termos enunciados na Declaração Universal dos Direitos do Homem (arts. 8º e 10).

O enunciado dos dispositivos da Declaração Universal evidencia o caráter universalista da garantia do processo – todo ser humano tem direito ao processo, ou, nas palavras célebres de Calamandrei, "*non sembra concepibile civiltà senza garantia giudiziaria*, que traduzem de modo incisivo, o papel fundamental do processo na vida dos povos, como instrumento de paz social, de justiça e de garantia dos direitos do homem"[85-86].

A garantia da liberdade e dos direitos fundamentais, para se tornar efetiva e concreta, não prescinde do devido processo legal, que se desenvolve validamente

---

84 STF. RE 1256969 AgR-ED-segundos, Relator(a): ROSA WEBER, Primeira Turma, julgado em 05/09/2022, PROCESSO ELETRÔNICO DJe-179 DIVULG 08-09-2022 PUBLIC 09-09-2022.

85 Apud, MARQUES, José Frederico. *Instituições de Direito Processual Civil*. Op. cit., p. 34.

86 STF, EXT-633/CH, Rel. Min. Celso de Mello, DJ de 06/04/01, p. 67, assegura essa proteção de caráter internacional: EXTRADIÇÃO E *DUE PROCESS OF LAW*. O extraditando assume, no processo extradicional, a condição indisponível de sujeito de direitos, cuja intangibilidade há de ser preservada pelo Estado a quem foi dirigido o pedido de extradição. A possibilidade de ocorrer a privação, em juízo penal, do *due process of law*, nos múltiplos contornos em que se desenvolve esse princípio assegurador dos direitos e da própria liberdade do acusado – garantia de ampla defesa, garantia do contraditório, igualdade entre as partes perante o juiz natural e garantia de imparcialidade do magistrado processante – impede o válido deferimento do pedido extradicional (RTJ 134/56-58, Rel. Min. CELSO DE MELLO). O Supremo Tribunal Federal não deve deferir o pedido de extradição, se o ordenamento jurídico do Estado requerente não se revelar capaz de assegurar, aos réus, em juízo criminal, a garantia plena de um julgamento imparcial, justo, regular e independente. A incapacidade de o Estado requerente assegurar ao extraditando o direito ao *fair trial* atua como causa impeditiva do deferimento do pedido de extradição".

quando atendidos os pressupostos constitucionais para o correto exercício da função jurisdicional, entendendo-se como tal "todo aquele que satisfaz às exigências de um Estado Democrático de Direito"[87].

No ordenamento constitucional brasileiro, diferentemente do que ocorre em outros países, a cláusula que assegura proteção judicial efetiva não se encontra explicitada no texto constitucional. Ninguém, contudo, se aventuraria a negar sua existência. A sua concepção foi, então, obra de uma interpretação sistemática e teleológica das normas constitucionais[88]. Essa interpretação compreende que o significado dos preceitos constitucionais que asseguram o acesso à justiça e o devido processo legal não encerram em seu texto toda a sua transcendência.

Com a aprovação, em 1992, pelo Congresso Nacional, da Convenção Americana de Direitos Humanos, a garantia de efetiva proteção judicial incorporou-se, explicita e definitivamente, ao nosso ordenamento jurídico, em norma de envergadura constitucional[89]:

> Artigo 25 – Proteção judicial
>
> 1. Toda pessoa tem direito a um recurso simples e rápido ou a qualquer outro recurso efetivo, perante os juízes ou tribunais competentes, que a proteja contra atos que violem seus direitos fundamentais reconhecidos pela Constituição, pela lei ou pela presente Convenção, mesmo quando tal violação seja cometida por pessoas que estejam atuando no exercício de suas funções oficiais.

---

87 PASSOS. J. J. Calmon de. *Direito, poder, justiça e processo.* Op. cit., p. 71.

88 "A perpetuação temporal de indefinição jurídica quanto à liberdade de locomoção do paciente afeta a própria garantia constitucional da proteção judicial digna, legítima, eficaz e célere (CF, art. 1º, III c/c art. 5º, incisos LIV, LV e LXXVIII).", Supremo Tribunal Federal, HC 92604/SP - SÃO PAULO, Rel. Min. Gilmar Mendes, j. 01/04/2008, disponível em www.stf.gov.br. Em sede doutrinária, o Ministro Gilmar Mendes afirma que o inc. XXXV, do art. 5° do texto constitucional encerra a cláusula de proteção judicial. In: FERREIRA, Gilmar Mendes; COELHO, Inocêncio Mártires, BRANCO, Gustavo Gonet. *Curso de Direito Constitucional.* 2 ed. São Paulo: Saraiva, 2008, p. 474.

89 "A proteção jurisdicional exercida pela Corte Interamericana, confere à Convenção Americana de Direitos Humanos uma posição concreta de supranormatividade em relação ao ordenamento jurídico interno, sobrepondo-se, inclusive à Constituição da República, pois, característica essencial à jurisdição é a capacidade de proferir decisões com definitividade pela aptidão que seus provimentos possuem de formar coisa julgada e, portanto, tornarem-se incontestáveis para as partes, intocáveis para o juiz, e, por esta razão, irretratáveis, tanto o provimento, quanto seus efeitos. No sistema interamericano, a proteção dos Direitos Humanos é complementar à proteção interna, e só atua após o esgotamento prévio dos recursos jurisdicionais internos, o que atribui à Corte a prerrogativa de pronunciar-se por último e com definitividade, pois, como mencionado, suas decisões são irrecorríveis." In: JAYME, Fernando G. *Direitos Humanos e sua efetivação pela Corte Interamericana de Direitos Humanos.* Belo Horizonte: Del Rey, 2006.

> 2. Os Estados-partes comprometem-se:
>
> a) a assegurar que a autoridade competente prevista pelo sistema legal do Estado decida sobre os direitos de toda pessoa que interpuser tal recurso;
>
> b) a desenvolver as possibilidades de recurso judicial; e
>
> c) a assegurar o cumprimento, pelas autoridades competentes, de toda decisão em que se tenha considerado procedente o recurso.

A garantia de proteção judicial compreende, portanto, o direito de acesso à justiça como meio para se obter, em tempo razoável, uma decisão jurisdicional eficaz, quando houver pedido para que o Judiciário repare lesões ou previna ameaças a direitos.

A proteção judicial encontra-se amalgamada ao devido processo legal[90], por se realizar validamente somente quando atendidos os pressupostos constitucionais para o correto exercício da função jurisdicional[91].

O devido processo legal é, desta maneira, imprescindível para a concretização da garantia de proteção judicial, por se constituir em pressuposto inafastável de legitimidade e validez da decisão judicial; trata-se de *conditio sine qua non* do exercício da jurisdição e, por conseguinte, da formação da coisa julgada.

A proteção judicial e o devido processo legal, enquanto garantias fundamentais, têm a mesma grandeza e devem ser interpretados harmonicamente para evitar que obstáculos procedimentais, de natureza formal, injustificadamente, impeçam a resolução do mérito[92]. Não se admite, entretanto, que para se alcançar uma decisão judicial definitiva, as normas procedimentais sejam aviltadas de maneira arbitrária, privando, assim, os litigantes de agirem em posição de simétrica paridade para influenciarem na convicção do julgador a respeito do *thema decidendum*.

O processo para assegurar a máxima efetividade do direito desenvolve-se com observância às regras procedimentais, importante instrumento para prevenir arbitrariedade e assegurar igualdade entre os litigantes.

No atual patamar de maturidade do Direito Processual é certo que não se deve primar pela regularidade procedimental estrita, devendo a forma ceder

---

90 O art. 111 da Constituição da Itália confirma a interação entre proteção judicial e devido processo legal, ao dispor: "*La giurisdizione si attua mediante il giusto processo regolato dalla legge. Ogni processo si svolge nel contraddittorio tra le parti, in condizioni di parità, davanti a giudice terzo e imparziale. La legge ne assicura la ragionevole durata.*"

91 PASSOS. J. J. Calmon de. *Direito, poder, justiça e processo.* p. 71.

92 CANOTILHO, J. J. Gomes. *Direito Constitucional.* 6 ed. Coimbra: Almedina, 1999, p. 465: "A imposição de clareza na concretização legal do direito de acesso aos tribunais não significa a necessidade de adopção da forma processual mais simples nem desvincula o particular do seu dever de informação quanto às possibilidades de acesso à via jurisdicional. Pressupõe que a determinação legal da via judiciária adequada não se traduza, na prática, num jogo formal sistematicamente reconduzível à existência de formalidades e pressupostos processuais, cuja desatenção pelos particulares implica a perda automática das causas."

espaço quando implicar em frustração dos fins a que se destina o processo. Não é razoável que requisitos formais divorciados da razoabilidade obstem alcançar a finalidade do processo, pois essa prática redundaria em injustificável fenecimento do direito fundamental à proteção judicial. A ideia do processo como fim nele mesmo está superada pela processualística contemporânea ao reconhecer sua natureza instrumental.

O direito à tutela jurisdicional, no entanto, não é incondicionado e absoluto. Encontra-se balizado pelas normas processuais que admitem, em situações excepcionais, não se alcançar um provimento de mérito. Em tal caso, a crise processual obsta a resolução da demanda, sem que essa decisão represente violação do direito fundamental à proteção judicial. Outra hipótese na qual os requisitos formais do processo devem prevalecer ocorre quando a desconsideração da forma gerar consequências tão graves que ela priva o provimento jurisdicional de legitimidade, caso em que não há como deixar de prestigiá-los.

Enfim, para assegurar-se efetiva proteção judicial, as formas legalmente estabelecidas devem ser observadas. A celeridade é um dos propósitos a serem alcançados pelo processo, mas não se pode transformá-lo em um instrumento açodado e sumário.

De acordo com Llobregat, pode-se dizer que a garantia de efetiva proteção judicial é constituída pelos direitos:

a) de acesso à justiça;

b) de obter um provimento congruentemente motivado;

c) aos recursos previstos no ordenamento;

d) à execução dos julgados;

e) à garantia da coisa julgada;

f) de não ter a defesa prejudicada[93].

---

93 LLOBREGAT, José Garberi. *El deecho a la tutela judicial efectiva em la jurisprudência del Tribunal Constitucional.* Barcelona: BOSCH, 2008, p. 19.

8

NORMAS FUNDAMENTAIS DO PROCESSO CIVIL

O art. 1º do CPC estabelece que o processo civil será ordenado, disciplinado e interpretado conforme os valores e as normas fundamentais estabelecidas na Constituição.

A natureza finalística do processo é a de assegurar direitos e garantias fundamentais reconhecidos na Constituição, inclusive aqueles decorrentes do regime e dos princípios por ela adotados e os decorrentes de tratados internacionais em que o Brasil é parte.

O CPC concretiza o princípio do devido processo legal preconizado na Constituição da República e, mediante a assimilação do 'modelo constitucional de processo', institui um procedimento que assegura efetiva proteção judicial. Neste sentido, a aplicação e interpretação das normas processuais devem ser feitas a partir das garantias e princípios constitucionais do processo.

A legislação vigente estabelece um sistema processual democrático por meio do qual assegura o diálogo em contraditório entre os sujeitos destinatários da decisão, possibilitando-lhes influenciar, por seus argumentos e fatos comprovados, o veredito.

Deve-se considerar, ainda, que o art. 1º do CPC, ao dizer que as normas processuais serão aplicadas em conformidade com os valores e princípios da Constituição da República impôs um obstáculo intransponível para se questionar a constitucionalidade de decisões de conteúdo processual perante o STF, porquanto eventual ofensa à Constituição será reflexa. Neste sentido foi apreciado o Tema 660 e rejeitada a Repercussão Geral ao firmar a seguinte tese:

> A questão da ofensa aos princípios do contraditório, da ampla defesa, do devido processo legal e dos limites à coisa julgada, tem natureza infraconstitucional, e a ela se atribuem os efeitos da ausência de repercussão geral, nos termos do precedente fixado no RE n. 584.608, rel. a Ministra Ellen Gracie, DJe 13/03/2009.

O art. 2º do CPC consagra o princípio da demanda. Provocada a jurisdição por meio da ação proposta pela parte, o processo será impulsionado pelo juiz. O princípio do impulso oficial estabelece, nitidamente, a responsabilidade do

Judiciário em garantir a duração razoável do processo mediante atribuição de poderes ao magistrado para impulsionar o processo em direção à resolução do litígio.

Haverá, no entanto, situações em que o desenvolvimento do processo dependerá da atuação das partes, casos em que a inércia do autor poderá culminar na extinção do processo sem resolução do mérito. A inércia do réu implicará nas consequências jurídicas legalmente previstas para o fato dele não se desincumbir dos respectivos ônus processuais.

O princípio da demanda tem como consequência o que se encontra previsto no art. 141 do CPC: "O juiz decidirá o mérito nos limites propostos pelas partes, sendo-lhe vedado conhecer de questões não suscitadas a cujo respeito a lei exige iniciativa da parte".

Este princípio, no entanto, não é violado quando o magistrado determina de ofício a produção de provas[1] nem quando, ao conceder tutela de urgência, determina medida diversa da pleiteada pela parte, por considerá-la idônea e suficiente para assegurar o direito (art. 301, *in fine*).

A adstrição/congruência da sentença ao pedido, sob pena de julgamento *extra petita*, decorre do princípio da demanda. Fundamentado nesse princípio, o STJ anulou decisão proferida em ação de indenização por erro médico, ajuizada apenas contra o hospital porque o juiz teve sua sugestão de incluir os médicos no polo passivo acolhida por ambas as partes. O Tribunal entendeu que o juiz, ao sugerir o ingresso dos litisconsortes no processo, agiu como se fosse parte, e, por isso, violou os princípios da demanda e o dever de imparcialidade[2].

O art. 3º consagra o acesso à justiça por meio dos métodos heterônomos – jurisdição e arbitragem – e dos meios consensuais – conciliação, mediação, justiça restaurativa, negociação.

O § 1º ressalva a opção dos litigantes pelo procedimento arbitral quando autorizado por lei. A Lei da Arbitragem, nº 9307/96, admite a opção pelo processo arbitral quando o litígio envolver pessoas capazes de contratar, inclusive as de Direito Público, e seu objeto relacionar-se a direitos patrimoniais disponíveis[3].

Os §§ 2º e 3º conclamam as pessoas a buscarem a solução consensual dos conflitos, por meio da conciliação, da mediação e outros métodos consensuais. A adoção de métodos consensuais de conflitos deve ser estimulada pelo Estado, juízes, advogados, defensores públicos e membros do Ministério Público. A opção pela solução consensual pode ser pré-processual ou incidental ao processo judicial.

---

1 STJ, AgRg no Ag 1154432/MG, Rel. Min. Marco Aurélio Bellizze, DJe 14/11/2012.

2 STJ. REsp 1.133.706-SP, Rel. Min. Massami Uyeda, julgado em 1º/3/2011. Informativo nº 465.

3 Quanto à alegada violação ao princípio da inafastabilidade do acesso à justiça, no julgamento do SE-AgR 5206, Rel. Min. Sepúlveda Pertence, Pleno, DJ 30.4.2004, o STF decidiu que a manifestação de vontade da parte optando pelo juízo arbitral, não ofende o art. 5º, XXXV, da CF/88.

O Ministro Cezar Peluso, ainda em 2011, já conclamava à consensualidade:

> encontra-se em curso mudança paradigmática substancial, resultante do desenvolvimento de nova cultura de pacificação, que evidenciará às pessoas que os conflitos não precisam ser resolvidos apenas com recurso à velha solução adjudicada, que se dá mediante produção de sentenças e, em cujo seio, sob influxo de uma arraigada cultura de dilação, proliferam os recursos inúteis e as execuções morosas e, não raro, ineficazes. Essa salutar transformação só atingirá sua plena potencialidade com a adoção de uma política pública menos ortodoxa em relação ao tratamento dos conflitos de interesses. (...) Serão elevados os sensos de cidadania, justiça efetiva e paz social[4].

A partir da Resolução nº 125/2010 do CNJ, instituindo uma política pública de tratamento adequado dos conflitos, o CPC, no § 2º do art. 3º, reforça o prestigio à resolução consensual dos conflitos.

A construção de soluções consensuais contribui para a consolidação da cidadania porque em qualquer situação em que se busca uma forma consensual de solucionar o conflito, há uma prática emancipatória, na medida em que as partes deixam de carecer da tutela jurisdicional e resolvem autonomamente o conflito.

Na medida em se reconhece que nem sempre a adjudicação é a melhor solução para o conflito de interesses, o ordenamento jurídico admite que as partes assumam a responsabilidade pela solução do conflito que as aflige. Com efeito, há possibilidade de utilização de diversos meios de resolução de litígios conforme a particularidade de cada caso.

A coexistência de outros métodos, além da adjudicação, é uma forma de o Direito Processual implementar uma promessa até então por ele descumprida, a de que o processo judicial seria instrumento de restauração da paz social. Teleologicamente, o processo visa a encerrar o conflito mediante a imposição de um provimento imperativo, vinculante e definitivo em decorrência da autoridade de coisa julgada. Todavia, restabelecer os vínculos subjetivos afetados pelo conflito não é preocupação prioritária do órgão judicante.

A ciência processual evoluiu na direção do reconhecimento da possibilidade de utilização de diversos métodos de resolução de litígios, conforme a particularidade de cada caso, "citem-se, como exemplos, a arbitragem, a mediação, a conciliação, a negociação direta, os comitês, ouvidoria, o *coaching*"[5].

Os métodos autônomos têm o objetivo de propiciar às partes resolverem o conflito de forma dialogada, sem a necessidade de uma sentença proferida por um terceiro imparcial. Por meio do diálogo oportuniza-se a construção da melhor solução possível para o caso, respeitadas a autonomia da vontade e a voluntariedade.

---

4 STF. Relatório de Atividades de 2011.

5 FARIA, Juliana Cordeiro de. Princípio da cooperação, efetividade e responsabilidade processual: balizas do CPC para as empresas como sujeitos do processo. In: FERRUCI, Felipe Falcone, MAIA, Felipe Fernandes Ribeiro, LEROY, Guilherme Costa (org.). *Os impactos do novo CPC no Direito Empresarial.* Belo Horizonte: D'Plácido, 2017, p. 15-28, p. 15.

Ao evitar a disputa judicial – e as consequências violentas da força coercitiva utilizada na execução de uma decisão judicial, os métodos consensuais refletem a preferência humana pela reconciliação sobre confronto. Há muito que se reconhece a vantagem de buscar pontos em comum em vez de diferenças[6].

A possibilidade de desjudicialização dos conflitos deve ser um compromisso de toda a sociedade. É imprescindível contribuir para a diminuição do abarrotamento de processos no Judiciário, que atualmente, tem de administrar a tramitação de mais de setenta milhões de processos.

Há um notável esforço de o Poder Judiciário contribuir para a difusão de uma nova cultura na resolução dos conflitos. A partir da instalação, os Centros Judiciários de Solução de Conflito e Cidadania (CEJUSC) têm trabalhado para construir uma cultura de consensualidade por meio da capacitação de mediadores, promoção de palestras, debates, dentre outras ações que possibilitem os contendores sentirem-se suficientemente empoderados e eles próprios responsáveis pela solução dos seus conflitos.

Obviamente, pelo fato desse movimento apresentar-se como novidade, várias iniciativas devem ser implementadas para conferir eficiência e confiabilidade aos meios consensuais de solução dos conflitos. O sistema atual ainda precisa de renovação; veja-se, a propósito, que o critério quantitativo é relevante na avaliação do trabalho dos juízes, pois contam-se o número de acordos homologados. Entretanto, ao apenas quantificar as práticas consensuais, uma série de fatores benéficos delas resultantes é desconsiderada, como, por exemplo, o exercício do diálogo como ferramenta para a reaproximação das pessoas, ainda que não se realize o acordo. Por isso, a efetividade e expansão dos métodos consensuais devem ser consideradas também sob o aspecto qualitativo, avaliando-se a *vantajosidade* que propiciou a reaproximação das partes, de modo a garantir sua máxima efetivação na busca da melhor solução.

O aspecto econômico é um fator importante na opção pela desjudicialização dos conflitos. Todd B. Carver e Albert A. Vondra destacam as vantagens da desjudicialização realizada por empresas estadunidenses:

> A boa notícia é que um considerável número de companhias efetivamente aprendeu a utilizar os Métodos Alternativos de Resolução de Conflitos (ADR) e têm colhido os benefícios pretendidos: custos mais baixos, celeridade na resolução dos conflitos e resoluções que preservam e algumas vezes até melhoram as relações[7].

O Banco Mundial aponta esses meios consensuais como um meio adequado para criar um ambiente sustentável de desenvolvimento, proporcionando menores custos e maior segurança jurídica.

---

6 Investment Climate Advisory Services of the World Bank Group. *Alternative Dispute Resolution Guidelines*. Washington, 2011.

7 CARVER, Todd B., VONDRA, Albert A. Alternative Dispute Resolution: Why It Doesn't Work and Why It Does. Harvard Business Review. Maio-Junho/1994.

Os denominados 'métodos alternativos de resolução de disputas' nas relações comerciais modernas está enraizado no desejo de as empresas (litigantes habituais) encontrarem mecanismos específicos para resolução de controvérsias que atendam às necessidades da dinâmica e da filosofia empresariais. Com efeito, os métodos alternativos estão baseados na realização do negócio, sendo operada no e pelo setor privado, para seu próprio benefício[8].

Os meios autônomos têm como sustentáculo a liberdade, por prestigiarem a autonomia da vontade, o que acarreta, consequentemente, a impossibilidade de um terceiro estranho ao conflito impor a decisão final. Solucionar o conflito, nessa perspectiva, é atribuição privativa das partes.

Como ressalta Fernanda Tartuce, os meios autônomos permitem

> que o indivíduo decida os rumos da controvérsia e protagonize uma saída consensual para o conflito: ao incluir o sujeito como importante ator na abordagem da crise, valoriza-se sua percepção e considera-se seu senso de justiça. Como facilmente se percebe, a autonomia da vontade está ligada à dignidade e à liberdade[9].

Christopher Moore corrobora esse entendimento ao dizer:

> Voluntário refere-se a uma participação por livre escolha e a um acordo realizado livremente. Os litigantes não são obrigados a negociar, mediar ou fazer acordo influenciados por nenhuma parte interna ou externa à disputa[10].

Humberto Theodoro Júnior destaca o papel que tem o CPC na maturação de uma mudança de mentalidade, fazendo emergir uma cultura de solução de conflitos de forma autônoma, cooperativa e consensual:

> A valorização do papel da mediação e da conciliação dentro da atividade jurisdicional se faz presente de maneira mais expressiva no Novo Código de Processo Civil (...).
>
> Aos poucos vai-se encaminhando para processos e procedimentos em que o objetivo maior é a solução justa e adequada dos conflitos jurídicos, e que, de fato, possam reduzir as tensões sociais, valorizando a pacificação e a harmonização dos litigantes, em lugar de propiciar a guerra judicial em que só uma das partes tem os louros da vitória e à outra somente resta o amargor da sucumbência[11].

---

8 Investment Climate Advisory Services of the World Bank Group. *Alternative Dispute Resolution Guidelines.* Washington, 2011. "*Modern commercial ADR does not derive from this thinking at all. It is rooted in the desire of businesses (themselves regular litigants) to find more commercially focused, tailor-made dispute resolution mechanisms that do not suffer the excesses and failings of the courts. A wholesale departure from the court system was sought by the early developers of ADR, not an alternative recourse within it. ADR was viewed as a businessbased solution, operated in and by the private sector, for its own benefit*".

9 TARTUCE, Fernanda. *Mediação nos Conflitos Civis.* 3. ed. São Paulo, Método, 2016, p. 190.

10 MOORE, Christopher W. *O Processo de Mediação: Estratégias Práticas para a Resolução de Conflitos.* 2 ed. Porto Alegra: Artmed, 1998, p. 38.

11 THEODORO JÚNIOR, Humberto. *Curso de Direito Processual Civil – Teoria geral do direito processual civil, processo de conhecimento e procedimento comum.* 56 ed. Rio de Janeiro: Forense, 2015, p. 9.

Resta evidente, portanto, que o CPC garante efetividade aos métodos autônomos de resolução de conflitos e demonstra os avanços da prática jurisdicional na busca da "pacificação social".

Sendo assim, a cidadania resta não só garantida mas também estimulada pelo protagonismo das partes na solução do litígio, propiciando uma mudança da cultura de litigiosidade para uma cultura de paz e, ainda, resguardar os princípios da liberdade, autonomia da vontade, e, por que não, celeridade, tão caros à solução dos conflitos.

O art. 4º assegura a primazia do julgamento do mérito, vale dizer, deve-se conferir ao processo o máximo rendimento para que ele, em tempo razoável, possa efetivamente solucionar o conflito e assegurar o cumprimento da sentença. Por este princípio, o juiz tem o dever de conceder à parte a oportunidade de sanar vício que prejudique o exame do mérito; contudo, desatendido o comando judicial, o destino será, de acordo com a fase processual, a extinção do processo sem resolução de mérito ou o não conhecimento do recurso.

> Têm direito ao julgamento do mérito ambas as partes e o dever de emiti-lo constitui a essência e núcleo central da missão do juiz no processo civil[12].

De acordo com a jurisprudência do STJ:

> 1. não compete ao julgador, com base no princípio da primazia do julgamento de mérito e da cooperação, fechar os olhos para os requisitos legais, emendando, de ofício, a petição inicial, ou outorgando reiteradas oportunidades para que a parte corrija o vício, o que violaria o princípio da paridade de tratamento[13].
>
> 2. não obstante o princípio da primazia do mérito, o próprio Código de Processo Civil de 2015 estabeleceu expressa obrigatoriedade de comprovação de feriado local ou suspensão do expediente, regra específica que prevalece sobre a regra geral (*ex specialis derrogat lex generalis*)[14]. Não comprovada a existência de feriado local ou suspensão do expediente no ato da interposição do recurso, nos termos do § 6º do art. 1.003 do CPC/15, deve o relator considerar inadmissível o recurso, independente de intimação, não se aplicando o art. 932, parágrafo único[15].

Celso Barbi traduz a compreensão deste princípio ao ressaltar que "descuidos eventuais dos advogados não devem mais ser decisivos na solução final da controvérsia. A vitória não deve ser fruto de pequenas falhas na atividade do adversário, mas sim da existência do direito ao lado do vencedor"[16].

No atendimento do princípio da primazia do mérito, interessante o entendimento do STJ a respeito da legitimidade nas ações coletivas. De acordo com o

---

12 DINAMARCO, Cândido Rangel. *Instituição de Direito Processual Civil.* Vol. II, 4ª ed. São Paulo: Malheiros, 2004, p. 297.

13 STJ. AgInt na AR 5.303/BA, Rel. Min. ASSUSETE MAGALHÃES, DJe 24/10/2017.

14 STJ. AgInt no AREsp 991.944/GO, Rel. Ministro LUIS FELIPE SALOMÃO, DJe de 05/05/2017.

15 STJ. AgInt nos EDcl no AREsp 1016839/RJ, Rel. Ministra NANCY ANDRIGHI, DJe 29/06/2017.

16 BARBI, Celso Agrícola. Os poderes do juiz e a reforma do Código do Processo Civil. Revista da Faculdade de Direito da UFMG. Out/1965.

Tribunal, reconhecida a ilegitimidade ativa ou a irregularidade da representação processual o juiz deve conceder oportunidade para que o legitimado possa ingressar no feito[17], assumindo o polo ativo da demanda, art. 5º, § 3º da Lei da ACP. O mesmo ocorre com a Ação Popular, nos termos do art. 9º da Lei nº 4717/65.

O dever de cooperação está objetivado no art. 6º do CPC estabelecendo limites éticos à atuação das partes com vistas à sentença de mérito[18]. O processo é um método democrático de resolução de conflitos com o objetivo de reparar lesão ou fazer cessar ameaça a direitos. Portanto, o resultado do processo, ou seja, a decisão judicial, há de coincidir com a ordem jurídica no sentido de dar a cada um aquilo a que efetivamente tem direito.

> A atividade do juiz resume-se, em substância, a uma contínua colaboração das partes destinada a tornar concreto e atual – fixando seus limites – o dever do órgão judiciário de prestar justiça em interesse público[19].
>
> Uma coisa é certa: não pode servir de bússola ao advogado a ideia de que ele deve vencer a todo custo e seja la como for. Essa ideia é falsa porque faz abstração do serviço público e da função social do exercício da advocacia. (...)
>
> Adequado, pois, instituir-se o dever para o juiz de alertar a parte para as falhas, mandando corrigí-las, de modo a poder sempre decidir as demandas no mérito e não inutilizá-la por preliminares de natureza processual[20].

Por essa razão, no processo inadmite-se o emprego de artifícios ou ardis tendentes a frustrar a correta aplicação do Direito. "é em vão esperar que os códigos de procedimento sirvam realmente à justiça se não têm como base de sua aplicação prática a lealdade e a correção (...) fidelidade aos cânones não escritos de correção profissional que indicam o limite entre a elegante e louvável maestria do esgrimista perfeito e as torpes trapaças do vigarista"[21-22].

O dever de cooperação estabelece um dever de atuação solidária das partes e do juiz para que se obtenha em tempo razoável, com o menor dispêndio de recursos humanos e financeiros, uma decisão de mérito justa e efetiva:

---

17 STJ, REsp 1388792/SE, Rel. Min. HERMAN BENJAMIN, DJe 18/06/2014.

18 MENDES, Aluisio Gonçalves de Castro. Normas fundamentais do Código de Processo Civil de 2015: breves reflexões. Revista Eletrônica de Direito Processual – REDP. Rio de Janeiro. Ano 10. Volume 17. Número 2. Julho a Dezembro de 2016.

19 CALAMANDREI, Piero. *Instituições de Direito Processual Civil.* Vol. I Campinas: Bookseller, 2003, p. 285.

20 BARBOSA MOREIRA, José Carlos. Ética e Justiça. Revista da EMERJ, v. 8, n. 29, 2005.

21 CALAMANDREI, Piero. *Instituições de Direito Processual Civil.* Vol. I Campinas: Bookseller, 2003, p. 233 e 234.

22 Falando de vigarice: "não poderia o causídico simplesmente se omitir quanto aos outros dados informados pelo site do Tribunal, violando a boa-fé objetiva e o dever de cooperação (CPC, arts. 5° e 6°) para, simplesmente, protocolar o recurso depois de quase dois meses do início de seu prazo, tendo como desculpa a informação errônea em relação ao prazo final" (AgInt no REsp 1694174/TO, Rel. Ministro LUIS FELIPE SALOMÃO, QUARTA TURMA, julgado em 04/09/2018, DJe 11/09/2018).

Não é, pois, no atual estágio da evolução do processo civil, oportuno e adequado deixar a gestão processual confiada apenas ao juiz: tal gestão, para assegurar a melhor passagem possível da previsão abstrata das normas processuais para sua aplicação ao caso concreto, de acordo com suas peculiaridades, deve ser exercida em conjunto com as partes, permeada pela ideia de colaboração[23].

Não é sem razão que o acesso à justiça pressupõe o *jus postulandi*, ou seja, a capacidade de postular em juízo, atributo privativo da advocacia, Defensoria Pública e Ministério Público. A presença dessas instituições perante a jurisdição, nos termos da Constituição da República, é indispensável e essencial por serem esses profissionais capazes de decodificar o conflito de interesses intersubjetivo em linguagem jurídica, possibilitando, assim, ao Poder Judiciário proferir uma decisão que assegure a integridade do ordenamento jurídico, mantendo a estabilidade do Estado Democrático de Direito. Portanto, concomitantemente ao *munus* de defender os interesses postulados em juízo, há, para a advocacia, Defensoria Pública e Ministério Público, o compromisso com a realização do Direito.

A ideia de cooperação não é novidade. Os grandes jusprocessualistas da primeira metade do século passado já trabalhavam a teoria do processo como atividade colaborativa. Eis, a propósito, o ensinamento de Calamandrei:

> Quem se detenha a observar o modo como se desenvolve um processo judicial, civil ou penal, vê efetivamente que o mesmo consiste em uma série de atividades, realizadas pelos indivíduos, que colaboram para a consecução do objeto comum, o qual, por sua vez, consiste no pronunciamento de uma sentença ou em por em prática medida executiva. Esta colaboração não é simultânea, mas sucessiva, de modo que as várias atividades que devem ser realizadas pelas diferentes pessoas que fazem parte do processo distribuem-se no tempo e no espaço seguindo uma certa ordem lógica, quase como em um drama teatral, em que as intervenções dos atores se sucedem não por casualidade, mas seguindo o fio da ação, de modo que a frase seguinte seja justificada pela precedente e, por sua vez, dê motivo à que vem depois, a ordem em que se desenvolve o discurso dos interlocutores não poderia alterar-se sem destruir o sentido[24].

Grande lição sobre cooperação também é encontrada na obra de Lydio Machado Bandeira de Mello:

> a) o Juiz tem o DEVER de processar e resolver a demanda aplicando corretamente a lei e tem o DIREITO de exigir das partes que lhe exponham corretamente os fatos e lhe forneçam honestamente as provas do que alegam;
>
> b) as partes têm o DEVER de articular com clareza e probidade os seus direitos e pretensões e de apresentar honestamente as provas desses direitos e pretensões e têm o DIREITO de receber justiça, isto é, de ver resolvido o caso por meio de

---

23 ANDRADE, Érico. Gestão processual flexível, colaborativa e proporcional: cenários para implementação das novas tendências no CPC/2015. Rev. Fac. Direito UFMG, Belo Horizonte, n. 76, pp. 183-212, jan./jun. 2020.

24 CALAMANDREI, Piero. *Instituições de Direito Processual Civil.* Vol. I Campinas: Bookseller, 2003, p. 265.

> uma correta e imparcial aplicação da lei. (...) que se derive logicamente dos fatos alegados e das provas apresentadas[25].

Entretanto, a ideia de colaboração se esvaiu na vigência do Código revogado, que, como mencionado, exaltava a litigiosidade, repelia os meios consensuais e a coparticipação e ressaltava a supremacia do juiz no processo.

A cooperação no ordenamento jurídico brasileiro veio a ser ressuscitada no CPC. Entretanto, há deturpações em seu sentido e dimensão, creio, fruto da cultura herdada da legislação revogada, plasmada na conflituosidade beligerante ou da incompreensão do princípio em virtude da inovação cultural que a cooperação significa. A assimilação da mudança da cultura do conflito há mais de meio século era apontada por Celso Barbi devido à dificuldade de a advocacia não se vangloriar da tecnicalidade que, muitas vezes, sobrepõe-se ao direito.

> Reconheço, finalmente, que essas últimas sugestões, além das reações já mencionadas, suscitarão outra igualmente forte, da classe dos advogados, e por motivo diverso. Pertencemos, nós os advogados, a uma classe individualista, afeita milenarmente a considerar a vitória judicial não apenas como fruto da boa razão do nosso cliente, mas, em grande parte, como resultado da habilidade e cultura aplicadas na defesa da causa. Não será, pois, fácil à maioria aceitar inovações capazes de diminuir os efeitos da superioridade de um advogado sôbre outro no desfêcho de uma demanda[26].

A propósito desse mau vezo:

> Numa palavra final: se o "dever de as partes cooperarem" não for fulminado (ou mitigado mediante interpretação conforme a Constituição) pelo STF, poderemos estar repristinando um protagonismo de mais de 100 anos atrás. Já dá para imaginar o juiz, como presidente dos trabalhos (sim, paradoxalmente, quer-se a democracia e o regime processual, neste caso, continua "presidencialista"), dizendo: vocês têm de cooperar para que eu possa decidir com justiça. Consequentemente... e aí começa o drama das partes. Vai sobrar para os advogados. Ah, vai![27]

A nossa convicção é de que o dever de cooperação, explicitado no art. 6º do CPC, é muito oportuno, por isso, bem vindo, e de fundamental relevância para o bom funcionamento da jurisdição, como nos ensina Morton Deutsch:

> um processo cooperativo, por permitir maior substituibilidade, encoraja uma maior divisão do trabalho e especialização de papéis; isso permite um uso mais econômico de pessoal e recursos que, por sua vez, conduzem a uma maior produtividade das tarefas. O desenvolvimento de atitudes mais favoráveis de um em relação ao outro nas situações cooperativas fomenta mais confiança mútua e

---

[25] BANDEIRA DE MELLO, Lydio Machado. Diretrizes da Ação Penal – o acusador e o defensor. O Ministério Público. O advogado criminal. Belo Horizonte, publicação independente, 1958, p. 11.

[26] BARBI, Celso Agrícola. Os poderes do juiz e a reforma do Código do Processo Civil. Revista da Faculdade de Direito da UFMG. Out/1965.

[27] STRECK, Lenio Luiz, DELFINO, Lúcio, BARBA, Rafael Giorgio Dalla, LOPES, Ziel Ferreira . *Aposta na bondade – A cooperação processual do novo CPC é incompatível com a Constituição.*

abertura de comunicação bem como providencia uma base mais estável para uma cooperação contínua, a despeito do crescimento ou da míngua de determinados objetivos[28].

O Código, ao estabelecer o compromisso com a colaboração, reveste de eticidade a atuação das partes em juízo, pautando suas condutas pelos princípios da boa-fé e da lealdade processuais. Na dicção de Carlos Alberto Álvaro de Oliveira, o dever de cooperação é essencial "quando se atenta em que o processo deve servir para a produção de decisões conforme a lei corretas a esse ângulo visual, mas, além disso, dentro do marco dessa correção, presta-se essencialmente para a produção de decisões justas"[29].

A cooperação exige que as partes observem os deveres que lhes são exigidos no curso do contraditório, dentre eles, conforme o art. 77 do CPC, os de expor os fatos em juízo conforme a verdade[30], não formular pretensão ou de apresentar defesa quando cientes de que são destituídas de fundamento, não produzir provas e não praticar atos inúteis ou desnecessários à declaração ou à defesa do direito, cumprir com exatidão as decisões jurisdicionais, de natureza provisória ou final, e não criar embaraços à sua efetivação, informar o endereço onde receberão intimações e não praticar inovação ilegal no estado de fato, do bem ou do direito litigioso.

Para Leonardo Carneiro da Cunha, o dever de cooperação compreende os deveres de esclarecimento, de prevenção e de auxílio a fim de que o processo represente efetiva garantia de proteção judicial.

O autor, com propriedade, esclarece que cooperar não significa, em hipótese alguma, submissão do interesse próprio ao da parte contrária. Os deveres de cooperação "destinam-se a regular melhor o comportamento dos sujeitos envolvidos, evitando abusos de direito e tornando mais leal e mais ética a busca pelo resultado a ser obtido com o processo"[31].

Fredie Didier compartilha do mesmo entendimento dizendo que "ao integrar o sistema jurídico, o princípio da cooperação garante o meio (imputação de uma situação jurídica passiva) necessário à obtenção do fim almejado (o processo cooperativo)"[32].

Humberto Theodoro Jr., ao invocar o direito português, preencheu a lacuna que existia na literatura jurídica brasileira. Além disso, explicita os deveres de cooperação do magistrado com as partes de maneira didática, + revestida de pragmatismo. Ensina Humberto Theodoro que a cooperação se realça no dever de o juiz

---

[28] DEUTSCH, Morton. *A resolução do conflito.* Trad. Arhur Coimbra de Oliveira, rev. Francisco Schertel Mendes. In: AZEVEDO, André Gomma de (org.). Estudos em arbitragem, mediação e negociação. Brasília: UNB, 2004, pág. n.d.

[29] ALVARO DE OLIVEIRA, Carlos Alberto. *Do formalismo no processo civil.* 2ª ed. São Paulo: Saraiva, 2003, p. 270.

[30] STJ. REsp 1632750/SP, Rel. p/ Acórdão Min. NANCY ANDRIGHI, DJe 13/11/2017.

[31] *In:* STRECK, Lenio Luiz, NUNES, Dierle, CUNHA, Leonardo Carneiro da (Org.). *Comentários ao Código de Processo Civil.* São Paulo: Saraiva, 2016. Comentário ao art. 12, p. 60.

[32] DIDIER JR., Fredie. *Curso de Direito Processual Civil.* Vol. 1, 17ª ed. Salvador: Juspodium, 2015, p. 217.

decidir conforme o direito para assegurar acesso à ordem jurídica justa por meio de um provimento baseado em pleno conhecimento da causa, com o exaurimento dos meios de informação disponíveis para subsidiar o veredito. Ressalta, ainda, que o papel cooperativo do juiz não acarreta qualquer comprometimento com o dever de imparcialidade, constituindo-se na consagração de:

> a) um poder-dever de o juiz promover o suprimento de insuficiência ou imprecisões na exposição da matéria de fato alegada por qualquer das partes;
>
> b) um poder-dever de suprimir obstáculos procedimentais à prolação da decisão de mérito;
>
> c) um poder-dever de auxiliar qualquer das partes na remoção de obstáculos que as impeçam de atuar com eficiência no processo;
>
> d) em combinação com o princípio do contraditório, da obrigatória discussão prévia com as partes da solução do pleito, evitando a prolação de decisões surpresa, sem que as partes tenham oportunidade de influenciar as decisões judiciais[33].

A atuação colaborativa destina-se a "fazer com que os homens se falem, que desenvolvam uma relação intersubjetiva sem violência, com que os desejos e as paixões, incrustados nos sótãos do humano se exteriorizem"[34].

> A democracia é mais que discurso, é compromisso, é permanente autodisciplina e exigência de respeito à dignidade própria e à dignidade do outro, principalmente do outro, porque no cuidar de nós mesmos, somos todos por demais diligentes[35].

O dever de cooperação inaugura um novo modo de os sujeitos processuais atuarem para construírem a melhor solução possível para o conflito de interesses deduzido em juízo. É importante salientar que, da mesma forma que se impõe às partes o dever de cooperarem e de agirem com boa-fé, estabelece-se para o juiz o dever de estabelecer diálogo com as partes, como ressaltou Renata Maia:

> [o juiz] é um colaborador das partes para auxiliá-las quanto ao material que será objeto de seu convencimento, devendo, portanto, manter-se, desde o início, em contato com as partes e as provas, sendo-lhe permitido um ativismo no sentido de elucidar as dúvidas, indicando as partes sobre as falhas de sua defesa e também de suas provas[36].

A jurisprudência gradativamente vem assimilando o dever de cooperação. O Superior Tribunal de Justiça, a propósito, reconhece que:

> O nosso sistema processual é informado pelo princípio da cooperação, sendo pois, o processo, um produto da atividade cooperativa triangular entre o juiz e as

---

33 THEODORO JR., Humberto. *Curso de Direito Processual Civil.* Vol. I. 56 ed. Rio de Janeiro: Forense, 2015, p. 84.

34 GAMBOGI, Luís Carlos Balbino. *Direito: razão e sensibilidade – as intuições na hermenêutica jurídica.* Belo Horizonte: Del Rey, 2006, p. 133.

35 CALMON DE PASSOS. J.J. *Direito, justiça, processo e poder.* Rio de Janeiro: Forense, 1999, p. 71-72.

36 MAIA, Renata Christiana Vieira. *A efetividade do processo de conhecimento mediante a aplicação do processo oral.* Tese de Doutorado: Faculdade de Direito da UFMG, 2015, p. 115.

partes, onde todos devem buscar a justa aplicação do ordenamento jurídico no caso concreto, não podendo o Magistrado se limitar a ser mero fiscal de regras, devendo, ao contrário, quando constatar deficiências postulatórias das partes, indicá-las, precisamente, a fim de evitar delongas desnecessárias e a extinção do processo sem julgamento do mérito[37].

O TJMG decidiu que o dever de cooperação cujo objetivo é possibilitar uma decisão justa e efetiva de mérito, estende-se a todos os sujeitos processuais, inclusive ao juiz, incumbindo-lhes "colaborarem entre si, sem protagonismo dos envolvidos na relação jurídico-processual, sem a criação de embaraços e armadilhas processuais"[38]. O Tribunal realçou o dever colaborativo do julgador ao cassar sentença que indeferiu a petição inicial em razão de não terem sido apontadas, no despacho que determinou a sua emenda, as falhas existentes na peça de ingresso[39].

O TJRS reconhece que há violação do dever de cooperar quando a parte se vale de artifícios que obstaculizam o contraditório substancial, e, por isso, deixa de admitir recurso eletrônico, cuja instrução é deficiente pelo fato de o recorrente deixar de individualizar os documentos necessários ao conhecimento do pleito[40].

Por sua vez, para o TJSP, com fundamento no art. 774, inc. V, decide: "viola-se a cooperação no processo de execução quando o executado, intimado, deixa de informar ao juízo existência de patrimônio passível de responder pela obrigação"[41].

O dever de cooperação é um imperativo ético inerente ao contraditório. Com efeito, o devido processo legal constitui instrumento legítimo de garantia fundamental da dignidade humana e dos direitos a ela correlatos se e somente se o procedimento se desenvolver conforme a boa-fé e a lealdade. A violação destes imperativos éticos implicou multa por deslealdade processual à parte que ajuizou segunda ação idêntica à anteriormente ajuizada, deixando de informar ao juízo a litispendência[42-43].

---

37 STJ. RHC 37.587/SC. Rel. Ministro Reynaldo Soares da Fonseca. DJe 23/02/2016.

38 TJMG. Apelação Cível 1.0301.14.007535-1/003. Rel. Des. Marcio Idalmo dos Santos Miranda. DJe 11/04/2017.

39 TJMG. Apelação Cível nº 10027120297141001. Rel. Desª Cláudia Maia, DJE 26/07/2013.

40 TJRS. Agravo de Instrumento nº 70072050180. Décima Nona Câmara Cível. Rel. Des. Voltaire de Lima Moraes. Julgamento em 24 abr 2017.

41 TJSP. Agravo de Instrumento nº 2237890-96.2016.8.26.0000. Rel. Des. Hugo Crepaldi. DJ de 31/03/2017. "AGRAVO DE INSTRUMENTO – AÇÃO DE ARBITRAMENTO DE HONORÁRIOS – MULTA – ATO ATENTATÓRIO À DIGNIDADE DA JUSTIÇA – Art. 774, Parágrafo único, do CPC – Compra de imóvel de alto padrão à vista no curso da execução, demonstrando injustificada oposição ao cumprimento da obrigação, bem como patente omissão de informações perante o Juízo – Dever de cooperação– Quebra do padrão de boa-fé processual que justifica a imposição de multa fixada mediante prudente arbítrio – Negado provimento."

42 STJ. REsp nº 108.973/MG, Rel. Min. SÁLVIO DE FIGUEIREDO TEIXEIRA, DJ de 09.12.1997). No mesmo sentido: RMS nº 18.239/RJ, Rel. Min. ELIANA CALMON, DJ de 13.12.2004, AgRg no REsp nº 466.775/DF, Rel. Min. HUMBERTO GOMES DE BARROS, DJ de 01.09.2003.

43 Conselho da Justiça Federal. I Jornada de Direito Processual Civil. Brasília: 2017. ENUNCIADO 1 – A verificação da violação à boa-fé objetiva dispensa a comprovação do animus do sujeito processual.

A cooperação processual é uma técnica que objetiva promover o contraditório substancial no processo, subsidiar o juiz com os fatos e provas suficientes para decidir conforme o direito aplicável ao caso concreto em tempo razoável, assegurando, assim, a efetividade dos provimentos jurisdicionais.

Não se pode perder de vista, ainda, a estreita relação existente entre o dever de cooperação e a duração razoável do processo, na medida em que coíbe a prática de atos processuais inúteis por manejo abusivo das prerrogativas e faculdades processuais pelas partes ou, pelo juiz, dilações indevidas. A probidade processual como corolário da cooperação exige que a conduta das partes esteja revestida de lealdade e boa fé. Neste sentido, o Superior Tribunal de Justiça superou entendimento pretérito para firmar novo posicionamento em relação aos prazos nos processos eletrônicos, entendendo que o erro do PJe ou sistema equivalente no cômputo do prazo constitui justa causa para afastar eventual intempestividade, a saber:

> A Corte Especial consolidou o entendimento de que as informações processuais prestadas pelos sítios eletrônicos dos Tribunais, embora não possuam caráter oficial, dão ensejo a pedido de devolução de prazo com base em erros ou omissões que constituam justa causa, nos termos do art. 183, *caput*, §§ 1º e 2º, da Lei Processual Civil[44].

Exemplo de aplicação do dever de cooperação entre os sujeitos processuais encontra-se no art. 357, § 3º do CPC ao estabelecer que em causas de maior complexidade fática ou jurídica o juiz tem obrigatoriamente que designar audiência de saneamento. A finalidade desta audiência, segundo Fernando Gajardoni, é possibilitar que o juiz "em debate franco e aberto com as partes, esclareça e seja esclarecido à luz dos deveres inerentes à cooperação (esclarecimento, consulta, prevenção e auxílio)"[45].

Os arts. 7º, 9º e 10 do CPC asseguram o efetivo contraditório ao determinarem o tratamento isonômico e vedam ao juiz proferir decisões surpresa, isto é, inadmite que o juiz fundamente as decisões em questões de fato ou de direito sobre as quais não se deu oportunidade do debate prévio entre as partes.

É sempre oportuno reafirmar que o processo, conforme a Constituição da República, deve assegurar uma participação permanente e democrática das partes, caracterizada pelo amplo diálogo entre os sujeitos processuais. As partes devem ter o direito de apresentar seus argumentos e, consequentemente, influenciar o veredito. A salvaguarda dos direitos fundamentais se faz mediante a correspondência entre o direito de ação e o dever de resposta jurisdicional congruente e adequada.

Transparência, cooperação, comunicação ocasionam maior eficiência procedimental e qualificam a decisão judicial, tornando-a com maior poder de persuasão uma vez que é mais bem compreendida por decorrer de um efetivo contraditório.

---

44 STJ, REsp 1324432/SC, Rel. Ministro Herman Benjamin, Corte Especial, DJe 10/05/2013.

45 GAJARDONI, Fernando Fonseca. O saneamento compartilhado no novo CPC.

O respeito à garantia do contraditório possibilita às partes contribuírem para o juiz apreciar a demanda com a maior abrangência possível e na medida em que os interesses são considerados na decisão. A legitimidade do ato judicial decorrente do próprio procedimento participativo e não de uma norma jurídica abstrata transcendente potencializa a aceitação do julgado e aumenta a confiabilidade do Poder Judiciário.

> O princípio da cooperação e também o da "não surpresa" previstos no art. 10 do NCPC – que são desdobramentos do devido processo legal –, permitem e possibilitam que os sujeitos processuais possam influir concretamente na formação do provimento jurisdicional, garantindo um processo mais justo e isonômico[46].

A vedação de decisões surpresa decorre do dever de lealdade do Estado-juiz em relação às partes, insíto à cooperação processual recíproca e, fundamentalmente, à garantia do contraditório. "Tudo que o juiz decidir fora do debate já ensejado às partes corresponde a surpreendê-las e a desconsiderar o caráter dialético do processo, mesmo que o objeto do decisório corresponda a matéria apreciável de ofício"[47].

Em relação ao princípio da não surpresa, a jurisprudência, com base na razoabilidade, está entendendo:

> I) O juiz não está obrigado à oitiva prévia das partes em relação ao fundamento legal (dispositivo de lei regente da matéria) aplicável ao caso. "O conhecimento geral da lei é presunção *jure et de jure*". "O 'fundamento' ao qual se refere o art. 10 do CPC/2015 é o fundamento jurídico – circunstância de fato qualificada pelo direito, em que se baseia a pretensão ou a defesa, ou que possa ter influência no julgamento, mesmo que superveniente ao ajuizamento da ação"[48].
>
> II) "O princípio da 'não surpresa', constante no art. 10 do CPC/2015, não é aplicável à hipótese em que há adoção de fundamentos jurídicos contrários à pretensão da parte com aplicação da lei aos fatos narrados pelas partes"[49].
>
> III) A extinção do processo sem julgamento do mérito por insuficiência de provas sem que o fundamento adotado tenha sido previamente debatido pelas partes ou objeto de contraditório preventivo viola o art. 10 do CPC/2015. Decisões desta natureza violam o modelo de processo cooperativo instituído pelo Código de 2015 para trazer questão aventada pelo juízo e não ventilada nem pelo autor nem pelo réu[50].

---

46 STJ. REsp 1824337/CE, Rel. Ministro MOURA RIBEIRO, TERCEIRA TURMA, julgado em 10/12/2019, DJe 13/12/2019.

47 BAHIA, Alexandre, NUNES, Dierle, PEDRON, Flávio Quinaud. *Teoria Geral do Processo.* Salvador: Juspodium, 2020, p. 334.

48 STJ, EDcl no REsp 1.280.825/RJ, Rel. Ministra Maria Isabel Gallotti, DJe 01/08/2017.

49 STJ. AgInt no AREsp n. 1.359.921/SP, relator Ministro Ricardo Villas Bôas Cueva, DJe de 21/11/2019.

50 STJ, REsp 1676027/PR, Rel. Ministro HERMAN BENJAMIN, REPDJe 19/12/2017, DJe 11/10/2017.

IV) O contraditório prévio deve ser respeitado mesmo nas matérias de ordem pública, haja vista que o "sistema processual impôs aos julgadores e partes um procedimento permanentemente interacional, dialético e dialógico, em que a colaboração dos sujeitos processuais na formação da decisão jurisdicional é a pedra de toque"[51].

V) Em atenção à moderna concepção de cooperação processual, as partes têm o direito à legítima confiança de que o resultado do processo será alcançado mediante fundamento previamente conhecido e debatido por elas[52].

VI) Não há violação à não surpresa se o juiz, examinando os fatos expostos na inicial, juntamente com o pedido e a causa de pedir, aplica o entendimento jurídico que considerada coerente para a causa[53].

VII) Enunciado n. 4 da ENFAM, "Na declaração de incompetência absoluta não se aplica o disposto no art. 10, parte final, do CPC/2015."

VIII) Não cabe alegar surpresa se o resultado da lide encontra-se previsto objetivamente no ordenamento disciplinador do instrumento processual utilizado e insere-se no âmbito do desdobramento causal, possível e natural, da controvérsia[54].

Consigna-se que a decisão proferida pelo STJ no AgInt no AREsp nº 1587128, relatado pelo Min. Luis Felipe Salomão, DJe 02/04/2020 é manifestamente contrária à garantia do contraditório.

De acordo com o Tribunal, nenhuma ilegalidade se manifesta "na hipótese do juízo *a quo*, adstrito às circunstâncias fáticas (causa de pedir remota) e ao pedido constante nos autos, proceder à subsunção normativa com amparo em fundamentos jurídicos diversos dos esposados pelo autor e refutados pelo réu. A decisão reconhece que o julgador não viola os limites da causa quando reconhece os pedidos implícitos formulados na inicial, não estando restrito apenas ao que está expresso no capítulo referente aos pedidos, sendo-lhe permitido extrair da interpretação lógico – sistemática da peça inicial aquilo que se pretende obter com a demanda, aplicando o princípio da equidade".

Entendemos que esse entendimento viola frontalmente os arts. 140, § único, 141 e 10 do CPC. Concordar com esse entendimento significa ignorar a regra que veda decisões não surpresa e consagrar o arbítrio judicial, veementemente repudiado pelo processo jurisdicional democrático.

---

51 STJ, REsp 1676027/PR, Rel. Ministro HERMAN BENJAMIN, REPDJe 19/12/2017, DJe 11/10/2017.

52 STJ, REsp 1676027/PR, Rel. Ministro HERMAN BENJAMIN, REPDJe 19/12/2017, DJe 11/10/2017.

53 STJ, AgInt no AREsp 1.468.820/MG, Rel. Min. Marco Aurélio Bellizze, Dje 27/9/2019.

54 STJ. AgInt no REsp n. 1.972.466/DF, Rel. Min. Regina Helena Costa, DJe de 17/11/2022.

O art. 11 reproduz o texto constitucional estabelecendo a publicidade dos atos processuais como regra. Nas exceções à publicidade, nas causas que tramitam sob segredo de justiça, o acesso aos atos processuais restringe-se às partes, respectivos patronos e Ministério Público.

Encerra o capítulo das normas fundamentais do processo a regra do respeito à ordem cronológica para o julgamento. Contudo, a emenda legislativa que promoveu a inclusão do advérbio *preferencialmente* no *caput* do art. 12 decretou a morte da regra, tornando-a facultativa. Confirmam esse entendimento os comentários de Leonardo Carneiro da Cunha:

> Ao juiz cabe observar, preferencialmente, a ordem cronológica de conclusão. Nada impede, porém, que o juiz valha-se de outros meios de gestão, expressa e previamente estabelecidos e anunciados. Não estabelecido, nem anunciado, expressa e previamente, outro meio de gestão, cabe-lhe, preferencialmente, decidir atendendo a ordem cronológica de conclusão[55].

JURISPRUDÊNCIA

Tema 401 – RG rejeitada

Multa por litigância de má-fé.

Tese

A questão da caracterização de situações justificadoras da imposição de multa por litigância de má-fé tem natureza infraconstitucional e a ela são atribuídos os efeitos da ausência de repercussão geral, nos termos do precedente fixado no RE n. 584.608, relª Ministra Ellen Gracie, DJe 13/03/2009.

Tema 660 – RG rejeitada

Violação dos princípios do contraditório e da ampla defesa quando o julgamento da causa depender de prévia análise da adequada aplicação das normas infraconstitucionais. Extensão do entendimento ao princípio do devido processo legal e aos limites da coisa julgada.

Tese

A questão da ofensa aos princípios do contraditório, da ampla defesa, do devido processo legal e dos limites à coisa julgada, tem natureza infraconstitucional, e a ela se atribuem os efeitos da ausência de repercussão geral, nos termos do precedente fixado no RE n. 584.608, rel. a Ministra Ellen Gracie, DJe 13/03/2009.

55 *In:* STRECK, Lenio Luiz, NUNES, Dierle, CUNHA, Leonardo Carneiro da (Org.). *Comentários ao Código de Processo Civil.* São Paulo: Saraiva, 2016. Comentário ao art. 12, p. 60.

9

JURISDIÇÃO: CONCEITO E CARACTERÍSTICAS

Como a realização do direito não se encerra na elaboração de leis, instrumentos necessários à sua efetivação são imprescindíveis para assegurar a integridade do Estado de Direito, quando os preceitos legais não forem observados.

Uma conquista civilizatória é a proibição da realização do direito pelas próprias mãos. Excepcionalmente admite-se autodefesa, como nos casos de legítima defesa, estado de necessidade, desforço *in continenti* na defesa da posse e, nos termos da Súmula STF nº 473, a anulação pela administração de seus próprios atos, quando eivados de vícios que os tornam ilegais, porque deles não se originam direitos; ou revogá-los, por motivo de conveniência ou oportunidade, respeitados os direitos adquiridos. Por sua vez, o Estado não pode impor, de forma generalizada, a autocomposição como método para solução dos litígios.

Com efeito, a organização social depende do processo como o instrumento para assegurar que o Direito tenha o seu caráter efetivamente vinculante. A exigência de observância da norma jurídica como padrão de conduta, como fator de pacificação social, impeliu o Estado a colocar à disposição da sociedade a função jurisdicional, destinada "precisamente à tarefa de garantir a eficácia prática e efetiva do ordenamento jurídico"[1].

Definir jurisdição é difícil por não se admitir atribuir-lhe "uma definição absoluta, válida para todos os tempos e para todos os povos"[2].

A concepção constitucional considera a jurisdição sob o aspecto estático[3]. É ela expressão de soberania estatal, podendo ser conceituada como poder de que estão investidos determinados órgãos do Estado para decidir imperativamente e

---

1 LIEBMAN, Enrico Tullio. *Manual de Direito Processual Civil*, vol. I. 2.ed. Tradução Cândido Rangel Dinamarco. Rio de Janeiro: Forense, 1985. 287p. Original italiano. p. 3.

2 CALAMANDREI, Apud, MONTES, José Luis González. *Instituciones de Derecho Procesal*. t. I. Madrid: Tecnos, 1993, p. 20.

3 CASTILLO, Niceto Alcalá-Zamora. *Estudios de Teoria General e Historia del Prcoesso (1945-1972)*. México: Universidad Nacional Autônoma de México – Instituto de Investigaciones Jurídicas, 1974, p. 30.

impor decisões, com a finalidade de dar efetividade ao direito substantivo. É o que ensina Frederico Marques:

> O escopo da jurisdição é o de tornar efetiva a ordem jurídica e impor, através dos órgãos estatais do Poder Judiciário, 'a regra jurídica que por força do direito vigente, deve regular determinada situação jurídica[4].

Em sua dimensão dinâmica, a jurisdição é atividade estatal, definindo-se como "função do Estado que se desenvolve através do processo"[5].

Para Mandrioli[6], fiel à doutrina chiovendiana, a jurisdição exerce uma proteção substitutiva, na medida em que o órgão jurisdicional atua no lugar das atividades dos sujeitos envolvidos no processo. A jurisdição serve à tutela de direitos e de interesses, consistindo a tutela jurisdicional em reação contra lesões ou violações a direitos, cujos efeitos ela busca impedir ou eliminar. Conclui o autor que duas características são fundamentais à jurisdição: a instrumentalidade e a substitutividade.

Eduardo Couture[7], por sua vez, caracteriza a jurisdição como poder-dever de julgar com o intuito de solucionar os conflitos com definitividade, apresentando o seguinte conceito:

> função pública realizada por órgãos competentes do Estado, com as formas requeridas por lei, em virtude da qual, por ato de julgamento, se determina o direito das partes, tendo por objeto dirimir seus conflitos e controvérsias de relevância jurídica, mediante decisões com autoridade de coisa julgada, eventualmente factíveis de execução[8].

"O Estado exerce a função jurisdicional sobre o mesmo fundamento que o legitima a exercer, no quadro de uma ordem jurídica instituída, as funções legislativa e administrativa" elucida Aroldo Plinio Gonçalves.

> A jurisdição se organiza para a proteção de direitos e das liberdades, asseguradas na ordem jurídica, contra o ilícito, e ilícito, em qualquer campo do Direito, é a inobservância da conduta normativamente valorada como devida, cuja ocorrência na prática, se se admitir a liberdade do reino humano, não estará fora da esfera do possível[9].

Eduardo Gutierrez Cabiedes assinala que a jurisdição se caracteriza pela *auctoritas* que lhe dá independência e prestígio, pela imparcialidade e pelo seu caráter

---

4 MARQUES, José Frederico. *Instituições de Direito Processual Civil,* 6. ed. Rio de Janeiro: Forense, 1966, v. 1, p. 216.

5 MONTES, José Luis González. *Instituciones de Derecho Procesal.* Op. cit., p. 40.

6 MANDRIOLI, Crisanto. *Corso di Diritto Processuale Civile.* Torino: G. Giappichelli Editore, 1975. v. 1, 264p. p. 10.

7 COUTURE, Eduardo J. *Fundamentos del Derecho Processal Civil.* 2ª edição. Buenos Aires: Ediciones Depalma, 1974. 524p. p. 29/30.

8 COUTURE, Eduardo J. *Fundamentos del Derecho Processal Civil.* Op. cit., p. 40.

9 GONÇALVES, Aroldo Plínio. *Técnica Processual e Teoria do Processo.* Op. cit., p. 50 e 55.

criador do direito; cria a norma que regulamenta especificamente o caso concreto decidido:

> Este julgamento que desborda na criação do direito do caso é algo característico e único da função jurisdicional. Supõe uma decisão intelectual e voluntária, criadora, mas condicionada à razão, integradora de todo o ordenamento jurídico e ao mesmo tempo fundada nele. (...) Na criação jurisdicional, o elemento objetivo ou intelectual da mesma é extrínseco ao Juiz e é dado pela norma abstrata aplicável ao caso concreto[10].

Interessantes são as considerações de Alessandro Pizzorusso[11] acerca da jurisdição. O autor aponta que a função jurisdicional é logicamente posterior à função legislativa, por estar o juiz, nos temos da Constituição italiana subordinado à lei. Outro aspecto por ele ressaltado é o fato de o juiz, ao aplicar a lei (norma geral e abstrata) ao caso concreto, criar uma norma individual. Frisa, ainda, irreversibilidade da decisão que adquire a autoridade da coisa julgada, de modo que essa norma individual, se torna irretratável por parte do juiz, incontestável para as partes e, por tais razões, irretratáveis, tanto no concernente ao provimento, quanto aos seus efeitos[12]. Por último, aponta inércia da jurisdição, que somente permite sua atuação quando provocada pelo exercício do direito de ação, colocando-a equidistante do conflito de interesses, o que explica a imparcialidade da função jurisdicional.

> A imparcialidade é essencial para que a tese defensiva seja considerada, pois em uma situação de aderência anterior do julgador à acusação, não há qualquer possibilidade de defesa efetiva; é prevista em diversas fontes do direito internacional como garantia elementar da proteção aos direitos humanos (Princípios de Conduta Judicial de Bangalore, Convenção Americana de Direitos Humanos, Pacto Internacional de Direitos Civis e Políticos e Convenção Europeia de Direitos Humanos)[13].

Característica essencial à jurisdição é a posição de "*estraneità del giudice*", isto é, terceiro em relação às partes: "ele não participa 'em contraditório com as partes', entre ele e as partes não há interesse em disputa, ele não é um 'interessado' ou 'contra-interessado' no provimento"[14].

A imparcialidade do juiz, frisa Fazzallari, não significa imparcialidade do provimento, que deve ser sempre parcial no sentido de ser favorável a quem tem razão[15].

---

[10] CABIEDES, Eduardo Gutierrez. *Estudios de Derecho Procesal.* Pamplona: Ediciones Universidad de Navarra, S.A., 1974. 592p. p. 43.

[11] PIZZORUSSO, Alessandro. *Lecciones de Derecho Constitucional.* Madrid: Centro de Estudios Constitucionales, 1984. v. 2, 484p. Tradução de: Lezioni di Dirito Costituzionale. p. 83.

[12] FAZZALARI, Elio. *Istituzioni di Diritto Processuale.* Op. cit., p. 479.

[13] STF. HC 164493, Rel Min. EDSON FACHIN, Rel. p/ Acórdão: Min. GILMAR MENDES, DJe-106 DIVULG 02-06-2021 PUBLIC 04-06-2021).

[14] GONÇALVES, Aroldo Plínio. *Técnica Processual e Teoria do Processo.* Op. cit., p. 121.

[15] FAZZALARI, Elio. *Instituições de Direito Processual.* Tradução de Elaine Nassif. Bookseller: Campinas, 2006, p. 479.

Konrad Hesse assinala que a jurisdição é a mais peculiar das funções do Estado, por estar alheia a opções políticas. Para esse jurista, a jurisdição se particulariza pelo papel que desempenha na "tarefa de decisão autoritária e, com isso, obrigatória, independentizada, em casos de direito contestado ou violado, em um procedimento especial, ela serve exclusivamente à conservação e, com essa, à concretização e aperfeiçoamento do direito"[16].

9.1 CLASSIFICAÇÃO DA JURISDIÇÃO[17]

A jurisdição, por princípio, é una e indivisível, por ser manifestação de soberania estatal; porém, há uma divisão orgânica de jurisdições "para atender à pluralidade e à especialização decorrentes dos ordenamentos jurídicos"[18].

A Constituição da República possibilita classificar a jurisdição em: jurisdição comum ou ordinária, jurisdição especial e jurisdição constitucional.

A jurisdição comum é exercida pelos órgãos que integram a magistratura ordinária.

A jurisdição especial distingue-se da ordinária subjetivamente, pois os que a exercem não são integrantes do Poder Judiciário, e, objetivamente, em razão da "amplitude dos poderes de decisão que são conferidos ao juiz"[19]. Enquadram-se nessa classificação o Tribunal de Contas especificamente na competência jurisdicional que lhe foi atribuída no art. 71, II da CR/88, o Senado Federal, nos termos do art. 52, incs. I e II da CR/88[20], bem como a Justiça Desportiva, prevista no § 1º do art. 217 da CR/88, cuja competência é restrita ao processo e julgamento das infrações disciplinares e às competições desportivas.

A distribuição de competência dos órgãos jurisdicionais, ordinários ou especiais, está delineada constitucionalmente, e, portanto, qualquer modificação a este respeito só pode ocorrer mediante reforma constitucional[21].

A jurisdição constitucional consiste no exercício de atividade que objetiva "verificar a concordância das normas de hierarquia inferior, leis e atos administrativos, com a Constituição, desde que violaram as formas impostas pelo texto

---

16 HESSE, Konrad. *Elementos de Direito Constitucional da República Federal da Alemanha*. Trad. Luiz Afonso Heck. Porto Alegre: Sergio Antonio Fabris Editor, 1998. 576p. Tradução de: Grundzüge des Verfassungsrechts der Bundesrepublik Deutschland. p. 411.

17 *Apud*, JAYME, Fernando G. *Tribunal Constitucional: exigência democrática*. Belo Horizonte: Del Rey, 2000.

18 BARACHO, José Alfredo de Oliveira. *Processo Constitucional*. Op. cit., p. 80.

19 BARACHO, José Alfredo de Oliveira. *Processo Constitucional*. Op. cit., p. 83.

20 A jurisdição do Senado Federal foi confirmada pelo Supremo Tribunal Federal no julgamento do Mandado de Segurança nº 21.689, DJU de 07/04/1995, impetrado contra a decisão que cassou o mandato do ex-Presidente da República, Fernando Collor.

21 JAYME, Fernando G. *Tribunal Constitucional: exigência democrática*. Belo Horizonte, Del Rey, 2000, p. 66.

constitucional ou estão em contradição com o preceito da Constituição, pelo que os órgãos competentes devem declarar sua inconstitucionalidade e consequente inaplicabilidade”[22].

A especialidade da jurisdição constitucional é evidenciada por proferir decisões em única instância (o que denota a exclusividade no julgamento da constitucionalidade), cujo alcance é do interesse de toda a sociedade, não se destinando à defesa de interesses individuais (por esta razão se fala que o processo constitucional é objetivo). Os provimentos do Tribunal Constitucional, tanto no controle abstrato, quanto no controle concreto de constitucionalidade das leis, têm alcance geral. “A solução adotada se aplicará a toda uma série de litígios pendentes nas jurisdições ordinárias, sem que, de modo algum, as partes nestes litígios tenham sido chamadas a apresentar seus argumentos”[23]. O princípio da ‘igualdade de armas’ no litígio de natureza constitucional não tem sentido.

A natureza política da jurisdição constitucional advém da possibilidade de “opor-se às decisões do governo e da legislação e sua sentença é vinculativa para os outros poderes. Ele tem, por conseguinte, participação – limitada – na direção do Estado superior”[24].

O controle de constitucionalidade no Brasil, diferentemente dos países que instituíram Tribunais ou Cortes Constitucionais fora da estrutura do Poder Judiciário, é exercido pelo Poder Judiciário. No modelo europeu, “o Tribunal Constitucional não forma parte de nenhum dos três poderes clássicos, e, ademais, é tratado com igual respeito aos três poderes no Texto Fundamental”[25].

O controle difuso de constitucionalidade acontece entre nós por inexistir uma jurisdição especial destinada a, privativamente, garantir a integridade e a supremacia da Constituição. A função jurisdicional ordinária, conforme disposição constitucional, é exercida, com exclusividade pelo Poder Judiciário, nos termos do art. 5º, inc. XXXV, que o legitima a julgar toda e qualquer lesão ou ameaça a direito[26], inclusive as que versam matéria de Direito Constitucional.

Essas características do modelo de controle de constitucionalidade brasileiro desconstroem a ideia de existência de jurisdição constitucional em sentido formal, havendo apenas a jurisdição constitucional sobre o aspecto material.

---

[22] BARACHO, José Alfredo de Oliveira. *Processo Constitucional.* Op. cit., p. 97-98.

[23] FAVOREU, Louis. *Los Tribunales Constitucionales.* In: *La Jurisdicción Constitucional en Iberoamerica.* Madrid: Dykinson, 1997, p. 104.

[24] HESSE, Konrad. *Elementos de Direito Constitucional da República Federal da Alemanha.* Op. cit., p. 422.

[25] FAVOREU, Louis. *Los Tribunales Constitucionales.* In: *La Jurisdicción Constitucional en Iberoamerica.* Op. cit., p. 106.

[26] A Constituição da República convive com jurisdições especiais, por ela mesma instituídas, no caso da competência do Senado Federal, para julgar o Presidente da República por crime de responsabilidade e a competência dos Tribunais de Contas, na hipótese do art. 71, inc. II.

9.2 A INDEPENDÊNCIA COMO PRESSUPOSTO DA LEGITIMIDADE DO EXERCÍCIO DA FUNÇÃO JURISDICIONAL

Atividade jurisdicional garante a efetivação e manutenção do Estado Democrático de Direito. A missão que a Constituição confere à jurisdição é a proteção dos direitos e das liberdades garantidas pelo ordenamento jurídico. Seu objetivo é manter a coerência do ordenamento jurídico vigente, mediante a aplicação do Direito aos casos concretos submetidos a julgamento. A legitimidade dos provimentos jurisdicionais, pressupõe, portanto, além da sua fundamentação racional, a independência, pois um juiz refém das pressões não está habilitado ao exercício da função judicante.

Politicamente, a autonomia do Poder Judiciário decorre da legitimação conferida pela própria Constituição, que lhe assegura autonomia administrativa e financeira, permitindo o autogoverno.

Esta garantia política destina-se a conferir contornos institucionais de órgão político ao Poder Judiciário, assegurando-lhe prerrogativa eminente de proceder à revisão judicial das leis e dos atos normativos, anulando-os quando inconstitucionais.

Além da independência política, contra ingerências externas dos outros Poderes, a Constituição estabelece garantias aos magistrados, sem as quais não haveria de se falar em função jurisdicional, na acepção plena do termo.

Assim, a Constituição da República, mantendo a coerência com o modelo dúblice de controle de constitucionalidade por ela encampado, pelo qual, através do controle difuso, qualquer juiz tem competência para se pronunciar sobre a constitucionalidade da norma, outorgou aos integrantes do Poder Judiciário amplas garantias, visando a assegurar-lhe independência funcional.

A independência do juiz é assegurada pela outorga de garantias necessárias para que nenhum fator, de ordem interna ou externa, possa interferir no ânimo do juiz no momento de julgar.

A independência dos integrantes do Poder Judiciário brasileiro é mais abrangente do que a outorgada aos magistrados das jurisdições ordinárias dos países que possuem uma Jurisdição Constitucional. No modelo europeu, por existir o controle concentrado e exclusivo de constitucionalidade, como se faz, por exemplo, na Itália, a independência dos magistrados, em relação aos demais poderes, significa subordinação apenas à lei: "*I giudici sono soggetti sotanto alla legge*"[27].

Na qualidade de guardião da Constituição e dos direitos fundamentais, o julgador está adstrito aos princípios constitucionais, principalmente aos do devido processo legal, do contraditório e da ampla defesa. Com autoridade de Ministro do Supremo Tribunal Federal, assevera Neri da Silveira:

---

[27] ITÁLIA, Constituição. Art. 101, 2º comma.

> O respeito à Constituição e às leis há de ser postulado primeiro da ação do Poder Judiciário independente. Somente assim nele poderão todos os cidadãos, sem qualquer distinção, ter a certeza de que seus direitos e liberdades serão garantidos, de conformidade com a ordem jurídica e os valores que a informam[28].

O desdobramento da posição constitucional em que se encontra o magistrado brasileiro vai exigir, sobretudo, a observância rigorosa do *due process of law.* O juiz não deve, em hipótese alguma, descurar do respeito aos direitos fundamentais, nem das garantias constitucionais do processo.

Caso não observadas estas limitações, seria flagrante o abuso de poder do magistrado. O *due process of law* tem como um dos seus suportes o procedimento contemplado em lei, podendo assumir vários desdobramentos, mas sempre com o significado único da exigência de observância do sistema legal, o que confere previsibilidade e segurança jurídica às partes que participam do procedimento em contraditório.

Paralelamente às garantias, o estatuto jurídico da magistratura prevê impedimentos para garantir a imparcialidade do julgador, os quais se expressam no dever de abstenção do juiz e no direito de recusa pelo jurisdicionado. Havendo impedimento sem que o juiz se afaste do processo, a parte poderá, nos termos do art. 146 do CPC, arguir, motivadamente, sua suspeição ou seu impedimento.

---

28 SILVEIRA, José Neri. *A Independência do Poder Judiciário e dos Magistrados.* Op. cit.

10

AÇÃO

O Estado Democrático de Direito repudia e sanciona o arbítrio e a violência, conferindo aos indivíduos, em substituição à autotutela, a garantia do devido processo legal por meio do qual as relações conflituosas entre particulares ou entre esses e o Estado sejam resolvidas pelo poder jurisdicional, mantendo, assim, a integridade do ordenamento jurídico.

A experiência demonstrou, contudo, que as normas jurídicas materiais existentes são impotentes para evitar ou prevenir conflitos de interesses que cotidianamente ocorrem, dentre outros motivos, por causa da denegação de direitos, da limitação dos bens jurídicos existentes, do egoísmo e da intransigência inerentes a parcela considerável da humanidade. O litígio, portanto, que vai desbordar no processo, define-se como "conflito de interesses qualificado por uma pretensão de um dos interessados e pela resistência do outro", conforme definição de Carnelutti[1].

Esse conflito, caso não solucionado, compromete a segurança jurídica, subverte a ordem social e desestabiliza o Estado Democrático de Direito.

O exercício do direito de ação retira a jurisdição da inércia, provocando a atuação do Poder Judiciário, que, ao final do procedimento, ditará um provimento imperativo solucionando o conflito. A ação surge, portanto, da necessidade de se impor uma solução adequada ao impasse decorrente do litígio.

A necessidade da atuação da jurisdição estatal na composição dos conflitos de interesses deve-se à incapacidade dos envolvidos de solucionarem espontaneamente o litígio e pelo repúdio ao prevalecimento de argumentos não justificados juridicamente, como, por exemplo, a força. Não é sem razão, portanto, a criminalização da autotutela, mesmo quando legítima a pretensão[2].

A ação também é imprescindível para punição dos crimes, em face da garantia da *nula poena sine previa lege et judicio.*

---

1 Apud, ALCALÁ-ZAMORA Y CASTILLO, Niceto. *Estudios de Teoria General e Historia del Proceso (1945-1972).* T. I. México: UNAM, 1974, nota 31, p. 329.

2 O art. 345 do Código Penal brasileiro tipifica o crime de Exercício Arbitrário das Próprias Razões.

A atuação do Estado é legítima devido à condição de guardião dos direitos e liberdades; o que o torna legítimo interessado na solução dos litígios eventualmente existentes. O Estado, por assumir na administração da justiça, a qualidade de terceiro desinteressado no resultado do conflito existente entre os contendores, tem credibilidade e legitimidade para impor coativamente a solução deste conflito. Essa equidistância do juiz em relação às partes decorre da independência do magistrado, *conditio sine qua non* para que possa aplicar imperativamente ao litígio a melhor solução jurídica possível.

A ação deve ser compreendida, portanto, como o direito de a parte demandar a função jurisdicional[3], instaurando, a partir do seu exercício, o devido processo legal para ver realizada a pretensão de direito material deduzida em juízo.

A Constituição da República garante incondicionalmente o acesso à Justiça, de forma explícita no inc. XXXV, do art. 5º. Através da garantia do acesso à justiça e do princípio da inafastabilidade da jurisdição, basta ao indivíduo sentir receio de ser molestado em seu patrimônio jurídico para lhe ser franqueado o direito de ir a juízo.

O autor, ao propor a ação, pede ao juiz que acolha sua pretensão e lhe permita usufruir do interesse insatisfeito pela resistência oposta pelo réu. Este, por sua vez, em decorrência das garantias do contraditório e da ampla defesa, tem o direito de resistir à pretensão deduzida pelo autor na mesma intensidade em que é exercido o direito de ação, com o objetivo de ver mantido o *statu quo ante.* Conforme nos ensina Manoel Galdino da Paixão Jr. autor e réu têm "faculdades idênticas, diferenciadas pela ordem de chegada a juízo, mas com acesso livre e facilitado, independente do direito à proteção que vão buscar"[4].

O destinatário da ação é o Estado que detém o poder-dever de solucionar, através do órgão jurisdicional competente, o conflito de interesses que lhe é submetido, através de um provimento definitivo e imperativo.

> Naturalmente, só tem direito à tutela jurisdicional aquele que tem razão, não quem ostenta um direito inexistente. Mas a única maneira de assegurar a quem tem razão a possibilidade de impor o seu reconhecimento em juízo consiste em permitir que todos tragam os seus pedidos aos tribunais, aos quais incumbirá a tarefa de examiná-los e de acolhê-los ou rejeitá-los, conforme sejam procedentes ou improcedentes[5].

---

3 A partir do julgamento da SE nº 5.206 pelo Supremo Tribunal Federal, o ordenamento jurídico brasileiro passou a contemplar a solução arbitral como alternativa à jurisdição, possuindo a sentença arbitral a mesma eficácia das decisões jurisdicionais, desde que válida a cláusula compromissória que a institui. A consequência desta decisão é o abrandamento da exclusividade do Poder Judiciário para solucionar os conflitos de interesses surgidos na sociedade, porquanto admissível a renúncia ao direito de ação.

4 PAIXÃO JR., Manuel Galdino. *Teoria Geral do Processo.* Belo Horizonte: Del Rey, 2.002, p. 73.

5 LIEBMAN, Enrico Tullio. *Manual de Direito Processual Civil.*2ª ed. Rio de Janeiro, 1985, p. 147. No mesmo sentido CARNELUTTI, Francesco. *Derecho Y Processo.* Op. cit., p. 126.

Deve-se reconhecer, desta maneira, a autonomia do direito de ação em relação ao direito subjetivo[6] substancial. A distinção entre ambos se mostra necessária. Constata-se que o direito subjetivo substancial consiste no dever da outra parte a uma prestação; o direito de ação, por sua vez, visa a provocar a atividade jurisdicional, portanto, sempre dirigido ao Estado e, por isso, tem natureza de direito público. Deve-se ressaltar, ainda, que se terá exercido de forma exauriente o direito de ação mesmo quando a sentença não acolhe a pretensão do autor.

10.1 AS TEORIAS DA AÇÃO

10.1.1 A teoria civilista ou imanentista

A concepção da Teoria Civilista, pioneiramente desenvolvida por Savigny, considera a ação como o direito de postular em juízo o que é devido, "a ação era o próprio direito material colocado em movimento, a reagir contra a ameaça ou a violação"[7].

Essa teoria, com as variações implementadas posteriormente por seus adeptos, estrutura-se nas premissas seguintes: 1º) não há ação sem direito; 2º) não há direito sem ação; 3º) a ação segue a natureza do direito.

O Código Civil de 1916 adotava esse entendimento. O art. 75 dispunha que *"a todo direito corresponde uma ação, que o assegura"*.

Em face da evolução científica do direito processual, essa teoria tornou-se obsoleta e imprópria para explicar a ação.

> Quando, pois, a vontade concreta da lei deveria efetuar-se em primeiro lugar, mediante o preenchimento da obrigação, se esta falha, substituir-se-lhe-á a realização mediante o processo[8].

A Teoria Civilista precede a época autonomista, daí sua incompatibilidade com a ciência do direito processual.

A sua fragilidade explica-se pela incapacidade de responder a uma série de questões concretas. Diante da afirmativa de que não há ação sem direito, carece de explicação, por exemplo, a situação em que o juiz julga improcedente o pedido. Também fica sem resposta a questão relativa à ação declaratória negativa pois o seu objeto limita-se à declaração de inexistência do direito material.

10.1.2 A polêmica entre Windscheid e Muther (1856-1857)

Um célebre debate, a '*polêmica entre Windscheid e Muther*', muito contribuiu para o desenvolvimento da ciência processual.

---

6 Para CHIOVENDA, direito subjetivo é "a expectativa de um bem da vida garantida pela vontade da lei". CHIOVENDA, Giuseppe. *Instituições de Direito Processual Civil.* V. I. São Paulo: Saraiva, 1942, p. 25.

7 SILVA, Ovídio A. Baptista, GOMES, Fábio Luiz. *Teoria geral do processo.* São Paulo: Revista dos Tribunmais, 1997, p. 95.

8 CHIOVENDA, Giuseppe. *Instituições de Direito Processual Civil.* V. I. São Paulo: Saraiva, 1942, p. 27.

Windescheid definia ação como a "faculdade de impor a própria vontade em via judiciária; e, assim como existem hoje direitos de variadas espécies, existiam também variadíssimas ações típicas, com as quais procurava o ordenamento jurídico tutelar a vontade dos indivíduos em todas as circunstâncias em que ela precisasse e merecesse essa tutela"[9].

Muther, por sua vez, se contrapôs a essa ideia, sustentando "haver a estrutura do processo variado de forma substancial, mantendo-se, não obstante, o direito prejudicado frente ao Estado, de exigir a tutela jurisdicional. E conclui: 'Até podemos afirmar que esse direito é hoje ainda mais incondicional do que antes, pois qualquer pessoa pode invocar o processo afirmando simplesmente ter havido lesão a um direito"[10].

Windscheid, ao responder a Muther, adere a alguns dos seus posicionamentos, admitindo "a existência de direitos de naturezas diversas: um dirigido contra o Estado, outro contra o particular. (...) Em trabalho posterior, todavia, Windscheid aceita, sem qualquer reserva, a tese de seu opositor, admitindo a existência de um direito de agir, processual, tanto exercitável contra o Estado, como contra o obrigado, para a satisfação de um outro direito (subjetivo material) pleiteado"[11].

Dinamarco destaca os pontos deste debate que continuaram a influenciar a ciência do direito processual:

> Windscheid praticamente sugeria a ideia da ação como poder de provocar um provimento de mérito, poder que existe independentemente da existência ou inexistência do direito subjetivo substancial (teoria abstrata da ação). Por outro lado, mais nítida ainda é a influência de Muther na obra daqueles que vieram a definir a ação como direito à tutela jurídica, ou direito concreto de agir: recorde-se que ele definira tanto a *actio romana* quanto a ação moderna como um direito perante o Estado, não perante o adversário, a obter a tutela judiciária (no direito romano, mediante a fórmula)[12].

A ação, neste sentido, é considerada como direito concreto pois, representa direito à tutela jurisdicional.

Os polemistas também deixaram evidenciado o dualismo do ordenamento jurídico, inserindo o "processo no *iter* de produção do direito"[13].

Este embate acadêmico contribuiu para, pouco mais tarde, em 1868, Büllow fundamentar a teoria da autonomia do direito processual.

10.1.3 Teoria da ação como direito autônomo e concreto

Em 1868, Büllow sustentou o caráter público da relação jurídica processual e que a ação era um direito concreto. A autonomia do direito de ação, segundo o

---

9 DINAMARCO, Cândido R. *Fundamentos do Processo Civil Moderno.* 4ª ed. T. I. São Paulo: Malheiros Editores, 2001, p. 281.

10 SILVA, Ovídio A. Baptista. *Teoria geral do processo.* Op. cit., p. 99.

11 SILVA, Ovídio A. Baptista. *Teoria geral do processo.* Op. cit., p. 99.

12 DINAMARCO, Cândido R. *Fundamentos do Processo Civil Moderno.* Op. cit., p. 282-283.

13 DINAMARCO, Cândido R. *Fundamentos do Processo Civil Moderno.* Op. cit., p. 285.

autor, advém do reconhecimento de se tratar do direito ao pronunciamento jurisdicional de caráter definitivo e imperativo.

A ação é um direito subjetivo público e autônomo, entretanto só pode ser satisfeito quando a sentença é favorável, daí a sua natureza de direito concreto. Ter *ação* significa dizer que um indivíduo tem o direito de obter um resultado favorável no processo. "*La acción no es el derecho; pero no hay acción sin derecho*"[14].

10.1.4 Teoria da ação como direito autônomo e abstrato

A Teoria Eclética adotada pelos processualistas brasileiros reconhece o direito de ação como um direito abstrato; há ação mesmo quando a sentença não concede ou nega a existência do direito, ou concede o direito a quem não o possui.

O direito de ação independe da existência efetiva do direito material invocado. Para o seu exercício exige-se apenas que o autor faça referência a um interesse seu, protegido, em abstrato, pelo direito, ficando o Estado, só por isso, obrigado a proferir uma decisão.

As críticas dirigidas à Teoria Eclética são válidas, na medida em que passamos por profunda transformação jurídica, a partir da Constituição de 1988, com consequente ampliação do acesso à justiça e incremento da atuação do Poder Judiciário.

Ovídio Baptista assevera "que as condições da ação na realidade integram a relação de direito material posta à apreciação do órgão jurisdicional, e que só por mera e inapropriada ficção (raciocínio hipotético) poderiam ser consideradas também pertinentes à relação jurídica processual" [15].

A afirmativa de Liebman de que a ausência de condições da ação implica carência de poder jurisdicional para manifestar-se sobre a lide, no processo individual, não se harmoniza com o inc. XXXV, art. 5º da Constituição da República.

A garantia constitucional de efetiva proteção judicial não subtrai nenhuma lesão ou ameaça a direito da apreciação do Poder Judiciário, portanto, é, na atualidade, descabida a teoria que afirma inexistir atividade jurisdicional quando ausentes as condições da ação. Ademais, como ressalvado por Ovídio Baptista, as condições da ação integram a relação de direito material.

Pode-se admitir a subsistência do interesse de agir como condição do exercício do direito de ação, pois é imprescindível para obter a resposta jurisdicional que lhe seja submetido um conflito de interesses real. Isto é, deverá o autor da ação narrar a existência de um fato caracterizador de uma lesão ou ameaça a direito seu, condição *sine qua non* para se movimentar o aparato judiciário.

---

[14] COUTURE, Eduardo J. *Fundamentos Del Derecho Procesal Civil.* 3ª ed. Buenos Aires: Depalma, 1973, p. 64.

[15] SILVA, Ovídio Baptista da. GOMES, Fábio. *Teoria Geral do Processo.* Op. cit., p. 125.

10.1.5 A necessidade de revisão das teorias da ação

As diversas teorias da ação, contudo, ainda não estão suficientemente robustecidas para explicar o fenômeno pelo qual "o juiz, através da sentença de procedência tutelava o direito material do autor"[16].

Aroldo Plínio conclama à revisão da teoria prevalente:

> O direito de ação encontrou, entretanto, o seu momento de revisão em uma reelaboração conceitual mais ajustada aos progressos verificados no quadro dos conceitos gerais do direito. (...) A legitimação para agir de cada um dos sujeitos do processo tem como conteúdo uma série de atos, poderes, faculdades, deveres. (...) O conceito de processo como procedimento realizado em contraditório entre as partes permite que se deduza que os atos dos sujeitos do processo, das partes, do juiz e dos auxiliares, são mutuamente implicados, o que decorre da própria estrutura do procedimento e da essência do contraditório. (...) Os atos que são o conteúdo da situação jurídica subjetiva não são atos isolados no processo, mas constituem uma série, e se entrelaçam como pressupostos da incidência de normas que disciplinam outros atos, até o ato final do provimento, na estrutura do processo[17].

10.1.6 O conceito de ação de Carnelutti: sua adequação ao modelo constitucional de processo

O conceito de ação elaborado por Carnelutti expressa a ideia dinâmica do direito de ação:

> *Acción se dice para significar o conjunto de actividades mediante las cuales la parte desarrolla su colaboración con el juez para la justa composición de la litis. Estas actividades son necesarias para el buen éxito del proceso*[18].

Na verdade, o exercício do direito de ação não se exaure com a sua propositura, devendo as condições para o seu exercício válido perdurarem por todo o processo, sob pena de ver-se decretada a carência de ação. O juiz deve levar em consideração a situação no momento em que profere sentença[19].

A ação é, portanto, um direito complexo, caracterizado por uma pluralidade de atos jurídico-processuais praticados no curso do procedimento em contraditório até o exaurimento da prestação jurisdicional.

---

[16] MARINONI, Luiz Guilherme, ARENHART, Sérgio Cruz. *Manual do Processo de Conhecimento*. São Paulo: Revista dos Tribunais, 2.000, p. 43.

[17] GONÇALVES, Aroldo Plínio. *Técnica Processual e Teoria do Processo*. Rio de Janeiro: AIDE, p.133-134, 152-153 – LER DE FL. 133-154.

[18] CARNELUTTI, Francesco. *Derecho y Proceso*. Buenos Aires: Ediciones Jurídicas Europa-America, 1975, p. 124. "Ação significa o conjunto de atividades mediante as quais a parte desenvolve sua colaboração com o juiz para a justa composição da lide. Estas atividades são necessárias para o bom êxito do processo."

[19] STJ, ROMS nº 12688, Rel. Garcia Vieira, DJ de 11/06/2001, p. 99: "IMPUGNAÇÃO DE ATO JUDICIAL DEPOIS DA SUPERVENIÊNCIA DE NOVO PROVIMENTO – IMPOSSIBILIDADE DE MUDANÇA DO PEDIDO – EXTINÇÃO DA AÇÃO MANDAMENTAL, SEM JULGAMENTO DE MÉRITO, POR PERDA DE OBJETO – FUNDAMENTOS DA DECISÃO NÃO INFIRMADOS".

Manoel Galdino da Paixão Jr. assevera que "a ação chega a seu final quando o processo se extingue definitivamente com o trânsito em julgado da sentença, esta é o ato pelo qual a jurisdição se consubstancia", portanto "exercitar o direito de ação é participar do procedimento, praticando atos processuais"[20].

O direito de ação é manifestação do exercício da soberania popular, haja vista o art. 1º, § único da Constituição. Conforme esse dispositivo, o poder exercido pela jurisdição é exercido diretamente pelo jurisdicionado perante o Poder Judiciário, vez que os magistrados não são eleitos.

Desta maneira, há uma vinculação direta entre a prestação jurisdicional e o que as partes apresentam e produzem no curso do procedimento em contraditório. O juiz tem de decidir congruentemente com o que foi deduzido em juízo pela parte como lesão ou ameaça a direito, sob pena de manifesta violação do contraditório. Ao direito de ação corresponde o dever de o Estado-juiz emitir uma decisão congruente e adequadamente fundamentada.

São, assim, absolutamente impróprios os brocardos latinos, *da mihi factum, dabo tibi ius* e *iura novit cúria*, que durante muito tempo fundamentaram decisões judiciais. Ao constatar que ao direito de ação corresponde o dever de prestação jurisdicional legitimamente democrática, decorre o entendimento de que a demanda será resolvida por meio de uma decisão que será uma resposta ao debate estabelecido pelas partes em contraditório.

O juiz não detém o monopólio do conhecimento do direito, haja vista a teoria da substanciação aplicável ao processo civil, *ex vi* do art. 319, inc. III do CPC que exige como pressuposto de aptidão da petição inicial a exposição dos fatos e dos fundamentos jurídicos do pedido. Correlatamente, o art. 336 do mesmo Código, estabelece como ônus da defesa a exposição, na contestação, das razões de fato e de direito com que o réu impugna o pedido do autor. Destarte, o pedido demandado não se sustenta apenas em fatos, mas também na causa de pedir próxima e remota, que considera, necessariamente o direito discutido na causa.

Assim, o juiz vulnera o art. 93, inc. IX da CR/88, bem como viola a garantia do contraditório quando se desobriga de julgar a questão controvertida posta e debatida pelas partes e decide conforme o seu livre convencimento, utilizando-se dos fatos, provas, jurisprudência, aspectos pertinentes ao tema e da legislação que entender aplicável ao caso.

Ademais, aplicam-se à técnica de julgamento a regra da não surpresa que impõe ao magistrado o dever de escuta prévia das partes para decidir matéria que não foi debatida no processo, ainda que a matéria deva ser conhecida de ofício pelo juiz. É o que estabelecem os arts. 9º e 10 do CPC no sentido de impor ao juiz o dever de ouvir previamente às partes a respeito de matéria que não foi objeto do contraditório.

---

[20] PAIXÃO JR., *Teoria Geral do Processo.* Op. cit., p. 74 e 80.

> *Last but not least*, trata-se de garantir o direito que têm as partes de ser ouvidas e de ver examinadas pelo órgão julgador as questões que houverem suscitado. Essa prerrogativa deve entender-se ínsita no direito de ação, que não se restringe, segundo a concepção hoje prevalente, à mera possiblidade de pôr em movimento o mecanismo judicial, mas inclui a de fazer valer razões em Juízo de modo efetivo, e, por conseguinte, de reclamar do órgão judicial a consideração atenta dos argumentos e provas trazidas aos autos[21].

Assim, impõe-se o *overruling* da jurisprudência[22] que valida decisões sob o fundamento do *iura novit curia* posto que esse entendimento encontra-se teórica e constitucionalmente superado.

Com efeito, a prestação jurisdicional deve guardar estrita congruência com o direito de ação, não se admitindo decisão judicial que não tenha correspondência com o que foi objeto do contraditório. Esse é o significado do direito de ação que se harmoniza com os valores e as normas fundamentais estabelecidos na Constituição da República Federativa do Brasil.

10.2 ELEMENTOS DA AÇÃO

A identificação dos elementos da ação tem importância prática relevante, pois é por meio deles que se verifica a ocorrência de litispendência, coisa julgada, conexão, continência, o cabimento de reconvenção, etc.[23].

Os elementos da ação são:

a) Partes, que, na definição de Chiovenda: "é aquela que demanda em seu próprio nome (ou em cujo nome é demandado), a atuação duma vontade da lei, e aquela em face de quem essa atuação é demandada"[24].

Partes são os sujeitos que integram a controvérsia perante o Poder Judiciário visando a solução do litígio, aqueles "a quem se destinam os efeitos da sentença, aqueles que são os 'interessados', ou seja, aqueles sujeitos do processo que suportarão os efeitos do provimento e da medida jurisdicional que ele vier a impor"[25].

---

21 BARBOSA MOREIRA, José Carlos. *Temas de Direito Processual*, 2ª Série. São Paulo: Saraiva, 1980. 270p. p. 88.

22 STF. AI 794759 AgR, Relator(a): Min. LUIZ FUX, Primeira Turma, julgado em 13/04/2011, DJe-088 DIVULG 11-05-2011 PUBLIC 12-05-2011 EMENT VOL-02520-02 PP-00425.

23 Deve-se registrar que o tema referente aos elementos da ação não é pacífico na doutrina. Em PAIXÃO JR., "*o critério da tríplice identidade refere-se à igualdade de processos, não de ações. Com efeito, partes são pessoas ou assemelhados, que atuam em processo;* causa petendi *e pedido são elementos que compõem a petição inicial, esta que é o instrumento por meio do qual, o processo se inicia*" (p. 67).

24 CHIOVENDA, Giuseppe. *Instituciones de derecho procesal civil*, Vol. II, Madrid: Editora Revista de Derecho Privado, 1940, p. 213.

25 GONÇALVES, Aroldo Plínio. Técnica Processual e Teoria do Processo.Op. cti., p. 120 A posição do Juiz no processo é esclarecida por Aroldo Plínio: "o juiz é sujeito do processo, é o sujeito que tem a titularidade não apenas do ato do provimento final, mas de provimentos emitidos no curso do procedimento, sempre que decisões são proferidas, e de outros tantos atos processuais que a lei lhe reserva, na preparação do ato final, enquanto investido na função jurisdicional,

b) Causa de pedir: É "um estado de fato e de direito, que é a razão pela qual se exerce uma ação"[26], ou, nos termos do CPC (art. 319), "os fatos e os fundamentos jurídicos do pedido".

Na elaboração da causa de pedir os fatos são narrados buscando reconstitui-los, daí procede-se à subsunção dos fatos à hipótese legal e na demonstração da prática de um ilícito pela parte contrária.

De acordo com Chiovenda, a *causa petendi* deve conter as seguintes afirmações:

a) da existência de uma relação jurídica (*de direito material*);

b) de um fato particular que, no âmbito daquela relação jurídica, dá origem ao direito particular invocado;

c) da existência do fato de que decorre o interesse de agir[27].

O juiz não está adstrito ao exame das regras jurídicas apresentadas pelas partes para aplicar o direito à espécie. "Adotado o princípio da substanciação, ao juiz cabe, com base nos fatos e fundamentos jurídicos trazidos, analisar todas as questões à luz do direito vigente"[28].

c) O pedido: é o objeto da demanda e consiste na exteriorização da pretensão da parte.

O juiz não pode julgar além, aquém ou fora do pedido, conforme art. 141 do CPC. O juiz está adstrito ao pedido formulado na petição inicial: "o juiz decidirá o mérito nos limites propostos pelas partes, sendo-lhe vedado conhecer de questões não suscitadas a cujo respeito a lei exige iniciativa da parte".

10.3 CLASSIFICAÇÃO DAS AÇÕES

1. De conhecimento: objetivam a declaração ou determinação do direito controvertido e podem ser de natureza:

A) Condenatória: sagrando-se o autor vencedor e não sendo a sentença cumprida espontaneamente, o provimento jurisdicional constitui apenas um título executivo judicial, sujeitando o réu ao cumprimento da sentença, que pode culminar na expropriação patrimonial ou atos coercitivos, caso a obrigação seja de fazer ou de não fazer, a fim de que aquebrantar a resistência do devedor.

---

enquanto órgão pelo qual o Estado fala. Sendo sujeito dos atos processuais, é claro que ele participa do processo. (...) Contudo, saliente-se, a participação do juiz não o transforma em um contraditor, ele não participa 'em contraditório com as partes', entre ele e as partes não há interesse em disputa, ele não é um 'interessado', ou um 'contra-interessado' no provimento. (...) O juiz, perante os interesses em jogo, é terceiro, e deve ter essa posição para poder comparecer como sujeito de atos de um determinado processo e como autor do provimento."

26 CHIOVENDA, Op. cit., p. 64

27 CHIOVENDA, *Instituições*. Vol. I, p. 497.

28 STJ, RESP 109692/PI, Rel. Min. Edson Vidigal.

B) Declaratória: destina-se a obter um provimento jurisdicional que elimine a incerteza em relação à existência ou à inexistência de uma relação jurídica mediante uma mera declaração.

C) Constitutiva: visa à modificação, extinção ou criação de uma determinada situação jurídica preexistente.

D) Mandamental.

2. De execução: objetiva assegurar, através de medidas de coerção postas à disposição do Juiz, a efetividade do direito reconhecido em um título executivo extrajudicial – *nulla executio sine titulo.*

3. Coletiva: destinada à proteção de interesses difusos e direitos coletivos.

10.4 CONDIÇÕES DA AÇÃO

O autor ao pedir tutela jurisdicional deve atender às condições para o exercício válido do direito de ação. A ausência de uma das *condições da ação* obsta o juiz prover sobre o mérito, tendo-se, nesse caso, há uma frustrante prestação da tutela jurisdicional.

As condições da ação são condições para a existência do direito de ação, devem estar presentes para o correto exercício da ação a fim de possibilitar o julgamento do mérito da causa.

Atendidas as condições da ação o autor haverá exercitado o direito de ação, mesmo que não seja o vencedor da causa.

Galeno de Lacerda ensina que as condições da ação constituem o título do direito de agir, a "garantia que a ordem jurídica outorga à simples afirmativa de existência de um direito subjetivo material"[29].

Desta forma, para o correto exercício do direito de ação, o autor deverá atender às seguintes condições: a) interesse de agir e b) legitimidade.

A ausência de qualquer dessas condições implica a extinção do processo sem julgamento do mérito, pela carência de ação.

Entretanto, como visto, essa teoria se encontra exposta as críticas, reafirmadas na obra de Araken de Assis:

> Classificar o autor carente de ação é absurdo: ele obriga a autoridade judiciária, malgrado disposição reticente desta, a apreciar o seu pedido, leva-o até final instância, faz citar o reú, porque é "carente". (...)
>
> Não faz sentido dizer-se o autor 'carente de ação', se o que ele não tem é direito material a amparar-lhe o pedido. Privado ('carente') deste, vai utilizar a ação para impugnar e impor o reconhecimento de que, por justiça, a lei e o Direito lhe favorecem e sua pretensão merece acolhida. (...)[30].

---

29 GALENO LACERDA. *Despacho saneador.* 3ª ed. Porto Alegre: SAFE, 1993, p. 78.

30 ARAKEN DE ASSIS. *Doutrina e prática do processo civil contemporâneo.* São Paulo: RT, 2001, p. 37 e 390.

Essas críticas têm pertinência em relação ao processo individual, o mesmo não se podendo dizer em relação às ações constitucionais típicas, *v.g.*, no processo de tutela de direitos coletivos ou interesses difusos, art. 1º, § único da Lei nº 7.347/85, ao processo constitucional no controle concentrado de constitucionalidade, *ex vi* dos arts. 102, I e 103 da Constituição da República, na ação de mandado de segurança, etc. situações em que a ausência de uma das condições da ação é um obstáculo intransponível para possibilitar o julgamento do mérito.

10.4.1 Interesse de agir

> O interesse de agir é representado pela relação entre a situação antijurídica denunciada e o provimento que se pede para debelá-la mediante a aplicação do direito; deve essa relação consistir na utilidade do provimento, como meio para proporcionar ao interesse lesado a proteção concedida pelo direito. O interesse de agir é, em resumo, a relação de utilidade entre a afirmada lesão de um direito e o provimento de tutela jurisdicional pedido[31].

O interesse de agir afere-se pela presença de dois elementos: a necessidade concreta do processo e a adequação do provimento ao procedimento eleito. Necessidade concreta do processo em razão do esgotamento dos meios para a solução da lide no plano do direito material (auto-satisfação).

> A doutrina processual brasileira concebe o direito de agir, uma das condições da ação, na esteira da lição de Liebman, como a relação de utilidade entre a afirmada lesão de um direito e o provimento de tutela jurisdicional pedido. Dinamarco, por sua vez afirma que essa utilidade depende da presença de dois elementos: a) – necessidade concreta do exercício da jursidição; b) – adequação do provimento pedido e do procedimento escolhido à situação deduzida[32].

Na ação declaratória, "o interesse de agir decorre de uma situação de fato tal que o autor, sem a declaração judicial da vontade concreta da lei, sofreria um dano injusto, de modo que a declaração judicial se apresenta como o meio necessário de evitá-lo"[33].

> O interesse processual, a um só tempo, haverá de traduzir-se numa relação de necessidade e também numa relação de adequação do provimento postulado, diante do conflito de direito material trazido à solução judicial[34].

> A opinião geralmente admitida e correta, todavia, é que o interesse deve existir no momento em que a sentença for proferida. Portanto, se ele existiu no início da causa, mas desapareceu naquela fase, a ação deve ser rejeitad'a por falta de interesse. E se o interesse não existia inicialmente, mas surgiu durante o processo, de modo a permanecer no momento da sentença, não pode ela rejeitar a ação alegando aquela falta[35].

---

31 LIEBMAN, p. 155– 156.

32 STJ, REsp nº 472.740, Rel. Min. JOÃO OTÁVIO DE NORONHA.

33 CHIOVENDA. Op. cit., p. 314.

34 THEODORO JR., Humberto. *Curso de Direito Processual Civil.* Vol. I, 26ª ed. Rio de Janeiro: Forense, p. 57.

35 BARBI, Celso. *Comentários ao Código de Processo Civil.* Vol. I.8ª ed. Rio de Janeiro: Forense, p. 31.

10.4.2 *Legitimatio ad causam*

10.4.2.1 Legitimação ordinária

Ordinariamente é legitimado para a propositura da ação o titular do interesse que possui na relação existente com aquele do qual se exige submissão à sua pretensão.

> Só os titulares dos interesses em conflito têm o direito de obter uma decisão sobre a pretensão levada a juízo através da ação. São eles portanto os únicos legitimados a conseguir os efeitos jurídicos decorrentes do direito de ação[36].

"É a pertinência subjetiva da ação", no conceito de Alfredo Buzaid. O objetivo da legitimidade das partes prende-se com o interesse em que a causa seja julgada perante os verdadeiros e principais interessados na solução da lide.

"É a identidade da pessoa do autor com a pessoa favorecida pela lei, e a da pessoa do réu com a pessoa obrigada"[37]. A legitimidade passiva exprime-se pelo **prejuízo** que adviria do julgamento de procedência do pedido.

O critério para se "encontrar" a legitimação para agir, em processo civil, consiste em aplicar a técnica dita da "coincidência", isto é, serão partes legítimas aqueles que forem sujeitos da relação jurídica de direito material levada a juízo.

10.4.2.2 Legitimação extraordinária ou substituição processual

> Dá-se a figura da substituição processual quando alguém está legitimado para agir em juízo, em nome próprio, como autor ou réu, na defesa de direito alheio. Quem litiga, como autor ou réu, é o substituto processual; fá-lo em nome próprio, na defesa de direito de outrem, que é o substituído[38].

É o que ocorre na ação popular; o cidadão age como substituto processual, defendendo interesse de toda a coletividade. Outra situação em que há substituição processual é a previsão do inc. XXI do art. 5º da Constituição: "as entidades associativas, quando expressamente autorizadas, têm legitimidade para representar seus filiados judicial ou extrajudicialmente".

Nestes casos, a legitimidade não está submetida à titularidade do direito material, mas às previsões legais que concebem possibilidades de se postular direito alheio em juízo, tais como os arts. 1º da Lei da Ação Popular, 5º da LACP e 81 do CDC.

---

36 MARQUES, José Frederico. *Instituições de Direito Processual Civil.*Vol. II, Rio de Janeiro: Forense, 1966, p. 41.

37 CHIOVENDA. Op. cit., p. 109.

38 RTFR 121/18, *in:* NEGRÃO, Theotônio. *Código de Processo Civil e legislação processual em vigor.* 31ª ed. São Paulo: Saraiva, p. 101, art. 6º, nota 3.

11

ORGANIZAÇÃO DO PODER JUDICIÁRIO

A Constituição da República define a organização do Poder Judiciário brasileiro composta pelos seguintes órgãos: STF, STJ, TST, Tribunais Eleitorais, Tribunais Militares, TRF's, TJ's, Juízes: Federais, do Trabalho, Militares e de Direito.

Além desses órgãos, há o CNJ de natureza exclusivamente administrativa, ao qual compete, nos termos do art. 103-B da CR/88, o controle da atuação administrativa e financeira do Poder Judiciário e do cumprimento dos deveres funcionais dos juízes, excluídos o STF e seus ministros.

11.1 SUPREMO TRIBUNAL FEDERAL[1]

O órgão de cúpula do Poder Judiciário é o Supremo Tribunal Federal sediado em Brasília, é constituído por onze Ministros, nomeados, dentre cidadãos brasileiros natos com notório saber jurídico, com mais de trinta e cinco e menos de sessenta e cinco anos, pelo Presidente da República, após aprovação pelo Senado Federal.

Sua função precípua é a de garantir a integridade e a supremacia das normas constitucionais, mediante os controles concentrado e difuso de constitucionalidade das leis. Entretanto, a competência do STF, originária e recursal, definida no art. 102 da Constituição, é mais ampla, contemplando, inclusive, competência criminal.

Em termos de controle da constitucionalidade das leis, o sistema brasileiro é dúplice por admitir tanto o controle difuso, exercido por todo e qualquer juiz, quanto o concentrado.

O controle difuso de constitucionalidade pressupõe a existência de um caso concreto em que a alegação de inconstitucionalidade é incidental e indispensável à resolução do litígio. Em qualquer processo e em qualquer grau de jurisdição é possível o exercício do controle concreto de constitucionalidade. O STF, no julgamento da

[1] Vídeo: STF e democracia, por Conrado Hübner Mendes.

Rcl nº 4335[2], reconheceu o caráter expansivo da decisão e, consequentemente, a possibilidade de se conferir efeito *ultra partes* à declaração de inconstitucionalidade em controle difuso. Desta maneira, se o Supremo Tribunal Federal, em sede de controle incidental, chegar à conclusão, de modo definitivo, de que a lei é inconstitucional, a decisão terá efeitos gerais. Com esse entendimento o STF rompe com a ideia até então predominante de que a eficácia da decisão em controle concreto é *inter partes*.

O Tema RG 885 julgado pelo Supremo Tribunal Federal apresenta a distinção da eficácia dos julgamentos em controle difuso e concentrado de constitucionalidade:

> 1. As decisões do STF em controle incidental de constitucionalidade, anteriores à instituição do regime de repercussão geral, não impactam automaticamente a coisa julgada que se tenha formado, mesmo nas relações jurídicas tributárias de trato sucessivo.
>
> 2. Já as decisões proferidas em ação direta ou em sede de repercussão geral interrompem automaticamente os efeitos temporais das decisões transitadas em julgado nas referidas relações, respeitadas a irretroatividade, a anterioridade anual e a noventena ou a anterioridade nonagesimal, conforme a natureza do tributo.

O art. 97 da CR/88 estabelece a cláusula de reserva de plenário. Com efeito, a Súmula Vinculante nº 10 firmou que somente se admite a declaração incidental de inconstitucionalidade de lei ou ato normativo do Poder Público por voto da maioria absoluta dos membros ou dos membros do respectivo órgão especial dos tribunais infraconstitucionais. Dispensa-se a exigência da cláusula de reserva de plenário quando:

> a) a decisão judicial fundar-se em jurisprudência do Plenário ou em Súmula do STF[3];
>
> b) as decisões sobre o controle de constitucionalidade difuso emanarem de Turmas Recursais dos juizados especiais[4];
>
> c) o controle de constitucionalidade incidental é realizado por juízes[5].

Por sua vez, o processo de controle concentrado de constitucionalidade das leis é de natureza objetiva; não visa ao julgamento de uma relação jurídica concreta, mas ao da validade de lei em tese quando confrontada com o texto constitucional, com eficácia vinculante *erga omnes*[6]. Não se discutem situações individuais no âmbito do controle abstrato de normas.

---

2 STF. Rcl 4335, Rel; Min. GILMAR MENDES, Tribunal Pleno, julgado em 20/03/2014, DJe-208 DIVULG 21-10-2014 PUBLIC 22-10-2014.

3 STF. ARE 914045, Relator Ministro Edson Fachin, Tribunal Pleno – meio eletrônico, julgamento em 15.10.2015, DJe de 19.11.2015, Tema 856.

4 STF. ARE 792562 AgR, Relator Ministro Teori Zavascki, Segunda Turma, julgamento em 18.3.2014, DJe de 2.4.2014.

5 STF. Rcl 14889 MC, Relator Ministro Joaquim Barbosa, Decisão Monocrática, julgamento em 13.11.2012, DJe de 19.11.2012.

6 RTJ 164/506-509, Rel. Min. CELSO DE MELLO – ADI 1.254-AgR/RJ, Rel. Min. CELSO DE MELLO.

A competência cível do Supremo Tribunal Federal consiste em processar e julgar originariamente: a) o mandado de segurança e o habeas data contra atos do Presidente da República, das Mesas da Câmara dos Deputados e do Senado Federal, do Tribunal de Contas da União, do Procurador-Geral da República e do próprio Supremo Tribunal Federal; b) o litígio entre Estado 19 estrangeiro ou organismo internacional e a União, o Estado, o Distrito Federal ou o Território; c) as causas e os conflitos entre a União e os Estados, a União e o Distrito Federal, ou entre uns e outros, inclusive as respectivas entidades da administração indireta; d) a extradição solicitada por Estado estrangeiro; e) a ação rescisória de seus julgados; f) a reclamação para a preservação de sua competência e garantia da autoridade de suas decisões; g) a execução de sentença nas causas de sua competência originária, facultada a delegação de atribuições para a prática de atos processuais; h) a ação em que todos os membros da magistratura sejam direta ou indiretamente interessados, e aquela em que mais da metade dos membros do tribunal de origem estejam impedidos ou sejam direta ou indiretamente interessados; i) os conflitos de competência entre o Superior Tribunal de Justiça e quaisquer tribunais, entre Tribunais Superiores, ou entre estes e qualquer outro tribunal; j) as ações contra o Conselho Nacional de Justiça e contra o Conselho Nacional do Ministério Público.

A competência recursal é para julgar o recurso extraordinário, nas hipóteses de cabimento previstas no inc. III do art. 102 da CR/88 e o recurso ordinário interposto contra decisão denegatória de habeas corpus, mandado de segurança, habeas data e mandado de injunção julgados em única instância pelos Tribunais Superiores.

11.2 SUPERIOR TRIBUNAL DE JUSTIÇA[7]

O Superior Tribunal de Justiça, também sediado em Brasília, é constituído por trinta e três Ministros, nomeados pelo Presidente da República, após aprovação do Senado Federal. A Constituição estabelece que dois terços dos Ministros são escolhidos dentre egressos dos Tribunais Regionais Federais e dos Tribunais de Justiça e as 11 vagas restantes são, em partes iguais, indicados dentre advogados e membros do Ministério Público Federal, Estadual, do Distrito Federal e Territórios, alternadamente.

O STJ é instância judiciária de superposição na uniformização de aplicação e interpretação do direito federal infraconstitucional, por isso se diz que tem função nomofilácica.

A Constituição da República ao definir a competência originária e recursal do STJ no art. 105, atribui-lhe, na esfera cível processar e julgar:

- os mandados de segurança e os *habeas data* contra ato de Ministro de Estado, dos Comandantes da Marinha, do Exército e da Aeronáutica ou do próprio Tribunal;

---

[7] STJ. Vídeo institucional: Conheça o STJ.

- os conflitos de competência entre quaisquer tribunais, ressalvado o disposto no art. 102, I, "o", bem como entre tribunal e juízes a ele não vinculados e entre juízes vinculados a tribunais diversos;
- as ações rescisórias de seus julgados;
- a reclamação para a preservação de sua competência e garantia da autoridade de suas decisões;
- os conflitos de atribuições entre autoridades administrativas e judiciárias da União, ou entre autoridades judiciárias de um Estado e administrativas de outro ou do Distrito Federal, ou entre as deste e da União;
- o mandado de injunção, quando a elaboração da norma regulamentadora for atribuição de órgão, entidade ou autoridade federal, da administração direta ou indireta, excetuados os casos de competência do Supremo Tribunal Federal e dos órgãos da Justiça Militar, da Justiça Eleitoral, da Justiça do Trabalho e da Justiça Federal;
- a homologação de sentenças estrangeiras e a concessão de exequatur às cartas rogatórias.

Em sede recursal, compete ao STJ julgar:

- recurso ordinário interposto em mandado de segurança decidido em única instância pelos Tribunais Regionais Federais ou pelos tribunais dos Estados, do Distrito Federal e Territórios, quando denegatória a decisão e nas causas em que forem partes Estado estrangeiro ou organismo internacional, de um lado, e, do outro, Município ou pessoa residente ou domiciliada no País;
- recurso especial interpostos nas causas decididas, em única ou última instância, pelos Tribunais Regionais Federais ou pelos tribunais dos Estados, do Distrito Federal e Territórios, quando a decisão recorrida:
    a) contrariar tratado ou lei federal, ou negar-lhes vigência;
    b) julgar válido ato de governo local contestado em face de lei federal;
    c) der a lei federal interpretação divergente da que lhe haja atribuído outro tribunal.

11.3 JUSTIÇA FEDERAL: TRIBUNAIS REGIONAIS FEDERAIS, JUÍZES FEDERAIS E JUIZADOS ESPECIAIS FEDERAIS

O art. 109 da CR/88 define a competência da Justiça Federal. De acordo com a Constituição, cabe aos juízes federais processar e julgar as causas em que a União, entidade autárquica ou empresa pública federal forem interessadas na condição de autoras, rés, assistentes ou oponentes, exceto as de falência, as de acidente de trabalho e as sujeitas à Justiça Eleitoral e à Justiça do Trabalho.

Aos Tribunais Regionais Federais, nos termos do art. 108 da CR/88, compete julgar, originariamente, as causas enumeradas no inc. I e, em grau de recurso, as causas decididas pelos juízes federais e pelos juízes estaduais no exercício da competência federal da área de sua jurisdição (inc. II).

Atualmente há seis Tribunais Regionais Federais no país, cada um englobando um conjunto de estados de determinada região. Há tempos pende de julgamento uma ADI, cuja medida liminar suspendendo os efeitos da EC nº 73 foi concedida em julho de 2013, pelo Ministro Joaquim Barbosa. Esta Emenda Constitucional cria mais quatro TRF's. Por meio da Lei nº 14.226/2021 foi criado o TRF da 6ª Região, com jurisdição no Estado de Minas Gerais.

Os Juizados Especiais Federais, compostos de juízes togados, ou togados e leigos, são competentes para a conciliação, o julgamento e a execução das causas cíveis de competência da Justiça Federal até o valor de sessenta salários mínimos. Não se incluem na competência do Juizado Especial Cível as causas:

> I – referidas no art. 109, incisos II, III e XI, da Constituição da República, as ações de mandado de segurança, de desapropriação, de divisão e demarcação, populares, execuções fiscais e por improbidade administrativa e as demandas sobre direitos ou interesses difusos, coletivos ou individuais homogêneos;
>
> II – sobre bens imóveis da União, autarquias e fundações públicas federais;
>
> III – para a anulação ou cancelamento de ato administrativo federal, salvo o de natureza previdenciária e o de lançamento fiscal;
>
> IV – que tenham como objeto a impugnação da pena de demissão imposta a servidores públicos civis ou de sanções disciplinares aplicadas a militares[8].

Os recursos das decisões proferidas nos juizados são julgados pelas Turmas Recursais que são constituídas por juízes federais.

11.4 JUSTIÇA DO TRABALHO: TRIBUNAL SUPERIOR DO TRABALHO, TRIBUNAIS REGIONAIS DO TRABALHO E JUÍZES DO TRABALHO

À Justiça do Trabalho caberia conciliar e julgar os dissídios individuais e coletivos entre trabalhadores e empregadores, abrangidos os entes de direito público externo e da Administração Pública direta e indireta e, na forma da lei, outras controvérsias decorrentes da relação de trabalho, bem como os litígios que tenham origem no cumprimento de suas próprias sentenças, inclusive coletivas. Acontece que o Ministro Nelson Jobim concedeu liminar afastando a competência da justiça do trabalho para julgar causas envolvendo servidores públicos, por entender, sabe-se lá porque, que a EC 45/04 não incluiu, em seu âmbito material de validade, as relações de natureza jurídico-administrativa dos servidores públicos.

A competência dos 24 Tribunais Regionais de Trabalho instalados no país, e do Tribunal Superior do Trabalho, composto por 17 Ministros, é definida pela Consolidação das Leis do Trabalho.

---

8 BRASIL. Lei nº 10.259/2001, art. 3º, § 1º.

A Reforma do Poder Judiciário, EC nº 45/04, ampliou a competência da Justiça do Trabalho. Entretanto, o STF, ao interpretar o art. 114, inc. I da CR/88, restringiu os efeitos da Reforma, excluindo da Justiça do Trabalho competência para decidir causas envolvendo servidores públicos.

11.5 JUSTIÇA ELEITORAL: TRIBUNAIS E JUÍZES ELEITORAIS

À Justiça Eleitoral compete o julgamento de ações envolvendo o pleito eleitoral e sua lisura. A Constituição remete à lei o detalhamento das competências dos juízes eleitorais, dos Tribunais Regionais Eleitorais (há um na capital de cada estado e no DF) e do Tribunal Superior Eleitoral (mínimo de sete Ministros).

11.6 JUSTIÇA MILITAR: TRIBUNAIS E JUÍZES MILITARES

À Justiça Militar da União compete processar e julgar os crimes militares previstos em lei.

A Constituição da República remete à lei o detalhamento das competências dos juízes militares, dos Tribunais Militares (são 12 Circunscrições da Justiça Militar no país) e do Superior Tribunal Militar, que é composto por 15 Ministros.

11.7 JUSTIÇA ESTADUAL: TRIBUNAIS E JUÍZES ESTADUAIS

A Constituição da República delega aos Estados a competência de organizar sua própria Justiça, sendo definida a competência na Constituição do Estado. A Justiça Estadual compreende um Tribunal de Justiça por Estado, com a competência de analisar recursos das decisões proferidas em 1ª instância estadual, dentre outras. Alguns estados constituem, ao lado do Tribunal de Justiça, Tribunais de Alçada, com competências para causas específicas, determinadas pelas normas da organização judiciária local.

Está previsto, ainda, na Constituição, a possibilidade de a lei estadual criar a Justiça Militar estadual (em estados onde o efetivo da Polícia Militar seja superior a 20 mil integrantes) com competência para processar e julgar os policiais militares e bombeiros militares nos crimes militares definidos em lei.

A Justiça Estadual compreende também os Juizados Especiais Estaduais, compostos de juízes togados ou togados e leigos, competentes para a conciliação, o julgamento e a execução das causas cíveis de menor complexidade e infrações penais de menor potencial ofensivo, mediante os procedimentos oral e sumaríssimo, permitidos, nas hipóteses previstas em lei, a transação e o julgamento de recursos por turmas de juízes de 1º grau (Lei 9.099/95).

12

COMPETÊNCIA

12.1 CONCEITO

O Estado soberano, enquanto sujeito de Direito Internacional, é uno. A soberania consiste no poder de autodeterminação exercido de forma independente pela República brasileira no concerto internacional. No plano interno, o exercício desse poder soberano se manifesta de forma fracionada, com o exercício de competências constitucionalmente conferidas a cada um dos poderes que atuam com independência e harmonia entre si.

A divisão e separação dos poderes é uma maneira de evitar abuso de poder, além de possibilitar o controle recíproco, consubstanciado na teoria do *check and balances* e de, organicamente, propiciar maior eficiência na salvaguarda dos direitos e garantias fundamentais.

Internamente, o poder soberano pertence ao povo, mas é funcionalmente dividido entre os Poderes do estado. A soberania popular, nos termos do art. 1º, § único da Constituição, é exercido por meio de representantes eleitos, ou diretamente, nas hipóteses constitucionalmente previstas.

No caso do exercício do poder jurisdicional, considerando o fato de que os magistrados não foram eleitos para exercer essa função, a única maneira de legitimamente exercerem a jurisdição é pela participação direta dos destinatários da decisão. O poder jurisdicional, portanto, é exercido diretamente com a participação das partes. A decisão, construída em contraditório, pressupõe que às partes se assegure liberdade para atuar no procedimento e igualdade de condições para influenciar o veredito. As partes, por sua vez, têm o dever de cooperar para que a lide seja decidida de forma adequada e congruente. A observância desses pressupostos confere à decisão jurisdicional a necessária legitimidade democrática.

A jurisdição como uma das formas de expressão da soberania estatal, qualifica-se pela "capacidade de decidir imperativamente e impor decisões"[1] que se

---

1 DINAMARCO, Cândido Rangel. *Execução Civil.* 6. ed. São Paulo: Malheiros Editores, 1998. p. 182: formula conceito derivado do conceito de LIEBMAN: "podemos considerar a

tornarão definitivas pela autoridade da coisa julgada. O propósito da atuação jurisdicional é o de efetivar o direito substantivo lesado ou ameaçado pelo ilícito.

Considerando que a jurisdição funciona com a participação direta das partes, é necessário assegurar-lhes acesso à justiça para evitar que o direito sucumba à violência e à arbitrariedade. Assim, enquanto os poderes legislativo e executivo se manifestam por representantes do povo, eleitos diretamente por sufrágio universal e secreto, é lógico e razoável que funcionem em uma sede centralizada na Capital Federal. Entretanto, para se distribuir justiça, faz-se necessária a proximidade geográfica entre a jurisdição e os jurisdicionados. Por essa razão, o Poder Judiciário está difusamente distribuído pelo território. Além disso, a especificidade de determinadas matérias bem como a qualidade da parte envolvida no conflito atribuem a outorga de diferenciada competência, territorial, funcional ou material aos diversos órgãos jurisdicionais brasileiros.

A distribuição de competência entre esses diversos órgãos determina qual deles poderá processar e julgar determinado processo *in concreto.*

As causas cíveis serão processadas e decididas pelo juiz nos limites de sua competência, conforme art. 42 do CPC.

Essa delimitação do exercício de poder pelo Judiciário conforma-se com a Constituição da República e assegura a todo sujeito o direito de ser processado pelo juiz natural. Com efeito, a prestação jurisdicional tem por pressuposto a competência do órgão prolator do provimento[2].

As regras de competência impõem limites ao poder jurisdicional, na medida em que, de acordo com a Constituição, o juiz somente estará habilitado a julgar as causas para as quais é competente. Desta maneira, "em tudo aquilo que não lhe for atribuído, um juiz, ainda que continuando a ter jurisdição, é incompetente"[3].

Em síntese, pode-se dizer que competência é o poder jurisdicional distribuído entre os diversos órgãos jurisdicionais instalados no território nacional.

Sendo o exercício do poder jurisdicional emanação da soberania estatal, a primeira consideração a ser feita diz respeito aos limites existentes para essa manifestação do poder estatal.

---

jurisdição como atividade dos órgãos do Estado, destinada a formular e atuar praticamente a regra jurídica concreta que, segundo o direito vigente, disciplina determinada situação jurídica".

2 STF, AI 177313 AgR, Rel. Min. Celso de Mello, DJ de 17/05/1.996, p. 16.343. "O postulado do juiz natural, por encerrar uma expressiva garantia de ordem constitucional, limita, de modo subordinante, os poderes do Estado – que fica, assim, impossibilitado de instituir juízos *ad hoc* ou de criar tribunais de exceção –, ao mesmo tempo em que assegura, ao acusado, o direito ao processo perante autoridade competente abstratamente designada na forma da lei anterior, vedados, em consequência, os juízos *ex post facto*."

3 COUTURE, Eduardo J. *Fundamentos del Derecho Procesal Civil.* Buenos Aires: De Palma. 1.974, p. 29.

12.2 COMPETÊNCIA INTERNACIONAL

Processar e julgar os conflitos de interesses existentes só tem sentido nos casos em que, descumprida a decisão, o Estado pode compelir o inadimplente ao cumprimento. Esse poder coercitivo do Estado é efetivo onde a soberania se faz presente.

O Código de Processo Civil define as causas em que a jurisdição brasileira está habilitada a julgar, nos termos do que está elencado nos arts. 21 a 23 do CPC. Convênios e tratados internacionais em que o Brasil é parte também podem, eventual e supletivamente, ampliar a competência jurisdicional brasileira[4].

A competência internacional pode ser concorrente ou exclusiva.

Nos casos de competência internacional concorrente, podem coexistir as ações propostas no estrangeiro e no Brasil, sem qualquer relação de prejudicialidade entre elas. É o que expressa o art. 24 do CPC: "a ação proposta perante tribunal estrangeiro não induz litispendência e não obsta a que a autoridade judiciária brasileira conheça da mesma causa e das que lhe são conexas".

Consequentemente, causa em tramitação no Judiciário brasileiro não impede que a sentença estrangeira seja homologada pelo Superior Tribunal de Justiça quando necessário para, no País, produzir efeitos. A sentença que primeiro transitar em julgado prevalecerá, segundo o STF, ainda quando a sentença proferida em outro país não tenha sido homologada pelo Judiciário brasileiro[5]. "Dessa premissa decorre também a inadmissibilidade, no Brasil, de demandas idênticas a outra já julgada no exterior por sentença passada em julgado"[6].

A validade da sentença estrangeira no Brasil condiciona-se às seguintes exigências: a) haver sido proferida por juiz competente; b) terem sido as partes citadas ou ter sido legalmente verificada a revelia; c) ter passado em julgado e estar revestida das formalidades necessárias para a execução no lugar em que foi proferida; d) estar traduzida por intérprete autorizado; e) ter sido homologada pelo Superior Tribunal de Justiça[7].

---

4 BRASIL. Lei nº 9.613/1.998. Art. 8º O juiz determinará, na hipótese de existência de tratado ou convenção internacional e por solicitação de autoridade estrangeira competente, medidas assecuratórias sobre bens, direitos ou valores oriundos de crimes descritos no art. 1o praticados no estrangeiro. § 1º Aplica-se o disposto neste artigo, independentemente de tratado ou convenção internacional, quando o governo do país da autoridade solicitante prometer reciprocidade ao Brasil. § 2o Na falta de tratado ou convenção, os bens, direitos ou valores privados sujeitos a medidas assecuratórias por solicitação de autoridade estrangeira competente ou os recursos provenientes da sua alienação serão repartidos entre o Estado requerente e o Brasil, na proporção de metade, ressalvado o direito do lesado ou de terceiro de boa-fé.

5 BRASIL. STF. SEC 7209, Rel. Min. MARCO AURÉLIO, DJ 29-09-2006 PP-00036.

6 DINAMARCO, Cândido Rangel. *A jurisdição e os demais Estados: competência internacional.* 2015.

7 BRASIL. Lei de Introdução às Normas do Direito Brasileiro. Art. 15.

A competência internacional exclusiva, por sua vez, exige, para reconhecer a validade, que determinados conflitos de interesses definidos no CPC sejam julgados apenas e tão somente pela jurisdição brasileira. Nas hipóteses legalmente definidas, qualquer decisão a respeito desses conflitos, proferida por órgão jurisdicional estrangeiro, é considerada inexistente perante o ordenamento jurídico brasileiro.

2.1 Causas de competência internacional concorrente, isto é, que podem ser julgadas por tribunais brasileiros ou estrangeiros são admitidas quando:

I – o réu, qualquer que seja a sua nacionalidade, estiver domiciliado no Brasil, ou, sendo pessoa jurídica estrangeira, tiver agência, filial ou sucursal, consideradas, para esse fim, como domicílio;

II – no Brasil tiver de ser cumprida a obrigação;

III – o fato ocorrido ou ato praticado no Brasil constituir fundamento da demanda;

IV – as ações de alimentos forem propostas pelo credor com domicílio ou residência no Brasil, ou, quando o réu mantiver vínculos no Brasil, tais como posse ou propriedade de bens, recebimento de renda ou obtenção de benefícios econômicos;

V – o consumidor tiver domicílio ou residência no Brasil e propuser ações decorrentes de relações de consumo;

VI – as partes, expressa ou tacitamente, se submeterem à jurisdição brasileira;

2.2 Causas de competência internacional exclusiva são aquelas demandas que só podem ser julgadas pela jurisdição brasileira, por excluir a competência de qualquer outro órgão jurisdicional, a saber:

I – ações relativas a imóveis situados no Brasil;

II – ações em matéria de sucessão hereditária, confirmação de testamento particular e inventário e partilha de bens situados no Brasil, ainda que o autor da herança seja de nacionalidade estrangeira ou tenha domicílio fora do território nacional;

III – ações de divórcio ou dissolução de união estável cuja partilha recaia em bens situados no Brasil, ainda que o titular seja de nacionalidade estrangeira ou tenha domicílio fora do território nacional.

2.3 Há, enfim, causas excluídas da apreciação da jurisdição brasileira, correspondentes àquelas em que houver cláusula de eleição de foro exclusivo estrangeiro em contrato internacional, arguida pelo réu na contestação.

12.3 PRINCÍPIO DA *PERPETUATIO IURISDICIONIS*

O art. 43 do CPC concretiza o princípio da *perpetuatio iurisdicionis*. Esse princípio dispõe que a competência se determina no momento em que a ação é proposta.

De sua aplicação decorre a inalterabilidade da competência objetiva, a qual, uma vez firmada, prevalecerá durante todo o curso do processo, ainda que, posteriormente, ocorram modificações no estado de fato ou de direito. Ressalta-se que a inalterabilidade, no entanto, é objetiva, isto é, diz respeito ao órgão jurisdicional e não à pessoa do juiz, pois este pode ser substituído, nas hipóteses normativamente estabelecidas.

As exceções ao princípio da perpetuação da jurisdição ocorrerão nas hipóteses de supressão do órgão judiciário originariamente competente ou por superveniente alteração legal da competência absoluta. Nessas situações, afasta-se a incidência do princípio da *perpetuatio iurisdicionis* e remetem-se os autos ao juízo competente.

Essas exceções ao princípio em questão não nulificam os atos processuais realizados no juízo precedente. O princípio *tempus regit actum*, no caso de modificação superveniente da competência excepcionando-se a regra da *perpetuatio jurisdicionis*, confere validade aos atos processuais praticados anteriormente[8].

Situação interessante aconteceu após a aprovação da Emenda Constitucional 45, que, ao alterar a redação do art. 114 da CR/88, ampliou a competência da justiça do trabalho para processar e julgar as ações de acidente de trabalho, anteriormente, de competência da justiça comum. Considerando que, à época da aprovação da Emenda, inúmeras ações dessa natureza tramitavam na justiça comum, viu-se, então, o Supremo Tribunal Federal compelido a modular os efeitos da decisão para manter no juízo comum as ações com sentença de mérito anterior à promulgação da EC 45/04. Somente seriam remetidas à Justiça trabalhista aquelas cujo mérito ainda não tivesse sido julgado, aproveitando-se os atos processuais já praticados[9]. Cuida-se de excepcional exceção ao princípio, demonstrando que o Direito não dá guarida a normas absolutas, que cederam, no caso, diante do interesse da jurisdição.

12.4 COMPETÊNCIA INTERNA

12.4.1 Critérios definidores de competência

Havendo, portanto, pontos de contato entre a demanda e a soberania brasileira, será o Poder Judiciário brasileiro competente para processar e julgar as lides a ele submetidas. Assevera-se que todo magistrado está investido na jurisdição e o princípio da *Kompetenz-Kompetenz* lhe assegura decidir a respeito de sua competência. Observe, contudo, que ele não é competente para julgar todos os conflitos

---

8 STJ. CC 107109, Rel. Min. Castro Meira, DJe 18/03/2010. "(...) 5. Sendo igualmente competentes os Juízos da seção judiciária do domicílio do autor, aquela onde houver ocorrido o ato ou fato que deu origem à demanda ou onde esteja situada a coisa, ou, ainda, do Distrito Federal, o conflito encontra solução no princípio da perpetuatio jurisdicionis. 6. Não sendo possível a modificação ex officio da competência em razão do princípio da perpetuatio jurisdicionis, a competência para apreciar o feito em análise é do Juízo perante o qual a demanda foi ajuizada (...)".

9 STF. CC 7204, Rel. Min. Ayres Britto, DJ de 9.12.05.

que lhe forem submetidos. As regras definidoras dos critérios de distribuição de competência atuam para evitar a concentração de poder na mão dos juízes bem como para organizar o funcionamento do Poder Judiciário.

Os critérios definidores da competência encontram-se na Constituição da República, nas normas do CPC, na legislação extravagante, nas constituições dos Estados e nas normas de organização judiciária.

Sendo o exercício do poder jurisdicional emanação da soberania estatal, a primeira consideração a ser feita diz respeito aos limites existentes para essa manifestação do poder estatal.

Fixar a competência, ou seja, definir qual o foro[10] competente para processar e julgar determinado processo pressupõe a observância de uma série de etapas.

Na definição do juízo cível competente para processar e julgar determinada causa deve-se observar sucessivamente o seguinte:

a) Se a causa está sob a soberania do Estado brasileiro – art. 25, CPC.

b) Se inexistente compromisso arbitral válido para que a matéria seja decidida pela jurisdição

c) Se a matéria é da competência residual da 'justiça cível', mediante a exclusão de causas cujo objeto do processo seja criminal, trabalhista ou eleitoral;

d) Se há incompetência originária para processar e julgar a demanda do STF, do STJ ou de Tribunal Regional Federal, conforme arts. 102, inc. I, 105, inc. I e 108, inc. I da Constituição e,

e) Se na constituição do estado membro se verifica a incompetência originária do Tribunal de Justiça.

Assim, se a causa estiver sob a soberania brasileira e inexistir compromisso arbitral e não for matéria de competência das justiças especializadas (criminal, eleitoral e trabalhista) nem da competência originária dos Tribunais, ordinários ou constitucionais, pode-se afirmar que a ação é de competência do órgão jurisdicional de primeiro grau de jurisdição.

Assim, prosseguindo, com as etapas definidoras de competência, cumpre ainda considerar o seguinte:

f) Se se enquadrar nas hipóteses do art. 109 da Constituição, a causa é da competência da Justiça Federal.

Enfim, se a situação não se enquadrar nos itens 'a' a 'f' é certo que a competência é de um juiz de direito.

---

[10] DINAMARCO, Cândido Rangel. *Competência territorial.* "Foro é cada uma das porções em que se divide o território nacional para o exercício da jurisdição, competência territorial (ou de foro) é a quantidade de jurisdição cujo exercício se atribui aos órgãos de determinada justiça situados em determinada base territorial (foro)."

São da competência da justiça cível estadual todas as demandas não atribuídas a outro órgão jurisdicional. Estabelecida a competência originária, prossegue-se, então, com vistas à definição do foro competente, observando-se o seguinte:

g) A ação será proposta no foro do domicílio do réu se fundada em direito pessoal ou em direito real sobre bens móveis, observando-se, ainda:

g.1) caso o réu tenha mais de um domicílio, a ação pode ser ajuizada em qualquer um deles, a critério do autor.

g.2) O réu com domicílio incerto ou desconhecido poderá ser acionado onde ele for encontrado ou no foro do domicílio do autor.

g.3) O réu domiciliado no estrangeiro vai responder à demanda no foro do domicílio do autor.

g.4) A ação poderá ser proposta em qualquer foro quando autor e réu tenham domicílio no estrangeiro.

g.5) Havendo litisconsórcio passivo e os réus possuem domicílios distintos, o autor escolherá propor a ação no foro do domicílio de qualquer um dos réus.

g.6) Tratando-se de execução de título executivo extrajudicial, a ação pode ser proposta no foro do lugar em que se praticou o ato ou em que ocorreu o fato que deu origem ao título, mesmo que nele não mais resida o executado (art. 781, inc. V).

h) A ação será, necessariamente, proposta no foro da situação da coisa nas ações fundadas em direito real sobre imóveis que tenha por objeto direito de propriedade, posse, vizinhança, servidão, divisão e demarcação de terras e de nunciação de obra nova.

h.1) ressalvadas as hipóteses acima, faculta-se ao autor optar pelo foro de eleição ou o do domicílio do réu.

i) O foro de domicílio do autor da herança, no Brasil, é o competente para o inventário, a partilha, a arrecadação, o cumprimento de disposições de última vontade, a impugnação ou anulação de partilha extrajudicial e para todas as ações em que o espólio for réu, ainda que o óbito tenha ocorrido no estrangeiro.

i.1) Se o autor da herança não possuía domicílio certo, será competente o foro em que se encontrem os bens imóveis ou móveis do espólio, prevalecendo o foro da situação dos imóveis; na ausência de imóveis, ou se os bens situarem-se em diferentes comarcas, é competente qualquer foro onde houver bens.

j) Contra o ausente, a ação será proposta no foro de seu último domicílio, que também será competente para a arrecadação, o inventário, a partilha e o cumprimento de disposições testamentárias.

k) Se o réu for incapaz, a ação será proposta no foro de domicílio de seu representante ou assistente.

l) Nas ações ajuizadas pela União, Distrito Federal ou estados, o foro do domicílio do réu será o competente.

m) Nas ações ajuizadas contra a União, o Distrito Federal ou qualquer um dos estados, os foros concorrentemente competentes são o do domicílio do autor, o da ocorrência do ato ou fato que deu causa à demanda, no da situação da coisa ou na capital do respectivo ente federado.

n) Na ação de divórcio, separação, anulação de casamento e reconhecimento ou dissolução de união estável, será competente o foro de domicílio do guardião de filho incapaz, ou do último domicílio do casal, caso não haja filho incapaz, ou de domicílio do réu, se nenhuma das partes residir no antigo domicílio do casal[11].

o) Na ação de alimentos, o foro competente é o de domicílio ou residência do alimentando.

p) Nas ações contra pessoa jurídica, o foro competente é o do lugar onde está a sede, ou onde se acha agência ou sucursal, quanto às obrigações que a pessoa jurídica contraiu, ou onde a obrigação deve ser satisfeita, para a ação em que se lhe exigir o cumprimento;

q) Nas ações em que forem rés sociedade ou associação sem personalidade jurídica, o foro competente será o de onde exercem suas atividades[12].

r) Nas ações fundadas no Estatuto do Idoso, será competente o foro da residência do idoso.

s) A ação de reparação de dano por ato praticado em razão do ofício, será ajuizada no foro da sede da serventia notarial ou de registro,

t) A ação de reparação de dano em que for réu administrador ou gestor de negócios alheios poderá ser proposta no foro do local do ato ou fato.

u) A ação de reparação de dano sofrido em razão de delito ou acidente de veículos, inclusive aeronaves, será proposta ou no foro do domicílio do autor ou no do local do fato.

---

11 Conselho da Justiça Federal. II Jornada de Direito Processual Civil. Brasília:2018. Enunciado 108: A competência prevista nas alíneas do art. 53, I, do CPC, não é de foros concorrentes, mas de foros subsidiários.

12 BORGES, João Eunápio. *Curso de Direito Comercial Terrestre.* 5ª ed. Rio de Janeiro: Forense, 1971, p. 274-281. FRAN MARTINS. *Curso de Direito Comercial.* 9ª ed. Rio de Janeiro: Forense, 1984, p. 221. REQUIÃO, Rubens. *Curso de Direito Comercial.* Vol. 1. 14ª ed. São Paulo: Saraiva, 1989, p. 219-220. Esses autores afirmam que a sociedade somente adquire personalidade com a inscrição no registro próprio e na forma da lei, dos seus atos constitutivos. Assim, as denominadas sociedades de fato são irregulares e não tem capacidade judiciária, de modo que serão demandados todos os 'sócios', que responderão solidária e ilimitadamente pelas obrigações sociais, inclusive, excluindo-se o benefício de ordem daquele sócio que contratou pela sociedade. (CC arts. 985 e 990)

v) A execução fiscal, a critério do exequente, será proposta no foro de domicílio do réu, no de sua residência ou no do lugar onde for encontrado. O devedor não tem assegurado o direito de ser executado no foro de seu domicílio, porque esses foros são concorrentes[13].

w) A ação civil pública é ajuizada no foro do local do dano por se tratar de competência territorial funcional conforme estabelece o art. 2º da Lei nº 7.347/85.

x) A ação fundada no Código de Defesa do Consumidor deve ser ajuizada no foro do domicílio do consumidor, cuja hipossuficiência é presumida. Neste sentido, o CPC admite a declaração *ex officio* da nulidade da cláusula do foro de eleição. Consequentemente, o juiz deve declinar de sua competência e determinar a remessa dos autos ao juízo do domicílio do consumidor.

y) As ações de valor até 60 salários mínimos devem ser, necessariamente, propostas perante os Juizados Especiais Federais ou os juizados especiais das Fazendas Públicas, municipais e estaduais.

12.5 COMPETÊNCIA ABSOLUTA E COMPETÊNCIA RELATIVA: DISTINÇÕES

Os critérios estabelecidos constitucional e legalmente distinguem-se em competência absoluta e relativa.

1. A competência absoluta é insuscetível de sofrer modificação, seja pela vontade das partes, seja pelos motivos legais de prorrogação (conexão ou continência de causas). As normas definidoras de competência absoluta concretizam a garantia constitucional do juiz natural. Para tanto, consideram-se a hierarquia dos órgãos judiciários, ou a necessidade de especialização deles, ou mesmo razões que aconselhem submeter determinada questão a juiz de determinado local por reunir melhores condições para processá-la e julgá-la. A competência absoluta é improrrogável e inderrogável, sendo, assim, inadmissível modificação da competência do juízo absolutamente competente.

2. A seu turno, a competência relativa é prorrogável e derrogável, depende de iniciativa da parte, e, conforme sumulado pelo STJ, não pode ser declinada de ofício pelo juiz[14].

É importante assinalar, contudo, que os critérios de distinção entre competência relativa e absoluta são inúmeros e nem sempre nítidos. Considere-se, por

---

[13] A Primeira Seção do STJ, pela técnica do recurso repetitivo, no julgamento do REsp 1.120.276/PA (Rel. Min. Luiz Fux, DJe de 1º.2.2010), decidiu que "a competência para a propositura da execução fiscal subsume-se aos foros concorrentes explicitados no art. 578 do CPC" (atual § 5º do art. 46), de modo que "o devedor não tem assegurado o direito de ser executado no foro de seu domicílio".

[14] STJ, Súmula 33 – A incompetência relativa não pode ser declarada de ofício.

exemplo, o art. 63 do CPC. Esse dispositivo autoriza as partes a modificarem, consensualmente, a competência em razão do valor e do território. Entretanto, há de se observar que essa possibilidade não está disponível para as partes quando se tratar de: ações imobiliárias, conforme §§ 1º e 2º do art. 47; ações perante os Juizados Especiais Federais, por força do art. 3º da Lei nº 10.259/2001; Ação Civil Pública, conforme o art. 2º da Lei nº 7 347/85 dentre outras. Essas normas estabelecem, respectivamente, a competência absoluta em razão do valor da causa e do território.

12.5.1 Critérios definidores de competência absoluta

São de natureza absoluta os critérios estabelecidos:

a) *Ratione materiae:* casos em que a competência se estabelece em razão do objeto da demanda v.g., à Justiça Federal compete julgar as causas relativas a direitos indígenas[15]; compete às Varas de Família processar e julgar as causas versando sobre direito de família.

Tratando-se de competência determinada em razão da matéria, a simples presença de indígena em algum dos polos da demanda não é suficiente para atração da competência da Justiça Federal. Contudo, na presente hipótese, o objeto da ação é a tutela de direitos da coletividade indígena, pois a sua pretensão é a condenação dos réus ao pagamento de indenização por danos morais coletivos sofridos pelas comunidades indígenas de São Gabriel da Cachoeira/AM, no Alto Rio Negro, o que atrai a competência absoluta da Justiça Federal[16].

b) *Ratione personae:* a competência se estabelece em razão dos sujeitos processuais; por exemplo, o STF tem competência para processar e julgar seus ministros enquadrados na Lei de Improbidade Administrativa[17].

---

15 É importante não confundir direitos indígenas com direito dos indígenas. Os índios, individualmente considerados, não têm foro federal. O que atrai a competência da Justiça Federal são ações relacionadas aos direitos indígenas assegurados no art. 231 da CR/88: organização social, costumes, línguas crenças e tradições, e os direitos originários sobre as terras que tradicionalmente ocupam. "O inciso XI do mesmo artigo [109] confere competência à Justiça Federal para processar e julgar a disputa sobre direitos indígenas, os quais são aqueles indicados no art. 231 da Constituição, abrangendo os elementos da cultura e os direitos sobre terras, não alcançando delitos isolados praticados sem qualquer envolvimento com a comunidade indígena." (HC 75.404, Rel. Min. Maurício Corrêa, julgamento em 27-6- 1997, Segunda Turma, DJ de 27-4-2001.)

16 STJ. REsp 1835867/AM, Rel. Ministro MARCO AURÉLIO BELLIZZE, TERCEIRA TURMA, julgado em 10/12/2019, DJe 17/12/2019) (por maioria, negar provimento ao recurso especial. Vencido, em pequena parte, o Sr. Ministro Marco Aurélio Bellizze, apenas na parte dispositiva, ao, prover parcialmente o recurso para "indeferir o pedido de indisponibilidade de bens em razão da não comprovação do periculum in mora".

17 STF. Pet 3211 QO, Relator(a) p/ Acórdão: Min. MENEZES DIREITO, DJe-117 DIVULG 26-06-2008 PUBLIC 27-06-2008. "A Corte Especial do Superior Tribunal de Justiça, ao julgar a Rcl 2.790/SC, deu uma abrangência maior ao precedente do STF e entendeu que "por imposição lógica de coerência interpretativa, que norma infraconstitucional não pode atribuir a juiz de primeiro grau o julgamento de ação de improbidade administrativa, com possível aplicação da

c) Funcional: define as causas de competência originária dos tribunais; v.g., é o caso do mandado de segurança contra ato da Presidente da República que deve ser impetrado diretamente no STF.

d) Funcional territorial: o art. 47 do CPC estabelece que as ações que versam direitos reais imobiliários têm de ser propostas no foro da situação do imóvel e o art. 2º da Lei da Ação Civil Pública[18] estabelece que o foro competente é o do local do dano.

O CPC, no art. 63, admite acordo entre as partes para se modificar a competência em razão do valor e do território. Com efeito, reconhece a sua derrogabilidade e prorrogabilidade. Contudo, há várias exceções à norma codificada. Além daquelas acima referidas, nas ações perante os Juizados Especiais Federais ou das Fazendas Públicas, estadual ou municipal, ou na ação civil pública, há de se mencionar, ainda, as ações relativas a direito consumerista.

A validade da cláusula de eleição do foro condiciona-se, formalmente, à existência de instrumento inscrito referindo-se, especificamente, a determinado negócio jurídico. Cláusula genérica de foro de eleição deixará de produzir os efeitos pretendidos pelas partes.

A cláusula de eleição de foro, ainda que formalmente perfeita, poderá ser invalidada de ofício pelo juiz, se a considerar abusiva. O reconhecimento da abusividade dessa cláusula não se restringe às relações de consumo. Também, o simples fato de ser estipulada em contrato de adesão não torna o foro de eleição abusivo. O juiz deverá verificar se o foro eleito inviabiliza ou dificulta a defesa do réu.

Na verdade, o § 3º do art. 63 estabelece critério híbrido de competência. Será absoluta, quando houver abusividade na cláusula de eleição de foro por cercear o acesso à justiça ou o direito de defesa. Na ausência de abusividade, trata-se de competência relativa, derrogável pela vontade das partes[19].

Declarada a ineficácia da cláusula, determina-se a remessa dos autos ao foro do domicílio do réu. Na hipótese de o juiz não exercer o controle de eficácia da

---

pena de perda do cargo, contra Governador do Estado, que, a exemplo dos Ministros do STF, também tem assegurado foro por prerrogativa de função, tanto em crimes comuns (perante o STJ), quanto em crimes de responsabilidade (perante a respectiva Assembléia Legislativa)" (Rcl 2.790/SC, Rel. Min. Teori Albino Zavascki, Corte Especial, DJe 4.3.2010.)". BRASIL. STJ. AgRg no REsp 1186083, Rel. Min. Humberto Martins, DJe 06/11/2013.

[18] BRASIL. STF. RE 228955, Rel. Min. Ilmar Galvão, DJ 24/03/2001. "o art. 2º da Lei nº 7.347/85, a estabelecer que as ações nele previstas "serão propostas no foro do local onde ocorrer o dano, cujo juízo terá competência funcional para processar e julgar a causa". Considerando que o Juiz Federal também tem competência territorial e funcional sobre o local de qualquer dano, impõe-se a conclusão de que o afastamento da jurisdição federal, no caso, somente poderia dar-se por meio de referência expressa à Justiça Estadual, como a que fez o constituinte na primeira parte do mencionado § 3º em relação às causas de natureza previdenciária, o que no caso não ocorreu.

[19] STJ, REsp 1089993, Rel. Min. Massami Uyeda, DJe 08/03/2010.

eleição do foro, o réu terá o ônus de arguir a incompetência do juízo na contestação. Se não o fizer, em razão da preclusão temporal, prorrogar-se-á a competência do foro que originariamente conheceu do processo.

A regra de competência territorial, nas ações decorrentes de relação de consumo, regida pelo Código de Defesa do Consumidor, é de natureza absoluta. Dessa maneira, o foro do domicílio do consumidor prevalece em face da presunção legal de sua hipossuficiência. Assim, é preciso ter em mente que a fixação da competência no foro do domicílio do consumidor tem propósito específico, dependendo do polo em que ele figurar no processo. Na qualidade de autor, o direito de ajuizar a demanda no foro do seu domicílio objetiva assegurar ou facilitar seu acesso à justiça. Se o consumidor for demandado, a finalidade é a de propiciar-lhe melhores condições para exercer o direito de defesa com a máxima amplitude[20].

O foro do domicílio do consumidor deixará de prevalecer se ele, na qualidade de autor, ajuizar ação em local diverso, mas em foro conforme os parâmetros normativos estabelecidos. Nesse caso, entende-se que houve renúncia à prerrogativa assegurada no CDC.

As Leis nº 10.259/2001 e 12.153/2009, que instituíram os Juizados Especiais Federais e os juizados especiais das fazendas públicas, estadual e municipal, respectivamente, também trazem normas definidoras de competência absoluta em razão do valor da causa.

Distinta é a situação dos Juizados Especiais Cíveis, regidos pela Lei nº 9.099/95, cuja competência é relativa, facultando-se, portanto, ao autor, visando a melhor proteção ao seu direito, a opção de propor a demanda na Justiça Comum. A competência desses juizados é fixada pelo valor de até 40 salários mínimos e pela matéria, independentemente do valor da causa, ações de despejo para uso próprio e as ações de rito sumário nos termos do art. 275, II do Código revogado[21].

12.6 CAUSAS DE MODIFICAÇÃO DA COMPETÊNCIA RELATIVA – CONEXÃO E CONTINÊNCIA

A competência relativa é passível de modificar-se em razão da prorrogação[22] por conexão, continência, ou pela vontade das partes.

São, portanto, duas possibilidades de prorrogação da competência relativa: a legal e a consensual.

---

20 STJ, CC 17.735. DIREITO, Rel. p/ac. Min. COSTA LEITE.

21 CPC, art. 1063. Até a edição de lei específica, os juizados especiais cíveis previstos na Lei no 9.099, de 26 de setembro de 1995, continuam competentes para o processamento e julgamento das causas previstas no art. 275, inciso II, da Lei no 5.869, de 11 de janeiro de 1973.

22 THEODORO JUNIOR, Humberto. *Curso de Direito Processual Civil.* Vol. I, 56ª ed. Rio de Janeiro: Forense, 2015, p. 231. "Dá-se a prorrogação de competência quando se amplia a esfera de competência de um órgão judiciário para conhecer de certas causas que não estariam, ordinariamente, compreendidas em suas atribuições tradicionais".

As hipóteses de modificação legal de competência relativa, nos termos do art. 54, ocorre em razão da conexão ou continência.

Dispõe o Código que duas ou mais ações quando tiverem, em comum, o pedido ou a causa de pedir são conexas. A identidade caracterizadora da conexão refere-se, portanto, ao objeto ou à causa de pedir (que é o fato jurídico que o autor coloca como fundamento de sua demanda). Quando duas ou mais ações se fundam no mesmo ato ou fato jurídico, elas têm a mesma causa de pedir.

A reunião de ações, nesses casos, é matéria de ordem pública, uma vez que eventuais decisões conflitantes além de causarem insegurança jurídica, comprometem a credibilidade do Poder Judiciário. Por isso, a prorrogação da competência do juízo prevento, nos casos de conexão ou continência, é obrigatória.

A linguagem do texto legal não deixa margens a dúvidas. O § 1º do art. 55 do CPC é imperativo: os processos de ações conexas serão reunidos para decisão conjunta. O art. 57 contém comando de mesma natureza: as ações serão reunidas.

Assim, a reunião de processos nas hipóteses em que se verifica a existência de conexão ou continência deve ser determinada de ofício pelo juiz.

É notável no CPC a preocupação com a correção dos atos decisórios e a segurança jurídica. Particularmente, no que concerne à prorrogação de competência, mesmo inexistindo conexão, mas havendo risco de decisões conflitantes ou contraditórias, reunir-se-ão os processos, conforme preconizado no § 3º do art. 55.

O enunciado da Súmula 235 do STJ foi assimilado no § 1º do art. 55 do CPC, ao reconhecer a impossibilidade, por absoluta desnecessidade da reunião dos processos se um deles tiver sido julgado. A reunião de processos conexos visa a evitar decisões contraditórias, assim, se um deles já foi julgado, o risco de decisões contraditórias desaparece.

Efeito secundário, mas não menos importante, é o de, por meio da reunião de processos, conferir-se maior celeridade no andamento dos processos, em virtude da economia processual ocasionada pela possibilidade de realização simultânea de atos processuais nos processos reunidos.

A reunião de processos fundada na conexão é obrigatória quando houver o fundado receio de haver julgamentos contraditórios e isto somente ocorre quando há questão comum a decidir.

No que diz respeito à modificação consensual de competência, além da cláusula de eleição de foro, nos termos do art. 63, ocorre a prorrogação quando o réu deixa de alegar, em preliminar da contestação, a incompetência do juízo.

A competência do órgão jurisdicional para julgar independentemente do valor da causa pode ser prorrogada, mas a recíproca não é verdadeira, isto é, o órgão jurisdicional com a competência limitada a um teto relativo ao valor da causa não pode julgar causas que excedam este valor. A parte pode, todavia, renunciar ao que exceder o valor de alçada e fazer a opção pelo procedimento sumaríssimo dos juizados.

O critério de competência em razão do valor da causa estabelecido na Lei nº 9.099/95 admite a possibilidade de se propor causas com valor excedente ao limite de 40 salários mínimos, implicando, contudo, em renúncia do valor excedente, conforme § 3º do art. 3º. Com fundamento no princípio da *perpetuatio iurisdicionis*, a competência define-se no momento da propositura da ação. Assim, é nesse momento que o valor não poderá exceder a 40 SM. Com efeito, admitem-se condenações com valores superiores ao teto, se, por exemplo, incidirem *astreintes* ou correção e juros legais, hipótese em que o cumprimento da sentença poderá ser exigido em sua integralidade.

A prevenção é o critério adotado para reunir duas ou mais ações conexas. Assim, quando dois ou mais juízes de mesma competência territorial forem competentes para processar e julgar duas ou mais ações conexas propostas separadamente, determina-se a reunião dos processos perante o juízo competente pela prevenção, considerando-se a anterioridade da data do registro ou da distribuição da petição (art. 59). Nas ações reais imobiliárias nas quais a competência funcional é absoluta, (§ 1º do art. 47), o juízo prevento exercerá jurisdição sobre todo o imóvel, ainda que este se estenda por mais de uma comarca.

É ônus da parte requerer a reunião dos processos conexos; porém, caso não o faça na primeira oportunidade que tiver para se manifestar, operar-se-á a preclusão.

12.7 A ALEGAÇÃO DE INCOMPETÊNCIA NA CONTESTAÇÃO

Argui-se a incompetência, seja ela absoluta ou relativa, preliminarmente, na contestação.

As regras de competência relativa, por serem estabelecidas em proveito da parte, não admitem o reconhecimento da incompetência de ofício pelo juiz. Caso prorrogada a competência perante juízo relativamente incompetente não traz nenhum prejuízo à garantia do juiz natural. Neste sentido, é corretíssimo o entendimento exteriorizado na Súmula 33 do STJ.

A incompetência relativa do juiz argui-se em preliminar da contestação. O réu deve indicar, obrigatoriamente, sob pena de indeferimento, a indicação do juízo para o qual deverá ser declinada a competência, uma vez que o juiz, tratando-se de incompetência relativa, não tem poderes para declará-la de ofício. Tendo em vista que as regras de competência relativa atendem a interesse das partes, o juiz não pode, também, suprir a omissão do réu, declinando a competência para o juízo que entender ser competente. Nessa situação, a garantia da imparcialidade do juiz estaria severamente violada.

A incompetência absoluta deve ser arguida em preliminar da contestação. Entretanto, a omissão do réu não implica preclusão uma vez que a competência absoluta do juízo é elemento constitutivo da garantia do juiz natural. A incompetência absoluta, conforme § 1º do art. 64, deve ser declarada de ofício pelo juiz ou alegada a qualquer tempo e grau de jurisdição. A despeito de não precluir, o réu que deixar de argui-la na defesa ou na primeira oportunidade que tiver para se manifestar nos autos, nos termos do art. 93 do CPC, responderá pelas custas processuais provocadas caso a sua omissão seja intencional, com o propósito de retardar ou tumultuar a marcha processual.

Acolhida a preliminar de incompetência, o juiz declina da competência para o juízo competente, remetendo-lhe o processo. As decisões proferidas pelo juiz incompetente conservarão sua validade a menos que desconstituídas por decisão do juiz competente.

12.8 CONFLITO DE COMPETÊNCIA

O juiz a quem foi declinada a competência pode adotar três procedimentos:

a) Reconhece a sua competência e dá seguimento ao feito;

b) Declara-se incompetente e declina a competência para um terceiro juízo; ou,

c) Suscita o conflito de competência se reconhecer competente o juízo que declinou da competência.

O conflito de competência é suscitado quando:

> I – quando dois ou mais juízes se declaram competentes;
>
> II – quando dois ou mais juízes se consideram incompetentes;
>
> III – quando entre dois ou mais juízes surge controvérsia acerca da reunião ou separação de processos (art. 66).

Têm legitimidade para suscitar conflito de competência as partes ou quem quer que esteja sujeito à eficácia da sentença, o Ministério Público e o juiz. Entretanto, a parte que alegou incompetência relativa não tem direito de suscitar conflito de competência no mesmo processo (arts. 951 e 952).

A intervenção do Ministério Público como fiscal da ordem jurídica no conflito de competência somente ocorrerá nas situações enumeradas no art. 178, em que é obrigatória a sua atuação. O Ministério Público, quando suscitante do conflito de competência, atua como parte.

O requerimento de instauração do conflito, devidamente instruído, é feito mediante ofício do juiz, ou petição das partes, ou do MP, sendo endereçado ao tribunal competente para dirimi-lo.

Tratando-se de juízes vinculados a um mesmo tribunal, este será competente para dirimir o conflito de competência. Se estiverem envolvidos no conflito de competência juízes vinculados a tribunais distintos, por exemplo, juiz de direito e juiz federal, ou, juiz e tribunal ordinário, o Superior Tribunal de Justiça será o órgão jurisdicional competente para solver o conflito. Tratando-se de conflitos entre tribunais superiores ou entre esses e outros tribunais a competência é do Supremo Tribunal Federal (Constituição, arts. 102, I, 'o' e 105, I, 'd').

Se o conflito de competência se instaurar entre juizado especial e juízo comum, vinculados ao mesmo tribunal, a competência para decidir o conflito é do tribunal ao qual estão vinculados: Tribunal de Justiça ou Tribunal Regional Federal[23]. Por sua vez, entre tribunal e Turma Recursal de Juizado Especial não há conflito de competência porque a Turma Recursal é instituída pelo respectivo Tribunal e a ele vinculada. Desta maneira, a Turma Recursal está sujeita à decisão do tribunal a respeito de sua competência[24].

JURISPRUDÊNCIA STJ

Súmula 428 – Compete ao Tribunal Regional Federal decidir os conflitos de competência entre juizado especial federal e juízo federal da mesma seção judiciária.

Tema 794 – Recurso Especial Repetitivo

É competente o Juízo do local em que situada a sede da entidade organizadora de campeonato esportivo de caráter nacional para todos os processos de ações ajuizadas em vários Juízos e Juizados Especiais, situados em lugares diversos do país, questionando a mesma matéria central, relativa à validade e à execução de decisões da Justiça Desportiva, visto que a entidade esportiva de caráter nacional, responsável, individual ou conjuntamente com quaisquer outras entidades, pela organização (no caso, a CBF), deve, necessariamente, inclusive por decisão de ofício, integrar o pólo passivo das demandas, sob pena de não vir ela ser ser ela atingida pelos efeitos subjetivos da coisa julgada, e de tornar-se o julgado desprovido de efetividade.

Tema 950 – Recurso Especial Repetitivo

Tese

As questões acerca do trade dress (conjunto-imagem) dos produtos, concorrência desleal, e outras demandas afins, por não envolver registro no INPI e cuidando de ação judicial entre particulares, é inequivocamente de competência da justiça estadual, já que não afeta interesse institucional da autarquia federal. No entanto, compete à Justiça Federal, em ação de nulidade de registro de marca, com a participação do INPI, impor ao titular a abstenção do uso, inclusive no tocante à tutela provisória.

STF

Tema 128 – RG reconhecida e mérito julgado

Competência para dirimir conflito de competência entre Juizado Especial e Juízo Federal de primeiro grau de uma mesma Seção Judiciária.

---

[23] STF, RE 590409, Rel. Min. RICARDO LEWANDOWSKI, REPERCUSSÃO GERAL – MÉRITO, DJe-204 DIVULG 28-10-2009 PUBLIC 29-10-2009.

[24] STJ, CC 124633, Rel. Min. ALDERITA RAMOS DE OLIVEIRA (DESEMBARGADORA CONVOCADA DO TJ/PE), DJe 01/02/2013.

Tese

Cabe ao respectivo Tribunal Regional Federal dirimir conflitos de competência entre Juizado Especial e Juízo Federal de primeira instância que pertençam a uma mesma Seção Judiciária.

Tema 149 – RG reconhecida e mérito julgado

Competência para processar e julgar causa que envolve contribuição previdenciária instituída pelo Estado membro incidente sobre complementação de proventos e de pensões por ele paga.

Tese

Compete à Justiça comum o julgamento de conflito de interesses a envolver a incidência de contribuição previdenciária, considerada a complementação de proventos.

Tema 190 – RG reconhecida e mérito julgado

Competência para processar e julgar causas que envolvam complementação de aposentadoria por entidades de previdência privada.

Tese

Compete à Justiça comum o processamento de demandas ajuizadas contra entidades privadas de previdência com o propósito de obter complementação de aposentadoria, mantendo-se na Justiça Federal do Trabalho, até o trânsito em julgado e correspondente execução, todas as causas dessa espécie em que houver sido proferida sentença de mérito até 20/2/2013.

Tema 305 – RG reconhecida e mérito julgado

Competência para processar e julgar ações de cobrança de honorários advocatícios arbitrados em favor de advogado dativo.

Tese

Compete à Justiça comum estadual processar e julgar as ações de cobrança ou os feitos executivos de honorários advocatícios arbitrados em favor de advogado dativo em ações cíveis e criminais.

Tema 374 – RG reconhecida e mérito julgado

Aplicação do art. 109, § 2°, da Constituição da República aos entes da Administração Indireta.

Tese

A regra prevista no § 2° do art. 109 da Constituição da República também se aplica às ações movidas em face de autarquias federais.

Tema 414 – RG reconhecida e mérito julgado

Competência para processar e julgar ação em que se discute a prestação de benefícios previdenciários decorrentes de acidentes de trabalho.

Tese

Compete à Justiça Comum Estadual julgar as ações acidentárias que, propostas pelo segurado contra o Instituto Nacional do Seguro Social (INSS), visem à prestação de benefícios relativos a acidentes de trabalho.

Tema 544 – RG reconhecida e mérito julgado

Competência para julgamento de abusividade de greve de servidores públicos celetistas.

Tese

A justiça comum, federal ou estadual, é competente para julgar a abusividade de greve de servidores públicos celetistas da Administração pública direta, autarquias e fundações públicas.

Tema 572 – RG reconhecida e mérito julgado

Competência para processar e julgar causas alusivas à parcela do imposto de renda retido na fonte pertencente ao Estado-membro.

Tese

Compete à Justiça comum estadual processar e julgar causas alusivas à parcela do imposto de renda retido na fonte pertencente ao Estado-membro, porque ausente o interesse da União.

Tema 722 – RG reconhecida e mérito julgado

Competência para julgar mandado de segurança impetrado contra ato de dirigente de sociedade de economia mista federal.

Tese

Compete à justiça federal comum processar e julgar mandado de segurança quando a autoridade apontada como coatora for autoridade federal, considerando-se como tal também os dirigentes de pessoa jurídica de direito privado investidos de delegação concedida pela União.

12.9 COMPETÊNCIA DO MICROSSISTEMA DOS JUIZADOS ESPECIAIS CÍVEIS ESTADUAIS

O processamento da ação perante o Juizado Especial é opção do autor, que pode, se preferir, ajuizar sua demanda perante a Justiça Comum.

A jurisprudência do STJ[25] firmou o entendimento de que a Lei 9.099/95 adota dois critérios distintos para definir "causas cíveis de menor complexidade": quantitativo e qualitativo. A competência do juizado é fixada para as causas cujo valor econômico da pretensão seja de até 40 SM, ou pela matéria envolvida, nas hipóteses de despejo para uso próprio e nas ações de rito sumário definidas no art. 275, inc. II do CPC revogado. Exige-se, pois, a presença de apenas um desses requisitos (valor ou matéria) e não a sua cumulação. Fixada a competência do juizado em razão da matéria, o valor da causa é irrelevante, uma vez que o pedido pode exceder a 40 salários mínimos[26]. Apenas quando se tratar de ação possessória de bem imóvel é que a Lei nº 9.099/95 exige que o valor do imóvel não ultrapasse o valor de alçada do juizado.

---

25 STJ, RMS 30170, Rel. Min. Nancy Andrighi, DJe 13/10/2010.

26 STJ, MC 15465, Rel. Min. Nancy Andrighi, DJe 20/09/2009.

É importante destacar, também, que a necessidade de produção de prova pericial não é motivo suficiente para descaracterizar a menor complexidade da causa, haja vista inexistir na Lei nº 9.099/95 qualquer norma nesse sentido.

Na execução, o valor superior a quarenta salários mínimos em razão do acréscimo de correção monetária, encargos e multa, também não modifica a competência do Juizado Especial, por ser ele competente para executar suas sentenças, independentemente do valor acrescido à condenação.

Em relação aos recursos, a competência para julgá-los é das Turmas Recursais (art. 41, § 1º da Lei 9099).

Com efeito, os Tribunais estaduais e o Superior Tribunal de Justiça estão excluídos do sistema dos Juizados Especiais Cíveis.

De acordo com a Súmula 203 do STJ, "Não cabe recurso especial contra decisão proferida por órgão de segundo grau dos Juizados Especiais".

O fundamento é singelo, decorre de aplicação direta e imediata do disposto no art. 105, inc. III da CR/88. O REsp só é cabível contra decisões proferidas por Tribunais, o que, naturalmente, exclui a possibilidade do manejo deste recurso em face das decisões proferidas por Turmas Recursais.

A despeito de a CR/88 excluir do sistema os Tribunais estaduais e o STJ, admite-se o controle de constitucionalidade das decisões das Turmas Recursais por meio de Recurso Extraordinário. O art. 102, III, diferentemente do art. 105, III, da Constituição da República, reconhece o cabimento de RE interposto contra decisões de única ou última instância, sem exigir a origem tribunalícia desses julgados.

O Superior Tribunal de Justiça editou a Resolução nº 12/2009 para admitir reclamação contra decisões de turma recursais dos Juizados Especiais Estaduais, quando a decisão de Turma Recursal contrariar: a) jurisprudência do STJ; b) súmula do STJ; ou c) orientações decorrentes do julgamento de recursos especiais processados na forma do art. 543-C. O legislador, todavia, coerente com os princípios informadores dos Juizados Especiais, como os da simplicidade, informalidade, economia processual e celeridade, optou por um procedimento sumaríssimo de dois graus de jurisdição, juizado e turma recursal. Considerando, ainda, o fato de que as causas resolvidas nos juizados são de menor complexidade e, portanto, de baixo impacto social e irrisória repercussão jurídica, a Lei nº 9.099/95 admite transigir com a legalidade. Essa é uma decisão consciente do legislador, pois que, em duas oportunidades posteriores, com a criação dos Juizados Especiais Federais e dos Juizados Especiais das fazendas públicas estaduais e municipais, poderia ter submetido os juizados especiais cíveis à jurisdição de uma turma nacional para uniformizar sua jurisprudência e não o fez.

Portanto, a auto-inserção do STJ nesse sistema é caso de indiscutível usurpação de competência. Trata-se de manifesta inconstitucionalidade e abuso de poder por parte do STJ. Como acima mencionado, esse Tribunal superior, por força de norma constitucional, não integra o sistema dos juizados especiais cíveis. Ademais, não detém competência para legislar sobre normas de direito processual, competência privativa da União, nos termos do art. 22, I da CR/88.

Desta maneira, diante de tais inconstitucionalidades, o STJ revogou esta Resolução pela emenda ao Regimento Interno do Superior Tribunal de Justiça nº 22, de 16/3/2016.

> Com a edição da Resolução STJ/GP n. 3, de 7/4/2016, foi atribuída às Câmaras Reunidas ou à Seção Especializada dos Tribunais de Justiça a competência para processar e julgar as Reclamações destinadas a dirimir divergência entre acórdão prolatado por Turma Recursal Estadual e a jurisprudência do Superior Tribunal de Justiça, consolidada em incidente de assunção de competência e de resolução de demandas repetitivas, em julgamento de recurso especial repetitivo e em enunciados das Súmulas do STJ[27].

12.9.1 Controle da competência dos juizados especiais cíveis: mandado de segurança

O Superior Tribunal de Justiça dando azo a seu desenfreado ativismo judicial, admite, por construção jurisprudencial, a impetração de mandado de segurança no tribunal de justiça para controle do exercício da competência dos Juizados Especiais Cíveis.

> Nesse sentido, consoante esclarecido, nos termos do Enunciado Sumular n. 376/STJ, em regra, "compete à turma recursal processar e julgar o mandado de segurança contra ato de juizado especial". Por outro lado, excepcionalmente, o conhecimento da impetração de mandado de segurança competirá aos tribunais de justiça no exercício do controle de competência dos juizados especiais (RMS n. 48.413/MS, relator Ministro Ricardo Villas Bôas Cueva, Terceira Turma, julgado em 4/6/2019).[28]

O mandado de segurança é admissível, mesmo diante de decisões com trânsito em julgado no juizado especial cível sob o falacioso e injurídico fundamento de que "sendo o juízo absolutamente incompetente em razão da matéria, a decisão é, nesse caso, inexistente ou nula, não havendo, tecnicamente, que falar em trânsito em julgado"[29].

Esse entendimento contraria frontalmente o disposto nos arts. 966, inc. II e 969 do CPC, por reconhecer a incompetência absoluta como causa de rescindibilidade, o que lhe confere existência jurídica. Como é impossível juridicamente rescindir algo inexistente, a decisão de mérito proferida por juízo absolutamente incompetente existe e é eficaz, senão seria despiciendo o art. 969 determinar que a propositura da ação rescisória não impede o cumprimento da decisão rescindenda.

Barbosa Moreira, sobre o tema, ensina que "o critério decisivo para aferir-se a rescindibilidade é, no sistema atual, o que se baseia na aptidão da sentença

---

27 STJ. Informativo nº 763, de 14/02/2023.

28 STJ. AgInt no RMS 67.753/SC, Rel. Ministro Francisco Falcão, DJe de 2/6/2022.

29 STJ, RMS 39.041-DF, Rel. Min. Raul Araújo, julgado em 7/5/2013.

para adquirir a *auctoritas rei iudicate*"[30]. Com efeito, a sentença proferida por juiz absolutamente incompetente adquire autoridade de coisa julgada, razão pela qual descabe atribuir-lhe a condição de inexistente ou de nula.

O entendimento do STJ, além de afrontar a cinquentenária, mas atual, Súmula 268 do STF que inadmite mandado de segurança contra decisão transitada em julgado, traveste o mandado de segurança em ação rescisória, inadmissível no Juizados Especiais por expressa vedação do art. 59 da Lei nº 9.099/95.

12.10 COMPETÊNCIA DO MICROSSISTEMA DOS JUIZADOS ESPECIAIS FEDERAIS

A Lei nº 10.259, que disciplina o sistema dos Juizados Especiais Federais, diferentemente do Juizado Especial Cível, definiu que, nesta instância, a competência é absoluta.

> Art. 3º Compete ao Juizado Especial Federal Cível processar, conciliar e julgar causas de competência da Justiça Federal até o valor de sessenta salários mínimos, bem como executar as suas sentenças.
>
> § 3º No foro onde estiver instalada Vara do Juizado Especial, a sua competência é absoluta.

O valor da alçada do JEF é de sessenta salários mínimos calculados na data da propositura da ação. Da mesma forma que nos juizados estaduais, não repercute na competência a circunstância de, na fase de execução, o valor, em decorrência de encargos posteriores ao ajuizamento (correção monetária, juros e ônus da sucumbência) superar o teto de 60 SM, nem implica a renúncia ao excedente.

Se houver litisconsórcio ativo, considera-se individualmente o valor de alçada.

O critério adotado pela Lei 10.259/2001 é o do valor, sendo que a matéria somente é considerada para excluir a competência dos JEFs. Desta maneira, é irrelevante a complexidade da causa para fins de definição da competência.

Assim, para se estabelecer a competência do Juizado Especial Federal, deverá ser observado o valor da causa até o limite de 60 SM e não se incluir a demanda no rol do § 1º do art. 3º da Lei 10.259, a saber:

> I – referidas no art. 109, incisos II, III e XI, da Constituição da República, as ações de mandado de segurança, de desapropriação, de divisão e demarcação, populares, execuções fiscais e por improbidade administrativa e as demandas sobre direitos ou interesses difusos, coletivos ou individuais homogêneos;
>
> II – sobre bens imóveis da União, autarquias e fundações públicas federais;
>
> III – para a anulação ou cancelamento de ato administrativo federal, salvo o de natureza previdenciária e o de lançamento fiscal;

---

[30] BARBOSA MOREIRA, José Carlos. *Comentários ao Código de Processo Civil.* 14ª ed. Rio de Janeiro: Forense, 2008, p. 110.

IV – que tenham como objeto a impugnação da pena de demissão imposta a servidores públicos civis ou de sanções disciplinares aplicadas a militares.

A regra de atração da competência para a Justiça Federal se aplica, mutatis mutandis, aos Juizados Especiais Federais Cíveis, razão pela qual: (I) se no pólo passivo da demanda a União, autarquias, fundações e/ou empresas públicas federais estiverem presentes; (II) se o valor dado à causa for de até sessenta salários mínimos; e (III) se a causa não for uma daquelas expressamente elencadas nos incisos do § 1.°, do art. 3.°, da Lei n° 10.259/2001, a competência é do Juizado Especial Federal Cível.

As ações de competência dos JEF's têm como autoras pessoas naturais, microempresas ou empresas de pequeno porte e como rés as pessoas jurídicas de direito público federal, (União, autarquias, fundações e empresas públicas federais). Nota-se, nesse microssistema, uma maior preocupação do legislador com a uniformidade de interpretação e aplicação do direito, pois decisões divergentes violam o princípio da igualdade, gerando uma situação de absoluta injustiça perante o Estado Democrático de Direito. Daí, um sistema de controle das decisões elaborado de forma hierarquicamente extratificado.

Admite-se pedido de uniformização de interpretação de lei federal a ser decidido pela reunião conjunta das Turmas em conflito, quando houver divergência entre decisões sobre questões de direito material proferidas por Turmas Recursais na interpretação da lei.

Havendo dissídio entre decisões de turmas de diferentes regiões ou da proferida em contrariedade à súmula ou jurisprudência dominante do STJ, admite-se pedido de uniformização endereçado à Turma Nacional de Uniformização, integrada por juízes de Turmas Recursais, sob a presidência do Coordenador da Justiça Federal.

Enfim, se o entendimento da Turma Nacional de Uniformização, em questões de direito material, contrariar súmula ou jurisprudência dominante no STJ, caberá incidente de uniformização de interpretação de lei federal, dirigido ao Superior Tribunal de Justiça.

Como nos juizados especiais estaduais, também é cabível Recurso Extraordinário para o Supremo Tribunal Federal nas hipóteses constitucionalmente estabelecidas.

12.11 COMPETÊNCIA DO MICROSSISTEMA DOS JUIZADOS DAS FAZENDAS PÚBLICAS ESTADUAL E MUNICIPAL

Os juizados das fazendas públicas estaduais e municipais têm muita identidade com o sistema dos Juizados Especiais Federais, principalmente no que diz respeito à competência, que também é absoluta.

A competência é fixada no teto de até 60 SM, com exclusão das seguintes ações: mandado de segurança, de desapropriação, de divisão e demarcação, ação popular, ação civil pública por improbidade administrativa, execuções fiscais e as demandas sobre direitos ou interesses difusos e coletivos. Também estão fora do âmbito dos juizados da fazenda pública as causas que versem sobre bens imóveis das pessoas jurídicas de direito público estadual e municipal, bem como as que tenham como objeto a impugnação da pena de demissão imposta a servidores públicos civis ou sanções disciplinares aplicadas a militares.

Após a decisão do recurso pela turma recursal caberá pedido de uniformização de interpretação de lei se houver dissidência entre decisões proferidas por Turmas Recursais sobre questões de direito material.

É possível provocar o Superior Tribunal de Justiça quando as Turmas de diferentes Estados derem a lei federal interpretações divergentes, ou quando a decisão proferida estiver em contrariedade com súmula do Superior Tribunal de Justiça.

12.12 EFEITOS DA INCOMPETÊNCIA DOS JUIZADOS ESPECIAIS

A Lei nº 9.099/95 é a norma central do sistema dos juizados especiais. As leis que instituíram os Juizados Especiais Federais, bem como os Juizados da Fazenda Pública, invocam-na como fonte subsidiária e supletiva.

Desta maneira, como as Leis nºs 10.259 e 12.153 não disciplinam as consequências decorrentes do reconhecimento da incompetência do juízo, a Lei nº 9.099/95 vem à baila, especificamente seu art. 51, inc. III.

Com efeito, a incompetência territorial é causa de extinção do processo sem resolução de mérito.

Em relação à incompetência absoluta inexiste previsão expressa quanto às consequências de seu reconhecimento, mas, nem por isso, o ordenamento do sistema dos juizados especiais deixa a questão sem resposta. A mesma regra se aplica, levando à extinção do processo sem julgamento do mérito, considerando-se a ausência de pressupostos processuais válidos para a constituição e desenvolvimento do processo.

O Superior Tribunal de Justiça, contudo, manifesta entendimento em sentido contrário, decidindo em mais de uma ocasião, pela aplicação do Código de Processo Civil, que determina a remessa dos autos ao juízo competente. Fundamentam-se os julgados na prevalência dos princípios da celeridade e economia processual e do acesso à justiça[31].

> Consoante o art. 2º, § 4º, da Lei 12.153/2009, no foro onde estiver instalado Juizado Especial da Fazenda Pública, a sua competência é absoluta. No presente caso, atribuiu-se à causa o valor de R$ 100,00 (fls. 11); entretanto, a ação foi movida perante a 2ª Vara da Fazenda Pública do Distrito Federal, em foro no qual existe Juizado Especial da Fazenda Pública. Destarte, não poderiam as

---

[31] STJ, REsp 1091287, Rel. Min. MARCO BUZZI, DJe 19/11/2013.

instâncias ordinárias ter prosseguido no julgamento do feito, em razão de sua incompetência absoluta, posto que é improrrogável tal competência.

A declaração da incompetência não implica imediata extinção do processo sem resolução do mérito, mas sim o seu envio ao Juízo com competência para o processamento da causa, como dispõem os arts. 113, § 2º do CPC/1973 e 64, § 3º do Código Fux[32].

JURISPRUDÊNCIA STJ

Súmula 376 – É admitida a impetração de mandado de segurança perante os Tribunais de Justiça dos Estados para o exercício do controle de competência dos juizados especiais, ficando a cargo das Turmas Recursais.

STF

Tema 17 – RG acolhida e mérito julgado

a) Possibilidade de cobrança de ligações sem discriminação dos pulsos além da franquia; b) Justiça competente para dirimir controvérsias acerca da possibilidade de cobrança de ligações sem discriminação dos pulsos além da franquia.

Tese

Compete à Justiça estadual julgar causas entre consumidor e concessionária de serviço público de telefonia, quando a ANATEL não seja litisconsorte passiva necessária, assistente, nem opoente.

Tema 159 – RG reconhecida e mérito julgado.

Competência para processar e julgar mandado de segurança contra decisão de juiz federal no exercício de jurisdição de juizado especial federal.

Tese

Compete às Turmas Recursais o julgamento de mandado de segurança utilizado como substitutivo recursal contra decisão de juiz federal no exercício de jurisdição do Juizado Especial Federal.

Tema 213 – RG rejeitada

Competência para processar e julgar ação que visa compelir os entes políticos das três esferas do governo a fornecer medicamentos à pessoa carente, quando o valor da causa é inferior ao limite de sessenta salários mínimos.

Tese

A questão do reconhecimento da competência do Juizado Especial Federal para processar e julgar as causas que visam compelir os entes políticos federal, estadual e municipal a fornecer medicamentos à pessoa carente, limitada essa competência ao limite de sessenta

32 STJ. REsp n. 1.537.768/DF, Rel. Min. Napoleão Nunes Maia Filho, DJe de 5/9/2019.

salários mínimos, tem natureza infraconstitucional e a ela são atribuídos os efeitos da ausência de repercussão geral, nos termos do precedente fixado no RE 584.608, Relatora a Ministra Ellen Gracie, DJe 13/3/2009.

Tema 233 – RG rejeitada

a) Indenização por danos morais decorrentes de vazamento de produtos químicos em um dos afluentes do Rio Paraíba do Sul; b) Competência dos Juizados Especiais para as causas respectivas.

Tese

A questão da complexidade da causa para fixação da competência dos Juizados Especiais tem natureza infraconstitucional e a ela são atribuídos os efeitos da ausência de repercussão geral, nos termos do precedente fixado no RE n. 584.608, rel. a Ministra Ellen Gracie, DJe 13/03/2009.

Tema 433 – RG rejeitada

Competência de juizados especiais face à alegação de complexidade da prova.

Tese

A questão da alegada necessidade de produção de prova complexa afastar a competência dos Juizados Especiais Cíveis tem natureza infraconstitucional, e a ela se atribuem os efeitos da ausência de repercussão geral, nos termos do precedente fixado no RE n. 584.608, rel. a Ministra Ellen Gracie, DJe 13/03/2009.

Tema 992 – RG reconhecida e mérito julgado

Discussão quanto à competência para processar e julgar controvérsias nas quais se pleiteiam questões afetas à fase pré-contratual de seleção e de admissão de pessoal e eventual nulidade do certame, em face de pessoa jurídica de direito privado.

Tese

Compete à Justiça comum processar e julgar controvérsias relacionadas à fase pré-contratual de seleção e de admissão de pessoal e eventual nulidade do certame em face da Administração Pública, direta e indireta, nas hipóteses em que adotado o regime celetista de contratação de pessoal.

13

SUJEITOS DO PROCESSO

O Código de Processo Civil dedica o Livro III da Parte Geral aos sujeitos do processo, aqueles que exercem as funções essenciais à Justiça, nos termos da Constituição da República[1], bem como os que colaboram para a realização dos atos processuais que se desenvolvem em contraditório, numa sequência cronológica, lógica e teleológica.

O contraditório assegura a liberdade de a parte participar da construção do provimento de forma dialógica e isonômica. Como nos ensina Calamandrei, os atos processuais "resultam da colaboração de várias pessoas, cuja atividade se sucede alternadamente na série de atos, tal como se passa em um diálogo"[2].

As partes, os procuradores, os terceiros intervenientes, o *amicus curiae,* o juiz e seus auxiliares, o Ministério Público, a advocacia pública e a Defensoria Pública são os sujeitos do processo.

13.1 AS PARTES

13.1.1 Capacidade de ser parte

Parte no processo é qualquer sujeito de direitos que sofrerá os efeitos do provimento jurisdicional, na qualidade de autor ou de réu.

Autor é quem deduz a pretensão em juízo e réu, o sujeito que resiste à pretensão autoral e que tem o ônus de se defender. Com efeito, o réu não obtém ganhos com o processo. Quando leigos coloquialmente dizem que o "réu ganhou a ação",

---

1 O magistrado exerce com independência a função jurisdicional, assegurada pelo garantias e vedações constitucionais que compõem o estatuto jurídico da magistratura. Além da disciplina constitucional, deve-se observar a vetusta Lei Complementar nº 35/79. Cumpre denunciar a mora de duas décadas e meia do Supremo Tribunal Federal que não encaminhou, até o momento, ao Congresso Nacional o projeto de Lei Complementar sobre o Estatuto da Magistratur, projeto de iniciativa privativa do STF, conforme determinado no art. 93 da Constituição da República.

2 *Apud,* MARQUES, José Frederico. *Instituições de Direito Processual Civil.* Vol. II, 3ª ed. Forense: Rio de Janeiro, 1966, p. 89.

juridicamente essa afirmativa significa que o réu deixou de perder algo porque, simplesmente, manteve-se o *status quo*. A sentença que julga improcedente o pedido deduzido pelo autor é declaratória negativa, ou seja, declara que o autor não tem direito à pretensão de direito material que deu ensejo ao pedido de tutela jurisdicional.

A personalidade jurídica é dispensável para ser parte. Têm acesso à justiça os *sujeitos de direitos* que, por serem dotados de personalidade judiciária[3], detêm capacidade de ser parte. Desta maneira, a personalidade jurídica não é pressuposto para se deduzir uma pretensão juridicamente tutelada em juízo, uma vez que os entes despersonalizados também têm assegurado o acesso à justiça.

O art. 75 do CPC contém um rol exemplificativo da representação judicial dos entes despersonalizados, a saber:

> I – a União, pela Advocacia-Geral da União, diretamente ou mediante órgão vinculado;
>
> II – o Estado e o Distrito Federal, por seus procuradores;
>
> III – o Município, por seu prefeito ou procurador;
>
> IV – a autarquia e a fundação de direito público, por quem a lei do ente federado designar;
>
> V – a massa falida, pelo administrador judicial;
>
> VI – a herança jacente ou vacante, por seu curador;
>
> VII – o espólio, pelo inventariante;
>
> VIII – a pessoa jurídica, por quem os respectivos atos constitutivos designarem ou, não havendo essa designação, por seus diretores;
>
> IX – a sociedade e a associação irregulares e outros entes organizados sem personalidade jurídica, pela pessoa a quem couber a administração de seus bens;
>
> X – a pessoa jurídica estrangeira, pelo gerente, representante ou administrador de sua filial, agência ou sucursal aberta ou instalada no Brasil;
>
> XI – o condomínio, pelo administrador ou síndico.

Obviamente, o rol acima não é exauriente porque há entes despersonalizados, fora do elenco legal, aos quais se reconhece capacidade judiciária. A Defensoria Pública, o Ministério Público, as Câmaras Municipais, as Assembleias Legislativas, a Câmara dos Deputados, o Poder Judiciário, o CNJ e o CNMP, quando atuam na defesa de direitos relativos ao seu funcionamento e prerrogativas institucionais[4], como

---

[3] LEAL, Victor Nunes. *Problemas de Direito Público e outros problemas.* Vol. I, Brasília: Imprensa Nacional, 1999, p. 425. Personalidade judiciária, ensina o autor, é expressão empregada no CPC português de 1939, "não é usual em nosso país, mas nada impede que a incorporemos, por ser evidentemente apropriada."

[4] STJ, REsp 649824, Rel. Min. ELIANA CALMON, DJ 30/05/2006 p. 136

salvaguarda da independência e autonomia no desempenho de suas competências[5], têm reconhecida, pelos tribunais, a capacidade judiciária que lhes propicia participar do contraditório na qualidade de parte. Da mesma forma, os movimentos sociais, como o MST[6], que estará representado em juízo por quem liderar o movimento.

A interpretação a ser feita em relação à capacidade de ser parte deve ser a mais elástica possível, uma vez que no Estado Democrático de Direito deve-se ampliar ao máximo o acesso à justiça como meio garantidor da efetivação de direitos fundamentais.

13.1.2 Legitimidade das partes

O CPC, no art. 17, exige interesse e legitimidade para se postular em juízo. A falta de interesse ou de legitimidade das partes, na literalidade do art. 485, inc. V, impede seja proferida sentença de mérito.

A legitimidade das partes é ordinária, quando os próprios titulares do conflito de interesses são as partes no processo.

Será extraordinária quando a lei conferir a outra pessoa o direito de, em nome próprio, demandar direito alheio. A legitimação extraordinária é denominada substituição processual, nos termos do art. 18 e seu § único.

13.1.3 *Legitimatio ad causam* ordinária

Na aferição da legitimidade das partes, também denominada *legitimatio ad causam*, há de se considerar a natureza da tutela jurisdicional pretendida.

Tratando-se de ações individuais ajuizadas pelos legitimados ordinários, a legitimidade das partes deve sempre ser reconhecida, pois qualquer pessoa pode ter interesse em postular tutela jurisdicional em face de outrem, a quem se atribui uma ação ou omissão apta a provocar-lhe lesão ou ameaçar-lhe o direito. O réu citado, que comparece em juízo, ainda que para negar sua condição de parte, e oferece resistência à pretensão do autor, vincula-se, pela citação, aos efeitos do provimento jurisdicional. A extinção do processo, nessa hipótese, com ou sem resolução de mérito, adquirirá autoridade de coisa julgada material, haja vista que mesmo se se decidir pela carência de ação por ilegitimidade de parte, a lide não poderá ser

---

5 O Supremo Tribunal Federal, por ocasião do julgamento do MS 21239, relatado pelo Ministro Sepúlveda Pertence, DJ 23/04/1993, p. 6.920, reconheceu a legitimidade ativa do Procurador-Geral da República, sob o fundamento de que negar-lhe o direito subjetivo à impetração importaria violação ao art. 5º, inc. XXXV da Constituição da República. A impetração destinava-se a atacar ato de nomeação do Procurador-Geral do Trabalho realizada pelo Presidente da República. O Supremo Tribunal Federal reconheceu a legitimidade ativa com fundamento na teoria da preservação de prerrogativa do direito-função e concedeu a segurança por reputar a referida nomeação ofensiva à autonomia institucional e caracterizadora de usurpação da competência do Procurador-Geral da República.

6 TRF 5ª Região. AG 200005000048000, Rel. Des. Lazaro Guimarães, Dj de 18;06/2002.

renovada. Entretanto, a sentença de mérito, na qual se julga que o autor não tem direito à pretensão de direito material deduzida em juízo porque o réu não lhe provocou lesão, nem ameaçou direito seu, vai ao encontro do art. 4º do CPC que preconiza o julgamento de mérito. Ademais, a sentença de mérito é uma resposta adequada para os jurisdicionados e para a sociedade que têm com o direito material uma relação de pertinência. A sentença meramente terminativa é frustrante para as partes e socialmente inútil por apenas encerrar o processo em sua dimensão estritamente técnica, matéria de interesse restrito ao círculo de juristas.

Por sua vez, o réu, uma vez citado, também se torna titular do direito à tutela jurisdicional efetiva, passa a integrar o procedimento e sujeita-se a eficácia da sentença. Dessa forma, o réu também é interessado na solução definitiva do conflito, pois que a segurança jurídica outorgada pela coisa julgada é uma garantia fundamental, nos termos do art. 5º, inc. XXXVI da Constituição da República.

A resolução definitiva do conflito de interesses judicializado se obtém por intermédio de uma sentença de mérito, uma vez que o art. 486 do CPC admite a propositura de nova demanda quando a anterior houver sido extinta por ilegitimidade das partes.

Veja bem que a sentença terminativa ou a sentença de mérito, nos casos de ilegitimidade, tem a mesma eficácia obstativa decorrente da coisa julgada material.

Para fins de eficácia, nesse caso, é indiferente a espécie de sentença, terminativa ou definitiva, pois ambas poupam o réu do dissabor de sofrer demanda posterior idêntica à extinta.

Entretanto, com fundamento no art. 4º do CPC, a sentença de mérito é a solução mais adequada para o conflito porque atinge os fins a que o processo se propõe alcançar.

Para o cidadão, frise-se, o dispositivo da sentença que extingue o processo sem resolução de mérito não tem significado algum, pois trata-se, nesse caso, de uma extinção anômala do processo em que o ato decisório fundamenta-se na *ilegitimatio ad causam* ativa ou passiva, O ato decisório que julga extinto o processo pela ilegitimidade ativa ou passiva, com fundamento nos art. 485, inc. VI, é de conteúdo eminentemente técnico, de difícil intelecção para os que não têm familiaridade com a linguagem jurídica.

Por outro lado, a sentença que na mesma hipótese resolve o mérito não padece de atecnia alguma. A sentença de mérito realiza os fins da jurisdição e é compreendida pelos cidadãos, porque a linguagem que julga o mérito é clara, dizendo, em suma, que o autor não tem direito de exigir nada do réu porque ele não praticou ilícito algum. Consequentemente, o pedido é julgado improcedente.

13.1.4 Legitimação extraordinária – substituição processual

A situação é diversa quando se trata de substituição processual, porque, nesse caso, a parte é o substituto processual, que, por sua vez, porém, não é o titular do direito controvertido. Assim, com exceção dos ônus sucumbenciais, a parte, extraordinariamente, não sofrerá os efeitos da sentença. O substituído processualmente, a despeito de não ter participado do contraditório, é quem suportará os efeitos do provimento.

Há, na substituição processual, uma parte em sentido formal, que é o legitimado extraordinário, enquanto os substituídos têm a qualidade de partes em sentido material, porque, apesar de não participarem do processo, são os titulares do direito pleiteado pelo substituto.

Desta maneira, para evitar uma intromissão indevida no patrimônio jurídico do substituído, que sequer precisa autorizar ou ser comunicado da existência da ação, exige-se que a aferição da legitimidade seja feita sob o parâmetro da legalidade estrita.

A substituição processual, ao possibilitar que um terceiro, autorizado por lei, defenda direito alheio, restringe a autonomia e a liberdade do substituído. Portanto, para se evitar abusos, a norma que confere legitimação extraordinária tem de ser interpretada de forma estrita. Na ausência da autorização legal, o juiz estará impedido de julgar o mérito, por carecer de poder jurisdicional para tanto.

Considera-se, por exemplo, uma ação anulatória de casamento cuja causa de pedir seja erro essencial sobre a pessoa, proposta pela mãe, contra a vontade do cônjuge que incidiu no erro. Imagine-se a extensão dos danos que uma sentença de mérito, nesse caso, produziria para a entidade familiar.

Na defesa de interesses difusos ou direitos coletivos há verdadeira substituição processual.

Versando sobre interesses difusos, ou seja, aqueles interesses que abrangem número indeterminado de pessoas unidas pelas mesmas circunstâncias de fato, o substituto processual atua na defesa de toda a sociedade, *v.g.*, ação civil pública ajuizada pelo Ministério Público na defesa do patrimônio público ou na defesa do meio ambiente. Nesse caso, os destinatários do provimento final são indetermináveis.

Se ação coletiva tiver por objeto a defesa de direitos coletivos, ou seja, pertencentes a grupos, categorias ou classes de pessoas, ligadas entre si ou com a parte contrária por uma relação jurídica base, ao final, é possível a individualização dos destinatários dos efeitos da decisão.

Assim, nos casos de ausência de autorização legal para o substituto processual agir, a sentença há de ser terminativa porque conforme a primeira parte do art. 18 do CPC, o juiz está impedido de julgar a demanda relacionada a direito de quem não é parte no processo. Exemplar é o § único do art. 1º da Lei da Ação Civil Pública, que não admite a substituição processual quando se tratar de ação coletiva cujo objeto é constituído por pretensões que envolvem tributos, contribuições previdenciárias[7], FGTS ou outros fundos de natureza institucional cujos beneficiários podem ser individualmente determinados. Esses direitos podem ser perseguidos individualmente pelos titulares da relação jurídica controvertida, mas não poderiam ser postulados por meio de ação civil pública. Todavia, o STF interpretando o referido dispositivo a partir da Constituição da República, reconhece a legitimidade ativa do Ministério Público para a tutela dos seguintes direitos:

- aumento abusivo de mensalidades escolares (RE 163.231/SP, Rel. Min. MAURÍCIO CÔRREA, Tribunal Pleno, julgado em 26/2/1997, DJ de 29/6/2001),
- contratos vinculados ao Sistema Financeiro da Habitação (AI 637.853 AgR/SP, Rel. Min. JOAQUIM BARBOSA, Segunda Turma, DJe de 17/9/2012),
- os contratos de leasing (AI 606.235 AgR/DF, Rel. Min. JOAQUIM BARBOSA, Segunda Turma, DJe de 22/6/2012),
- os interesses previdenciários de trabalhadores rurais (RE 475.010 AgR/RS, Rel. Min. DIAS TOFFOLI, Primeira Turma, DJe de 29/9/2011),
- a aquisição de imóveis em loteamentos irregulares (RE 328.910 AgR/SP, Rel. Min. DIAS TOFFOLI, Primeira Turma, DJe de 30/9/2011)

Tema 850 da Repercussão Geral: o Ministério Público tem legitimidade para a propositura de ação civil pública em defesa de direitos sociais relacionados ao FGTS.

A jurisprudência do STF sustenta-se nos fundamentos expostos pelo Min. Teori Zavascki:

> há certos interesses individuais que, quando visualizados em seu conjunto, em forma coletiva e impessoal, têm a força de transcender a esfera de interesses puramente particulares, passando a representar, mais que a soma de interesses dos respectivos titulares, verdadeiros interesses da comunidade. Nessa perspectiva, a lesão desses interesses individuais acaba não apenas atingindo a esfera jurídica dos titulares do direito individualmente considerados, mas também comprometendo bens, institutos ou valores jurídicos superiores, cuja preservação é cara a uma comunidade maior de pessoas. Em casos tais, a tutela jurisdicional desses direitos se reveste de interesse social qualificado, o que legitima a propositura da ação pelo Ministério Público com base no art. 127 da Constituição da República. Mesmo nessa hipótese, todavia, a legitimação ativa do Ministério Público se limita à ação civil coletiva destinada a obter sentença genérica sobre o núcleo de homogeneidade dos direitos individuais homogêneos.[8]

---

[7] STJ, AgRg no REsp 1174005, Rel.Min. MARIA THEREZA DE ASSIS MOURA, DJe 01/02/2013.

O Ministério Público tem legitimidade para propor ação civil pública visando à revisão de benefício previdenciário, tendo em vista o relevante interesse social na causa.

[8] STF. RE 631.111, Rel. Min. TEORI ZAVASCKI, DJe de 30/10/2014., citado no voto do Min. Alexandre de Moraes no julgamento do RE 643978, Rel. ALEXANDRE DE MORAES,

A permissão normativa para a substituição processual dispensa a autorização dos substituídos, pois a ninguém é conferido poder para impedir o acesso à justiça de outrem[9].

13.1.5 Capacidade de estar em juízo

Qualquer sujeito de direito pode ser parte em um processo judicial, entretanto, exige-se capacidade civil para atuar como parte em juízo. A pessoa tem de estar habilitada a exercer seus direitos.

A incapacidade, relativa ou absoluta, será respectivamente suprida pelo assistente ou representante legal do incapaz.

Se os interesses do incapaz conflitarem com os de seu representante legal ou se ninguém o representar legalmente, o juiz designará defensor público para exercer a função de curador especial[10]. Também será especialmente curatelado o réu revel que estiver preso, ou citado fictamente, por edital ou por hora certa. A curatela do revel citado por edital ou por hora certa cessará na hipótese de constituir advogado.

A representação difere da substituição processual porque o representante não é parte. Ele supre a incapacidade da parte de estar em juízo e atua em nome alheio, na defesa de direito alheio. Além disso, a substituição processual é condição da ação e, portanto, insanável. A representação processual, por sua vez, é pressuposto processual e reclama saneamento para não frustrar a entrega de efetiva prestação jurisdicional (art. 76).

13.1.5.1 Os cônjuges e os titulares de união estável em juízo

Ressalvados os casos de regime de separação absoluta de bens, o cônjuge ou o convivente somente poderão propor demanda que tenha por objeto direito real imobiliário se for autorizado pelo consorte.

Essa autorização é pressuposto processual que pode ser suprido judicialmente quando a negativa for desarrazoada ou impossível sua concessão.

É possível convalidar o vício da falta de autorização no curso do processo, mediante sua suspensão e a instauração de incidente específico para prover o consentimento, que deverá assegurar o contraditório.

O cônjuge ou convivente que der o consentimento para o ajuizamento da causa não será parte no processo. Caso atuem conjuntamente, em litisconsórcio, não há de se exigir autorização alguma

---

Tribunal Pleno, julgado em 09/10/2019, PROCESSO ELETRÔNICO REPERCUSSÃO GERAL – MÉRITO DJe-232 DIVULG 24-10-2019 PUBLIC 25-10-2019).

9 STJ, EREsp 766.637/RS, Relª. Minª. Eliana Calmon, DJe 1/7/2013.

10 Lei Complementar nº 80/1994 – Lei Orgânica da Defensoria Pública, art. 4º, inc. XVI: Art. 4º São funções institucionais da Defensoria Pública, dentre outras: XVI – exercer a curadoria especial nos casos previstos em lei.

No polo passivo, os cônjuges, quando demandados nas ações enumeradas nos incisos do § 1º do art. 73, formam litisconsórcio passivo necessário exigindo-se, em caráter de imprescindibilidade, a citação de ambos os cônjuges ou conviventes. Constitui-se litisconsórcio passivo necessário nas ações que versam sobre:

- direito real imobiliário;
- fato que diga respeito a ambos os cônjuges ou ato praticado por eles;
- dívida contraída por um dos cônjuges em proveito da família;
- reconhecimento, constituição ou extinção de ônus sobre imóvel de um ou de ambos os cônjuges.

Os conviventes somente estarão submetidos a esse regime se comprovada nos autos a existência da união estável, que, nos termos do art. 1723 do Código Civil, é uma entidade familiar, configurada na convivência pública, contínua, duradoura e estabelecida com o objetivo de constituir família. Qualquer meio de prova é admissível para demonstrar a união estável.

Tratando-se de ações possessórias, afastam-se as formalidades exigidas para as demais ações reais imobiliárias, a não ser quando se tratar de composse ou de ato por ambos praticado.

O § único do art. 74 diz que a ausência do consentimento é causa de nulidade processual. No entanto, é de se questionar a possibilidade de o juiz conhecer de ofício dessa nulidade, a partir do que dispõe o art. 1650 do Código Civil: *A decretação de invalidade dos atos praticados sem outorga, sem consentimento, ou sem suprimento do juiz, só poderá ser demandada pelo cônjuge a quem cabia concedê-la, ou por seus herdeiros.*

13.2 CAPACIDADE POSTULATÓRIA

A parte, ainda que legítima e na plena titularidade do exercício de seus direitos, tem de possuir capacidade postulatória para requerer em juízo. A capacidade postulatória é prerrogativa daquele legalmente habilitado para esse fim, advogados, regularmente inscritos na OAB e órgãos do Ministério Público.

13.2.1 A advocacia

O advogado é indispensável à administração da Justiça e a garantia de imunidade profissional é indispensável para que exerça condigna e amplamente seu *munus* público.

Ainda que o CPC tenha destinado os títulos VI e VII, arts. 182 a 187, para tratar dos advogados públicos e dos defensores públicos, todos eles são advogados submetidos ao Estatuto da Advocacia, Lei nº 8.906/1994. Os integrantes destas carreiras jurídicas estão sujeitos a um duplo código de conduta. O art. 3º, § 1º do Estatuto da Advocacia mantém o seu vínculo com a Ordem dos Advogados do Brasil, ressalvando a sujeição destes profissionais também ao regime jurídico próprio da respectiva carreira[11].

O advogado para postular em juízo precisa estar investido de poderes para atuar em juízo, portanto, é imprescindível ter sido constituído procurador pela parte. Se o advogado constituído integrar sociedade de advogados, da procuração também constará o nome e endereço da sociedade, bem como seu número de registro na OAB, nos termos do § 3º do art. 105 do CPC. O motivo de se exigir a inclusão da sociedade de advogados na procuração é para estabelecer a cadeia de responsabilidades perante o mandante, pois, no exercício da advocacia, a sociedade e o sócio respondem subsidiária e ilimitadamente pelos danos causados aos clientes, conforme dispõe o art. 17 do Estatuto da OAB. Todavia, a não inclusão do nome da sociedade no instrumento é mera irregularidade que não tem repercussão na validade do mandato.

A procuração com poderes para o foro em geral confere ao advogado poderes para praticar todos os atos processuais em todas as fases do procedimento. Entretanto, para receber citação, confessar, reconhecer a procedência do pedido, transigir, desistir, renunciar ao direito sobre o qual se funda a ação, receber, dar quitação, firmar compromisso e assinar declaração de hipossuficiência econômica, devem, ao advogado, ser outorgados poderes especiais, em cláusula específica. Além disso, por ser o contrato de prestação de serviços advocatícios *intuitu personae,* também é de bom alvitre constar poderes expressos para substabelecer.

Em situações urgentes tolera-se postulação por advogado sem o instrumento de mandato. Nessa hipótese, ser-lhe-á concedido prazo de quinze dias, prorrogável por igual período para que junte a procuração aos autos (art. 104, § 1º). Se o advogado deixar de apresentar a procuração responderá por perdas e danos e pelas custas processuais. No plano processual os atos praticados serão considerados ineficazes em relação à parte e o processo será extinto.

Os arts. 107 do CPC e 7º do Estatuto da OAB, Lei nº 8.906/94, enumeram os direitos do advogado. Merece ressaltar que o advogado tem imunidade profissional, não incorrendo em injúria ou difamação quando se manifestar, no exercício de sua atividade, em juízo ou fora dele.

---

11 STJ, AgRg no AREsp 237755, Rel. Min. CASTRO MEIRA, DJe 06/12/2012: Embora não se reconheça incompatibilidade aparente entre o direito autônomo ao recebimento dos honorários previsto no art. 23 da Lei 8.906/94 e o regime estatutário a que estão submetidos os advogados públicos federais, prevalece a orientação contida no Parecer Normativo GQ 24/AGU, de caráter vinculante, o qual confere legitimidade à União para executar a verba honorária a eles devida. STJ, REsp 1089121, Rel. Min. HERMAN BENJAMIN, DJe 20/04/2009: O 1. Tribunal a quo, ao reformar a sentença denegatória da segurança, declarou a obrigatoriedade da inscrição do impetrante nos quadros da OAB. (...) 4. A Lei Complementar 73/1993, que institui a Advocacia-Geral da União, nada dispõe sobre a inscrição na OAB e o pagamento das anuidades, nem há, até então, outro diploma normativo que o faça. Assim, inexiste fundamento legal para obrigar a inscrição do impetrante na OAB e desobrigá-lo das contribuições por ela instituída.

O abuso de direito, todavia, acarretará a aplicação de sanções disciplinares perante a OAB. A imunidade profissional do advogado não compreende o desacato, pois conflita com a autoridade do magistrado na condução da atividade jurisdicional.

As prerrogativas da advocacia, elencadas no Estatuto da OAB[12] são as seguintes:

> I – exercer, com liberdade, a profissão em todo o território nacional;
>
> II – a inviolabilidade de seu escritório ou local de trabalho, bem como de seus instrumentos de trabalho, de sua correspondência escrita, eletrônica, telefônica e telemática, desde que relativas ao exercício da advocacia; (consectário lógico da inviolabilidade assegurada ao advogado no exercício profissional)
>
> III – comunicar-se com seus clientes, pessoal e reservadamente, mesmo sem procuração, quando estes se acharem presos, detidos ou recolhidos em estabelecimentos civis ou militares, ainda que considerados incomunicáveis;
>
> IV – ter a presença de representante da OAB, quando preso em flagrante, por motivo ligado ao exercício da advocacia, para lavratura do auto respectivo, sob pena de nulidade e, nos demais casos, a comunicação expressa à seccional da OAB; (garantia da inviolabilidade da atuação profissional e a cominação de nulidade da prisão, no caso, configura sanção para tornar efetiva a norma.)
>
> V – não ser recolhido preso, antes de sentença transitada em julgado, senão em sala de Estado Maior, com instalações e comodidades condignas, e, na sua falta, em prisão domiciliar; (garantia para que fique provisoriamente detido em condições compatíveis com o seu múnus público)
>
> VI – ingressar livremente: a) nas salas de sessões dos tribunais, mesmo além dos cancelos que separam a parte reservada aos magistrados; b) nas salas e dependências de audiências, secretarias, cartórios, ofícios de justiça, serviços notariais e de registro, e, no caso de delegacias e prisões, mesmo fora da hora de expediente e independentemente da presença de seus titulares; c) em qualquer edifício ou recinto em que funcione repartição judicial ou outro serviço público onde o advogado deva praticar ato ou colher prova ou informação útil ao exercício da atividade profissional, dentro do expediente ou fora dele, e ser atendido, desde que se ache presente qualquer servidor ou empregado; d) em qualquer assembléia ou reunião de que participe ou possa participar o seu cliente, ou perante a qual este deva comparecer, desde que munido de poderes especiais;
>
> VII – permanecer sentado ou em pé e retirar-se de quaisquer locais indicados no inciso anterior, independentemente de licença;

---

12 STF. ADI 1127, Rel. p/ Acórdão: Min. RICARDO LEWANDOWSKI, DJe-105 DIVULG 10-06-2010 PUBLIC 11-06-2010.

VIII – dirigir-se diretamente aos magistrados nas salas e gabinetes de trabalho, independentemente de horário previamente marcado ou outra condição, observando-se a ordem de chegada;

IX – usar da palavra, pela ordem, em qualquer juízo ou tribunal, mediante intervenção sumária, para esclarecer equívoco ou dúvida surgida em relação a fatos, documentos ou afirmações que influam no julgamento, bem como para replicar acusação ou censura que lhe forem feitas;

X – reclamar, verbalmente ou por escrito, perante qualquer juízo, tribunal ou autoridade, contra a inobservância de preceito de lei, regulamento ou regimento;

XI – falar, sentado ou em pé, em juízo, tribunal ou órgão de deliberação coletiva da Administração Pública ou do Poder Legislativo;

XII – examinar, em qualquer órgão dos Poderes Judiciário e Legislativo, ou da Administração Pública em geral, autos de processos findos ou em andamento, mesmo sem procuração, quando não estejam sujeitos a sigilo, assegurada a obtenção de cópias, podendo tomar apontamentos;

XIII – examinar em qualquer repartição policial, mesmo sem procuração, autos de flagrante e de inquérito, findos ou em andamento, ainda que conclusos à autoridade, podendo copiar peças e tomar apontamentos;

XIV – ter vista dos processos judiciais ou administrativos de qualquer natureza, em cartório ou na repartição competente, ou retirá-los pelos prazos legais;

XV – retirar autos de processos findos, mesmo sem procuração, pelo prazo de dez dias;

XVI – ser publicamente desagravado, quando ofendido no exercício da profissão ou em razão dela;

XVII – usar os símbolos privativos da profissão de advogado;

XVIII – recusar-se a depor como testemunha em processo no qual funcionou ou deva funcionar, ou sobre fato relacionado com pessoa de quem seja ou foi advogado, mesmo quando autorizado ou solicitado pelo constituinte, bem como sobre fato que constitua sigilo profissional;

XIX – retirar-se do recinto onde se encontre aguardando pregão para ato judicial, após trinta minutos do horário designado e ao qual ainda não tenha comparecido a autoridade que deva presidir a ele, mediante comunicação protocolizada em juízo.

JURISPRUDÊNCIA STF

Tema 241 – RG reconhecida e mérito julgado

Exigência da prévia aprovação no exame da OAB para exercício da advocacia.

Tese

O Exame, inicialmente previsto no artigo 48, inciso III, da Lei nº 4.215/63 e hoje no artigo 8º, inciso IV, da Lei nº 8.906/94, mostra-se consentâneo com a Constituição da República. Com ela é compatível a prerrogativa conferida à Ordem dos Advogados do Brasil para aplicação do exame de suficiência relativo ao acesso à advocacia.

13.2.2 *Ius postulandi* por leigo

O STF julgou constitucional o *ius postulandi* da parte, sem assistência de advogado nos juizados especiais[13]. O contexto à época da decisão talvez até justificasse a conclusão, haja vista que se optou por privilegiar o acesso à justiça. Acontece que essa decisão foi ratificada por ocasião da promulgação da Lei nº 10.259/2001, que instituiu os Juizados Especiais Federais e manteve a excepcionalidade do *ius postulandi* da parte[14].

A única solução que se vislumbra para contornar esse problema de gravíssimas proporções na construção da cidadania é a atuação do legislador por meio da técnica do *overruling*. A superação do entendimento jurisprudencial deverá se realizar mediante a intervenção do legislador, considerando que o Supremo não se apercebeu do que, efetivamente significa a imprescindibilidade da participação do advogado em qualquer instância jurisdicional. O reconhecimento da indispensabilidade do advogado na postulação de direitos perante o Judiciário transcende o direito brasileiro. Robert W. Gordon, da Universidade de Stanford

> é claro que o acesso efetivo [à justiça] requer o serviço de um advogado competente, uma vez que os advogados detêm o monopólio dos direitos da prática nos tribunais e as habilidades e experiências que se acumulam nessa prática[15]. (tradução livre)

Primeiramente, há de se ressaltar que o objeto de qualquer conflito de interesses judicializado é o Direito, matéria que, para ser debatida em juízo, reclama conhecimentos técnicos específicos. Ainda que, em tese, seja admissível que o cidadão esteja apto a reivindicar por si mesmo os seus direitos em juízo, não se pode esquecer de que, no polo oposto do processo, esse cidadão poderá se deparar com um adversário assistido por um advogado. Despiciendo dizer a desproporção de forças nessa situação, com manifesta violação da garantia constitucional do contraditório e indizível prejuízo para a realização da justiça.

---

13 STF. ADI 1539, Rel. Min. MAURÍCIO CORRÊA, DJ 05-12-2003 PP-00017.

14 STF. ADI 3189, Rel. Min. JOAQUIM BARBOSA, DJe-072 DIVULG 02-08-2007 PUBLIC 03-08-2007.

15 GORDON, Robert W. Lawyers, the Legal Profession e Access to Justice in the United States: A Brief History. "it is clear that effective access requires the service of a competent lawyer since lawyers hold the monopoly of rights of practice in courts and the skills and experience that accrue form that practice".

O advogado, do alto da estatura constitucional de sua função de corresponsável pela tempestiva e efetiva prestação jurisdicional, é, sim, absolutamente indispensável nos processos dos juizados. Frise-se que a exceção legal à imprescindibilidade do advogado restringe-se ao primeiro grau de jurisdição; na fase recursal, obrigatoriamente, a parte deve estar representada por advogado. Porém, nem sempre a presença do advogado na instância recursal será suficiente para remediar os danos que a parte sofreu em razão do desconhecimento, por exemplo, do sistema das preclusões.

Não se pode perder de vista, ainda, o fato de que o Brasil é, no mundo, um dos países com a maior proporção de advogados por habitante. Assim, inexiste o risco de obstaculizar o acesso dos cidadãos à justiça por eventual carência de profissional habilitado a representa-los em juízo. E, se advogado particular não houver, a Defensoria Pública há de suprir a ausência.

Sob o ponto de vista do *substantive due process of law*, nos juizados especiais cíveis predominam os litigantes seriais ou de massa, que estão bem adaptados ao sistema judiciário e íntimos da dinâmica do seu funcionamento. Além disso, contam com uma estrutura jurídica capacitada para defenderem-se de forma eficiente. O cidadão, por sua vez, não detém informações adequadas sobre o funcionamento da máquina judiciária e desconhece os meandros do debate jurídico, sendo que muitas vezes, o ambiente forense é um elemento que gera constrangimento e desconforto ao cidadão que postula autonomamente, por absoluta falta de familiaridade com o espaço, seu código linguístico e seu funcionamento.

A atribuição de competência dos Juizados Especiais Cíveis, prevista na Lei nº 9.099/95, refere-se a causas de menor complexidade no plano fático, mas não no plano jurídico. A propósito, o Pleno do STF reconheceu a competência dos juizados para processamento e julgamento dos temas relacionados à cobrança de pulsos telefônicos, reconhecendo que a controvérsia reside, fundamentalmente, em matéria de interpretação e aplicação do direito[16].

Tem-se observado, no cotidiano dos Juizados Especiais Federais, uma situação extremamente imprópria em relação à atuação dos magistrados quando o jurisdicionado comparece desacompanhado de advogado. Tendo em vista as pessoas jurídicas de direito público federal encontrarem-se representadas judicialmente pela Advocacia Geral da União, o juiz, para evitar o massacre jurídico do cidadão pelo aparato jurídico estatal, assume uma posição de tutor do cidadão tecnicamente desassistido. Obviamente que esse comportamento, tendente a uma das partes, ofende a garantia do juiz natural, mesmo quando, essa situação ocorre com absoluta boa-fé.

---

[16] STF. RE RG nº 567.454-1/BA, Tema 35 assentou ser da competência dos juizados especiais o conflito de interesses versando a assinatura básica, não ficando revelada a complexidade necessária ao deslocamento para a Justiça comum.

Enfim, evidente a violação do acesso à justiça; a garantia de efetiva proteção jurídica torna-se inexistente quando se dispensa a assistência por advogado na administração da justiça[17] por ser manifesta a desigualdade entre as partes quando o leigo postula em causa própria. Inexiste contraditório entre desiguais. A desigualdade inviabiliza o diálogo, a essência do contraditório. Sem diálogo pela vulnerabilidade jurídica de uma das partes haverá processo injusto, indevido processo.

Portanto, é de manifesta inconstitucionalidade o *jus postulandi* leigo nos juizados especiais por violar o princípio da igualdade no processo.

13.2.3 Ministério Público

Após a democratização, a Constituição da República conferiu ao Ministério Público uma nova dimensão, tendo sido a instituição que maiores transformações e inovações recebeu, assumindo a função de ser a voz da sociedade perante o Poder Judiciário.

Sua missão é exercer as atribuições reputadas indispensáveis ao desenvolvimento e à integridade do regime democrático.

A disciplina constitucional do Ministério Público supera, definitivamente, a identificação, pela sociedade, da instituição como mero órgão acusador no processo penal. A Constituição conservou a titularidade da ação penal pública, porém atribuiu ao Ministério Público outras competências relevantíssimas, como a defesa da ordem jurídica, do regime democrático e dos interesses sociais e individuais indisponíveis. O Ministério Público presta importante contribuição para o aprimoramento da democracia ao atuar no sentido de assegurar o exercício dos direitos e interesses juridicamente protegidos da sociedade, nos termos do art. 127 da CR/88.

A vitalidade do Ministério Público associa-se, diretamente, ao respeito às liberdades civis, políticas e à democracia.

A profunda transformação promovida pela Constituição da República enraizou o entendimento de que o Ministério Público é o legítimo representante da sociedade dentro do Estado Democrático de Direito. Ressalta-se que o exercício de suas funções institucionais não se resume à atuação judicial. Ele também exerce competências extraprocessuais, como o controle externo da atividade policial e a celebração de termos de ajustamento de conduta (TAC), que prescindem de judicialização.

A independência funcional dos órgãos do Ministério Público, com a outorga das mesmas garantias conferidas à magistratura, representa um dos maiores avanços da Constituição da República em direção à consolidação da democracia. A independência é essencial para dotar a instituição das prerrogativas necessárias de

[17] A única exceção à imprescindibilidade do advogado compatível com o texto constitucional é a do *ius postulandi* nas ações de *habeas corpus* e apenas nesse caso.

modo que, no exercício de suas competências, pode agir, destemidamente, contra qualquer ente público ou privado. A independência do Ministério Público é uma garantia inalienável da sociedade[18]. A maior de todas as garantias existe para que o órgão ministerial exerça a representação da sociedade em juízo ou fora dele objetivando, única e exclusivamente, a preservação dos interesses da coletividade. Os ilícitos praticados contra a sociedade, independentemente da sua natureza civil, criminal ou administrativa, na maioria das vezes, dependem, para responsabilização, da intervenção e/ou atuação do Ministério Público.

Todo e qualquer agente de ilícitos contra a coletividade deve isonomicamente ser investigado e processado pelo Ministério Público; para isso é que a independência é imprescindível; negá-la seria retroceder à época em que o Ministério Público era o verdugo dos pobres.

Constitucionalmente, o Ministério goza de autonomia institucional e independência funcional, o que o imuniza contra pressões internas ou externas. O Ministério Público, organicamente, insere-se na estrutura do Poder Executivo; todavia, não existe qualquer relação de subordinação hierárquica entre os membros do Ministério Público e a chefia do executivo e nenhuma dependência dessa instituição em relação àquele Poder, por ser-lhe assegurado o autogoverno[19].

Cuida-se de um vínculo meramente orgânico, pois que, sendo autônomo, deve estar inserido na estrutura de um dos Poderes. No caso, o reconhecimento da sua inserção na estrutura orgânica do Poder Executivo decorre diretamente do texto constitucional, uma vez que a Constituição nos arts. 44, 71 e 92, elenca taxativamente os órgãos integrantes dos poderes Legislativo e Judiciário.

O processo histórico do Ministério Público é reflexo da história do país. Os avanços institucionais refletem momentos de normalidade democrática, enquanto os retrocessos coincidem com os regimes de exceção quando o poder é usurpado arbitrariamente.

---

[18] LYRA, Roberto. *Teoria e prática da promotoria pública.* Porto Alegre: SAFE, 1989, p. 23 "O Ministério Público se apresenta com a figura de um verdadeiro poder do Estado. Se Montesquieu tivesse escrito hoje o *Espírito das Leis*, por certo não seria tríplice, mas quádrupla, a Divisão dos Poderes. Ao órgão que *legisla*, ao que *executa,* ao que *julga,* um outro acrescentaria ele – o que *defende* a sociedade e a lei, perante a justiça, parta a ofensa de onde partir, isto é, dos indivíduos ou dos próprios poderes do Estado". A Constituição, todavia, não conferiu ao MP o *status* de Poder da República, o que não retira a importância, nem reduz a capacidade de atuar dos seus membros.

[19] O alcance da autonomia ministerial foi delimitado pelo STF: "Não obstante a autonomia institucional que foi conferida ao Ministério Público pela Carta Política, permanece na esfera exclusiva do Poder Executivo a competência para instaurar o processo de formação das leis orçamentárias em geral. A Constituição autoriza, apenas, a elaboração, na fase pré-legislativa, de sua proposta orçamentária, dentro dos limites estabelecidos na lei de diretrizes" (ADIMC-514/DF, Rel. Min.CELSO DE MELLO, DJ 18.03.94, p. 5164).

No séc. XIV, na França surge o Ministério Público moderno. O Rei Felipe IV, o Belo, através da Ordenança de 25.03.1302, impôs aos procuradores reais o mesmo juramento dos juízes e a vedação de patrocinar outras causas senão às do Rei. A função de procurador do rei (*les gens du roi*) visava a preservar a autoridade real frente aos interesses do clero e das castas feudais mais abastadas. Apesar de representar os interesses do absolutismo monárquico, pode-se atribuir aos *les gens du roi* a autêntica fonte histórica, pois a passagem de representante do rei para a de representante dos interesses da sociedade que hoje desempenha o Ministério Público, decorre do seu processo evolutivo.

A Revolução Francesa e, posteriormente, os Códigos napoleônicos deram ao Ministério Público a sua conformação atual. Naquela época, portanto, moldou-se a feição contemporânea do Ministério Público, como agente do Poder Executivo perante os tribunais ao atuar na fiscalização do cumprimento das leis e dos julgados, sendo-lhe garantida independência em relação ao Parlamento e ao Judiciário[20].

13.2.3.1 O Ministério Público brasileiro

No Brasil, em 07/03/1609, foram criados os cargos de Procurador de Feitos da Coroa, Fazenda e Fisco e de Promotor de Justiça, que atuavam contra os invasores da jurisdição eclesiástica.

A Constituição de 1824, no art. 48, atribuía ao Procurador da Coroa e Soberania Nacional a acusação em juízo dos crimes cuja competência para instauração da ação penal não fosse da Câmara dos Deputados. A Constituição imperial, entretanto, não definia quem exerceria a procuradoria da Coroa e da Soberania Nacional.

A Lei nº 263, de 1841, que reformou o Código Criminal, unificou as atribuições dos Promotores de Justiça, incumbindo-lhes, precipuamente, "produzir a acusação dos delinquentes e fazê-los condenar"[21]. Eram nomeados pelo Imperador ou pelos Presidentes das províncias, recaindo a escolha, preferencialmente, em bacharéis em Direito.

Em 1890, o Decreto nº 1030, ao organizar a justiça do Distrito Federal, institucionalizou o Ministério Público.

A Constituição de 1934 separou o Ministério Público do Poder Judiciário, atribuindo-lhe o caráter de órgão de cooperação nas atividades governamentais. Os Promotores seriam nomeados mediante aprovação em concurso, com garantia de vitaliciedade. A perda do cargo somente se daria "por sentença judiciária, ou processo administrativo, no qual lhes será assegurada ampla defesa". Os Procuradores-Gerais dos Ministérios Públicos federal e estadual eram nomeados pelo Chefe do Executivo, sendo, porém, demissíveis *ad nutum*.

---

20 JUNQUEIRA FILHO, Manuel Octaviano. A EVOLUÇÃO DO MINISTÉRIO PÚBLICO. São Paulo: *Justitia*, vol. I, 1973, p. 47.

21 LYRA, Roberto. *Teoria e Prática da promotoria pública.* Porto Alegre: SAFE, 1989, p. 21.

A Constituição de 1937, conhecida como a Polaquinha, gerou grande retrocesso institucional para o Ministério Público, limitando-se a regulamentar a forma de nomeação do Procurador-Geral e a atribuir ao Ministério Público a representação judicial da Fazenda Pública.

A Constituição de 1946 disciplinou o Ministério Público dentro do Capítulo do Poder Judiciário, em título específico, assegurando aos membros da instituição vitaliciedade e conservando a função de representante judicial da Fazenda Pública.

Em 1967, a Constituição manteve o que constava da Emenda Constitucional nº 16/65, a competência privativa do Procurador-Geral da República para representar por inconstitucionalidade de lei ou ato normativo federal ou estadual. Tratava-se da ampliação do controle de constitucionalidade das leis, até então realizado de forma concreta, e que passou a ser feito também de forma abstrata e concentrada perante o Supremo Tribunal Federal. No mais, a Constituição manteve a mesma disciplina do ordenamento constitucional anterior.

Na história recente do Ministério Público, duas leis foram marcantes: a Lei Complementar nº 40/81 e a Lei da Ação Civil Pública nº 7.347/85. Essas normas conferiram, respectivamente, independência funcional aos seus integrantes e a legitimidade para a tutela dos interesses difusos e direitos coletivos em juízo.

A verdadeira transformação institucional ocorreu, todavia, com a Constituição de 1988, que conferiu autonomia institucional ao Ministério Público e independência funcional aos seus membros, fazendo cessar, definitivamente, a função de advogado do Estado para transformá-lo no "Poder Cidadão"[22]:

> O MP possui autonomia na estrutura do Estado, não pode ser extinto ou ter as atribuições repassadas a outra instituição. Os procuradores e promotores têm a independência funcional assegurada pela Constituição. Assim, estão subordinados a um chefe apenas em termos administrativos, mas cada membro é livre para atuar segundo sua consciência e suas convicções, baseado na lei. Os procuradores e promotores podem tanto defender os cidadãos contra eventuais abusos e omissões do Poder Público quanto defender o patrimônio público contra-ataques de particulares de má-fé.
>
> Cabe ao Ministério Público Federal defender os direitos sociais e individuais indisponíveis dos cidadãos perante o Supremo Tribunal Federal, o Superior Tribunal de Justiça, os tribunais regionais federais, os juízes federais e juízes eleitorais. O MPF atua nos casos federais, regulamentados pela Constituição e pelas leis federais, sempre que a questão envolver interesse público, seja em virtude das partes ou do assunto tratado. Também cabe ao MPF fiscalizar o cumprimento das leis editadas no país e daquelas decorrentes de tratados internacionais assinados pelo Brasil. Além disso, o Ministério Público Federal atua como guardião da democracia, assegurando o respeito aos princípios e normas que garantem a participação popular.[23]

---

22 Site www.mpf.gov.br.

23 Disponível em www.mpf.gov.br.

O texto constitucional de 1988 foi o primeiro a disciplinar de forma harmônica e orgânica a instituição e as principais atribuições do Ministério Público, conferindo-lhe destaque ao estabelecer no seu estatuto jurídico constitucional, arts. 127 a 130-A, seus princípios, a forma de ingresso na instituição, as garantias de seus membros, sua organização e competências.

13.2.3.2 Princípios institucionais do Ministério Público

O art. 127, § 1º da CR/88 estabelece como princípios institucionais do Ministério Público a unidade, a indivisibilidade e a independência funcional, podendo atribuir-lhe o caráter de órgão de justiça, em decorrência de sua essencialidade à função jurisdicional do Estado.

O Ministério Público é órgão uno e indivisível, princípios cuja concretização significa garantia de independência funcional dos seus membros, que somente ingressam na carreira mediante concurso público de provas e títulos e gozam das mesmas garantias atribuídas à magistratura, quais sejam, a irredutibilidade de subsídios, inamovibilidade e vitaliciedade:

> o sistema constitucional brasileiro, repele, a partir da vedação de designações casuísticas efetuadas pela Chefia da Instituição, a figura do acusador de exceção. Esse princípio consagra uma garantia de ordem jurídica, destinada tanto a proteger o membro do Ministério Público, na medida em que lhe assegura o exercício pleno e independente do seu ofício, quanto a tutelar a própria coletividade, a quem se reconhece o direito de ver atuando, em quaisquer causas, apenas o Promotor cuja intervenção se justifique a partir de critérios abstratos e pré-determinados, estabelecidos em lei. A matriz constitucional desse princípio assenta-se nas clausulas da independência funcional e da inamovibilidade dos membros da Instituição[24].

O Ministério Público possui autonomia funcional e administrativa, o que lhe confere o autogoverno, podendo propor a criação e extinção de seus cargos e serviços auxiliares, inclusive fixar a remuneração respectiva.

13.2.3.3 Atribuições constitucionais do Ministério Público – art. 129 da Constituição da República

O Ministério Público, enquanto instituição responsável pela defesa da ordem jurídica, do regime democrático e dos interesses sociais e individuais indisponíveis possui a incumbência de assegurar o respeito: à representatividade popular, à soberania, aos direitos políticos, aos objetivos fundamentais da República Federativa do Brasil, à indissolubilidade da União, à independência e à harmonia dos Poderes da União, à autonomia dos Estados, do Distrito Federal e dos Municípios; à legalidade, à impessoalidade, à moralidade e à publicidade, relativas à administração pública direta, indireta ou fundacional, de qualquer um dos Poderes públicos.

---

24 STF, HC 67759, Rel. Min. Celso de Mello.

Os Promotores de Justiça ou Procuradores da República têm um papel fundamental na defesa dos direitos fundamentais por terem recebido seja da Constituição ou da legislação legitimidade para promover ações civis públicas para defesa dos interesses sociais. Qualquer violação de direito das pessoas vulneráveis ou da coletividade faz nascer o dever institucional de o Ministério Público promover a reparação destes direitos, seja extrajudicialmente, pelos Termos de Ajustamento de Conduta, seja judicialmente.

13.2.3.4 O Ministério Público defensor da ordem jurídica

De acordo com o Código de Processo Civil, o Ministério Público, quando não for parte, deverá atuar nos processos em que houver interesse público na qualidade de defensor da ordem jurídica, ou *custos legis*, "para exercer uma atuação processual que transcende o interesse subjetivado, próprio, de cada uma das partes que estão na relação processual perante o Estado-juiz."[25]

O Ministério Público intervirá como fiscal da ordem jurídica nas hipóteses previstas em lei ou na Constituição da República e nos processos que envolvam:

I – interesse público ou social;

II – interesse de incapaz;

III – litígios coletivos pela posse de terra rural ou urbana.

Por fim, cumpre registrar, o interesse público justificador da intervenção do Ministério Público, nos moldes do art. 178, do CPC, não se confunde com interesse patrimonial da Fazenda Pública ou mera presença de pessoa jurídica de Direito Público na lide[26],[27].

A divisão de atribuições entre os ministérios público da União e dos estados deve observar como critério o interesse envolvido, se houver interesse federal, atua o MPU, a saber:

> (a) envolvam matéria de competência da Justiça Especializada da União (Justiça do Trabalho e Eleitoral); (b) devam ser legitimamente promovidas perante os órgãos Judiciários da União (Tribunais Superiores) e da Justiça Federal (Tribunais Regionais Federais e Juízes Federais); (c) sejam da competência federal em

---

[25] SCARPINELLA, Cassio Bueno. *Curso sistematizado de Direito Processual Civil.* 7 ed. São Paulo: Saraiva, 2013, p. 216.

[26] STJ. REsp 465580/RS, Relator Ministro Castro Meira, DJ de 08.05.2006; REsp 466500/RS, Relatora Ministra Denise Arruda, DJ de 03.04.2006 e REsp 490726/SC, Relator Ministro Teori Zavascki, DJ de 21.03.2005.

[27] Em sede de mandado de segurança, deve haver o efetivo pronunciamento do Ministério Público não sendo suficiente a sua intimação, sob pena de nulidade. (ERESP 26715/AM; Rel. Min. PAULO COSTA LEITE, CORTE ESPECIAL, DJ 12/02/2001; ERESP 24234/AM; Rel. Min. HUMBERTO GOMES DE BARROS, CORTE ESPECIAL, DJ de 11/03/1996; ERESP 9271/AM, Rel. Min. ANTÔNIO DE PÁDUA RIBEIRO, CORTE ESPECIAL, DJ de 05/02/1996).

razão da matéria; as fundadas em tratado ou contrato da União com Estado estrangeiro ou organismo internacional (CF, art. 109, III) e as que envolvam disputa sobre direitos indígenas (CF, art. 109, XI); (d) sejam da competência federal em razão da pessoa; as que devam ser propostas contra a União, suas entidades autárquicas e empresas públicas federais, ou em que uma dessas entidades figure entre os substituídos processuais no polo ativo (CF, art. 109, I); e (e) as demais causas que envolvam interesses federais em razão da natureza dos bens e dos valores jurídicos que se visa tutelar[28].

Entretanto, o fato de haver atribuições segregadas entre os ministérios públicos não é óbice para que atuem em conjunto: "sempre que a defesa do interesse público recomendar, deve ser reconhecida a possibilidade da atuação conjunta dos órgãos do Ministério Público, em litisconsórcio facultativo"[29].

Prerrogativas ao Ministério Público na qualidade de defensor da ordem jurídica - CPC, arts. 178/180.

a) Intimação pessoal.

b) Prazos em dobro.

c) Manifestar-se após as partes.

JURISPRUDÊNCIA STJ

Súmula 329 – O Ministério Público tem legitimidade para propor ação civil pública em defesa do patrimônio público.

Súmula 470 – O Ministério Público não tem legitimidade para pleitear, em ação civil pública, a indenização decorrente do DPVAT em benefício do segurado.

STF

Tema 56 – RG reconhecida e mérito julgado

Legitimidade do Ministério Público para propor ação civil pública em que se questiona acordo firmado entre o contribuinte e o Poder Público para pagamento de dívida tributária.

Tese

O Ministério Público tem legitimidade para propor ação civil pública com o objetivo de anular Termo de Acordo de Regime Especial — TARE firmado entre o Poder Público e contribuinte, em face da legitimação ad causam que o texto constitucional lhe confere para defender o erário.

Tema 184 – RG reconhecida e mérito julgado

Poder de investigação do Ministério Público.

---

[28] STJ. Pet 2.639/RJ, Rel. Ministro LUIZ FUX, CORTE ESPECIAL, julgado em 18/05/2005, DJ 25/09/2006, p. 198.

[29] STJ. REsp 1716095/RJ, Rel. Ministro HERMAN BENJAMIN, SEGUNDA TURMA, julgado em 21/06/2018, DJe 22/11/2018.

Tese

O Ministério Público dispõe de competência para promover, por autoridade própria, e por prazo razoável, investigações de natureza penal, desde que respeitados os direitos e garantias que assistem a qualquer indiciado ou a qualquer pessoa sob investigação do Estado, observadas, sempre, por seus agentes, as hipóteses de reserva constitucional de jurisdição e, também, as prerrogativas profissionais de que se acham investidos, em nosso País, os Advogados (Lei nº 8.906/94, art. 7º, notadamente os incisos I, II, III, XI, XIII, XIV e XIX), sem prejuízo da possibilidade – sempre presente no Estado democrático de Direito – do permanente controle jurisdicional dos atos, necessariamente documentados (Súmula Vinculante nº 14), praticados pelos membros dessa Instituição.

Tema 262 -RG reconhecida e mérito julgado

Legitimidade do Ministério Público para ajuizar ação civil pública que tem por objetivo compelir entes federados a entregar medicamentos a portadores de certas doenças.

Tese

O Ministério Público é parte legítima para ajuizamento de ação civil pública que vise o fornecimento de remédios a portadores de certa doença.

Tema 471 – RG reconhecida e mérito julgado

Legitimidade do Ministério Público para propor ação civil pública em defesa de interesses de beneficiários do DPVAT.

Tese

Com fundamento no art. 127 da Constituição da República, o Ministério Público está legitimado a promover a tutela coletiva de direitos individuais homogêneos, mesmo de natureza disponível, quando a lesão a tais direitos, visualizada em seu conjunto, em forma coletiva e impessoal, transcender a esfera de interesses puramente particulares, passando a comprometer relevantes interesses sociais.

Tema 561 – RG reconhecida e mérito julgado

Legitimidade do Ministério Público para ajuizamento de ação civil pública que visa a anular ato administrativo com fundamento na defesa do patrimônio público.

Tese

O Ministério Público é parte legítima para o ajuizamento de ação coletiva que visa anular ato administrativo de aposentadoria que importe em lesão ao patrimônio público.

Tema 645 – RG reconhecida e mérito julgado

Legitimidade processual ativa do Ministério Público para deduzir, em ação civil pública, pretensão de natureza tributária em defesa dos contribuintes.

Tese

O Ministério Público não possui legitimidade ativa ad causam para, em ação civil pública, deduzir em juízo pretensão de natureza tributária em defesa dos contribuintes, que vise questionar a constitucionalidade/legalidade de tributo.

Tema 850 – RG reconhecida e mérito julgado

Legitimidade do Ministério Público para a propositura de ação civil pública em defesa de direitos relacionados ao FGTS, tendo em vista a vedação contida no art. 1°, parágrafo único, da Lei 7.347/1985.

Tese

O Ministério Público tem legitimidade para a propositura de ação civil pública em defesa de direitos sociais relacionados ao FGTS.

STJ

Tema 717 – REsp Repetitivo

O Ministério Público tem legitimidade ativa para ajuizar ação de alimentos em proveito de criança ou adolescente. A legitimidade do Ministério Público independe do exercício do poder familiar dos pais, ou de o menor se encontrar nas situações de risco descritas no art. 98 do Estatuto da Criança e do Adolescente, ou de quaisquer outros questionamentos acerca da existência ou eficiência da Defensoria Pública na comarca[30].

Tema 766 – REsp Repetitivo

Tese

O Ministério Público é parte legítima para pleitear tratamento médico ou entrega de medicamentos nas demandas de saúde propostas

---

[30] STJ, Inf. Complementares Tema 717. Tem legitimidade o Ministério Público para ajuizar ação de alimentos em favor de menores ainda que estejam sob o poder familiar de um dos pais. Isso porque a defesa dos interesses de crianças e adolescentes, sobretudo no que concerne à sua subsistência e integridade, insere-se nas atribuições centrais da instituição, que recebeu a incumbência constitucional de defesa dos interesses individuais indisponíveis. Os direitos à saúde e à alimentação são garantidos diretamente pelo artigo 227 da Constituição da República, com prioridade absoluta, de modo que o Ministério Público detém legitimidade para buscar a concretização, pela via judicial, de tais direitos de especial estatura. Além disso, diante da ideologia jurídica sobre a qual o ECA, a Constituição da República e diplomas internacionais foram erguidos, que é a doutrina da proteção integral, prevista no artigo 3º do ECA, não é acertado inferir que a legitimidade do Ministério Público só existe nas hipóteses do artigo 98 desse Estatuto, isto é, ou quando houver violação de direitos por parte do Estado, ou por falta, omissão ou abuso dos pais, ou em razão da conduta da criança ou adolescente, ou, ainda, quando não houver exercício do poder familiar. É decorrência lógica da doutrina da proteção integral o princípio da intervenção precoce, expressamente consagrado no artigo 100, parágrafo único, inciso VI, do ECA, segundo o qual a intervenção das autoridades competentes deve ser efetuada logo que a situação de perigo seja conhecida.

contra os entes federativos, mesmo quando se tratar de feitos contendo beneficiários individualizados, porque se refere a direitos individuais indisponíveis, na forma do art. 1° da Lei n. 8.625/1993 (Lei Orgânica Nacional do Ministério Público)

13.4 A DEFENSORIA PÚBLICA

A Defensoria Pública[31] está expressamente reconhecida no art. 134 da Constituição da República, como *instituição permanente, essencial à função jurisdicional do Estado, incumbindo-lhe, como expressão e instrumento do regime democrático, fundamentalmente, a orientação jurídica, a promoção dos direitos humanos e a defesa, em todos os graus, judicial e extrajudicial, dos direitos individuais e coletivos, de forma integral e gratuita, aos necessitados, na forma do inciso LXXIV do art. 5º desta Constituição da República.*

A Lei Complementar nº 80, de 12/1/1994, Lei Orgânica Nacional da Defensoria Pública, especifica as atribuições a serem exercidas pelos defensores públicos:

- prestar:

orientação jurídica;

atendimento interdisciplinar por meio de órgãos ou de servidores de suas carreiras de apoio para o exercício de suas atribuições;

- promover:

prioritariamente, a solução extrajudicial dos litígios, visando à composição entre as pessoas em conflito de interesses por meio de mediação, conciliação, arbitragem e demais técnicas de composição e administração de conflitos;

a difusão e a conscientização dos direitos humanos, da cidadania e do ordenamento jurídico;

a mais ampla defesa dos direitos fundamentais dos necessitados, abrangendo seus direitos individuais, coletivos, sociais, econômicos, culturais e ambientais, sendo admissíveis todas as espécies de ações capazes de propiciar sua adequada e efetiva tutela.

- representar aos sistemas internacionais de proteção dos direitos humanos, postulando perante seus órgãos.

Além disso, essa Lei assegura a independência funcional no desempenho das atribuições de defensor público, podendo, inclusive, litigar contra a Fazenda Pública que o remunera. Para assegurar essa independência, assim como ocorre em relação à magistratura e ao Ministério Público, conferem-se aos defensores as garantias da inamovibilidade, irredutibilidade de subsídios e estabilidade.

---

[31] Para conhecer um pouco mais aprofundadamente a Defensoria Pública, indicam-se as seguintes leituras: IPEA. *Mapa da Defensoria Pública no Brasil.* 2013. . Ministério da Justiça. *III Diagnóstico da Defensoria Pública no Brasil.* 2009.

Processualmente, a LC nº 80 estipula as seguintes prerrogativas:

> I – ser intimado pessoalmente em qualquer processo e grau de jurisdição ou instância administrativa, contando-se-lhes em dobro todos os prazos[32];
>
> II – usar vestes talares e as insígnias privativas da Defensoria Pública;
>
> III – ter vista pessoal dos processos fora dos cartórios e secretarias, ressalvadas as vedações legais;
>
> IV – comunicar-se, pessoal e reservadamente, com seus assistidos, ainda quando esses se acharem presos ou detidos, mesmo incomunicáveis, tendo livre ingresso em estabelecimentos policiais, prisionais e de internação coletiva, independentemente de prévio agendamento;
>
> V – examinar, em qualquer repartição pública, autos de flagrantes, inquéritos e processos, assegurada a obtenção de cópias e podendo tomar apontamentos;
>
> VI – manifestar-se em autos administrativos ou judiciais por meio de cota;
>
> VII – requisitar de autoridade pública e de seus agentes exames, certidões, perícias, vistorias, diligências, processos, documentos, informações, esclarecimentos e providências necessárias ao exercício de suas atribuições;
>
> VIII – representar a parte, em feito administrativo ou judicial, independentemente de mandato, ressalvados os casos para os quais a lei exija poderes especiais;
>
> IX – deixar de patrocinar ação, quando ela for manifestamente incabível ou inconveniente aos interesses da parte sob seu patrocínio, comunicando o fato ao Defensor Publico-Geral, com as razões de seu proceder;
>
> X – ter o mesmo tratamento reservado aos magistrados e demais titulares dos cargos das funções essenciais à justiça;
>
> XI – direito de recolher as custas das diligências que requerer ao final, caso não seja representante da parte sucumbente.

Além disso, os Defensores Públicos só podem ser presos por ordem judicial escrita, ou em flagrante delito, caso em que a autoridade fará imediata comunicação

---

[32] STJ, HC 233377, Rel. Min. Sebastião Reis Jr., DJe 07/05/2013. A ausência de intimação pessoal do defensor público ou dativo da sessão de julgamento do recurso de apelação torna nulo o acórdão proferido, por cerceamento de defesa. Não se pode exigir que a intimação do defensor público seja feita por mandado na pessoa do mesmo membro oficiante na causa. Configura-se razoável, para fins de intimação pessoal, proceder-se à inequívoca ciência da Defensoria Pública, por intermédio de ofício ou mandado, devidamente recebido, competindo à instituição organizar a atuação de seus membros, sob pena de burocratizar o processo, em total desrespeito à efetividade e celeridade da Justiça.

ao Defensor Publico-Geral. Uma vez preso, tem direito à prisão especial ou sala especial do Estado Maior e, após sentença condenatória transitada em julgado, tem direito a ser recolhido em dependência separada, no estabelecimento em que tiver de ser cumprida a pena.

É preciso reconhecer que, a despeito de a Defensoria Pública assumir o *status* de instituição essencial à administração da justiça pela Constituição da República, observa-se uma diferença abismal entre os orçamentos destinados a ela e aos demais órgãos de justiça. De acordo com o III Diagnóstico da Defensoria Pública, em 2009, "em média, o orçamento executado pela Defensoria Pública foi de 22,01% do executado pelo Ministério Público e 7,86% do executado pelo Poder Judiciário das unidades da federação"[33]. Este documento relata, ainda, que Santa Catarina e Goiás, à época, sequer tinham Defensoria Pública instituída.

Em 2014, novo Diagnóstico foi publicado. A cobertura da assistência prestada pela Defensoria Pública é, em média, de 42,3% de presença nas comarcas instaladas. Esses números demonstram a desatenção do Estado com a universalização do acesso à justiça[34].

Deve ser considerado, ainda, haver no Brasil, aproximadamente, 10,5 milhões de pessoas vivendo na miséria[35], isto é, com renda *per capita* inferior a R$ 77 mensais. e 13,9 milhões de famílias assistidas pelo programa Bolsa Família[36]. Tem-se, portanto, aproximadamente 60 milhões de cidadãos brasileiros comprovadamente pobres, representando ¼ (um quarto) da população e que, certamente, demandariam por serviços da Defensoria Pública, se esta lhes fosse acessível.

Com efeito, percebe-se que do acesso à justiça exclui-se parcela substancial do povo brasileiro que não é titular, sequer, da garantia de acesso formal à justiça, por não conseguirem sequer ingressar no sistema judicial.

Registra-se que a marginalidade econômica implica negação de cidadania, pois a estes indivíduos lhes são sonegados os mais básicos dos direitos humanos, dentre eles, o direito à justiça.

Basta ver que há 95,1 milhões de processos tramitando perante a jurisdição dos 92 tribunais brasileiros, mas apenas 1.266.000 sob o patrocínio da Defensoria Pública, ou seja, 1,4% do total de processos.

---

33 Ministério da Justiça. Disponível em: http://www.defensoria.sp.gov.br/dpesp/repositorio/0/III%20Diagn%C3%B3stico%20Defensoria%20P%C3%BAblica%20no%20Brasil.pdf . Acesso em 09/09/2015.

34 Ministério da Justiça. *Estudo diagnóstico da Defensoria Pública*. Brasília, 2014.

35 Fonte IPEA. Disponível em http://www.ebc.com.br/noticias/economia/2014/11/numero-de-brasileiros-na-extrema-pobreza-aumenta-pela-primeira-vez-em-dez. Acesso em 12/09/2015.

36 Fonte Caixa Econômica Federal. Disponível em http://www.caixa.gov.br/programas-sociais/bolsa-familia/Paginas/default.aspx. Acesso em 12/09/2015.

Considerando que a clientela da Defensoria Pública é de, no mínimo, 25% da população, sua presença em apenas 42% das comarcas e que a existência de uma desproporção entre o volume de processos existentes e aqueles sob patrocínio da Defensoria Pública, a conclusão a que se chega é de que há parcela considerável da população privada de acesso à justiça e, consequentemente, da condição de cidadão, "uma vez que a titularidade de direitos é destituída de sentido, na ausência de mecanismos para sua efetiva reivindicação"[37].

Com efeito, o Brasil ainda não ultrapassou a primeira onda de acesso à justiça, consistente em prover assistência jurídica aos necessitados, conforme as fases de acessibilidade definidas por Mauro Cappelletti em sua obra clássica, Acesso à Justiça. O acesso à justiça é um dos pilares do Estado Democrático, de modo que é possível constatar a pseudodemocratização do regime político brasileiro porque a incapacidade do Estado de assegurar, a todos, seus direitos fundamentais e a integridade do seu patrimônio jurídico.

As negativas de acesso à justiça e de efetiva garantia de proteção judicial desumaniza parcela expressiva da população brasileira, porquanto, a negativa de direitos fundamentais significa menoscabar-lhes a dignidade humana.

Por sua vez, Relatório da pesquisa Mapa da Defensoria Pública no Brasil estimou o déficit de Defensores Públicos no Brasil. O parâmetro para o cálculo foi a recomendação do Ministério da Justiça, segundo a qual "a relação recomendável de Defensores Públicos por habitante deve oscilar na faixa aproximada de um defensor público para cada dez mil ou, no máximo, 15 mil que possam ser considerados alvo da Defensoria Pública". Como, atualmente, a proporção de pessoas com rendimento mensal até três salários-mínimos por cargo de defensor público no Brasil é de 56.620, o quadro das defensorias públicas deve pelo menos quadruplicar para atender à demanda.

A importância da Defensoria Pública pode ser aferida por estudo do Ipea, de 2013, que aponta a ausência de defensores públicos nos Juizados Especiais Federais como um dos gargalos para o seu bom funcionamento, "pois a maior parte dos casos submetidos a esses Juizados tem natureza previdenciária e, portanto, apresenta discussões nas quais boa defesa técnica faz diferença e tem como parte indivíduos em situação de alta vulnerabilidade econômica"[38].

A quem aproveitaria a inação da Defensoria Pública, negando-se-lhe a legitimidade para o ajuizamento de ação civil pública? A quem interessaria restringir ou limitar aos parcos instrumentos da processualística civil a tutela dos hipossuficientes (tônica dos direitos difusos e individuais homogêneos do consumidor, portadores de necessidades especiais e dos idosos)? A quem interessaria limitar os instrumentos e as vias assecuratórias de direitos reconhecidos na própria Constituição em

---

37 CAPPELLETTI, Mauro; GARTH, Briant. *Acesso à justiça.* Porto Alegre: SAFE, 1988, p. 11.

38 Disponível em http://www.ipea.gov.br/sites/mapadefensoria/sistema-de-justica.

favor dos desassistidos que padecem tantas limitações? Por que apenas a Defensoria Pública deveria ser excluída do rol do art. 5º da Lei n. 7.347/1985? A ninguém comprometido com a construção e densificação das normas que compõem o sistema constitucional de Estado Democrático de Direito[39].

> a essencialidade da Defensoria Pública como instrumento de concretização dos direitos e das liberdades de que também são titulares as pessoas carentes e necessitadas. É por esse motivo que a Defensoria Pública foi qualificada pela própria Constituição da República como instituição essencial ao desempenho da atividade jurisdicional do Estado[40].

Em relação aos honorários advocatícios sucumbenciais, a Defensoria Pública faz jus à sua percepção em todas as causas em que for vencedora, ressalvadas as exceções estabelecidas pela jurisprudência:

13.5 ESCRITÓRIOS DE PRÁTICA JURÍDICA DAS FACULDADES DE DIREITO DE INSTITUIÇÕES PÚBLICAS

Os escritórios de advocacia das faculdades de Direito e as entidades que prestam assistência jurídica gratuita conveniadas com a Defensoria Pública têm, quanto ao prazo, a mesma prerrogativa processual que a Defensoria Pública, conforme art. 186, § 3º do CPC, ou seja, os prazos em dobro.

Ao estabelecer uma situação de vantagem, este dispositivo demanda interpretação restritiva, inadmitindo-se ampliar o rol dos beneficiados, sob pena de instituir privilégios. Com efeito, essas prerrogativas não se estendem ao defensor dativo e ao curador especial que não seja membro da Defensoria Pública.

A norma ora analisada representa uma inovação legislativa cuja aplicação repercutirá na jurisprudência do STF e STJ a fim de superar o entendimento consolidado sob o manto da legislação revogada[41].

Os beneficiados com a contagem em dobro dos prazos processuais têm essa prerrogativa assegurada "para todas as suas manifestações processuais", nos termos do *caput* do art. 186 do CPC, estejam atuando nas instâncias ordinárias ou extraordinárias.

O CPC cuidou, também, de estender a prerrogativa, indistintamente, a advogados vinculados a instituições públicas ou privadas.

O § 3º do art. 186 do CPC dispõe que esse benefício "aplica-se aos escritórios de prática jurídica das faculdades de Direito reconhecidas na forma da lei e às entidades que prestam assistência jurídica gratuita em razão de convênios firmados

---

39 STF, ADI 3943, Voto da Min. Carmen Lucia.

40 STF, ADI 3943, Voto do Min. Celso de Mello.

41 STF. HC 68884, Rel. Min. NÉRI DA SILVEIRA, DJ 05-03-1993 PP-02897. STJ, AgRg na MC 301/SP, Rel. Min. NILSON NAVES, DJ 23/10/1995, p. 35660. STJ. HC n. 27.786/SP, Rel. Min. HUMBERTO GOMES DE BARROS, Corte Especial, DJe 19/12/2003.

com a Defensoria Pública". Considerando que a norma não distinguiu a natureza jurídica das faculdades de Direito, escritórios de instituições de ensino públicas ou privadas beneficiam-se da dobra dos prazos.

Por sua vez, as entidades prestadoras de assistência judiciária gratuita conveniadas com a Defensoria Pública são, necessariamente, de direito privado. É inconstitucional a celebração de convênio entre a Defensoria Pública e um órgão público para destinar servidores para esse propósito, hipótese em que configuraria burla ao concurso público e desvio de função, porquanto na estrutura orgânica da administração pública essa função foi constitucionalmente atribuída aos defensores públicos, e como já decidido pela Corte Suprema, inexiste provimento derivado de cargos[42] ademais, o membro da Defensoria Pública exerce carreira de Estado, indelegável por sua própria natureza[43].

Em suma, nos termos do art. 186, § 3º do CPC, apenas os advogados vinculados "aos escritórios de prática jurídica das faculdades de Direito reconhecidas na forma da lei e às entidades que prestam assistência jurídica gratuita em razão de convênios firmados com a Defensoria Pública" beneficiam-se, em todas as instâncias, ordinária e extraordinária, da contagem dos prazos processuais em dobro.

> SÚMULA 421 – STJ
>
> Os honorários advocatícios não são devidos à Defensoria Pública quando ela atua contra a pessoa jurídica de direito público à qual pertença"
>
> Recurso Especial Repetitivo
>
> Temas Repetitivos 128 e 129
>
> Os honorários advocatícios não são devidos à Defensoria Pública quando ela atua contra a pessoa jurídica de direito público à qual pertença.
>
> Reconhece-se à Defensoria Pública o direito ao recebimento dos honorários advocatícios se a atuação se dá em face de ente federativo diverso do qual é parte integrante.
>
> Tema Repetitivo 433
>
> Não são devidos honorários advocatícios à Defensoria Pública quando ela atua contra pessoa jurídica de direito público integrante da mesma Fazenda Pública.
>
> STF
>
> Tema 134 – RG rejeitada

---

42 STF. ADI 3819, Relator(a): Min. EROS GRAU, Tribunal Pleno, julgado em 24/10/2007, DJe-055 DIVULG 27-03-2008 PUBLIC 28-03-2008 EMENT VOL-02312-03 PP-00356 RTJ VOL-00206-01 PP-00170.

43 STF. Rcl 6568, Relator(a): Min. EROS GRAU, Tribunal Pleno, julgado em 21/05/2009, DJe-181 DIVULG 24-09-2009 PUBLIC 25-09-2009 EMENT VOL-02375-02 PP-00736.

Direito a honorários advocatícios quando a Defensoria Pública Estadual representa vencedor em demanda ajuizada contra o Estado ao qual é vinculada.

Tema 1064 – RG rejeitada

Condenação de ente público ao pagamento de honorários advocatícios sucumbenciais em favor de defensoria pública vinculada a ente diverso.

Tese

É infraconstitucional, a ela se aplicando os efeitos da ausência de repercussão geral, a controvérsia fundada na possibilidade de condenação de ente público ao pagamento de honorários advocatícios sucumbenciais em favor de defensoria pública vinculada a ente federado diverso.

JURISPRUDÊNCIA STF

Tema 607– RG reconhecida e mérito julgado

Legitimidade da Defensoria Pública para propor ação civil pública em defesa de interesses difusos.

Tese

A Defensoria Pública tem legitimidade para a propositura de ação civil pública que vise a promover a tutela judicial de direitos difusos ou coletivos de que sejam titulares, em tese, pessoas necessitadas.

13.6 A REPRESENTAÇÃO JUDICIAL DA FAZENDA PÚBLICA

A advocacia pública dos três níveis federativos, União, estados e municípios, é a instituição que representa judicialmente as pessoas jurídicas de direito público da administração direta e indireta.

Suas atribuições, além da representação judicial, consistem em atividades de consultoria e assessoramento jurídicos.

Vários regimes jurídicos são estabelecidos em relação às carreiras da advocacia pública. É possível a remuneração por subsídio, o rateio dos honorários sucumbenciais entre os integrantes da classe e a permissão para o exercício de advocacia privada, respeitados os impedimentos estabelecidos no Estatuto da OAB. Exemplos desse regime sensacional, no qual os procuradores têm todos as vantagens e privilégios possíveis encontram-se na Advocacia do Estado de Minas Gerais e na Procuradoria do Município de Belo Horizonte.

Na Advocacia da União, dos Advogados da União, dos Procuradores Federais e dos Procuradores da Fazenda Nacional exige-se dedicação exclusiva, com remuneração única, por meio de subsídio, portanto, em tese, sem direito à percepção de honorários, nem ao exercício da advocacia privada. No entanto, a Lei nº 13.327/2016 disciplina a percepção de honorários sucumbenciais pelos integrantes da Advocacia Geral da União.

É muito interessante a postura institucional das diversas advocacias públicoas; para fins de responsabilização e regime disciplinar não reconhecem a competência da OAB para tanto, a despeito de dispositivo expresso a respeito. Entretanto, para fins remuneratórios, lutam com todas as forças para serem equiparados aos advogados privados e receberem honorários sucumbenciais, conforme art. 22 do EAOAB.

13.6.1 Prerrogativas processuais

Várias são as prerrogativas asseguradas pelo CPC à Fazenda Pública.

- – direito à intimação pessoal;
- – direito de recolher ao final as despesas dos atos processuais por ela requeridos;
- – no cumprimento de sentença, não sujeitar-se à multa do art. 523, § 1º do CPC;
- – ter os prazos contados em dobro;
- – regime de honorários sucumbenciais diferenciado;

Além disso, a Lei nº 8.437/92 prevê a inadmissibilidade de medida liminar contra atos do Poder Público toda vez que providência semelhante não puder ser concedida em ações de mandado de segurança, em virtude de vedação legal.

O art. 7º, § 2º da Lei do Mandado de Segurança, Lei nº 12.016/2009, veda concessão de medida liminar que tenha por objeto a compensação de créditos tributários, a entrega de mercadorias e bens provenientes do exterior, a reclassificação ou equiparação de servidores públicos e a concessão de aumento ou a extensão de vantagens ou pagamento de qualquer natureza.

Nos Juizados Especiais Federais não se revela razoável a incidência de norma que restringe a paridade de armas, além de comprometer a informalidade e a celeridade do procedimento[44].

Entende-se que as prerrogativas legais conferidas à Fazenda Pública não implicam violação à igualdade das partes. Não são consideradas inconstitucionais por não caracterizarem privilégio. Destinam-se essas prerrogativas a compensar dificuldades da defesa em juízo das entidades públicas. Essas prerrogativas são mantidas, por se apresentarem proporcionais e razoáveis.

> No caminho da efetivação do *due process of law* – que tem particular relevo na construção sempre inacabada do Estado de direito democrático – a tendência há de ser a da gradativa superação dos privilégios processuais do Estado, à custa da melhoria de suas instituições de defesa em juízo, e nunca a da ampliação deles ou a da criação de outros, como – é preciso dizê-lo – se tem observado neste decênio no Brasil[45].

---

44 STF, ARE 648629, Rel. Min. Luiz Fux, DJe-069 DIVULG 07-04-2014 PUBLIC 08-04-2014.

45 STF, ADI 1910 MC, Rel. Min. Sepúlveda Pertence. DJ 27-02-2004 PP-00019.

JURISPRUDÊNCIA STF

Tema 411 – RG reconhecida e mérito julgado

Rito da execução de decisões que condenem entidades paraestatais, pessoas jurídicas de direito privado, a quantia em dinheiro.

Tese

É incompatível com a Constituição o reconhecimento às entidades paraestatais dos privilégios processuais concedidos à Fazenda Pública em execução de pagamento de quantia em dinheiro.

Tema 549 – RG reconhecida e mérito julgado

Obrigatoriedade de intimação pessoal de procuradores federais no âmbito dos Juizados Especiais Federais.

Tese

A prerrogativa processual da Fazenda Pública Federal de receber intimações pessoais, nos termos do art. 17 da Lei 10.910/2004, não tem aplicação no âmbito do procedimento dos Juizados Especiais Federais.

STJ

TEMA REPETITIVO 1076

Teses

I) A fixação dos honorários por apreciação equitativa não é permitida quando os valores da condenação, da causa ou o proveito econômico da demanda forem elevados. É obrigatória nesses casos a observância dos percentuais previstos nos §§ 2° ou 3° do artigo 85 do CPC – a depender da presença da Fazenda Pública na lide –, os quais serão subsequentemente calculados sobre o valor: (a) da condenação; ou (b) do proveito econômico obtido; ou (c) do valor atualizado da causa.

II) Apenas se admite arbitramento de honorários por equidade quando, havendo ou não condenação: (a) o proveito econômico obtido pelo vencedor for inestimável ou irrisório; ou (b) o valor da causa for muito baixo.

13.7 O *AMICUS CURIAE*

Amicus curiae é aquele que colabora com o Tribunal, fornecendo-lhe subsídios referentes à matéria *de* sua especialidade. É um amigo da Corte, na tradução literal da expressão latina. No entendimento do STF:

> O *amicus curiae* é um colaborador da Justiça que, embora possa deter algum interesse no desfecho da demanda, não se vincula processualmente ao resultado do seu julgamento. É que sua participação no processo ocorre e se justifica, não como defensor de interesses próprios, mas como agente habilitado a agregar subsídios que possam contribuir para a qualificação da decisão a ser tomada pelo Tribunal. A presença de *amicus curiae* no processo se dá, portanto, em benefício

da jurisdição, não configurando, consequentemente, um direito subjetivo processual do interessado[46].

Ele não é parte e pode nem ter interesse jurídico na lide, o que o desqualifica como um terceiro interveniente, mas contempla sua intervenção como *amicus curiae.*

O ingresso do *amicus curiae* no processo condiciona-se ao entendimento discricionário do Tribunal de que ele poderá contribuir para o esclarecimento da matéria. Indeferida a admissão do *amicus curiae,* ele poderá recorrer mediante agravo interno, apesar de, teoricamente, não haver fundamentos para atribuir-lhe legitimidade recursal. Como consagrado pela jurisprudência dos tribunais superiores, a decisão proferida sem a presença do *amicus curiae* não ofende o devido processo legal, não compromete qualquer direito subjetivo seu, nem lhe ocasiona prejuízo ou sucumbência, carecendo, assim, de interesse recursal. Com efeito, a única situação em que se admite recurso do *amicus curiae* é para impugnar a inadmissão do seu ingresso no feito. No entanto, há de se reafirmar que é da Corte a discricionariedade para decidir sobre a admissão do *amicus curiae.* Caso entenda que sua participação vai contribuir, defere-se, caso contrário, constatando-se que não auxiliará, indefere-se o ingresso.

O *amicus curiae* atua na área de sua especialidade e, em razão da matéria, pode vir a ser admitido no processo com o propósito de conferir pluralidade ao debate, permitindo ao Tribunal ampliar o conhecimento a respeito dos elementos informativos possíveis e necessários à resolução da controvérsia,. Objetiva-se, com a presença do *amicus curiae* legitimar democraticamente as decisões em processos importantes, cujas decisões produzirão relevantes efeitos políticos, sociais, econômicos, jurídicos e culturais para a sociedade e os cidadãos.

> A interação dialogal entre o STF e pessoas naturais ou jurídicas, órgãos ou entidades especializadas, que se apresentem como amigos da Corte, tem um potencial epistêmico de apresentar diferentes pontos de vista, interesses, aspectos e elementos nem sempre alcançados, vistos ou ouvidos pelo Tribunal diretamente da controvérsia entre as partes em sentido formal, possibilitando, assim, decisões melhores e também mais legítimas do ponto de vista do Estado Democrático de Direito[47].

O *amicus curiae* deve exercer a representação adequada isto é, deve existir relação direta entre a identidade funcional, natureza ou finalidade estatutária da pessoa jurídica ou a condição da pessoa física, que a qualifique para atender ao interesse público de contribuir para o aprimoramento do julgamento da causa. Desta maneira, assim como acontece com o assistente, o interesse meramente econômico não é suficiente para autorizar o ingresso do *amicus curiae.*

---

46 STF. ADI 3460 ED, Rel. Min. Teori Zavascki, DJe-047 DIVULG 11-03-2015 PUBLIC 12-03-2015.

47 STF, ADI 4858 AgR, Relator(a): Min. EDSON FACHIN, Tribunal Pleno, julgado em 24/03/2017, PROCESSO ELETRÔNICO DJe-066 DIVULG 31-03-2017 PUBLIC 03-04-2017.

A intervenção em julgamento de recurso repetitivo somente é deferida no STJ quando se tratar de entidade de âmbito nacional, cujas atribuições sejam pertinentes ao tema do recurso repetitivo.

13.7.1 Jurisprudência comentada

O entendimento do STJ inadmitindo o ingresso da Procuradoria-Geral da República como *amicus curiae* em processo e julgamento de Recurso Especial repetitivo é difícil de compreender.

O Tribunal desconsiderou que a Constituição atribui ao Procurador-Geral da República o dever de controlar e revelar as coisas respeitantes à vida da República como legítimo representante da sociedade.

O art. 127 da Constituição estabelece que o Ministério Público é essencial à função jurisdicional do Estado, incumbindo-lhe a defesa da ordem jurídica, do regime democrático e dos interesses sociais e individuais indisponíveis, incumbindo ao Procurador-Geral da República, conforme art. 26, inc. I da LC nº 75/93, representa-lo.

Portanto, o fundamento da jurisprudência de que a presença da União na mesma qualidade, de *amicus curiae,* supre ou torna prejudicada a manifestação do PGR arranha a Constituição. Em acréscimo ao texto constitucional, vale lembrar a vetusta lição de Pontes de Miranda, para quem, a atuação do Procurador-Geral da República é imperativa: "quando o tribunal reconhece haver divergência nos acórdãos e vai colimar a uniformidade da jurisprudência, o chefe do Ministério Público que funciona perante o tribunal tem de ser ouvido"[48].

A participação do Procurador-Geral da República democratiza o debate, amplia o contraditório e agrega argumentos que certamente influenciarão o julgador. Assim, a fala do Procurador-Geral da República deve acontecer, mesmo que ao final o Tribunal reconheça como descabido o argumento levado pelo *amicus curiae*[49]. Não há motivo algum para silenciar o Ministério Público, principalmente sob o equívoco fundamento de que a advocacia pública supre sua participação., pois, enquanto a AGU representa os interesses do Estado e não da sociedade, o Ministério Público representa os interesses da sociedade, ainda que em detrimento dos interesses do Estado.

---

48 *Comentários ao Código de Processo Civil – Tomo II – arts. 46 a 153.* 3ª Ed. Rio de Janeiro: Forense. Disponível em http://osoriobarbosa.com.br/index.php/ideia/curisidades/item/1382-o-ministerio-publico-para-pontes-de-miranda. Acesso em 05/06/2018.

49 STJ. AR 2510, REsp 1694682, AgInt nos EDcl no REsp 1590103, REsp 1579060. É preciso registrar que a tese em julgada no Recurso Especial, nº 1682678/SP, Rel. Ministro OG FERNANDES, PRIMEIRA SEÇÃO, DJe 30/04/2018. É de interesse de toda a sociedade; diz respeito a uma situação jurídica relacionada ao direito do segurado da previdência social aposentar-se com a contagem recíproca de tempo de serviço. Decisão desta natureza impacta sobre o equilíbrio atuarial de todo o sistema de previdência.

13.8 A CAPACIDADE POSTULATÓRIA PARA O PROCESSO ELETRÔNICO

O art. 2º da Lei nº 11.419/2006 estabelece o seguinte:

> O envio de petições, de recursos e a prática de atos processuais em geral por meio eletrônico serão admitidos mediante uso de assinatura eletrônica, na forma do art. 1º desta Lei, sendo obrigatório o credenciamento prévio no Poder Judiciário, conforme disciplinado pelos órgãos respectivos.

A assinatura digitalmente certificada é o que possibilita a identificação inequívoca do signatário do documento, no qual fica consignado o nome do signatário, o número de série do certificado, bem como a data e a hora da assinatura digital, presumindo-se verdadeiro o seu conteúdo em relação ao signatário[50].

O advogado, portanto, deve possuir certificado digital[51] emitido por Autoridade Certificadora e estar previamente credenciado perante o Poder Judiciário para atuar nos processos eletrônicos, sem o que, não poderá realizar ato algum nestes processos. A propósito, sobre a matéria, a jurisprudência do STJ já está pacificada:

> É inexistente a petição subscrita por advogado cuja identidade não corresponda com a do titular do certificado digital, em face do descumprimento do disposto nos arts. 1º, § 2º, III, e 18 da Lei 11.419/2006 e dos arts. 18, § 1º, e 21, I, da Resolução 1/2010 do Superior Tribunal de Justiça[52].
>
> A Corte Especial do Superior Tribunal de Justiça, por ocasião do julgamento do AgRg na APn 675/GO, Relatora a Ministra NANCY ANDRIGHI (DJe de 12/12/2014), consolidou entendimento no sentido de que, sendo a assinatura eletrônica a única forma de identificação inequívoca do signatário da petição, ao se optar pela utilização do meio eletrônico de peticionamento, vincula-se o advogado – titular do certificado digital – ao documento chancelado. Ou seja, para efeitos processuais, o subscritor da peça assinada e enviada eletronicamente deverá ter procuração nos autos, não tendo valor eventual assinatura digitalizada de outro advogado, ou que venha a constar, fisicamente, da peça encaminhada e assinada eletronicamente, mesmo que este possua procuração nos autos" (AgRg no REsp n. 1.404.615/AL, relatora Ministra Assusete Magalhães, Segunda Turma, julgado em 6/8/2015, DJe de 20/8/2015)[53].

---

[50] STJ, AgRg no AREsp 471.037/MG, Rel. Ministro LUIS FELIPE SALOMÃO, Quarta Turma, julgado em 27/05/2014, DJe 03/06/2014.

[51] O certificado digital é um dispositivo pessoal e intransferível, que deve ser utilizado somente pelo seu titular, uma vez que é uma identificação eletrônica. Ele identifica a pessoa na Internet. Funciona como uma carteira de identidade eletrônica e possui a mesma validade de uma assinatura de próprio punho.

[52] STJ. AgRg nos EDcl no RE nos EDcl no AgRg no Ag 1275049/PB, Rel. Min. Felix Fischer, Corte Especial, DJe 7.12.2011; AgRg no Ag 1.292.628/SP, Rel. Min. João Otávio de Noronha, Quarta Turma, DJe 19.8.2011; AgRg nos EDcl no AgRg no REsp 1.233.228/PR, Rel. Min. Benedito Gonçalves, Primeira Turma, DJe 10.8.2011; AgRg no REsp 1.107.598/PR, Rel. Min. Mauro Campbell Marques, Segunda Turma, DJe 6.10.2010; EDcl no AgRg no REsp 1.146.013/SC, Rel. Min. Gilson Dipp, Quinta Turma, DJe 22.11.2010.

[53] STJ. AgRg no REsp n. 2.019.975/RN, Rel. Min. Jorge Mussi, DJe de 14/12/2022.

14

LITISCONSÓRCIO

O processo possui apenas duas partes, a que formula a pretensão em juízo e contra quem tal pretensão é formulada. Entretanto, pode ocorrer que uma das partes se constitua por mais de uma pessoa, caracterizando, assim, o litisconsórcio.

Litisconsórcio define-se como a reunião de diversos litigantes no pólo ativo, passivo, ou em ambos. Trata-se de cumulação subjetiva de lides em processo único.

Há de ser ressaltado que nas relações com pluralidade de sujeitos, se a lei nada dispuser, é sempre lícito acionar isoladamente ou demandar só um dos interessados, desde que a ação pelo fato de ser proposta só por um ou só contra um, não perca toda a utilidade prática. O fato de a relação jurídica material afetar diretamente os interesses de várias pessoas não é, só por si, razão suficiente para determinar a necessidade de participação de todas elas.

Dois princípios processuais fundamentam a existência do litisconsórcio:

a) Economia processual: evita-se a multiplicação de processos, com a repetição de instruções em torno do mesmo contexto fático;

b) Harmonia dos julgados: evita-se conflito entre sentenças relativas a pretensões que se assentam sobre o mesmo fundamento ou em fundamentos análogos, permitindo que as decisões possam definir a situação jurídica de forma harmônica alcançando os diversos interessados na decisão. Entre as várias espécies de litisconsórcio, um ou outro desses princípios prevalecerá.

14.1 ESPÉCIES DE LITISCONSÓRCIO

A) Art. 113– Quanto à posição_dos litisconsortes na relação processual:

a) Ativo;

b) Passivo;

c) Misto. Vários autores e vários réus no mesmo processo. Também chamado de litisconsórcio recíproco.

B) Quanto ao momento de sua formação:

a) Inicial (ou Originário): quando estabelecido desde o começo do processo;

b) Ulterior (ou Sucessivo): quando surgir no curso do processo, após a propositura da demanda e citação do réu, nas hipóteses de litisconsórcio necessário (§ único do art. 115).

C Quanto ao regime de tratamento dos litisconsortes:

a) Unitário: a decisão deve ser uniforme em relação a todos os litisconsortes pela natureza de determinadas relações jurídicas de direito material. São os casos em que essas relações constituem um todo indivisível com pluralidade de sujeitos, titulares de direitos ou obrigações. Nessas situações, há impossibilidade prática de não se considerar essas relações jurídicas como um todo monolítico.

b) Comum (ou Simples): as ações existentes, embora propostas em um mesmo processo, permanecem distintas, admitindo-se que a sentença possa ser diferente para cada um dos litigantes.

D) Quanto à sua indispensabilidade (ou poder de aglutinação):

a) Necessário: se instaura quando a lei expressamente determinar ou a decisão que vier a ser proferida não puder produzir efeitos sem que todos os interessados estejam a ela vinculados. No litisconsórcio necessário a cumulação subjetiva é obrigatória como requisito para a eficácia da sentença, de modo que o provimento judicial possa ser alcançar a todos os titulares da relação jurídica controvertida. A ausência de um dos litisconsortes necessários inviabiliza o julgamento de mérito. Assim, no litisconsórcio necessário, a falta de qualquer um dos interessados na relação controvertida, é motivo de ilegitimidade.

"Em se tratando de litisconsórcio necessário, a relação processual não se aperfeiçoa sem que todos os litisconsortes necessários sejam chamados a integrar a lide. A demora excessiva na efetivação de providência que compete ao autor qual seja, a realização de diligência para possibilitar a citação de litisconsorte necessário, induz, se não suprida a omissão em prazo que se lhe concedeu, a extinção do processo, sem julgamento de mérito"[1].

Todavia, julgado o mérito sem a formação do litisconsórcio unitário, a sentença será ineficaz se a relação jurídica de direito material for indivisível, exigindo que se profira sentença uniforme para todos os titulares da referida relação jurídica.

Tratando-se de litisconsórcio necessário por determinação legal, se não houver prejuízo para a eficácia da sentença, o caso é de nulidade e pode-se convalidar o processo se o litisconsorte necessário ausente não tiver sofrido prejuízo, se, a propósito a sentença for favorável aos litisconsortes.

---

1 STJ, AGRAR 57/RJ, RELATOR: MINISTRO DEMÓCRITO REINALDO, DJ 28/06/1993, p. 12820.

"É cediço em sede doutrinária clássica que: a) só ao autor é dado formar o litisconsórcio, salvo se de litisconsórcio necessário se cuidar, hipótese em que está o juiz autorizado, mesmo quando omisso o demandante, a determinar a integração do contraditório, visto como, sem a presença do litisconsorte necessário, haverá ilegitimidade de parte, por conseguinte, carência de ação (Cândido Rangel Dinamarco in "Litisconsórcio", RT, 1984, Cap. I; Pontes de Miranda, in "Comentários", Forense, 1973, vol. II, pág. 19); b) se indeferido o pedido de formação compulsória do litisconsórcio, porque não necessário, ou negada a ocorrência de litisconsórcio facultativo, o excluído jamais poderá figurar no feito, salvo como assistente simples, caso tenha alguma relação jurídica com a parte que pretende auxiliar, comprovando que sua relação jurídica com o assistido será afetada, reflexamente, por uma possível decisão que lhe seja contrária"[2].

b) Facultativo: permite várias pessoas litigarem em conjunto, de acordo com a livre vontade das partes. No litisconsórcio facultativo, contudo, a busca da estabilidade da decisão deve realizar-se em um quadro dialético traçado entre o princípio da liberdade ou do dispositivo - cada um tem o direito de propor a ação, sem ser forçado a tal e contra quem quiser - e o princípio da utilidade - a demanda há de ter um fim prático útil. A cumulação subjetiva é efetivada de acordo com o interesse e conveniência do litigante, podendo acontecer, nos termos dos incisos do art. 113 do CPC, quando houver:

1. entre as partes comunhão de direitos ou de obrigações relativamente à lide. É a situação de duas ou mais pessoas possuírem o mesmo bem jurídico ou deverem a mesma prestação. Não se trata de direitos idênticos, mas de um único direito com mais de um titular ou de uma única obrigação, com mais de um devedor. Ex. solidariedade, ativa ou passiva (há solidariedade quando na mesma obrigação concorre mais de um devedor, cada um com direito ou obrigado à dívida toda);
2. conexão pelo objeto ou pela causa de pedir: a conexão encontra-se definida no art. 55 do CPC. Caracteriza-se pela identidade de pedido ou da "*causa petendi*", não sendo necessária a identidade das partes. A principal finalidade, nesta hipótese é a de evitar decisões contraditórias, bastando, portanto, a existência de um vínculo que faça passíveis de uma decisão unificada;
3. afinidade de questões por um ponto comum de fato ou de direito. Trata-se de concretização do princípio de economia processual, pois um ponto de afinidade pode resultar na produção de uma prova única ou em solução análoga para os casos semelhantes, prevenindo-se decisões conflitantes.

O litisconsórcio facultativo pode ser recusado pelo réu ou indeferido pelo juiz se trouxer prejuízo à defesa ou se tumultuar a marcha processual, comprometendo

---

[2] STJ. REsp 266219, Rel. Min. LUIZ FUX, DJ 03/04/2006 p. 226.

a rápida solução do litígio ou comprometer o cumprimento da sentença (§ 1º do art. 113)

> O litisconsórcio necessário é irrecusável porque a sua formação depende de determinação legal ou da natureza da relação de direito material controvertida. Nessas situações, não se admite o desmembramento.

O Superior Tribunal de Justiça, ao julgar o Tema 236, acerca da matéria, deixou assentado:

> A formação do litisconsórcio no processo não retira a individualidade de cada uma das ações relativas dos litisconsortes. Assim, se Caio e Tício litisconsorciam-se para litigar em juízo acerca de um prejuízo que lhes foi causado por Sérvio, este consórcio no processo, em princípio, não implica em que um só promova o andamento do feito e produza provas "comuns". Ao revés, cada um deve atuar em seu próprio benefício porque são considerados em face do réu como "litigantes distintos" (art. 49 do CPC). Entretanto, há situações de direito material que implicam na "indivisibilidade do objeto litigioso" de tal sorte que o juiz, ao decidir a causa deve dar o mesmo destino a todos os litisconsortes. A decisão, sob o prisma lógico-jurídico, não pode ser cindida; por isso, a procedência ou improcedência do pedido deve atingir a todos os litisconsortes. Assim, v.g., no exemplo acima, não poderia o juiz anular o ato jurídico para um autor e não fazê-lo para o outro. A decisão tem que ser materialmente igual para ambos. Encarta-se aqui a questão da homogeneidade da decisão que caracteriza o litisconsórcio unitário. (...) Em geral, a unidade de processo, conforme assentamos alhures, não retira a individualidade de cada uma das causas; por isso, a lei considera os litisconsortes em face do adversário como litigantes distintos. Entretanto, há casos em que a res in iudicium deducta é indivisível de uma tal forma que a decisão tem que ser homogênea para todas as partes litisconsorciadas. A homogeneidade da decisão implica a classificação do litisconsórcio unitário, cujo regime jurídico apresenta algumas nuances, exatamente por força dessa necessidade de decisão uniforme para os litisconsortes (art. 47, *caput*, do CPC). Observe-se que, não obstante são conceitos distintos os de "unitariedade e de indispensabilidade", o litisconsórcio necessário e o unitário vêm previstos no mesmo dispositivo pela sólida razão de que, na grande maioria dos casos, o litisconsórcio compulsório reclama decisão homogênea. Diz-se "simples" o litisconsórcio em que a decisão pode ser diferente para os litisconsortes. Ao revés, no litisconsórcio unitário, os litisconsortes não são considerados como partes distintas em face do adversus porque a necessidade de dar decisão igual faz com que se estendam a todos os atos benéficos praticados por um dos litisconsortes e se tornem inaplicáveis os atos de disponibilidade processual bem como os atos que acarretam prejuízo à comunhão. Assim, a revelia de um dos litisconsortes na modalidade "unitário" não acarreta a incidência da presunção de veracidade para os demais se impugnado o pedido por um dos litisconsortes, outrossim, o recurso interposto por um a todos aproveita (artigos 320, I, e 509, do CPC). Esse regime recebe a denominação de interdependência entre os litisconsortes em confronto com o regime da autonomia pura do art. 49 do Código de Processo Civil, aplicável ao litisconsórcio "simples" ou "não unitário"." (Luiz Fux, in Curso de Direito Processual Civil, Ed. Forense, 3ª ed., p. 264/266) "Mesmo litigando conjuntamente, cada um dos litisconsortes é considerado, em relação à parte

contrária, como litigante distinto, de modo que as ações de um não prejudicarão nem beneficiarão as ações dos demais. Cada litisconsorte, para obter os resultados processuais que pretende, deve exercer suas atividades autonomamente, independentemente da atividade de seu companheiro de litígio. Em contrapartida, os interesses eventualmente opostos ou conflitantes do outro litisconsorte não contaminarão a sua atividade processual. Isto ocorre no plano jurídico; no plano fático, o prejuízo ou o benefício pode ocorrer. Por exemplo: se um litisconsorte confessa, tal confissão não se estende aos outros litisconsortes, os quais continuarão litigando sem que o juiz possa considerá-los também em situação de confissão. Todavia, por ocasião da sentença, e em virtude do princípio do livre convencimento do juiz, poderá ele levar em consideração, na análise da matéria, a confissão do litisconsorte como elemento de prova, podendo advir daí um prejuízo de fato. O que o Código quer expressar, porém, no artigo apontado, é que não existe benefício ou prejuízo jurídico na atuação de um litisconsorte, significando que a atividade de um não produz efeitos jurídicos na posição do outro. Há hipóteses, porém, em que é inevitável a interferência de interesses. Isto ocorre quando os interesses no plano material forem inseparáveis ou indivisíveis (...)." (Vicente Greco Filho, in Direito Processual Civil Brasileiro, 1º vol., Ed. Saraiva, 17ª ed., p. 125).[3]

14.2 INTERVENÇÃO *IUSSU IUDICIS*

O ônus da individualização dos litisconsortes é do autor, entretanto, havendo omissão deste, e, tratando-se de litisconsórcio necessário, o juiz, de ofício, fixará prazo dentro do qual o vício deverá ser sanado. Se o autor não promover a citação dos litisconsortes o processo será extinto sem julgamento do mérito por falta de pressuposto processual de desenvolvimento válido do processo.

Essa excepcional atuação judicial denomina-se intervenção "*iussu iudicis*", definida como a intervenção do juiz visando a sanar os vícios processuais, quando não estiverem presentes todos os pressupostos processuais que a lei exige para se alcançar o julgamento do mérito. O juiz deverá intervir para regularizar o processo, extirpando-lhe as nulidades, para que o objetivo do processo, prover a composição definitiva do litígio, seja sempre possível. A jurisdição deve atuar sempre na direção do julgamento de mérito, razão pela qual, são outorgados ao juiz poderes para sanar as irregularidades.

O objetivo do instituto da intervenção iussu iudicis, admitido somente mediante interpretação extensiva do parágrafo único do art. 47 do CPC/73 [CPC/2015, § único do art. 115], é dar ciência da existência da demanda ao terceiro, permitindo-lhe ingressar na lide na posição que escolher e se resguardar dos efeitos da sentença, garantindo-se, assim, o contraditório e a efetividade do provimento judicial. Não se presta, pois, a impor ao terceiro o dever de demandar[4].

---

3 STJ. REsp 1091710, Rel. Min. LUIZ FUX, DJe 25/03/2011. (Os artigos do CPC citados referem-se ao Código revogado.)

4 STJ. REsp n. 1.170.028/SP, Rel. Min. Raul Araújo, DJe de 29/8/2017.

14.3 PARTICIPAÇÃO DOS LITISCONSORTES

O art. 117 do CPC estabelece que cada litisconsorte é considerado em relação à parte contrária como litigante distinto, de modo que os atos e omissões de um não prejudicarão nem beneficiarão os demais.

Esta independência refere-se apenas ao litisconsórcio simples, pois neste é inegável a autonomia da atividade de cada um; várias pessoas podem figurar no mesmo processo, mas para cada litisconsorte será proferida decisão individualizada. Os atos praticados por uns não atingem os demais.

O ponto nodal da questão esta no carater unitário do litisconsórcio, de modo que, se a situação jurídica tiver de ser decidida uniformemente para vários litigantes em determinado polo da demanda, a insurgência de um deles beneficiará os demais. Assim, como a decisão é uniforme para todos, certamente os atos que beneficiarem um dos litisconsortes aproveitará aos demais. Contudo, os atos prejudiciais não alcançam os demais, como por ex. o reconhecimento da procedência do pedido, totalmente ineficaz se um dos litisconsortes passivos contestar a demanda.

Importante lembrar que o art. 229 do CPC prevê prazos em dobro para os litisconsortes representados por advogados distintos, não associados.

15

INTERVENÇÃO DE TERCEIROS

15.1 ASSISTÊNCIA

A assistência é admissível sempre que houver interesse jurídico de terceiro na vitória de uma das partes. Há interesse jurídico quando existir uma relação de conexão ou dependência entre o direito do assistido e o objeto da lide, de modo que a sentença repercutirá no patrimônio jurídico do assistente. É o caso, por exemplo, do segurador que ingressa na lide como assistente do segurado. A obrigação securitária está vinculada ao desfecho da ação do segurado. Outra situação em que o ingresso do assistente é possível ocorre em face do contrato de fiança; o fiador ingressa como assistente do devedor principal, porque se for extinta a obrigação principal extingue-se o contrato acessório de fiança.

É possível o ingresso do assistente em quaisquer processo e grau de jurisdição, antes, evidentemente, do trânsito em julgado da sentença, pois encerrado o processo extingue-se o interesse processual do assistente. Apesar da polêmica teórica, a jurisprudência do STJ inadmite a assistência na fase de cumprimento da sentença ou no processo de execução por entender que a assistência exige "causa pendente. É, portanto, inviável a assistência em processo de execução, no qual não se realiza atividade jurisdicional cognitiva e apenas se busca alteração no mundo dos fatos a fim de que seja satisfeito o crédito"[1]. Entretanto, em direito não existem certezas absolutas e, o próprio STJ[2] admitiu o ingresso da União como assistente em processo de execução. Todavia, foi feita a distinção demonstrando que a excepcionalidade decorreu das peculiaridades do caso.

O pedido de ingresso do assistente pode ser impugnado pelas partes no prazo de até 15 dias. Independentemente de impugnação, a assistência somente será deferida se demonstrado, pelo assistente, o interesse jurídico autorizativo do seu

---

1 STJ. AgInt no REsp 1552014/ES, Rel. Min. MARIA ISABEL GALLOTTI, DJe 04/05/2017. AgRg no REsp n. 911.557/MG, Rel. Min. Paulo de Tarso Sanseverino, DJe de 29/6/2011.

2 STJ. REsp 397.598/RJ, Rel. Ministro RAUL ARAÚJO, QUARTA TURMA, julgado em 18/08/2011, DJe 19/09/2011.

ingresso no feito. A impugnação por qualquer das partes ao ingresso do assistente não suspende o processo. O juiz, se for o caso, deferirá a produção de provas e decidirá o incidente por decisão interlocutória impugnável por agravo de instrumento, conforme taxativamente previsto no inc. IX do art. 1015, do CPC. Admitido, o assistente ingressa no processo no estado em que ele se encontra, não havendo repetição de atos em razão da sua entrada na disputa.

A assistência simples ou adesiva, regulamentada pelos arts. 121 a 123, é aquela em que o direito do terceiro, assistente, não está envolvido no litígio. Nesse caso, o assistente tem interesse na vitória do assistido porque a decisão o beneficia em outra relação jurídica conexa ou dependente da solucionada no litígio. Evidente, portanto, que o assistente não discute direito próprio na causa.

A revelia ou a incúria processual do assistido transformam o assistente em parte, na qualidade de substituto processual, (arts. 121, § único c/c o 18). Desta forma, atuará na defesa do direito do assistido, com a ressalva de que lhe é vedado praticar atos de disposição do direito demandado.

O assistente simples é um mero coadjuvante. Por não ser considerado parte, não formula pedido. Ao assistente reconhecem-se os mesmos poderes, faculdades e ônus processuais do assistido, todavia, sua vontade subordina-se à do assistido. O assistente não pode se opor ao reconhecimento da procedência do pedido, à desistência da ação, à renuncia ao direito sobre o que se funda a ação ou à transação sobre direitos controvertidos levadas a efeito pelo assistido.

Havendo sucumbência do assistido, o assistente está sujeito apenas ao pagamento de custas, na proporção de sua atividade processual, nos termos do art. 94 do CPC. Consequentemente, o assistente não responde pelos honorários advocatícios sucumbenciais, obrigação que recairá exclusivamente sobre o assistido. Sagrando-se vencedor o assistido, por reciprocidade, o assistente não fará jus a honorários sucumbenciais.

Nos termos do art. 123 do CPC a eficácia da assistência alcança o assistente impedindo-o de, em outro processo, rediscutir a justiça da decisão do processo em que interveio. A eficácia da assistência é diferente dos efeitos da coisa julgada "porque enquanto esta só atinge a parte dispositiva da sentença, aquela abrange os motivos e os fatos"[3]. Exceção à regra acontece nos casos de *exceptio male gesti processos,* hipóteses em que o assistente tem o ônus de alegar e provar que:

> I – pelo estado em que recebeu o processo ou pelas declarações e pelos atos do assistido, foi impedido de produzir provas suscetíveis de influir na sentença;
>
> II – desconhecia a existência de alegações ou de provas das quais o assistido, por dolo ou culpa, não se valeu.

---

3 BARBI, Celso. *Comentários ao Código de Processo Civil.* Vol. I.8ª ed. Rio de Janeiro: Forense, p. 182.

Pelo que foi mencionado, conclui-se que a assistência simples tem importância meramente acadêmica, uma vez que, na prática, não existe nenhuma vantagem que estimule o ingresso do assistente no processo. Difícil não reconhecer que ninguém é mais abalizado para defender o próprio direito do que o seu titular, o que torna supérflua a assistência.

O mesmo não pode ser dito em relação à assistência litisconsorcial, também denominada de assistência qualificada. Nessa modalidade de intervenção o direito em litígio é do assistido e do assistente, que, inclusive, é legitimado para discuti-lo autonomamente. Pode acontecer, também, nos termos do art. 109, § 2º do CPC, quando o direito em litígio pertencer ao assistente, mas estiver sendo discutido por um substituto processual, como se dá no caso de alienação do bem objeto da causa, no curso da demanda.

Vê-se, portanto, que na assistência litisconsorcial, a sentença vai influir na relação jurídica entre o assistente e a parte contrária ao assistido, porque o direito que se discute é também do assistente, ou só dele. Assim, a assistência litisconsorcial será deferida quando o assistente comprovar interesse jurídico direto na demanda ou a defesa direta de direito próprio mediante a demonstração de que será diretamente atingido pelo provimento jurisdicional.

Considerado litisconsorte do assistido, o assistente qualificado tem todos os poderes, faculdades e ônus do assistido e, por se tratar de litisconsórcio unitário, os atos benéficos aproveita a todos os litisconsortes, "todavia, os atos e omissões que possam prejudicar a um dos litisconsortes não prejudica aos demais"[4]. O assistente litisconsorcial sujeita-se às mesmas regras de sucumbência aplicáveis às partes.

15.2 INTERVENÇÃO ANÔMALA DAS PESSOAS JURÍDICAS DE DIREITO PÚBLICO

A União, nos termos do art. 5º da Lei nº 9469/97, poderá intervir nas causas em que tiver interesses econômicos, ainda que indiretos, quando autarquias, fundações públicas, sociedades de economia mista e empresas públicas federais figurarem como autoras ou rés. Desnecessário, no caso, demonstrar a existência de interesse jurídico.

Por sua vez, nos termos do § único do art. 5º, as pessoas jurídicas de direito público poderão, nas mesmas circunstâncias, intervir para esclarecer questões de fato e de direito, podendo juntar documentos e memoriais reputados úteis ao exame da matéria e, se for o caso, recorrer, hipótese que para fins de definição de competência, serão consideradas partes.

Visando a resguardar a garantia do juiz natural, a jurisprudência do STJ reconhece "imperiosa a demonstração da presença de interesse jurídico da União

---

4 BARBI, Celso. *Comentários ao Código de Processo Civil.* Vol. I.8ª ed. Rio de Janeiro: Forense, p. 170.

para fins de deslocamento da competência para a Justiça Federal, pois, para tanto, não se mostra suficiente o mero interesse econômico"[5].

A intervenção anômala da pessoa jurídica de direito público não faz retroceder a marcha processual; da mesma forma que na assistência, a interveniente ingressa no estado em que o processo se encontrar.

15.3 DENUNCIAÇÃO DA LIDE

A denunciação da lide é modalidade de intervenção de terceiros no qual o denunciado "assume – por garantia prestada ou por direito regressivo existente – uma posição sucessiva de responsabilidade em relação à parte denunciante, quanto ao pedido formulado."[6] Sua finalidade é assegurar economia e celeridade processuais, na medida em que resolve em processo e sentença únicos as relações jurídicas principal e regressiva. Além disso, o cumprimento da sentença pode ser requerido diretamente contra o denunciado quando procedente a denunciação da lide, o que também confere maior agilidade, economia e efetividade ao processo.

Trata-se, portanto, de cumulação de ações; a ação principal existente entre autor e réu e a denunciação da lide, eventual, entre litisdenunciante e litisdenunciado.

A denunciação perderá o objeto na hipótese de o denunciante vencer a demanda principal, haja vista que, conforme o art. 129 do CPC, somente se o denunciante for vencido na ação principal é que será necessário julgar a denunciação da lide. Com a vitória do litisdenunciante deixa de existir a responsabilidade regressiva do litisdenunciado.

A denunciação da lide é sempre facultativa, sendo possível, exercer o direito de regresso por ação autônoma se a denunciação tiver sido indeferida, ou não tiver sido promovida, ou não for permitida (CPC, art .125,§ 1º). Com a revogação expressa do art. 456 do Código Civil pelo art. 1072, inc. II do CPC, afastam-se quaisquer questionamentos acerca da facultatividade da denunciação da lide, pois, o direito resultante da evicção, no regime do CPC revogado, era a única hipótese em que a denunciação era obrigatória, pois, sua falta implicava o perecimento do direito de regresso.

"Se a litisdenunciação dificulta o andamento do processo, é de ser rejeitada"[7]. Assim, caso a denunciação da lide atente contra a efetividade, duração razoável e economia processuais deve ser indeferida. É, por exemplo, o caso de a denunciação da lide provocar a inserção de novo fundamento, ampliando o objeto da ação principal. Em suma, se a denunciação violar os princípios da celeridade e da economia processuais

---

5 STJ. EDcl no AgRg no CC 89.783/RS, Rel. Ministro Mauro Campbell Marques, Primeira Seção, DJe 18/6/2010; AgRg no REsp 1.118.367/SC, Rel. Ministro Napoleão Nunes Maia Filho, Primeira Turma, DJe 22/5/2013; REsp 1.306.828/PI, Rel. Ministro Humberto Martins, Segunda Turma, DJe 13/10/2014.

6 ARRUDA ALVIM. *Novo contencioso cível no CPC/2015*. São Paulo: Revista dos Tribunais, 2016, p. 102.

7 STJ, REsp 61.455/PA, Rel. Ministra ELIANA CALMON, SEGUNDA TURMA, julgado em 15/08/2000, DJ 20/11/2000, p. 284.

deve ser indeferida. Portanto, a denunciação da lide é inadmissível "quando se pretende, pura e simplesmente, transferir responsabilidades pelo evento danoso"[8].

Nos termos do art. 128 do CPC, feita a denunciação pelo réu, o processo observará o seguinte procedimento:

> I – se o denunciado contestar o pedido formulado pelo autor, o processo prosseguirá tendo, na ação principal, litisconsórcio entre denunciante e denunciado;
>
> II – se o denunciado for revel, o denunciante pode deixar de prosseguir com sua defesa, eventualmente oferecida, e abster-se de recorrer, restringindo sua atuação à ação regressiva;
>
> III – se o denunciado confessar os fatos alegados pelo autor na ação principal, o denunciante poderá prosseguir com sua defesa ou, aderindo a tal reconhecimento, pedir apenas a procedência da ação de regresso.

Na hipótese de o denunciante sagrar-se vencedor na demanda principal, arcará ele com os ônus sucumbenciais em relação ao denunciado (CPC, § único do art. 129).

> JURISPRUDÊNCIA:
>
> Tema 940 – RG reconhecida e mérito julgado
>
> Responsabilidade civil subjetiva do agente público por danos causados a terceiros, no exercício de atividade pública.
>
> Tese
>
> A teor do disposto no art. 37, § 6º, da Constituição da República, a ação por danos causados por agente público deve ser ajuizada contra o Estado ou a pessoa jurídica de direito privado prestadora de serviço público, sendo parte ilegítima para a ação o autor do ato, assegurado o direito de regresso contra o responsável nos casos de dolo ou culpa.
>
> Recurso Especial Repetitivo
>
> Tema 469
>
> Em ação de reparação de danos movida em face do segurado, a Seguradora denunciada pode ser condenada direta e solidariamente junto com este a pagar a indenização devida à vítima, nos limites contratados na apólice.

15.4 CHAMAMENTO AO PROCESSO

Nos termos dos arts. 130 a 132 do CPC, admite-se que o réu chame ao processo: I) o afiançado, quando demandado na qualidade de fiador; II – os demais

---

[8] STJ. REsp 1834003/SP, Terceira Turma, DJe 20/09/2019, AgInt nos EDcl no AREsp 917.762/MG, DJe 16/06/2017.

fiadores, quando a ação tiver sido ajuizada contra um ou alguns deles; III – dos demais devedores solidários, quando um ou alguns dos codevedores forem demandados pelo pagamento da dívida comum.

> Sua finalidade é a de que o chamado, através de manifestação de vontade do réu, originariamente demandado, se coloque ao seu lado como litisconsorte, ficando, assim, no processo, também, na condição jurídica de réu do mesmo autor comum. Trata-se de um poder outorgado ao réu[9].

Trata-se de intervenção de terceiros cabível apenas no processo de conhecimento, uma vez que o art. 131 do CPC estabelece que o réu deverá requerer a citação dos chamados no prazo da contestação, devendo promover-lhes a citação em até 30 dias, sob pena de ineficácia do chamamento. O § único admite a prorrogação deste prazo por até 2 meses quando o chamado residir em outra comarca, seção ou subseção judiciárias, ou em lugar incerto.

O chamamento ao processo tem lugar quando a corresponsabilidade entre o réu e os chamados for de pagar quantia, não sendo adequado chamar coobrigados de obrigação de fazer ou não fazer.

Desnecessário que o réu chame ao processo todos os coobrigados, ele tem a faculdade de chamar dentre as hipóteses legais, aquele ou aqueles que lhe aprouver. É possível o chamamento sucessivo, ou seja, aquele que foi chamado trazer ao processo os demais coobrigados.

Por fim, o art. 132 do CPC dispõe que "a sentença de procedência valerá como título executivo em favor do réu que satisfizer a dívida, a fim de que possa exigi-la, por inteiro, do devedor principal, ou, de cada um dos codevedores, a sua quota, na proporção que lhes tocar."

> JURISPRUDÊNCIA: Recursos Especiais Repetitivos
>
> Tema 315:
>
> A parte autora pode eleger apenas um dos devedores solidários para figurar no polo passivo da demanda. (...) A possibilidade de escolha de um dos devedores solidários afasta a figura do litisconsórcio compulsório ou necessário[10].
>
> Tema 686
>
> O chamamento ao processo da União com base no art. 77, III, do CPC, nas demandas propostas contra os demais entes federativos responsáveis para o fornecimento de medicamentos ou prestação de serviços de saúde, não é impositivo, mostrando-se inadequado opor obstáculo inútil à garantia fundamental do cidadão à saúde[11].

---

9 ARRUDA ALVIM. *Manual de Direito Processual Civil*. Vol. 2. 10ª ed. São Paulo: Revista dos Tribunais, 2006, p. 192.

10 STJ. REsp 1145146/RSIO, Rel. Ministro LUIZ FUX, PRIMEIRA SEÇÃO, julgado em 09/12/2009, DJe 01/02/2010.

11 STJ. REsp 1203244/SC, Rel. Ministro HERMAN BENJAMIN, PRIMEIRA SEÇÃO, julgado em 09/04/2014, DJe 17/06/2014.

16

ATOS PROCESSUAIS

O processo constitui-se de uma sucessão de atos jurídicos processuais, integrados entre si através de uma relação cronológica, lógica e teleológica. Por isso, os atos processuais são considerados isoladamente um ato jurídico perfeito que sucessivamente se integram até se alcançar o provimento final.

Ato processual, define-o Pontes de Miranda, como "qualquer ato que tenha importância para a relação processual ou porque constitua, ou porque conserve, ou porque estenda, mova, modifique, defina ou desfaça a relação processual"[1].

Os atos processuais exteriorizam o procedimento que concretiza a garantia do devido processo legal. A ordenação legal do procedimento estabelece a sequência dos atos e a forma de sua realização. O processo civil moderno não é vassalo da forma, mas dela não prescinde para assegurar a efetiva participação das partes em contraditório, como há muito ensina David Lascano:

> A discussão das partes deve ser garantida de tal maneira que cada uma possa livremente fazer valer suas razões e provar os fatos em que se funda o seu direito, e ao mesmo tempo deve ser ordenada para evitar a licenciosidade dos litigantes e o reinado do arbitrio; e tUdo isso se obtém, hoje, por meio das formas pré-determinadas para prover os interesses que o direito tutela.[2]

Adota-se a classificação subjetiva dos atos processuais por ser melhor compreendida teoricamente por permitir seja visualizada na prática.

Atos das partes podem ser classificados em: postulatórios, dispositivos e instrutórios.

Os atos postulatórios provocam um pronunciamento judicial, seja quanto ao mérito, seja quanto a matéria de ordem processual. A petição inicial é o ato inaugural do processo que rompe a inércia da jurisdição, posto que o Judiciário somente

---

1 *Apud,* MARQUES, José Frederico. *Instituições de Direito Processual Civil.* Vol. II, 3ª ed. Rio de Janeiro: Forense, 1966, p. 231.

2 Lascano, David H. Nulidades de Procedimiento. Revista General de Derecho y Jurisprudencia, 3, 1932, p. 201-248.

atua quando provocado. A postulação inaugural do autor é, portanto, o ato processual que dá causa à instauração do processo. Inserem-se dentre os demais atos postulatórios a contestação, a reconvenção, os pedidos de tutela de urgência, os recursos, pedido de cumprimento de sentença e a impugnação ao seu cumprimento.

Os atos instrutórios destinam-se à demonstrar a veracidade dos fatos alegados para influir na convicção do juiz.

José Frederico Marques aponta, ainda, aos atos reais, como o oferecimento de documentos, a prestação de caução, o recolhimento das custas[3].

Os atos do juiz podem ser classificados em dois grandes grupos: atos decisórios e atos não decisórios[4].

O que distingue um ato decisório de um não decisório é aptidão de produzirem ou não prejuízo às partes, na valiosa lição de Moniz Aragão:

> todos os despachos que visem unicamente à realização do impulso processual, sem causar qualquer lesão ao direito das partes, serão de mero expediente. Caso, porém, ultrapassem esse limite e acarretem ônus ou afetem direitos, causando algum dano (máxime se irreparável), deixarão de ser de mero expediente e ensejarão recurso.

Outro aspecto determinante na distinção entre os atos judiciais é a presença ou não do dever de fundamentar o ato processual. Nos termos da CR/88 todo ato decisório deve, necessariamente, ser fundamentado, sob pena de ser declarado nulo. A fundamentação confere legitimidade à decisão, consistindo em explicitar os motivos que o julgador considerou ao proferir o veredito. A decisão desprovida de fundamentação viola, não só a CR/88, mas o art. 489, § 1º do CPC que enumera as situações em que a decisão judicial é compreendida como desfundamentada.

O art. 203 do CPC classifica os pronunciamentos do juiz em despachos, decisões interlocutórias e sentenças.

Esses atos são "declarações de pensamento do juiz, expressas no exercício do poder [*potestà*] jurisdicional e pela forma determinada em lei: é justamente com a emissão dos provimentos que o juiz exerce o poder de que é investido."[5].

Os atos não decisórios denominam-se despachos, conceituados legalmente como "todos os demais pronunciamentos do juiz praticados no processo, de ofício ou a requerimento da parte."

Os atos decisórios são, conforme definição legal:

- sentença: "é o pronunciamento por meio do qual o juiz, com fundamento nos arts. 485 e 487, põe fim à fase cognitiva do procedimento comum, bem como extingue a execução". (CPC, art. 203, § 1º)

---

3 MARQUES, José Frederico. *Instituições de Direito Processual Civil.* Vol. II, 3ª ed. Rio de Janeiro: Forense, 1966, p. 241.

4 GRINOVER, Ada Pellegrini, ARAÚJO CINTRA, Antônio Carlos de; DINAMARCO, Cândido Rangel. Teoria Geral do Processo. 9ª ed. São Paulo: Malheiros, 1993, p. 193.

5 LIEBMAN, Enrico Tullio. Manual de Direito Processual Civil. Vol. I, 2ª ed. Rio de Janeiro: Forense, 1985, p. 239.

A prolação da sentença de mérito, põe termo à fase de cognição, mas não exaure o ofício jurisdicional, já que se tratando de sentença que imponha o dever de prestar uma obrigação, haverá, a fase de cumprimento da sentença; será terminativa a sentença proferida quando o juiz extingue o processo, sem julgar-lhe o mérito.

Importante salientar, mais uma vez, que, no processo, objetiva-se decisão de mérito, pois, somente assim encerrar-se-á a lide, compondo-se definitivamente a situação conflituosa que trazia intranquilidade social e o comprometimento da ordem legal. Desta forma, o juiz deve sempre conduzir o processo em direção à sentença de mérito, que é o objetivo primordial da prestação jurisdicional (CPC, art. 4º).

No entanto, é imperioso o julgador certificar que a relação processual se estabeleceu e desenvolveu-se de forma válida (pressupostos processuais) e que se fazem presentes as condições da ação. A ausência dos pressupostos processuais ou das condições da ação inevitavelmente conduz a uma sentença terminativa, sem resolver o mérito. Deve-se observar, entretanto, que em relação à ausência de pressupostos processuais, quase sempre é possível sana-la e assim, alcançar uma decisão meritória.

Incrível é que em situações específicas, a sentença deva ser impugnada por agravo de instrumento. É o que acontece com a sentença que extingue parcialmente o processo, com ou sem resolução de mérito. Se o julgamento se referir a parcela do mérito, a sentença parcial adquirirá autoridade de coisa julgada material, no caso de não ser interposto o agravo de instrumento ou se forem esgotados os recursos cabíveis (arts. 354, § único e 356, § 1º do CPC).

Observa-se que o princípio dispositivo vincula o juiz dentro dos estritos limites do pedido, decorrendo daquele o princípio da congruência, pelo qual a sentença há de corresponder ao pedido.

> O conflito de interesses não entra para o processo tal como se manifestou na vida real, mas só indiretamente, na feição e configuração que lhe deu o autor em seu pedido. Por sua vez, o juiz não age diretamente sobre o conflito, que constitui realidade psicológica praticamente inatingível: o que o juiz faz é apreciar, julgar, o fato que lhe é proposto, definindo-lhe as consequências jurídicas[6].

Sentenças que inobservam o princípio da congruência são as que ostentam os seguintes vícios: *infra petita* se manifesta quando se julga aquém do pedido, *ultra petita* ocorre quando a sentença julga além do pedido, e, *extra petita* quando o julgamento é diverso do que foi pedido na petição inicial.

As sentenças que forem *infra* ou *ultra petita* podem ser sanadas, respectivamente, mediante a complementação do julgamento pelo tribunal, no caso de

---

6 LIEBMAN, Enrico Tullio. *Apud*, CASTRO, Amilcar de. O Direito no Amago da Sentenca. Revista da Faculdade de Direito da Universidade Federal de Minas Gerais, 1961, p. 175-187.

julgamento *infra petita* ou a extirpação do excesso no caso da sentença *ultra petita*. As sentenças *extra petita* são nulas, pois não julgaram o que foi pedido, mas nem sempre o reconhecimento do vício implicará na cassação da sentença e devolução ao órgão prolator para que julgue fundamentada e congruentemente nos limites do pedido formulado pelo autor. Tratando-se de causa madura, isto é, aquelas em que o processo está em condições de imediato julgamento, o tribunal decidirá o mérito, sanando o vício (art. 1013, § 3º, inc. II do CPC).

É preciso considerar não se qualificar como viciada a sentença em que o pedido foi "interpretado em consonância com a pretensão deduzida na exordial como um todo, sendo certo que o acolhimento da pretensão extraído da interpretação lógico-sistemática da peça inicial não implica julgamento *extra petita*"[7].

> O julgador não viola os limites da causa quando reconhece os pedidos implícitos formulados na inicial, não estando restrito apenas ao que está expresso no capítulo referente aos pedidos, sendo-lhe permitido extrair da interpretação lógico-sistemática da peça inicial aquilo que se pretende obter com a demanda, aplicando o princípio da equidade[8].

– decisão interlocutória: é o ato pelo qual o juiz, no curso do processo, resolve questão incidente. Toda decisão proferida pelo juiz que não se enquadrar no conceito de sentença é decisão interlocutória. Os atos decisórios interlocutórios visam a dar prosseguimento ao processo resolvendo as questões para impulsionar o processo em direção à sentença de mérito, como é o caso da decisão de saneamento do processo.

As lições, sempre atuais, de Barbosa Moreira, face a ausência de mudanças substanciais no CPC sobre o tema, definem como critério de distinção entre os atos decisórios no primeiro grau de jurisdição que "já não tomará por base a posição do ato no itinerário do processo; terá de levar em conta elemento relativo ao conteúdo. (...) uma se distinguirá da outra em razão da matéria: a decisão interlocutória dirá respeito a mera 'questão incidente'"[9].

Os **atos praticados por auxiliares do juízo** podem ser de instrução, de documentação, de movimentação, de execução.

A forma não é da essência do ato processual pois, praticado de forma diversa da prescrita na lei será válido, desde que não tenha violado o contraditório e tenha atingido sua finalidade (CPC, arts. 188 e 277).

O processo é um instituto jurídico complexo constituído por uma sucessão temporal de atos processuais. O prazo para a realização dos atos processuais é o

---

7 STJ. AgRg no AREsp 322.510/BA, Rel. Ministro Herman Benjamin, 2ª Turma, j. 11/06/2013, DJe 25/06/2013.

8 STJ. AgRg no AREsp 549.696/ES, Rel. Ministro LUIS FELIPE SALOMÃO, QUARTA TURMA, julgado em 05/05/2016, DJe 11/05/2016.

9 BARBOSA MOREIRA, José Carlos. Temas de Direito Processual. 9ª Série. São Paulo: Saraiva, 2007, p. 177.

intervalo temporal entre os termos *a quo* e *ad quem*, os atos processuais devem ser realizados entre os momentos inicial e final do prazo. Os atos processuais serão realizados em dias úteis, das 6 (seis) às 20 (vinte) horas, podendo ser concluídos após as 20 (vinte) horas quando iniciados antes e o adiamento prejudicar a diligência ou causar grave dano (CPC, art. 212).

As petições de processos físicos devem ser protocolizadas no horário de funcionamento do serviço de protocolo forense, conforme estabelecido na lei de organização judiciária.

Já o peticionamento eletrônico, pode ser feito até as 24 (vinte e quatro) horas do último dia do prazo[10].

Dispõe o art. 219 do CPC que na contagem de qualquer prazo processual estipulado em dias, computar-se-ão somente os dias úteis. Ensina o art. 224 do CPC que os prazos se contam excluindo o dia do começo e incluindo o dia do vencimento, considerando-se o seguinte:

> § 1° Os dias do começo e do vencimento do prazo serão protraídos para o primeiro dia útil seguinte, se coincidirem com dia em que o expediente forense for encerrado antes ou iniciado depois da hora normal ou houver indisponibilidade da comunicação eletrônica.
>
> § 2° Considera-se como data de publicação o primeiro dia útil seguinte ao da disponibilização da informação no Diário da Justiça eletrônico.
>
> § 3° A contagem do prazo terá início no primeiro dia útil que seguir ao da publicação.

Deve ser observado, ainda, que apesar do considerável prazo de vigência do CPC, eventuais conflitos de aplicação da lei processual no tempo ainda perduram. Pois bem, apesar da clareza da norma que disciplina a lei processual no tempo mediante a regra *tempus regit actum*, nem sempre se tem segurança quanto á norma aplicável ao caso concreto. Principalmente quando ainda coexistem processos cíveis instaurados na vigência do Código de 1973, as dificuldades surgem com uma frequência invulgar. A propósito, o Enunciado Administrativo 2/STJ:

> Aos recursos interpostos com fundamento no CPC/1973 (relativos a decisões publicadas até 17 de março de 2016) devem ser exigidos os requisitos de admissibilidade na forma nele prevista, com as interpretações dadas, até então, pela jurisprudência do Superior Tribunal de Justiça.

---

[10] Para melhor conhecer o Processo Eletrônico e suas peculiaridades, sugiro a leitura da Cartilha Digital, publicada pela OAB-RJ. "A cartilha digital 'Lei do Processo Eletrônico no novo CPC' apresenta um quadro comparativo dos artigos da Lei 11.419/2006 e as disposições trazidas pelo novo CPC".

O critério a ser observado é o *tempus regit actum;* aplica-se na norma processual que estiver vigente no momento em que se abre a oportunidade para a prática do ato processual, isto é, no momento em que a parte é intimada para a prática do ato processual. A lei nova, portanto, não se aplicará ao processo cujo prazo para a prática do ato estava em curso antes da sua vigência. A jurisprudência do STJ sintetiza a questão de forma didática:

> Ocorre que, por mais que a lei processual seja aplicada imediatamente aos processos pendentes, deve-se ter conhecimento que o processo é constituído por inúmeros atos. Tal entendimento nos leva à chamada "Teoria dos Atos Processuais Isolados", em que cada ato deve ser considerado separadamente dos demais para o fim de se determinar qual a lei que o rege, recaindo sobre ele a preclusão consumativa, ou seja, a lei que rege o ato processual é aquela em vigor no momento em que ele é praticado. Seria a aplicação do Princípio *tempus regit actum.* Com base neste princípio, temos que a lei processual atinge o processo no estágio em que ele se encontra, onde a incidência da lei nova não gera prejuízo algum às parte, respeitando-se a eficácia do ato processual já praticado. Dessa forma, a publicação e entrada em vigor de nova lei só atingem os atos ainda por praticar, no caso, os processos futuros, não sendo possível falar em retroatividade da nova norma, visto que os atos anteriores de processos em curso não serão atingidos[11].

O lugar da prática dos atos processuais, conforme o art. 217 do CPC, é a sede do juízo. A realização de atos processuais em local diverso somente acontece diante de uma excepcionalidade decorrente de deferência, de interesse da justiça, da natureza do ato ou de obstáculo arguido pelo interessado e acolhido pelo juiz. Nada mais singelo.

Atos processuais eletrônicos: A Lei nº 11.419/2006 regulamenta o uso de meio eletrônico na tramitação de processos judiciais. Trata-se de uma forma diversa do processo físico de tramitação processual. Por meio eletrônico, entende-se qualquer forma de armazenamento ou tráfego de documentos e arquivos digitais, preferencialmente pela internet.

No processo eletrônico, as petições devem ser realizadas e juntadas aos autos eletronicamente. O STF e o STJ em resoluções específicas, têm determinação expressa nesse sentido, de modo que somente em situações excepcionais admitirão o envio de documentos por meio físico[12].

A realização dos atos processuais por meio eletrônico tem várias particularidades que reclamam atenção e diligência das partes para evitar prejuízo. Ainda que o processo eletrônico tenha trazido certa agilidade e redução de formalismo, a validade dos atos praticados eletronicamente deve observar com fidelidade o disposto na legislação de regência, Lei nº 11.419/2006. Há vários

---

11 STJ. REsp 1404796/SP, Rel. Ministro MAURO CAMPBELL MARQUES, DJe 09/04/2014.

12 STF, Rcl 14362 AgR-AgR, Rel. Min. RICARDO LEWANDOWSKI, DJe-034 DIVULG 18-02-2014 PUBLIC 19-02-2014.

casos na jurisprudência de perecimento de direito e preclusão em razão do descumprimento da lei.

O tempo da realização do ato processual eletrônico é o do envio ao sistema do Poder Judiciário. Assim, considera-se protocolizado eletronicamente o documento no dia e hora do seu envio ao sistema do PJ, reconhecendo-se a tempestividade dos atos praticados até as 24 horas do seu último dia.

Havendo indisponibilidade técnica do sistema, o prazo, nos termos do art. 10, § 2º, da Lei 11.419/06, prorrogar-se-á para o primeiro dia útil seguinte à resolução do problema. Todavia, é ônus da parte demonstrar a tempestividade do ato processual, incumbindo-lhe, portanto, comprovar a indisponibilidade do sistema por meio de certidão.

A intimação eletrônica substitui qualquer outro meio e publicação oficial para quaisquer efeitos legais, à exceção dos casos que, por lei, exigem intimação ou vista pessoal (art. 4º, § 2º)[13].

Quando a intimação se realizar pelo Diário Oficial, o termo *a quo* dos prazos processuais, conforme a Lei nº 11.419/2006, considera-se como data da publicação o primeiro dia útil seguinte ao da informação (art. 4º, § 3º). Por sua vez, o início dos prazos processuais conta-se do primeiro dia útil que se seguir àquele considerado como data da publicação (art. 4º, § 4º).

Nos termos do art. 5º,§ 1º da Lei nº 11.419/2006, considerar-se-á realizada a intimação no dia em que a parte efetivar a consulta eletrônica ao teor da intimação, ou, ante a inércia da parte em acessar o sistema, após o prazo de 10 dias corridos contados da data do envio da intimação ela será automaticamente considerada efetivada.

Importante ressaltar, contudo, que a publicação no DJe, para fins de contagem de prazo, prevalece e substitui a intimação via correio eletrônico:

> Não havendo comprovação da data em que ocorreu a ciência da intimação eletrônica, deve prevalecer a data da publicação do acórdão no diário de justiça eletrônico. Nesse sentido, confira-se a seguinte decisão do Superior Tribunal de Justiça: "AGRAVO REGIMENTAL NO AGRAVO EM RECURSO ESPECIAL. PROCESSUAL CIVIL. INTEMPESTIVIDADE. DECURSO DO PRAZO LEGAL. ART. 544 DO CPC/73. LEI 11.419/2006. ALEGAÇÃO DE INTIMAÇÃO TÁCITA. IMPOSSIBILIDADE. PREVALÊNCIA DA PUBLICAÇÃO DO DIÁRIO DE JUSTIÇA ELETRÔNICO. AGRAVO IMPROVIDO. (...) 2. Havendo intimação eletrônica e publicação da decisão no Diário de Justiça Eletrônico, prevalece a última, porquanto a Lei 11.419/2006 dispõe que a publicação em Diário de Justiça eletrônico substitui qualquer outro meio de publicação oficial para quaisquer efeitos legais. (AREsp 825.642-AgR, Rel. Raul Araújo, 4ª Turma)[14].

---

13 STJ, AgRg no AREsp 418.019/RJ, Rel. Ministro MARCO BUZZI, QUARTA TURMA, julgado em 17/12/2013, DJe 04/02/2014

14 STF, ARE 1028397 AgR, Rel. Min. ROBERTO BARROSO, DJe-171 DIVULG 03-08-2017 PUBLIC 04-08-2017

A intimação eletrônica é considerada pessoal para todos os fins de direito, também em relação à Fazenda Pública, Defensoria Pública e Ministério Público (Lei 11419, art. 5º, § 6º), admitindo-se, inclusive, citação eletrônica se for disponibilizado o acesso do inteiro teor do processo ao citando.

Os documentos serão considerados originais para todos os efeitos legais desde queproduzidos eletronicamente e juntados aos processos eletrônicos com garantia da origem e de seu signatário, na forma estabelecida na Lei nº 11.419/2006.

17

PRECLUSÃO

Sob o ponto de vista objetivo, a preclusão é um fato impeditivo, destinado a garantir o avanço progressivo da relação processual e a obstar o seu recuo para fases anteriores do procedimento. Do ponto de vista subjetivo, é a perda de uma faculdade ou direito processual que, por se haver esgotado ou por não ter sido exercido em tempo e momento oportuno fica praticamente extinto[1].

Paciência: o que passou, passou[2].

A preclusão "é instituto processual que importa em sanção à parte"[3] cujo propósito é limitar "a atividade processual dos sujeitos envolvidos, trazendo ordem ao feito e celeridade no seu desfecho"[4].

A preclusão, como se sabe, é instituto com efeitos apenas de natureza processual e com eficácia restrita aos autos em que a lide se estabelece. Assemelha-se à coisa julgada formal e diferencia-se da coisa julgada material porque esta destina-se a agir no futuro, não se circunscrevendo tão somente ao processo, sendo vedado o reexame da relação jurídica decidida[5].

A preclusão é fundamental para a concretização dos princípios da duração razoável do processo e da inafastabilidade da apreciação jurisdicional.

17.1 ESPÉCIES DE PRECLUSÃO: TEMPORAL, LÓGICA E CONSUMATIVA

A preclusão pode ser temporal, lógica ou consumativa.

---

1 MARQUES, José Frederico. *Instituições de Direito Processual Civil.* Vol. II, 3ª ed. Rio de Janeiro: Forense, 1966, p. 241.

2 BARBOSA MOREIRA, J. C. *Temas de Direito Processual – 1ª série.* São Paulo: Saraiva, 1977, p. 97.

3 STF. AR 1538 AgR-AgR, Rel. Min. MAURÍCIO CORRÊA, DJ 08-02-2002 PP-0026.

4 RUBIN, Fernando. As importantes alterações firmadas em relação à atuação da preclusão no projeto do novo CPC. *In,* NUNES, Dierle *et alii. Novas tendências do processo civil. Estudos sobre o Projeto do Novo Código de Processo Civil.* Salvador: JusPodivm, 2013, p.411-432, p. 414.

5 SILVA, Flávio Pâncaro. Prológo da 2ª edição. In: LACERDA, Galeno. *Despacho Saneador.* 3ª ed. Porto Alegre: SAFE, 1990, p. XXI.

A preclusão temporal concretiza-se quando o ato processual não é praticado no prazo estipulado para sua realização, como, por exemplo, deixar a parte de desincumbir-se do ônus de, na primeira oportunidade que lhe couber falar nos autos, 'denunciar' a nulidade de ato processual (art. 278 do CPC)[6].

> A parte deve alegar, imediatamente, qualquer nulidade processual que lhe prejudique, sob pena de preclusão (...) Assim, não há decisão interlocutória que fique imune à preclusão e o sistema se fecha: se o caso for de impugnação com devolução imediata, incide a previsão do agravo de instrumento; se não houver necessidade de impugnação imediata, em razão da inexistência de urgência ou de incompatibilidade de uma impugnação futura, impugnar-se-á a decisão interlocutória na apelação, desde que respeitada a necessidade de prévia alegação da nulidade[7].

> O plano divisório entre fatos preclusos e fatos não preclusos, quanto à época da respectiva ocorrência, corta o processo no último instante em que, objetivamente, era lícita a arguição[8].

> Mesmo as nulidades absolutas devem ser suscitadas em momento oportuno, sujeitando-se à preclusão temporal, em observância aos princípios da segurança jurídica e da lealdade processual[9].

> [Na] hipótese em que a parte recorrente procedeu à juntada do instrumento de mandato somente depois de escoado o prazo de 5 dias assinalado, estando caracterizada a preclusão temporal para a realização da referida providência[10].

A preclusão consumativa ocorre no momento em que a parte pratica o ato processual, independentemente da correção e adequação do ato praticado. Assim, exercido o direito de recorrer, a parte não poderá aditar ou inovar suas razões em nova petição recursal, tornando-se preclusas as matérias não aduzidas no momento da interposição do recurso.

> Sujeitam-se à preclusão consumativa as questões decididas no processo, inclusive as de ordem pública, que não tenham sido objeto de impugnação recursal no momento próprio[11].

> A interposição de dois recursos pela mesma parte e contra a mesma decisão impede o conhecimento do segundo recurso, haja vista a preclusão consumativa e o princípio da unirrecorribilidade das decisões[12].

---

6 STF: Deve o tribunal de ofício pronunciar inadmissibilidade de recurso que tenha por objeto questão coberta por preclusão temporal. RE 455024 AgR-ED, Rel. Min. CEZAR PELUSO, DJe-055 DIVULG 27-03-2008 PUBLIC 28-03-2008.

7 BRASIL. Câmara dos Deputados. Comissão especial destinada a proferir parecer ao Projeto de Lei nº 6.025, de 2005, ao Projeto de Lei nº 8.046, de 2010, ambos do Senado Federal, e outros, que tratam do "Código de ProcessoCivil" (revogam a Lei nº 5.869, de 1973).

8 BARBOSA MOREIRA, J. C. *Temas de Direito Processual – 1ª série.* São Paulo: Saraiva, 1977, p. 107.

9 STJ. AgRg nos EDcl no HC n. 668.662/SP, Rel. Min. Ribeiro Dantas, DJe de 17/12/2021.

10 STJ. AgInt no REsp n. 1.988.382/CE, Rel. Min. Francisco Falcão, DJe de 19/8/2022.

11 STJ. AgInt no REsp n. 1.992.135/PB, Rel. Min. Francisco Falcão, DJe de 24/8/2022.

12 STJ. AgInt no AREsp n. 2.043.258/MG, Rel. Min. Raul Araújo, DJe de 26/8/2022.

É vedado à parte inovar suas razões recursais em sede de agravo interno, trazendo novas questões não suscitadas oportunamente em sede de recurso especial, tendo em vista a configuração da preclusão consumativa[13].

A preclusão lógica decorre da incongruência entre a prática de um ato processual e outro já realizado.

A apresentação de cálculos pelo credor com um determinado índice de correção monetária é incompatível com a subsequente discordância com esse mesmo critério de atualização, independentemente de se tratar de matéria de ordem pública, haja vista a ocorrência de preclusão lógica.[14]

Consoante orientação do Superior Tribunal de Justiça, "configura-se a preclusão lógica e temporal quando a parte não interpõe o competente recurso contra decisão que lhe foi desfavorável, deixando de impugnar a matéria no momento processual oportuno" (AgInt Acordo no REsp 1.382.078/SC, Rel. Ministro Antônio Carlos Ferreira, Quarta Turma, julgado em 27/11/2018, DJe 4/12/2018).

1. A União requereu a desistência do recurso especial adesivo por ela interposto, ou seja, manifestou expressamente que não tinha mais interesse no reconhecimento da prescrição, matéria objeto do recurso especial adesivo.

2. Desta forma, a petição apresentada reiterando as razões do recurso especial adesivo configura a prática de ato processual absolutamente incompatível com outro já realizado pela parte no curso do processo – desistência do próprio recurso especial adesivo –, procedimento vedado pelo ordenamento.[15]

Debateu-se no STJ se haveria preclusão lógica para a Fazenda Pública interpor recursos especial ou extraordinário nas hipóteses de reexame necessário, desacompanhada da apelação do ente público. Prevaleceu o entendimento de não haver se consumado preclusão lógica tendo em vista que ao julgar a remessa necessária o Tribunal reaprecia toda a matéria de fato e de direito constante da sentença desfavorável à Fazenda Pública[16] [17].

17.2 PRECLUSÃO *PRO JUDICATO*

A preclusão *pro iudicato* gera efeitos processuais, vinculando o magistrado prolator da decisão ao seu conteúdo, evitando, assim que questões decididas sejam novamente resolvidas. É o que dispõe o art. 505 do CPC: Nenhum juiz– decidirá novamente as questões já decididas relativas à mesma lide, ressalvadas as relações

---

[13] STJ. AgInt no AREsp n. 1.895.825/SP, Rel. Min. Raul Araújo, DJe de 26/8/2022.

[14] STJ. AgInt no REsp n. 1.965.829/DF, Rel. Ministro Og Fernandes, DJe de 24/6/2022.

[15] STJ. AgInt nos EDcl no REsp n. 1.542.476/PR, Rel. Min. Mauro Campbell Marques, DJe de 18/3/2021.

[16] STF: RE 330.007-RO, DJ 23/8/2002; RE 396.989-7-GO, DJ 3/3/2006; do STJ: AgRg nos REsp 1.063.425-RS, DJe 9/12/2008; AgRg no REsp 588.108-PE, DJ 20/6/2005, e AgRg no EDcl no REsp 1.036.329-SP, DJe 18/6/2008. REsp 905.771-CE, Rel. Min. Teori Albino Zavascki, julgado em 29/6/2010.

[17] Entendo inconstitucional a remessa necessária e apresento as razões para sustentar a tese no tópico *infra*, 39.6.

jurídicas de trato continuado quando sobrevier modificação no estado de fato ou de direito ou se houver permissivo legal.

> o processo é um trilhar pra frente e, mesmo que 'as matérias de ordem pública [...] não estejam sujeitas, em princípio, à preclusão, se já decididas não podem ser reexaminadas pelo mesmo juiz, pois configurada a preclusão 'pro judicato', segundo a qual, nenhum juiz decidirá novamente as questões já decididas, relativas à mesma lide[18].

[18] AgInt na TutPrv no AREsp 1107398/PR, Rel. Ministro LUIS FELIPE SALOMÃO, QUARTA TURMA, julgado em 11/06/2019, DJe 28/06/2019.

18

COISA JULGADA

18.1 COISA JULGADA FORMAL

Havendo uma decisão definitiva, por não caber contra ela recurso algum, forma-se a coisa julgada formal que impossibilita a rediscussão da questão, na mesma causa. A coisa julgada formal é efeito de qualquer sentença, seja terminativa, que extingue o processo sem resolução de mérito, ou definitiva que resolveu o mérito.

As sentenças terminativas só adquirem autoridade de coisa julgada formal, inviabilizando retomar a controvérsia no mesmo processo. No entanto, é possível a propositura de nova demanda com o mesmo objeto.

18.2 COISA JULGADA MATERIAL: PRECLUSÃO MÁXIMA

Nos termos do art. 502 do CPC, a coisa julgada material é a autoridade que torna imutável e indiscutível a decisão de mérito não mais sujeita a recurso.

> A coisa julgada material é a qualidade conferida pela Constituição da República e pela Lei à sentença/acórdão que põe fim a determinada lide, o que ocorre com o esgotamento de todas as possibilidades recursais[1].

A coisa julgada garante a estabilidade das relações intersubjetivas, estabelecendo a certeza e a segurança jurídicas mediante a imutabilidade da sentença de mérito da qual não caiba mais recurso.

> A coisa julgada é, assim, uma garantia essencial do direito fundamental à segurança jurídica. Em recente estudo sobre as garantias fundamentais do processo, recordei que, na jurisdição de conhecimento, a coisa julgada é garantia da segurança jurídica e da tutela jurisdicional efetiva. Àquele a quem a Justiça reconheceu a existência de um direito, por decisão não mais sujeita a qualquer recurso no processo em que foi proferida, o Estado deve assegurar a sua plena e definitiva fruição, sem mais poder ser molestado pelo adversário. Se o Estado não

---

1 STF, AP 470 QO-décima primeira, Rel. Min. JOAQUIM BARBOSA, ACÓRDÃO ELETRÔNICO DJe-034 DIVULG 18-02-2014 PUBLIC 19-02-2014.

oferecer essa garantia, a jurisdição nunca assegurará em definitivo a eficácia concreta dos direitos dos cidadãos. Por outro lado, a coisa julgada é uma consequência necessária do direito fundamental à segurança (artigo 5º, inciso I, da Constituição) também dos demais cidadãos, e não apenas das partes no processo em que ela se formou, pois todos aqueles que travam relações jurídicas com alguém que teve determinado direito reconhecido judicialmente devem poder confiar na certeza desse direito que resulta da eficácia que ninguém pode negar aos atos estatais[2].

A coisa julgada, de assento constitucional (e legal), erigida à garantia fundamental do indivíduo, assume papel essencial à estabilização dos conflitos, em obséquio à segurança jurídica que legitimamente se espera da prestação jurisdicional. A esse propósito, uma vez decorrido o devido processo legal, com o exaurimento de todos os recursos cabíveis, a solução judicial do conflito de interesses, em substituição às partes litigantes, por meio da edição de uma norma jurídica concreta, reveste-se necessariamente de imutabilidade e de definitividade. Assim, a coisa julgada, a um só tempo, não apenas impede que a mesma controvérsia, relativa às mesmas partes, seja novamente objeto de ação e, principalmente, de outra decisão de mérito (função negativa), como também promove o respeito e a proteção ao que restou decidido em sentença transitada em julgado (função positiva). Uma vez transitada em julgado a sentença, a coisa julgada que dela dimana assume a condição de ato emanado de autoridade estatal de observância obrigatória, imune, inclusive, às alterações legislativas que porventura venham a ela suceder, relegando-se a um segundo plano, o raciocínio jurídico desenvolvido pelo julgador, os fundamentos ali exarados, a correção ou a justiça da decisão, pois estes, em regra, já não mais comportam nenhum questionamento[3].

A coisa julgada é um dos componentes da segurança jurídica, princípio basilar do regime democrático. A proteção constitucional à coisa julgada, art. 5º, inc. XXXVI, é fruto da necessidade de estabilidade das relações sociais mediante a resolução definitiva dos litígios.

É por meio da proteção do que já decidido em definitivo pelo Judiciário que se promove a confiança recíproca entre os atores da sociedade, que podem pautar suas condutas à luz dos efeitos já oficialmente proclamados dos atos por eles praticados, e, com isso, planejado o futuro a ser trilhado. Tanto o vencedor quanto o vencido, sob certo ângulo, beneficiam-se da indiscutibilidade inerente à coisa julgada, pois mesmo o segundo passa a saber, com precisão, a exata medida em que sua esfera jurídica restou subordinada ao interesse do adversário [...][4].

Sobre a matéria, Barbosa Moreira ensina:

Desde o trânsito em julgado, fica a sentença definitiva revestida da autoridade da

---

2 LEONARDO GRECO. Eficácia da Declaração 'Erga Omnes' de Constitucionalidade ou Inconstitucionalidade em Relação à Coisa Julgada Anterior. *In*, DIDIER JR., Fredie. Relativização da Coisa Julgada. 2ª ed. Salvador: Juspodivm, 2008. p. 251-261.

3 STJ, REsp 1782867/MS, Rel. Min. MARCO AURÉLIO BELLIZZE, DJe 14/08/2019.

4 STJ. REsp 763.231/PR, Rel. Ministro LUIZ FUX, PRIMEIRA TURMA, julgado em 15/02/2007, DJ 12/03/2007, p. 202.

coisa julgada em sentido material. Quer isso dizer que a solução dada ao litígio pelo juiz se torna imune a contestações juridicamente relevantes, não apenas no âmbito do processo em que se proferiu a decisão, mas também, fora dele, vinculando as partes e quaisquer juízes de eventuais processos subsequentes[5].

Prossegue o autor elucidando que a coisa julgada "só opera em processos nos quais se ache em jogo a *auctoritas rei iudicate* adquirida por sentença anterior"[6], devendo-se acrescentar, ainda, que a eficácia preclusiva da coisa julgada veda a repetição de processo subsequente que tenha as mesmas partes, a mesma causa de pedir e o mesmo pedido do processo com decisão transitada em julgado[7]. Esse impedimento prevalece mesmo quando for outra a ação repetida, porquanto, ainda que sub-repticiamente, não se afasta a pretensão de ofender a coisa julgada já estabelecida[8].

O art. 508 do CPC dispõe que com o trânsito em julgado da decisão de mérito, considerar-se-ão deduzidas e repelidas todas as alegações e as defesas que a parte poderia opor tanto ao acolhimento quanto à rejeição do pedido, ou seja:

> Transitada em julgado a sentença de mérito, as partes ficam impossibilitadas de alegar qualquer outra questão relacionada com a lide sobre a qual pesa a autoridade da coisa julgada. A norma reputa repelidas todas as alegações que as partes poderiam ter feito na petição inicial e contestação a respeito da lide e não o fizeram. Isto quer significar que não se admite a propositura de nova demanda para rediscutir a lide, com base em novas alegações[9].

Com efeito, o art. 508 do CPC/15 impossibilita a instauração de nova demanda para rediscutir controvérsia alcançada pela autoridade da coisa julgada, mesmo fundamentada em novas alegações ou travestida em ação de outra natureza, pois, a coisa julgada material abrange as questões que foram discutidas bem como as que poderiam ter sido, mas não foram, "desde que tais alegações e defesas contenham-se no objeto do processo (*tantum judicatum quantum disputatum vel disputari debebat*)"[10].

A imutabilidade da coisa julgada manifesta-se nos exatos limites do que se decidiu[11], não alcançando causas de pedir não deduzidas pelo autor. "Por essa razão, a parte que não foi decidida – e que, portanto, caracteriza a existência de

---

5 BARBOSA MOREIRA, J. C. *Temas de Direito Processual – 1ª série.* São Paulo: Saraiva, 1977, p. 97.

6 BARBOSA MOREIRA, J. C. *Temas de Direito Processual – 1ª série.* São Paulo: Saraiva, 1977, p. 106.

7 STJ. REsp 1.704.972/CE, Rel. Ministro RICARDO VILLAS BÔAS CUEVA, DJe 15/10/2018.

8 STJ. REsp 746.685/RS, Rel. Min. Luiz Fux, DJ 07.11.2006; REsp 714.792/RS, Rel. Min. Luiz Fux, DJ 01.06.2006; e REsp 469.211/SP, Rel. Min. Luiz Fux, DJ 29.09.2003.

9 NERY JR., Nelson, NERY, Rosa Maria Andrade. *Código de Processo Civil Comentado.* 10ª ed. São Paulo: Revista dos Tribunais, 2007, p. 709.

10 STF, MS 33528 AgR, Relator(a): Min. CELSO DE MELLO, Segunda Turma, julgado em 06/09/2016, PROCESSO ELETRÔNICO DJe-201 DIVULG 20-09-2016 PUBLIC 21-09-2016.

11 AgInt no AREsp 961.640/RS, Rel. Min. LUIS FELIPE SALOMÃO, DJe 11/09/2018.

julgamento *infra petita* –, poderá ser objeto de nova ação judicial para que a pretensão que não fora decidida o seja agora"[12].

Essa hipótese refere-se ao que não foi julgado e, portanto, não pode ser alcançado pela coisa julgada. Não se confunde, entretanto, com a eficácia preclusiva da coisa julgada, disciplinada no art. 508 do CPC. Esse dispositivo considera deduzidas e repelidas todas as alegações e as defesas que a parte poderia opor tanto ao acolhimento quanto à rejeição do pedido e deixou de fazê-lo. Nesse caso, Fux assevera ser a incompletude dos argumentos da causa de pedir ou da defesa indiferentes para a intangibilidade da coisa julgada, pois:

> o compromisso da coisa julgada é com a estabilidade social e não com a justiça da decisão ou sua compatibilidade com a realidade, porque esta não se modifica pela sentença. A realidade é a realidade. O juízo é de veracidade ou de verossimilhança, conforme a coincidência do que se repassou para o processo em confronto com a vida fenomênica[13].

18.3 A COISA JULGADA E O ART. 525, § 12, DO CPC

O art. 525 do CPC fixa as regras da impugnação do devedor na fase de cumprimento de sentença, dispondo os §§ 12 e ss. que:

> § 12. Para efeito do disposto no inciso III do § 1° deste artigo, considera-se também inexigível a obrigação reconhecida em título executivo judicial fundado em lei ou ato normativo considerado inconstitucional pelo Supremo Tribunal Federal, ou fundado em aplicação ou interpretação da lei ou do ato normativo tido pelo Supremo Tribunal Federal como incompatível com a Constituição da República, em controle de constitucionalidade concentrado ou difuso.
>
> § 13. No caso do § 12, os efeitos da decisão do Supremo Tribunal Federal poderão ser modulados no tempo, em atenção à segurança jurídica.
>
> § 14. A decisão do Supremo Tribunal Federal referida no § 12 deve ser anterior ao trânsito em julgado da decisão exequenda.
>
> § 15. Se a decisão referida no § 12 for proferida após o trânsito em julgado da decisão exequenda, caberá ação rescisória, cujo prazo será contado do trânsito em julgado da decisão proferida pelo Supremo Tribunal Federal.

Esses dispositivos têm o propósito de assegurar a supremacia constitucional, razão pela qual retira a eficácia da decisão transitada em julgado.

A regra em questão foi inicialmente introduzida no nosso ordenamento jurídico pela MP 2180-35, posteriormente introduzida no CPC revogado no art. 741, § 3º. À época do seu surgimento, muitos debates se travaram no ambiente

---

[12] EREsp 1264894/PR, Rel. Ministra NANCY ANDRIGHI, CORTE ESPECIAL, julgado em 16/09/2015, DJe 18/11/2015.

[13] FUX, Luiz. Curso de Direito Processual Civil. 3ª ed., Rio de Janeiro: Forense, 2005, p. 252.

acadêmico, havendo posicionamentos robustos de lado a lado, dos que sustentam a inconstitucionalidade do dispositivo, bem como daqueles que defendem sua aplicabilidade por não vislumbrarem qualquer violação à Constituição.

O STF do alto da autoridade de proferir a última palavra sobre interpretação constitucional, sem desconhecer os posicionamentos teóricos antagônicos, encerrou a polêmica. A Corte Suprema julgou constitucional o malsinado dispositivo, decidindo que a garantia da coisa julgada não é absoluta, de modo a permitir ao legislador a "definição formal dos limites objetivos da *res judicata*[14]. Portanto, é constitucionalmente lícita a previsão do CPC que restringe a eficácia da coisa julgada que conflita com a Constituição. Um julgamento que está gerando muita polêmica é a decisão do STF que considerou que a "coisa julgada", sobre tributos recolhidos de forma continuada, perde seus efeitos caso o STF se pronuncie em sentido contrário. Isso porque, de acordo com a legislação e a jurisprudência, uma decisão, mesmo transitada em julgado, produz os seus efeitos enquanto perdurar o quadro fático e jurídico que a justificou. Havendo alteração, os efeitos da decisão anterior podem deixar de se produzir[15].

Diante desse entendimento, o STF delimitou o alcance dos dispositivos em decisão com Repercussão Geral no Tema 360:

> o art. 525, § 1º, III e §§ 12 e 14, o art. 535, § 5º, dispositivos que, buscando harmonizar a garantia da coisa julgada com o primado da Constituição, vieram agregar ao sistema processual brasileiro um mecanismo com eficácia rescisória de sentenças revestidas de vício de inconstitucionalidade qualificado, assim caracterizado nas hipóteses em que (a) a sentença exequenda esteja fundada em norma reconhecidamente inconstitucional – seja por aplicar norma inconstitucional, seja por aplicar norma em situação ou com um sentido inconstitucionais; ou (b) a sentença exequenda tenha deixado de aplicar norma reconhecidamente constitucional; e (c) desde que, em qualquer dos casos, o reconhecimento dessa constitucionalidade ou a inconstitucionalidade tenha decorrido de julgamento do STF realizado em data anterior ao trânsito em julgado da sentença exequenda. (Voto Min. Teori Zavascki).

E, ainda, a Repercussão Geral, Tema 885:

> 1. As decisões do STF em controle incidental de constitucionalidade, anteriores à instituição do regime de repercussão geral, não impactam automaticamente a coisa julgada que se tenha formado, mesmo nas relações jurídicas tributárias de trato sucessivo.
>
> 2. Já as decisões proferidas em ação direta ou em sede de repercussão geral interrompem automaticamente os efeitos temporais das decisões transitadas em julgado nas referidas relações, respeitadas a irretroatividade, a anterioridade anual e a noventena ou a anterioridade nonagesimal, conforme a natureza do tributo.

---

[14] STF. RE 681953 AgR, Rel. Min. CELSO DE MELLO, DJe-221 DIVULG 08-11-2012 PUBLIC 09-11-2012.

[15] Ministro Barroso explica julgamento sobre coisa julgada em matéria tributária – YouTube.

18.4 PRECLUSÃO DAS DECISÕES INTERLOCUTÓRIAS: DUAS OBSERVAÇÕES

1º) As nulidades processuais deverão ser alegadas pela parte na primeira oportunidade que tiver para se manifestar no processo, sob pena de preclusão, conforme art. 278 do CPC.

Portanto, se a parte se deparar com decisão interlocutória passível de ser decretada nula, *v.g.*, a decisão que cerceia o direito à prova, ainda que o art. 1015 do CPC não preveja sua recorribilidade imediata, por meio de agravo de instrumento, a parte deverá manifestar sua discordância com o ato judicial na primeira oportunidade subsequente à decisão inquinada de nulidade, sob pena de preclusão.

Do silêncio da parte presumir-se-á sua concordância com o ato supostamente nulo, ficando impossibilitada de alegar na apelação o vício, face ao disposto no art. 507 do CPC que veda a rediscussão das questões tornadas preclusas no curso do processo.

É preciso considerar, ainda, que o processo, enquanto técnica, estabelece formalidades técnicas a serem observadas para que o ato processual alcance sua finalidade.

Na situação ora analisada, acredita-se que a melhor forma de a parte demonstrar o seu inconformismo com o ato processual e evitar sua preclusão é o pedido de reconsideração.

Por meio deste pedido, a parte, além de deixar expressa sua discordância, provocará nova manifestação judicial sobre a matéria. A adoção da prática existente no Processo do Trabalho, do protesto, é válida, mas não é a melhor alternativa, pois não tem o condão de levar a questão a ser reexaminada pelo juiz. Alguns autores[16] suscitaram a hipótese de interposição de embargos de declaração, o que não é a alternativa tecnicamente mais adequada, pois, esse recurso não têm essa finalidade. Não está elencada no art. 1022 do CPC hipótese de cabimento de Embargos de Declaração para questionar nulidade de ato processual, além do que, necessariamente haveria de se atribuir caráter infringente ao recurso, o que revestiria os embargos de declaração de insegurança jurídica e risco de arbítrio judicial, pois estaria ao alvedrio judicial admiti-los ou não para fins de sanar o vício processual por se tratar de interpretação de *lege ferenda*.

2º) O § 1º do art. 1009 do CPC diz que as decisões interlocutórias que resolverem questões no curso do processo mas não forem impugnáveis por agravo de instrumento não precluirão, admitindo-se questiona-las no recurso de apelação, nas razões ou nas contrarrazões.

---

[16] LEITE, Gisele. A preclusão e o Novo CPC. LEMOS, Vinicius Silva. A regra da não preclusão imediata do art. 1008, § 1º e a conjunção com o art. 278: protesto antipreclusivo no CPC/2015?.

O art. 1015 do CPC, por sua vez, admite a recorribilidade apenas das interlocutórias que resolverem as matérias nele elencadas. Compreendia-se, portanto, que o elenco de hipóteses agraváveis do referido dispositivo era taxativo e, assim, os arts. 1009 e 1015 coabitavam harmonicamente. Todavia, o STJ decidiu que "o rol do art. 1015 do CPC é de taxatividade mitigada, por isso admite a interposição de agravo de instrumento quando verificada a urgência decorrente da inutilidade do julgamento da questão no recurso de apelação"[17].

Essa decisão beira as raias da teratologia, pois o Superior Tribunal de Justiça arvorou-se à condição de legislador, com explícita desconsideração do princípio da separação e harmonia dos poderes, com afronta direta ao texto constitucional por usurpação de competência legiferante, vez que "o poder de inovar o sistema normativo, em caráter inaugural, constitui função típica da instituição parlamentar"[18].

A propósito, a Exposição de Motivos do CPC esclarece que o agravo de instrumento é o recurso cabível em todos os casos a respeito dos quais houver previsão legal expressa. Com efeito, em relação ao regime do agravo de instrumento, seu cabimento restringir-se-ia às hipóteses taxativamente previstas no art. 1015 do CPC[19-20]. Há de se ressaltar, ainda, que a decisão do Superior Tribunal de Justiça em questão desestrutura o sistema da recorribilidade das interlocutórias estabelecido no CPC, pois, ao mitigar a taxatividade de forma genérica e abrangente, sem individualização das situações produz insegurança jurídica e perplexidade para o jurisdicionado.

O STJ acredita que deve prevalecer sobre a lei o critério por ele estabelecido, de admitir "o cabimento do agravo de instrumento na hipótese de haver urgência no reexame da questão em decorrência da inutilidade do julgamento diferido do recurso de apelação (...). Significa dizer que, quando ausentes quaisquer dos requisitos acima mencionados, estará mantido o estado de imunização e de inércia da questão incidente, possibilitando que seja ela examinada, sem preclusão, no momento do julgamento do recurso de apelação".

O resultado é o retrocesso ao modelo revogado; o critério *urgência* é o que determinava a admissibilidade do agravo de instrumento no CPC de 1973. Caso o dano não fosse imediato e de difícil e incerta reparação, convertia-se o agravo de

---

17 STJ. REsp 1704520/MT, Rel. Min. NANCY ANDRIGHI, julgado em 05/12/2018, DJe 19/12/2018. Recurso Repetitivo: Tema 988.

18 STF, ADI 1063 MC, Rel. Min. CELSO DE MELLO, DJ 27-04-2001, p. 57.

19 MARANHÃO, Clayton. Agravo de instrumento no Código de ProcessoCivil de 2015: entre a taxatividade do rol e um indesejado retorno do mandado de segurança contra ato judicial. *In*: REPRO Vol. 256 (Junho 2016), p. 147-168. Assevera o autor que: "a interpretação extensiva do rol de cabimento do agravo é uma possível via a ser adotada pela jurisprudência, mas isso não quer dizer que seja ela necessária".

20 THEODORO JR., Humberto. *Curso de Direito Processual Civil.* Vol. III, 51ª. Rio de Janeiro: Forense, 2018, p. 1098.

instrumento em agravo retido. Nos termos do art. 527 do CPC revogado, o agravo de instrumento somente era admitido quando se tratasse de decisão suscetível de causar à parte imediata lesão, grave e de difícil reparação. Inexistindo urgência, o recurso seria o agravo retido, a ser julgado, a pedido do agravante, preliminarmente à apelação. Tal qual a mitigação proposta pelo STJ, todavia, com uma diferença substancial em relação ao regime anterior. Era o Código que disciplinava o regime do agravo de instrumento, com previsão, inclusive, de sua conversão em agravo retido. Agora, independentemente de previsão legal, o Superior Tribunal de Justiça simplesmente protela a preclusão da matéria agravada para momento posterior, "possibilitando que seja ela examinada, sem preclusão, no momento do julgamento do recurso de apelação".

Enquanto prevalecer esse entendimento do STJ, o recurso de agravo de instrumento é cabível indistinta e inconsequentemente contra quaisquer decisões interlocutórias, desde que o agravante alegue o *periculum in mora.* Caso o tribunal não conheça do recurso, por incabível, nenhum prejuízo haverá sofrido o agravante, tendo em vista que sobre a matéria não haverá preclusão consumativa.

Observa-se, ainda, que a parte não ficaria privada de meios processuais adequados para impugnar decisões interlocutórias não incluídas no rol taxativo do art. 1015 do CPC. Para tanto, há os meios autônomos de impugnação de decisões judiciais, dentre os quais sobressai o Mandado de Segurança

> STF
>
> SÚMULA 239
>
> Decisão que declara indevida a cobrança do impôsto em determinado exercício não faz coisa julgada em relação aos posteriores.
>
> Tema 360 – RG reconhecida e mérito julgado
>
> Desconstituição de título executivo judicial mediante aplicação do parágrafo único do art. 741 do Código de Processo Civil.
>
> Tese
>
> São constitucionais as disposições normativas do parágrafo único do art. 741 do CPC, do § 1º do art. 475-L, ambos do CPC/73, bem como os correspondentes dispositivos do CPC/15, o art. 525, § 1º, III e §§ 12 e 14, o art. 535, § 5º. São dispositivos que, buscando harmonizar a garantia da coisa julgada com o primado da Constituição, vieram agregar ao sistema processual brasileiro um mecanismo com eficácia rescisória de sentenças revestidas de vício de inconstitucionalidade qualificado, assim caracterizado nas hipóteses em que (a) a sentença exequenda esteja fundada em norma reconhecidamente inconstitucional, seja por aplicar norma inconstitucional, seja por aplicar norma em situação ou com um sentido inconstitucionais; ou (b) a sentença exequenda tenha deixado de aplicar norma reconhecidamente constitucional; e (c) desde que, em qualquer dos casos, o reconhecimento dessa constitucionalidade ou a inconstitucionalidade

tenha decorrido de julgamento do STF realizado em data anterior ao trânsito em julgado da sentença exequenda.

Tema 392 – RG reconhecida e mérito julgado

Superação da coisa julgada para possibilitar nova ação de investigação de paternidade em face de viabilidade de realização de exame de DNA.

Tese

I – É possível a repropositura de ação de investigação de paternidade, quando anterior demanda idêntica, entre as mesmas partes, foi julgada improcedente, por falta de provas, em razão da parte interessada não dispor de condições econômicas para realizar o exame de DNA e o Estado não ter custeado a produção dessa prova; II – Deve ser relativizada a coisa julgada estabelecida em ações de investigação de paternidade em que não foi possível determinar-se a efetiva existência de vínculo genético a unir as partes, em decorrência da não realização do exame de DNA, meio de prova que pode fornecer segurança quase absoluta quanto à existência de tal vínculo.

Tema 463 – STF – RG rejeitada

Tese: A questão da ofensa à coisa julgada pela homologação, na fase executória do processo, do termo de acordo de adesão da Lei Complementar n. 110/2001, firmado com a Caixa Econômica Federal – CEF e o titular da conta vinculada ao Fundo de Garantia do Tempo de Serviço – FGTS, tem natureza infraconstitucional, e a ela se atribuem os efeitos da ausência de repercussão geral, nos termos do precedente fixado no RE n. 584.608, rel. a Ministra Ellen Gracie, DJe 13/03/2009[21].

Tema 499 – RG reconhecida e mérito julgado

Limites subjetivos da coisa julgada referente à ação coletiva proposta por entidade associativa de caráter civil.

Tese

A eficácia subjetiva da coisa julgada formada a partir de ação coletiva, de rito ordinário, ajuizada por associação civil na defesa de interesses dos associados, somente alcança os filiados, residentes no âmbito da jurisdição do órgão julgador, que o fossem em momento anterior ou até a data da propositura da demanda, constantes da relação jurídica juntada à inicial do processo de conhecimento.

Tema 715 – STF – RG rejeitada em 21/10/2014

Limites territoriais da eficácia de decisão prolatada em ação coletiva[22].

21 STF. RE 637135 RG, Relator(a): Min. MINISTRO PRESIDENTE, julgado em 05/08/2011, PROCESSO ELETRÔNICO DJe-170 DIVULG 02-09-2011 PUBLIC 05-09-2011.

22 STF. ARE 796473 RG, Relator(a): Min. GILMAR MENDES, julgado em 03/04/2014, ACÓRDÃO ELETRÔNICO DJe-207 DIVULG 20-10-2014 PUBLIC 21-10-2014.

Tese

A questão da limitação territorial da eficácia da decisão proferida em ação coletiva tem natureza infraconstitucional, e a ela se atribuem os efeitos da ausência de repercussão geral, nos termos do precedente fixado no RE n. 584.608, rel. a Ministra Ellen Gracie, DJe 13/03/2009.

Tema 733 – RG reconhecida e mérito julgado

Eficácia temporal de sentença transitada em julgado fundada em norma supervenientemente declarada inconstitucional pelo Supremo Tribunal Federal em sede de controle concentrado.

Tese

A decisão do Supremo Tribunal Federal declarando a constitucionalidade ou a inconstitucionalidade de preceito normativo não produz a automática reforma ou rescisão das decisões anteriores que tenham adotado entendimento diferente. Para que tal ocorra, será indispensável a interposição de recurso próprio ou, se for o caso, a propositura de ação rescisória própria, nos termos do art. 485 do CPC, observado o respectivo prazo decadencial (CPC, art. 495).

Tema 881 – RG reconhecida em 13/05/2016

Limites da coisa julgada em matéria tributária, notadamente diante de julgamento, em controle concentrado pelo Supremo Tribunal Federal, que declara a constitucionalidade de tributo anteriormente considerado inconstitucional, na via do controle incidental, por decisão transitada em julgado[23].

Tema 885 – STF – RG reconhecida em 27/04/2016

Efeitos das decisões do Supremo Tribunal Federal em controle difuso de constitucionalidade sobre a coisa julgada formada nas relações tributárias de trato continuado.

1. As decisões do STF em controle incidental de constitucionalidade, anteriores à instituição do regime de repercussão geral, não impactam automaticamente a coisa julgada que se tenha formado, mesmo nas relações jurídicas tributárias de trato sucessivo.

2. Já as decisões proferidas em ação direta ou em sede de repercussão geral interrompem automaticamente os efeitos temporais das decisões transitadas em julgado nas referidas relações, respeitadas a irretroatividade, a anterioridade anual e a noventena ou a anterioridade nonagesimal, conforme a natureza do tributo.[24]

Tema 1030 – STF – RG rejeitada em 27/09/2019

---

[23] STF. RE 949297 RG, Relator(a): Min. EDSON FACHIN, julgado em 24/03/2016, PROCESSO ELETRÔNICO DJe-097 DIVULG 12-05-2016 PUBLIC 13-05-2016.

[24] STF. RE 955227 RG, Relator(a): Min. ROBERTO BARROSO, julgado em 31/03/2016, ACÓRDÃO ELETRÔNICO DJe-081 DIVULG 26-04-2016 PUBLIC 27-04-2016.

É infraconstitucional, a ela aplicando-se os efeitos da ausência de repercussão geral, controvérsia acerca do termo inicial para o ajuizamento de ação rescisória, quando a decisão transitada em julgado, supostamente, foi proferida com fraude ao erário e à administração da Justiça.[25]

Tema 1075 – RG reconhecida em 26/02/2020 e mérito julgado em 14/06/2021

A fixação da seguinte tese de repercussão geral:

"I – É inconstitucional a redação do art. 16 da Lei 7.347/1985, alterada pela Lei 9.494/1997, sendo repristinada sua redação original.

II – Em se tratando de ação civil pública de efeitos nacionais ou regionais, a competência deve observar o art. 93, II, da Lei 8.078/1990 (Código de Defesa do Consumidor). III – Ajuizadas múltiplas ações civis públicas de âmbito nacional ou regional e fixada a competência nos termos do item II, firma-se a prevenção do juízo que primeiro conheceu de uma delas, para o julgamento de todas as demandas conexas" [26].

STJ

Súmula 344 – A liquidação por forma diversa da estabelecida na sentença não ofende a coisa julgada.

---

25 STF RE 1007436 RG, Relator(a): Min. LUIZ FUX, Relator(a) p/ Acórdão: Min. EDSON FACHIN, julgado em 22/02/2019, PROCESSO ELETRÔNICO DJe-211 DIVULG 26-09-2019 PUBLIC 27-09-2019.

26 STF. RE 1101937, Relator(a): ALEXANDRE DE MORAES, Tribunal Pleno, julgado em 08/04/2021, PROCESSO ELETRÔNICO REPERCUSSÃO GERAL - MÉRITO DJe-113 DIVULG 11-06-2021 PUBLIC 14-06-2021.

19

NEGÓCIOS PROCESSUAIS – A CLÁUSULA *REBUS SIC STANTIBUS*

Os negócios jurídicos processuais são definidos como:

> instrumentos de exercício da autonomia privada, pelos quais os sujeitos exaram manifestação de vontade, optando pela incidência de efeitos – legais ou convencionais – a serem aplicados em processo futuro ou atual, criando, modificando ou extinguindo situações jurídicas processuais ou, ainda, alterando o procedimento[1].

Eles não são novidade nos ordenamentos jurídicos processuais. O Código de Processo Civil italiano, de 1942, por exemplo, permitia que as partes convencionassem a respeito do julgamento por equidade ou sobre o recurso de cassação *per saltum* caso as partes concordassem em não apelar[2].

Entre nós, o CPC revogado possibilitava várias convenções processuais, tais como eleição de foro, redução ou prorrogação de prazos, suspensão do processo, redistribuição do ônus probatório, adiamento da audiência, alteração do prazo para apresentação de razões finais e o pacto pela liquidação de sentença por arbitramento.

A grande inovação advinda em 2015, foi a admissão de negócios processuais atípicos. O art. 190 do CPC estatui cláusula geral de negociação por meio da qual as partes detém poderes para celebrar acordos processuais. Não se trata de uma norma em branco que absolutiza o poder negocial das partes, haja vista sujeitar-se ao controle jurisdicional de validade. Mas o controle deve ser parcimonioso, a autonomia das partes deve sofrer o mínimo de interferência possível.

O CPC, é verdade, ao ampliar a autonomia e participação das partes mediante admissibilidade de negócios processuais atípicos aumentou o protagonismo das partes na construção do provimento, o que, como esse incremento na participação

---

1 MAFFESSONI, Behlua Ina Amaral. Convenções processuais em matéria probatória e poderes instrutórios do juiz. Dissertação de mestrado. Belo Horizonte: UFMG, 2020, p. 62.

2 CALAMANDREI, Piero. *Instituições de Direito Processual Civil.* Vol. I Campinas: Bookseller, 2003, p. 243.

"das partes na condução do processo e na formação da decisão de mérito é um dos grandes pilares do processo civil democrático"[3].

De acordo com o parecer da Câmara dos Deputados, as convenções processuais ou negócios processuais permitem que as partes, **em certa medida**, regulem a forma de exercício de seus direitos e deveres processuais e disponham sobre os ônus que contra si recaiam.

> O pacto somente será admitido (a) quando se tratar de direitos que admitam autocomposição, hipóteses nas quais as partes já estão autorizadas pelo ordenamento e renunciar integralmente ao próprio direito litigioso e a afastar a própria jurisdição estatal, com opção pela arbitragem; (b) quando as partes sejam capazes e (c) quando estejam em situação de equilíbrio, não se permitindo o acordo de procedimento em contratos de adesão ou em contratos em que figurem partes em situação de vulnerabilidade – tudo isso sob a fiscalização do juiz[4].

Esclarece-se à luz do magistério de Érico Andrade que o dispositivo em questão não padece de inconstitucionalidade:

> A contratualização do processo, ao permitir às partes, ou às partes em conjunto com o juiz, por meio do consenso, **regulem determinadas situações processuais**, para adequar melhor o processo ao caso concreto, não esbarra, *a priori*, pela só negociação em si, em perspectiva de inconstitucionalidade, pois, como informa a mais moderna doutrina italiana, o devido processo legal não significa processo rigidamente modelado pela lei, mas sim o delineamento legal do processo que pode ser montado sobre cláusulas gerais, abertas e flexíveis, que permitem mais mobilidade judicial para adequação procedimental ao caso concreto[5].

A evidência de que inexistam argumentos plausíveis para questionar a constitucionalidade do art. 190 do CPC, não afasta a complexidade da matéria e as polêmicas doutrinárias. Delimitar as balizas da liberdade negocial das partes na celebração de acordos processuais é matéria que desafia a inteligência jurídica.

Atualmente, a ciência processual atingiu um estágio de desenvolvimento que lhe possibilitou construir uma teoria distanciada dos extremos do privatismo e do publicismo, para desenvolver uma teoria que pondera e equilibra os fundamentos de ambos.

Em relação aos negócios processuais, a abertura da cláusula negocial insculpida no art. 190 do CPC harmoniza-se com os direitos e garantias fundamentais.

---

3 MAFFESSONI, Behlua Ina Amaral. Convenções processuais em matéria probatória e poderes instrutórios do juiz. Dissertação de mestrado. Belo Horizonte: UFMG, 2020, p. 34.

4 BRASIL. Câmara dos Deputados. . *Comissão especial destinada a proferir parecer ao Projeto de Lei nº 6.025, de 2005, ao Projeto de Lei nº 8.046, de 2010, ambos do Senado Federal, e outros, que tratam do "Código de ProcessoCivil" (revogam a Lei nº 5.869, de 1973).*

5 ANDRADE, Érico. A "Contratualização" do Processo. *In*: THEODORO JUNIOR, Humberto (Coord.). *Processo Civil Brasileiro:* Novos Rumos a partir do CPC/2015. Belo Horizonte: Del Rey, 2016, p. 47-65, p. 63.

Assegura-se a liberdade das partes com a maior amplitude, limitada tão somente pela falta de razoabilidade[6].

A teoria do processo contemporânea consagra o processo como interesse da partes, mas não exclusivamente delas. É salvaguardado o interesse social quando correta a atuação da jurisdição. O respeito à garantia do contraditório legitima a atuação estatal mediante a participação das partes na construção do provimento, o que previne o arbítrio estatal e prestigia a colaboração.

A compreensão das convenções processuais deve levar em consideração a ética e a lealdade processuais, inadmitindo-se a submissão ou manipulação do poder jurisdicional. Com efeito, controle e limites há de haver em relação à liberdade negocial no processo, como adverte Sálvio Figueiredo Teixeira, "o processo, como já afirmado, não é um jogo de esperteza, mas instrumento essencial à realização da função jurisdicional do Estado."[7]

Evidentemente, os negócios processuais visam à efetividade do processo visando à proteção dos direitos e das liberdades contra qualquer ato de violência ou arbítrio. "Um processo que limite injustificadamente o exercício da liberdade não pode ser considerado um processo devido. Um processo jurisdicional hostil ao exercício da liberdade não é um processo devido, nos termos da Constituição brasileira"[8].

O processo, ao resolver o conflito deve atender aos fins sociais e às exigências do bem comum, resguardar e promover a dignidade da pessoa humana, observando a proporcionalidade, a razoabilidade, a legalidade, a publicidade e a eficiência.

Com efeito, a primeira premissa a ser considerada em relação ao processo democrático é que, os objetivos fundamentais da República brasileira são realizados quando se assegura maior participação autônoma das partes, o que promove a cidadania e realça a dignidade da pessoa humana. As partes são capazes de assumirem a responsabilidade pelo bom resultado do processo e portanto, têm legitimidade para convencionar acerca do procedimento adequado para a resolução do seu conflito de interesses. Com efeito, deve prevalecer a liberdade acima de tudo. A liberdade de contratar deve ser potencializada ao máximo, até o limite da razoabilidade:

> *Liberty under law extends to the full range of conduct which the individual is free to pursue, and it cannot be restricted except for a proper governmental objective*[9].

---

6 STF. SS 1319, Rel. Min. CELSO DE MELLO, julgado em 07/04/1999, publicado em DJ 19/04/1999, p. 31.

7 STJ, Voto do Min. Sãlvio de Figueiredo Teixeira, EREsp nº 218.426, REl. Min. Vicente Leal, DJ 19/04/2004.

8 DIDIER JR., Fredie. Curso de Direito Processual Civil. Vol. 1. 17ª ed. Salvador: Podium, 2015, p. 133.

9 US Supreme Court. Legal Information Institute. Cornell Law School.

Excepcionalmente, o ato jurídico perfeito, tal como a coisa julgada, está sujeito à revisão. De modo que o negócio processual pode ser revisto para preservar a integridade da garantia do devido processo legal.

O art. 5º, inc. XXXV ao assegurar o acesso à justiça estabelece o dever de o Estado, mediante a atuação da jurisdição, assegurar a integridade do ordenamento jurídico, resolvendo os casos em que houve lesão ou ameaça a direito.

A validade do negócio processual é controlada judicialmente[10]. O juiz tem de verificar se o negócio processual celebrado é válido; sua função não é meramente homologatória. O juiz deixará de aplicar as cláusulas do negócio processual quando verificar a desproporcionalidade, a irrazoabilidade, a ilegalidade, a não publicidade ou a ineficiência.

Desta maneira, as partes[11] de boa-fé podem firmar um negócio processual válido, porém ineficaz. O juiz pode recusar aplicação das cláusulas do negócio processual quando inseridas sem a devida informação e o esclarecimento em contrato de adesão ou quando for constatada a vulnerabilidade da parte, conforme se depreende do § único do art. 190 do CPC. Vale a ponderação de Marcelo Milagres: "a inserção da convenção processual em contrato de adesão, por si só, não configura abusividade. É preciso avaliar se as cláusulas violam normas cogentes (proibitivas ou impositivas), se as partes têm capacidade para negociar, se não há, concretamente, situações de vulnerabilidade em termos processuais"[12].

A enumeração do mencionado dispositivo é meramente exemplificativa. A jurisprudência do STJ ampliou o rol das possibilidades do controle judicial: "a convenção entre as partes jamais poderá subtrair da jurisdição estatal o controle sobre eventuais abusos, invalidades, ilegalidades e nulidades que daquele acordo porventura decorram"[13].

Assim, além da pluralidade de hipóteses de anulabilidade do negócio processual, há situações em que somente após o exaurimento do negócio processual, o juiz apercebe-se da ausência de pressuposto processual ou de que o processo não está suficientemente maduro para ser julgado. Ou então, a parte que havia

---

[10] CONSELHO DA JUSTIÇA FEDERAL. II Jornadas de Direito Processual Civil. Brasília: 2018. Enunciado 115: O negócio jurídico processual somente se submeterá à homologação quando expressamente exigido em norma jurídica, admitindo-se, em todo caso, o controle de validade da convenção.

[11] CONSELHO DA JUSTIÇA FEDERAL. II Jornadas de Direito Processual Civil. Brasília: 2018. Enunciado 112: A intervenção do Ministério Público como fiscal da ordem jurídica não inviabiliza a celebração de negócios processuais. Enunciado 114: Os entes despersonalizados podem celebrar negócios jurídicos processuais.

[12] MILAGRES, Marcelo de Oliveira. Negócio processual e o compromisso de ajustamento de conduta pelo Ministério Público. In: LUCON, Paulo Henrique dos Santos, *et alli. Processo civil contemporâneo – homenagem aos 80 anos do professor Humberto Theodoro Jr.* Op. cit., p. 201-214, p. 208.

[13] STJ, REsp nº 1.738.656. Rel. Min. Nancy Andrighi, DJe 05/12/2019.

anteriormente renunciado à apelação, é surpreendida com uma sentença *extra petita*. Estará ela impedida de apelar? Nesses casos, o Poder Judiciário sucumbirá à vontade das partes e deixará de decidir adequada e congruentemente o processo?

A resposta a essa indagação é, desenganadamente, negativa.

O juiz pode preencher a lacuna do ordenamento jurídico, interpretando o pedido, nos termos do art. 322, § 2º do CPC. Ao interceptar o juiz levará em consideração o conjunto da postulação e a boa-fé.

A situação é diferente em relação à lacuna dos fatos. O juiz não pode supri-la. A dúvida, incerteza ou perplexidade do juiz sobre o fato a ser julgado não lhe permite preencher esse vazio fático deixado pela insuficiência de provas. A perda da imparcialidade nesta circunstância seria inequívoca: o juiz acrescentaria fatos divorciados do elenco probatório que representariam seus pré-juízos e pré-conceitos para confirmar o seu pré-julgamento.

O juiz não pode ficar atado ao negócio processual que lhe retira independência para julgar. Por tal razão, o ordenamento jurídico confere ao magistrado poderes para suprir a insuficiência da prova produzida, mesmo que cláusula de negócio processual disponha em sentido contrário.

> *Debe deducir de esta norma el princípio del poder de interrogación del juez em general, a fim de hacer el diálogo más claro y provechoso*[14].

> A iniciativa probatória do magistrado, em busca da verdade real, com realização de provas de ofício, é amplíssima, porque é feita no interesse público de efetividade da Justiça[15].

Acontece que as situações aqui apontadas serão excepcionais, ocasionais. As partes têm interesse em um processo efetivo e célere, por isso, celebram os negócios processuais. A vontade é a plena efetividade do negócio processual. Por isso, somente deixará de prevalecer o negócio processual afetado por fatos supervenientes e imprevistos que modifiquem as premissas de fato e/ou de direito existentes à época de sua celebração.

Jurisprudência e doutrina evoluíram para reconhecerem a possibilidade da revisão contratual pelo Poder Judiciário quando constatada situação superveniente e imprevisível capaz de tornar o contrato excessivamente oneroso para uma das partes. E, "os negócios processuais são antes de tudo, contratos"[16], conforme magistério de César Fiúza.

A *cláusula rebus sic stantibus* aplica-se os negócios processuais. Surgindo imprevistas modificações posteriores nas premissas de fato e/ou de direito que afetem o equilíbrio das partes, o juiz deixará de aplicar as cláusulas do negócio processual.

---

14 CARNELUTTI, Francesco. *Derecho y proceso.* Op. cit., p. 213.

15 STJ. AgRg no REsp 738.576/DF, DJ 12/09/2005.

16 FIUZA, César. *Contratos empresariais e negócios processuais.* In: FERRUCI, Felipe Falcone, MAIA, Felipe Fernandes Ribeiro, LEROY, Guilherme Costa (org.), p. 29-50, p. 37.

Desta maneira, cláusulas que, *v.g.*, violam a garantia do devido processo legal, que rompam com a igualdade das partes deixarão de ser aplicadas pelo juiz.

Essa é uma interpretação razoável por potencializar a liberdade das partes limitada apenas pela imprevisibilidade das situações fático-jurídicas. Esse entendimento vai ao encontro da lição de Remo Caponi:

> uma equilibrada extensão da incidência da autonomia privada na conformação do caso, na medida em que não atrapalhe a eficiência do processo com relação à finalidade da correta solução da controvérsia[17].

Concretiza-se "o ideal do verdadeiro juiz, que não é apenas o de decidir, mas sim o de decidir bem, dando a correta solução da causa em face dos fatos e do direito"[18], conforme valioso ensinamento deixado por Celso Barbi.

Sintetizando, a amplitude da liberdade de contratar nos negócios processuais deve ser a mais abrangente possível. O art. 190 do CPC é uma cláusula aberta à livre iniciativa das partes para firmarem acordos sobre o melhor procedimento para resolver o conflito com economia, razoabilidade, eficiência e efetividade.

A ineficácia do negócio processual somente ocorrerá se sobrevier alteração profunda e imprevisível das circunstâncias existentes ao tempo da sua celebração.

Os negócios processuais também podem ser modificados ou extinguirem-se por vontade das partes. Antônio Passo Cabral reconhece a possibilidade de modificação pelas partes ou pelo juiz.

A Cláusula de Adaptação permite a modificação do negócio processual pelas partes. "Aplica-se a máxima *in dúbio pro libertate.*"[19] São modalidades de cláusulas de adaptação "automática ou de indexação, cláusulas de revisão (de preço ou valor, aplicáveis sobre custos do processo, por exemplo), cláusulas de salvaguarda, de renegociação de boa-fé"[20]. As cláusulas de adaptação conferem maleabilidade ao negócio processual, permitindo que seja atualizado adequando-o à realidade no momento de sua execução.

> As partes devem "cuidar para que sua redação não seja nem muito aberta ou vaga, a ponto de violar a segurança jurídica, nem muito fechada ou detalhada para não impedir a incidência sobre situações não previstas.[21]

---

17 CAPONI, Remo. Autonomia privata e processo civile: gli accordi processual. 2007. Orignal: "una equilibrata estensione dell'incidenza dall'autonomia privata nella conformazione della vicenda processuale, nei limiti in cui ciò non ostacoli l'efficienza del processo rispetto allo scopo della giusta composizione della controversia.

18 BARBI, Celso Agrícola. *Comentários ao Código de Processo Civil.* Vol. I, artigos 1º a 153. 8ª ed. Rio de Janeiro: Forense, 1993, p. 324.

19 CABRAL, Antônio do Passo; *Modificação e extinção das convenções processuais.* In: SANTOS LUCON, Paulo Henrique, DE FARIA, Juliana Cordeiro, MARX NETO, Edgard Audomar, REZENDE, Ester Camila Gomos Norato. *Processo Civil Contemporâneo – homenagem aos 80 anos do Professor Humberto Theodoro Junior.* Rio de Janeiro: Forense, 2018, p. 3-25, p. 5.

20 Idem, p. 6.

21 CABRAL, Antônio do Passo; *Modificação e extinção das convenções processuais.* Op. cit., p. 6.

Cabral admite, ainda, a possibilidade de revisão do negócio processual por provocação judicial pela parte insatisfeita:

> Ao magistrado caberá sopesar se o desequilíbrio convencional existe, e se as circunstâncias que o geraram justificam que a modificação seja operada *ope judicis*.[22]

Este posicionamento, contudo, não se harmoniza com o disposto § único do art. 190 do CPC, ao juiz cumpre executar o negócio processual, somente deixando de aplicar suas cláusulas "somente nos casos de nulidade ou de inserção abusiva em contrato de adesão ou em que alguma parte se encontre em manifesta situação de vulnerabilidade".

O magistrado deve sempre interpretar o negócio processual respeitando a prevalência da vontade das partes; a liberdade de contratar. Assim, o juiz só deixa de homologar o contrato processual se verificar sua inexequibilidade em razão da existência de fatos que impeçam seu cumprimento ou modifiquem suas cláusulas.

A posição do juiz no negócio processual não é a de parte, mas de gestor do contrato. Ele se responsabiliza pelo resultado do negócio processual, mediante a observância do cumprimento das suas cláusulas pelas partes. Reconhecendo sua viabilidade jurídica e fática, o juiz homologa o negócio processual, com a incumbência de dar-lhe cumprimento.

Por isso, o juiz não pode alterar o negócio processual convencionado entre as partes. Ele perde a sua imparcialidade, pois ao modificar cláusulas contratuais assume a posição de parte, deixando, portanto, de ser imparcial e consequentemente, viola a garantia do juiz natural. A parte que celebrou o negócio jurídico de boa-fé ficará a ver navios porque o juiz usurpou a sua condição de negociador, transformando o Poder Judiciário em um balcão de negócios.

Se as cláusulas contratuais são inexequíveis, o juiz não deve alterá-las, para adaptá-las ao seu arbítrio. O procedimento a ser observado pelo magistrado é estabelecido na lei. O vácuo deixado pela inaplicabilidade das cláusulas convencionadas pelas partes impõe ao juiz o dever de observar o devido processo legal, preservando, assim, sua imparcialidade e assegurando a integridade do juiz natural.

---

22 CABRAL, Antônio do Passo; *Modificação e extinção das convenções processuais.* Op. cit., p. 11.

20

DA CALENDARIZAÇÃO PROCESSUAL

O art. 191 do CPC admite que o juiz e as partes estabeleçam consensualmente calendário para a prática dos atos processuais. A calendarização é vinculante e sua alteração somente ocorrerá em situações excepcionais.

A calendarização processual é medida aceleradora do procedimento, na medida em que, de acordo com o § 2º do art. 191, o juízo está dispensado de intimar as partes para a prática de ato processual ou para a audiência cujas datas tiverem sido designadas no calendário.

As partes não podem estipular na definição dos tempos do processo o prazo para o juiz proferir sentença. O art. 12 do CPC impõe respeito à ordem cronológica de conclusão para proferir sentença ou acórdão e o negócio processual de calendarização não se encontra no rol das exceções previstas no § 2º do referido art. 12.

Com efeito, o respeito à ordem cronológica de julgamento, por concretizar o princípio da igualdade entre todos os jurisdicionados, não pode ser objeto de transação processual entre as partes e o juiz.

21

PETIÇÃO INICIAL

É a petição inicial o ato inaugural do processo.

A jurisdição é inerte e desta inércia "se acha valorizado e estimulado o sentimento da liberdade e da personalidade individual; também no processo, porque nele se aplica o princípio de *agir por próprio risco*"[1]. O exercício da função jurisdicional, portanto, está condicionado à iniciativa da parte – *ne procedat iudex ex officio,* "como disse Chauveau, é a salvaguarda essencial contra o arbitrio judicial"[2]. O art. 2º do CPC é o que consagra o princípio dispositivo. Calmon de Passos pondera, ainda, o seguinte:

> A exigência de provocação justifica-se, também, com vistas à experiência do modo de ser humano. Quando tomamos alguma iniciativa, já comprometemos nossa imparcialidade, nosso distanciamento dos fatos, dado que essa iniciativa implica pré-compreensão e prejulgamento que maculam a isenção desejada do julgador[3].

O instrumento da demanda é a petição inicial na qual o autor pede ao Estado-juiz tutela jurisdicional com o propósito de ver cessada a ameaça ou reparada a lesão ao seu patrimônio jurídico, que acredita ter sido violado por conduta ilícita do réu.

Com o protocolo da petição inicial, nos termos do art. 312 do CPC, o autor dá ensejo à instauração do processo. A formação do processo, portanto, pressupõe dois elementos: um órgão jurisdicional e uma demanda a ele dirigida conforme os requisitos postos na norma processual. Sob o aspecto objetivo, o ajuizamento da demanda depende do juízo positivo de admissibilidade da petição inicial, determinando a citação.

É pela petição inicial que o autor formula sua pretensão de tutela jurisdicional mediante a exposição da causa de pedir e do pedido. São, portanto, esses elementos da petição inicial que delimitam o objeto do processo e o alcance do poder de julgamento do juiz conforme o art. 492 do CPC:

---

1 CALAMANDREI, Piero. *Instituições de Direito Processual Civil.* Vol. I. 2 ed. Campinas: Bookseller, 2003, p. 284.

2 Lascano, David H. Nulidades de Procedimiento. Revista General de Derecho y Jurisprudencia, 3, 1932, p. 201-248. HeinOnline. Acesso em 13/05/2020.

3 CALMON DE PASSOS, J. J. *Comentários ao Código de Processo Civil.* Vol. III, 9ªed. Rio de Janeiro: Forense, 2004, p. 181.

Art. 492. É vedado ao juiz proferir decisão de natureza diversa da pedida, bem como condenar a parte em quantidade superior ou em objeto diverso do que lhe foi demandado.

Elaborar a petição inicial é

o ato do processo que mais exige do profissional do direito, pois ela é, em verdade, o projeto de sentença que o demandante espera merecer do julgador"[4]. Com efeito, deduzir a pretensão jurídica em juízo demanda cuidado na formulação da petição inicial, naturalmente, sob o aspecto jurídico, "mas também quanto a precisão, clareza e simplicidade da linguagem a ser empregada. (...) Deve, consequentemente, ter a coerência lógica e a correção jurídica que se impõem para a decisão acertada do conflito de interesses trazido a juízo pelo autor[5].

Naturalmente a qualidade de uma narrativa funda-se no emprego correto da linguagem em que essa é formulada: uma história mal contada, cheia de erros de gramática e de sintaxe, pode ser até mesmo impossível de se entender[6].

A petição inicial não é o espaço adequado para demonstração do estofo intelectual ou da capacidade de aglutinação de acórdãos sobre o objeto da demanda. Apenas em situações excepcionais concebe-se uma petição inicial extensa[7],[8]. O autor deve apresentar sua pretensão de forma objetiva e da maneira mais compreensível que puder se expressar. O seu interesse é de o juiz acolher a sua pretensão em um procedimento que seja célere, porém, obsequioso com as garantias constitucionais do processo. Por esse motivo, o autor, desde a propositura da ação assume uma posição colaborativa.

O juiz está vinculado ao pedido, em consideração ao princípio dispositivo, do qual decorre o princípio da congruência de modo que a sentença corresponde ao pedido. Neste sentido, o STJ firmou a seguinte tese em Recurso Especial Repetitivo, Tema 742:

É nula, por configurar julgamento extra petita, a decisão que condena a parte ré, de ofício, em ação individual, ao pagamento de indenização a título de danos sociais em favor de terceiro estranho à lide[9].

---

4 CALMON DE PASSOS, J. J. *Comentários ao Código de Processo Civil.* Vol. III, 9ªed. Rio de Janeiro: Forense, 2004, p. 183.

5 CALMON DE PASSOS, J. J. *Comentários ao Código de Processo Civil.* Vol. III, 9ªed. Rio de Janeiro: Forense, 2004, p. 186.

6 TARUFFO, Michele. *Uma simples verdade: o juiz e a construção dos fatos.* Madrid: Marcial Pons, 2012, p. 75.

7 CALMON DE PASSOS, J. J. *Comentários ao Código de Processo Civil.* Vol. III, 9ªed. Rio de Janeiro: Forense, 2004, p. 186.

8 Juiz do RN manda petição do "tamanho de livro" ser refeita.

9 STJ. Rcl 12.062/GO, Rel. Ministro RAUL ARAÚJO, SEGUNDA SEÇÃO, julgado em 12/11/2014, DJe 20/11/2014. Tema 742 (Os danos sociais, por sua vez, são lesões à sociedade, no seu nível de vida, tanto por rebaixamento de seu patrimônio moral – principalmente a respeito da segurança – quanto por diminuição por dolo ou culpa grave, especialmente, repetimos, se atos que reduzem as condições coletivas de segurança, e de indenização dissuasória, se atos em geral de pessoa jurídica, que trazem uma diminuição do índice de qualidade de vida da população." (DE AZEVEDO, Antônio Junqueira. Por uma nova categoria de dano

Como mencionado no tópico 16, sentenças que inobservam o princípio da congruência são sentenças viciadas [10].

> O julgador não viola os limites da causa quando reconhece os pedidos implícitos formulados na inicial, não estando restrito apenas ao que está expresso no capítulo referente aos pedidos, sendo-lhe permitido extrair da interpretação lógico-sistemática da peça inicial aquilo que se pretende obter com a demanda, aplicando o princípio da equidade[11].

Em relação à petição inicial, o direito processual adota a teoria da substanciação. Vale dizer, o autor tem o ônus de formular na petição inicial os fundamentos fático-jurídicos que sustentam o pedido.

> Em outras palavras, é imprescindível que a requerente indique o direito subjetivo que pretende exercitar contra o requerido e o fato que deu origem a esse direito, de maneira a justificar, através de uma sequência lógica, o pedido formulado, possibilitando a esta a exata compreensão de toda a extensão da demanda[12].

São inadmissíveis, por ineptas, as petições iniciais cujas alegações sejam obscuras, contraditórias, ou genéricas, sem qualquer demonstração razoável da existência de uma lesão ou ameaça a direito do autor decorrente de uma ação ou omissão ilícita incorrida pelo réu[13]. A jurisprudência confere aptidão à petição inicial que possibilita apreender-se a pretensão deduzida, sem qualquer prejuízo para a defesa do réu. Com efeito, é apta a petição inicial que possibilita o réu desincumbir-se dos ônus de se defender adequadamente, resistindo à pretensão autoral e participando do contraditório.

> Consoante determina o artigo 319, do NCPC, a petição inicial deverá indicar o fato e os fundamentos jurídicos do pedido. Nessa perspectiva, considerando que em nosso ordenamento jurídico adota-se a teoria da substanciação, deve o autor, ao formular sua pretensão processual, indicar o direito subjetivo que pretende exercitar contra o réu e apontar o fato do qual ele provém.
>
> A ausência de causa de pedir impede a plena instauração do contraditório e da ampla defesa no processo, porquanto dificultada restará a formulação de defesa pela parte contrária se esta desconhece os motivos que ensejaram o pedido do autor[14].

---

na responsabilidade civil: o dano social. In: FILOMENO, José Geraldo Brito; WAGNER JR., Luiz Guilherme da Costa; GONÇALVES, Renato Afonso (coord.). O Código Civil e sua interdisciplinaridade. Belo Horizonte: Del Rey, 2004, p. 376).

10 STJ. AgRg no AREsp 322.510/BA, Rel. Ministro Herman Benjamin, 2ª Turma, j.11/06/2013, DJe 25/06/2013.

11 STJ. AgRg no AREsp 549.696/ES, Rel. Ministro LUIS FELIPE SALOMÃO, QUARTA TURMA, julgado em 05/05/2016, DJe 11/05/2016.

12 TJMG; Apelação Cível 1.0024.12.273057-5/001, Rel. Des. Eduardo Mariné da Cunha, 17ª CÂMARA CÍVEL, DJe de 18/03/2016.

13 TJMG. Reexame Necessário-Cv 1.0525.14.011017-8/001, Rel. Desª. Ana Paula Caixeta, 4ª CÂMARA CÍVEL, DJe de 12/08/2015.

14 TJMG. Apelação Cível 1.0103.14.000214-0/001, Relator(a): Des.(a) Wilson Benevides, 7ª CÂMARA CÍVEL, julgamento em 31/01/2017, publicação da súmula em 07/02/2017.

A petição inicial é pressuposto de existência do processo; é o exercício do direito de ação para estabelecer o contraditório, uma relação dialógica e colaborativa. Os elementos da ação estão presentes na petição inicial para distinguir esse processo que se instaura, dos demais.

O art. 319 enumera os elementos da petição inicial:

> I – o juízo a que é dirigida: a indicação do órgão jurisdicional competente para conhecer da demanda é o atendimento de um pressuposto processual relacionado à garantia fundamental do juiz natural[15].
>
> II – a individualização das partes, com a indicação dos nomes, prenomes, estado civil ou a existência de união estável, a profissão, CPF (pessoa natural) ou CNPJ (pessoa jurídica), o endereço eletrônico, o domicílio e a residência do autor e do réu.

A identidade do autor e do réu estabelece o vínculo subjetivo do conflito, os destinatários da decisão final do processo. Haverá litispendência caso se reproduza uma ação anteriormente ajuizada e, para aferição da litispendência os elementos da ação são determinantes. O exame sobre a identidade de partes, a causa de pedir e o pedido é que possibilitará distinguir as ações ou reconhecer a litispendência com o decreto de extinção da segunda ação proposta.

Desta maneira, uma identificação precisa do autor e do réu prevenirá equívocos quanto à homonímias e possibilitará a identificação de pseudo litispendências.

A ação é proposta pelo autor que exige do réu submeter-se à sua pretensão.

> Só os titulares dos interesses em conflito têm o direito de obter uma decisão sobre a pretensão levada a juízo através da ação. São eles portanto os únicos legitimados a conseguir os efeitos jurídicos decorrentes do direito de ação[16].

O critério para se "encontrar" a legitimação para agir, em processo civil, consiste em aplicar a técnica dita da "coincidência", isto é, serão partes legítimas aqueles que forem sujeitos da relação jurídica de direito material trazida a juízo.

No caso da legitimação extraordinária, há necessariamente, expressa previsão legal para reconhecer o substituto como legitimado para agir em nome próprio defendendo direito de terceiros, tais como o Ministério Público, Defensoria Pública, OAB, sindicatos e associações, legitimados constitucionalmente para a ações coletivas, por exemplo. Nesses casos a legitimidade não está submetida à titularidade do direito material.

> JURISPRUDÊNCIA
>
> Tema 823 – RG reconhecida e mérito julgado
>
> Legitimidade dos sindicatos para a execução de título judicial, independentemente de autorização dos sindicalizados.

---

[15] Jurisdição e competência são temas desenvolvidos nos Pontos n°s 5, 6 e 7, cuja leitura recomendo.

[16] MARQUES, José Frederico. *Instituições de Direito Processual Civil.* Vol. II, 3ª ed. Rio de Janeiro: Forense, 1966, p. 41.

Tese

Os sindicatos possuem ampla legitimidade extraordinária para defender em juízo os direitos e interesses coletivos ou individuais dos integrantes da categoria que representam, inclusive nas liquidações e execuções de sentença, independentemente de autorização dos substituídos.

III – o fato e os fundamentos jurídicos do pedido, que devem ser expostos de forma clara, representam a causa de pedir. A exposição do fato juridicamente relevante significa demonstrar a existência de uma relação *de direito material*

d) da existência de uma relação jurídica (*de direito material*)

e) de um fato particular que, no âmbito daquela relação jurídica, dá origem ao direito particular invocado;

f) da existência do fato de que decorre o interesse de agir.[17]

A elaboração da causa de pedir constitui na reconstrução do fato, na indicação da hipótese legal e na demonstração da incidência da norma sobre a situação fática descrita.

> Ao advogado, no conjunto dos fatos trazidos a seu conhecimento, incumbe-lhe identificar o fato gerador da incidência originária e tipificá-lo, servindo ele de suporte à conclusão da existência de uma relação jurídica entre o cliente e seu adversário. A seguir, igual comportamento adotar para definir o fato gerador da incidência derivada, aquele de que decorre a pretensão do cliente.[18]

O juiz não está adstrito ao exame das regras jurídicas apresentadas pelas partes para aplicar o direito à espécie. "Adotado o princípio da substanciação, ao juiz cabe, com base nos fatos e fundamentos jurídicos trazidos, analisar todas as questões à luz do direito vigente"[19]. Da exposição dos fatos e dos fundamentos jurídicos do pedido afere-se o atendimento da condição da ação relativa ao interesse de agir[20].

IV – o pedido especifica a demanda mediante a exteriorização da pretensão da parte perante a jurisdição. O pedido deve ser certo, "deixar claro e fora de dúvida o que se pretende" e determinado, "visar a um bem jurídico perfeitamente caracterizado"[21], enunciam os arts. 322 e 324 do CPC. Independem de formulação os acessórios do principal: os juros legais, a correção monetária e as verbas de sucumbência, inclusive os honorários advocatícios. Na ação que tiver por objeto cumprimento de obrigação em prestações sucessivas, o

17 CHIOVENDA, *Instituições*. Vol. I, p. 497.

18 CALMON DE PASSOS, J. J. *Comentários ao Código de Processo Civil*. Vol. III, 9ª ed. Rio de Janeiro: Forense, 2004, p. 183.

19 STJ, RESP 109692/PI, Rel. Min. Edson Vidigal, www.stj.gov.br, consultado em 31/03/2.004.

20 Cf. Ponto nº 8.5, Processo I.

21 CALMON DE PASSOS, J. J. *Comentários ao Código de Processo Civil*. Vol. III, 9ªed. Rio de Janeiro: Forense, 2004, p. 203.

> art. 323 dispõe que essas prestações serão consideradas incluídas no pedido, independentemente de manifestação expressa do autor.

A boa-fé orienta a interpretação lógico sistemática do pedido que também considerará o conjunto da postulação.

> O STJ firmou entendimento no sentido de que cabe ao julgador a interpretação lógico-sistemática do pedido formulado na petição inicial a partir da análise dos fatos e da causa de pedir, considerados em todo o seu conteúdo [...]. Essa posição consolidada do STJ revela a necessidade de se conferir ao pedido uma exegese sistêmica, que guarde consonância com o inteiro teor da petição inicial, permitindo conceder à parte o que foi efetivamente requerido por ela[22].

O § 1º do art. 324 enumera as situações de admissibilidade de pedido genérico ou relativamente indeterminado:

> I – nas ações universais, se o autor não puder individuar os bens demandados;
>
> II – quando não for possível determinar, desde logo, as consequências do ato ou do fato;
>
> III – quando a determinação do objeto ou do valor da condenação depender de ato que deva ser praticado pelo réu.

É possível, baseado no art. 325 do CPC, o autor fazer pedido alternativo quando, pela natureza da obrigação, o devedor puder cumprir a prestação de mais de um modo. Se a escolha do modo de cumprir a obrigação couber ao devedor, o juiz lhe assegurará o direito de cumprir a prestação de um ou de outro modo, ainda que o autor não tenha formulado pedido alternativo[23].

O CPC, no art. 326 e seu § único, admitem a possibilidade de se formular pedidos subsidiários e alternativos, a fim de que, respectivamente, o juiz conheça do posterior, quando não acolher o anterior ou, então, que, conheça de pelo menos um dos pedidos alternativamente submetidos a julgamento.

A cumulação de pedidos é possível mesmo se não forem conexos. É lícita a cumulação de pedidos que atenda aos seguintes requisitos:

> I – os pedidos sejam compatíveis entre si;
>
> II – seja competente para conhecer deles o mesmo juízo;
>
> III – seja adequado para todos os pedidos o tipo de procedimento, admitindo-se a adequação do procedimento para adequar o rito à pluralidade de pedidos que exijam técnicas diferenciadas.

---

22 STJ, REsp 1641154, Relª Minª Nancy Andrighi, DJe 17/08/2018. Informações complementares.

23 CALMON DE PASSOS, J. J. *Comentários ao Código de Processo Civil.* Vol. III, 9ª ed. Rio de Janeiro: Forense, 2004, p. 218. CONSELHO DA JUSTIÇA FEDERAL. II Jornadas de Direito Processual Civil. Brasília: 2018. Enunciado 109: Na hipótese de cumulação alternativa, acolhido intergralmente um dos pedidos a sucumbência deve ser suportada pelo réu.

Quando a ação versar sobre obrigação indivisível com pluralidade de credores, aquele que não participou do processo receberá sua parte, deduzidas as despesas na proporção de seu crédito.

> V – toda causa terá um valor certo, ainda que não tenha conteúdo econômico imediatamente aferível. O valor econômico da demanda tem uma série de implicações. O valor da causa é determinante, v.g., para fixar a competência do juízo, principalmente dos Juizados Especiais, o valor das taxas judiciárias, bem como os honorários advocatícios sucumbenciais, fixados em percentual sobre o valor econômico da causa.

Dispõe o art. 292 do CPC que o valor da causa é calculado mediante a observância dos seguintes critérios:

> I – na ação de cobrança de dívida, a soma monetariamente corrigida do principal, dos juros de mora vencidos e de outras penalidades, se houver, até a data de propositura da ação;
>
> II – na ação que tiver por objeto a existência, a validade, o cumprimento, a modificação, a resolução, a resilição ou a rescisão de ato jurídico, o valor do ato ou o de sua parte controvertida;
>
> III – na ação de alimentos, a soma de 12 (doze) prestações mensais pedidas pelo autor;
>
> IV – na ação de divisão, de demarcação e de reivindicação, o valor de avaliação da área ou do bem objeto do pedido;
>
> V – na ação indenizatória, inclusive a fundada em dano moral, o valor pretendido;
>
> VI – na ação em que há cumulação de pedidos, a quantia correspondente à soma dos valores de todos eles;
>
> VII – na ação em que os pedidos são alternativos, o de maior valor;
>
> VIII – na ação em que houver pedido subsidiário, o valor do pedido principal.

Se constar pedido de prestações vencidas e vincendas, considerar-se-á o valor de todas. Caso o prazo das prestações vincendas seja indeterminado ou superior a um ano, o valor é o somatório das prestações correspondentes a um ano.

> VI – as provas com que o autor pretende demonstrar a verdade dos fatos alegados.

O requerimento de provas divide-se em duas fases: a indicação na petição inicial, genérica e depois do contraditório, no saneamento do processo, a especificação das provas feitas pelas partes orientará o juiz para deferir a produção daquelas que julgar pertinentes para elucidar os fatos controvertidos.

A ausência de manifestação do autor na petição inicial ou na fase de especificação de provas poderá ensejar o reconhecimento da preclusão. Por isso, não se deve descuidar da observância dos elementos da petição inicial, ainda que no nascedouro do processo não se tenha ideia de quais serão as provas necessárias à demonstração dos fatos controvertidos, haja vista que somente após a defesa do réu é que será possível avaliar sobre a necessidade de dilação probatória e quais as espécies de prova devem ser produzidas.

VII – a opção do autor pela realização de audiência de conciliação ou de mediação. O autor busca a resolução do conflito da forma mais breve, menos onerosa e que melhor lhe satisfaça. Portanto, é indiferente se a resolução é heterônoma ou autônoma, desde que seja ágil e adequada à pretensão do autor. A possibilidade de resolução consensual é, portanto, mais uma porta que se abre na busca da solução do conflito. Por essa razão, carece de razoabilidade o autor opor-se à realização da audiência de conciliação. A minha posição é de que o autor jamais se contraporá à realização da audiência de conciliação. Em termos de se recear a ampliação temporal do processo, creio ser irrelevante, diante do potencial resolutivo que o encontro dialógico entre as partes possui, mesmo quando frustrada a solução consensual.

O indeferimento da petição inicial por carência de ação não gera nulidade alguma pelo fato de o demandado não ser intimado para oferecer contrarrazões, na eventualidade de o autor apelar da sentença de indeferimento da inicial.. Isso porque, conforme precedente do STJ, mesmo na fase recursal, o feito prossegue apenas de forma linear, entre autor e juiz, sendo que o demandado pode intervir, mas sem necessidade de devolução de prazos recursais, porque o acórdão que vier a reformar a sentença de indeferimento não chega a atingi-lo, já que, devolvidos os autos à origem, proceder-se-á à citação, e, em resposta, poderá o réu alegar todas as defesas que entender cabíveis, inclusive a inépcia da inicial. Não se trata aqui da especial modalidade de indeferimento da petição inicial prevista no artigo 332 do CPC, julgamento de improcedência liminar do pedido – em que há expressa previsão de citação do réu para responder ao recurso de apelação, justamente porque a parte dispositiva dessa decisão irá se revestir do manto da coisa julgada material, ao contrário do que ocorre nas hipóteses dos artigos 295 e 296 do CPC.

O provimento judicial está adstrito, não somente ao pedido formulado pela parte na inicial, mas também à causa de pedir, que, segundo a teoria da substanciação, adotada pela nossa legislação processual, é delimitada pelos fatos narrados na petição inicial[24].

21.1 DOCUMENTOS INDISPENSÁVEIS À PROPOSITURA DA AÇÃO

1. Procuração.
2. Os demais documentos que o autor reputar importante para provar o alegado.

---

24 STJ. REsp 1169755/RJ. relator Ministro Vasco Della Giustina (Desembargador Convocado do TJRS), Terceira Turma, julgado em 6/5/2010, DJe de 26/5/2010.

O CPC determina que, para o autor, o momento de produção da prova documental é o da propositura da ação. Todavia, o réu pode juntar documentos na sua defesa; com efeito, é admitido que o autor possa produzir a contraprova, não havendo, nesse caso, o exaurimento da prova documental no ato da propositura da demanda e, portanto, não há se falar em preclusão. Outra hipótese é a existência de fato novo, que permite demonstra-lo por quaisquer meios de prova, inclusive a documental.

Assim, a despeito da norma codificada, o melhor entendimento é o jurisprudencialmente consolidado:

> É possível juntar documentos até mesmo na fase recursal, desde que dispensáveis no momento da propositura da ação e se assegure o contraditório. De fato, os documentos indispensáveis à propositura da ação devem ser obrigatoriamente oferecidos junto com a petição inicial ou contestação. Os demais documentos poderão ser oferecidos no curso do processo (art. 397 do CPC), pois, em verdade, apresentam cunho exclusivamente probatório, com o nítido caráter de esclarecer os eventos narrados. Impossibilitar a referida apresentação sacrificaria a apuração dos fatos sem uma razão ponderável[25].

Apenas diante do caso concreto é possível aferir a presença dos documentos indispensáveis à propositura da ação.

Por exemplo, para homologar uma sentença estrangeira são indispensáveis: o original ou cópia autenticada da decisão homologanda, traduzidos por tradutor oficial ou juramentado no Brasil e chancelados pela autoridade consular brasileira[26].

Se o contribuinte pretender apenas a concessão da ordem para se declarar o direito à compensação tributária, em virtude do reconhecimento judicial transitado em julgado da ilegalidade ou inconstitucionalidade da exigência do tributo, independentemente da apuração dos respectivos valores, é suficiente, para esse efeito, a comprovação de que o impetrante ocupa a posição de credor tributário.

Quando a pretensão recair sobre as parcelas a serem compensadas, com a efetiva investigação da liquidez e certeza dos créditos, a prova dos recolhimentos indevidos é pressuposto indispensável, representando a ausência de prova pré-constituída indispensável à propositura da ação mandamental[27].

---

[25] STJ. REsp 780.396-PB, Primeira Turma, DJ 19/11/2007; AgRg no REsp 897.548-SP, Terceira Turma, DJ 1º/8/2007; e REsp 431.716-PB, Quarta Turma, DJ 19/12/2002. REsp 1.176.440-RO, Rel. Min. Napoleão Nunes Maia Filho, julgado em 17/9/2013.

[26] STJ. SEC 15.513/EX, Rel. Ministro OG FERNANDES, CORTE ESPECIAL, julgado em 20/02/2019, DJe 27/02/2019.

[27] STJ. REsp 1715256/SP, Rel. Ministro NAPOLEÃO NUNES MAIA FILHO, PRIMEIRA SEÇÃO, julgado em 13/02/2019, DJe 11/03/2019. Repetitivo: Tema 118.

22

DESPACHO LIMINAR

Recebida a petição inicial pelo juiz, ele pode adotar os seguintes procedimentos:

1. Determinar a citação do réu para a audiência preliminar de conciliação e mediação – isso significa que a petição inicial foi considerada apta, os documentos indispensáveis à propositura da ação estão presentes, as condições da ação e os pressupostos processuais de constituição válida do processo foram atendidos.
2. Determinar a emenda da inicial mediante indicação precisa do que deve ser corrigido ou completado pelo autor para que a instauração do processo ocorra validamente.
3. Julgar liminarmente improcedente o pedido (CPC, art.332)

   JURISPRUDÊNCIA STJ

   Tema 321– Recurso Especial Repetitivo

   O prazo do art. 284 [atual art. 321] do Código de Processo Civil não é peremptório, mas dilatório, ou seja, pode ser reduzido ou ampliado por convenção das partes ou por determinação do juiz[1].

4. Extinguir o processo por manifesta ilegitimidade de parte, por falta de interesse de agir e por inépcia da inicial quando lhe faltar lhe faltar pedido ou causa de pedir, ou o pedido é indeterminado fora das hipóteses legais, ou a petição é logicamente incompreensível. Em qualquer destas situações, o juiz deverá oportunizar ao autor sanar a irregularidade ou demonstrar o atendimento das condições para o ajuizamento válido da ação, nos termos do art. 10 do CPC.
5. Julgar antecipadissimamente improcedente o mérito quando o pedido afrontar: enunciado de súmula do STF ou STJ, decisão em recurso

[1] Diante disso, amplo o campo de discricionariedade do juiz para aceitar a prática do ato posteriormente ao prazo estipulado para a emenda à petição inicial. Em sintonia com o princípio da primazia do mérito, o juiz deve acolher a emenda à inicial extemporânea.

repetitivo ou em repercussão geral, decisão em IRDR e enunciado de súmula de tribunal ordinário sobre direito local. Também nessa hipótese, o juiz deverá ouvir previamente o autor que poderá demonstrar a distinção do seu caso em relação àqueles que ensejaram a formação da jurisprudência dos tribunais.

Os atos subsequentes serão:

1. Citado, o réu deverá comparecer à audiência, sob pena de atentado à dignidade da justiça com a condenação de multa de até 2% sobre o valor econômico da demanda (art. 334, § 8º do CPC).
2. Atendido o despacho de emenda à inicial, o juiz determinará a citação, conforme exposto no item antecedente.
3. Não tendo sido sanados os vícios caracterizadores da inépcia, a petição inicial será indeferida e o processo extinto sem resolução do mérito.
4. A decisão, nesse caso, terá eficácia de coisa julgada material.

23

CITAÇÃO

A citação válida é indispensável para a instauração do processo. É por seu intermédio que se dá ciência ao réu da existência do litígio, convidando-o a, caso queira, participar do contraditório e oferecer defesa, resistindo, assim, à pretensão deduzida pelo autor. Independentemente do comparecimento e de efetiva participação no procedimento, o réu, uma vez citado de forma válida, está vinculado aos efeitos da sentença.

A citação é ato essencial do processo civil e destina-se a cientificar o réu da existência da demanda e em quais termos foi deduzida a pretensão do autor, bem como para intimá-lo para comparecer à audiência de conciliação ou mediação. Essa audiência é uma etapa essencial para o Estado-juiz assegurar aos cidadãos o acesso a qualquer das múltiplas portas de solução de conflitos, ao invés de aguardar, após um longo e desgastante procedimento judicial, o julgamento.

A nulidade da citação, por falta de formalidade essencial, equivale à falta de citação e esta somente pode ser dispensada em face do comparecimento espontâneo do réu à audiência de conciliação ou mediação e nada alegar acerca da nulidade ou falta de citação. Nos termos do art. 334 do CPC, sendo apta a petição inicial, o juiz determinará a citação do réu para comparecer à audiência de conciliação ou mediação designada com antecedência de, no mínimo 30 dias, devendo efetivar-se a citação no mínimo 20 dias antes da data da audiência.

A inobservância desses prazos somente acarreta nulidade se causar prejuízo ao réu. Como ensina Couture que "a nulidade só pode operar quando por causa dela ficam indefesos os interesses do litigante ou de certos terceiros a quem alcança a sentença. Sem esse ataque ao direito, a nulidade não tem por que reclamar-se e sua declaração carece de sentido"[1].

Portanto, o comparecimento espontâneo do réu à audiência de conciliação ou mediação, sem alegação de nulidade ou falta de citação, suprirá o vício ou a

---

[1] Apud, THEODORO JR., Humberto. As nulidades no Código de Processo Civil. *In*, Doutrinas Essenciais de Processo Civil, vol. 3, p. 911, Out/2011.

ausência desse ato processual, fluindo a partir da realização da audiência os prazos processuais para a defesa do réu. A audiência de conciliação ou mediação é ato essencial do processo[2] e somente não será realizada se, nos termos do § 4º do art. 334 do CPC, quando I - ambas as partes manifestarem, expressamente, desinteresse na composição consensual; ou, II - não se admitir a autocomposição. O autor deverá se manifestar contrariamente à audiência na petição inicial e o réu deve a ela contrapor-se no mínimo com 10 dias de antecedência. Cancelada a audiência inicia-se o prazo de defesa do réu.

O autor tem o propósito de ver o conflito resolvido adequadamente e no menor tempo possível, motivos suficientes para recomendarem sua adesão à audiência de conciliação ou mediação. Essa audiência é uma oportunidade para o autor buscar uma solução consensual para o conflito, de forma célere, menos onerosa e, geralmente, pacificadora.

Mesmo acreditando em uma resistência invencível do réu para construírem uma solução consensual, não convém o autor renunciar a essa oportunidade de buscar uma solução alternativa à sentença judicial. Há plausibilidade em crer na possibilidade de o réu mudar de ideia e aderir a um dos métodos consensuais de resolução de conflitos. O intervalo de tempo que o autor aguardará para a realização da audiência de conciliação ou mediação não tem impacto significativo no prazo de duração do processo, haja vista os benefícios da oralidade que se manifesta na audiência, bem como o fato de o intervalo de tempo entre a citação e a realização da audiência não ser significativamente sensível para o tempo do processo, diante da morosidade crônica da prestação jurisdicional em nosso país, atestada pela taxa de congestionamento de processos no Poder Judiciário superior a 70%.

Sobre a interpretação do art. 239, §1º do CPC, os tribunais reconhecem válida a citação, ainda que feita de forma diversa da estabelecida na legislação processual, quando for indiscutível a ciência do réu acerca da existência da ação contra si proposta.

> O comparecimento espontâneo da parte supre a citação. Ademais, por regra geral do Código de Processo Civil, não se dá valor a nulidade, se dela não resultou prejuízo para as partes, pois aceito, sem restrições, o velho princípio: *pas de nulitte sans grief*. Por isso, para que se declare a nulidade, e necessário que a parte alegue oportunamente e demonstre o prejuízo que ela lhe causa[3].
>
> Entende-se na jurisprudência que, tomando conhecimento efetivo da decisão, o advogado da parte dispensa a solenidade da intimação, independentemente de manifestação expressa nesse sentido. Trata-se de aplicação do princípio da

---

[2] TJMG - Apelação Cível 1.0000.17.065101-2/001, Relator(a): Des.(a) Luciano Pinto, 17ª CÂMARA CÍVEL, julgamento em 19/10/0017, publicação da súmula em 20/10/2017. Caso não se verifique a expressa manifestação da parte contrária relativamente ao seu desinteresse na autocomposição, ou qualquer hipótese que não se a admita, forçosa a designação da audiência de conciliação, visto que imposição legal de conduta destinada ao Juízo.

[3] STJ. REsp 57.329/SP, Rel. Ministro CESAR ASFOR ROCHA, PRIMEIRA TURMA, julgado em 06/03/1995, DJ 20/03/1995, p. 6098.

instrumentalidade das formas, segundo o qual, atingido o fim visado pelo ato processual, tem-se como cumprida sua função, ainda que fora da solenidade traçada pela lei. É algo equivalente ao suprimento da citação do réu por seu comparecimento espontâneo ao processo (art. 239, § 1º). Daí ser tranquilo o entendimento pretoriano de que o prazo para recurso começa a correr, também, a partir do momento em que o representante processual da parte toma 'ciência inequívoca' da sentença ou decisão[4].

Ainda, sobre citação, a jurisprudência reconhece o seguinte:

Há comparecimento espontâneo do réu quando se antecipa ao prazo processual, junta a procuração na qual lhe é outorgado poder específico para contestar e faz carga dos autos, mesmo antes da juntada do mandado ou do AR aos autos. Irrelevante, diante dessas condições, que o instrumento de mandato não contenha poderes para recebimento de citação, sob pena de privilegiar-se a manobra e a má-fé processual[5].

A juntada aos autos de procuração por advogado com poder para receber citação é comparecimento espontâneo do réu. Contudo, deve-se observar que na ausência de poder para receber citação há de se aguardar a juntada do mandado citatório ou do AR para começar a contagem do prazo[6].

É imprescindível a citação da Fazenda Pública (...), por isso que a retirada dos autos em carga por advogado da União e sua devolução sem qualquer manifestação, antes ainda de formalizada a referida citação, não caracteriza o comparecimento espontâneo[7].

Realizada a citação de forma diversa daquela pleiteada pela parte, mas comprovando-se nos autos, não ter havido nenhum prejuízo para a defesa do réu, que apresentou contestação, deve ser convalidado o ato citatório. Aplica-se o disposto do art. 277, do CPC, mormente quando a parte não suscita a nulidade do ato, na primeira oportunidade em que se manifesta nos autos[8].

O comparecimento do réu para contraminutar agravo de instrumento não supre a falta de citação, sob pena de violação dos princípios do contraditório e da ampla defesa. Apresentar resposta no agravo de instrumento contra denegação de tutela antecipada não supre a falta de citação. O contraditório somente se estabelece com o respeito ao direito de defesa. O prazo para a defesa flui a partir da audiência de conciliação ou mediação para a qual o réu foi devidamente citado[9].

---

4 THEODORO JÚNIOR, Humberto. Curso de Direito Processo Civil. Vol. I. 57ª ed. Rio de Janeiro: Editora Forense, 2016, p. 53.

5 STJ. REsp 1026821/TO, Rel. Ministro MARCO BUZZI, QUARTA TURMA, julgado em 16/08/2012, DJe 28/08/2012.

6 STJ. AgRg no Ag 1176138/MS, Rel. Ministro RAUL ARAÚJO, QUARTA TURMA, julgado em 09/10/2012, DJe 06/11/2012.

7 STJ. REsp 1361527/DF, Rel. Ministro SÉRGIO KUKINA, PRIMEIRA TURMA, julgado em 06/12/2016, DJe 17/02/2017.

8 TJMG. Apelação Cível 1.0035.05.052614-0/001, Relator(a): Des.(a) Alberto Henrique, 13ª CÂMARA CÍVEL, julgamento em 03/04/2008, publicação da súmula em 17/05/2008.

9 STJ. REsp 1310704/MS, Rel. Ministro RICARDO VILLAS BÔAS CUEVA, TERCEIRA TURMA, julgado em 10/11/2015, DJe 16/11/2015.

23.1 EFEITOS DA CITAÇÃO

O art. 240 do CPC versa sobre os efeitos da citação válida, mesmo quando ordenada por juiz incompetente, a saber:

- induz litispendência;
- torna litigiosa a coisa;
- constitui em mora o devedor, se não estiver constituído em mora em momento a ela anterior.

Nas hipóteses dos arts. 397 e 398 do Código Civil, referenciados na parte final do art. 240 do CPC, a constituição em mora do devedor independe da citação. O art. 397 do CC estabelece que a mora constitui-se de pleno direito após o termo fixado para o cumprimento da obrigação, positiva e líquida, haja vista a ciência do devedor acerca do momento em que deveria adimplir a obrigação. Denomina-se mora 'ex re', cujos efeitos se produzem a partir do inadimplemento.

Igualmente, o art. 398 do Código Civil define a mora do devedor, nas obrigações provenientes de ato ilícito, a partir do momento em que foi praticado.

> 1. É assente o entendimento de que os juros moratórios incidem desde a data do evento danoso em casos de responsabilidade extracontratual, nos termos da Súmula 54/STJ: "Os juros moratórios fluem a partir do evento danoso, em caso de responsabilidade extracontratual". Na responsabilidade extracontratual, abrangente do dano moral puro, a mora se dá no momento da prática do ato ilícito e a demora na reparação do prejuízo corre desde então, isto é, desde a data do fato, com a incidência dos juros moratórios previstos na Lei.
>
> 2. O fato de, no caso de dano moral puro, a quantificação do valor da indenização, objeto da condenação judicial, só se dar após o pronunciamento judicial, em nada altera a existência da mora do devedor, configurada desde o evento danoso. A adoção de orientação diversa, ademais, ou seja, de que o início da fluência dos juros moratórios se iniciasse a partir do trânsito em julgado, incentivaria o recorrismo por parte do devedor e tornaria o lesado, cujo dano sofrido já tinha o devedor obrigação de reparar desde a data do ato ilícito, obrigado a suportar delongas decorrentes do andamento do processo e, mesmo de eventuais manobras processuais protelatórias, no sentido de adiar a incidência de juros moratórios[10].

Nas demais hipóteses, a constituição em mora do devedor ocorrerá mediante interpelação judicial ou extrajudicial. O Recurso Repetitivo, tema 685, julgado pelo STJ, pode ter a tese generalizada no sentido de se reconhecer que os juros de mora incidem a partir da citação do devedor na fase de conhecimento da ação, quando esta se fundar em responsabilidade contratual, sem que haja configuração da mora em momento anterior[11].

---

[10] STJ. REsp 1132866/SP, Rel. Ministra MARIA ISABEL GALLOTTI, Rel. p/ Acórdão Ministro SIDNEI BENETI, SEGUNDA SEÇÃO, julgado em 23/11/2011, DJe 03/09/2012.

[11] STJ. REsp 1361800/SP, Rel. Ministro RAUL ARAÚJO, Rel. p/ Acórdão Ministro SIDNEI BENETI, CORTE ESPECIAL, julgado em 21/05/2014, DJe 14/10/2014. Repetitivo: Tema

Os §§ 1º e 4º do art. 240 do CPC dispõem que a interrupção da prescrição, da decadência e dos demais prazos extintivos previstos em lei operada pelo despacho que ordena a citação, ainda que proferido por juízo incompetente, retroagirá à data de propositura da ação.

O efeito interruptivo da prescrição não retroagirá à data da propositura da ação, apenas se o autor deixar de atender o prazo de 10 dias estabelecido no § 2º do art. 240 para oferecer à serventia judicial os meios necessários para a viabilização da citação – individualização e localização dos citandos e recolhimento das custas da diligência citatória.

A morosidade do aparato jurisdicional para efetivar a citação não prejudica o autor, nos termos do § 3º do art. 240 do CPC e da Súmula 106 do STJ: "Proposta a ação no prazo fixado para o seu exercício, a demora na citação, por motivos inerentes ao mecanismo da justiça, não justifica o acolhimento da arguição de prescrição ou decadência".

A citação, mesmo em processo extinto sem julgamento do mérito, suspende o prazo prescricional, que volta a correr após o trânsito em julgado da sentença de extinção do processo[12].

No processo civil, feita a citação, sem o consentimento do réu, o autor não pode mais modificar o pedido ou a causa de pedir. Trata-se do efeito estabilizador da demanda produzido pela citação.

O CPC, art. 242, autoriza a citação na pessoa do representante legal ou do procurador do réu, do executado ou do interessado. Tratando-se de ato praticado por mandatário, administrador, preposto ou gerente e encontrando-se ausente o citando, o § 1º do referido art. 242, também autoriza a citação na pessoa deles.

Tratando-se de ação relativa à locação, quando o locador se ausentar do país sem constituir procurador ou, apesar de constituído o mandatário, deixar de informar ao locatário sobre o mandato, o locatário pode requerer a citação do locador na pessoa do administrador do imóvel encarregado do recebimento dos aluguéis.

As pessoas jurídicas de direito público serão citadas por meio do órgão da Advocacia Pública responsável por sua representação judicial.

A citação poderá ser feita em qualquer lugar em que se encontre o réu, o executado ou o interessado. Se o réu for militar da ativa e se não for conhecida sua residência ou se nela não for encontrado, a citação será feita na unidade em que estiver servindo.

Ressalvada a necessidade de se evitar o perecimento do direito, não serão citados:

685: Tese Jurídica: Os juros de mora incidem a partir da citação do devedor no processo de conhecimento da Ação Civil Pública quando esta se fundar em responsabilidade contratual, cujo inadimplemento já produza a mora, salvo a configuração da mora em momento anterior.

12 STJ. REsp 1091539/AP, Rel. Ministra MARIA THEREZA DE ASSIS MOURA, TERCEIRA SEÇÃO, julgado em 26/11/2008, DJe 30/03/2009: Recurso Repetitivo: Temas 14, 869, 870.

I – quem estiver participando de ato de culto religioso;

II – o cônjuge, de companheiro ou de qualquer parente do morto, consanguíneo ou afim, em linha reta ou na linha colateral em segundo grau, no dia do falecimento e nos 7 (sete) dias seguintes;

III – os noivos, nos 3 (três) primeiros dias seguintes ao casamento;

IV – o doente, enquanto grave o seu estado.

A citação válida pressupõe a capacidade de quem vai recebe-la. Desta forma, o art. 245 veda a citação do mentalmente incapaz ou de pessoa que estiver impossibilitada de recebê-la. Nesses casos, há necessidade de o incapaz ser examinado por médico designado pelo juízo, admitindo-se o suprimento do exame por meio de atestado médico apresentado por membro da família.

Constatada a incapacidade ou impossibilidade de o citando receber a citação, o juiz nomeará curador, que será citado para atuar em sua defesa no processo, observada a ordem legal.

23.2 MODALIDADES DE CITAÇÃO

23.2.1 Por via postal

A modalidade preferencial para a citação é a realizada pelo correio. Será feita de outra forma apenas nas seguintes exceções, contempladas no art. 247 do CPC:

I – nas ações de estado;

II – quando o citando for incapaz;

III – quando o citando for pessoa de direito público;

IV – quando o citando residir em local não atendido pela entrega domiciliar de correspondência;

V – quando o autor, justificadamente, a requerer de outra forma.

A jurisprudência consolidou-se no sentido de validar a citação da pessoa jurídica, por via postal, quando a correspondência é encaminhada ao seu estabelecimento, mesmo que a correspondência tenha sido recebida por pessoa que não detém poderes para representar a sociedade[13]. O que é relevante é a carta de citação ter sido entregue no endereço correto. Com efeito, é inexigível a pessoalidade da citação quando inequívoca a entrega no seu endereço[14].

O entendimento prevalecente fundamenta-se na teoria da aparência que considera válida a citação encaminhada ao endereço da pessoa jurídica, mesmo que recebida por pessoa despida de poderes de representação.

---

13 STJ. Resp n. 190.690/RJ, Rel. Min. Barros Monteiro, DJU de 20.3.2000.

14 STJ. REsp 1307407/SC, Rel. Ministro MAURO CAMPBELL MARQUES, SEGUNDA TURMA, julgado em 22/05/2012, DJe 29/05/2012.

23.2.2 Por oficial de justiça

A citação será realizada por oficial de justiça quando frustrada ou legalmente vedada a citação postal.

Nas comarcas contíguas de fácil comunicação e nas que se situem na mesma região metropolitana, o oficial de justiça poderá efetuar a citação em qualquer delas, mesmo se não estarem vinculadas ao mesmo Tribunal, por inexistir qualquer restrição a esse respeito no art. 255 do CPC[15].

A citação por oficial de justiça deve ser pessoal. Entretanto, caso o oficial de justiça, após procurar por duas vezes o citando, suspeitar que ele se oculta, poderá fazer a citação por hora certa.

Para fazer a citação por hora certa, o oficial intimará qualquer pessoa da família ou, em sua falta, qualquer vizinho, informando-a que retornará no próximo dia útil, na hora que designar, a fim de realizar a citação. Se o citando não estiver presente, o oficial de justiça certificará que foi feita a citação, independentemente do local de ocultação do citando. A citação com hora certa será efetivada mesmo que a pessoa da família ou o vizinho que houver sido intimado esteja ausente, ou se, embora presente, se recuse a receber o mandado.

Feita a citação com hora certa, o escrivão ou chefe de secretaria enviará ao citando, no prazo de dez dias contado da data da juntada do mandado aos autos, carta, telegrama ou correspondência eletrônica, dando-lhe de tudo ciência. Trata-se de mera formalidade, cuja falta não interfere na validade da citação[16].

Ao réu revel citado por hora certa será nomeado curador, de modo que não se produzirão os efeitos da revelia.

23.2.3 Por edital

A citação por edital é medida excepcional pois somente terá lugar quando frustradas as diligências necessárias para a citação postal ou por oficial de justiça. Não se exige para validade da citação por edital que sejam exauridos todos os esforços para a localização do citando, sendo bastante o reconhecimento de se encontrar em lugar incerto, ignorado ou inacessível.

> Para que se efetue a citação por edital, basta que sejam realizadas tentativas pelos correios e pelo oficial de justiça, sendo prescindível o esgotamento de meios extrajudiciais para a localização do endereço do réu[17].

---

[15] STJ. RHC 61.248/GO, Rel. Ministro JOEL ILAN PACIORNIK, QUINTA TURMA, julgado em 19/06/2018, DJe 29/06/2018.

[16] STJ. AgRg no REsp 1537625/RJ, Rel. Ministro MOURA RIBEIRO, julgado em 06/10/2015, DJe 13/10/2015.

[17] STJ. AgRg no AREsp 682.744/MG, Rel. Ministro JOÃO OTÁVIO DE NORONHA, TERCEIRA TURMA, julgado em 24/11/2015, DJe de 1º/12/2015.

23.2.4 Por meio eletrônico

Com exceção das microempresas e das empresas de pequeno porte, as pessoas jurídicas de direito público, as empresas públicas e privadas são obrigadas a manter cadastro nos sistemas de processo em autos eletrônicos, para efeito de recebimento de citações e intimações, as quais serão efetuadas preferencialmente por esse meio (art. 246, §§ 1º e 2º).

> JURISPRUDÊNCIA STJ
>
> Tema 379 – Recurso Especial Repetitivo
>
> Nos casos de intimação/citação realizadas por Correio, Oficial de Justiça, ou por Carta de Ordem, Precatória ou Rogatória, o prazo recursal inicia-se com a juntada aos autos do aviso de recebimento, do mandado cumprido, ou da juntada da carta.

24

AUDIÊNCIA DE CONCILIAÇÃO E MEDIAÇÃO

O réu é citado para comparecer à audiência de conciliação ou mediação, incumbindo ao Judiciário, nesta audiência, informar e orientar as partes sobre a possibilidade de optarem por outros métodos de solução de conflitos diversos da adjudicação.

24.1 INDUÇÃO ÀS FORMAS CONSENSUAIS DE RESOLUÇÃO DE CONFLITOS

O Código de Processo Civil incorpora técnicas estimuladoras de soluções autônomas dos conflitos e oferece à sociedade e aos sujeitos do processo ferramentas aptas a implementação de uma mudança cultural, na qual, as partes, quando possível, estarão habilitadas para resolver o conflito de forma emancipada, sem necessidade da adjudicação judicial.

Diferentemente do que existia no rito do Código revogado, o CPC atual contempla várias possibilidades, além da conciliação e da adjudicação, a depender da disposição das partes em solucionar pacificamente a controvérsia. Caso as partes não se entendam, deverá o juiz lhes oferecer a oportunidade de buscarem outros métodos para a solução do litígio, tais como a mediação, a negociação, a justiça restaurativa.

Se as partes concordarem em buscar a solução do conflito por meio da mediação, o processo será suspenso (CPC, art .313, inc. III), a fim de aguardar o desfecho do procedimento autocompositivo. A mediação, caso dê resultado e se alcance a solução consensual, o juiz a homologará. Caso contrário, o processo prosseguirá, com a abertura do prazo de defesa.

As partes podem, ainda, celebrar acordo no sentido de instituir convenção de arbitragem. Nesse caso, o processo deverá ser extinto com julgamento de mérito, nos termos do art. 484, inc. III, alínea 'b', pois, indubitavelmente, há transação quando as partes celebram a convenção arbitral.

Desta maneira, o novo ordenamento processual rompe com a ideia predominante no Código Buzaid da conflituosidade litigiosa. O Código propõe a adoção de um novo paradigma, o de que a decisão imperativa do Poder Judiciário é residual, tendo lugar apenas quando, por qualquer razão, os métodos autocompositivos forem impotentes para resolver o conflito.

Essa mudança é imprescindível para harmonizarem-se o interesse público e a promoção da cidadania.

A solução consensual do conflito rompe com a lógica do litígio substituindo-o pela da reaproximação das partes por meio do diálogo. Na medida em que os titulares do conflito o solucionam, sem a necessidade de o Estado intervir para prestar tutela jurisdicional, a cidadania é valorizada. Essa exaltação da cidadania ocorre porque os indivíduos foram capazes de autonomamente construir a solução adequada. Pode-se dizer, portanto, que os métodos autocompositivos são emancipatórios, na medida em que o cidadão não carece mais do ato de poder estatal para impor a solução para o conflito em que está envolvido. As vantagens advindas para as partes são muitas: menor onerosidade, tempestividade, manutenção do poder decisório, construção de uma solução adequada para o conflito. Há vantajosidade, também, para o sistema de justiça, cujo exaurimento da sua capacidade de gerir os processos em prazo razoável já dá sinais concretos.

Em 2010, o Conselho Nacional de Justiça deu início a implementação de uma política pública de Tratamento Adequado dos Conflitos de Interesses. A Resolução CNJ nº 125, de 29/11/2010, atribui aos órgãos judiciários a incumbência de oferecer, além da solução adjudicada, outros meios adequados de solução das controvérsias, em especial os chamados meios consensuais, como a mediação e a conciliação (§ único do art. 1º). O sucesso dessa política é de fundamental importância para que a institucionalidade democrática não seja abalada em razão da desfuncionalidade judiciária.

A importância de se adotarem, concomitantemente ao processo judicial, métodos consensuais de solução dos conflitos é possibilitar uma solução célere, desburocratizada, menos onerosa e ainda, contribuir para redução da litigiosidade exacerbada com a qual nos deparamos cotidianamente. Sigamos as ideias do Ministro Ricardo Lewandowiski, que, no exercício da presidência do Supremo Tribunal Federal, vaticinou: "Precisamos abandonar a cultura da litigiosidade e inaugurar uma cultura da paz"[1].

Enfim, atento a essas novas possibilidades, o Código opta pela pacificação social mediante a priorização dos métodos não adjudicados para soluções dos conflitos. Os sujeitos do processo deverão, de acordo com § 3º do art. 3º do CPC, adotar os métodos de solução consensual de conflitos, mesmo em face de pretensões jurídicas já submetidas ao Poder Judiciário.

Ademais, a fim de institucionalizar os métodos autônomos de resolução de conflitos, o Código cria para o Poder Judiciário o dever de instituir centros

---

[1] Discurso proferido em 20/11/2014. Disponível em http://www.stf.jus.br/portal/cms/verNoticiaDetalhe.asp?idConteudo=280214. Acesso em: 06/01/2015.

judiciários de solução consensual de conflitos, aos quais incumbe realizar as sessões e audiências de conciliação e mediação e o desenvolvimento de programas destinados facilitação da adoção de medidas autocompositivas. Além disso, o novo Código profissionaliza a função de conciliador e mediador, prevendo remuneração pelo exercício dessas funções e define um conjunto de regras éticas de atuação desses sujeitos vocacionados a contribuirem para a busca da solução autocompositiva dos conflitos.

Assim, almeja-se tornar a arbitragem e os métodos autocompositivos tão atraentes que se possa, futuramente, preservar o Poder Judiciário, aliviando-o da sobrecarga de processos que o assola. Esse volume astronômico de processos está comprometendo o acesso à efetiva garantia de proteção judicial, deixando, na atualidade, a cidadania, em nossa sociedade, órfã de justiça. Assim, livre do excessivo número de processos, os órgãos jurisdicionais poderão efetivamente cumprir a missão que a Constituição da República lhes atribui, que é a de tempestivamente reparar toda lesão ou coibir qualquer ameaça a direito que for submetida à sua apreciação, assegurando a efetividade do julgado.

Os métodos alternativos de solução de conflitos podem, ou não, ser autocompositivos. A arbitragem é o exemplo de um instrumento heterônomo de solução, por se obter, nas hipóteses legalmente admitidas, a solução da controvérsia por meio da sentença arbitral proferida por um árbitro, que é terceiro imparcial, equidistante do conflito.

A seu turno, constituem métodos autocompositivos a transação, negociação, conciliação e mediação. Nessas hipóteses, as partes, consensual e espontaneamente, constroem a solução do conflito em que estão envolvidas. Assim, diferentemente dos métodos heterocompositivos em que a decisão é imposta por um terceiro imparcial, os métodos consensuais preveem que as partes autonomamente solucionem o conflito, de forma pacífica, mediante a construção dialógica do consenso.

A tentativa de discriminar e isolar conceitualmente os diversos métodos autocompositivos é de importância meramente acadêmica. A flexibilidade que se deve conferir à forma de as partes construírem soluções consensuais não combina com o rigorismo procedimental, de modo que há possibilidade de, em um mesmo caso, adotarem-se, concomitantemente, mais de um desses métodos, sem qualquer comprometimento da legitimidade da solução alcançada.

A Resolução nº 125[2], que instituiu a política pública de tratamento adequado dos conflitos no âmbito do Poder Judiciário, considera as seguintes premissas:

- o acesso à justiça significa garantia de efetiva proteção judicial o que se materializa por meio de acesso à ordem jurídica justa e a soluções efetivas;
- os métodos consensuais de resolução de conflitos devem ser tecnicamente aprimorados e, quando cabível, sua adoção estimulada;

---

2 Disponível em http://www.cnj.jus.br/busca-atos-adm?documento=2579.

- é relevante regulamentar, no âmbito do Poder Judiciário, os serviços de práticas consensuais de resolução de conflitos para evitar distorções e disparidades de orientação e práticas;
- os métodos consensuais realizam a pacificação social (o que nem sempre se alcança por meio da solução adjudicada), constroem a solução adequada e contribuem para prevenir litígios, com a consequente redução do fenômeno da judicialização que tem crescido exponencialmente nas últimas décadas no Brasil, com significativos prejuízos para a garantia de efetiva proteção judicial;

Nesse contexto, a escolha do método de resolução mais indicado para determinada disputa precisa levar em consideração características e aspectos de cada processo, tais como: custo financeiro, celeridade, sigilo, manutenção de relacionamentos, flexibilidade procedimental, exequibilidade da solução, custos emocionais na composição da disputa, adimplemento espontâneo do resultado e recorribilidade[3].

Processos não vinculantes Controle do processo e do seu resultado cabe às próprias partes	Processos vinculantes Controle do processo e do seu resultado cabe a terceiro(s)		
Tomada de decisão particular pelas próprias partes	Tomada de decisão extrajudicial por terceiro		Tomada de decisão judicial por terceiro
Megociação Mediação Conciliação	Decisão Administrativa	Arbitragem	Decisão Judicial

Característica intrínsecas

Maior sigilo	Maior publicidade
Maior propensão à preservação de relacionamentos	Maior propensão à solução do conflito como se sendo uma questão pontual
Maior adimplente espontâneo	Maior exequibilidade diante de facilidades relativas à execução forçada
Maior flexibilidade procedimental	Maior rigor com o seguimento de procedimeto previamente estabelecido
Maior preocupação com a humanização e sensibilização das partes	Maior desgaste emocional
Maior celeridade	Maior recorribilidade
Maior utilização da linguagem cotidiana das partes/interessados	Maiores custos processuais (ou operacionais)

Manual de Mediação Judicial

[3] CNJ. Manual de Mediação Judicial. 6ª ed. Brasília: Conselho Nacional de Justiça, 2016, p. 17.

Dentre os métodos consensuais, destacam-se os seguintes:

24.1.1 Negociação

Processo de troca de informações entre as partes, com a finalidade de se alcançar um acordo. As fases da negociação podem ser definidas como: preparação, compreendendo o conhecimento e a definição da própria posição e dos objetivos a serem alcançados; desenvolvimento, em que ocorrem a programação da agenda e a formulação de propostas, concessões e soluções alternativas; desfecho, que pode resultar em acordo, interrupção temporária ou término da negociação[4].

24.1.2 Mediação[5]

É um procedimento autocompositivo no qual as partes em disputa são auxiliadas por uma terceira parte neutra no conflito para se buscar a composição. São realizados vários atos procedimentais em que o terceiro habilita as partes a melhor compreenderem suas posições e a encontrarem soluções adequadas que se compatibilizem com seus interesses e necessidades.

O mediador exerce influência sobre a maneira das pessoas se comunicarem, de forma a discutir assuntos que, mesmo não estando diretamente ligados à disputa, afetam a dinâmica dos envolvidos.

24.1.3 Conciliação

Breve procedimento autocompositivo no qual as partes ou os interessados são auxiliados por um terceiro, desinteressado na causa, para assisti-las, por meio de técnicas adequadas, para possibilitar uma solução consensual.

24.1.4 Justiça restaurativa[6]

A Resolução nº 225/2016 do CNJ, art. 1º, conceitua a justiça restaurativa:

> Justiça Restaurativa constitui-se como um conjunto ordenado e sistêmico de princípios, métodos, técnicas e atividades próprias, que visa à conscientização sobre os fatores relacionais, institucionais e sociais motivadores de conflitos e

---

4 Ministério da Justiça. Manual de Mediação de Conflitos para Advogados. Brasília, 2014.

5 Wallensteen, Peter, and Isak Svensson. Talking Peace: International Mediation in Armed Conflicts. *Journal of Peace Research*, vol. 51, no. 2, 2014, pp. 315–27.. *Mediation is a processo of conflict management where the disputants seek the assistence of, or accept na offer of help from, an individual, group, state or organization to settle their conflict or resolve their diferences without resortin to physical violence or invoking the authority of law.*

6 MARSHALL, Tony F. Restorative Justice: na overview. Londres, 1999, p. 6. "*A commonly accepted definition used internationally is: Restorative Justice is a process whereby parties with a stake in a specific offence cllectively resolve how to dial with the aftermath of the offence and its implications for the future*".

violência, e por meio do qual os conflitos que geram dano, concreto ou abstrato, são solucionados de modo estruturado na seguinte forma:

I – é necessária a participação do ofensor, e, quando houver, da vítima, bem como, das suas famílias e dos demais envolvidos no fato danoso, com a presença dos representantes da comunidade direta ou indiretamente atingida pelo fato e de um ou mais facilitadores restaurativos;

II – as práticas restaurativas serão coordenadas por facilitadores restaurativos capacitados em técnicas autocompositivas e consensuais de solução de conflitos próprias da Justiça Restaurativa, podendo ser servidor do tribunal, agente público, voluntário ou indicado por entidades parceiras;

III – as práticas restaurativas terão como foco a satisfação das necessidades de todos os envolvidos, a responsabilização ativa daqueles que contribuíram direta ou indiretamente para a ocorrência do fato danoso e o empoderamento da comunidade, destacando a necessidade da reparação do dano e da recomposição do tecido social rompido pelo conflito e as suas implicações para o futuro[7].

[7] Conselho Nacional de Justiça. Resolução nº 225/2016, art. 1º.

25

A DEFESA

25.1 PRAZO PARA O RÉU SE DEFENDER

O art. 335 do CPC diz que o réu tem 15 dias úteis de prazo para apresentar contestação e/ou reconvenção, contados:

- da "audiência de conciliação ou de mediação, ou da última sessão de conciliação, quando qualquer parte não comparecer ou, comparecendo, não houver autocomposição";
- da data do protocolo do pedido de cancelamento da audiência de conciliação ou de mediação apresentado pelo réu. Se houver litisconsórcio passivo e o requerimento de cancelamento da audiência for requerido separadamente, o prazo da defesa contar-se-á a partir do respectivo protocolo;
- se o juiz não designar audiência preliminar, de conciliação e/ou mediação, da data da juntada aos autos do AR, se a citação foi feita por via postal, ou do mandado cumprido, se a citação foi realizada por oficial de justiça. Havendo litisconsórcio passivo, o prazo para apresentação de defesa é contado individualmente, a partir da data em que cada um dos AR ou dos mandados de citação for juntado aos autos os respectivos.

Ainda, em relação ao litisconsórcio passivo, o prazo será dobrado se os litisconsortes tiverem procuradores que atuem vinculados a escritórios distintos.

Tratando-se de direito que não admite autocomposição, o prazo para a defesa inicia-se da juntada aos autos do mandado de citação cumprido. Havendo litisconsórcio passivo, o prazo começa a fluir a partir de cada citação realizada, observado o art. 231 do CPC.

Se o autor desistir da ação em relação a algum litisconsorte não citado, o prazo para a defesa dos demais litisconsortes já citados, iniciar-se-á com a intimação da decisão homologatória da desistência. Se houver litisconsortes passivos não citados, a regra da contagem do prazo é a genérica.

25.2 A RESPOSTA DO RÉU

O Réu, após ser validamente citado, pode assumir três posições diante da pretensão deduzida pelo autor. Pode se manter em silêncio, deixando de se manifestar no processo, deixando, assim, de oferecer resistência à pretensão do autor. Tornar-se-á revel e como consequência por abdicar do direito de se defender, os fatos formulados pelo autor serão presumidos verdadeiros.

Em geral, o procedimento mais corriqueiro adotado pelo réu é o de contestar o pedido. Por meio da contestação, o réu opõe resistência à pretensão do autor, a ela se contrapondo. A contestação, é, portanto, a peça processual na qual o réu demonstra o seu interesse de obter, preferencialmente, uma sentença declarando a inexistência de conduta sua capaz de causar lesão ou ameaçar o direito pretendido pelo autor, ou, eventualmente, uma sentença que reconheça a impossibilidade de julgamento do mérito em razão de alguma situação jurídica processual incontornável, *v.g.* a ausência de uma condição da ação ou de um pressuposto processual insanável.

O réu também pode acionar o autor caso exista uma pretensão resistida conexa com a ação principal ou com o fundamento da defesa. Nesse caso, o réu proporá reconvenção. Visando economia e efetividade, o réu ao invés de propor ação autônoma contra o autor, apresenta a reconvenção, que é uma ação movida contra o autor, nos mesmos autos em que está sendo demandado.

É o comportamento do réu que delimitará a extensão do julgamento da lide. A decisão do mérito será realizada nos limites propostos pelas partes. Assim, o réu pode ser revel e aceitar os fatos alegados pelo autor, ou se defender, por meio de contestação ou reconvenção (CPC, art. 141).

A garantia do contraditório para o réu consiste "na constante possibilidade de participar ativamente da condução do processo, cooperando tanto na busca dos fatos, quanto na produção de provas, e na elaboração e formação da convicção do juiz"[1].

25.2.1 Contestação

> O princípio da eventualidade obriga o réu a expor todos os argumentos de defesa logo na contestação, ainda que sejam contraditórios entre si[2].

A garantia da ampla defesa possibilita ao réu apresentar todos os argumentos que entender necessários e suficientes para desacolher a pretensão do autor. Ainda que se admita a defesa em sua máxima amplitude, a contestação é o momento processual oportuno para o réu deduzir os fatos e os fundamentos jurídicos capazes

---

1 TROCKER, Nicolo Trocker. *Processo civile e costituzione*. Milão: Giuffrè Editore, 1974, p. 372.

2 STJ. AgRg no Ag 671.524/SC, Rel. Ministro HUMBERTO GOMES DE BARROS, TERCEIRA TURMA, julgado em 23/11/2005, DJ 12/12/2005, p. 374.

de impedir a vitória do autor, sob pena de preclusão. Deixando o réu de impugnar, na contestação os fatos articulados pelo autor, a matéria tornar-se-á preclusa. Não poderá mais ser deduzida pelo réu e terá como consequência o efeito da revelia de serem presumidos verdadeiros os fatos alegados pelo autor.

Em razão do princípio da eventualidade, segundo o qual as alegações de fato concentram-se na fase postulatória do processo. O réu, na contestação, deve deduzir, em fundamentos sucessivos, toda a matéria de defesa, "ainda que relativamente contraditórias entre si"[3]. É frequente, em razão da concentração da defesa, a contestação possuir algumas teses juridicamente conflitantes que acabam por se tornar prejudicadas em face da ordem de precedência lógica em que se organizam.

É necessário, contudo, que a contestação não seja teratológica. O poder de influência decorrente do contraditório pressupõe concatenação de ideias e de fundamentos capazes de convencer o juiz. Portanto, é desaconselhável que o réu, em sua defesa, atire para todos os lados, pois essa desorientação lógica da peça de contestação pode retirar-lhe a credibilidade. Não é razoável, por exemplo, alegar nulidade de citação na contestação, considerando que o comparecimento espontâneo do réu supre até mesmo a falta de citação, além do princípio *pas de nulitè sans grief*. Além disso, a anulação da citação não trará benefício algum, pois, pelo princípio da eventualidade, a defesa deve ser concentrada, ou seja, a contestação deve conter toda a matéria de defesa, sob pena de preclusão. Desta maneira, independentemente do reconhecimento do vício de citação, o réu já terá se desincumbido do ônus da defesa, apresentando todas as matérias que entender capazes de obstar o acolhimento do pedido de procedência formulado pelo autor.

> A rigor da lógica, pareceria incoerente o réu pedir a extinção do processo porque é parte ilegítima e depois passar a expor que a dívida jamais existiu porque não concorreram seus elementos constitutivos – com o consequente pedido de improcedência da inicial. Também pareceria estranho alegar a prescrição e em seguida demonstrar que pagou. Mas o sistema permite esses comportamentos aparentemente conflitantes, porque do contrário, a garantia da ampla defesa ficaria prejudicada. Obviamente, os exageros não são tolerados e podem, no mínimo, desmerecer a credibilidade da defesa[4].

Na contestação é o réu deduz toda a matéria de defesa, resistindo à pretensão autoral. Incumbe-lhe, nos termos do art. 336 do CPC, expor todos os fundamentos de fato e de direito com que impugna o pedido do autor, bem como indicar as provas que pretende produzir.

A defesa do réu pode ser de mérito ou processual, dizendo-se defesa direta de mérito ou defesa indireta.

---

[3] DINAMARCO, Cândido Rangel. *Instituições de Direito Processual Civil*. Vol. II, 4ª ed. São Paulo: Malheiros, 2004, p. 330.

[4] DINAMARCO, Cândido Rangel. *Instituições de Direito Processual Civil*. Vol. II, 4ª ed. São Paulo: Malheiros, 2004, p. 331.

Diz-se defesa processual ou defesa indireta a que tem por finalidade frustrar a prestação da tutela jurisdicional pela impossibilidade de o juiz decidir o mérito da causa. De acordo com Dinamarco, trata-se de "uma tutela jurisdicional de grau inferior, consistente na extinção do processo sem julgamento do mérito"[5]. Seu objetivo é demonstrar a ausência dos pressupostos processuais ou condições da ação. A probabilidade de sucesso do réu nessa empreitada é bastante reduzida à luz do princípio fundamental da primazia do julgamento do mérito. A sentença que extingue o processo sem resolução de mérito deve ser precedida das diligências necessárias ao saneamento do processo, visando sanar os vícios para possibilitar alcançar o julgamento da pretensão, acolhendo ou não o pedido do autor.

A defesa de mérito pode ser direta ou indireta.

Considera-se defesa direta de mérito aquela manifestação do réu que resiste à pretensão do autor e objetiva desconstruir os fundamentos de fato e de direito que sustentam o pedido do autor. O réu então deve produzir prova contrariando os fatos apresentados pelo autor ou, então, demonstrar que as consequências jurídicas deles advindas são diversas das apontadas pelo autor na causa de pedir. Nessa hipótese, o réu nega a existência do fato, ou lhe dá outra configuração, ou contesta suas consequências jurídicas.

A defesa indireta de mérito, é aquela em que o réu contrapõe fatos novos que modificam, extinguem ou desconstituem o direito do autor. O réu reconhece os fatos alegados pelo autor, mas traz ao processo outros fatos capazes de conduzir à improcedência do pedido. Assim, na defesa indireta o réu contrapõe fatos novos que modificam, extinguem ou desconstituem o direito do autor. Caso o réu não demonstre esses fatos, o pedido será julgado procedente, haja vista que na defesa indireta de mérito há o reconhecimento dos fatos constitutivos do direito do autor.

> Se o réu oferece defesa indireta de mérito, reconhece implicitamente os fatos em que se baseia a pretensão do autor, tornando-os incontroversos e portanto, despiciendos de prova[6].

25.2.1.1 Preliminares da contestação

As preliminares da contestação, também denominadas exceções, não discutem o mérito, mas matérias que podem postergar ou até mesmo inviabilizar o seu julgamento. Por meio da defesa indireta, o réu pode deduzir pode exceções dilatórias ou peremptórias.

Adolfo Rivas ensina que dilatórias são as exceções em que o réu alega a inexistência de pressupostos processuais. "Com elas não se questiona a pretensão em si, mas a adequada conformação do processo"[7]. Peremptórias, prossegue o autor,

---

5 DINAMARCO, Cândido Rangel. *Instituições de Direito Processual Civil*. Vol. II, 4ª ed. São Paulo: Malheiros, 2004, p. 295.

6 STJ. AgRg no REsp 235.154/DF, Relª. Minª. NANCY ANDRIGHI, DJ 09/04/2001, p. 354.

7 RIVAS, Adolfo A. *Teoría General del Derecho Procesal*. Buenos Aires: LexisNexis. 2005, p. 346.

são as que inviabilizam o processo, "não por deficiências do processo em si mesmo, mas por encontrar-se afetada a relação jurídica substancial devido a um pronunciamento judicial anterior que resolveu sobre ela (coisa julgada, transação homologada, conciliação), ou por um efeito determinado pela lei (renúncia ao direito sobre o qual se funda a ação), ou por discordância entre a titularidade da relação jurídica substancial e a processual (falta de legitimação)".[8]

As preliminares da contestação encontram-se enumeradas no art. 337 do CPC, sendo dilatórias as matérias dos incs. I - inexistência ou nulidade da citação; II - incompetência absoluta e relativa; III - incorreção do valor da causa; VIII - conexão; IX - incapacidade da parte, defeito de representação ou falta de autorização; e XIII - indevida concessão do benefício de gratuidade de justiça.

A defesa dilatória impacta no tempo do processo, pois, ao suscitar uma questão, é necessário ouvir o autor e o juiz decidir, se não imediatamente, no mais tardar, no saneamento do processo.

As exceções peremptórias estão elencadas nos incs. IV - inépcia da petição inicial; V - perempção; VI - litispendência; VII - coisa julgada; X - convenção de arbitragem; XI - ausência de legitimidade ou de interesse processual; e XII - falta de caução ou de outra prestação que a lei exige como preliminar.

Se o autor não corrigir o vício processual, a defesa dilatória pode se tornar peremptória e o processo ser extinto sem resolução de mérito.

Apesar de não estar no rol do art. 337 do CPC, precedentemente a toda a matéria de defesa, compete ao réu alegar a inexistência de soberania brasileira sobre o caso, se houver cláusula de eleição de foro exclusivo estrangeiro em contrato internacional (CPC, art. 25).

As preliminares do art. 337 do CPC são a seguir analisadas:

> I – A alegação de inexistência ou nulidade de citação terá importância vital para o réu caso o prazo para oferecer defesa já tenha se escoado. Nessa hipótese, a admissibilidade da contestação decorrerá do reconhecimento do vício de citação, pois, caso contrário, configurar-se-á a revelia do réu (§ 2° do art. 329 do CPC). Tratando-se de citação viciada, somente após a declaração de sua nulidade é que o prazo para a defesa começa a fluir. Caso o juiz reconheça a validade da citação a consequência será a revelia (inc. I do § 2° do art. 329 do CPC). No caso de falta de citação, o prazo de defesa tem início a partir do comparecimento espontâneo.

Assim, ressalvada essa situação, a alegação é desnecessária, uma vez que, nos termos do § 1ª do art. 239 do CPC, a partir da data do comparecimento espontâneo do réu inicia-se o curso do prazo para apresentação de defesa, no caso da falta de citação.

---

8 RIVAS, Adolfo A. *Teoría General del Derecho Procesal.* Op cit., p. 346.

> II – A incompetência relativa ou absoluta também devem ser alegadas em preliminar de contestação. A incompetência relativa, caso não arguida, prorrogará a competência do juízo para o qual foi distribuída a demanda (CPC, art. 65). No caso de foro de eleição, ao despachar a petição inicial, o juiz pode declarar a abusividade da cláusula respectiva, remetendo os autos ao foro do domicílio do réu. Todavia, caso não haja declaração judicial, incumbe ao réu arguir a abusividade da cláusula de eleição do foro, sob pena de preclusão e consequente prorrogação da competência (CPC, art. 63, §§ 3º e 4º).

Tratando-se de incompetência absoluta, a matéria não preclui, podendo ser reconhecida de ofício, a qualquer tempo e grau de jurisdição. Independentemente da natureza da incompetência, relativa ou absoluta, caso acolhida a exceção, o processo será remetido ao juiz competente.

> III – A incorreção do valor da causa quando atribuído pelo autor em desconformidade com o art. 292 do CPC[9]. O interesse do réu na correção do valor da causa se deve ao arbitramento dos honorários advocatícios sucumbenciais, que no caso de improcedência do pedido, serão arbitrados entre 10 e 20% do valor da causa atualizado. Nos termos da jurisprudência do STJ, os honorários advocatícios de sucumbência devem ser fixados de acordo com os seguintes critérios: (...) não havendo condenação, serão também fixados entre 10% e 20%, das seguintes bases de cálculo: (II.a) sobre o proveito econômico obtido pelo vencedor (art. 85, § 2º); ou (II.b) não sendo possível mensurar o proveito econômico obtido, sobre o valor atualizado da causa (art. 85, § 2º); por fim, (III) havendo ou não condenação, nas causas em que for inestimável ou irrisório o proveito econômico ou em que o valor da causa for muito baixo, deverão, só então, ser fixados por apreciação equitativa (art. 85, § 8º)[10].

---

9 Art. 292. O valor da causa constará da petição inicial ou da reconvenção e será: I – na ação de cobrança de dívida, a soma monetariamente corrigida do principal, dos juros de mora vencidos e de outras penalidades, se houver, até a data de propositura da ação; II – na ação que tiver por objeto a existência, a validade, o cumprimento, a modificação, a resolução, a resilição ou a rescisão de ato jurídico, o valor do ato ou o de sua parte controvertida; III – na ação de alimentos, a soma de 12 (doze) prestações mensais pedidas pelo autor; IV – na ação de divisão, de demarcação e de reivindicação, o valor de avaliação da área ou do bem objeto do pedido; V – na ação indenizatória, inclusive a fundada em dano moral, o valor pretendido; VI – na ação em que há cumulação de pedidos, a quantia correspondente à soma dos valores de todos eles; VII – na ação em que os pedidos são alternativos, o de maior valor; VIII – na ação em que houver pedido subsidiário, o valor do pedido principal. § 1º Quando se pedirem prestações vencidas e vincendas, considerar-se-á o valor de umas e outras. § 2º O valor das prestações vincendas será igual a uma prestação anual, se a obrigação for por tempo indeterminado ou por tempo superior a 1 (um) ano, e, se por tempo inferior, será igual à soma das prestações.

10 STJ, AgInt nos EDcl no AREsp 1553027/RJ, Rel. Min. MARCO BUZZI, DJe 01/04/2020.

Além disso, o valor da causa repercute no valor das custas processuais. Tratando-se, portanto, de questão de ordem pública, está justificada a intervenção de ofício do juiz visando sua adequação aos termos legais (art. 292, § 3º).

IV – A inépcia da petição inicial só vai ser acolhida caso o seu conteúdo seja insuficiente para individualizar o objeto do processo, inviabilizando o exercício do contraditório e da ampla defesa pelo réu. A petição inicial ao ser despachada, passa pelo crivo judicial. Se o juiz observa alguma irregularidade que macule a petição inicial, determinará sua emenda, conforme determina o art. 321 do CPC. Uma vez contestada a ação, é vedada a emenda da petição inicial, pois, segundo o entendimento do STJ, "o réu – quem demonstrou o defeito – estaria fornecendo subsídios contra si próprio, em benefício do autor"[11].

V– A perempção, no processo civil, nos termos do § 3º do art. 486 do CPC, é um fenômeno que ocorre quando o autor dá causa, por três vezes, a sentença fundada em abandono da causa. Nessa situação, ele não poderá propor nova ação contra o réu com o mesmo objeto, ficando-lhe ressalvada, entretanto, a possibilidade de alegar em defesa o seu direito.

VI – A litispendência terá lugar quando o autor tiver proposto ação igual a que já está em curso. Havendo entre as demandas a tríplice identidade, de partes, de causa de pedir e de pedido, a consequência será a extinção do processo sem resolução de mérito. A sentença, ainda, deverá impor ao autor condenação por litigância de má-fé.

A excepcionalidade de se reconhecer eventual abuso do direito de acesso à justiça deve ser sempre ressaltada porque, em última análise, trata-se um direito fundamental estruturante do Estado Democrático de Direito e uma garantia de amplíssimo espectro, de modo que há uma natural renitência em cogitar da possibilidade de reconhecê-lo em virtude da tensão e da tenuidade com o próprio exercício regular desse direito fundamental. Respeitosamente, esse não é um argumento suficiente para que não se reprima o abuso de um direito fundamental processual, como é o direito de ação. Ao contrário, o exercício abusivo de direitos de natureza fundamental, quando configurado, deve ser rechaçado com o vigor correspondente à relevância que essa garantia possui no ordenamento jurídico, exigindo-se, contudo e somente, ainda mais prudência do julgador na certificação de que o abuso ocorreu estreme de dúvidas[12].

VII – A exceção de coisa julgada será cabível pelo fato de o autor repetir ação que já foi decidida por decisão transitada em julgado. Havendo entre as demandas a tríplice identidade, de partes, de causa de pedir e de pedido, a consequência será a extinção do processo sem

---

11 STJ, EREsp 674.215/RJ, Rel. Min. ARI PARGENDLER, DJe 04/11/2008.

12 STJ. Inf. Compl. REsp 1817845/MS, Rel. Ministro PAULO DE TARSO SANSEVERINO, Rel. p/ Acórdão Ministra NANCY ANDRIGHI, TERCEIRA TURMA, julgado em 10/10/2019, DJe 17/10/2019.

> resolução de mérito. A sentença deve, também, impor ao autor condenação por litigância de má-fé.
>
> VIII – A conexão, quando reconhecida, implica a remessa dos autos ao juízo prevento. São conexas duas ou mais ações quando tiverem, em comum, o pedido ou a causa de pedir. Fundando-se as ações no mesmo ato ou fato jurídico, elas têm a mesma causa de pedir e deverão ser reunidas para julgamento unificado. A reunião das ações conexas é matéria de ordem pública, pois o risco de haver decisões conflitantes é suficiente para causar insegurança jurídica e comprometer a credibilidade do Poder Judiciário. Por isso, a prorrogação da competência do juízo prevento, nos casos de conexão ou continência, é imperativa.

A Súmula 235 do STJ foi absorvida pelo § 1º do art. 55 do CPC, que declara desnecessária a reunião dos processos quando um deles estiver julgado, porque com o julgamento de uma das ações conexas desaparece o risco de decisões contraditórias.

Efeito secundário, mas não menos importante, é o de, por meio da reunião de processos, conferir-se maior celeridade no andamento dos processos, em virtude da economia processual ocasionada pela possibilidade de realização simultânea de atos processuais nos processos reunidos.

O critério de definição da competência do juízo é a regra da prevenção. Será competente o juiz prevento, qual seja o juízo que primeiro recebeu a primeira demanda, considerando-se para definição a data do registro ou da distribuição da petição (art. 59).

> IX – A alegação de incapacidade da parte, defeito de representação ou falta de autorização dará ao autor a oportunidade de regularizar a presença da parte em juízo.
>
> X – A alegação de convenção de arbitragem, uma vez acolhida, provocará a extinção do processo sem resolução de mérito por carência de jurisdição. As partes livremente pactuaram por solucionar os conflitos decorrentes do contrato por meio da composição heterônoma privada – um árbitro ou uma comissão de árbitros – decidirá o mérito.

O § 2º do art. 337 do CPC informa que a ausência de alegação da existência de convenção de arbitragem, na contestação, significa aceitação da jurisdição estatal por renúncia ao juízo arbitral.

XI – Carência de ação por ausência das condições da ação: legitimidade ou interesse processual. A legitimidade corresponde à pertinência subjetiva da ação, nas palavras de Buzaid, são os titulares do conflito de interesses. O interesse é a necessidade de pedir tutela jurisdicional ao Estado-juiz e a utilidade da decisão judicial que for proferida resolvendo o conflito. Considerando que o direito de ação é exercido durante todo o procedimento, as condições devem estar presentes no curso do processo. Desta maneira, a sentença deverá verificar no momento em que é proferida se as condições da ação estão presentes, não sendo incomum a perda superveniente das condições da ação.

Em relação à ilegitimidade do réu, o CPC dispõe incumbir-lhe indicar o sujeito passivo da relação jurídica discutida sempre que tiver conhecimento, sob pena de arcar com as despesas processuais e de indenizar o autor pelos prejuízos decorrentes da falta da indicação (CPC, art. 339).

XII – A falta de caução ou de outra prestação que a lei exige como preliminar afasta o interesse de agir do autor, levando à extinção da ação. É o caso, por exemplo, do requerimento administrativo prévio.

XIII – A alegação de indevida concessão do benefício de gratuidade de justiça vai depender de prova robusta do réu, a fim de demonstrar a bonança financeira do autor, sua capacidade de arcar com os custos do processo sem prejuízo próprio ou da família. A declaração do autor tem presunção relativa de veracidade, admitindo prova em contrário.

A contestação ainda, comporta outras matérias de ordem processual não previstas no art. 337 do CPC:

a) Pedir o benefício da gratuidade de justiça (CPC, art. 99).

b) Alegar falsidade documental (CPC, art. 430).

c) Requerer a denunciação da lide ou o chamamento ao processo (CPC, arts. 126 e 131).

d) Demandar proteção possessória sob o fundamento de que foi o ofendido em sua posse pelo autor, admitindo-se a cumulação com a indenização pelos prejuízos resultantes da turbação ou do esbulho cometido pelo autor (CPC, art. 556).

JURISPRUDÊNCIA STF

Tema 350 – RG reconhecida e mérito julgado

Tese

O Plenário do Supremo Tribunal Federal assentou que a concessão de benefícios previdenciários depende de requerimento do interessado, não se caracterizando ameaça ou lesão ao direito antes de sua apreciação e indeferimento pelo INSS (ARE 631.240-RG).

25.2.1.2 *Da defesa de mérito na contestação*

Nos termos do art. 336 do CPC, com fundamento nos princípios da eventualidade e da concentração da defesa, o réu deve alegar, na contestação, toda a matéria de defesa. Isso quer dizer que o réu deve fazer a impugnação específica e fundamentada dos fatos e fundamentos jurídicos que sustentam o pedido do autor.

A defesa direta é o meio processual pelo qual o réu, na contestação, refuta o mérito da pretensão autoral. É direta porque o réu resiste à pretensão do autor e argumenta objetivando desconstruir os fundamentos de fato e de direito que sustentam o pedido autoral. Nessa hipótese, o réu impugna os fatos articulados pelo autor ou, então, demonstra a improcedência das consequências jurídicas deles advindas. Enfim, o réu nega a existência do fato, ou lhe dá outra configuração, ou contesta suas consequências jurídicas.

Na defesa indireta de mérito, o réu contrapõe fatos novos, modificativos, extintivos ou desconstitutivos do direito do autor. O réu reconhece os fatos alegados pelo autor, mas traz ao processo outros fatos capazes de conduzir à improcedência do pedido. Caso o réu não demonstre esses fatos, o pedido será julgado procedente, haja vista que na defesa indireta de mérito há o reconhecimento dos fatos constitutivos do direito do autor.

Havendo litisconsórcio passivo, a contestação oferecida por um dos réus impede os efeitos da revelia em relação aos demais.

25.2.2 Reconvenção

Há, ainda, a possibilidade de o réu propor, no mesmo processo, uma ação contra o autor, denominada reconvenção. Trata-se de ação distinta, com sua individualidade própria, na qual o réu formula pedido, desde que a reconvenção seja conexa com a ação principal ou com o fundamento da defesa. O Enunciado 120 do Conselho da Justiça Federal diz que a regra de emenda à petição inicial aplica-se também à reconvenção[13] quando não atendidos os pressupostos da petição inicial.

[13] Disponível em: https://www.cjf.jus.br/enunciados/enunciado/1252 Acesso em 25/10/2022.

26

REVELIA

A revelia é uma situação jurídico-processual decorrente da inércia do réu. A forma mais frequente de caracteriza-la ocorre quando o réu não impugna os fatos articulados pelo autor na petição inicial, quer porque deixou de oferecer contestação, quer porque a ofereceu a destempo. Mas não é essa a única situação que ocasiona a revelia. Também pode tornar-se revel, nos termos do art. 76 do CPC, o réu que não regularizar a sua incapacidade processual ou a irregularidade de sua representação em juízo. A outra hipótese é no caso da morte do advogado constituído pelo réu. Ele tornar-se-á revel se deixar de outorgar mandato a outro procurador, no prazo de 15 dias (CPC, § 3º, art. 313).

A revelia produz os seguintes efeitos:

a) na ausência de impugnação dos fatos articulados pelo autor, estes tornam-se presumivelmente verdadeiros, por incontroversos. A revelia é uma situação jurídica processual que não implica decisão favorável ao autor. Deste modo, reconhece-se a presunção de veracidade como relativa, não exonerando o juízo da correta aplicação do direito. Assim, a despeito da revelia, o juiz pode julgar extinto o processo sem resolução do mérito, se ausente condição da ação ou pressuposto processual, ou mesmo decidir pela improcedência do pedido. Isto é, a revelia não é sanção, nem exonera o magistrado de decidir a lide com base nos fatos e fundamentos jurídicos propostos, razão pela qual, a procedência do pedido não decorre automaticamente dela, revelia.

b) o prosseguimento do processo com a dispensa de intimação do réu-revel que não tiver advogado constituído no processo. Nesse caso, nos termos do art. 346 do CPC, os prazos fluirão a partir da data de publicação do ato processual no órgão oficial. Se houver advogado constituído, o réu revel será intimado dos atos processuais, sendo a ele aplicável a mesma regra do art. 346 do CPC, isto é, prazos do revel que tem patrono nos autos fluirão da data de publicação do ato decisório no órgão oficial.

A regra a ser observada para as intimações é a do art. 272 do CPC, reproduzida no referido art. 346, ressalvando-se, contudo, que no caso de revelia do réu sem advogado constituído, flexibiliza-se a regra do § 2º. Com efeito, será válida a intimação que deixar de constar o nome do advogado do réu ou da sociedade de advogados.

c) preclusão das alegações defensivas de mérito, de incompetência relativa e de convenção de arbitragem, bem como das provas a serem produzidas. em decorrência da preclusão. "Não se admite que o réu proponha ulteriormente a produção de provas com o propósito específico de afastar o ponto incontrovertido"[1].

Em razão do princípio da eventualidade, compete ao réu, na contestação, alegar todas as defesas contra o pedido do autor, especificando as provas que pretende produzir, sob pena de não mais o poder fazer por força da preclusão[2].

Caso o juiz, apesar da revelia, verifique a necessidade de dilação probatória, nos termos do art. 349 do CPC, faculta ao réu revel produzir provas com o propósito de contrapor às alegações do autor, desde que se faça representar nos autos a tempo de praticar os atos processuais indispensáveis a produção das provas.

Enfim, ao revel é permitido discussão as matérias apreciáveis de ofício e as questões relativas a direitos indisponíveis, sendo defeso fazê-lo quanto aos fatos sobre os quais incidiram os efeitos da revelia[3].

d) possibilidade de julgamento antecipado da lide.

e) havendo revelia sem representação por advogado nos autos, caso julgado improcedente o pedido, o autor não será condenado a pagar honorários advocatícios sucumbenciais. Essa verba, conforme art. 22 da Lei nº 8906/94, Estatuto da Advocacia, destina-se a remunerar os serviços prestados pelo advogado, como não houve atuação de advogado no processo, não há o que remunerar.

O revel pode ingressar no processo a qualquer momento, todavia, seu ingresso opera efeitos *pro futuro,* de modo que os atos processuais já realizados e as fases processuais já ultrapassadas não serão repetidos, nem a marcha do processo retroagirá. É o que dispõe o § único do art. 346 do CPC: "O revel poderá intervir no processo em qualquer fase, recebendo-o no estado em que se encontrar."

A presunção de veracidade dos fatos articulados pelo autor em consequência da revelia não ocorrerá nas seguintes situações enumeradas no art. 345 do CPC:

I – havendo pluralidade de réus, algum deles contestar a ação;

II – o litígio versar sobre direitos indisponíveis;

---

1 STJ. REsp 1224195/SP, Rel. Ministro LUIS FELIPE SALOMÃO, QUARTA TURMA, julgado em 13/09/2011, DJe 01/02/2012.

2 STJ. AgRg no REsp 297.538/MG, Rel. Ministra NANCY ANDRIGHI, TERCEIRA TURMA, julgado em 22/05/2001, DJ 25/06/2001, p. 173.

3 TJMG, APC nº 1.0000.18.045838-2/001, Rel. Des. Judimar Biber, DJe de 28/09/2018.

> III – a petição inicial não estiver acompanhada de instrumento que a lei considere indispensável à prova do ato;
>
> IV – as alegações de fato formuladas pelo autor forem inverossímeis ou estiverem em contradição com prova constante dos autos.
>
> V– A ausência, no mandado citatório, da advertência prevista no art. 285 do CPC, quanto às consequências da ausência de contestação, afasta a revelia[4]. (Hipótese conforme jurisprudência do STJ)

Nestas hipóteses, o autor deverá produzir provas para demonstrar a veracidade dos fatos constitutivos do seu direito (CPC, art. 348).

---

4 STJ. REsp 410.814/MG, Rel. Ministro ALDIR PASSARINHO JUNIOR, QUARTA TURMA, julgado em 06/11/2007, DJe 09/06/2008.

27

PROVIDÊNCIAS PRELIMINARES

As providências preliminares serão adotadas respeitando o contraditório, de modo que a atitude defensiva adotada pelo réu é que determinará a providência a ser adotada:

1. Se não contestou a ação, mas inocorrente o efeito da revelia, o juiz ordenará que o autor especifique as provas que pretenda produzir. O revel poderá, neste caso, produzir provas para contrapor aos fatos alegados pelo autor (CPC, arts. 348 e 349).

2. Tendo sido alegadas preliminares do art. 337 do CPC ou, tratando-se de defesa indireta de mérito, na qual o réu alegou na contestação fato impeditivo, modificativo ou extintivo do direito do autor, este será ouvido no prazo de quinze dias e poderá produzir provas (CPC, arts. 350 e 351).

3. Em seguida à manifestação do autor, havendo irregularidades ou vícios sanáveis, o juiz determinará sua correção no prazo de até trinta dias[1].

---

1 THEODORO JR., Humberto. *Curso de Direito Processual Civil.* Vol. I. Op. cit., p. 816.

28

JULGAMENTO CONFORME O ESTADO DO PROCESSO

O art. 353 do CPC, dispõe que "cumpridas as providências preliminares ou não havendo necessidade delas, o juiz proferirá julgamento conforme o estado do processo, observando o seguinte:

I – O processo será extinto, com ou sem resolução de mérito, integral ou parcialmente, nas seguintes hipóteses:

1 - Será proferida sentença terminativa, sem resolução de mérito nos casos em que: a petição inicial for inepta, o processo ficar paralisado por inércia das partes por mais de um ano; o autor abandonar a causa por mais de trinta dias, deixando de promover os atos e as diligências que lhe incumbir; estiverem ausentes os pressupostos de constituição e de desenvolvimento válido e regular do processo; caracterizar a perempção, litispendência ou coisa julgada; houver carência de ação por ilegitimidade das partes ou falta de interesse processual; reconhecer a existência de convenção de arbitragem ou o juízo arbitral reconhecer sua competência; houver desistência da ação pelo autor; morrer o autor e o direito em litígio for intransmissível.

2 - Será proferida sentença definitiva, com resolução de mérito nos casos em que houver decadência ou prescrição ou em que forem homologados a) o reconhecimento da procedência do pedido formulado na ação ou na reconvenção; b) a transação; e c) a renúncia à pretensão formulada na ação ou na reconvenção.

O § único do art. 354 do CPC esclarece que sendo parcial a extinção do processo, a decisão será impugnável por agravo de instrumento.

II – Julgamento antecipado do mérito

Não havendo necessidade de produção de provas em audiência, por ser suficiente a prova documental produzida pelas partes[1], ou se reconhecido os efeitos da

---

[1] STJ, Recurso Especial Repetitivo. Tema 436, 437, 438, 439, 440 e 441 - Tese (...) Não configura cerceamento de defesa o julgamento antecipado da lide, ante os elementos documentais suficientes. (...).

revelia e o réu não houver pugnado pela produção de provas nos termos do art. 349 do CPC, o juiz julgará antecipadamente o pedido, proferindo sentença com resolução de mérito.

> Segundo jurisprudência do Superior Tribunal de Justiça, o magistrado tem ampla liberdade para analisar a conveniência e a necessidade da produção de provas, podendo perfeitamente indeferir provas periciais, documentais, testemunhais e/ou proceder ao julgamento antecipado da lide, se considerar que há elementos nos autos suficientes para a formação da sua convicção quanto às questões de fato ou de direito vertidas no processo, sem que isso implique qualquer ofensa aos princípios do contraditório e da ampla defesa[2].

No entanto, esse poder cognitivo do juiz não é absoluto. O magistrado deve assegurar a igualdade de oportunidades no processo que é inerente ao contraditório. Desta maneira, ainda que se reconheça que o juiz é o destinatário da prova, competindo-lhe avaliar sua pertinência e necessidade, há situações em que o arbítrio judicial manifesta-se, dando causa à nulidade processual por cerceamento de defesa. A jurisprudência, nesse caso, estabelece os limites da apreciação das provas pelo juiz:

> Cerceamento de defesa caracterizado quando, após o deferimento da prova testemunhal, o magistrado julga antecipadamente a lide sem justificar o encerramento da instrução processual[3].
>
> Há cerceamento de defesa quando a parte, embora pugnando pela produção de determinada prova, tem obstado o ato processual e há julgamento contrário ao seu interesse com fundamento na ausência de prova de suas alegações[4].
>
> Não se achando a causa suficientemente madura, seu julgamento antecipado(...) enseja a configuração de cerceamento de defesa do réu condenado que, oportunamente, tenha protestado pela produção de prova necessária à demonstração de suas pertinentes alegações, tal como ocorrido no caso em exame. Hipótese em que se deve anular a sentença, em ordem a ensejar a abertura de regular instrução probatória[5].
>
> A presunção de veracidade dos fatos é apenas um dos efeitos possíveis da revelia, sendo certo que, outro igualmente importante, é a falta de intimação da parte revel a respeito dos atos processuais. – tendo em vista a natureza dos interesses envolvidos, sobreleva ainda mais a importância de se garantir exercício do direito de defesa ao requerido a fim de que o sistema de justiça possa prolatar uma

---

2 STJ. AREsp 1546193/SP, Rel. Ministro HERMAN BENJAMIN, SEGUNDA TURMA, julgado em 04/02/2020, DJe 27/02/2020.

3 STJ. AgInt no REsp 1759721/PR, Rel. Ministro PAULO DE TARSO SANSEVERINO, TERCEIRA TURMA, julgado em 18/11/2019, DJe 21/11/2019.

4 STJ. AgInt no AREsp 1327290/SP, Rel. Ministro RAUL ARAÚJO, QUARTA TURMA, julgado em 20/08/2019, DJe 09/09/2019. No mesmo sentido: AgInt no AREsp 576.733/RN, Rel. Ministro NAPOLEÃO NUNES MAIA FILHO, PRIMEIRA TURMA, julgado em 25/10/2018, DJe 07/11/2018.

5 STJ. REsp 1538497/SP, Rel. Ministro SÉRGIO KUKINA, PRIMEIRA TURMA, julgado em 15/12/2015, DJe 17/03/2016.

> resposta à sociedade que efetivamente proteja os interesses públicos envolvidos[6].
>
> Caracterizado o cerceamento de defesa pela ausência da produção da prova oral e documental, uma vez que o juiz *a quo* conclui que não era caso de dilação probatória, julgando a ação improcedente, concluindo pela impossibilidade de produção de outras provas em sentido contrário[7].
>
> A falta de intimação da parte dos atos processuais, quando prolatado o despacho para a produção de prova (...) Assim, constatada que a sentença foi de procedência no ponto que declarou a existência de ato de improbidade administrativa na conduta do ora Requerente, sem que ao mesmo tenha sido oportunizada a possibilidade de produção dos elementos de prova que entendesse necessário, sobreleva então a nulidade do processo ante a caracterização do cerceamento de defesa[8].

III – Julgamento parcial do mérito

O juiz decidirá parcialmente o mérito quando um ou mais dos pedidos formulados ou parcela deles mostrar-se incontroversa ou estiver maduro para possibilitar o imediato julgamento. Humberto Theodoro Jr. elenca os casos em que deve haver o julgamento antecipado parcial do mérito:

> a) quando entre os diversos pedidos cumulados, um ou mais deles, ou parcela deles 'mostrar-se incontroverso', ou
>
> b) 'estiver em condições de imediato julgamento' segundo a regra do art. 355. Ou seja:
>
> I- quando (...) não houver necessidade de produção de outras provas, além daquelas disponíveis nos autos (...)
>
> II- quando a revelia produzir o efeito de presunção de veracidade (art. 344) sobre parte apenas das alegações de fato formuladas pelo autor (...)[9].

A decisão que julga parcialmente o mérito tem eficácia imediata. Desta maneira, a parte poderá liquidar ou exigir o cumprimento, desde logo, a obrigação reconhecida na decisão que julgar parcialmente o mérito, independentemente de caução, ainda que interposto recurso contra essa decisão. (CPC, § 2º, art. 356).

---

6 STJ. REsp 1330058/PR, Rel. Ministro MAURO CAMPBELL MARQUES, SEGUNDA TURMA, julgado em 20/06/2013, DJe 28/06/2013.

7 O resultado do julgamento é irrelevante. A conduta do juiz é grave porque viola a garantia fundamental do acesso à justiça, pois, ao concluir pela impossibilidade de produção de outras provas em sentido contrário deixa evidenciado um julgamento com parcialidade porque baseado nos fatos unilateralmente demonstrados, razão pela qual o STJ "firmou posicionamento no sentido de que configura o cerceamento de defesa a decisão que, a um só tempo, deixa de reconhecer alegação por falta de prova e julga antecipadamente a lide". AgRg no REsp 1354814/SP, Rel. Min. MAURO CAMPBELL MARQUES, DJe 10/06/2013.

8 STJ. REsp 1330058/PR,, Rel. Ministro MAURO CAMPBELL MARQUES, SEGUNDA TURMA, julgado em 20/06/2013, DJe 28/06/2013.

9 THEODORO JR. Humberto. *Curso de Direito Processual Civil*. Vol. I. Op. cit., p. 824.

Com o propósito de conferir efetividade ao processo, zelando pela garantia da duração razoável do processo, no § 4º há a norma que possibilita autuar a execução em autos suplementares, o que confere maior celeridade e efetividade ao processo, eliminando "o risco de a liquidação ou o cumprimento da decisão acarretar prejuízo ao andamento do restante do feito"[10].

Além disso, para assegurar o cumprimento imediato da decisão que julga antecipadamente parte da demanda, o § 5º do art. 356 do CPC define o agravo de instrumento como o recurso adequado para impugná-la. Assim, o efeito suspensivo somente será obtido se o agravante conseguir uma antecipação de tutela recursal no Tribunal, o que "depende da demonstração pela parte interessada do preenchimento concomitante de dois requisitos: (i) probabilidade de provimento do recurso e (ii) risco de dano grave, de difícil ou impossível reparação, que desaconselhe a espera pelo julgamento do mérito do agravo de instrumento"[11].

Todavia, é preciso esclarecer que a imediatidade da eficácia da decisão que julga parcialmente procedente o mérito dá ensejo ao cumprimento provisório, sendo desnecessário aguardar o seu trânsito em julgado. O julgamento parcial do mérito, por isso, é mais benéfico ao autor do que a própria sentença final, haja vista que esta, impugnável por apelação que, em regra, por possuir efeito suspensivo, inviabiliza o cumprimento provisório. Já a decisão parcial de mérito, impugnável por agravo de instrumento, é plenamente eficaz a partir do momento em que é publicada, a menos que o réu obtenha *ope iudicis* efeito suspensivo ao recurso no Tribunal.

Havendo julgamento parcial do mérito ou de extinção parcial, sem resolução de mérito, haverá condenação em honorários advocatícios, conforme entendimento aprovado pelo Conselho da Justiça Federal na I Jornada de Direito Processual Civil[12].

---

10 THEODORO JR. Humberto. *Curso de Direito Processual Civil.* Vol. I. Op. cit., p. 825.

11 TJMG. Agravo Interno Cv 1.0024.13.385823-3/002, Relator(a): Des.(a) Maurício Soares, 3ª CÂMARA CÍVEL, julgamento em 03/10/0019, publicação da súmula em 08/10/2019.

12 Conselho da Justiça Federal. I Jornada de Direito Processual Civil. Brasília: 2017. ENUNCIADO 5 – Ao proferir decisão parcial de mérito ou decisão parcial fundada no art. 485 do CPC, condenar-se-á proporcionalmente o vencido a pagar honorários ao advogado do vencedor, nos termos do art. 85 do CPC.

29

SANEAMENTO E ORGANIZAÇÃO DO PROCESSO

Ultrapassadas as providências preliminares sem a extinção do processo ou o julgamento de mérito é porque o processo não se encontra suficientemente maduro para ser julgado, demandando produção de outras provas. O juiz, então, ao realizar o saneamento do processo atua com o propósito de "desimpedir o caminho para a instrução da causa"[1].

> El juez debe no sólo reprimir los excesos, rectificar las desviaciones, sino sobre todo tratar de aclarar las oscuridades[2].

> O processo é saneado para que dele sejam extirpadas as irregularidades, e as nulidades são declaradas para que os atos contaminados possam ser refeitos de forma regular[3].

O saneamento do processo evita a dispersão das provas a serem produzidas e dos debates a serem travados na audiência, ou, conforme lição clássica contida na Exposição de Motivos do CPC de 1939:

> organiza o processo no sentido de tornar mais adequada e eficiente a formação da prova, colocando o juiz em relação a esta na mesma situação em que deve colocar-se qualquer observador que tenha por objeto conhecer os fatos e formular sobre eles apreciações adequadas ou justas.

Ao sanear o processo, o juiz irá resolver as questões processuais ainda pendentes, a fim de afastar nulidades e eventuais incompatibilidades do procedimento com o devido processo legal; delimitar as questões de fato que demandam provas e definir a distribuição dos ônus probatórios; apontar as questões de direito relevantes para a decisão do mérito e, se houver necessidade da produção de prova oral, designar audiência de instrução e julgamento.

Proferida a decisão de saneamento, as partes podem pedir esclarecimentos ou solicitar ajustes ao saneamento do processo. Esse pedido de esclarecimentos

---

1 GALENO LACERDA. *Despacho Saneador.* Porto Alegre: SAFE, 3ª ed. 1990, p. 57.

2 CARNELUTTI, Francesco. *Derecho y proceso.* Op. cit., p. 213.

3 GONÇALVES, Aroldo Plinio. *Nulidades processuais.* 2ªed. Del Rey: Belo Horizonte, 2013, p. 7.

não assume a forma de embargos de declaração, mas é uma forma de expressão do dever de cooperação entre as partes e o juiz que colaboram, reciprocamente, para construir a decisão juridicamente adequada para o caso concreto. Prestados os esclarecimentos ou não requeridos, a decisão saneadora tornar-se-á estável, não sendo passível de modificação.

Com efeito, há preclusão *pro iudicato* impedindo o juiz voltar atrás em relação à decisão que deferiu a produção de prova oral e, por isso, designou audiência de instrução e julgamento. É inadmissível a retratação judicial em relação à audiência anteriormente designada para produção de provas orais por ofensa ao devido processo legal e à garantia de efetiva proteção judicial.

Em causas complexas fática e juridicamente, o juiz deve designar audiência para, junto com as partes, definir as providências saneadoras do processo a fim de organizarem o procedimento para realização da instrução, bem como para individualizar as provas a serem produzidas.

É admissível, ainda que as partes submetam ao juízo negócio processual delimitando as questões de fato e de direito a serem objeto da instrução, com efeito vinculante para as partes e para o juiz.

O efeito preclusivo da decisão de saneamento do processo vai depender do conteúdo decisório, haja vista que, nos termos do art. 1015 do CPC, essa decisão não é impugnável por agravo de instrumento.

Todavia, nada obsta que no saneamento do processo o juiz conceda tutelas provisórias, e/ou afaste as exceções de prescrição ou decadência, e/ou exclua litisconsorte, e/ou redistribua os ônus da prova. Todas essas matérias encontram-se expressamente previstas no rol do art. 1015 do CPC, de modo que caso o silêncio a seu respeito as torna preclusas, inviabilizando questioná-las futuramente, no recurso de apelação. O mesmo fenômeno preclusivo ocorrerá no caso de o saneamento do processo estar inquinado por vício de nulidade; se a parte não se manifestar na primeira oportunidade, como determina o art. 278 do CPC, a discussão da matéria estará sepultada pela preclusão.

> Nos termos da jurisprudência consolidada desta Corte, afastada a prescrição no despacho saneador e não havendo a interposição do recurso de agravo de instrumento, não pode o Tribunal, em sede de apelação, sob pena de ofensa ao instituto da preclusão, proferir nova decisão sobre a matéria[4].

[4] STJ. AgRg no REsp 1.147.834/RS, Rel. Ministro João Otávio de Noronha, Quarta Turma, julgado em 10.05.2011, DJe 19.05.2011.

30

NULIDADES NO PROCESSO

O ideal dos tempos modernos seria que nenhuma lide se perdesse por razões de forma.
Chiovenda

O princípio da primazia do julgamento do mérito significa reconhecer que no procedimento jurisdicional deve prevalecer a substância sobre às formas, que são necessárias apenas quando servirem à teleologia do processo. Nesse sentido, a forma dos atos processuais é importante para possibilitar segurança jurídica ao conferir previsibilidade à atuação da parte, razão pela qual inadmissível a sacralização formal do procedimento.

Galeno de Lacerda com precisão delineou os fundamentos da teoria das nulidades adotada no CPC:

> Refundiu-se a matéria no Código com rara felicidade, dentre os princípios gerais e elásticos, em que predominam as ideias de finalidade, conversão, prejuízo e repressão ao dolo processual. Outorgaram-se ao juiz poderes inquisitórios e arvorou-se o suprimento como norma de conduta, tanto para casos de nulidade como de anulabilidade. Excetuaram-se, porém os casos insanáveis, insupríveis por definição[1].

O processo adota o formalismo ponderado, por meio do qual se interpretam as formalidades processuais com razoabilidade, deixando de prestigiar formalidades que não sejam essenciais à legitimidade democrática do procedimento em contraditório[2], conforme ensina Cappelletti. Com efeito, o ato processual que atinge a sua finalidade, ainda que realizado de forma diversa da preconizada e que não acarreta prejuízo ao contraditório e à ampla defesa será admitido.

---

1 GALENO LACERDA, *Despacho Saneador.* 3ª ed. Porto Alegre: SAFE, 1990, p. 69.

2 CAPPELLETTI, Mauro. Fundamental Guarantees of the Parties in Civil Litigation: Comparative Constitutional, International, and School, 25 Stan. L. Rev. 651 (1973). *"plays a twofold role: first, an "interpretative" role, since ambiguous laws must be interpreted in conformity with the constitution;" second, a "promoting" role, in that it promotes conforming legislation".*

A cientificidade alcançada pelo direito processual, acrescenta David Lascano, não apenas dispensa o formalismo do processo, mas "impõe seriamente a simplicidade das formas do procedimento, pois um rigor excessivo como o que sanciona a inobservância da forma de atos insignificantes não coincide com sua essência nem com seu fim"[3].

A teoria das nulidades processuais distingue-se da teoria das nulidades de direito material porque no processo, a finalidade do ato e o prejuízo são critérios para o julgamento da nulidade arguida pela parte[4]. Nas palavras de Aroldo Plínio:

> A finalidade dos atos processuais, qualquer que seja o seu conteúdo, é a de construir, elaborar, edificar o procedimento, passo a passo, para que seja possível a emanação de seu ato final; a sentença de mérito. (...) É na estrutura do processo, na situação do ato processual na cadeia do procedimento, que a nulidade deve ser examinada, no Direito Processual.[5]

As nulidades processuais nunca são absolutas, pois, no procedimento, os atos processuais sempre produzirão seus efeitos até serem declarados inválidos. Ademais, os vícios dos atos processuais podem ser sanados por consentimento expresso ou tácito das partes. É o caso, por exemplo, de a parte acolher a decisão indeferindo a produção de provas, que poderia caracterizar cerceamento do direito à prova.

O caráter teleológico do processo levou a teoria das nulidades processuais a fundamentar-se no princípio da instrumentalidade das formas, cujo "escopo intencional é permitir que determinado vício de um ato processual não seja reconhecido a não ser que o interessado postule a declaração judicial invocando e demonstrando violação a seus interesses, bem como provando o prejuízo sofrido pela prática precária do mencionado ato."[6]

À luz desse princípio, a nulidade do ato processual somente será decretada quando praticado em desconformidade com a norma jurídica e causar prejuízo. Antonio do Passo Cabral ressalta que "a imperfeição do ato é indispensável para que seja pronunciado inválido (e portanto ineficaz), mas não é suficiente para tanto."[7]

O nosso processo civil adotou, assim, o princípio *pas de nullité sans grief*, originário do direito francês e que foi bem assimilado pela jurisprudência do STJ:

> as nulidades processuais são regidas por regras próprias que as diferem das nulidades de direito material, tidas por concretizações de interesse público superior, que não coincide com o das partes. No âmbito processual, é impróprio falar em

---

3 Lascano, David H. Nulidades de Procedimiento. Revista General de Derecho y Jurisprudencia, 3, 1932, p. 201-248. HeinOnline. Acesso em 13/05/2020.

4 GONÇALVES, Aroldo Plínio. *Nulidades no processo.* Belo Horizonte: Del Rey, 2012, p. 13.

5 GONÇALVES, Aroldo Plínio. *Nulidades no processo.* Op. cit., p. 15.

6 GLOECKER, Ricardo Jacobse. Uma nova teoria das nulidades: processo peNal e instrumentalidade constitucional. UFPR: Tese de Doutorado, 2010, p. 237.

7 CABRAL, Antonio do Passo. *Nulidades no processo moderno.* 2ª ed. Rio de Janeiro: Forense, 2010, p. 46.

nulidades de pleno direito, pois mesmo as absolutas exigem a verificação pelo magistrado da ocorrência de prejuízo à parte que a ele não deu causa. Com efeito, orienta o princípio da transcendência que, para que a nulidade de seja declarada, é necessário que esta produza prejuízo[8].

É, portanto, ônus do "interessado demonstrar o prejuízo advindo das nulidades arguidas, em face do princípio da instrumentalidade das formas, de maneira a emprestar plena efetivação aos princípios da celeridade e da economia processual"[9].

Há casos em que a prova do prejuízo é impossível, devendo, por isso, ser presumido[10]. É o que acontece, por exemplo, quando há violação do direito à sustentação oral nos recursos que a admitem. A parte não tem como demonstrar que outro veredito seria proferido caso houvessem permitido falar perante o órgão julgador, pois a garantia do contraditório lhe assegura, apenas, o direito de influenciar a convicção do juiz e não a de obter o resultado desejado. No entanto, o STJ se negou a decretar a nulidade nesta situação, sob o fundamento de que o recorrente, privado do direito de sustentar oralmente, deixou de demonstrar o prejuízo[11]. Esse entendimento é juridicamente insustentável, primeiro porque confere beneplácito ao arbítrio judicial que cassa ilegalmente o direito de manifestação da parte, em manifesta afronta à garantia constitucional do contraditório, além de submetê-la a nova arbitrariedade, qual seja, a de ter de produzir prova de fato impossível.

No tocante as consequências do decreto de nulidade do ato processual, representaria verdadeiro atentado à efetividade, à celeridade e à racionalidade do processo anular atos processuais inofensivos, que não privam de legitimidade o provimento jurisdicional. Assim, atos processuais que ocasionaram dano nenhum, nem violentaram os princípios e normas fundamentais do processo não terão sua nulidade decretada. Observa-se, em matéria de nulidade processual, que "os princípios da celeridade processual e razoabilidade impõem a conservação dos atos processuais. Cuida-se de aplicação do princípio da *pas de nullitè sans grief*"[12].

A eficácia do ato processual é imediata e perdurará se a nulidade e a extensão da contaminação do ato viciado não forem declaradas. Deve-se considerar que a regularidade do processo pressupõe a regularidade da cadeia sucessiva de atos processuais conectados lógica, cronológica e teleologicamente. Com efeito, a validade do ato subsequente pressupõe a do seu antecedente. Anulado o ato processual,

---

8 STJ, REsp 1310322/SC, Rel. Ministro LUIS FELIPE SALOMÃO, QUARTA TURMA, julgado em 07/11/2019, DJe 18/12/2019.

9 STJ. AgRg nos EDcl nos EREsp 1449212/RN, Rel. Ministra LAURITA VAZ, DJe 16/12/2015.

10 STJ. REsp 125.316/MG, Rel. Ministro EDUARDO RIBEIRO, DJ 23/08/1999, p. 120. A não intimação de uma das partes para apresentar memorial acarreta a nulidade da sentença subsequente, em virtude da não observância do contraditório e do tratamento diferenciado dado aos litigantes.

11 STJ. AgInt no AREsp 1240070, Rel. Min. MARCO AURÉLIO BELLIZZE, DJe 28/10/2019.

12 STF. AR 1348, Relator(a): Min. LUIZ FUX, julgado em 30.09.2015.

os atos subsequentes também poderão ser fulminados pelos efeitos do decreto de nulidade (CPC, art. 281), desde que se reconheça que a validade dos atos posteriores dependia diretamente do ato nulo. Aplica-se o adagio *quod nullum est nullum producit eftectum.*

> O princípio da causalidade ou da interdependência dos atos processuais esclarece que o vício tem como consequência a mácula de todo um segmento processual que o segue e que daquele ato depende[13].

No estudo da teoria das nulidades, os atos inexistentes encontram-se em outra categoria absolutamente distinta, haja vista que o ato não praticado ou praticado sem o mínimo dos requisitos que lhe vivifiquem juridicamente, não pode ser declarado nulo, pois, não se anula o que não existe.

Moniz de Aragão ensina que sob o aspecto jurídico, "significa ato existente no mundo dos fatos, mas não existente no mundo do Direito. (...) o ato tem toda a aparência de validade em face do direito e, no entanto, mais do que apenas nulo, é juridicamente inexistente"[14]. Aroldo Plínio complementa: "o ato inexistente pode ser suprido, ou a própria inexistência pode ser considerada inócua (art. 249, § 1º [*leia-se art. 282, § 1º]* sua falta não será suprida se não prejudicar a parte), mas, obviamente, não pode ser declarado nulo"[15].

> Decisão não assinada é ato inexistente. Não passa de uma folha de papel com um texto impresso, ao qual é impossível atribuir qualquer eficácia jurídica. (...)
>
> A hipótese de inexistência do ato não admite convalidação, uma vez que a única forma de sanar o defeito seria que fosse novamente praticado. Porém, essa nova prática não gera efeitos retroativos, ante a ausência de efeito jurídico mínimo que possa ser aproveitado do ato inexistente. (...)
>
> Quando se trata de inexistência, defeito mais severo do que a nulidade absoluta, o prejuízo é presumido e decorre da circunstância de se ter atribuído efeitos jurídicos a ato que nem sequer minimamente os possuía. (...)
>
> Por se tratar de inexistência do ato processual, não há falar em preclusão. Nem mesmo o trânsito em julgado apaga a nulidade decorrente da atribuição de efeitos jurídicos a ato inexistente[16].

O devido processo legal, pressuposto de legitimidade da sentença, não é exigente com a forma. O formalismo no CPC é tênue, flexível, em sintonia com a filosofia do processo democrático que tem o escopo de proporcionar, em tempo razoável, da forma mais econômica possível, a solução do conflito de interesses mediante a aplicação correta do direito ao caso concreto.

---

13 STJ, REsp 1310322/SC, Rel. Ministro LUIS FELIPE SALOMÃO, QUARTA TURMA, julgado em 07/11/2019, DJe 18/12/2019.

14 MONIZ DE ARAGÃO. *Comentários ao Código de Processo Civil.* Vol. II. Rio de Janeiro: Forense, 1974, p. 274.

15 GONÇALVES, Aroldo Plínio. *Nulidades no processo.* 2ª ed. Belo Horizonte: Del Rey, 2012, p. 22.

16 STJ. AgRg no AREsp 85.452/MG, Rel. Min. SEBASTIÃO REIS JÚNIOR, DJe 10/03/2014.

Deste modo, apreende-se do art. 276 do CPC que, no processo, caso o ato seja praticado de forma diversa da estabelecida na lei, sua nulidade somente será decretada se for requerida pela parte que se sentir prejudicada, desde que demonstre, também, o prejuízo advindo do malferimento da forma prescrita em lei.

Em sintonia com a boa-fé, a parte que deu causa ao ato viciado não pode pleitear sua nulidade pois o Direito repudia a possibilidade de a parte beneficiar-se da própria torpeza. A propósito, há severa reprimenda da jurisprudência do STJ ao que se denomina nulidade de algibeira, por se tratar de violação ao dever de lealdade processual. Nulidade de algibeira caracteriza-se quando a parte se omite em relação ao vício processual, deixando para arguir sua nulidade não na primeira oportunidade, mas em momento posterior, por ela considerado oportuno e conveniente ao seu interesse, por exemplo, quando se arguir nulidade pretérita após o julgamento do recurso, com resultado desfavorável.

> A jurisprudência dos Tribunais Superiores não tolera a chamada "nulidade de algibeira" – aquela que, podendo ser sanada pela insurgência imediata da defesa após ciência do vício, não é alegada, como estratégia, numa perspectiva de melhor conveniência futura.
>
> Observe-se que tal atitude não encontra ressonância no sistema jurídico vigente, pautado no princípio da boa-fé processual, que exige lealdade de todos os agentes processuais[17].
>
> A jurisprudência do STJ, atenta à efetividade e à razoabilidade, tem repudiado o uso do processo *como instrumento difusor de estratégias, vedando, assim, a utilização da chamada "nulidade de* algibeira ou de bolso"[18].

Por sua vez, o art. 277 do CPC enuncia o princípio da instrumentalidade das formas ao dizer que nenhum ato processual terá sua nulidade declarada se praticado de forma diversa alcançar sua finalidade. A propósito, o § 2º do art. 282 do CPC contém comando expresso a respeito: "Quando puder decidir o mérito a favor da parte a quem aproveite a decretação da nulidade, o juiz não a pronunciará nem mandará repetir o ato ou suprir-lhe a falta".

> Embora realizado fora da ortodoxia do sistema legal, alcançado sua finalidade e produzido o efeito que lhe competia, não ha que cogitar-se de nulidade, máxime quando se tem por evidente a ausência de qualquer gravame, incidindo a regra '*pas de nullite sans grief*. Nesse sentido, alias, a proclamação do ultimo "Congresso Mundial de Direito Processual"[19].

O art. 278 do CPC fixa a regra da preclusão, ao estabelecer, para a parte prejudicada pelo ato praticado em desconformidade com a forma prescrita em lei, o ônus de pleitear a declaração de nulidade na primeira oportunidade que tiver

---

17 STJ, HC 503.665/SC, Rel. Ministro RIBEIRO DANTAS, QUINTA TURMA, julgado em 16/05/2019, DJe 21/05/2019.

18 STJ. EDcl no REsp 1424304/SP, Relª. Minª NANCY ANDRIGHI, DJe 26/08/2014.

19 STJ. REsp 53.393/SP, Rel. Min. SALVIO DE FIGUEIREDO TEIXEIRA, DJ 05/12/1994, p. 33567.

para se manifestar nos autos. A omissão, a inércia da parte ocasionará a preclusão e, consequentemente, a perda do direito de pleitear o reconhecimento da nulidade em momento processual posterior[20], tendo por consequência, a convalidação do ato. O parágrafo único deste artigo ressalva a consumação da preclusão quanto as nulidades que o juiz deve decretar de ofício ou, quando a parte demonstrar motivo legítimo a justificar o fato de não haver arguido a nulidade no momento processual oportuno.

A ausência de intimação do Ministério Público quando obrigatória sua intervenção no processo, apenas dará causa ao pronunciamento da nulidade se, concomitantemente, demonstrar o efetivo prejuízo para as partes ou para a apuração da verdade substancial da controvérsia jurídica, à luz do princípio *pas de nullité sans grief*[21]. Essa é a inteligência do art. 279 do CPC.

O art. 280 do CPC dispõe que as intimações realizadas em dissonância com a forma legal são nulas, desde que a parte requeira o decreto de nulidade na primeira oportunidade em que se manifestar nos autos, sob pena de preclusão[22].

Deve-se ficar atento para as duas situações consideradas nos §§ 8º e 9º do art. 272 do CPC. A primeira, nos termos do § 8º, resolve-se mediante a arguição preliminar de nulidade, na mesma petição em que se pratica o ato sacrificado pelo vício ou falta de intimação. Reconhecida a nulidade o ato será considerado tempestivo, dando-se por suprido o vício. Vale dizer que, nesse caso, a intimação não será refeita.

A segunda possibilidade, prevista no § 9º é o comparecimento da parte apenas para arguir a nulidade da intimação por estar impossibilitada de praticar imediatamente o ato em razão da necessidade de acesso prévio aos autos. Decretada a nulidade, o prazo terá início da intimação desta decisão.

A ciência inequívoca do ato, de acordo com entendimento jurisprudencial consolidado no STJ, supre o vício ou falta de intimação. Desta forma, "se a parte comparece aos autos para arguir a irregularidade da intimação do acórdão, demonstrando, via de consequência, conhecimento do ato, correto o entendimento que fixa neste momento o termo inicial do prazo recursal"[23].

Em harmonia com a duração razoável, efetividade e economia do processo, os atos processuais tendem a ser preservados, desde que o aproveitamento do ato não acarrete prejuízo. É o caso da salvaguarda das decisões proferidas pelo juiz relativa ou absolutamente incompetente. A preservação das decisões justifica-se

---

20 STJ. AgInt no REsp 1801395/PB, Rel. Min. PAULO DE TARSO SANSEVERINO, DJe 03/06/2019.

21 STJ. REsp 1694984/MS, Rel. Min. LUIS FELIPE SALOMÃO, DJe 01/02/2018.

22 STJ. REsp 1.349.806/MG, DJe 21/05/2013, AgInt no AREsp 1.218.977/SC, DJe 19/06/2018, AgInt no AREsp 1.111.470/SP, DJe 03/05/2018.

23 STJ, REsp 245.647/SC, Rel. Min. Waldermar Zveiter, DJ 02/04/2001.

considerando que os art. 10 e 489 do CPC, lhes confere legitimidade. O art. 10 ao vedar decisões surpresa assegura o contraditório prévio à decisão a ser proferida, nos termos do art. 489, de forma congruente e adequadamente fundamentada. Por esses motivos, não há razão para nulificar os atos decisórios.

Situação diversa é em relação à parcialidade do juiz. Nesta hipótese, a violação da garantia do juiz natural torna imprestáveis o ato proferido por juiz impedido ou suspeito. O julgamento proferido por juiz parcial contamina o resultado do processo, por isso é nulo de *pleno direito*. O CPC é claríssimo:

> § 6º Reconhecido o impedimento ou a suspeição, o tribunal fixará o momento a partir do qual o juiz não poderia ter atuado.
>
> § 7º O tribunal decretará a nulidade dos atos do juiz, se praticados quando já presente o motivo de impedimento ou de suspeição.

Encerrando o Capítulo das nulidades, o CPC no art. 283 e seu § único, versam sobre o erro de forma do processo, o que deve ser situação excepcional, tendo em vista que o acesso à justiça assegura ao autor a eleição do procedimento que compreender mais adequado, considerando a natureza e peculiaridade do conflito existente (art.1º da Res. CNJ 125/2010). Ademais, o princípio da primazia do mérito possibilita a adequação técnica do procedimento para atingir o seu objetivo que é o de reparar a lesão ou fazer cessar a ameaça a direito. Para tanto, basta assegurar o diálogo processual. As partes saberão definir o objeto do litígio e o rito a seguir para solucionar definitivamente o conflito.

31

PROVAS JUDICIAIS

Evidence is the basis of justice; to exclude evidence is to exclude justice.

Jeremy Bentham

El juez está en medio de um minúsculo cerco de luces, fuera del cual todo es tinieblas: detrás de él el enigma del pasado, y delante, el enigma del futuro. Ese minúsculo cerco es la prueba.

Carnelutti

31.1 PROVAS: NOÇÕES GERAIS E DEFINIÇÃO

A atividade probatória destina-se a confirmar a veracidade dos fatos com o propósito de "demonstrar de algum modo a certeza de um fato ou a verdade de uma afirmação, (...) uma forma de criar a convicção do magistrado."[1]

A prova é essencial para o julgamento, a fim de possibilitar a aplicação do direito ao caso concreto. O esperado, o desejado da atividade jurisdicional é que o juízo seja racionalmente justificado mediante a apreciação objetiva das provas, apresentando o juiz a motivação claramente exposta que o conduziu ao veredito. Como observa Amilcar de Castro:

> o direito não está nos fatos, mas na apreciação dos fatos; apreciação esta feita e garantida oficialmente por uma autoridade (...) faz-se justiça, substituindo-se, em regra, a atividade mental e física das partes interessadas, pela da autoridade jurisdicional (...) que não pode conceder proteção jurídica senão aos fatos judicialmente averiguados[2].

---

1 COUTURE, Eduardo J. *Fundamentos del derecho procesal civil.* Depalma: Buenos Aires, 1974, p. 215 e 218.

2 CASTRO, Amilcar de. O Direito no Amago da Sentenca.. Revista da Faculdade de Direito da Universidade Federal de Minas Gerais, 1961, 1961, p. 175-187,

Entretanto, o poder de julgar não é arbitrário "porque a lei quase sempre determina a via, mais ou menos obrigatória, que o juiz deve percorrer para chegar a verificação dos fatos"[3].

As provas são atos jurídicos processuais[4], portanto, passíveis de análise de validade e licitude, processual e extraprocessualmente consideradas. A Constituição veda a utilização de provas ilícitas no processo, encontrando-se, ainda, no regramento processual disposições sobre a forma, o momento e a admissibilidade das provas.

Humberto Theodoro define *provas* como "a soma dos meios produtores de certeza a respeito dos fatos que interessam à solução da lide"[5]. O seu objeto são os fatos pertinentes e relevantes ou seja, os fatos que tenham aptidão para influenciar o veredito[6].

Essa compreensão harmoniza-se com o art. 369 do CPC:

> As partes têm o direito de empregar todos os meios legais, bem como os moralmente legítimos, ainda que não especificados neste Código, para provar a verdade dos fatos em que se funda o pedido ou a defesa e influir eficazmente na convicção do juiz.

No *iter* procedimental, observada a ordem lógica e cronológica do procedimento, a fase probatória sucede a fase postulatória e precede à fase decisória. É o momento culminante do processo; as provas determinam o resultado do processo. Conforme a lição de Echandía, as provas proporcionam que "*el jurista reconstruye el pasado, para conocer quién tiene la razón en el presente*"[7], e, complementa Amilcar de Castro, "aqui está a magia: tornar presente o que não é presente"[8].

Exsurge da Constituição que o direito à prova é um direito fundamental ínsito às garantias de acesso à justiça, de efetiva proteção judicial e à ordem jurídica justa[9].

> O direito à prova tem por núcleo essencial o direito à participação democrática e útil na construção da decisão que definirá os direitos e as obrigações das partes litigantes. Nesse contexto, pode ser afirmado que o direito à prova se insere entre

---

3 CASTRO, Amilcar de. O Direito no Amago da Sentenca.. Revista da Faculdade de Direito da Universidade Federal de Minas Gerais, 1961, 1961, p. 175-187,

4 DEVIS ECHANDÍA, Hernando, *La teoría general de la prueba judicial.* Op. cit., p. 40.

5 THEODORO JR., Humberto. *Curso de Direito Processual Civil.* Vol. I, Op. cit., p. 850.

6 STF. AP 986 AgR, Rel. Min. DIAS TOFFOLI, ACÓRDÃO ELETRÔNICO DJe-243 DIVULG 16-11-2016 PUBLIC 17-11-2016.

7 DEVIS ECHANDÍA, Hernando. *La teoría general de la prueba judicial.* T. I. Víctor de Zavalía Editor: Buenos Aires, s.d., p. 11.

8 CASTRO, Amilcar de. O Direito no Amago da Sentenca.. Revista da Faculdade de Direito da Universidade Federal de Minas Gerais, 1961, 1961, p. 175-187.

9 VIGORITI, Vicenzo. *Garanzie costituzionali del processo civile.* Giuffrè: Milão, 1973, p. 92. "Il diritto ala prova in questo senso è garanzia per le parti di uma valutazione giudiziale libera e direta di tutti gli elementi di prova rilevanti".

os direitos fundamentais de participação, no sentido de garantia de participação das partes na construção das decisões judiciais[10].

Carnelutti ensina que enquanto o diálogo processual se desenvolve vão sendo resolvidas as questões, tornando-se cada vez mais difícil ocultar a verdade[11].

A prova é pressuposto do juízo e a demonstração da veracidade dos fatos é uma necessidade da justiça. Em qualquer procedimento judicial, de jurisdição contenciosa ou voluntária, a prova é imprescindível.

O juiz, ao julgar, aplica o direito aos fatos existentes, por isso, é ele que a prova se destina[12]. A função de comprovação dos fatos, atributo da prova, tem a finalidade de possibilitar a determinação das consequências jurídicas decorrentes desses fatos, possibilitando, que ao julgar, o juiz aplique corretamente o direito ao caso concreto. "É perfeita a lição de SATTA, onde ensina que aplicar o direito nada mais é que avaliar juridicamente o fato"[13].

É, portanto, dever do juiz governar a admissão e a produção das provas, e de valorá-las na decisão final[14],[15]. Por esses fundamentos demonstra-se a legitimidade da competência do juiz para deliberar sobre a admissibilidade dos meios de prova requeridos pelas partes.

> *El juez, precisamente, se pregunta si el juicio de las partes es verdadeiro o no. El medio de dar respuesta a la demanda es la prueba*[16].

O direito de provar integra o direito de ação e a ampla defesa. As partes têm o direito de submeter à apreciação do juiz todas as provas que entenderem necessárias, relevantes e suficientes para demonstração dos fatos que sustentam sua pretensão. O juiz deve admiti-las, a não ser quando constatar sua desnecessidade ou ilegalidade.

> Não se trata de um direito de levar toda espécie de provas, para estabelecer fatos de qualquer natureza, conforme o capricho das partes, porque na vida jurídica não pode existir um direito de alcance e conteúdo ilimitados, e muito menos quando seu exercício se vincula à uma atividade do Estado tão fundamental como é a de administrar justiça, que requer ordem e harmonia em suas diversas

---

10 ALMEIDA, Cleber Lúcio de. *Elementos da teoria geral da prova – a prova como direito humano e fundamental das partes no processo judicial.* LTR: São Paulo, 2013, p. 175.

11 CARNELUTTI, Francesco. *Derecho y processo.* Op. cit., p. 211.

12 Não se desconhece o Enunciado 50 do FPPC, todavia, "la noción de prueba no solo dice relación con todos los sectores del derecho, sino que trasciende el campo general de éste, para extenderse a todas las ciencias que integram el saber humano, e inclusive, a la vida práctica cuotidiana." DEVIS ECHANDÍA, Hernando, *La teoría general de la prueba judicial.* Op. cit., p. 9.

13 CASTRO, Amilcar de. O Direito no Amago da Sentenca.. Revista da Faculdade de Direito da Universidade Federal de Minas Gerais, 1961, 1961, p. 175-187.

14 TARUFFO, Michele. *Uma simples verdade.* Op. cit., p. 200.

15 STJ. AgRg no Ag 1367472/SC, Relª. Minª MARIA ISABEL GALLOTTI, DJe 27/10/2015) DJe-243 DIVULG 16-11-2016 PUBLIC 17-11-2016.

16 CARNELUTTI, Francesco. *Derecho y processo.* Op. cit., p. 216.

fases. Por isso vários dos princípios fundamentais do direito probatório contemplam a oportunidade, a preclusão, a contradição, a lealdade e probidade, a formalidade e o interesse público da função da prova[17].

O CPC estabelece os procedimentos referentes à produção de provas, definindo o procedimento a ser adotado para ingressarem validamente no processo. O contraditório, regra de ouro do processo, merece maior ênfase e intensidade na fase probatória, a construção da convicção do juiz demanda respeito à garantia de participação isonômica das partes. Com efeito, as partes têm iguais poderes probatórios, sempre informando e ouvindo a parte adversa.

Assim, com fundamento nos dois dispositivos mencionados, pode-se dizer que:

> Por provas judiciais se entende as razões ou motivos que servem para levar ao juiz a certeza sobre os fatos; e por meios de prova, os elementos ou instrumentos (testemunhos, documentos, etc.), utilizados pelas partes e pelo juiz, para subministrar essas razões ou esses motivos (quer dizer, para obter a prova)[18].

As provas produzidas em um processo não possibilitam, antes da decisão judicial, conhecer quais os fatos estão reconhecidamente provados. É na fundamentação da decisão que o julgador explicitará o seu convencimento a respeito dos fatos provados:

> O direito de provar não tem por objeto convencer o juiz sobre a verdade do fato afirmado, quer dizer, não é um direito a que o juiz se dê por convencido na presença de determinados meios de prova, senão que admita os pedidos de provas e as leve em consideração no julgamento (independentemente do resultado de sua apreciação). Portanto, a parte não tem direito de exigir que o juiz se declare convencido da existência do fato na presença das provas por ela aportadas[19].

Por essa razão as partes têm de ter uma participação efetiva na fase probatória visando a construir a convicção do juiz; É preciso recordar que a sequência lógica e cronológica dos atos processuais não retroage em razão da preclusão. Com efeito, sabendo-se que o processo segue na direção da sentença de mérito, é inútil para as partes guardarem cartas na manga visando surpreender, posteriormente a parte *ex adverso* com provas que não foram produzidas oportunamente. Esse comportamento atentaria contra a boa-fé e o dever de colaboração.

31.2 O PRINCÍPIO DA PERSUASÃO RACIONAL E A INICIATIVA PROBATÓRIA DO JUIZ

O art. 371 do CPC define o princípio da persuasão racional do juiz, por meio do qual, lhe compete apreciar a prova produzida e indicar na decisão as razões da

---

17 DEVIS ECHANDÍA, Hernando. *La teoría general de la prueba judicial.* Op. cit., p. 27.

18 DEVIS ECHANDÍA, Hernando, *La teoría general de la prueba judicial.* Op. cit., p. 29 (Traduzido livremente).

19 DEVIS ECHANDÍA, Hernand,, *La teoría general de la prueba judicial.* Op. ct., p.37.

formação de seu convencimento. Ingressando validamente no processo, a prova será apreciada pelo juiz, sem cogitar sobre a parte que a produziu, pois, "a prova não pertence à parte, mas ao processo"[20].

> Bem entendido o sistema da persuasão racional, não se pode conceber regra de natureza probatória *a priori* nem de caráter geral. Tudo há de depender do exame *in concreto* do caso e do contexto específico dos elementos constantes dos autos, material sobre o qual haverá o órgão judicial de exercer com o maior cuidado o seu exame crítico e extrair a verdade provável e possível[21].

A respeito da persuasão racional do juiz, a jurisprudência joga algumas luzes sobre o tema:

> Em matéria de produção de provas, decorre do sistema de persuasão racional a ingerência do Estado-Juiz, mediante critérios de liberdade regrada, nas etapas de admissão e valoração da prova, incumbindo-lhe prover a regularidade processual e a ordem no curso dos respectivos atos, bem como o indeferimento de medidas consideradas irrelevantes, impertinentes ou protelatórias[22].

> Os princípios da livre admissibilidade da prova e da persuasão racional autorizam o julgador a determinar as provas que repute necessárias ao deslinde da controvérsia, e a indeferir aquelas consideradas prescindíveis ou meramente protelatórias. Não configura cerceamento de defesa o julgamento da causa sem a produção da prova solicitada pela parte, quando devidamente demonstrada a instrução do feito e a presença de dados suficientes à formação do convencimento[23].

O entendimento dos tribunais, contudo, deixa de tratar do ponto fulcral, qual seja, a motivação da decisão em relação aos fatos e provas. Nesse sentido, a lição de Taruffo integra-se ao entendimento jurisprudencial para acrescer que:

> A motivação deve indicar as razões pelas quais o juiz entendeu que os fatos resultaram provados segundo critérios objetivos e racionalmente verificáveis (...) o dever de motivar requer que a justificativa da decisão sobre os fatos *exista*, seja *completa*, e, ainda, *coerente*"[24].

A iniciativa probatória do juiz incitou profícuo debate no século passado, todavia, contemporaneamente encontra-se suficientemente amadurecido, havendo um consenso entre os juristas brasileiros pelo reconhecimento, **no processo civil**[25],

---

20 BAHIA, Alexandre, NUNES, Dierle, PEDRON, Flávio Quinaud. *Teoria Geral do Processo.* Salvador: Juspodium, 2020, p. 602.

21 ALVARO DE OLIVEIRA, Carlos Alberto. *Livre apreciação da prova: perspectivas atuais.*

22 STF, HC 173777 AgR, Rel. Min. EDSON FACHIN, DJe-275 DIVULG 11-12-2019 PUBLIC 12-12-2019c.

23 STJ, AgInt no AREsp n. 1.457.765/SP, Rel. Ministro MARCO AURÉLIO BELLIZZE, DJe 22/8/2019; AgInt no AREsp 1448100/SP, Rel. Min. ANTONIO CARLOS FERREIRA, DJe 26/03/2020.

24 TARUFFO, Michele. *Uma simples verdade.* Op. cit., p. 273.

25 No processo penal a situação é diversa, tendo em vista que o juiz está adstrito ao princípio constitucional da presunção de inocência, de modo que "a atividade instrutória do juiz, além

de sua legitimidade e compatibilidade com o processo democrático. A mitigação do princípio dispositivo pela iniciativa probatória do juiz não representa uma ruptura com os ônus, faculdades, poderes, direitos e deveres dos sujeitos processuais porque, epistemologicamente, o processo busca a verdade para decidir de forma correta.

O princípio dispositivo, portanto, não pode ser absolutizado, de modo a deixar a parte processualmente hipossuficiente no vácuo, sem qualquer medida que lhe assegure inserção equânime no contraditório. Negar a aplicabilidade dessa prerrogativa do juiz representaria consentir com a igualdade meramente formal. Acontece que entre as partes pode haver uma desproporcional vantagem de uma em relação à outra, que a prevalecer no curso do procedimento comprometerá a aplicação do Direito ao caso concreto.

A vantagem desproporcional desiguala substancialmente as partes, situando uma delas em estado de vulnerabilidade processual. Por isso, reclama uma postura judicial ativa e colaborativa, com o propósito de construir a decisão justa para o caso concreto. Olhando para a realidade brasileira, há situações de extrema desigualdade que se manifestam também no processo, motivo pelo qual o Estado, por intermédio do juiz, tem o dever de intervir, atuar ativamente no procedimento, para suprir esse desequilíbrio. Logicamente que o juiz não descuidará das cautelas necessárias para preservar sua imparcialidade. Insiste-se mais uma vez na ideia de que diálogo em contraditório somente acontece entre partes substantivamente iguais.

Para Carnelutti, o poder instrutório do juiz consiste "*en realidad, se trata de invitar a las partes a intervenir personalmente en el diálogo instructório*"[26].

Somente diante do caso concreto é que se pode avaliar os limites do poder de iniciativa probatória do juiz. O exercício desse poder tem sido parcimonioso pelo Judiciário, são poucas as situações em que ele se manifesta. A imensa maioria das vezes, o poder do juiz respeita acima de tudo, a liberdade e autonomia que as partes possuem para delimitar o objeto do conflito. O juiz coopera dialogicamente com as partes para construírem a melhor solução possível para o caso, considerando os interesses manifestados por elas no procedimento em contraditório, mas não as substitui no desempenho de suas faculdades e prerrogativas processuais.

> É claro que a mais larga atribuição de poderes exercitáveis de ofício na instrução do feito, de modo algum dispensa o órgão judicial de respeitar, na realização de qualquer diligência, a garantia do contraditório, indispensável à salvaguarda dos

---

de evidentemente violar o princípio da imparcialidade objetiva, repercute em todo o sistema processual, minando o princípio democrático em favor da inquisitoriedade". FREITAS, Jéssica Oníria Ferreira de. *Na contramão da Democraticidade: a permanência do juiz inquisidor no processo penal brasileiro.* Belo Horizonte: UFMG, Dissertação de Mestrado, 2014, p. 116.

26 CARNELUTTI, Francesco. *Derecho y proceso.* Op. cit., p. 215.

direitos de defesa. Menos ainda o exonera do dever de motivar a sentença, mediante a análise dos elementos probatórios colhidos e a justificação do valor atribuído a cada qual. No controle da observância dessas imposições legais e não no cerceamento da iniciativa do juiz, é que consiste o melhor antídoto contra as eventuais tentações de imparcialidade[27].

Os poderes instrutórios do juiz são ínsitos à função de julgar. O acesso à ordem jurídica justa impõe para o Judiciário o dever de reparar toda lesão e fazer cessar toda ameaça a direito. A decisão judicial deve ser baseada na correta aplicação do Direito aos fatos que deram causa ao litígio.

A decisão judicial, ao resolver o conflito de interesses aplicando o direito ao caso concreto, também coopera para a realização do projeto de construção do Estado Democrático "destinado a assegurar o exercício dos direitos sociais e individuais, a liberdade, a segurança, o bem-estar, o desenvolvimento, a igualdade e a justiça como valores supremos de uma sociedade fraterna, pluralista e sem preconceitos, fundada na harmonia social e comprometida, na ordem interna e internacional, com a solução pacífica das controvérsias", conforme preconizado no preâmbulo da Constituição.

Por esse engajamento com o Estado Democrático de Direito, a decisão judicial transcende a esfera dos interesses das partes, conforme esclarece Christopher Moore,

> Uma abordagem judicial envolve a intervenção de uma autoridade institucionalizada e socialmente reconhecida em uma disputa. Essa abordagem desloca o processo de resolução do domínio privado para o público. (...) consideram não somente as preocupações, os interesses e os argumentos dos disputantes, mas também os padrões e os valores de toda a sociedade[28].

Conforme Fredie Didier os poderes instrutórios são complementares à iniciativa probatória das partes, "se ainda subsistir dúvida quanto a determinada questão de fato relevante para o julgamento, o juiz estaria autorizado a tomar iniciativa probatória para saná-la"[29].

Pode-se exemplificar com o caso de o juiz se deparar com uma situação em que a prova é incompleta, há fatos necessitando confirmação, cuja ausência inviabiliza o julgamento, como é o caso da presunção de paternidade daquele que se opôs ao exame de DNA na ação de investigação de paternidade. Há o risco de profunda violação de direitos humanos, pelo fato de a decisão negar o direito à verdadeira identidade genética caso julgue a paternidade biológica com fundamento em presunções, deixando de insistir na realização do exame de DNA que é o "meio

---

27 BARBOSA MOREIRA, José Carlos. *Temas de Direito Processual – 4ª série.* São Paulo: Saraiva, 1989, p. 49.

28 MOORE, Christopher W. Moore. *O processo de mediação.* Artmed: São Paulo, 1998, p. 24.

29 DIDIER JR., Fredie, BRAGA, Paula Sarno, OLIVEIRA, Rafael Alexandria de. *Curso de Direito Processual Civil.* Vol. 2. 10ª ed. Salvador: Juspodium, 2015, p. 90.

de prova que pode fornecer segurança quase absoluta quanto à existência de tal vínculo"[30].

O entendimento de Dierle Nunes é na mesma linha, a iniciativa probatória do juiz é uma situação excepcional "visando apenas o esclarecimento de questões já provadas nos autos, mas sobre as quais ainda reste imprecisão"[31].

Taruffo percebendo a dificuldade de objetivar as hipóteses do exercício do poder instrutório pelo juiz, afasta as restrições. Entretanto, esse poder instrutório não é absoluto, nem discricionário. O contraditório é suficientemente potente para limitar e controlar esse poder judicial, na medida em que "manifesta uma relevante função epistêmica, configurando-se como uma técnica essencial de controle racional sobre o uso que o juiz faz de seus poderes"[32].

O contraditório, no caso da determinação da produção de provas de ofício, possibilita às partes atuarem para complementarem ou contraditarem os fatos relacionados à prova oficiosamente realizada. Conforme Taruffo, seria uma incongruência negar ao juiz poderes instrutórios, "na medida em que o ordenamento jurídico lhe atribui a função de decidir com fundamento na verdade dos fatos, verdade que nem sempre as partes têm interesse em descortina-la"[33].

Além disso, os poderes instrutórios das partes não são prejudicados pelos do juiz:

> Os poderes instrutórios das partes e os do juiz não fazem parte de um *unicum* em que, se os primeiros são aumentados, os últimos são limitados, ou vice-versa, como se o aumento dos podres instrutórios do juiz implicasse uma limitação dos direitos das partes. Pelo contrário, trata-se de instrumentos diferentes que podem ser ativados por sujeitos diferentes, que podem muito bem ser utilizados contemporaneamente com o fim de maximizar a obtenção dos dados probatórios necessários para a decisão[34].

O ponto de vista de Humberto Theodoro é o mesmo, mas, contextualizado, entra em harmônica sintonia com a Constituição da República, e assim, dirime a controvérsia com acuidade, ao pontificar ser inaceitável:

---

[30] STF, RG Tema 392 – Tese: I – É possível a repropositura de ação de investigação de paternidade, quando anterior demanda idêntica, entre as mesmas partes, foi julgada improcedente, por falta de provas, em razão da parte interessada não dispor de condições econômicas para realizar o exame de DNA e o Estado não ter custeado a produção dessa prova; II – Deve ser relativizada a coisa julgada estabelecida em ações de investigação de **paternidade** em que não foi possível determinar-se a efetiva existência de vínculo genético a unir as partes, em decorrência da não realização do exame de DNA, meio de prova que pode fornecer segurança quase absoluta quanto à existência de tal vínculo.

[31] BAHIA, Alexandre, NUNES, Dierle, PEDRON, Flávio Quinaud. *Teoria Geral do Processo.* Salvador: Juspodium, 2020, p. 602.

[32] TARUFFO, Michele. *Uma simples verdade.* Op. cit., p. 204.

[33] TARUFFO, Michele. *Uma simples verdade.* Op. cit., p. 204.

[34] TARUFFO, Michele. *Uma simples verdade.* Op. cit., p. 206.

> A postura de indiferença à verdade, quando está ao alcance do juiz o meio de desvendá-la, e prefere julgar o litígio na sombra da indefinição e ao amparo da frieza técnica de pura distribuição legal do ônus da prova. Esse, definitivamente, não é um juiz comprometido com os rumos constitucionais do justo processo programado pelo moderno Estado Democrático de Direito.
>
> (...)
>
> A ordem constitucional se acha comprometida com a promoção da justiça, e não se garante justiça sem que o juiz (representante do Estado no processo) se empenhe em apurar a verdade dos fatos em torno dos quais se estabeleceu o litígio. Se a Constituição exige dele solução justa, é claro que lhe impõe o dever de se preparar adequadamente para conhecer a verdade e com base nela chegar à justa composição do conflito[35].

A jurisprudência do STF e do STJ estabeleceram os limites aos poderes instrutórios do juiz estabelecendo as seguintes balizas:

> O princípio dispositivo tem sido mitigado em benefício da busca da verdade real, a fim de que se alcance correto e justo julgamento da causa. Nesse passo, estimula-se a aplicação do princípio da investigação, que, de certa forma, contrapõe-se ao princípio dispositivo.
>
> Já o princípio da investigação, cada vez mais visitado pela jurisprudência em casos semelhantes, tem atenuado, de forma nítida, a ideia arraigada no ordenamento positivo pátrio, de que a prova é monopólio das partes, na medida em que confere ao magistrado poderes de iniciativa na instrução.
>
> O que não se revela possível é o julgador suprir a deficiência probatória da parte, violando o princípio da imparcialidade, mas, por óbvio, diante da dúvida surgida com a prova colhida nos autos, compete-lhe aclarar os pontos obscuros, de modo a formar adequadamente sua convicção, devendo, contudo, ser assegurada a garantia do contraditório[36].
>
> É admitida a possibilidade de complementação da instrução processual por iniciativa do juiz, tanto em primeiro como em segundo graus de jurisdição[37].
>
> A iniciativa probatória do magistrado não se sujeita à preclusão temporal, porque é feita no interesse público de efetividade da Justiça[38].

31.3 ÔNUS DA PROVA

A distribuição do ônus da prova confere à parte a responsabilidade de demonstrar os fatos deduzidos no processo capazes de sustentar um veredito favorável. Essa lógica da distribuição do ônus da prova é milenar, remonta à Antiguidade Clássica. Os romanos já diziam: *ei incumbit probatio, qui dicit non qui negat*. Vale

---

[35] THEODORO JR., Humberto. *Curso de Direito Processual Civil*. Vol. I, 56ª ed. Forense: Rio de Janeiro, 2015, p. 870/871.

[36] STF, HC 68437, Rel. Min. CELSO DE MELLO, DJ 15-03-1991 PP-02650 EMENT VOL-01612-03 PP-00463.

[37] STJ, REsp 1818766/AM, Rel. Ministro HERMAN BENJAMIN, SEGUNDA TURMA, julgado em 20/08/2019, DJe 18/10/2019.

[38] STJ, REsp 345.436/SP, Relª. Minª. NANCY ANDRIGHI, DJ 13/05/2002, p. 208.

dizer, incumbe ao autor provar os fatos constitutivos do seu direito, enquanto ao réu incumbe demonstrar os fatos que impedem, modificam ou extinguem a pretensão autoral[39]. O art. 373 do CPC não foge à regra ao estabelecer a distribuição estática do ônus da prova nos incisos I e II.

Há, no entanto, situações que não encontram resposta adequada na distribuição estática do ônus da prova. Seja em razão da complexidade dos fatos ou do desequilíbrio nas perspectivas de provar que as partes têm.

A resposta a essa situação foi dada pela teoria da distribuição dinâmica do ônus da prova acolhida no § 1º do art. 373 do CPC, que permite ao juiz redefinir o ônus da prova.

A jurisprudência dos tribunais constitucionais explica seus fundamentos e funcionamento:

> A técnica processual da distribuição dinâmica do ônus da prova, fundamentada nos princípios da igualdade, aptidão para a prova e cooperação, contrapõe-se ao ônus estático da prova e tem por norte a capacidade probatória de cada parte — antídoto para a chamada "prova diabólica"[40].
>
> Embora ontologicamente distintas, a distribuição dinâmica e a inversão do ônus têm em comum o fato de excepcionarem a regra geral do art. 373, I e II, do CPC/2015, de terem sido criadas para superar dificuldades de natureza econômica ou técnica e para buscar a maior justiça possível na decisão de mérito e de se tratarem de regras de instrução que devem ser implementadas antes da sentença, a fim de que não haja surpresa à parte que recebe o ônus no curso do processo e também para que possa a parte se desincumbir do ônus recebido[41].
>
> A distribuição do ônus da prova, além de constituir regra de julgamento dirigida ao juiz (aspecto objetivo), apresenta-se também como norma de conduta para as partes, pautando, conforme o ônus atribuído a cada uma delas, o seu comportamento processual (aspecto subjetivo).
>
> Se o modo como distribuído o ônus da prova influi no comportamento processual das partes (aspecto subjetivo), **não pode a inversão 'ope judicis'** ocorrer quando do julgamento da causa pelo juiz (sentença) ou pelo tribunal (acórdão).
>
> A inversão 'ope judicis' do ônus probatório deve ocorrer preferencialmente na fase de saneamento do processo ou, pelo menos, assegurando-se à parte a quem

---

39 SKONTZOS, Athanassios V. The burden and standard of proof in model international procedural law: dealing with the burden and standard of proof in international disputes. Unif. L. Rev., Vol. 23, 2018, 569–592. "each party must prove the factual conditions for the application of the rule of law that is favourable to their claim and, more specifically, the facts that correspond to the in abstacto pleaded and in concreto applicable 'Tatbestand' of certain rule, the legal consequences of which the party pursues in its judicial application".

40 STF, RE 760931/DF, RG Tema 245. Relª. Minª. Rosa Weber, julgamento em 2.2.2017.

41 STJ. REsp 1729110/CE, Relª. Minª. NANCY ANDRIGHI, TERCEIRA TURMA, julgado em 02/04/2019, DJe 04/04/2019.

não incumbia inicialmente o encargo, a reabertura de oportunidade para apresentação de provas[42].

É importante salientar dois aspectos que chamam a atenção na construção jurisprudencial do STJ:

a) Foi negada a seguinte tese:

É possível a inversão do ônus da prova no momento da prolação da sentença na hipótese em que o juiz verifica a presença dos pressupostos legais que autorizam a mencionada inversão em ação de responsabilidade por vício no produto, pois a exigência de decisão interlocutória prévia para determinar a inversão fragmenta o procedimento e dá ensejo a muitos recursos, o que alonga o processo judicial e viola os princípios da efetividade e celeridade processual[43].

b) A diferenciação entre responsabilidade objetiva e subjetiva, segregando-a entre o fornecedor de serviços e o prestador de serviços liberal, considerado no art. 14, § 4º do CDC:

(i) as obrigações assumidas diretamente pelo complexo hospitalar limitam-se ao fornecimento de recursos materiais e humanos auxiliares adequados à prestação dos serviços médicos e à supervisão do paciente, hipótese em que a responsabilidade objetiva da instituição (por ato próprio) exsurge somente em decorrência de defeito no serviço prestado (artigo 14, *caput*, do CDC);

(ii) os atos técnicos praticados pelos médicos, sem vínculo de emprego ou subordinação com o hospital, são imputados ao profissional pessoalmente, eximindo-se a entidade hospitalar de qualquer responsabilidade (artigo 14, § 4º, do CDC); e

(iii) quanto aos atos técnicos praticados de forma defeituosa pelos profissionais da saúde vinculados de alguma forma ao hospital, respondem solidariamente a instituição hospitalar e o profissional responsável, apurada a sua culpa profissional. Nesse caso, o hospital é responsabilizado indiretamente por ato de terceiro, cuja culpa deve ser comprovada pela vítima de modo a fazer emergir o dever de indenizar da instituição, de natureza absoluta (artigos 932 e 933 do Código Civil), sendo cabível ao juiz, demonstrada a hipossuficiência do paciente, determinar a inversão do ônus da prova (artigo 6º, inciso VIII, do CDC)[44].

Caso o juiz tenha formado o seu convencimento, desnecessária a inversão do ônus da prova. O juiz pode formar sua convicção integrando as provas com indícios ou presunções, sendo desnecessária a inversão do ônus da prova.

a atividade do juiz quando determina a produção de prova é subsidiária. Isto é, não pode o juiz suprir com sua atividade a omissão das partes, devendo atuar

---

[42] STJ. EREsp 422.778/SP, Rel. Ministro JOÃO OTÁVIO DE NORONHA, Rel. p/ Acórdão Ministra MARIA ISABEL GALLOTTI, SEGUNDA SEÇÃO, julgado em 29/02/2012, DJe 21/06/2012 confirma o *leading case:* REsp 802.832/MG, Rel. Ministro PAULO DE TARSO SANSEVERINO, SEGUNDA SEÇÃO, julgado em 13/04/2011, DJe 21/09/2011.

[43] Voto Vencido Min. Sidnei Beneti. REsp 802.832/MG, Rel. Ministro PAULO DE TARSO SANSEVERINO, SEGUNDA SEÇÃO, julgado em 13/04/2011, DJe 21/09/2011.

[44] STJ. REsp 1.145.728/MG, Rel. p/ acórdão Ministro Luis Felipe Salomão, Quarta Turma, julgado em 28.06.2011, DJe de 08.09.2011.

unicamente quando se sentir incapaz, pelas provas existentes, de proferir sentença e a lide não for solucionável pela regra do ônus da prova ou, ainda, se envolver direitos indispensáveis[45].

A respeito da classificação das provas, ensina Echandía a distinção entre a prova direta e a prova indireta.

Se define como "direta" a prova que tem como objeto imediato o fato principal que se trata de provar, como no caso de um depoimento que se realiza sobre esse fato ou um documento que o representa, enquanto que, se considera como "indireta" a fonte de informação que se refere a outro fato e requer que se formule uma inferência do mesmo que se considera "secundário" em relação ao fato principal, como no caso do indício ou da presunção simples[46].

Prova diabólica, esclarece o STJ:

1. A prova, nos casos de concessão de anistia para fins de reintegração ao serviço público, é sempre indireta e deve decorrer da interpretação do contexto e das circunstâncias do ato apontado como de motivação política.

2. A prova direta, material ou imediata é rigorosamente impossível em caso dessa espécie. Impor ao autor que a faça significa, em verdade, impor-lhe a chamada prova diabólica, de produção impossível, porque os afastamentos dos cargos, à época, eram disfarçados; assim, por exemplo, quando militar o servidor, afastava-se por indisciplina ou insubordinação; quando civil, por ato de abandono e outras alegações com a mesma finalidade e do mesmo teor. Dest'arte, compete à Instituição que promoveu o ato demissionário demonstrar a inexistência de motivação política.

3. Na presente hipótese, o contexto da demissão do recorrente, revelado pela (I) sua participação ativa em movimentos então denominados esquerdistas ou subversivos, (II) a perseguição e a demissão de pessoas próximas, inclusive familiares, (III) o forte conceito que mantinha na Universidade, sem qualquer mácula em sua conduta profissional e acadêmica, bem como (IV) o fato de ter sido anistiado pelo Ministério do Trabalho em face de sua demissão da Petrobras, demonstram a motivação política do seu afastamento dos quadros da UNB[47].

A teoria do ônus dinâmico da prova, sem dúvida, aumenta o poder dos juízes. Entretanto, não ameaça o direito de defesa e a segurança jurídica, nem atenta contra o processo democrático. Trata-se de uma necessidade do processo enquanto instrumento de garantia de efetiva proteção judicial cuja finalidade é a de assegurar e realizar os direitos substantivos.

31.4 PROVAS EM ESPÉCIE: DO PROCEDIMENTO PROBATÓRIO

As espécies de prova têm um procedimento correspondente para sua inserção no processo.

---

45 STJ. AgRg no AREsp 332.296/RJ, Rel. Ministra Assusete Magalhães, Segunda Turma, julgado em 5/11/2015, DJe 19/11/2015 e AgRg no AREsp 289.339/MG, Rel. Ministro Benedito Gonçalves, Primeira Turma, julgado em 9/4/2013, DJe 15/4/2013.

46 DEVIS ECHANDÍA, Hernando, *La teoría general de la prueba judicial.*. Op. cit., p.27.

47 STJ, REsp 823.122/DF, Rel. Min. NAPOLEÃO NUNES MAIA FILHO, DJ 18/02/2008, p. 59.

A prova documental, em regra, deve ser produzida na fase postulatória. O autor deve instruir a inicial com toda a documentação pertinente, o mesmo competindo ao réu na peça de defesa contestando o pedido autoral ou reconvindo.

33.4.1 Produção antecipada de prova

É possível produção de prova antecipada por meio de procedimento de natureza cautelar preparatório. Os pressupostos de admissibilidade são os previstos no art. 381 do CPC. A parte deverá demonstrar o *periculum in mora* e o caráter preventivo que o conhecimento dos fatos proporcionará à parte, possibilitando se valer desse conhecimento, até mesmo para buscar construir a solução consensual do conflito a partir do conhecimento dos fatos. A petição, diz o art. 382 do CPC, deverá conter as razões da necessidade e a exposição pormenorizada dos fatos que se pretende antecipadamente provar. O requerente deve deduzir na petição inicial apenas elementos, evitando a todo custo antecipar o litígio.

31.4.2 Da revogação do § 4º do art. 381 do CPC

É competente o foro do domicílio do réu ou no do local onde deverá ser produzida a prova. A competência da produção antecipada de prova não gera prevenção para a ação que vier a ser ajuizada.

O § 4º do art. 381 do CPC que delegava competência federal para a jurisdição estadual quando, na localidade, não houvesse vara federal, foi revogado pela Emenda Constitucional nº 103, que modificou o § 3º do art. 109 da CR/88.

A alteração do referido dispositivo constitucional implicou na revogação do § 4º do art. 381 do CPC, haja vista que a Constituição passou a admitir a delegação, por lei, de competência da justiça federal para a justiça estadual apenas nas ações previdenciárias em comarcas desprovidas de vara federal.

O juiz ao despachar a petição leva em consideração tão somente o atendimento dos requisitos do art. 381 do CPC, sem emitir qualquer juízo acerca dos *factum probandi.*

Encerrada a produção da prova, os autos permanecerão em secretaria por um mês para possibilitar a reprodução pela parte contrária. Após esse prazo, os autos serão entregues ao requerente.

32

AUDIÊNCIA DE INSTRUÇÃO E JULGAMENTO

A audiência de instrução e julgamento (AIJ) ocorrerá se houver necessidade de produção de provas orais. A audiência é um ato processual complexo no qual, frustrada a conciliação, segue-se com a realização de atos instrutórios, postulatórios e decisórios. Nesse momento processual o princípio da oralidade se manifesta com intensidade porque a imediatidade, a concentração dos atos processuais, o contraditório e a identidade física do juiz estão simultaneamente presentes. Pode-se dizer que por isso, a audiência de instrução e julgamento é o ponto culminante do procedimento no primeiro grau de jurisdição.

A audiência acontecerá quando: I) inocorrentes quaisquer das situações do art. 485, que admitem a extinção do processo sem resolução do mérito, II) inexistência de prescrição ou decadência; III) as partes não reconhecerem a procedência do pedido nem renunciarem à pretensão, formulados na ação ou na reconvenção; e, IV) não for o caso de julgamento antecipado de mérito.

Ressalvados os processos que tramitam em segredo de justiça, as audiências de instrução e julgamento são públicas e realizam-se de portas abertas, tendo qualquer cidadão o direito potestativo de assistir ao ato processual. A publicidade dos atos processuais dispensa qualquer motivação do interessado para deles tomar conhecimento.

Participam da audiência de instrução e julgamento as partes, os respectivos advogados, as testemunhas, o Ministério Público nas causas em que sua intervenção é necessária e, se houver necessidade de esclarecimentos a serem prestado, o perito e/ou o assistente técnico.

32.1 PODER DE POLÍCIA

O art. 360 do CPC estabelece competir ao juiz, pelo exercício do poder de polícia, a manutenção da ordem e do decoro na audiência, tratar com urbanidade os sujeitos e partes do processo e registrar em ata todos os requerimentos feitos.

Quando se pensa em poder de polícia do juiz, a ideia é dotá-lo de autoridade suficiente para conduzir o processo e assegurar que se desenvolva conforme os princípios e garantias do devido processo legal.

A despeito da inexistência de hierarquia entre os sujeitos processuais, o mesmo não se pode dizer dos poderes e atribuições que um e outros exercem na audiência. O juiz, no exercício do poder jurisdicional, é titular do poder de polícia legitimado pelo ordenamento jurídico para conduzir a audiência em um ambiente respeitoso, evitando que a passionalidade do conflito se manifeste e tumultue a realização dos atos processuais. A ideia é permitir a participação dos sujeitos e assegurar-lhes a liberdade que têm para se expressar, porém, de forma ordenada.

Diante do que dispõe o art. 139 do CPC, percebe-se que as prerrogativas do art. 360 são meramente exemplificativas. Há várias medidas passíveis de serem adotadas pelo juiz, além da ordem de retirada da sala de audiência ou da requisição de força policial. Para desincumbir-se desse mister, há de se compreender que o juiz está revestido de poderes suficientes e necessários para garantir o desenvolvimento adequado da audiência. O exercício do poder de polícia, todavia, exige bom senso, moderação e adequação, pois, caso ultrapasse os limites da razoabilidade e da proporcionalidade o juiz incorrerá em abuso de autoridade.

32.2 A INDUÇÃO AOS MÉTODOS CONSENSUAIS DE RESOLUÇÃO DE CONFLITOS

No dia e hora designados, por ordem do juiz, será aberta a audiência e todas as pessoas que dela participarão serão apregoadas e certificada suas presenças.

O primeiro ato da audiência é a tentativa de conciliação das partes. O CPC incorporou técnicas estimuladoras de soluções autônomas dos conflitos e oferece à sociedade e aos sujeitos do processo ferramentas aptas a implementação de uma mudança cultural, na qual, as partes, quando possível, estarão habilitadas para resolver o conflito de forma emancipada, sem necessidade da adjudicação judicial. Caso as partes não se conciliem, deverá o juiz lhes indagar sobre a possibilidade de buscarem outros métodos consensuais para a solução do litígio.

A importância de se adotarem, concomitantemente ao processo judicial, métodos consensuais de solução dos conflitos é possibilitar uma solução célere, desburocratizada, menos onerosa e ainda, contribuir para redução da litigiosidade exacerbada com a qual nos deparamos cotidianamente.

Se as partes concordarem em buscar a solução do conflito por meio da mediação, a audiência será suspensa, a fim de aguardar o desfecho do procedimento autocompositivo. O CPC opta, prioritariamente, pela pacificação social ao estimular os métodos não adjudicatórios para solução dos conflitos. A fim de institucionalizar os métodos autônomos de resolução de conflitos, o Poder Judiciário instituiu os centros judiciários de solução consensual de conflitos, aos quais incumbe realizar as sessões e audiências de conciliação e mediação e o desenvolvimento de programas destinados facilitação da adoção de medidas autocompositivas. Visando ao fortalecimento dessa política judiciária, o Código profissionaliza a função de conciliador e mediador, prevendo remuneração pelo exercício dessas atribuições e define um conjunto de regras éticas de atuação desses sujeitos devidamente qualificados para contribuírem para se alcançar a solução autocompositiva.

Salienta-se que a solução consensual do conflito promove a reaproximação das partes por meio do diálogo. Na medida em que os titulares do conflito o solucionam sem a necessidade de o Estado intervir para prestar tutela jurisdicional a cidadania e a autonomia são valorizadas. Pode-se dizer, portanto, que os métodos autocompositivos são emancipatórios, na medida em que o cidadão não carece mais do ato de poder estatal para impor a solução para o conflito em que está envolvido. As vantagens são muitas: menor onerosidade, tempestividade, manutenção do poder decisório, construção de uma solução adequada para o conflito. Além disso, quando os litigantes se valem dos métodos autocompositivos para a solução da lide contribuem para desafogar o acúmulo de processos no Poder Judiciário.

Na hipótese de não ser obtida a solução consensual do conflito, a audiência de instrução e julgamento prosseguirá com a realização dos atos instrutórios.

32.3 ORDEM DE PRODUÇÃO DAS PROVAS

O art. 361 do CPC define a ordem de produção das provas em audiência em uma sequência lógica, podendo haver, em determinadas circunstâncias, prejudicialidade de uma prova anteriormente produzida em relação às subsequentes. Os fatos provados com os esclarecimentos prestados pelos peritos ou assistentes técnicos dispensam a produção de outras provas orais em relação aos mesmos fatos; a confissão, a seu turno, torna supérflua a oitiva de testemunhas.

É possível inverter a ordem de produção das provas na audiência sem gerar nulidade processual, com fundamento no princípio *pas de nullité sans grief*. Portanto, somente se decretará a nulidade da audiência na hipótese de demonstração, pela parte, de que a alteração da ordem lhe trouxe prejuízo.

Em relação aos esclarecimentos do perito, o art. 477 do CPC não impõe a obrigatoriedade da oitiva do perito em audiência por reconhecer que se tratando de prova técnica, as respostas aos quesitos podem ser prestadas por escrito, não havendo necessidade do depoimento. Apenas na hipótese de, prestados os esclarecimentos requeridos pelas partes, ainda perdurar alguma dúvida ou divergência entre os laudos do perito e do assistente técnico é que o juiz, mediante requerimento da parte, o intimará para comparecer à audiência. Entretanto, para que isso aconteça a parte deverá formular o requerimento acompanhado dos quesitos a serem respondidos pelo perito, devendo, ainda, ser intimado com pelo menos dez dias de antecedência. A intimação do perito pode ser feita por qualquer meio de comunicação eletrônica, desde que hábil, a demonstrar sua ciência inequívoca.

Caso não se colha o depoimento do perito em audiência, contentando-se o juiz com os novos esclarecimentos prestados por escrito, não haverá fundamento para o decreto de nulidade processual, por se tratar de irregularidade para a qual não está cominada essa sanção. Desta maneira, a nulidade do ato somente ocorrerá se a parte conseguir demonstrar o prejuízo sofrido em virtude da supressão do depoimento em audiência, o que convenhamos, é uma tarefa muito difícil., por se tratar apenas de uma questão meramente formal.

O depoimento pessoal das partes pode ser determinado de ofício ou por requerimento das partes. O requerimento de depoimento pessoal é sempre cruzado, a parte não tem direito de requerer o seu próprio depoimento. A finalidade desse depoimento é obter a confissão sobre a matéria de fato discutida na lide. É importante asseverar tratar-se a confissão de meio de prova, isto é, destina-se à demonstração de fatos que anteriormente eram controvertidos. Salienta-se que não se confunde com o reconhecimento da procedência do pedido, pois a confissão não acarreta, necessariamente, decisão desfavorável ao confitente.

O Código, no art. 385, § 1º, trata a confissão como sanção. Nos termos da lei processual, a parte que deixar de comparecer à audiência para a qual foi intimada para prestar depoimento pessoal sujeitar-se-á à "pena" de confesso. A confissão no caso de não comparecimento da parte não é sanção, inexiste norma obrigando o comparecimento à audiência para prestar depoimento. No caso, trata-se de uma consequência decorrente de a parte não haver se desincumbido do ônus processual consistente em depor em juízo. Além disso, confessar, tácita ou expressamente, é um direito do confitente e, obviamente, ninguém pode ser apenado por exercer regularmente um direito. Aroldo Plínio Gonçalves ensina que "qualquer das partes resolvem suas faculdades, poderes e deveres em ônus, ao suportar as consequências desfavoráveis que possam advir de sua omissão."[1]

O efeito da confissão é, como dito, o reconhecimento da veracidade de um fato, sem implicar, necessariamente, sucumbência. É relativamente frequente situações processuais nas quais sobre os fatos não há controvérsia, residindo o embate em torno das consequências jurídicas deles advindas – v.g. exercício regular de direito ou culpa.

O último ato instrutório da audiência é a oitiva das testemunhas arroladas pelas partes. De acordo com o inc. III do art. 361 do CPC ouve-se, primeiramente, as testemunhas do autor. Mais uma vez é importante salientar que a inversão da ordem dos depoimentos testemunhais não acarreta nulidade do ato, a menos que a parte demonstre ter sofrido prejuízo com a inversão.

32.4 A PARTICIPAÇÃO DAS PARTES NA AUDIÊNCIA DE INSTRUÇÃO E JULGAMENTO

O § único do art. 361 dispõe que a intervenção das partes e do Ministério Público durante o interrogatório judicial somente será possível com permissão do juiz. Esse dispositivo é tautológico na medida em que o artigo precedente atribui ao

---

1 GONÇALVES, Aroldo Plínio. Técnica Processual e Teoria do Processo. Rio de Janeiro: AIDE, 1992, p. 99.

juiz poder de polícia para assegurar a ordem e o decoro em audiência. É inerente, portanto, a esse poder a autoridade do juiz para organizar a maneira que as partes e o Ministério Público, eventualmente, poderão intervir enquanto ele, o juiz, faz a inquirição das partes, testemunhas, peritos e assistentes técnicos.

A redundância do dispositivo evidencia-se pelo fato de tanto o Estatuto da OAB, quanto a Lei Orgânica do Ministério Público tratarem da matéria. A Lei nº 8.906/96, Estatuto da Advocacia, no art. 7º, inc. X, confere, ao advogado, o direito de "usar da palavra, pela ordem, em qualquer juízo ou tribunal, mediante intervenção sumária, para esclarecer equívoco ou dúvida surgida em relação a fatos, documentos ou afirmações que influam no julgamento, bem como para replicar acusação ou censura que lhe forem feitas". A mesma prerrogativa é assegurada aos membros do Ministério Público que têm o direito de manifestar nos processos em que sua presença seja obrigatória por lei e, ainda, sempre que necessário intervir para assegurar o exercício de suas funções institucionais, não importando a fase ou grau de jurisdição em que se encontrem os processos (arts. 25, V e 26, VIII da Lei º 8.625/93).

Na dinâmica da audiência de instrução e julgamento, encerrada a fase instrutória, com a produção das provas orais, abre-se às partes a oportunidade de reafirmarem seus fundamentos jurídicos, mediante as razões finais orais. A manifestação das partes nesse momento se faz de forma substancial, as questões de direito, previamente amadurecidas nos debates precedentes à audiência, já estão colocadas em termos definitivos, uma vez que, nos termos do art. 329 do CPC, após o saneamento do processo não se admite modificação da causa de pedir. Assim, ao se manifestarem na audiência, as partes objetivam influir na convicção do juiz, mediante a exposição e confirmação de suas teses jurídicas lastreadas nas provas produzidas.

Os princípios da identidade física do juiz e da imediatidade conferem às alegações orais grande importância, pois o que está sendo deduzido pela parte está sob o imediato impacto das impressões provocadas pelas provas produzidas na audiência. O juiz terá tido contato direto com as provas e com as alegações das partes, o que propicia uma segurança maior no momento de sentenciar. O juiz que preside a audiência de instrução e depois julga o processo está melhor capacitado para formar a sua convicção devido às percepções que as provas orais possibilitam.

Em relação ao tempo, o prazo para a manifestação das partes é de 20 minutos, prorrogáveis, a critério do juiz, por mais 10 minutos. O indeferimento da dilação do prazo não pode ser considerado causa de nulidade processual por cerceamento de defesa. Na valoração judicial, o juiz pode entender desnecessária a prorrogação. Todavia, pode haver nulidade processual se o juiz não fundamentar a decisão que indefere a prorrogação do prazo, pois, trata-se de ato decisório que causa prejuízo à parte que não dispôs de tempo necessário para sustentar seu pedido de procedência ou improcedência. Assim, para não violar o dever de fundamentar as decisões, nem obviamente, cometer arbitrariedade, o juiz deverá apresentar motivadamente as razões que o levaram a decidir pelo indeferimento da prorrogação do prazo de manifestação da parte.

Havendo litisconsórcio com advogados distintos ou terceiro interveniente o prazo para manifestação não se altera. O Código recomenda que as partes e/ou intervenientes deliberem consensualmente a respeito da divisão do tempo, caso contrário, a divisão será feita de forma equânime entre todos os sujeitos processuais que estiverem no mesmo polo processual.

Pode acontecer de a causa apresentar questões jurídicas ou fáticas de elevada complexidade, caso em que as razões finais orais poderão ser substituídas por alegações escritas, a serem apresentadas no prazo sucessivo de 15 dias para cada parte e para o Ministério Público quando interveniente como fiscal da ordem jurídica.

O dispositivo é omisso em relação ao prazo quando houver litisconsortes. Nessa situação, a regra de contagem do prazo para que apresentem razões escritas é a estabelecida no art. 227 do CPC, que é a regra geral definidora dos prazos do litisconsórcio. O Código restringe o benefício do prazo em dobro quando o processo tramitar eletronicamente ou se os litisconsortes não estiverem representados por diferentes procuradores, de escritórios de advocacia distintos. Considerando que o prazo será comum para todos os litisconsortes, incide o § 2º do art. 107 do CPC, de forma que os procuradores somente poderão retirar do cartório os autos físicos em conjunto ou mediante ajuste que poderá ser feito e homologado na própria audiência. Com o processo eletrônico esse problema não existe.

32.5 CAUSAS DE ADIAMENTO DA AUDIÊNCIA DE INSTRUÇÃO E JULGAMENTO

É possível o adiamento da audiência de instrução e julgamento quando: a) por iniciativa das partes, b) por razões imponderáveis ou, c) por desrespeito imotivado ao horário designado para realização da audiência, conforme estipulado pelo art.362 do CPC.

As partes, caso assim convencionem, podem requerer o adiamento da audiência. Uma vez formulado o requerimento conjunto, o juiz deferirá o adiamento, ainda que implique elastecer a duração do processo. Acontece que, apesar de competir ao juiz velar pela observância do prazo razoável de duração do processo, são as partes as principais interessadas na rápida solução do litígio, portanto, se de comum acordo postulam o adiamento da audiência presume-se haver motivo justificado para a postergação do ato.

A ausência justificada de quaisquer das pessoas que deveriam participar da audiência nem sempre é causa de adiamento. O juiz pode realizar a audiência e, simplesmente, suspendê-la e designar data futura para sua continuidade, a fim de que o ato faltante seja realizado.

A apresentação da justificativa de ausência deverá anteceder à audiência, cabendo à parte que der causa ao adiamento diligenciar para verificar se, efetivamente, o requerimento de adiamento chegou às mãos do magistrado e se o pleito foi acatado. O juiz, por sua vez, decidirá sobre a justificativa, avaliando se o motivo alegado é legítimo para embasar o adiamento pretendido. O exame da justificativa deve ser rigoroso por ser o adiamento a exceção. Para decidir, o juiz deve sopesar o fato de que a realização da audiência de instrução e julgamento é antecedida por uma grande mobilização, envolvendo muitos recursos materiais e humanos: os serventuários da justiça procedem às intimações, as partes ficam, na maioria das vezes, emocionalmente afetadas com a perspectiva do encontro com a parte contrária, os advogados têm de se preparar tecnicamente para o ato, eventualmente, também os peritos que prestarão esclarecimentos deverão se preparar, além de as testemunhas, muitas vezes, deixam seus postos de trabalho para comparecerem à audiência. Esses elevadíssimos dispêndios de recursos financeiros e humanos impõem o compromisso do juiz com a realização da audiência.

A jurisprudência, sensível às nefastas consequências do adiamento da audiência, tem convalidado as que foram realizadas sem a presença imotivada das partes ou de seus advogados. Havendo intimação válida, a parte arcará com os ônus processuais decorrentes da sua ausência injustificada.

O Código incorpora, expressamente, normas pré-existentes na CLT e no Estatuto da Advocacia, no sentido de possibilitar o adiamento da audiência por atraso injustificado superior a trinta minutos. Essa situação era, até então, inédita na legislação processual civil. A expressão 'atraso injustificado' é um conceito jurídico indeterminado, incumbindo aos juristas e à jurisprudência atribuir-lhe significado, respeitando o direito das pessoas que têm de participar da audiência, mas não têm disponibilidade absoluta para aguardar indefinidamente a realização da audiência.

A ausência do advogado ou do Ministério Público possibilita o juiz a presumir a desistência das provas por eles requeridas. O juiz, todavia, mesmo na ausência do advogado ou do membro do Ministério Público tem a prerrogativa de determinar a produção da prova oral de ofício, caso a considere necessária para a formação de sua convicção. Entretanto, em razão da preclusão *pro iudicato* não poderá dispensar a produção da prova na audiência e, posteriormente, determinar sua realização. Nesse caso, haveria flagrante violação da imparcialidade do juiz.

O princípio da causalidade aplica-se àquele que der causa ao adiamento da audiência, impondo-lhe arcar com os custos do adiamento.

A alteração na data da audiência exige intimação das partes, na pessoa de seus advogados, comunicando-os da nova data. Trata-se de corolário da garantia do contraditório.

Adiada a audiência, devem ser providenciadas as intimações pessoais das partes, caso venham a prestar depoimento pessoal, e das testemunhas que as partes não tenham se comprometido, independentemente de intimação, com a sua presença em juízo.

32.6 CINDIBILIDADE DA AUDIÊNCIA DE INSTRUÇÃO E JULGAMENTO

A audiência é una e contínua, o que significa dizer que mesmo quando, excepcionalmente, ela não se concluir em dia único, haverá a suspensão para continuar em data próxima. A unidade e continuidade da audiência têm relevância para o regime das preclusões. Como a audiência não se findou em uma única sessão, os atos processuais que a precederam, com o intuito de sua preparação, *v.g.*, apresentação do rol de testemunhas, requerimento de depoimento pessoal, requerimento de esclarecimentos do perito estarão sob o manto da preclusão consumativa ou temporal. Assim, seja porque a parte tempestivamente requereu a produção das provas em audiência ou porque deixou transcorrer *in albis* o prazo para a prática do ato processual com essa finalidade, está vedada a realização posterior à suspensão da audiência.

Distingue-se o adiamento da suspensão. O adiamento é a remarcação para data futura de uma audiência que não foi iniciada; a suspensão implica a continuidade da audiência que foi aberta e, por qualquer razão, não se concluiu na data designada, situação que impõe ao juiz a designação, em pauta preferencial, da continuidade da audiência para a data mais próxima possível.

O Código, na parte final do art. 365, contempla a possibilidade de cindir-se a audiência quando ausentes o perito ou testemunha. Na literalidade da norma, a cisão deixará de ocorrer caso qualquer das partes discorde da proposta do juiz. Obviamente que não é este o sentido que deve nortear a interpretação do dispositivo. O princípio da inevitabilidade da jurisdição significa a submissão das partes ao poder jurisdicional exercido legitimamente.

Portanto, nada impede que juiz, em face da ausência de prejuízo, proceda à cisão, decidindo contrariamente à intenção das partes, por entender que a divisão será mais efetiva e útil para o processo. Da mesma forma rejeitada a cisão da audiência por entender que deva ser realizada em ato único, o magistrado, ainda que sem oposição das partes, pode adiá-la.

Assim, a deliberação do juiz em relação à cisão da audiência permite adotar os seguintes percursos: a) determinar a condução coercitiva dos ausentes que injustificadamente, desatenderam à intimação e assim, realizar a audiência na data designada; b) cindir ou c) adiar a audiência.

A condução coercitiva é uma medida muito onerosa quando determinada em cidades de maior porte, onde as distâncias são maiores, o trânsito mais lento, consumindo um tempo desproporcional daqueles que participam da audiência.

A ausência do perito ou da testemunha pessoalmente intimada é responsabilidade do juízo, pois ele que emitiu a ordem de comparecimento. Assim, como as partes não podem ficar prejudicadas pelo não comparecimento, a cisão ou adiamento da audiência são medidas que se impõem.

O § 3º do art. 362 do CPC imputa ao ausente a responsabilidade pelas custas decorrentes do adiamento da audiência. Não se trata de responsabilidade objetiva, portanto, somente na hipótese de ausência sem justificativa é que sujeitará as partes, o perito ou as testemunhas, ao pagamento.

32.7 JULGAMENTO

O prazo para o juiz sentenciar é de trinta dias. Entretanto, tratando-se de prazo impróprio, sua inobservância não traz consequência alguma para o processo. Esse dispositivo é de ordem moral porque é uma regra desprovida de sanção. O desrespeito ao trintídio legal, não ocasionará nenhuma consequência para o juiz, nem haverá qualquer repercussão para o processo, a não ser o risco de perda de objeto em razão da demora.

Todavia, é necessário repensar o entendimento predominante de que os prazos judiciais só poderão, eventualmente, gerar responsabilidade administrativa do magistrado.

A situação na atualidade ganha novos contornos, pois, o direito à duração razoável do processo, alçado a direito fundamental, não pode ser desconsiderado, dada a natureza vinculante das normas constitucionais definidoras de direitos fundamentais e da sua imediata aplicabilidade. Desta maneira, um processo moroso, com dilações indevidas, ofende o devido processo legal. Com efeito, a morosidade processual viola a garantia constitucional da duração razoável do processo, caracterizando negativa de prestação jurisdicional. Portanto, se o juiz tardar a sentenciar poderá o Estado ser responsabilizado pela inércia da jurisdição. A responsabilidade transcende os limites da nossa jurisdição, uma vez que o direito fundamental à duração razoável do processo, conforme inc. LXVIII do art. 5º da CR/88 é também reconhecido no art. 8º da Convenção Americana de Direitos Humanos. Considerando que a República brasileira reconhece a jurisdição contenciosa da Corte Interamericana de Direitos Humanos, essa violação pode implicar na responsabilização do Estado brasileiro por negativa de jurisdição e condenar-lhe a indenizar a vítima.

A problemática morosidade processual é assunto de primeira grandeza nos estudos de direito processual e combatê-la foi um dos motivos inspiradores da edição deste Código. Especificamente, em relação àqueles que se debruçam sobre o funcionamento do sistema de justiça, a preocupação deve ser ainda maior, pois a elevadíssima taxa de congestionamento processual no Judiciário brasileiro ameaça o próprio regime democrático, que não prescinde de um sistema de justiça eficiente e eficaz. A taxa de congestionamento processual apurada pelo CNJ no ano de 2013 foi, em média, de 71%, ou seja, de cada 100 processos ajuizados naquele ano, apenas 29 foram solucionados. Os restantes 71 somam-se ao acervo exorbitante de processos em tramitação perante o Poder Judiciário brasileiro (BRASIL, Conselho Nacional de Justiça. *Justiça em números 2014*. Brasília, 2014). Isso significa dizer que o Poder Judiciário brasileiro, a despeito da elevada taxa de produtividade é impotente para atender às demandas da cidadania brasileira.

Assim, o prazo estabelecido no art. 366 é um prazo absolutamente irreal e que, certamente, assim como aconteceu no sistema processual civil anterior, não será observado pela magistratura em virtude da carência de meios para desincumbir-se tempestivamente dos processos a serem sentenciados. Continuará a magistratura a escudar-se no volume de processos para justificar a inobservância do prazo para sentenciar.

32.8 TERMO DE AUDIÊNCIA

O termo de audiência é o documento no qual se registram os acontecimentos da audiência de instrução e julgamento. Os despachos, decisões e a sentença serão reduzidos a termo em sua integralidade. Os demais atos ocorridos poderão ser registrados resumidamente.

Tratando-se de autos físicos, o termo será lavrado em duas vias, uma irá ser juntada aos autos e a outra em livro próprio destinado a essa finalidade.

O registro documental da audiência será autenticado com a assinatura do juiz, do serventuário da justiça que a lavrou, dos advogados e membros do Ministério Público que dela participaram. As partes somente deverão firmar o termo de audiência se para os atos processuais praticados os advogados não tiverem recebido poderes para praticá-los.

Tratando-se de processo que tramita em meio eletrônico, o registro dos atos de audiência deverão observar os normativos dos tribunais a que estiverem vinculados os respectivos juízes. Isso porque o art. 367, § 4º faz remissão à legislação extravagante e às disposições do Código a respeito do registro dos eventos da audiência. O Código, por sua vez, no art. 191, também remete à legislação extravagante a disciplina da matéria. A Lei nº 11.419/2006, que disciplina o processo judicial informatizado, quanto ao registro dos atos praticados na presença do juiz o regulamentou mediante emenda ao CPC revogado. Assim, ainda está porvir legislação atualizando a prática de atos processuais em meio eletrônico. Os normativos sobre o tema editados pelos tribunais são aplicáveis, suprindo a omissão legislativa.

Admite-se, ainda, a gravação da audiência em recursos midiáticos que permitam o armazenamento de dados de vídeo e áudio. A gravação é facultada às partes, que não dependem de autorização judicial para realizá-la. Essa permissão legal é decorrência do princípio da publicidade, que é da essência do processo civil democrático.

32.9 PUBLICIDADE

A publicidade dos atos processuais é um direito humano inalienável, nos termos do art. 10 da Declaração Universal dos Direitos do Homem que assegura a toda pessoa o direito de ser julgada publicamente por "um tribunal independente e imparcial que decida dos seus direitos e obrigações ou das razões de qualquer acusação em matéria penal que contra ela seja deduzida".

Em sintonia com a Declaração Universal encontra-se a regra prevista no art. 93, inc. IX da Constituição da República. Todavia, a publicidade não é absoluta pois, a divulgação de determinados fatos ou atos processuais podem ferir a dignidade da pessoa com a invasão da sua intimidade ou desatender o interesse público em situações que a quebra do sigilo pode, v.g., colocar em risco a segurança ou a estabilidade econômica.

A publicidade é uma garantia para a sociedade, por admitir que qualquer cidadão possa exercer o controle social sobre o processo.

Nos processos que não tiverem gravados pelo segredo de justiça, a violação do princípio da publicidade é causa de nulidade, conforme cominado no art. 93, inc IX da CR/88.

> A publicidade assegurada constitucionalmente (art. 5º, LX, e 93, IX, da CRFB) alcança os autos do processo, e não somente as sessões e audiências, razão pela qual padece de inconstitucionalidade disposição normativa que determine abstratamente segredo de justiça em todos os processos em curso...[2].

Portanto, o sigilo é exceção somente admissível nas hipóteses contempladas no art. 188 do CPC, a saber: em que o exija o interesse público ou social; que versem sobre casamento, separação de corpos, divórcio, separação, união estável, filiação, alimentos e guarda de crianças e adolescentes; em que constem dados protegidos pelo direito constitucional à intimidade; que versem sobre arbitragem, inclusive sobre cumprimento de carta arbitral, desde que a confidencialidade estipulada na arbitragem seja comprovada perante o juízo.

---

2 STF. ADI 4414, Rel. Min. Luiz Fux. DJ 17/06/2013.

33

TUTELAS PROVISÓRIAS

33.1 TUTELAS PROVISÓRIAS

O direito processual adota técnicas de tutelas diferenciadas interagindo com o direito material discutido na causa. Assim, visando a conferir maior efetividade e/ou celeridade ao processo há técnicas de tutelas diferenciadas, por exemplo, na Lei Maria da Penha, no Estatuto da Criança e do Adolescente, no Código de Defesa do Consumidor, no Estatuto do Idoso, na Lei de Improbidade Administrativa, na Ação Popular, na Ação Civil Pública, no Mandado de Segurança.

O CPC ao adotar técnicas diferenciadas expande à generalidade dos processos a possibilidade de se inverter o ônus do tempo, a fim de alcançar a efetividade do processo. Seu propósito é o de diminuir o tempo de duração do processo; as tutelas provisórias "buscam, em sua essência, a adaptação do método estatal de solução de conflitos aos contornos da situação de direito material que aquele visa a dirimir"[1].

Ricardo Barros Leonel adota como critério distintivo das tutelas provisórias a restrição à atividade cognitiva do juiz. Para ele, tutela jurisdicional diferenciada define-se como "proteção jurídica e prática outorgada pelo Estado-juiz, resultante da utilização de procedimentos especiais previstos no ordenamento processual, em que a celeridade e a efetividade da prestação jurisdicional decorram da limitação da cognição"[2].

Tutela provisória é gênero do qual são espécies a tutela de urgência e a tutela de evidência.

A tutela de urgência, no magistério de Ester Norato, engloba as subespécies tutela antecipada e medidas cautelares, ambas destinadas a "equacionar a

---

1 SOUSA, Alexandre Rodrigues. Evolução da tutela sumária no direito brasileiro: A estabilização da tutela antecipada e seu diálogo com o contraditório e a coisa julgada material. Belo Horizonte: UFMG. Dissertação de mestrado.

2 LEONEL, Ricardo de Barros. Tutela jurisdicional diferenciada. São Paulo: Revista dos Tribunais, 2010, p. 25.

distribuição entre as partes do ônus do tempo necessário para se alcançar a solução definitiva da demanda"[3].

A concessão da tutela de urgência tem por requisitos, cumulativos, a demonstração da plausibilidade do direito e o risco de lesão grave ou de difícil reparação. Pode ser pleiteada antecedente ou incidentalmente com o propósito de obter tutela satisfativa ou acautelatória.

A decisão provisória que *inaudita altera pars* concede a tutela de urgência posterga o contraditório para momento posterior, conforme regra de exceção contida no art. 9º do CPC.

Todavia, a concessão liminar da tutela provisória, sem oitiva prévia do réu, somente deve ocorrer quando o autor demonstrar a existência de risco de a parte contrária frustrar o cumprimento da medida liminar ou se houver uma situação emergencial. Com efeito, o juiz somente se valerá da excepcionalidade quando o diferimento do contraditório for imprescindível para a utilidade do provimento. Excetuadas essas hipóteses, com fundamento nas lições de Ester Norato, deve-se assegurar o contraditório prévio, reservando-se "o contraditório diferido apenas para as situações em que a emergência é tal que a utilidade da prestação jurisdicional e/ou do direto material restariam comprometidos se observada a regra do contraditório prévio"[4].

Nota-se que as situações autorizativas do diferimento do contraditório são restritas e excepcionais, somente quando houver risco de inefetividade da medida, seja pela premência do tempo, seja pelo risco de o réu inviabilizar o cumprimento da medida. Nestes casos, ponderados a efetividade do processo e o direito ao contraditório prévio, a balança pende a favor do processo, pois, nestas situações, que se diga, excepcionais, inexiste incompatibilidade com a garantia da ampla defesa, ao mesmo tempo em que se assegura a efetividade da tutela jurisdicional. A defesa não fica sacrificada pois que, mesmo diante da medida liminar, o réu terá oportunidade de impugnar eficazmente a decisão concessiva da tutela de urgência por meio do recurso de agravo de instrumento, com a possibilidade de sustação imediata dos efeitos da decisão liminar[5].

Há de se ponderar, ainda, que ressalvadas as hipóteses de emergência e de risco de se frustrar a efetivação da medida, o juiz deve ouvir previamente o réu

---

3 REZENDE, Ester Camila Gomes Norato. *Breves linhas sobre a tutela provisória. In*: THEODORO JUNIOR, Humberto (Coord.). JAYME, Fernando Gonzaga; GONCALVES, Glaucio Maciel; FARIA, Juliana Cordeiro de; FRANCO, Marcelo Veiga; ARAUJO, Mayara de Carvalho; CREMASCO, Suzana Santi (Org.). *Processo Civil Brasileiro:* Novos Rumos a partir do CPC/2015. Belo Horizonte: Del Rey, 2016, p. 79-90, p. 81.

4 REZENDE, Ester Camila Gomes Norato. *Fortalecimento da tutela do direito provável: Atipicidade e generalização da tutela em combate* ao dano marginal no direito brasileiro. Belo Horizonte: UFMG. Tese de doutorado. 2016, p. 163.

5 CPC, art. 1019, inc. I.

sobre o pedido de tutela de urgência. Assim procedendo, o juiz estará habilitado a proferir uma decisão mais consistente, com maiores segurança e probabilidade de acerto, pois ainda que em juízo de cognição sumária, terá decidido baseado não apenas nos fundamentos unilateralmente deduzidos pelo autor, mas considerará, também, os argumentos trazidos pelo réu.

Os deveres de cooperação e o de cumprir com exatidão as decisões jurisdicionais e não criar embaraços à sua efetivação reafirmam a prevalência do contraditório prévio, somente mitigado nas situações excepcionais já expostas.

A tutela de evidência, a outra espécie de tutela provisória, dispensa a necessidade de demonstração do *periculum in mora.* A decisão, neste caso, baseia-se em juízo de probabilidade, independentemente da urgência. O risco de lesão grave ou de difícil reparação não constitui requisito dessa modalidade de tutela, de modo que, diante de pretensões evidentes caracterizadas quando a defesa atua abusivamente ou com vistas à procrastinação, ou, então, quando o juiz se depara com parcela incontroversa da demanda, admite-se a concessão da tutela baseada em evidência.

De acordo com o art. 311 do CPC, a tutela baseada em evidência deve ser concedida quando:

> I – ficar caracterizado o abuso do direito de defesa ou o manifesto propósito protelatório da parte;
>
> II – as alegações de fato puderem ser comprovadas apenas documentalmente e houver tese firmada em julgamento de casos repetitivos ou em súmula vinculante;
>
> III – se tratar de pedido reipersecutório fundado em prova documental adequada do contrato de depósito, caso em que será decretada a ordem de entrega do objeto custodiado, sob cominação de multa;
>
> IV – a petição inicial for instruída com prova documental suficiente dos fatos constitutivos do direito do autor, a que o réu não oponha prova capaz de gerar dúvida razoável.

A tutela de evidência pode ser concedida liminarmente, nos termos dos incs. II e III acima transcritos, mas não sem a oitiva prévia do réu, por inexistir risco para a efetivação da medida.

O STJ definiu o ilícito de 'assédio processual' competindo ao juiz reconhecê-lo quando se deparar com o abuso do direito de ação ou de defesa, ou seja, quando verificar a extrapolação dos fundamentos da garantia do devido processo legal pelo fato de a parte violar o princípio da boa-fé. O autor não pode propor ação esvaziada de fundamento, com o intuito apenas de abalar a reputação e a dignidade do réu. O pleito é manifestamente improcedente, mas, deliberadamente o autor se utiliza da jurisdição para expor a parte ao constrangimento do processo. O mesmo acontece em relação ao direito de defesa, que não pode extrapolar os limites éticos, com a protelação infindável do procedimento[6]. Portanto, abre-se uma possibilidade de ampliarem-se as concessões de tutelas de evidência fundamentadas no abuso do direito de defesa.

Tanto nos casos de tutela de urgência, como nos de tutela de evidência, a decisão pode antecipar total ou parcialmente os efeitos da sentença a ser proferida. Nem sempre a tutela provisória será satisfativa, pois que a tutela de urgência cautelar, via de regra, tem o propósito de assegurar a eficácia do provimento não se tratando de antecipação do resultado do processo.

A tutela cautelar sempre está referida a uma provável tutela já requerida ou que poderá vir a ser solicitada através da ação principal. Por isto mesmo, como já visto, a tutela cautelar é dita não satisfativa, uma vez que se destina apenas a assegurar a tutela jurisdicional do direito, não sendo capaz de prestá-la ou de satisfazer ou realizar o direito[7].

> Os provimentos de natureza cautelar acham-se instrumentalmente destinados a conferir efetividade ao julgamento final resultante do processo principal, assegurando, desse modo, "ex ante", plena eficácia à tutela jurisdicional do Estado, inclusive no que concerne às decisões, que, fundadas no poder cautelar geral – inerente a qualquer órgão do Poder Judiciário – emergem do processo de controle normativo abstrato instaurado mediante ajuizamento da pertinente ação declaratória de constitucionalidade[8].

33.2 TUTELA DE URGÊNCIA REQUERIDA EM CARÁTER ANTECEDENTE

Nos termos do art. 300 do CPC, a tutela provisória de urgência será concedida se presentes os elementos que evidenciam a verossimilhança do direito e o *periculum in mora* que se caracteriza pela eminência do dano ou do risco ao resultado útil do processo.

O art. 296 enuncia que a decisão concessiva da tutela de urgência é provisória. Entretanto, sua revisão somente é admissível se o réu produzir provas ou deduzir argumentos novos, inexistentes no momento em que foi proferida a decisão concessiva da tutela de urgência. Sem novidades no processo, mantidos os fatos ou os fundamentos jurídicos apresentados pelo autor, haverá preclusão *pro iudicato*, a impedir o juiz de reconsiderar a decisão concessiva da tutela de urgência. Caso o faça, a decisão será passível de anulação por meio do recurso de agravo de instrumento[9].

---

6 STJ. REsp 1817845/MS, Rel. Ministro PAULO DE TARSO SANSEVERINO, Rel. p/ Acórdão Ministra NANCY ANDRIGHI, TERCEIRA TURMA, julgado em 10/10/2019, DJe 17/10/2019.

7 MARINONI, Luiz Guilherme; ARENHART, Sérgio Cruz. Processo Cautelar. São Paulo: Revista dos Tribunais, 2008, p. 36-38.

8 STF. Rcl 1722, Rel. Min. Celso de Mello, DJ 13/05/2005.

9 STJ, AREsp 797369, Rel. Min. Maria Isabel Gallotti, DJe 09/11/2015. (Decisão monocrática).

No entanto, tratando-se de decisão provisória, é passível de reversão no julgamento definitivo. Assim, se em qualquer grau de jurisdição, vier a ser julgado improcedente o pedido, a tutela provisória, independentemente de manifestação expressa do julgador, perde automaticamente sua eficácia, retornando a situação ao *status quo ante*.

> O Código de Processo Civil de 2015, seguindo a mesma linha do CPC/1973, adotou a teoria do risco-proveito, ao estabelecer que o beneficiado com o deferimento da tutela provisória deverá arcar com os prejuízos causados à parte adversa, sempre que: I) a sentença lhe for desfavorável; II) a parte requerente não fornecer meios para a citação do requerido no prazo de 5 (cinco) dias, caso a tutela seja deferida liminarmente; III) ocorrer a cessação da eficácia da medida em qualquer hipótese legal; ou IV) o juiz acolher a decadência ou prescrição da pretensão do autor (CPC/2015, art. 302, *caput* e incisos I a IV).
>
> Em relação à forma de se buscar o ressarcimento dos prejuízos advindos com o deferimento da tutela provisória, o parágrafo único do art. 302 do CPC/2015 é claro ao estabelecer que "a indenização será liquidada nos autos em que a medida tiver sido concedida, sempre que possível", dispensando-se, assim, o ajuizamento de ação autônoma para esse fim.
>
> Com efeito, a obrigação de indenizar a parte adversa dos prejuízos advindos com o deferimento da tutela provisória posteriormente revogada é decorrência *ex lege* da sentença de improcedência ou de extinção do feito sem resolução de mérito, como no caso, sendo dispensável, portanto, pronunciamento judicial a esse respeito, devendo o respectivo valor ser liquidado nos próprios autos em que a medida tiver sido concedida, em obediência, inclusive, aos princípios da celeridade e economia processual[10].

As tutelas provisórias de urgência, que podem ser cautelares ou satisfativas, visam a evitar os danos que o tempo pode provocar ao direito do autor ou à efetividade do processo.

A tutela provisória cautelar tem por propósito a "preservação de outro direito, o direito acautelado, objeto da tutela satisfativa. A tutela cautelar é, necessariamente, uma tutela que se refere a outro direito, distinto do direito à própria cautela"[11].

Essa espécie de tutela provisória é, portanto, de natureza instrumental, a ser concedida pela necessidade de proteger os bens ou direitos discutidos na lide, de modo a garantir a eficácia dos efeitos concretos do provimento jurisdicional. Caso não deferida a tutela cautelar há o risco de, em razão da demora do processamento do feito, ocorrer dano grave, irreparável ou de difícil reparação, retirando a utilidade do resultado final.

Os pressupostos para sua concessão são: o risco de ineficácia do provimento principal e a plausibilidade do direito alegado (*periculum in mora* e *fumus boni iuris*). Sobre a matéria, elucidativa a lição de Luiz Fux:

---

10 STJ. REsp n. 1.770.124/SP, Rel. Min. Marco Aurélio Bellizze, DJe de 24/5/2019.

11 DIDIER JR., Fredie. *Curso de Direito Processual Civil 2.* 10ª ed. Salvador: JusPodium, 2015, p. 562.

> Essa espécie de tutela acautelatória diz-se eminentemente processual "porque o interesse tutelado não é atributivo de bens da vida" senão o de "acessar-se a justiça com efetividade", que de nada adiantaria deferir-se o acesso à justiça sem a garantia respectiva de preservação das condições ideais para a prestação jurisdicional. A tutela cautelar, assim, revela-se a mais importante de todas pela sua própria antecedência lógica, toda vez que uma situação de periclitação sinaliza para a frustração da tutela principal em razão da impossibilidade de prestação da justiça imediata.
>
> Revela-se, assim, flagrante a "servilidade" da tutela cautelar ao processo principal, o que justifica a sua "transitoriedade", "não-definitividade", "instrumentalidade", mercê de sua natural instabilidade, porquanto a sua vida tem como duração o tempo necessário à preservação a que se propõe.
>
> A "não-definitividade da tutela cautelar" - não porque sumária a cognição, mas antes porque escapa ao seu escopo, que é meramente processual - fundamenta a regra de que, acautelada a situação jurídica objeto da tutela principal, esta se impõe promover em trinta dias da efetivação da medida, justificando a urgência noticiada. Quem receia mostra por que receia. A manutenção *ad infinitum* da medida cautelar sem propositura da ação própria indicaria o desaparecimento do perigo da demora para o processo principal. Ademais, a cautela aguarda a definição judicial, mas não lhe faz as vezes. Por outro lado, os provimentos cautelares causam restrições de direitos e esse estado transitório de limitação somente se justifica porque a parte denuncia a possibilidade de malogro de futuro pedido plausível de tutela jurisdicional. Assim, nada justifica que o requerido suporte os rigores da medida sem que a urgência seja fundamentadamente verdadeira.
>
> A urgência, que é uma constante nessa forma de tutela, admite graus, tanto que o legislador permite a antecipação da tutela cautelar através de medida liminar inaudita, mercê de o provimento urgente poder advir de uma sentença final, após regular cognição. Destarte, "essa mesma urgência torna esse comando emergente da sentença mandamental", efetivando-se na mesma relação processual, fundindo-se execução e cognição no mesmo processo. A decisão, porque não definitiva de litígio, não se reveste da imutabilidade característica da "coisa julgada material", salvo se se verificar de antemão que não haverá processo principal em razão da decadência ou da prescrição da pretensão acautelada, hipótese em que, por economia processual, antecipadamente o juiz a jugula no nascedouro. Esta é, aliás, a influência mais viva da tutela cautelar na ação principal, cuja autonomia decorre mesmo da diversidade do objeto do juízo: A despeito das óticas diferentes, impossível é reclamar asseguração sem revelar a "tutela acautelada", o que implica a divulgação, em sede cautelar, do objeto que compõe a tutela principal. A isso denomina-se *fumus boni juris*. A tutelabilidade *in abstracto* do direito material invocado é suficiente para cumprir esse primeiro requisito legal, ao qual se adjunta o estado de perigo, que justifica a medida assecuratória. (...)[12].

A antecipação de tutela, por sua vez, possibilita adiantar os efeitos da futura sentença de mérito, invertendo o ônus do tempo do processo e garantindo à parte autora o bem da vida objeto da pretensão deduzida em juízo.

---

[12] FUX, Luiz. Curso de Direito Processual Civil, Ed. Forense, 3 ed. p. 1549/1550. *Apud*, STJ, REsp 801.032, Rel. Min. LUIZ FUX, DJ 18/05/2006, p. 199.

Trata-se de técnica de julgamento de cognição sumária no plano vertical[13], que, ao antecipar os efeitos da sentença a ser proferida, atua em garantia da própria efetividade da tutela jurisdicional, uma vez que a conjuntura fática e jurídica dispensa o autor de aguardar a cognição exauriente em toda a sua extensão e profundidade.

O réu somente nas ações dúplices e na reconvenção tem legitimidade para requerer a tutela antecipada, isto porque excluídas essas hipóteses, ele apenas resiste à pretensão do autor.

33.3 ESTABILIZAÇÃO DA TUTELA SATISFATIVA ANTECEDENTE

A estabilização da tutela antecipada antecedente é regida pelos arts. 303 e 304 do CPC. Trata-se da possibilidade de antecipação dos efeitos da tutela em casos de urgência, requerida antecedentemente à propositura da demanda principal.

Caso não haja resistência do réu, a tutela antecipada deferida em caráter antecedente estabiliza-se, apesar de ser uma decisão provisória, fundada em cognição sumária. Com a estabilização, a decisão resolve o conflito e torna-se apta para produzir efeitos definitivos. A forma de o réu insurgir-se contra a decisão concessiva da antecipação de tutela antecedente é por meio da interposição do recurso de agravo de instrumento.

O art. 304 do CPC, ao prever a estabilização da tutela concedida antecedentemente, possibilita nos depararmos com a provisoriedade assumindo feição de definitividade. Essas decisões provisórias, de natureza satisfativa e exauriente, são proferidas em juízo de cognição sumária e adquirem efeitos definitivos, a depender do comportamento do réu. Sua inércia faz com que essas decisões se estabilizem e, por haverem satisfeito as pretensões da parte autora, resolvendo o conflito, põem termo ao processo, sem necessidade de processamento de um litígio apenas aparente para o fim de, simplesmente, atender a uma exigência formal de se alcançar com a tutela definitiva a autoridade de coisa julgada material.

---

[13] REZENDE, Ester Camila Gomes Norato. *Fortalecimento da tutela do direito provável: Atipicidade e generalização da tutela em combate* ao dano marginal no direito brasileiro.. Belo Horizonte: UFMG. Tese de doutorado. 2016, p. 163.

Conforme elucida Kazuo Watanabe, a cognição no processo Conforme elucida Kazuo Watanabe, a cognição no processo civil deve ser compreendida em dois graus ou níveis: horizontal e vertical. Enquanto aquele se refere à amplitude das matérias a serem conhecidas (p.e. questões processuais, condições da ação e mérito), a cognição no plano vertical consiste na sua profundidade, materializando-se nas oportunidades de discussão pelas partes da questão, bem como instrução probatória. Enquanto a cognição no plano horizontal pode ser plena ou limitada, a cognição no plano vertical diz respeito a uma das questões e pode ser sumária (como nas decisões liminares) ou exauriente (sentença, p.e.). WATANABE, Kazuo. Da cognição no processo civil. 2 ed. Campinas, Bookseller, 2000. p. 84. *Apud,* REZENDE, Ester Camila Gomes Norato. Fortalecimento da tutela do direito provável: atipicidade e generalização da tutela em combate ao dano marginal no direito brasileiro. Op. cit., p. 25.

A estabilização da tutela antecipada de caráter antecedente encerra o processo ainda que sem a prestação da tutela jurisdicional exauriente, definitiva e conclusiva. Com efeito, a decisão estabilizada não fará coisa julgada material.

Desta maneira, a tutela satisfativa antecipada concedida antecedentemente não se revestirá das características da irretratabilidade, indiscutibilidade e imutabilidade[14], atributos privativos da coisa julgada. *Obiter dictum* em julgamento do STJ foi consignado que a estabilização da tutela concedida em caráter antecedente não impugnada, conduz à "extinção do processo, com resolução do mérito, consoante disposto no art. 304, § 1º, do CPC/2015"[15]. Acredita-se que quando o STJ tiver que decidir sobre a matéria, essa manifestação restará prejudicada, pois o CPC é claro ao dizer ela não resolve o mérito e, nem poderia, uma vez que inexistiu contraditório prévio a lhe conferir legitimidade e validade.

No entanto, uma vez tornada estável a decisão concessiva da antecipação de tutela antecedente, somente por ação autônoma, a ser proposta no prazo de até dois anos, poderá ser revisto seu conteúdo.

O art. 303 do CPC é pedagógico, elencando os requisitos a serem atendidos pelo autor para a obtenção da tutela antecipada antecedente. O requerimento será apresentado na forma de petição inicial que deverá conter: o juízo a que é dirigida, a qualificação das partes, a exposição da lide e do direito que se busca realizar, a demonstração do perigo de dano ou do risco ao resultado útil do processo, a indicação do pedido de tutela definitiva, o requerimento da tutela antecipatória pretendida e o valor da causa.

A antecipação de tutela será deferida se o autor demonstrar a probabilidade do direito e o perigo de dano ou o risco ao resultado útil do processo, atual ou iminente. Caso não tenha sido formulado somente o pedido de tutela antecipada, mas também o pedido final, com seu respectivo fundamento, a peça processual será compreendida como de tutela incidental, eis que não mais se tratando de pedido de tutela antecedente, descabida a estabilização prevista no art. 304 do CPC[16].

Negada a tutela de urgência, o autor deverá emendar a petição inicial no prazo de até cinco dias. A ausência da emenda ocasionará o indeferimento da petição inicial e a consequente extinção do processo (CPC, art. 485, inc. I). Emendada a

---

[14] "Noutras palavras, as cautelares e antecipação de tutela, decisões judiciais editadas com base em cognição sumária, superficial, dos fatos, são eficazes para tutelar os direitos materiais litigiosos, mas não têm vida ou luz própria, porque não têm força para existir independentemente do processo principal. Ao contrário, dependem sempre, no direito brasileiro hoje vigente, da conformação ou incorporação em futura decisão de cognição plena.". THEODORO JR., Humberto; ANDRADE, Érico. A Autonomização e a Estabilização da Tutela de Urgência no Projeto do CPC. *Revista de Processo*, n. 206 – abr./2012, p. 17.

[15] STJ. AgInt no AREsp 1457801/SP, Relator Ministro OG FERNANDES, SEGUNDA TURMA, Julgamento em 01/10/2019, DJe 07/10/2019.

[16] TJMG. APC 1.0372.17.003270-3/001, Rel. Des. Luís Carlos Gambogi. DJe 19/02/2019.

inicial, o processo seguirá pelo rito comum, com a citação do réu para comparecer à audiência de conciliação.

Concedida a tutela de urgência, o réu, para evitar a estabilização da decisão, deverá recorrer mediante interposição de agravo de instrumento[17].

A respeito da forma de o réu contrapor-se à pretensão autoral, doutrina e jurisprudência divergem. O art. 304 do CPC, ora é interpretado restritivamente, para em outro momento ampliar a extensão. Enquanto Dierle Nunes e Érico Andrade entendem que a interpretação da lei deve ser restritiva, de modo a abarcar apenas o manejo do agravo de instrumento[18], perspectiva mais liberal é a de Heitor Victor Mendonça, a considerar compreendido na expressão '*recurso*' também a suspensão de decisão liminar contrária ao Poder Público e a reclamação[19]. Por fim, há interpretação que amplia ainda mais o alcance do dispositivo (e, por consequência, mais restritivo à possibilidade de estabilização), no sentido de que qualquer meio de impugnação à decisão pela parte contrária é apta a evitar a estabilização[20]. No Superior Tribunal de Justiça a polêmica manifesta-se em sua jurisprudência.

Em dezembro de 2018, a Terceira Turma, à unanimidade, decidiu:

> Uma das grandes novidades trazidas pelo novo Código de Processo Civil é a possibilidade de estabilização da tutela antecipada requerida em caráter antecedente, instituto inspirado no référé do Direito francês, que serve para abarcar aquelas situações em que ambas as partes se contentam com a simples tutela antecipada, não havendo necessidade, portanto, de se prosseguir com o processo até uma decisão final (sentença), nos termos do que estabelece o art. 304, §§ 1º a 6º, do CPC/2015. 3.1. Segundo os dispositivos legais correspondentes, não havendo recurso do deferimento da tutela antecipada requerida em caráter antecedente, a referida decisão será estabilizada e o processo será extinto, sem resolução de mérito. No prazo de 2 (dois) anos, porém, contado da ciência da decisão que extinguiu o processo, as partes poderão pleitear, perante o mesmo Juízo que proferiu a decisão, a revisão, reforma ou invalidação da tutela antecipada estabilizada, devendo se valer de ação autônoma para esse fim. 3.2. É de se observar,

---

17 Recurso cabível nos termos do artigo 1.015, I.

18 Nesse sentido ANDRADE, Érico; NUNES, Dierle. Os contornos da estabilização da tutela provisória de urgência antecipatória no novo CPC e o "mistério" da ausência de formação de coisa julgada. *In*: FREIRE, Alexandre; BARROS, Lucas Buril de Macedo; PEIXOTO, Ravi. Coletânea Novo CPC: Doutrina Selecionada. Salvador: Juspodivm, 2015, p. 61 e ss.

19 "Há que se considerar ainda a necessidade de interpretação sistemática e extensiva do art. 304, de modo a considerar que não apenas o manejo de recurso propriamente dito (cujas modalidades são arroladas pelo art. 994) impediria a estabilização, mas igualmente de outros meios de impugnação às decisões judiciais (em especial a suspensão de decisão contrária ao Poder Público e entes congêneres e a reclamação)." SILVA, Heitor Victor Mendonça. Doze problemas e Onze Soluções Quanto à Chamada "Estabilização da Tutela Antecipada.

20 Nesse sentido afirma Daniel Mitidiero, segundo o qual essa interpretação tem a vantagem de "economizar o recurso do agravo e emprestar a devida relevância à manifestação de vontade constante da contestação ou do intento de comparecimento à audiência". MITIDIERO, Daniel. *Novo Curso de Processo Civil.* 2 ed. Vol. 2. São Paulo: RT, 2015, p. 216.

porém, que, embora o *caput* do art. 304 do CPC/2015 determine que "a tutela antecipada, concedida nos termos do art. 303, torna-se estável se da decisão que a conceder não for interposto o respectivo recurso", a leitura que deve ser feita do dispositivo legal, tomando como base uma interpretação sistemática e teleológica do instituto, é que a estabilização somente ocorrerá se não houver qualquer tipo de impugnação pela parte contrária, sob pena de se estimular a interposição de agravos de instrumento, sobrecarregando desnecessariamente os Tribunais, além do ajuizamento da ação autônoma, prevista no art. 304, § 2º, do CPC/2015, a fim de rever, reformar ou invalidar a tutela antecipada estabilizada. 4. Na hipótese dos autos, conquanto não tenha havido a interposição de agravo de instrumento contra a decisão que deferiu o pedido de antecipação dos efeitos da tutela requerida em caráter antecedente, na forma do art. 303 do CPC/2015, a ré se antecipou e apresentou contestação, na qual pleiteou, inclusive, a revogação da tutela provisória concedida, sob o argumento de ser impossível o seu cumprimento, razão pela qual não há que se falar em estabilização da tutela antecipada, devendo, por isso, o feito prosseguir normalmente até a prolação da sentença[21].

No entanto, o pronunciamento majoritário da Primeira Turma, em outubro de 2019 foi diferente. O colegiado decidiu que a estabilização tutela provisória antecedente é evitado apenas se for interposto o agravo de instrumento:

> Os meios de defesa possuem finalidades específicas: a contestação demonstra resistência em relação à tutela exauriente, enquanto o agravo de instrumento possibilita a revisão da decisão proferida em cognição sumária. Institutos inconfundíveis. III – A ausência de impugnação da decisão mediante a qual deferida a antecipação da tutela em caráter antecedente, tornará, indubitavelmente, preclusa a possibilidade de sua revisão. IV – A apresentação de contestação não tem o condão de afastar a preclusão decorrente da não utilização do instrumento processual adequado – o agravo de instrumento[22].

Com base neste entendimento, mesmo havendo tempestiva apresentação de contestação, deixando evidenciado seu inconformismo quanto a tutela concedida e inequívoco desejo em prosseguir no contraditório não é suficiente e capaz de afastar a estabilização da tutela pelo fato de deixar de interpor o necessário recurso de agravo de instrumento.

Espera-se, todavia, que o entendimento da Terceira Turma do STJ prevaleça, no sentido de não haver estabilização da tutela de urgência antecedente ante a resistência do réu, independentemente do manejo do agravo de instrumento. Tal compreensão contém os argumentos mais consistentes, prestigia a instrumentalidade das formas e assegura a defesa na sua amplitude constitucional. "Não se pode negar ao réu o direito a uma prestação jurisdicional de mérito definitiva, com aptidão para a coisa julgada"[23].

---

21 STJ. REsp 1760966, Rel. Min. MARCO AURÉLIO BELLIZZE, DJe 07/12/2018. No mesmo sentido: TJSP, APC nº 1000998-73.2018.8.26.0695. Relª. Desª Beatriz Braga, DJ-e 11/10/2019.

22 REsp 1797365, Relª. p/acórdão Minª. REGINA HELENA COSTA, DJe 22/10/2019.

23 DIDIER JR., Fredie, BRAGA, Paula Sarno, OLIVEIRA, Rafael Alexandria de. *Estabilização da tutela provisória antecedente e os honorários advocatícios sucumbenciais.* Revista do Advogado: Associação dos Advogados de São Paulo nº 126, maio/2015, p. 95-101, p. 98.

Ademais, o agravo de instrumento pode não ser a defesa mais eficaz caso o êxito no recurso seja implausível, improvável. Por esse motivo, muitas vezes o réu não tem interesse algum em recorrer pois o desprovimento o coloca em uma situação vulnerável diante da confirmação da decisão agravada.

Independentemente da polêmica e do entendimento sobre o tema, a recomendação é que o réu deve interpor o agravo de instrumento. Assim, adotando a providência mais conservadora o réu estará atuando em terreno juridicamente seguro, prevenindo-se dos riscos de decisões desfavoráveis fruto de uma interpretação literal do *caput* do art. 304 do CPC.

Pois bem, uma vez interposto o agravo de instrumento, a tutela antecipada será reapreciada no segundo grau de jurisdição. Concomitantemente ao trâmite do agravo de instrumento, no juízo de primeiro grau, o autor será intimado para aditar a petição inicial no prazo de quinze dias. O aditamento visa à complementação da petição inicial acrescida da exposição da causa de pedir, a confirmação/elaboração do pedido final e indicação das provas a serem produzidas. Deferida a petição inicial, o réu será citado para a audiência de conciliação ou mediação. E, não havendo autocomposição, o prazo para contestação será contado conforme o art. 335 do CPC.

Observa-se que, concomitantemente ao prazo recursal, flui para o autor o mesmo prazo de 15 dias para aditar a petição inicial. Esse aditamento consiste em o autor apresentar os elementos da petição inicial que não eram necessários para requerer a tutela provisória. Assim, o autor deverá acrescentar à petição inicial o fato e os fundamentos jurídicos do pedido que deve ser certo e conter todas as suas especificações, a indicação das provas necessárias para demonstração dos fatos alegados e o valor da causa. O pedido definitivo também deverá ser formulado, uma vez que o pedido de tutela antecedente vinculava-se estritamente à urgência.

O prazo do aditamento da petição inicial coloca o autor em uma situação complicada se o juiz silenciar-se quanto ao prazo, a oportunidade para o aditamento vencerá antes de o réu interpor o agravo de instrumento. De modo que o autor, na dúvida se o réu vai ou não se insurgir contra a decisão, sempre deverá aditar a petição inicial. A situação se complica pelo fato de o autor, ao apresentar o aditamento, pratica um ato processual contrário ao seu interesse, haja vista que o autor deseja e tem expectativa de o réu concordar com a tutela concedida e, assim, ver essa tutela estabilizada.

Uma solução razoável para corrigir essa incongruência é o juiz postergar o termo inicial do prazo para o aditamento da petição inicial para momento posterior ao prazo que o réu teria para comunicar a interposição de agravo de instrumento no juízo *a quo*[24]. Trata-se de procedimento admitido no art. 303, § 1º, inc. I do CPC e que confere efetividade ao processo, compatível com o Enunciado nº 19 da Escola Judicial

---

24 O artigo 1.018, §§2º e 3º NCPC faz as vezes do disposto no artigo 526 do CPC/73, que determinava a comunicação de agravo de instrumento na instância de origem, sob pena de inadmissibilidade da espécie recursal.

do TJMG: "*O autor do requerimento de tutela antecipada antecedente concedida só estará obrigado a aditar a petição inicial se houver a interposição de recurso*"[25].

O autor pode aditar o pedido de antecipação de tutela antecedente antes da extinção do processo, sem a necessidade de propositura de nova ação. Somente após a decisão que extingue o processo, sem resolução de mérito, é que a decisão antecipatória se tornará preclusa para o juiz (preclusão *pro iudicato*). Portanto, é possível, mesmo sem resistência alguma do réu, o autor aditar a petição inicial para ampliar o pedido de antecipação de tutela antecedente e o pedido de tutela definitiva, condicionada sua admissibilidade à nova citação.

O Enunciado nº 28 da Escola Nacional de Formação e Aperfeiçoamento de Magistrados (ENFAM) elucida que o impedimento da estabilização depende apenas da interposição do recurso, e não de seu provimento[26]. Com efeito, presume-se que o desinteresse do réu em recorrer implica sua resignação com a pretensão do autor. Nessa hipótese, a fase decisória é antecipada, por ser desnecessário um procedimento sem lide.

Portanto, mesmo que o agravo de instrumento seja desprovido, o ato de recorrer foi suficiente para legitimar o interesse do réu em resistir à demanda na primeira instância. Mesmo porque a discussão do mérito recursal ainda está sumarizada e entremeada de circunstâncias de urgência, que podem não ser determinantes para o acertamento definitivo da controvérsia

Como dito, a inércia do réu faz com que a decisão concessiva da antecipação de tutela se estabilize, ocasionando a extinção do processo. A decisão, uma vez estabilizada, somente poderá ser revista, reformada ou invalidada por ação própria. A decisão, apesar de não adquirir eficácia de coisa julgada, tornar-se-á definitiva caso não seja ajuizada a respectiva ação revisional no prazo de até dois anos, contados da ciência da sentença que extinguiu o processo.

No que diz respeito às custas processuais e honorários sucumbenciais, o réu ficará isento do pagamento das custas e será condenado no pagamento de honorários sucumbenciais de 5% sobre o valor da causa. Esse entendimento advém de uma interpretação analógica com o procedimento da ação monitória, (CPC, art. 701) Considerando que a estabilização funciona mediante aplicação do princípio monitório, justo é conceder os mesmos benefícios da ação monitória ao procedimento em tela[27-28].

---

25 EJEF. Enunciados sobre O Código de Processo Civil/2015.

26 ENFAM. Enunciado 28: "Admitido o recurso interposto na forma do art. 304 do CPC, converte-se o rito antecedente em principal para apreciação definitiva do mérito da causa, independentemente do provimento ou não do referido recurso."

27 No mesmo sentido já se manifestou Heitor Vitor Mendonça Silva. SILVA, Heitor Victor Mendonça. Doze problemas e Onze Soluções Quanto à Chamada "Estabilização da Tutela Antecipada".

28 DIDIER JR., Fredie, BRAGA, Paula Sarno, OLIVEIRA, Rafael Alexandria de. *Estabilização da tutela provisória antecedente e os honorários advocatícios sucumbenciais*. Revista do Advogado: Associação dos Advogados de São Paulo nº 126, maio/2015, p. 95-101, p. 98.

Se porventura, o agravo de instrumento não for admitido, por intempestividade ou deserção, haverá a estabilização da tutela? Nesta hipótese, acredito que a tutela não se estabilizará, haja vista que o art. 304 do CPC exige, tão somente, que seja "interposto o respectivo recurso". Assim, desde que interposto o agravo de instrumento, está obstada a estabilização, independentemente de o recurso vir a ser admitido.

Uma vez estabilizada a decisão, somente por ação autônoma ela poderá ser revista, reformada ou invalidada. E, a decisão adquirirá efeitos definitivos se não for ajuizada a ação no prazo de até dois anos contados da ciência da sentença que extinguiu o processo em que foi deferida.

No que diz respeito à fundamentação da decisão, os juízes devem cumprir o art. 93, inc. IX da Constituição. A decisão fundar-se em cognição sumária não exonera o julgador do dever de fundamentá-la. O juiz, tem, obrigatoriamente, de fundamentar adequadamente a decisão com a exposição dos motivos determinantes que o levaram ao veredito sobre a tutela antecipada, incumbindo-lhe, ainda, expor os critérios de probabilidade do direito e risco de dano consoante uma aplicação adequada ao caso concreto.

É preciso afastar a ideia de que é a extensão que confere fundamentação adequada e congruente às decisões judiciais. São incontáveis os exemplos na jurisprudência em que há decisões devidamente fundamentadas de forma concisa, objetiva, porém validamente suficiente. Portanto, decisão sucinta, conforme consta do enunciado não deve ser interpretado pela dimensão do texto da decisão, nem uma indevida exceção ao dever de fundamentação, pois isso seria inconstitucional. Sucinta será, tão somente, a profundidade vertical no exame das questões fáticas postuladas na ação, visto se tratar ainda de uma tutela provisória. Nos limites desta cognição, ainda caberá ao julgador cumprir com o dever de fundamentação constitucionalmente estabelecido como meio de legitimação do ato emanado do Poder Judiciário.

O procedimento da tutela antecipada antecedente é de natureza satisfativa, não sendo aplicável à cautelar antecedente, nem aos casos em que o autor apresenta desde logo uma petição inicial completa, com pedido de tutela definitiva e de tutela antecipada incidentalmente.

33.4 TUTELAS DE URGÊNCIA: CAUTELAR E ANTECIPADA. PROCEDIMENTO

A medida cautelar será concedida se o autor demonstrar o *periculum in mora* e o *fumus boni iuris*, isto é, deve demonstrar a urgência devido ao risco de dano capaz de frustrar a efetividade do processo.

Qualquer medida idônea para assegurar o direito pode ser concedida pelo juiz, de acordo com as necessidades do caso concreto. A técnica processual amolda-se ao perfil do direito material, com vistas a proporcionar a solução adequada do conflito.

EXEMPLO:

a) A pandemia do COVID-19 (Coronavírus) é uma ameaça real e iminente, que extenuou a capacidade operacional do sistema público de saúde, com consequências desastrosas para a população, caso não sejam adotadas medidas de efeito imediato. Para evitar piores consequências do que as ordinariamente decorrentes da pandemia, o STF concedeu medida liminar "para determinar a suspensão por 180 (cento e oitenta dias) do pagamento das parcelas relativas aos Contratos de Consolidação, Assunção e Refinanciamento da dívida pública firmado entre o Estado-autor e a União, mencionados na inicial, devendo, obrigatoriamente, o Estado do Amazonas comprovar que os valores respectivos estão sendo integralmente aplicados na secretaria da saúde para o custeio das ações de prevenção, contenção, combate e mitigação à pandemia do coronavírus (COVID-19)".[29]

33.5 EFEITOS DA REVOGAÇÃO DA TUTELA ANTECIPADA

A antecipação de tutela é uma decisão judicial de natureza precária, inerente à sua provisoriedade, cuja revogação tem efeito *ex tunc*. Consequentemente, sem aptidão alguma para conferir segurança ou estabilidade à situação jurídica a que se refere. A possiblidade de modificação superveniente da tutela provisória, "o beneficiário da medida judicial de natureza precária não desconhecia, porque isso decorre de lei expressa, a natureza provisória e revogável dessa espécie de provimento, cuja execução se dá sob sua inteira responsabilidade e cuja revogação acarreta automático efeito *ex tunc*, sem aptidão alguma, consequentemente, para conferir segurança ou estabilidade à situação jurídica a que se refere". Vê-se que, no caso de insucesso da parte autora no julgamento final da causa, é claro que o sucumbente deverá responder, amplamente, pela reposição das coisas no seu *status quo ante*. Isto se dará, independentemente de apuração de culpa ou dolo, porque se trata de emanação natural do sistema da lei, que assegura à parte a plena utilidade e completa efetividade dos resultados do processo. Se, portanto, a antecipação se dá sob a garantia legal de reversibilidade, e se a reversão terá de ser feita com a restituição das partes ao estado anterior, forçosamente a recomposição patrimonial do prejudicado só poderá correr por conta de quem promoveu a execução de medida substancialmente provisória[30].

O mesmo se aplica às medidas cautelares que, uma vez revogadas, impõem o retorno das partes à situação anterior, restabelecendo-se o *status quo ante*, conforme ensina Humberto Theodoro Júnior:

> A Teoria do Risco, no campo da tutela cautelar, foi adotada pelo CPC e amplamente acatada pela doutrina, como melhor, mais justa e jurídica opção do legislador. (...) Quem pleiteia em juízo, valendo-se apenas dos aspectos da

---

[29] STF. ACO 3376 MC, Decisçao Monocrática. Rel. Min. ALEXANDRE DE MORAES, DJe-082 DIVULG 02/04/2020 PUBLIC 03/04/2020.

[30] STF, RE 608482/RN. Rel. Min. TEORI ZAVASCKI.

probabilidade, há que indenizar a parte contrária sempre que esta, em um melhor exame, demonstrar a sua razão. É o risco e sua assunção andando lado a lado'. Não se trata, em síntese, de sancionar a má-fé, mas apenas de cobrar do promovente da medida cautelar o prejuízo acarretado ao requerido, visto que tudo se passou sob o pálio de um juízo provisório e superficial próprio da tutela emergencial prestada por conta e risco da parte que, afinal, veio a decair de sua pretensão[31].

JURISPRUDÊNCIA

RECURSOS ESPECIAIS REPETITIVOS

Temas Repetitivos 24, 25, 26, 27, 28, 29, 30, 31, 32, 33, 34, 35, 36

(...) A abstenção da inscrição/manutenção em cadastro de inadimplentes, requerida em antecipação de tutela e/ou medida cautelar, somente será deferida se, cumulativamente: i) a ação for fundada em questionamento integral ou parcial do débito; ii) houver demonstração de que a cobrança indevida se funda na aparência do bom direito e em jurisprudência consolidada do STF ou STJ; iii) houver depósito da parcela incontroversa ou for prestada a caução fixada conforme o prudente arbítrio do juiz.

A inscrição/manutenção do nome do devedor em cadastro de inadimplentes decidida na sentença ou no acórdão observará o que for decidido no mérito do processo. Caracterizada a mora, correta a inscrição/manutenção[32].

Tema Repetitivo 692

A reforma da decisão que antecipa a tutela obriga o autor da ação a devolver os benefícios previdenciários indevidamente recebidos.[33]

Tema Repetitivo 692

A reforma da decisão que antecipa os efeitos da tutela final obriga o autor da ação a devolver os valores dos benefícios previdenciários ou assistenciais recebidos, o que pode ser feito por meio de desconto em valor que não exceda 30% (trinta por cento) da importância de eventual benefício que ainda lhe estiver sendo pago.

Tema Repetitivo 743

Para os efeitos do art. 543-C do Código de Processo Civil, fixa-se a seguinte tese: "A multa diária prevista no § 4º do art. 461 do CPC, devida desde o dia em que configurado o descumprimento, quando fixada em antecipação de tutela, somente poderá ser objeto de

[31] THEODORO JÚNIOR, Humberto. Curso de Direito Processual Civil – Processo de Execução e Cumprimento da Sentença, Processo Cautelar e Tutela de Urgência. 45. ed. Editora Forense: Rio de Janeiro, 2010, p. 715-719.

[32] STJ. REsp 1061530/RS, Rel. Ministra NANCY ANDRIGHI, SEGUNDA SEÇÃO, julgado em 22/10/2008, DJe 10/03/2009.

[33] STJ. REsp 1401560, Rel. Min. ARI PARGENDLER, Primeira Seção, DJe 13/10/2015.

execução provisória após a sua confirmação pela sentença de mérito e desde que o recurso eventualmente interposto não seja recebido com efeito suspensivo.[34]

STF

Tema 799 – Possibilidade da devolução de valores recebidos em virtude de tutela antecipada posteriormente revogada.

Tese

A questão acerca da devolução de valores recebidos em virtude de concessão de antecipação de tutela posteriormente revogada tem natureza infraconstitucional e a ela atribuem-se os efeitos da ausência de repercussão geral, nos termos do precedente fixado no RE 584.608, Relatora a Ministra Ellen Gracie, DJe 13/3/2009.

800 – Presunção relativa de inexistência de repercussão geral dos recursos extraordinários interpostos nas causas processadas nos Juizados Especiais Cíveis da Lei 9.099/1995.

34 STJ. REsp 1200856, Rel. Min. SIDNEI BENETI, DJe 17/09/2014.

34

OS ATOS DECISÓRIOS PROFERIDOS NO PRIMEIRO GRAU DE JURISDIÇÃO

Os seres humanos e as instituições que eles integram são infalíveis, e não há jurisdição digna desse nomeque não admita a possibilidade – ainda que excepcional – de revisão de uma sentença, seja no plano do direito internacional, seja no plano do direito interno

A. A. Cançado Trindade

34.1 DOS ATOS DO JUIZ

O estudo da sistemática recursal exige, preliminarmente, o exame dos atos judiciais, uma vez que objeto de impugnação através de recurso é o ato decisório recorrível. Entretanto, como nem todos os atos judiciais são de natureza decisória ou recorríveis, faz-se necessário distingui-los. Assim, a princípio, há de se observar que os atos jurisdicionais podem ser classificados em dois grandes grupos: atos decisórios e atos não decisórios[1].

O CPC qualifica os pronunciamentos do juiz em atos de três espécies: despachos, decisões interlocutórias e sentenças. Consistem esses atos em "declarações de pensamento do juiz, expressas no exercício do poder [*potestà*] jurisdicional e pela forma determinada em lei: é justamente com a emissão dos provimentos que o juiz exerce o poder de que é investido"[2].

A distinção entre atos decisórios e não decisórios caracteriza-se pela aptidão que aqueles possuem, de produzir prejuízo às partes, como ensina Moniz Aragão:

> todos os despachos que visem unicamente à realização do impulso processual, sem causar qualquer lesão ao direito das partes, serão de mero expediente. Caso, porém,

---

1 GRINOVER, Ada Pellegrini, ARAÚJO CINTRA, Antônio Carlos de; DINAMARCO, Cândido Rangel. Teoria Geral do Processo. 9. ed. 2ª tiragem. São Paulo: Malheiros Editores, 1993.

2 LIEBMAN, Enrico Tullio. Manual de Direito Processual Civil. Vol. I, 2ª ed. Rio de Janeiro: Forense, 1985, p. 239.

ultrapassem esse limite e acarretem ônus ou afetem direitos, causando algum dano (máxime se irreparável), deixarão de ser de mero expediente e ensejarão recurso.

Os atos não decisórios denominam-se despachos, podendo-se conceituá-los por exclusão. Com efeito, despachos são compreendidos como todos os pronunciamentos judiciais que não possuem conteúdo decisório por não resolverem questão incidente no processo, nem encerrarem a fase cognitiva ou o processo de execução.

Os atos decisórios são:

a) sentença: conceituada no art. 203, § 1º do CPC como "o pronunciamento por meio do qual o juiz, com fundamento nos arts. 485 e 487, põe fim à fase cognitiva do procedimento comum, bem como extingue a execução". A prolação da sentença de mérito, põe termo à fase de cognição, mas não exaurirá o ofício jurisdicional quando a sentença impuser o dever de prestar uma obrigação, já que, neste caso, haverá, a fase de cumprimento da sentença visando à satisfação do direito.

A sentença terminativa, em que o juiz extingue o processo sem julgamento do mérito, terá lugar nas hipóteses elencadas no art. 485 do CPC: indeferimento da petição inicial; paralisação do processo por mais de 1 (um) ano devido à negligência das partes; abandono da causa pelo autor caracterizado por deixar, por mais de 30 dias, de promover os atos e diligências que lhe incumbem; ausência de pressupostos de constituição e de desenvolvimento válido e regular do processo; perempção, litispendência, coisa julgada, convenção de arbitragem ou se o juízo arbitral reconhecer sua competência; carência de ação; desistência da ação; e, finalmente, em virtude da morte da parte, quando o direito controvertido for personalíssimo e intransmissível.

b) decisão interlocutória: é o ato pelo qual o juiz, no curso do processo, resolve questão incidente.

Barbosa Moreira registra que a distinção entre decisão interlocutória e sentença "já não tomará por base a posição do ato no itinerário do processo; terá de levar em conta elemento relativo ao conteúdo. (...) uma se distinguirá da outra em razão da matéria: a decisão interlocutória dirá respeito a mera 'questão incidente"[3].

No CPC, o conteúdo das decisões interlocutórias é relevantíssimo para se definir a adequação e cabimento do agravo de instrumento. As decisões que versarem sobre as matérias enumeradas no art. 1015 são impugnáveis por agravo de instrumento, as demais decisões interlocutórias terão sua impugnação diferida para a apelação ou para as contrarrazões.

A princípio, entendeu-se que o CPC rompia com o sistema do agravo de instrumento da legislação revogada, ao estabelecer a recorribilidade mitigada das interlocutórias mediante rol taxativo do art. 1015 do CPC. Entretanto, o STJ se pronunciou no Tema Repetitivo nº 988 decidindo que a enumeração do referido dispositivo é

---

[3] BARBOSA MOREIRA, José Carlos. Temas de Direito Processual. 9ª Série. São Paulo: Saraiva: 2007, p. 177.

de "taxatividade mitigada, por isso admite a interposição de agravo de instrumento quando verificada a urgência decorrente da inutilidade do julgamento da questão no recurso de apelação". Essa decisão é a repristinação da sistemática revogada, uma vez que o art. 522 do CPC de 1973 admitia o recurso de agravo de instrumento "quando se tratar de decisão suscetível de causar à parte lesão grave e de difícil reparação". A decisão do STJ traz uma desvantagem adicional à sistemática do agravo de instrumento, a menos que o recurso seja admitido, não haverá preclusão:

> não haverá preclusão temporal, uma vez que o momento legalmente previsto para a impugnação das interlocutórias – apelação ou contrarrazões – terá sido respeitado.
>
> Também não haverá preclusão lógica na medida em que, nos termos da lei, a decisão interlocutória fora da lista do art. 1.015, em tese não impugnável de imediato, está momentaneamente imune.
>
> Igualmente, não há que se falar em preclusão consumativa, porque apenas haverá o efetivo rompimento do estado de inércia da questão incidente se, além da tentativa da parte prejudicada, houver também juízo positivo de admissibilidade do recurso de agravo de instrumento, isto é, se o Tribunal reputar presente o requisito específico fixado neste recurso especial repetitivo, confirmando que a questão realmente exige reexame imediato[4].

Respeitado o dever de fundamentar, das decisões interlocutórias não se exige forma. Por isso se diz possuírem forma livre porque ante a ausência de definição no Código, dos seus elementos, o juiz tem plena liberdade para elaborá-lsa. E nisso reside mais uma distinção em relação à sentença, que deve observar a forma prevista na lei. Toda sentença deve conter os elementos indicados no art. 489 do CPC: relatório, fundamentação e dispositivo.

Os atos decisórios proferidos colegiadamente pelos tribunais, nos termos do art. 204 do CPC, denominam-se acórdãos e devem conter uma ementa e, como todo ato decisório, devem ser congruente e adequadamente fundamentados (CPC, arts. 943, § 1º e 489, *caput* e § 1º).

> Como resumo do acórdão, a ementa deve refletir, de forma concisa, o raciocínio desenvolvido naquele. Deve permitir, como documento autônomo, a identificação do Fato ocorrido, do Direito discutido, do Posicionamento adotado pelo Tribunal e dos Argumentos elencados para embasar tal entendimento[5].

A definição legal é, contudo, incompleta, porquanto as decisões monocráticas proferidas nos tribunais não são acórdãos, mas nem por isso deixam de representar julgamento do tribunal, quando, por exemplo, o relator nega seguimento a recurso ou lhe julga o mérito, nas hipóteses previstas no art. 932, incs. IV a VI do CPC. As decisões monocráticas são decisões do tribunal que no

---

4 STJ. REsp 1704520/MT, Relª. Minª. NANCY ANDRIGHI, DJe 19/12/2018.

5 GUIMARÃES, José Augusto Chaves. *Elaboração de ementas jurisprudenciais: elementos teórico-metodológicos*. Brasília: Conselho da Justiça Federal – Centro de Estudos Judiciários. 2004.

entanto, não exaurem a jurisdição, o que somente acontece com os julgamentos colegiados. Assim, para se obter um provimento definitivo do tribunal é necessário interpor o recurso de agravo interno cujo propósito é proporcionar o exame da matéria pelo respectivo órgão colegiado competente e assim, exaurir a jurisdição do tribunal, crucial para o manejo dos recursos constitucionais, como será explicado adiante.

A decisão judicial é manifestação do convencimento racional do juiz, que não pode sofrer nenhum cerceamento para interpretar a lei e decidir. Ele, sequer, está sujeito à lei, pois pode deixar de aplicá-la quando a considerar inconstitucional, devendo-se observar nos tribunais a cláusula de reserva de plenário, conforme art. 97 da CR/88 e a Súmula Vinculante nº 10[6].

Não se admite, contudo, em nenhuma hipótese, "a substituição do legislador, pelo juiz, dos órgãos legislativos pelos judiciários, com evidente desprezo ao preceito básico do sistema democrático, relativo à separação e harmonia dos poderes"[7]. Por esta razão, aos magistrados são conferidas garantias de independência e, em contrapartida, exige-se que os julgamentos devam ser técnico-jurídicos, imparciais, adequada e congruentemente fundamentados.

A fundamentação confere legitimidade à decisão, consistindo em explicitar os motivos que conduziram o julgador ao veredito por ele proferido. A decisão sem fundamentação agride o ordenamento constitucional e mostra a face da arbitrariedade, incompatível com o Estado de Direito. Sobre o tema, Dinamarco apresenta valiosa lição:

> Decidir sem fundamentar suficientemente é exercer o poder sem dar atenção às partes e aos órgãos superiores da Magistratura, a quem compete, pela via dos recursos que lhe chegam, examinar os motivos expostos e se pronunciar sobre eles – seja para confirmá-los, seja para repudiá-los. E isso, como chega a ser intuitivo, não só viola as exigências de motivação postas pela lei e pela Constituição, como ainda desconsidera as exigências do *due process of law*[8].

A falta de fundamentação dos atos decisórios, é causa de nulidade cominada no art. 93, inc. IX da CR/88, portanto, qualquer decisão deve explicitar a motivação do que foi decidido.

O art. 489, § 1º do CPC define as hipóteses em que se considera a decisão carente de fundamentação.

É importante observar que desde a promulgação da Constituição da República em 1988 há previsão constitucional expressa cominando a sanção de nulidade para as decisões judiciais desprovidas de fundamentação. Todavia, foi necessário o CPC, em

---

6 STF. SV 10 – Viola a cláusula de reserva de plenário (CF, artigo 97) a decisão de órgão fracionário de tribunal que, embora não declare expressamente a inconstitucionalidade de lei ou ato normativo do Poder Público, afasta sua incidência, no todo ou em parte.

7 SILVEIRA, José Neri. A Independência do Poder Judiciário e dos Magistrados. Op. cit.

8 DINAMARCO, Cândido Rangel. Fundamentos do Processo Civil Moderno. 4ª ed. São Paulo: Malheiros, 2001, p. 1080.

verdadeira interpretação autêntica da norma constitucional, estabelecer pedagogicamente as situações em que se reconhece a falta de fundamentação da decisão.

O § 1º do art. 489 do CPC contribui decisivamente para a democratização do processo. A exigência de o juiz responder a todas as questões suscitadas pela parte deve ser compreendida como somente aquelas alegações capazes de infirmar a conclusão adotada no julgamento. Com efeito, há negativa de prestação jurisdicional quando o tribunal se omite na apreciação das questões postas a debate, sem apresentar os fundamentos jurídicos que rechaça as teses deduzidas pelas partes.

Pode-se se ver um movimento, ainda tímido, na jurisprudência do STJ no sentido de romper-se com a vetusta e arbitrária jurisprudência que sustentava a tese de que "o magistrado não está obrigado a rebater, um a um, os argumentos trazidos pela parte, desde que os fundamentos utilizados tenham sido suficientes para embasar a decisão"[9].

Inicia-se no STJ a edificação de uma jurisprudência alentadora. Em julgado recente, a Corte decidiu:

> Conquanto o julgador não esteja obrigado a rebater, com minúcias, cada um dos argumentos deduzidos pelas partes, o novo Código de Processo Civil, exaltando os princípios da cooperação e do contraditório, lhe impõe o dever, dentre outros, de enfrentar todas as questões pertinentes e relevantes, capazes de, por si sós e em tese, infirmar a sua conclusão sobre os pedidos formulados, sob pena de se reputar não fundamentada a decisão proferida[10].

O dever de fundamentação encerra vários desdobramentos, como a aferição da garantia do juiz imparcial e do dever de legalidade das decisões. Além disso, a decisão bem fundamentada vai poder cumprir uma promessa sempre adiada do processo civil, a de promover a pacificação social pela persuasão. Uma decisão judicial adequada e congruentemente fundamentada tem a aptidão para persuadir a parte sucumbente da inexistência do direito que ela com afinco defendeu e acreditou possuir.

No processo, vigora a primazia da decisão de mérito, pois, somente assim encerrar-se-á a lide, compondo-se definitivamente a situação conflituosa que causava intranquilidade social e insegurança jurídica. Desta forma, o juiz deve sempre conduzir o processo em direção à sentença de mérito, objetivo primordial da prestação jurisdicional. No entanto, é imperioso que, antes de adentrar no julgamento do mérito da causa, o julgador, preliminarmente, aprecie se o procedimento se formou e se desenvolveu de forma válida (pressupostos processuais) ou se as condições da ação se fazem presentes no momento de decidir. Deve-se observar, todavia, que em relação à ausência de pressupostos processuais, quase sempre é possível saná-la e assim, alcançar uma decisão meritória.

---

9 STF. Rcl 10084 AgR-ED, Relator(a): Min. LUIZ FUX, Tribunal Pleno, julgado em 17/03/2016, PROCESSO ELETRÔNICO DJe-076 DIVULG 19-04-2016 PUBLIC 20-04-2016.

10 STF. REsp 1622386/MT, Rel. Ministra NANCY ANDRIGHI, TERCEIRA TURMA, julgado em 20/10/2016, DJe 25/10/2016.

35

TEORIA GERAL DOS RECURSOS

35.1 INTRODUÇÃO

Os recursos impactam diretamente no tempo de duração dos processos, tendo em vista tratar-se de uma fase que prorroga para momento subsequente a formação da coisa julgada, protraindo no tempo a definitividade da tutela jurisdicional. Por essa razão, é necessário fazer uma exposição contextualizada da situação em que se encontra o Poder Judiciário, mediante uma análise crítica dos dados estatísticos para que se possa ter noção da repercussão e contribuição dos recursos para o emperramento do funcionamento do sistema judiciário. Obviamente, não se trata de um libelo contra os recursos cíveis, imprescindíveis ao devido processo legal.

O exagerado tempo de duração dos processos compromete o desenvolvimento econômico e a democracia, causando enorme prejuízo à sociedade.

A globalização promoveu a abertura dos mercados e tornou as transações mais complexas, demandando, por consequência, a presença de instituições jurídicas formais que atuem com eficiência e imparcialidade. A falta de instituições judiciarias fortes compromete o desenvolvimento social e econômico, bem como, paralisa a modernização do setor público por não propiciarem, tais instituições, um ambiente juridicamente seguro.

Comprometidos a eficiência econômica e o crescimento, a implementação dos direitos sociais fica, certamente, combalida. A eficiência do Poder Judiciário é, por essa razão, necessária para a modernização do Estado e tem uma importante função na promoção do desenvolvimento, na redução da pobreza, no combate à corrupção e consequentemente, no fortalecimento da democracia e do Estado de Direito.

A morosidade processual repercute, também, em descrédito para o Poder Judiciário, debilitando o Estado Democrático, que não se realiza sem se efetivar a garantia fundamental do acesso à justiça. O Relatório ICJ Brasil publicado em 2021 confirma essa afirmação ao constatar:

A principal dimensão que afeta a confiança no Judiciário é a morosidade na prestação jurisdicional. No período analisado, 83% dos entrevistados responderam que o Judiciário resolve os casos de forma lenta ou muito lenta[1].

O acesso ao Poder Judiciário reflete a desigualdade e as injustiças que campeiam pela sociedade brasileira.

As estatísticas existentes evidenciam que a excessiva litigiosidade demonstra encontrar-se a sociedade brasileira doente, por causa da carência de efetividade do Direito, inexistindo, até o momento, remédios que possam preveni-la. Para a cura, dispomos apenas de um processo oneroso, lento e ineficiente, ainda mais deteriorado quando a se somam padrões éticos lenientes. A desordem social decorrente da crise do Direito face à incapacidade da jurisdição de preservar a coesão da sociedade e de fazer as normas jurídicas serem cumpridas, além de comprometer a imagem do Poder Judiciário, ocasiona insegurança jurídica e debilita a democracia.

Observa-se uma apropriação dos serviços judiciários pelos grandes litigantes. Estes, denominados litigantes habituais, do alto do poder econômico e político que ostentam, violam sistematicamente o direito dos cidadãos ou se negam a respeitá-los, pois têm noção da grande vantagem que levam em relação ao litigantes eventuais no caso de judicialização dos conflitos.

Consultando a estatística relativa aos Maiores Litigantes, publicada pelo CNJ em 2022, constata-se a dominante presença das pessoas jurídicas de direito público, da administração direta ou indireta, e das instituições financeiras :

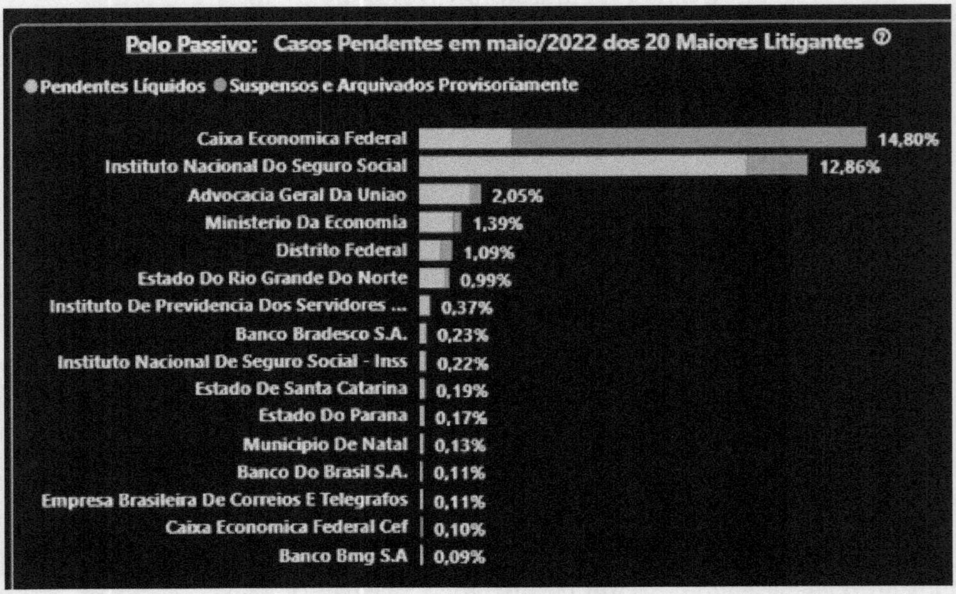

1 FGV. Relatório ICJ Brasil 2021.

Esta situação acontece por razões estratégicas, nas quais há incomensurável vantagem dos litigantes habituais (LH) em relação àqueles que eventualmente (LE) buscam tutela jurisdicional.

> Eles teriam melhor informação (especialmente onde existem restrições de informação sobre serviços jurídicos). O LH não apenas teria de saída mais habilidades, mas ele teria, no geral, mais continuidade, melhor arquivamento dos registros, mais trabalho antecipado e preventivo, mais experiência e prática especializada em áreas pertinentes e mais controle sobre a assessoria jurídica. (...)
>
> Quanto mais próxima e duradoura a relação advogado/cliente, mais a lealdade fundamental dos advogados é com seus clientes — ao invés de com tribunais ou associações — e mais notáveis são as vantagens da *expertise* acumulada e da orientação na estratégia global. (...)
>
> A existência de uma advocacia especializada no lado LE deveria superar a lacuna de *expertise*, permitir certa economia de escala, proporcionar a negociação de acordos e prover confiança pessoal. Mas isso está longe de superar as vantagens estratégicas fundamentais dos LHs — sua capacidade para estruturar a transação, apostar nas probabilidades e influenciar tanto o desenvolvimento normativo quanto políticas de execução. (...)
>
> Para eles [LH] vale a pena, antes de tudo, despender recursos a fim de influenciar a elaboração das regras relevantes por meio de métodos tais como o *lobby* (E a *expertise* que acumulam lhes permite fazê-lo persuasivamente.) (...)
>
> Para o JH qualquer coisa que favoravelmente influencie os resultados de casos futuros vale a pena[2].

2 GALANTER, Marc. *Por que "quem tem" sai na frente [recurso eletrônico]: especulações sobre os limites da transformação no direito*. São Paulo:FGV Direito SP, 2018.

Além disso, merece registro que em 2021, "as despesas totais correspondem a 1,3% do Produto Interno Bruto (PIB) nacional ou a 11% dos gastos totais da União, dos estados, do Distrito Federal e dos municípios"[3], naturalmente inflada pela necessidade de, fundamentalmente, dar conta das demandas levadas ao judiciário em razão de conflitos envolvendo os Litigantes Habituais.

Os dados estatísticos compreendidos sob a lente dos ensinamentos de Marc Galanter evidenciam a razão do grande desinteresse dos litigantes habituais em evitar a judicialização dos conflitos. Melhor instrumentalizados, possuindo melhores ferramentas e meios para administrar os processos judiciais e influenciar na formação de precedentes jurisprudenciais a favor dos seus interesses. Com efeito, os custos processuais e eventuais ônus sucumbenciais não são custos suficientes para desestimular a litigiosidade dos litigantes habituais.

A chegada da Inteligência Artificial (IA) no Poder Judiciário brasileiro, com perspectivas de ampla utilização deste recurso tecnológico é preocupante. A IA está sendo utilizada cada vez com maior intensidade pelo Judiciário, sem, contudo, apresentar quaisquer elementos que confiram transparência sobre o funcionamento dos sistemas, bem como as fontes de alimentação dos algoritmos. Todavia, inexiste regulamentação e o propósito, "no caso brasileiro, de modo específico o Poder Judiciário, o que se espera é que a IA possa contribuir, em especial, para a superação de seu enorme acervo de processos (casos) para solução, bem como para imprimir maior celeridade na sua tramitação.(...) O grande número de casos totalmente digitais permite considerar um horizonte favorável à introdução da IA em larga escala"[4].

A Resolução CNJ nº 332/2020 adota os mesmos princípios preconizados em 2018 na Carta Europeia de Ética sobre o Uso da Inteligência Artificial em Sistemas Judiciais e seu Ambiente:

> Princípio do respeito pelos direitos fundamentais: garantir que a conceção e implementação de ferramentas e serviços de inteligência artificial sejam compatíveis com os direitos fundamentais;
>
> Princípio da não discriminação: prevenir especificamente o desenvolvimento ou intensificação de qualquer discriminação entre indivíduos ou grupos de indivíduos;
>
> Princípio da qualidade e segurança: no que diz respeito ao tratamento de decisões e dados judiciais, utilizando fontes certificadas e dados intangíveis com modelos concebidos de forma multidisciplinar, em ambiente tecnológico seguro;
>
> Princípio da transparência, imparcialidade e equidade: tornar os métodos de tratamento de dados acessíveis e compreensíveis, autorizando auditorias externas;
>
> Princípio "sob controle do usuário": impedir uma abordagem prescritiva e garantir que os usuários sejam atores informados e no controle de suas escolhas.

---

3 CNJ. Justiça em Números 2021.

4 CNJ. TOFFOLLI, José Antônio Dias, GUSMÃO, Bráulio Gabriel (Coord.) .*Inteligência artificial na Justiça.* Brasília: CNJ, 2019.

Todavia, a efetividade destes princípios éticos, contudo, não prescinde de ao menos, da organização de uma política formativa contundente para que os usuários internos estejam minimamente esclarecidos a respeito do funcionamento e/ou impacto que esse tipo de tecnologia pode provocar. O viés prático da questão ética está, nesse caso, inteiramente vinculado a uma proposição educacional consistente que priorize a aprendizagem dos magistrados e dos servidores, capacitando-os para serem também agentes éticos quando da utilização desse tipo de recurso no âmbito jurisdicional. Nesse caso, a ética só se faz prática mediante a existência de um processo de ensino que permita a adequada preparação do magistrado para o exercício consciente e esclarecido da sua função quando auxiliado por esse tipo de recurso. É importante esclarecer que, caso a questão ética se encerre apenas na deflagração de princípios sem que haja uma preocupação com a sua tradução concreta, o ferimento à própria ética como princípio acaba por se constituir[5].

O volume de processos julgados no STF nos leva a crer que o mencionado juiz eletrônico há algum tempo atua na Corte Constitucional[6], pois somente com a utilização de recursos computacionais se explicam as mais de 150 mil decisões proferidas no ano de 2007[7], uma média diária de 38 decisões por Ministro[8]. A partir de 2008, com a aplicação do instituto da repercussão geral, verificou-se uma redução considerável no número de processos distribuídos no STF até o final de 2011, voltando a crescer vertiginosamente a partir de 2014, sendo que em 2015 foram protocolizados mais de 93 mil processos[9]. O acervo do STF aumentou quase 10% no ano de 2016, superando 58 mil feitos[10]. Nos anos seguintes, percebe-se considerável redução de processos, sendo que no final de 2019, o acervo totalizava 31.279 processos, ano em que foram proferidos 97.908 julgamentos monocráticos e 17,265 julgamentos realizados nas turmas e no Plenário. Mesmo com a produtividade elevada registrada em 2021, ano em que foram proferidas 98.395 decisões, deixaram um acervo para o ano de 2022, de 22.371 processos[11].

A redução do acervo do Supremo Tribunal Federal vem ocorrendo em razão do instituto da Repercussão Geral, introduzido com a EC nº 45, bem como, pela utilização de recursos tecnológicos, como a inteligência artificial empregada no exercício do juízo de admissibilidade.

---

5 PRADO, Eunice M. B. MÜNCH, Luciane A. Corrêa, VILARROAL, Márcia A. Corrêa Ughini. *Sob controle do usuário": formação dos juízes brasileiros para o uso ético da IA no Judiciário. Porto Alegre: Direito Hoje, TRF4.* 2022.

6 STF. *Relatório de Atividades, biênio 2006-2007.*

7 STF. *Relatório de Atividades, biênio 2006-2007.*

8 Os cálculos foram feitos considerando que todos os juízes têm uma devoção à judicatura, idêntica à proclamada pelo Ministro Milton Pereira, "dedicação diuturna, aqui ou em casa, incluindo sábados, domingos e férias, na prestação jurisdicional".

9 STF. Estatística 2015.

10 STF. Estatística 2016.

11 Superior Tribunal de Justiça, em maio de 2022, superou a marca de 2 milhões de recursos especiais.

> Em 2021, foram recebidos no STJ 408.770 processos novos originários e recursais, o que representou aumento de 18,73% (64.496) em comparação com 2020, atingindo novo recorde histórico, após queda de 10,52% (40.455) no ano anterior, superando significativamente a média de recebidos dos últimos seis anos (344.912).
>
> O STJ encerrou 2021 com 268.314 processos em tramitação, volume 3,98% (10.261) maior do que 2020, finalizando sequência de redução do estoque processual[12].

Em maio de 2022, o STJ superou a marca de 2 milhões de recursos especiais.

Asfixiado pela quantidade de recursos, a EC nº125/2022, que cria o requisito da relevância para a admissão do recurso especial, vem em socorro da Corte. Mesmo ainda pendente de regulamentação, esta Emenda Constitucional, à primeira vista, dá a impressão de impor severa restrição de acesso à justiça prejudicando os cidadãos comuns em detrimento dos Litigantes Habituais que, paradoxalmente, se utilizam do argumento da relevância pelo fato de litigarem em massa e, por isso, o recurso deve ser admitido para contribuir para desentulhar os recursos do STJ.

Entretanto, todos estes dados mencionados apenas desnudam a gravidade da crise que assola o Judiciário. Ademais, o nosso deficiente sistema recursal estimula o demandismo e, como salientado por Leonardo Greco:

> a procrastinação por ser exageradamente formalista, criando obstáculos irrazoáveis à apreciação dos recursos e determinando a produção de decisões que, em lugar de aumentarem a probabilidade de acerto e de justiça das que pretendem rever, transformaram o seu julgamento numa verdadeira caixa de surpresas, criadora de situações absolutamente imprevisíveis para as partes e que, a pretexto do excessivo volume de processos, dão pouca atenção às questões fáticas e jurídicas suscitadas e aos argumentos dos advogados, procurando cada vez mais encontrar afinidades dos novos casos com outros anteriormente julgados pelo mesmo tribunal ou por tribunais superiores e assim, de forma simplista e absolutamente distante do litígio real, transpor fundamentos destes para aqueles, automatizando os julgamentos. (...) O sistema de recursos sofre os reflexos de três visões absolutamente deformadas do processo judicial: a dos tribunais superiores, cuja preocupação predominante é com a eliminação da quantidade de processos e de recursos, mesmo com o sacrifício da qualidade e da justiça das decisões; a dos governantes, que se habituaram a utilizar a justiça para procrastinar o cumprimento das obrigações do Estado para com os cidadãos; e a dos próprios jurisdicionados que, quando vencidos, se sentem impelidos a esgotar as vias recursais, porque estas se apresentam como facilmente acessíveis e resultam sempre de algum modo mais vantajosas do que o cumprimento espontâneo das suas obrigações[13].

Apenas para finalizar, a ineficiência vem acompanhada de altíssimo custo econômico para o funcionamento do Judiciário. Em 2015, o custo foi de quase R$ 80 bilhões, correspondentes a 1,3% do PIB.

---

12 STJ. Relatório Estatístico 2021.

13 GRECO, Leonardo. *Princípios de uma teoria geral dos recursos.* Revista Eletrônica de Direito Processual – REDP. Volume V. Rio de Janeiro: UERJ.

Um cálculo simples, dividindo o orçamento total destinado para o Poder Judiciário pelo total de casos baixados, indica que o custo por cada decisão judicial é, em média, de R$ 2.248,93 ou € 691,98 no Brasil, e não passando de R$ 1.679,15 ou € 516,66 na Itália, e R$ 2.093,98 ou € 646,90 em Portugal.

Em 2020, como mencionado, o custo foi de R$ 100.000.000,000,00 (cem bilhões), equivalentes a 1,3% do PIB e a 11% dos gastos totais da União, dos estados, do Distrito Federal e dos municípios[14].

Trata-se de um custo altíssimo especialmente quando comparado aos investimentos feitos em outras áreas fundamentais para o desenvolvimento, como saúde e educação e também, ante a conhecida demora de tais decisões, demora esta que gera uma taxa de congestionamento de cerca de 70%. É triste a conclusão de que o patamar de despesas com o Poder Judiciário brasileiro é equiparável em valores absolutos ao de países muito mais ricos[15], todavia, díspares são os resultados alcançados aqui e alhures com tais investimentos.

35.2 CONCEITO DE RECURSO

> Recurso é remédio voluntário e idôneo a ensejar, dentro do mesmo processo, a reforma, a invalidação, o esclarecimento ou a integração de decisão judicial que se impugna[16].

Esse conceito elaborado por Barbosa Moreira é que melhor define recurso, conforme avaliação de Ovídio Baptista:

> tem a vantagem de ressaltar dois elementos importantes que integram o conceito de recurso no direito brasileiro: a) sua condição de remédio voluntário, posto à disposição dos litigantes ou, eventualmente, do representante do Ministério Público ou de terceiros juridicamente interessados, para que os mesmos livremente provoquem o reexame da decisão judicial impugnada, o que exclui, do campo dos recursos determinadas formas de revisão de sentenças judiciais que não sejam voluntariamente exigidas pelas partes, como oportunamente veremos; b) a circunstância de corresponder o recurso a um expediente técnico a ter lugar na mesma relação processual, ou seja, todo recurso pressupõe e prolonga a pendência da causa, ficando, a partir deste elemento conceitual, fora do campo dos recursos em sentido estrito as formas de impugnação a decisões judiciais provenientes de outra relação processual simultânea ou posterior, tal como ocorre, por exemplo, em nosso direito, com a ação de embargos de terceiro ou com a ação rescisória[17].

O recurso é uma extensão do procedimento, o que o distingue das ações próprias de impugnação de decisão judicial, como o mandado de segurança, a ação rescisória

---

14 CNJ. .

15 DA ROS, Luciano. O custo da Justiça no Brasil: uma análise comparativa exploratória.

16 BARBOSA MOREIRA, José Carlos. Comentários ao Código de Processo Civil. Vol. V, 7. ed. Rio de Janeiro: Forense, 1998. p. 231.

17 BAPTISTA DA SILVA, Ovídio Araújo, GOMES, Fábio Luiz. Teoria Geral do Processo Civil. São Paulo: Revista dos Tribunais,1997. p. 303.

e os embargos de terceiro. "O recurso é continuação do procedimento, funcionando como uma modalidade do direito de ação exercido no segundo grau de jurisdição"[18]. Trata-se do prolongamento do exercício do direito de ação no mesmo processo.

O recurso, enquanto meio de impugnação de decisão judicial, é regido pelo princípio da dialeticidade que exige congruência entre as razões recursais e a decisão. A impugnação deve se contrapor aos fundamentos da decisão recorrida, de forma transparente e objetiva. Da mesma maneira que a decisão deve responder às teses debatidas pelas partes capazes de infirmar o veredito, ao recorrente incumbe impugnar as premissas constitutivas do julgamento. Não é suficiente que, no recurso, limite-se o recorrente a refutar as conclusões da decisão sem se contrapor à motivação da decisão. É preciso estar atento, portanto, para o fato de que alegações genéricas ou a reiteração de argumentos já refutados caracterizam fundamentação deficiente que levam à inadmissão do recurso tanto nas instâncias ordinárias quanto nas extraordinárias, com fundamento na Súmula 284 do STF.

O recurso é direito, sendo, portanto, manifestação de vontade do recorrente. Só há recurso por iniciativa da parte, do Ministério Público ou do terceiro prejudicado. A insurgência, que pode ser total ou parcial, tem por escopo, dentro da mesma relação jurídica processual, a anulação, a reforma, a integração ou o esclarecimento da decisão recorrida.

Por constituir-se uma faculdade da parte, já que não há obrigação de recorrer, ao deixar de desincumbir-se deste ônus terá como consequência a consolidação dos efeitos da decisão que se tornará indiscutível, e, de acordo com o momento processual, haverá preclusão ou formação da coisa julgada.

O recurso deve ser adequado e próprio. Isto é, para cada decisão há um único recurso adequado para impugná-la, havendo uma relação de verdadeira tipicidade entre as espécies do ato decisório e do recurso cabível para impugná-lo. Interessante observar que, enquanto o nome atribuído à ação é indiferente para o processo, em relação ao recurso a situação é complemetamente diferente. É a denominação que identifica o recurso, razão pela qual a parte ao recorrer deve declinar qual, dentre os recursos enumerados no art. 994 do CPC, está utilizando para impugnar especificamente a decisão recorrida.

35.3 JUÍZO DE ADMISSIBILIDADE E JUÍZO DE MÉRITO DOS RECURSOS

A reapreciação da decisão impugnada por meio do recurso pressupõe prévio juízo positivo de admissibilidade, que é feito mediante a verificação da presença dos pressupostos recursais. A ausência de qualquer um dos pressupostos recursais inviabiliza o julgamento do mérito do recurso.

---

18 NERY JUNIOR, Nelson. Teoria Geral dos Recursos. 4 ed. São Paulo: Revista dos Tribunais, 1997. p. 181.

No caso de o relator, monocraticamente, inadmitir o recurso haverá, sempre, a possibilidade de o recorrente se insurgir por meio do recurso de agravo interno (art. 1021). Esse recurso submeterá a decisão monocrática à apreciação do colegiado. O agravo interno tem, portanto, o condão de gerar a produção de um acórdão, o que é fundamental para o exaurimento da instância e, assim, possibilitar o prosseguimento da fase recursal nas instâncias constitucionais. Há de se considerar, a propósito, que a Constituição da República, arts. 102 e 105, respectivamente, para fins de cabimento de recurso extraordinário e especial, exige o exaurimento da instância, pois somente são admissíveis de decisão de única ou última instância proferida por órgãos jurisdicionais colegiados.

A admissão do recurso pelo relator, por ser provisória, não vincula o órgão colegiado. Isso torna irrecorrível a decisão do relator, admitindo o recurso, pois dessa decisão não decorre prejuízo algum. É ao colegiado que compete julgar definitivamente o recurso, analisando, preliminarmente, a presença dos pressupostos de admissibilidade. Desta forma, não há interesse recursal em impugnar a decisão singular de admissibilidade. Por sua vez, o recorrido terá a oportunidade de alegar todos os motivos que conduzam à manutenção da decisão, preliminarmente aponta a ausência dos pressupostos processuais que frustrariam o julgamento da pretensão recursal e, no mérito, sustenta o desprovimento do recurso mantendo-se intocada a decisão. Entretanto, independente da impugnação do recorrido, os pressupostos recursais são matéria de ordem pública, devendo o colegiado verificar o atendimento dos pressupostos de admissibilidade. Antes, contudo, nos termos do art. 932, possibilitar o saneamento dos vícios que inviabilizariam o mérito[19], pois, ausentes os pressupostos recursais, o tribunal não pode exercer a sua competência revisional. Nessa linha de raciocínio decide o Superior Tribunal de Justiça:

> por mais justa que seja a pretensão recursal, não podem ser desconsiderados os pressupostos recursais. O aspecto formal e importante em matéria processual, não por amor ao formalismo, mas para segurança das partes. Assim não fosse, ter-se-ia que conhecer dos milhares de processos irregulares que aportam a este tribunal, em nome do princípio constitucional do acesso a tutela jurisdicional[20].

Os requisitos de admissibilidade dos recursos situam-se no plano das preliminares, isto é, se ultrapassados, vão possibilitar o exame do mérito recursal. Segundo Barbosa Moreira[21], os pressupostos recursais são o "objeto do juízo de admissibilidade, são os requisitos necessários para que se possa legitimamente apreciar o mérito do recurso, a fim de dar-lhe ou negar-lhe provimento". Contudo,

---

19 NERY JUNIOR, Nelson. Teoria Geral dos Recursos. 4 ed. São Paulo: Revista dos Tribunais, 1997. p. 67, observa que "É preciso que as regras cogentes sejam observadas por todos aqueles que atuem no processo, ou seja, pelas partes e seus advogados, intervenientes, Ministério Público, juiz e auxiliares".

20 STJ. Ag no AgRg 150796, Rel. Min. Sálvio de Figueiredo Teixeira, DJ 08/06/1998 p. 123.

21 BARBOSA MOREIRA, José Carlos. Comentários ao Código de Processo Civil. Vol. V. Op. cit., p. 259.

antes da inadmissão deve-se possibilitar ao recorrente sanear o recurso atendendo aos pressupostos recursais faltantes (CPC, ART. 932, § único).

Por isso, o recorrido não tem interesse recursal em impugnar a decisão que recebe o recurso, haja vista que, por serem as regras recursais de ordem pública, os pressupostos recursais serão apreciados de ofício pelo juízo recorrido[22]. Com efeito, somente um recurso válido tem aptidão para provocar o julgamento do mérito pelo tribunal. Se assim não for, o tribunal estará usurpando competência que lhe é constitucionalmente atribuída para julgar recursos e, somente há recurso válido para ser julgado quando atendidos os pressupostos de admissibilidade.

No tribunal, o juízo de admissibilidade pode ocorrer em diversos momentos, monocrática ou colegiadamente. Contudo, antes de inadmitir o recurso, nos termos do § único do art. 932, deve o relator conceder o prazo de cinco dias para o recorrente sanar os vícios formais do recurso, nos casos, por exemplo, de insuficiência ou falta de comprovação do recolhimento do preparo, vício de representação, ausência de documento obrigatório (CPC, arts. 1007, §§ 4º e 5º, 1017, § 3º).

Advirta-se, desde logo, que a ausência de preparo, sem a comprovação de justo motivo que impediu sua efetivação, bem como a intempestividade são vícios insanáveis que acarretam a inadmissão do recurso.

Um aspecto polêmico refere-se à eficácia da decisão de inadmissibilidade do recurso no caso de ele não ser conhecido. Nelson Nery atribui-lhe eficácia ex nunc:

> Nada obstante o caráter declaratório da decisão sobre a admissibilidade, seja positiva ou negativa, sua eficácia é *ex tunc*. Disto decorre a seguinte consequência: a decisão sobre a admissibilidade do recurso determina o momento em que a decisão judicial impugnada transita em julgado[23].

O entendimento de Ovídio Baptista é diferente, para ele,

> se o recurso era inadmissível por ter sido proposto fora de prazo, ou porque o recorrente não fizera o preparo correspondente, ou por qualquer outra razão, o trânsito em julgado da sentença por ele atacada se deu com o transcurso do prazo para a interposição do recurso cabível. Se, porém, ele foi declarado inadmissível por não existir, naquela hipótese, nenhum recurso capaz de impugnar a sentença recorrida, o trânsito em julgado terá lugar a partir da publicação da sentença[24].

---

22 No sentido do texto: TASP, AI nº 341.976-3-00, Rel. Batista Lopes, in, LEX, JTACSP 135/289. "É irrecorrível o despacho de recebimento da apelação, porque eventual equívoco do juízo a quo poderá ser corrigido, inclusive de ofício, no juízo ad quem, sem necessidade de interposição do agravo de instrumento."

23 NERY JUNIOR, Nelson. Teoria Geral dos Recursos. 4 ed. São Paulo: Revista dos Tribunais, 1997. p. 233.

24 BAPTISTA DA SILVA, Ovídio Araújo. Curso de Processo Civil. Vol. I, 3 ed. Porto Alegre: Sergio Antonio Fabris Editor, 1996, p. 353.

Para Aroldo Plínio inexiste o ato processual extemporâneo:

> Os atos processuais existem na cadeia do procedimento em que a validade de um depende da realização daquele que era seu pressuposto. Mas a própria integração do ato ao procedimento depende de sua realização no momento processual oportuno. O ato deslocado de sua situação regular, ou intempestivo, é inexistente.
>
> O juiz não deve pronunciar a nulidade da defesa extemporânea ou do recurso intempestivo. Deve rejeitá-los, liminarmente, não admiti-los ou mandar desentranhar dos autos defesas, impugnações, recursos ou contrarrazões que não sejam apresentadas no prazo. Este não será absolutamente caso de decretação de nulidade[25].

Finalmente, Barbosa Moreira, ao que parece, confere contornos definitivos ao debate, uma vez que sua tese foi abraçada pela jurisprudência[26]:

> Quando se diz que faz coisa julgada a decisão 'não mais sujeita a recurso' (art. 467); o que se diz, com outras palavras – e ressalvadas as hipóteses em que a própria lei exclui o trânsito em julgado, independentemente de recurso (art. 475, ou disposição análoga de lei extravagante) –, é que a *res iudicata* se produz desde que não haja, contra a decisão, recurso admissível, ou aquele que acaso o fora tenha deixado de o ser. Recurso inadmissível, ou tornado tal, não tem a virtude de empecer ao trânsito em julgado: nunca a teve, ali, ou cessou de tê-la aqui. Destarte, se inexiste outro óbice (isto é, outro recurso ainda admissível, ou sujeição da matéria, *ex vi legis*, ao duplo grau de jurisdição), a coisa julgada exsurge a partir da configuração da inadmissibilidade. Note-se bem: não a partir da decisão que a pronuncia, pois esta, como já se assinalou, é declaratória; limita-se a proclamar, a manifestar, a certificar algo que lhe preexiste[27].

Estas lições foram acolhidas pela jurisprudência do STF: "os recursos especial e extraordinário indeferidos na origem, porque inadmissíveis, em decisão mantida pelo Superior Tribunal de Justiça e pelo Supremo Tribunal Federal, não têm o condão de evitar a formação da coisa julgada. O trânsito em julgado, nessa

---

25 GONÇALVES, Aroldo Plínio. Nulidades no Processo. Rio de Janeiro: Aide, 1993, p. 75.

26 STJ, REsp nº 299. Rel. Min. Sálvio de Figueiredo Teixeira, DJ 02/10/1989, P. 15350: "A interposição extemporânea de recurso não elide o trânsito já consumado"; STF, RE nº 169347 ED, Rel. Min. MOREIRA ALVES: "Por outro lado, a falta de preparo no prazo implica a deserção do recurso extraordinário, matéria essa que é de ordem pública, porquanto com a deserção do recurso se dá o trânsito em julgado da decisão recorrida, razão por que, ainda quando não alegada, deve ela ser decretada de ofício por esta Corte, quando do julgamento do recurso extraordinário.";. STJ, REsp nº 57455, j. 26/08/1996, DJ 16/09/1996, p. 33756, Rel. Min. José Dantas: "Salvo intempestividade da interposição do último recurso cabível, o prazo de rescisão se inicia do trânsito em julgado de sua decisão."; STJ, Resp nº 56791, j. 05/12/1996, DJ 03/02/1997, p. 688, Rel. Min. Adhemar Maciel: "A interposição de recurso incabível não suspende ou interrompe o prazo para a apresentação do recurso próprio, bem como não tem o condão de impedir o transito em julgado do acórdão inadequadamente impugnado."

27 BARBOSA MOREIRA, José Carlos. Comentários ao Código de Processo Civil. Vol. V. Op. cit., p. 263.

hipótese, retroage para a data em que escoado o prazo para interpor o recurso inadmitido"[28].

O juízo de mérito do recurso consiste na apreciação do pedido constante da petição recursal, para lhe dar ou não provimento. Não é necessário que coincidam os méritos, do recurso e da ação.

A distinção entre juízo de admissibilidade[29], que se expressa nos termos "conhecer do recurso" ou "não conhecer do recurso", e juízo de mérito é importante por determinar a competência para o julgamento de eventual ação rescisória do julgado, preventa no tribunal competente que conheceu do recurso ou, no caso de rescisão de sentença, aquele que julgaria a apelação[30].

35.4 PRESSUPOSTOS RECURSAIS

Os pressupostos recursais devem ser atendidos pelo recorrente, no ato da interposição ou após o prazo para diligências do § único do art. 932 do CPC. Só assim verá o mérito do recurso julgado.

Pela classificação de Frederico Marques, adotada por Humberto Theodoro Jr.[31], os pressupostos recursais são objetivos e subjetivos. Os pressupostos objetivos referem-se: "a) à existência e adequação do recurso; b) à tempestividade; c) ao pagamento das custas; d) à motivação; e) à regularidade procedimental". Os subjetivos "cingem-se às condições de admissibilidade, à capacidade e legitimação para recorrer"[32]. A sucumbência, destacam, é o pressuposto fundamental.

A classificação de Barbosa Moreira distingue os pressupostos recursais intrínsecos dos extrínsecos. Os primeiros referem-se à própria existência do direito de recorrer; já os pressupostos extrínsecos relacionam-se com o modo de exercê-lo[33]. Essa classificação é interessante, pois "leva em consideração a decisão recorrida para determinar os pressupostos intrínsecos, e os demais fatores, alheios à decisão, para estabelecer os pressupostos extrínsecos"[34].

São pressupostos recursais intrínsecos: cabimento, legitimação, interesse e a inexistência de fato impeditivo ou extintivo do direito de recorrer.

---

28 STF, ARE 811910 ED-ED. Relª Minª ROSA WEBER, DJe-125 DIVULG 10/06/2019 PUBLIC 11/06/2019.

29 STJ, REsp. nº 172422, DJ 29/03/1999, p. 88: "Diz-se inadmissível o recurso que deixou de preencher os requisitos de sua admissibilidade."

30 THEODORO JÚNIOR, Humberto. Código de Processo Civil anotado. 6. ed. Rio de Janeiro: Forense, 1999, p. 220.

31 THEODORO JÚNIOR, Humberto. Curso de Direito Processual Civil.Vol. I, 26. ed. Rio de Janeiro: Forense, 1999, p. 556.

32 FREDERICO MARQUES, José. Instituições de Direito Processual Civil. Vol. IV, 2. ed. Rio de Janeiro: Forense, 1963, p. 52.

33 BARBOSA MOREIRA, José Carlos. O Novo Processo Civil Brasileiro. 7. ed. Rio de Janeiro: Forense, 1986, pp.161-167.

34 NERY JUNIOR, Nelson. Teoria Geral dos Recursos. 4 ed. São Paulo: Revista dos Tribunais, 1997. p. 329.

A tempestividade, a regularidade formal e o preparo são os pressupostos extrínsecos dos recursos.

Entende-se por cabimento e adequação do recurso a existência, no ordenamento jurídico processual de previsão da espécie recursal cabível para impugnar a decisão. A adequação relaciona-se com o atendimento dos demais pressupostos de admissibilidade. Dois princípios estão associados a esse pressuposto: o da unirrecorribilidade e o da fungibilidade recursal.

A legitimidade recursal é outorgada a quem tem interesse na reforma da decisão, ou seja, as partes, o Ministério Público e o terceiro prejudicado (CPC, art. 996).

Há legitimidade recursal do Ministério Público, nas causas que atua como fiscal da ordem jurídica, ainda que a parte não recorra[35]. A jurisprudência a reconhece tanto nas causas que tenham por objeto a defesa dos interesses sociais e individuais indisponíveis, bem como nas que a discussão diga respeito a direitos individuais disponíveis, mesmo com partes representadas em juízo[36]. O Ministério Público ao recorrer cumpre com seu dever funcional considerando que é responsabilidade da Instituição manter, restaurar e preservar a incolumidade do ordenamento jurídico. A exceção ocorre no caso de decisão favorável à parte que deu causa à intervenção do Ministério Público. Nesse caso, ele não tem legitimidade para recorrer em desfavor dessa parte.

A despeito dos princípios da unidade e indivisibilidade do Ministério Público, a jurisprudência entende que promotor de justiça não tem atribuição perante o tribunal, atribuição exercida privativamente por procurador de justiça:

> Há, por isso, órgãos que atuam em 1ª instância e outros em 2ª instância. O promotor não atropela o procurador. O órgão que atua em 1ª instância pode solicitar prestação jurisdicional em 2º grau. exemplificativamente, a interposição de apelação, no juízo em que atua. O recurso especial, porém, no mesmo processo, será manifestado pelo órgão que oficia junto ao tribunal. Distingue-se, pois, postular 'ao' tribunal do postular 'no' tribunal[37].

É possível, no entanto, que o Procurador-Geral de Justiça delegue atribuições a outro órgão do Ministério Público[38].

O terceiro prejudicado atua como uma espécie de assistente em grau recursal, o pedido que formula, sempre é em benefício de uma das partes. Sua legitimidade recursal condiciona-se à demonstração de interesse jurídico, isto é, tem de comprovar, não só o nexo entre o seu interesse e a demanda, mas também que, direta ou indiretamente, será prejudicado pela decisão. "Considera-se haver prejuízo

---

35 STJ, Súmula 99.

36 STJ. ERESP nº30224/SP, Rel. Min. Edson Vidigal, DJ 15/03/1999, p. 73.

37 STJ. EDcl no RMS 8802. ReL. Min. Fernando Gonçalves. DJ15/03/1999.

38 STJ. REsp 1724421/MT, Rel. Ministro SÉRGIO KUKINA, PRIMEIRA TURMA, julgado em 24/04/2018, DJe 25/05/2018.

do terceiro quando o ato decisório diretamente ou apenas por repercussão reflexa, necessária ou secundária, ofenda o direito deste (Amaral Santos). É indispensável, porém, que se trate de prejuízo juridico"[39].

> O terceiro prejudicado, embora investido de legitimidade recursal, não dispõe, para recorrer, de prazo maior que o das partes. A igualdade processual entre as partes e o terceiro prejudicado, em matéria recursal, tem a finalidade relevante de impedir que, proferido o ato decisório, venha este, por tempo indeterminado – e com graves reflexos na estabilidade e segurança das relações jurídicas –, a permanecer indefinidamente sujeito a possibilidade de sofrer impugnação recursal[40].

O interesse em recorrer advém da sucumbência, isto é, do prejuízo causado pela decisão. É a frustração da parte que não foi atendida naquilo que pediu:

> Há sucumbência quando o conteúdo da parte dispositiva da decisão diverge do que foi requerido pela parte no processo (sucumbência formal) ou quando, independentemente das pretensões deduzidas pelas partes no processo, a decisão judicial colocar a parte ou o terceiro em situação jurídica pior do que a que tinha antes do processo, isto é, quando a decisão produzir efeitos desfavoráveis à parte ou ao terceiro (sucumbência material), ou ainda quando a parte não obteve no processo tudo aquilo que poderia dele ter obtido[41].

O réu tem interesse de recorrer da sentença que extinguiu o processo sem julgamento do mérito[42]. A sentença terminativa frustra sua expectativa de obter a solução do litígio, o que apenas se dá com o julgamento do mérito, desacolhendo o pedido[43]. O réu tem direito que se solucione definitivamente o conflito de interesses.

Extinguem o direito de recorrer a renúncia ao recurso e a aquiescência à decisão. Impedem o julgamento de mérito a desistência do recurso ou da ação, o reconhecimento jurídico do pedido, a renúncia ao direito sobre o qual se funda a ação[44]. A renúncia ao recurso, expressa ou tácita, é manifestação de vontade no sentido de não recorrer. A desistência é a manifestação de vontade no sentido de

---

39 STJ, REsp nº 61789, DJ 04/09/1995, p.27823, Rel. Min. ANTÔNIO DE PÁDUA RIBEIRO.

40 STF, AGRRE nº 167787, DJ 30/06/95, p. 20451, Rel. Min. CELSO DE MELLO.

41 NERY JUNIOR, Nelson. Teoria Geral dos Recursos. 4 ed. São Paulo: Revista dos Tribunais, 1997. pp. 261-262.

42 Neste sentido TJSP, APC nº 239.044-1, LEX, JTJ 185/ 174, Rel. Des. BENINI CABRAL: "RECURSO – Adesivo – Interesse – Ocorrência – Processo extinto sem exame de mérito – Alteração do dispositivo para improcedência – Possibilidade de melhoria da situação processual – Recurso conhecido."

43 O TJDF decidiu em sentido contrário: APC nº 40095.96, DJ 11/12/96, p. 23.111, Rel. Des. ROMÃO C. OLIVEIRA: "Se o processo foi extinto sem exame do mérito, a parte ré não poderá recorrer, buscando a improcedência da ação, eis que manifesta é a falta de interesse a justificar tal recurso."

44 NERY JUNIOR, Nelson. Teoria Geral dos Recursos. 4 ed. São Paulo: Revista dos Tribunais, 1997. p. 329.

não ver julgado o recurso já interposto, o que pode ocorrer a qualquer tempo. Não se exige concordância do recorrido porque com a desistência, a situação jurídica reconhecida na decisão fica consolidada.

É tempestivo o recurso interposto dentro do prazo estabelecido na lei. Se o recurso for intempestivo haverá preclusão ou formação da coisa julgada, conforme a espécie do ato judicial que se pretendia atacar.

Em relação aos prazos, o CPC simplifica o procedimento recursal ao fixar todos os prazos recursais em 15 dias, exceto o prazo dos embargos de declaração, cujo prazo para interposição é de 5 dias (CPC, art. 1003, § 5º).

O procedimento é regular quando atendidas, pelo recorrente, as formalidades legais; todo recurso deve ser interposto por petição, conter a motivação e o pedido de nova decisão.

35.5 PREPARO

O preparo é um pressuposto recursal relativo à regularidade procedimental. A regra é a de que todo recurso exige o preparo, sempre havendo disposição expressa dispensando o seu pagamento.

O art. 1007 do CPC estabelece que o preparo seja prévio, devendo ser comprovado no ato da interposição do recurso, sob pena de deserção. Sálvio de Figueiredo Teixeira, sintetizando o entendimento do STJ, esclarece "que a interposição de recurso sem o preparo imediato operaria uma preclusão e o preparo ulterior seria inócuo, ainda quando feito antes do fim do prazo recursal"[45].

Entretanto, antes de declarar deserto o recurso, o relator deve conceder à parte oportunidade para sanar a irregularidade (CPC, art. 932, § único). Desta maneira, se o preparo for feito em valor insuficiente, o recorrente será intimado para complementá-lo, no prazo de cinco dias (art. 1007, § 2º). No caso de o recorrente, desatento, deixar de comprovar o preparo simultaneamente à interposição do recurso, o § 4º do art. 1007 do CPC lhe concede a oportunidade para comprovar o preparo, inclusive porte de remessa e retorno, posteriormente à interposição do recurso. Para afastar a deserção o recorrente deverá recolher em dobro o preparo.

A situação prevista no § 4º do art. 1007 do CPC ocorre quando o recorrente efetuou, previamente, o pagamento do preparo, mas, deixou de juntar à petição recursal o comprovante no momento em que interpôs o recurso. Diante da ausência de comprovação do preparo, procede-se à intimação do recorrente para, em cinco dias, comprovar o recolhimento em dobro do preparo. Haverá, portanto, duplo recolhimento do preparo. Ao primeiro pagamento do preparo, já efetuado previamente à interposição do recurso deverá ser acrescido novo recolhimento, após a intimação para comprovação do preparo. Nesse caso, relevar-se-á a deserção

---

[45] Apud, DINAMARCO, Cândido Rangel. A reforma do Código de Processo Civil. 4 ed. São Paulo: Malheiros, 1998, p. 164.

se a parte comprovar no prazo o recolhimento de nova taxa de preparo, além da anteriormente paga. Melhor dizendo, efetuado previamente o recolhimento do preparo, o recorrente que deixar de comprová-lo no momento da interposição do recurso será intimado para, no prazo de 5 dias, efetuar o recolhimento de valor correspondente a outro preparo e proceder à juntada das guias de preparo quitadas, por isso, o CPC fala do preparo em dobro.

> É deserto o recurso especial se, apesar de regularmente intimada para comprovar o tempestivo recolhimento do preparo (§ 7º do art. 1.007 do Código de Processo Civil de 2015), ou efetuar o pagamento em dobro (§ 4º do mesmo artigo), a parte não o faz corretamente (AgInt no AREsp 1313579/SC, Rel. Ministro RAUL ARAÚJO, QUARTA TURMA, julgado em 13/12/2018, DJe 19/12/2018).

A hipótese acima tratada, da possibilidade de sanar a ausência de comprovação do preparo, difere substancialmente do caso em que não houve preparo.

Vê-se que o § 4º do art. 1007 incide apenas nas hipóteses em que faltar a comprovação do recolhimento do preparo no ato da interposição do recurso. A falta de recolhimento prévio implica deserção do recurso, salvo se o recorrente comprovar justo motivo que o impediu de efetuar o preparo tempestivamente.

A diferença entre as situações decorre da segregação das hipóteses no CPC. A determinação contida no art. 1007, § 6º aplica-se aos casos em que não houve preparo. Desta maneira, acolhendo o magistrado a justificativa que impediu o recorrente de efetuar o preparo tempestivamente, releva-se o efeito da deserção se no prazo estabelecido for sanado o vício com o recolhimento do preparo. Neste sentido:

> A possibilidade de complementação do preparo diz com a hipótese de pagamento oportuno, mas insuficiente, ou seja, inferior aos valores devidos, não abarcando os casos em que a parte recorrente, no ato de interposição recurso, deixou de recolher integralmente as custas judiciais, ocorrendo a preclusão e consequente deserção do recurso[46].

Com efeito, há três situações a serem consideradas:

1. O preparo foi recolhido previamente e comprovado no ato da interposição do recurso.
2. Houve o recolhimento prévio do preparo, mas o recorrente não o comprovou no ato da interposição. Neste caso o recorrente será intimado para comprovar o preparo, cabendo-lhe, para afastar a deserção, recolher mais uma taxa de preparo e juntar no prazo de cinco dias as duas guias quitadas – art. 932, § único c/c o art. 1007, § 4º do CPC[47].
3. O recorrente não efetuou o pagamento do preparo previamente à interposição do recurso. Nesta situação, a deserção somente não será reconhecida se o recorrente convencer o tribunal da existência de justo

---

[46] STJ. AgRg nos EREsp 1.271.634/RS, Rel. Ministra Regina Helena Costa, Primeira Seção, DJe 15/12/2015.

[47] STJ. AgInt no AREsp 1391730/SP, Rel. Min. MOURA RIBEIRO, DJe 19/02/2020.

impedimento que o impediu de recolher tempestivamente o preparo, ocasião em que será intimado para proceder ao recolhimento do preparo (CPC, art. 1007, § 6º).

Essa é a interpretação que resguarda a teleologia do CPC. Entretanto, há opiniões em sentido contrário. Esse dissídio doutrinário qualifica o debate e motiva a reunião de argumentos para demonstrar a correção da tese aqui apresentada.

Tem-se ensinado que o CPC admitiu expressamente "que a parte recolha o preparo após a interposição do recurso, desde que o faça em dobro, como uma espécie de punição pela falta"[48].

Esse entendimento, entretanto, traz uma série de dificuldades para ser assimilado. Primeiramente, equipara a ausência de comprovação do preparo ao seu inadimplemento e aplica a situações totalmente distintas a mesma regra, qual seja, possibilita a comprovação posterior mediante o recolhimento em dobro do preparo.

Ainda que o Código tenha o propósito de combater o formalismo em proveito da resolução do mérito, a igualação das consequências de comportamentos absolutamente distintos se mostra desprovida de razoabilidade.

Simplesmente relevar a deserção em face da ausência de preparo, por meio do recolhimento em dobro do valor, é atentar contra texto expresso de lei e, por conseguinte, violar o devido processo legal e todas as garantias processuais que dele decorrem.

A jurisprudência do Superior Tribunal de Justiça edificada sob a vigência do CPC de 1973, vem sendo recepcionada em relação aos seguintes entendimentos:

a) O preparo deve ser recolhido previamente à interposição do recurso. Sua não efetivação tempestiva enseja a deserção do recurso.

> A jurisprudência do Superior Tribunal de Justiça é no sentido de que o recurso deve estar acompanhado das guias de preparo, além dos respectivos comprovantes de pagamento, ambos de forma visível e legível, sob pena de deserção (do recurso), não se afigurando possível comprovação posterior, conforme dicção do enunciado da Súmula 187[49] .

b) Efetuado o pedido de gratuidade judiciária somente na petição de recurso extraordinário, sua posterior concessão não tem o condão de retroagir de forma a afastar a deserção anteriormente configurada.

> Não tendo a parte recorrente obtido o benefício de gratuidade de justiça nas instâncias de origem, tal pedido nas razões do agravo em recurso especial não é suficiente para afastar a deserção no caso, pois não houve o recolhimento do preparo no momento adequado, sendo certo que eventual concessão dos benefícios da gratuidade de justiça opera efeitos *ex nunc*, não podendo, dessa forma, retroagir à data da interposição do recurso especial.[50]

---

[48] THEODORO JR., Humberto. Curso, vol. III, 47. ed., p. 990.

[49] STJ. AgInt no REsp n. 1.988.260/MG, Rel. Min. Gurgel de Faria, DJe de 16/2/2023.

[50] STJ. AgInt no AREsp n. 1.268.996/AM, Rel. Min. Marco Buzzi, DJe de 26/4/2019.

c) Quando a declaração de pobreza for insuficiente para comprovar a necessidade da concessão da justiça gratuita, por haver indícios de capacidade econômica do recorrente, a ele será conferida a oportunidade de demonstrar essa necessidade ou de recolher o preparo antes de inadmitir o recurso com fundamento na deserção.

d) É insuficiente, para comprovação do preparo, a apresentação somente do comprovante de pagamento das custas processuais, pois é indispensável a juntada das respectivas Guias de Recolhimento da União (GRU), hipótese em que o relator deverá determinar o saneamento, nos termos do art. 932, § único do CPC.[51]

e) Há possibilidade de, dentro do prazo para recorrer, proceder-se ao recolhimento das custas processuais no primeiro dia útil subsequente quando o recurso é interposto após o término do expediente bancário. Ressalvada essa hipótese, o recolhimento do preparo posteriormente à interposição do recurso implica deserção. Assim, se a interposição do recurso ocorrer no último dia do prazo em horário posterior ao encerramento do expediente bancário o recurso será julgado deserto pela extemporaneidade do preparo.

Finalmente, é de ser esclarecido que a deserção não ocorre apenas em face da ausência ou irregularidade do preparo. O recurso será declarado deserto todas as vezes em que houver o descumprimento de algum ônus (encargo que pesa sobre a parte, cumprindo-lhe, senão quiser arcar com um prejuízo, desincumbir-lhe[52]) do qual depende o conhecimento do recurso, como, *v.g.*, a não juntada das peças do agravo de instrumento após a intimação para regularização.

35.6 EFEITOS DOS RECURSOS

Os recursos são atos processuais que produzem diversos efeitos, dentre os quais, o de prolongar a duração do processo, com explica Frederico Marques:

> O primeiro deles é o de ampliar procedimentalmente a relação processual, uma vez que vários atos processuais serão praticados após o pedido de reexame da decisão contra a qual é o recurso interposto. Forma-se, na verdade, com essa série de atos, um novo procedimento, que é denominado de procedimento recursal[53].

Efeitos propriamente ditos dos recursos são, o devolutivo e o suspensivo.

O efeito devolutivo, conforme Ovídio Baptista, é pela "nossa doutrina, desde os velhos processualistas do século XIX, a circunstância de confiar-se o reexame da decisão recorrida a um órgão de hierarquia superior"[54]. Assim, "quando a lei,

---

[51] STJ. AgInt no RMS n. 64.734/GO, Rel. Min. Gurgel de Faria, DJe de 24/2/2022.

[52] GONÇALVES, Aroldo Plínio. Técnica Processual e Teoria do Processo. Rio de Janeiro: Aide, 1992, p. 87.

[53] FREDERICO MARQUES, José. Instituições de Direito Processual Civil. Vol. IV. Op. cit., p. 86.

[54] BAPTISTA DA SILVA, Ovídio Araújo. Curso de Processo Civil. Vol. I. Op. cit., p. 348.

a título de exceção, atribui competência ao próprio órgão *a quo* para reexaminar a matéria impugnada, o efeito devolutivo ou não existe (como nos embargos de declaração), ou fica diferido, produzindo-se unicamente após o juízo de retratação: assim no agravo"[55]. O entendimento de Frederico Marques, que compreende o efeito devolutivo como atributo genérico de todos os recursos, isto é, a aptidão que qualquer recurso tem de levar a ser reexaminada a questão decidida[56] é o que se harmoniza com o CPC. A propósito, os embargos de declaração e o agravo interno ao submeterem a matéria a reexame por órgão jurisdicional de mesma hierarquia do prolator da decisão, inegavelmente, possuem efeito devolutivo.

Nas lições de Nelson Nery, "pela interposição de todo e qualquer recurso, em face da incidência do regime do efeito devolutivo, é instaurado um óbice à preclusão da matéria nele versada"[57].

O efeito suspensivo é aptidão que alguns recursos possuem de suspender a eficácia da decisão atacada até o julgamento do recurso.

Há, ainda os efeitos translativo e expansivo dos recursos.

O efeito translativo do recurso manifesta-se quando a norma autoriza o órgão jurisdicional a julgar "fora do que consta das razões ou contrarrazões do recurso, ocasião em que não se pode falar em julgamento *extra, ultra* ou *infra petita*. Isto ocorre normalmente com as questões de ordem pública, que devem ser conhecidas de ofício pelo juiz e a cujo respeito não se opera a preclusão"[58].

Esse efeito refere-se à devolutividade do recurso em seu aspecto vertical, nos termos do art. 1013, §§ 1º e 2º, do CPC e implica a abrangência de todas as questões relacionadas com os fundamentos do pedido e da defesa que tenham sido efetivamente resolvidas na sentença; aquelas matérias que deveriam ter sido examinadas de ofício pelo juiz e aquelas que, apesar de suscitadas e discutidas, deixaram de ser apreciadas. É possível atribuir-se efeito translativo ao agravo de instrumento para decretar a extinção do processo sem resolução do mérito[59].

Esse efeito, entretanto, não admite a *reformatio in pejus*, nem prescinde, nos termos do art. 10 do CPC, do contraditório prévio. Sistematizando, tem-se o entendimento do Superior Tribunal de Justiça:

---

55 BARBOSA MOREIRA, José Carlos. Comentários ao Código de Processo Civil. Vol. V. Op. cit., pp. 257-258.

56 FREDERICO MARQUES, José. Instituições de Direito Processual Civil. Vol. IV. Op. cit., p. 87.

57 NERY JUNIOR, Nelson. Teoria Geral dos Recursos. 6ª ed. São Paulo: Revista dos Tribunais, 2004. p. 211.

58 NERY JUNIOR, Nelson. Teoria Geral dos Recursos. 6ª ed. São Paulo: Revista dos Tribunais, 2004. p. 482.

59 STJ. REsp 736.966/PR, Rel. Ministra NANCY ANDRIGHI, TERCEIRA TURMA, DJe de 06/05/2009. REsp 302.626/SP, Rel. Ministro FRANCIULLI NETTO, SEGUNDA TURMA, DJe de 04/08/2003; AgRg nos EDcl no AREsp 396.902/ES, Rel. Ministro RAÚL ARAÚJO, QUARTA TURMA, DJe de 16/09/2014; REsp 1.490.726/SC, Rel. Ministro PAULO DE TARSO SANSEVERINO, TERCEIRA TURMA, DJe de 30/10/2017; REsp 1.188.013/ES, Rel. Ministro CASTRO MEIRA, SEGUNDA TURMA, DJe de 08/09/2010.

> O efeito translativo da apelação, insculpido no artigo 515, § 1º [*atual art. 1013, § 1º*], do CPC, aplicável geralmente às questões de ordem pública, não autoriza o conhecimento pelo julgador de matérias que deveriam ter sido suscitadas pelas partes no momento processual oportuno por força do princípio dispositivo do qual decorre o efeito devolutivo da apelação que limita a atuação do Tribunal às matérias efetivamente impugnadas"[60].
>
> Matéria de ordem pública da qual se pode conhecer em qualquer instância de julgamento e por força do efeito translativo dos recursos é aquela que se sobrepõe ao interesse das partes e cujo exame se justifica pela necessidade de salvaguardar o ordenamento jurídico como um todo, e não os interesses individuais e privados[61].

Em relação ao recurso especial, que exige o prequestionamento de toda a matéria a ser submetida à julgamento, a atribuição de efeito translativo é uma excepcionalidade. O STJ vem decidindo que "A exigência do prequestionamento prevalece também quanto às matérias de ordem pública"[62].

Assim, os tribunais constitucionais quando eventual nulidade processual, ou falta de condição da ação, ou ausência de pressuposto processual impede, de maneira incontornável, que o julgamento do recurso cumpra sua função de ser útil ao desfecho da causa, devem, de ofício, conhecer da matéria, nos termos previstos no art. 485, § 3º, do CPC[63]. Nessas situações, o efeito translativo é inevitável. Entretanto, o STJ tem utilizado dessa prerrogativa de forma ponderada, considerando que:

> O efeito translativo é próprio dos recursos ordinários (apelação, agravo, embargos infringentes, embargos de declaração e recurso ordinário constitucional), e não dos recursos excepcionais, como é o caso do recurso especial[64].

O que não se admite, todavia, é julgar as matérias cognoscíveis de ofício em recurso que foi inadmitido:

> A pretensão de se obter a apreciação, ainda que de ofício, de matéria de ordem pública, para que, superando vício procedimental na interposição do recurso, este Tribunal Superior examine matéria de mérito, mostra-se, por certo, imprópria e inadequada.
>
> Em outras palavras, o exame de questões de ordem pública, passíveis de análise em qualquer momento e grau de jurisdição, só se mostra possível, perante esta Corte Superior de Justiça, após o conhecimento, por este Tribunal, do respectivo recurso interposto pela parte[65].

---

60 STJ. REsp 1484162/PR, Rel. Ministro Ricardo Villas Bôas Cueva, Terceira Turma, DJe 13/03/2015.

61 STJ. AgRg no AREsp 343.989/DF, Rel. Ministro João Otávio de Noronha, Terceira Turma, DJe 11/11/2013.

62 STJ. EREsp 805.804/ES, Rel. Min. João Otávio de Noronha, DJe 03/06/2015.

63 STJ. EDcl no AgInt no AREsp 973.872/SP, Rel. Min. ROGERIO SCHIETTI CRUZ, DJe 23/03/2017.

64 STJ. Resp 1.366.921/PR, Rel. Min. RICARDO VILLAS BÔAS CUEVA, Terceira Turma, j. 24/2/2015.

65 STJ. AgRg nos EDcl no AGRAVO EM RECURSO ESPECIAL Nº 283.687. rel. Ministro Jorge Mussi, Quinta Turma, julgado em 14/5/2013, DJe de 23/5/2013.

O efeito expansivo objetivo, por sua vez, manifesta-se quando o órgão *ad quem* julga de forma "mais abrangente do que o reexame da matéria impugnada, que é o mérito do recurso"[66]. E o efeito expansivo subjetivo, com fundamento no art. 1005 do CPC, ocorre quando há recurso interposto por outra parte apto a beneficiar os demais; "se aplica não apenas ao litisconsórcio unitário, mas também a quaisquer outras hipóteses em em que a ausência de tratamento igualitário entre as partes gere uma situação injustificável, insustentável ou aberrante"[67].

35.7 CLASSIFICAÇÃO DOS RECURSOS

Tradicionalmente classificam-se os recursos em ordinários e extraordinários. Entretanto, Barbosa Moreira critica essa classificação, que para ele, deve ficar "arquivada para todo o sempre", pois não apresenta utilidade prática, "mercê da constante e notável flutuação dos critérios doutrinariamente sugeridos para fundá-la"[68].

Uma classificação útil e importante para a prática recursal é a que distingue recursos "de fundamentação livre, ou ilimitada e de fundamentação vinculada ou limitada"[69], apresentada por Frederico Marques. Por este critério é possível fazer nítida distinção entre recursos ordinários e recursos constitucionais:

> O que distingue uma categoria da outra são os pressupostos do procedimento recursal de cada uma: o recurso comum pressupõe, entre o que é essencial para a impugnação, tão-só a sucumbência, enquanto que o recurso especial pressupõe a sucumbência e um plus que a lei processual determina e especifica[70].

Barbosa Moreira apresenta, ainda, classificação entre recurso parcial e recurso total, "Deve considerar-se total o recurso que abrange todo o conteúdo impugnável da decisão recorrida (não necessariamente o seu conteúdo integral)"[71].

Esta classificação é relevante por delimitar a atuação do órgão jurisdicional revisor:

> O objeto da cognição no grau superior é delimitado pelo âmbito do recurso, embora não tenha o órgão *ad quem*, necessariamente, de cingir-se à análise dos fundamentos invocados pelo recorrente, ou às questões suscitadas por ele e pelo recorrido[72].

Outro aspecto relevante diz respeito à definição da extensão do efeito suspensivo do recurso no caso de impugnação parcial da decisão.

---

66 NERY JUNIOR, Nelson. Teoria Geral dos Recursos. 6ª ed. São Paulo: Revista dos Tribunais, 2004. p. 128.

67 STJ. REsp n. 1.829.945/TO, Rel. Min. Nancy Andrighi, DJe de 4/5/2021.

68 BARBOSA MOREIRA, José Carlos. Comentários ao Código de Processo Civil. Vol. V. Op. cit., p. 70.

69 BAPTISTA DA SILVA, Ovídio Araújo. Curso de Processo Civil. Vol. I. Op. cit., p. 347, fazendo remissão a Barbosa Moreira e Alcides Mendonça Lima.

70 FREDERICO MARQUES, José. Instituições de Direito Processual Civil. Vol. IV. Op. cit., p. 26.

71 BARBOSA MOREIRA, José Carlos. O Novo Processo Civil Brasileiro. Op. cit., p. 158.

72 BARBOSA MOREIRA, José Carlos. Comentários ao Código de Processo Civil. Vol. V. Op. cit., p. 352.

No entendimento de jusprocessualistas do gabarito de Pontes de Miranda, Cândido Dinamarco, Barbosa Moreira, Athos Gusmão Carneiro e Nelson Nery Jr, o capítulo da decisão não impugnado transita em julgado e permite o cumprimento parcial da decisão, desde que observadas certas condições:

a) cindibilidade dos capítulos da decisão; b) autonomia entre a parte da decisão que se pretende executar e a parte objeto da impugnação; c) existência de litisconsórcio não unitário ou diversidade de interesses entre os litisconsortes, quando se tratar de recurso interposto por apenas um deles[73-74].

Em harmonia com a doutrina, formou-se a jurisprudência do STF. No julgamento do RE 666589, o Ministro Marco Aurélio assentou que "conforme a jurisprudência do Tribunal, a coisa julgada, reconhecida na Carta como cláusula pétrea no inciso XXXVI do artigo 5º, constitui aquela, material, que pode ocorrer de forma progressiva quando fragmentada a sentença em partes autônomas"[75].

Por sua vez, a jurisprudência do STJ, rechaça esse posicionamento, inadmitindo a tese relativa ao trânsito em julgado parcial, "porquanto a ação é una e indivisível, não sendo possível o fracionamento da sentença ou do acórdão". Esse entendimento é principalmente relevante para definir o prazo prescricional para o ajuizamento de ação rescisória quando a coisa julgada for se formando progressivamente no curso do processo, a medida em que os capítulos da sentença não são impugnados.

O enunciado da Súmula 401 do STJ, diz que o prazo para a propositura da ação rescisória "só se inicia quando não for cabível qualquer recurso do último pronunciamento judicial", tal qual o texto do art. 975 do CPC: "O direito à rescisão se extingue em 2 (dois) anos contados do trânsito em julgado da última decisão proferida no processo".

Enfim, pode-se dizer que a adoção pelo CPC da teoria dos capítulos da sentença, albergada, *v.g.*, nos arts. 356 e §§, 966, § 3º, 1.009, § 3º, 1.013, §§ 1º e 5º, e 1.034, § único. do CPC, reconhecendo a formação progressiva da coisa julgada, não interfere no *dies a quo* do prazo decadencial para a propositura da ação rescisória, conforme disposto no art. 975 do Código.

35.8 A GARANTIA DO DUPLO GRAU DE JURISDIÇÃO[76]

O duplo grau de jurisdição é imanente à ordem constitucional por meio do qual se assegura à parte sucumbente o direito de ver por duas vezes debatidas e apreciadas as teses de defesa do seu direito.

---

73 NERY JUNIOR, Nelson. Teoria Geral dos Recursos. 4 ed. São Paulo: Revista dos Tribunais, 1997. p. 285.

74 No sentido do texto: TAPR, EIC nº 3192, DJ 27.04.98, Rel. DES. LUIZ PERROTTI.

75 STF. RE 666589, Rel. Min. MARCO AURÉLIO, DJe-106 DIVULG 02-06-2014 PUBLIC 03-06-2014.

76 Sobre o tema: SANTOS, Marina França. *A garantia do duplo grau de jurisdição.* Belo Horizonte: Del Rey, 2012.

Desta maneira, para cada demanda, existe a possibilidade de duas decisões válidas e completas no mesmo processo, emanadas de juízos diferentes, prevalecendo sempre a segunda em relação à primeira (efeito substitutivo dos recursos). Adroaldo Furtado explica os motivos para a existência do duplo grau:

> Ameniza a natural inconformidade do vencido e, de outra banda, impõe ao juiz originário maior vigilância sobre a qualidade de seu trabalho e mais viva consciência de sua responsabilidade, pela constante certeza de que seus julgados acham-se sujeitos a um segundo exame, ainda que eventual, por outro ou por outros juízes. A inexistência de controle e, mais do que ela, a consciência dessa realidade afrouxariam a vigilância e estimulariam a irresponsabilidade e o desleixo[77].

Tratando-se de garantia, não se concede licença ao legislador para instituir julgamentos de instância única[78]. Se assim legislar, incorrerá em violação ao art. 5º, inc. LIV e § 3º, possibilitando que o Brasil seja responsabilizado internacionalmente por violação de direitos humanos, haja vista que a Convenção Americana de Direitos Humanos assegura, expressamente, o duplo grau de jurisdição (art. 8, item 2, h).

A organização constitucional do Poder Judiciário evidencia tanto a necessária existência dos tribunais estaduais quanto a sua competência para julgar, em grau de recurso, as causas decididas por seus juízes. Tal conclusão se deduz, primeiramente, da própria clareza na estipulação de que o "recurso cabível", no artigo 109 § 4º, excepcionalmente (e por ser exceção careceria dessa explicitação) deve ser direcionado a tribunal distinto. Em segundo lugar, da própria inviabilidade (em face do princípio da simetria ou do paralelismo das formas a que se submete o poder constituinte derivado e do princípio da isonomia) de algumas partes, condicionadas a exercer seu direito de ação via Justiça Estadual, serem desprovidas da garantia do recurso, enquanto outras, acessando a Justiça Federal, serem, com ela, agraciadas.

Além disso, a Constituição explicita que os tribunais sempre julgarão as causas decididas pelos juízes, o que significa que a legislação infraconstitucional deve assegurar um recurso contra a decisão que julga a lide. Este é, exatamente, o objeto da garantia do duplo grau de jurisdição; de um lado, juízes, e, de outro, tribunais ou órgãos jurisdicionais, como as turmas recursais, com competência funcional específica e preponderante para julgar as causas em grau de recurso.

Com efeito, por se tratar de uma restrição a uma garantia constitucional, a previsão de qualquer julgamento em instância única só poderia ser realizada pelo próprio poder constituinte. Uma exceção que, expressamente prevista nos dispositivos constitucionais, está, consequentemente, apenas a confirmar a regra.

---

77 FABRÍCIO, Adroaldo Furtado. *Embargos de Declaração: importância e necessidade de sua reabilitação.* In: FABRÍCIO, Adroaldo Frutado (Coord.). Meios de impugnação ao julgado civil – estudos em homenagem a José Carlos Barbosa Moreira. Rio de Janeiro: Forense, 2007, p. 47-95, p. 48.

78 Em sentido diametralmente oposto à garantia do duplo grau de jurisdição: STF, RHC 79785, Rel. Min. SEPÚLVEDA PERTENCE, DJ 22-11-2002 PP-00057.

Ressalte-se que, a par da exceção constitucionalmente admitida, a Constituição não oferece qualquer abertura para o legislador relativizar a garantia do duplo grau de jurisdição.

E não é apenas na organização do Judiciário que o texto constitucional revela o propósito assinalado. Também ao dispor sobre o direito de defesa, a presença do duplo grau – na verdade, aqui, o direito ao recurso – é entrevista dentre os direitos e garantias processuais fundamentais: "aos litigantes, em processo judicial ou administrativo, e aos acusados em geral são assegurados o contraditório e a ampla defesa, com os meios e recursos a ela inerentes" (artigo 5º, LV).

Ao prever, portanto, meios e recursos inerentes ao contraditório e à ampla defesa, a Constituição refere-se, explicitamente, ao direito às provas capazes de demonstrar o direito alegado (traduzindo: os meios, ou os recursos, em sentido ordinário) e aos instrumentos necessários para impugnar eventuais erros *in judicando* ou *in procedendo* nas decisões prolatadas (ou seja, os recursos, em sentido processual), concedendo, portanto, mais um sinal de que o devido processo legal por ela instituído acolhe o duplo grau de jurisdição.

Por fim, Calmon de Passos considera "que a verificação do atendimento das garantias precedentes (interesse não só dos litigantes como do próprio Estado-juiz) reclama a existência de meios de controle, sem o que ficarão desprovidas da segurança de que necessitam revestir-se"[79]. E acrescenta: "nessa hipótese, eliminar qualquer tipo de controle da decisão é, inquestionavelmente, violar a garantia do devido processo legal, e, mais que isso, atribuir ao juiz um papel que lhe foi negado, institucionalmente, pela Constituição"[80].

35.9 PRINCÍPIOS RECURSAIS

35.9.1 Princípio da taxatividade

Recursos são apenas aqueles enumerados na legislação federal, porquanto, por força do art. 22, inc. I, da CR/88, compete privativamente à União Federal legislar sobre direito processual. Excetuado o Regimento Interno do STF, recepcionado pela CR/88 com *statuso* de lei ordinária[81], não se admitem recursos instituídos por regimentos de tribunais ou mesmo por legislação estadual.

Este princípio, o da taxatividade, se expressa da melhor forma no art. 994 do CPC, que enumera os recursos existentes no ordenamento processual civil. No

[79] PASSOS, José Joaquim Calmon de. O devido processo legal e o duplo grau de jurisdição. *Revista da Associação dos Juízes do Rio Grande do Sul*. Porto Alegre, vol. 25, ano IX, jul. 1982, p. 133 e 134.

[80] PASSOS, José Joaquim Calmon de. O devido processo legal e o duplo grau de jurisdição. *Revista da Associação dos Juízes do Rio Grande do Sul*. Porto Alegre, vol. 25, ano IX, jul. 1982, p.141.

[81] STF. SS 260 QO, Rel. Min. NÉRI DA SILVEIRA, DJ 05-05-1989 PP-07158.

entanto, os recursos previstos no ordenamento processual não são apenas aqueles. Há outros textos legais que preveem recursos, *v.g.*. a Lei nº 6.830/80, que, no seu art. 34, prevê, nas causas de valor até 50 OTN's a interposição de embargos infringentes dirigido ao próprio juiz da causa, as Leis do sistema dos juizados especiais, Lei 9099/95, 10259/2001 e 12153/2009.

Baseado nesse princípio refuta-se, por inconstitucional, a ideia de se reconhecer a correição parcial como "providência assemelhada ao recurso, sempre que o ato do juiz for irrecorrível e puder causar dano irreparável para a parte"[82]. Onde existir correição parcial, por previsão regimental, sua natureza é meramente administrativa, não sendo possível produzir efeitos no processo em que ocorreu o fato que lhe deu ensejo. Neste sentido:

> A correição parcial é um expediente de caráter administrativo utilizado para emenda de erros graves de procedimento e abuso de poder, quando não existir recurso ordinário próprio, podendo ser procedida mediante requerimento dos interessados ou do Ministério Público. Não se admite a utilização da correição parcial como sucedâneo recursal, sob pena de se desvirtuar a opção legislativa de restringir as hipóteses de cabimento de recurso, afigurando-se imprescindível que o ato judicial atacado importe em abuso ou inversão processual tumultuária[83].

Ademais, quase todo ato judicial capaz de causar prejuízo à parte é de natureza decisória e, portanto, recorrível e, quando houver uma decisão irrecorrível, abre-se à parte a possibilidade da impetração de mandado de segurança[84].

Admite-se mandado de segurança contra ato judicial, em caráter excepcional, "desde que inexistentes meios hábeis, na via ordinária, para se evitar lesão ou ameaça de lesão a direito líquido e certo". É o caso, por exemplo, dos Juizados Especiais, estaduais e federal, cujas Leis 9.099/95 e 10.259/2001, estabelecem, respectivamente, nos arts. 29 e 5º, a irrecorribilidade das decisões interlocutórias. Deve-se acrescentar outro requisito para admissibilidade do *writ* que é a demonstração de serem as decisões atacadas manifestamente ilegais ou teratológicas[85-86], ou seja, quando o ato judicial for absurdo ou juridicamente impossível.

---

82 THEODORO JÚNIOR, Humberto. Curso de Direito Processual Civil.Vol. I. Op. cit., p. 551.

83 TJMG – Agravo Interno Cv 1.0000.19.036375-4/001, Rel. Des. Estevão Lucchesi, DJe de 06/09/2019.

84 A jurisprudência admite a possibilidade de mandado de segurança contra ato judicial, não prescindindo dos requisitos constitucionais: direito líquido e certo e a ilegalidade do ato impugnado, acrescido da iminência do dano irreparável ou a possibilidade de prejuízo de difícil reparação.

85 STJ, REsp 200195/RJ, Rel. Min. Sálvio de Figueiredo Teixeira: "Após o advento da Lei 9.139/95, o uso do **mandado de segurança contra ato judicial** recorrível se tornou inadmissível, por impossibilidade jurídica(art. 5º, II, da Lei 1.533/51)"; STJ, RMS 9147/SP, Rel. Min. Sálvio de Figueiredo Teixeira. "No sistema anterior à Lei nº 9.139/95, descabia, exceto em casos de abuso ou manifesta teratologia, a pretensão de atacar diretamente a decisão judicial pela via do "writ", uma vez que o mandado de segurança contra ato judicial recorrível vinha sendo admitido, por construção doutrinário-jurisprudencial, para comunicar efeito suspensivo ao recurso dele desprovido, em face da probabilidade de lesão dificilmente reparável. Com a referida lei, que deu nova redação ao art. 558, CPC, outra é a sistemática".

35.9.2 Princípio da singularidade ou da unirrecorribilidade

O princípio da singularidade significa "que para cada ato judicial recorrível há um único recurso previsto pelo ordenamento, sendo vedada a interposição simultânea ou cumulativa de mais outro visando à impugnação do mesmo ato judicial"[87].

Com base neste princípio, a jurisprudência não admite, por exemplo, a possibilidade de a parte recorrer adesivamente quando já apresentado recurso autônomo[88]. A consequência da burla a esse princípio é a inadmissibilidade do recurso interposto por último:

> O sistema processual brasileiro adotou o princípio da unirecorribilidade, segundo o qual cada decisão judicial pode desafiar um recurso. A interposição cumulativa de dois recursos contra a mesma decisão enseja o conhecimento apenas do primeiro protocolizado, com a conseqüente preclusão consumativa em relação ao segundo[89].

O art. 1031 do CPC contém exceção ao princípio da unirrecorribilidade, com previsão de interposição simultânea de recursos especial e extraordinário. Barbosa Moreira não confere a esse dispositivo o caráter de excepcionalidade, pois, para ele esse dispositivo "não constitui verdadeira exceção ao princípio que ora se trata: para fins de recorribilidade, cada capítulo é considerado como uma decisão *per se*."[90]

35.9.3 Princípio da fungibilidade

O princípio da fungibilidade admite que o tribunal conheça de um recurso em lugar do recurso adequado. Apesar da tentativa de o CPC definir os recursos próprios à impugnação de cada ato decisório, a vivência no cotidiano forense cria dúvidas fundadas quanto ao recurso cabível. Sensível a estas dificuldades, a jurisprudência tem frequentemente aplicado a fungibilidade recursal, a fim de não criar embaraços à realização da justiça material.

---

86 STJ, RMS 19943/AL, Rel. Min. Laurita Vaz; AgRg no MS 14562, Rel. Min. Luiz Fux, "O mandado de segurança não é sucedâneo de recurso, sendo imprópria a sua impetração contra decisão judicial passível de impugnação prevista em lei, consoante o disposto na Súmula n.º 267 do STF. Precedentes da Corte Especial: AgRg no MS 10744/DF, Relator Ministro Gilson Dipp, DJ de 27.03.2006; e MS 7068/MA, Relator Ministro Francisco Peçanha Martins, DJ de 04.03.2002." Disponível em: www.stj.jus.br.

87 NERY JUNIOR, Nelson. Teoria Geral dos Recursos. 4 ed. São Paulo: Revista dos Tribunais, 1997. p. 90.

88 TAMG, APC nº103062-4/00, RJTAMG 45/126 Rel. Juiz MERCEDO MOREIRA; TAPR, APC nº 100274200, j. 10/08/98, DJ 21/08/98; TJSP, AI nº 172.636-2, LEX JTJ 133/183, Rel. Des. MARIZ DE OLIVEIRA.

89 STF, RMS 25354, Relª Minª CÁRMEN LÚCIA, DJe-187 DIVULG 02-10-2008 PUBLIC 03-10-2008 EMENT VOL-02335-01 PP-00122.

90 BARBOSA MOREIRA, José Carlos. Comentários ao Código de Processo Civil. Vol. V. Op. cit., p. 325.

> Os princípios modernos de acesso ao judiciário (envolvem também os recursos) recomendam a fungibilidade dos recursos, de modo a ensejar o exaurimento da prestação jurisdicional, visando a realizar o direito justo"[91].

A fungibilidade é possível desde que atendidas as seguintes condições:

– Admite-se a possibilidade de conversão dos recursos, desde que coexistam, simultaneamente, dúvida objetiva quanto ao recurso a ser interposto, inexistência de erro grosseiro, bem como a interposição do recurso dentro do prazo legal previsto para o recurso no qual pretende-se transformá-lo[92].

O STJ não admite "o princípio da fungibilidade recursal quando não houver dúvida objetiva sobre qual o recurso a ser interposto, quando o dispositivo legal não for ambíguo, quando não houver divergência doutrinária ou jurisprudencial quanto à classificação do ato processual recorrido e à forma de atacá-lo"[93].

> É inviável o conhecimento de apelação interposta contra decisão que exclui um dos litisconsortes da relação jurídica e determina o prosseguimento da execução contra os demais devedores. Referido equívoco constitui erro inescusável, por consequência, inaplicável o princípio da fungibilidade recursal em face do entendimento do STJ segundo o qual, nesses casos, seria cabível agravo de instrumento, e não apelação[94].

A fungibilidade recursal está prevista expressamente no CPC quando admite a transformação:

a) dos embargos de declaração em agravo interno (art. 1024, § 3º);
b) do recurso especial em recurso extraordinário (art. 1032, CPC) quando o ministro relator do STJ entender que a matéria tratada no recurso interposto versa sobre questão constitucional;
c) do Recurso Extraordinário em Recurso Especial (art. 1033, CPC), quando o ministro relator do STF entender que houve ofensa reflexa à CR/88.

Outros exemplos de fungibilidade recursal por interpretação jurisprudencial:

> Pode ser conhecida a apelação que, sem má-fé e em prazo compatível com o previsto para o agravo de instrumento, foi interposta contra decisão que, em juízo prévio de admissibilidade em ação de improbidade administrativa, reconheceu a ilegitimidade passiva ad causam de alguns dos réus[95].

> É inviável o conhecimento de apelação interposta contra decisão que resolva incidentalmente a questão da alienação parental[96].

---

[91] STJ. ROMS 5909, DJ 01/04/1996, p. 9946, Rel. Min. VICENTE CERNICCHIARO.

[92] STJ. REsp. 167123, DJ 22/06/1998, p. 205, Rel. Min. VICENTE LEAL.

[93] STJ, EDcl no AgRg na Rcl 1.450-PR, Corte Especial, DJ 29/8/2005.

[94] STJ. AgRg no Ag 1.329.466-MG, relator Ministro João Otávio de Noronha, Quarta Turma, julgado em 10/5/2011, DJe de 19/5/2011 e AgRg no Ag 1.236.181-PR, DJe 13/9/2010. AgRg no REsp 1.184.036-DF, Rel. Min. Antonio Carlos Ferreira, julgado em 7/2/2013.

[95] STJ. AgRg no REsp 1.305.905-DF, Rel. Min. Humberto Martins, julgado em 13/10/2015, DJe 18/12/2015.

[96] STJ. REsp 1.330.172-MS, Rel. Min. Nancy Andrighi, julgado em 11/3/2014.

> Os embargos de declaração opostos objetivando a reforma da decisão do relator, com caráter infringente, devem ser convertidos em agravo regimental, que é o recurso cabível, por força do princípio da fungibilidade. Precedentes: ARE 684535-ED, Primeira Turma, Rel. Min. Rosa Weber, DJe 4/9/2013; ARE 694535-ED, Primeira Turma, Rel. Min. Rosa Weber, DJe de 15/5/2013; ARE 732028-ED, Segunda Turma, Rel. Min. Celso de Mello, DJe 26/3/2013; AC 3160-EI-ED, Primeira Turma, Rel. Min. Rosa Weber, DJe 6/6/2013; RMS 28194-ED, Segunda Turma, Rel. Min. Celso de Mello, DJe 25/2/2013; RHC 216390-ED, Primeira Turma, Rel. Min. Alexandre de Moraes, DJe de 13/7/2022; RHC 216277-ED, Primeira Turma, Rel. Min. Dias Toffoli, DJe de 29/9/2022[97].

35.9.4 Princípio da dialeticidade

O direito processual civil tem por essência o contraditório, portanto, a motivação do recurso é elemento essencial e não pode ser dispensada. O recorrente tem o ônus de declinar os fundamentos do pedido de reexame, propiciando elementos para que a parte contrária possa contrarrazoar o recurso, bem como possa a instância recursal decidir conforme ao objeto da impugnação, assim, estabelecendo-se o contraditório em sede recursal[98].

As razões do recurso são pressupostos para o julgamento do mérito, consequentemente, não se conhece de recurso desprovido de fundamentação, nem com fundamentação deficiente[99], nos termos da Súmula 284/STF. Razões e pedido são requisitos essenciais, obrigatórios e imprescindíveis. A omissão de um destes acarreta a inadmissão do recurso, ônus passível de considerar desidioso o comportamento do recorrente.

As razões recursais são apresentadas no ato de interposição do recurso e seu conteúdo destina-se a impugnar a decisão recorrida.

A jurisprudência reconhece ineptas as petições recursais que deixam de impugnar a decisão recorrida, limitando-se a transcrever petições anteriormente apresentadas no processo, como a contestação, as alegações finais, as razões de recurso anteriormente interposto, que não criticam a decisão mediante a demonstração da

---

97 STF. RHC 222619 ED, Rel. Min. LUIZ FUX, PROCESSO ELETRÔNICO DJe-031 DIVULG 17-02-2023 PUBLIC 22-02-2023.

98 No sentido do texto: TAMG, APC nº 224755-6/00, Rel. DORIVAL GUIMARAES PEREIRA: "A lei exige que a apelação seja motivada, dela não se conhecendo quando desacompanhada de razões que digam respeito aos fundamentos da sentença, cingindo-se o recorrente a juntada da petição interpositória na qual se reporta ao que ocorreu no processo, anteriormente ao julgamento."

99 STJ, EDcl no AgRg no AREsp 671.379/SP, Rel. Ministro HERMAN BENJAMIN, SEGUNDA TURMA, DJe de 08/09/2015. No mesmo sentido: STJ, EDcl no AgRg no AREsp 709.402/MS, Rel. Ministro MARCO AURÉLIO BELLIZZE, TERCEIRA TURMA, DJe de 09/12/2015; EDcl no AgRg no REsp 1.464.703/SC, Rel. Ministra DIVA MALERBI (Desembargadora Convocada do TRF/3ª Região), SEGUNDA TURMA, DJe de 1º/03/2016.

existência do erro a autorizar o provimento do recurso[100]. De mesmo modo, inadmitem-se os recursos que apresentarem alegações genéricas, sem impugnação específica dos pontos sobre os quais a decisão merece reforma ou cassação[101].

Recurso, por definição, é remédio voluntário. Recorrer é um direito, integra o contraditório e a ampla defesa. É manifestação do princípio dispositivo na fase recursal, a exigir que o recorrente manifeste fundamentadamente sua insatisfação com a decisão.

A parte pode livremente dispor do recurso, por meio da renúncia, desistência ou outra causa anômala de extinção, como a conciliação ou "adesão" à decisão[102].

Nos recursos repetitivos, no STJ e com Repercussão Geral, no STF, a desistência do recurso não impede o julgamento da questão (CPC, Art. 998, § único).

> [...] a partir do momento em que os tribunais afetam questão controvertida sob o rito das demandas ou recursos repetitivos, passa ela a ser de ordem pública e de resolução obrigatória, de forma que as partes não podem dispor sobre a tese em debate. Uma vez submetida a controvérsia ao rito dos repetitivos, caso sobrevenha desistência do recurso ou da ação respectiva, resguarda-se a aplicação, pelo tribunal que afetou a tese, do direito à questão, pois sua resolução transcende o interesse particular manifestado no caso concreto[103].

> Segundo o § único do art. 998 do Código de Processo Civil de 2015, "a desistência do recurso não impede a análise de questão cuja repercussão geral já tenha sido reconhecida e daquela objeto de julgamento de recursos extraordinários ou especiais repetitivos". 2. A norma se aplica para a hipótese de perda de objeto superveniente ao reconhecimento da repercussão geral[104].

35.9.5 Princípio da complementaridade

A regra geral é a de que os recursos devem estar perfeitos, completos e acabados no momento de sua interposição[105].

Trata-se de preclusão consumativa, que impede o recorrente de aditar as razões recursais apresentadas, mesmo antes de esgotado o prazo recursal. Desta

---

100 STJ. AgRg no REsp 848.742/SP, Rel. Ministro FRANCISCO FALCÃO, J. 10-10-2006, DJ 26.10.2006 p. 253. TJMG, APC 1.0428.11.003255-7/001, Rel. Des. Teresa Cristina da Cunha Peixoto, DJe 09/03/2015.

101 STJ. REsp 1125710/SP, Rel. Ministro Castro Meira, Segunda Turma, julgado em 03/08/2010, DJe 17/08/2010.

102 Neste sentido decisão do TJSP, APC nº 211.379-1, LEX JTJ 165/132, Rel. Des. MARCUS ANDRADE: "RECURSO – Renúncia – Entrega do objeto da lide, sem qualquer reserva, após a interposição do recurso – Aceitação tácita da sentença – Artigo 503 do Código de Processo Civil – Recurso não conhecido. A parte não poderá recorrer e torna inadmissível o recurso porventura interposto, ante a prática, sem reserva alguma, de ato incompatível com essa vontade."

103 STJ. REsp n. 1.644.191/RS, Rel. Min. Herman Benjamin, DJe de 4/8/2020.

104 STF. RE 905357, Rel. Min. ALEXANDRE DE MORAES, DJe-282 DIVULG 17-12-2019 PUBLIC 18-12-2019.

105 STJ, AgRg no REsp 845048, Rel. Min. Francisco Falcão, DJ 16/10/2006, p. 326.

forma, no ato da interposição do recurso, a petição deve exaurir os fundamentos apresentados para embasar o pedido de provimento do recurso.

Apenas em uma situação não há preclusão, admitindo-se a complementação da fundamentação do recurso já interposto. Essa exceção ocorre no caso de a decisão ser modificada em decorrência de provimento dos embargos de declaração[106]. O princípio da complementaridade tem lugar quando a decisão é acrescida de novos fundamentos em razão do provimento de embargos de declaração. Neste caso, o recorrente tem direito de aditar sua petição tão somente para impugnar os fundamentos acrescentados à sentença.

35.9.6 Princípio da proibição da *reformatio in peius*

O interesse do recorrente é reduzir o dano decorrente da decisão, sua posição não pode ser agravada. O recorrente tem o objetivo de obter aquilo que não foi reconhecido na decisão. Desta maneira, o órgão julgador não pode agravar a situação do recorrente.

Segundo Barbosa Moreira, "há *reformatio in peius* quando o órgão *ad quem* no julgamento do recurso profere decisão mais desfavorável ao recorrente, sob o ponto de vista prático, do que aquela contra a qual se interpôs o recurso"[107] ou, conforme o Supremo Tribunal Federal[108], caracteriza-se *reformatio in peius* a "decisão menos favorável ao recorrente, agravando situação que o recurso procurou minorar."

As matérias de ordem pública, contudo, não estão subordinadas a este princípio pela preponderância do interesse que visam a resguardar. O tribunal ao examinar de ofício matérias como os pressupostos processuais, as condições da ação, os consectários legais da condenação como a correção monetária, os juros de mora, honorários sucumbenciais[109] não viola o princípio da *reformatio in peius*.

35.9.7 Princípio da consumação

Interposto o recurso, exauriu-se o direito de recorrer, de modo que, em razão da preclusão consumativa, o recorrente "fica impedido de praticar posteriormente qualquer ato próprio do recurso"[110]. Ressalva-se a hipótese prevista no § único do art. 932 do CPC, pela qual o relator concederá prazo de 5 dias para o recorrente sanar vício do recurso ou complementar a documentação exigível.

> ao interpor recurso, a parte pratica ato processual, pelo qual consuma o seu direito de recorrer e antecipa o *dies ad quem* do prazo recursal (caso o recurso não

---

[106] NERY JR., Nelson. Teoria geral dos recursos. 7ª ed. São Paulo: RT, 2014, p.184.

[107] BARBOSA MOREIRA, José Carlos. Comentários ao Código de Processo Civil. Vol. V. Op. cit., p. 427.

[108] STF. RE nº 97153, DJ 22/10/82, p. 742, Rel. Min. SOARES MUNOZ.

[109] STJ. AgRg no AREsp 18.272-SP, Rel. Min. Humberto Martins, julgado em 4/2/2014.

[110] STJ, REsp. Nº 141.794, DJ 26/04/1999, p106, Rel. Min. SÁLVIO DE FIGUEIREDO.

tenha sido interposto no ultimo dia do prazo). Consequentemente, não pode, posteriormente, "complementar" o recurso, "corrigi-lo", ou "aditar-lhe algo".[111]

35.9.8 Princípio da sucumbência recursal

O princípio da sucumbência, no processo civil, impõe ao vencido a obrigação de arcar com os honorários advocatícios e custas processuais. Os ônus dos custos do processo são aferidos com fundamento nos princípios da sucumbência e da causalidade, assim a parte deu causa à instauração do processo sem ter razão e, por isso, deve arcar com as despesas decorrentes do processo.

Quando houver sucumbência de parte beneficiária da justiça gratuita, não há imunidade. Haverá condenação nas verbas sucumbenciais, contudo, a exigibilidade ficará suspensa por até 5 anos, aguardando a parte vencedora comprovar a melhora do nível socioeconômico da sucumbente[112] [113].

O § 11 do art. 85 do CPC estabelece que o tribunal, ao julgar recurso, majorará os honorários fixados na decisão recorrida, levando em consideração o respeito ao trabalho adicional realizado pelo advogado em grau recursal. O percentual de 20% é o teto do valor dos honorários sucumbenciais, incidindo sobre o valor da condenação, do proveito econômico obtido. Quando não for possível mensurar o proveito econômico, os honorários serão arbitrados em percentual sobre o valor atualizado da causa. Contudo, o juiz fixará o valor dos honorários por apreciação equitativa quando o proveito econômico for inestimável ou irrisório ou, ainda, quando o valor da causa for muito baixo.

Trata-se de norma cogente, portanto, imperativa. O tribunal majorará os honorários cumulativamente com aqueles arbitrados na sentença, inclusive em recursos oriundos de turmas recursais de juizados especiais[114]. Ressalta o STJ que a majoração deve ser arbitrada com razoabilidade para não frustrar o acesso à justiça, privando a parte da garantia do duplo grau de jurisdição[115].

A finalidade dos honorários recursais é inibir o abuso do direito de recorrer e remunerar condignamente o trabalho do advogado.

Todavia, há julgados do STF e do STJ que deixam de cumprir essa dupla finalidade ao arbitrar honorários recursais em valores aviltantes, como é o caso de aumentar a condenação na verba sucumbencial em 1%, ou, até mesmo, em R$ 200,00 como acontecido no AgInt no AREsp 736006, relatado pelo Min. João Otávio Noronha (DJe 23/06/2016). Esses parâmetros têm efeito reverso na medida em que a elevação

---

111 STJ, ROMS nº 8784, DJ 10/11/1997, p.57731, Rel. Min. ADHEMAR MACIEL.

112 STJ. REsp 221.275-RN, DJ 19/2/2001; REsp 129.261-RJ, DJ 18/9/2000, e REsp 84.754-DF, DJ 01/07/1996 p. 24126.

113 STF. EREsp 220.304-SP, Rel. Min. Fernando Gonçalves, julgados em 27/6/2001.

114 STF. ARE 922529 AgR, Relator(a): ROBERTO BARROSO, Primeira Turma, julgado em 28/06/2016, ACÓRDÃO ELETRÔNICO DJe-169 DIVULG 10-08-2016 PUBLIC 12-08-2016.

115 STJ, AgInt no AREsp 370579, Rel. Min. João Otávio Noronha, DJe 30/06/2016.

dos honorários em 1% é irrisório e não desestimula a recorribilidade protelatória e também não se presta como remuneração condigna para o advogado que para atuar nessas instâncias tem de demonstrar uma técnica jurídica mais apurada.

Deve-se observar, ainda, a assimetria com que os honorários recursais sucumbenciais são fixados no STF, num parâmetro absolutamente solipsista, haja vista que cada um dos julgadores os arbitra a seu bel-prazer. O Min. o Min. Teori Zavascki elevava em 20% os honorários arbitrados nas instâncias inferiores[116], o Min. Marco Aurélio arbitra os honorários recursais em 5% sobre o valor da causa[117], o Min. Luis Roberto Barroso acresce 25% aos honorários anteriormente fixados[118], o Min. Luiz Fux os arbitra no teto legal[119], já a Min. Carmen Lúcia os arbitra em 1%[120], enfim, o Min. Dias Toffoli[121] os arbitra em 2%.

Sobre o tema, considere o seguinte:

a) Não é possível majorá-los na hipótese de interposição de recurso no mesmo grau de jurisdição (art. 85, § 11, do CPC) – Enunciado 16 da ENFAM.
b) Não cabe a majoração quando o recurso é oriundo de decisão sem a prévia fixação de honorários[122].
c) São indevidos ao recorrido que não apresentou contrarrazões.
d) Descabem nos embargos de declaração, que se destinam à qualificação da decisão judicial, no agravo interno e nas ações onde inexiste previsão de condenação em verba sucumbencial, como, v.g., no mandado de segurança, ação popular, ação civil pública.
e) Não são cabíveis na hipótese de recurso que ao confirmar acórdão que reconheceu *error in procedendo* anulou a sentença, uma vez que essa providência torna sem efeito também o capítulo decisório referente aos honorários sucumbenciais e estes, por seu turno, constituem pressuposto para a fixação ("majoração") dos honorários em grau recursal[123].

---

[116] STF, ARE 946340 AgR,Rrel. Min. Marco Aurélio. DJe-174 DIVULG 17-08-2016 PUBLIC 18-08-2016.

[117] STF. AG.REG. NO RE COM AGRAVO 956.652, Rel. Min. Marco Aurélio. ARE 943694 AgR. Rel. Min. Marco Aurélio, publicados no DJe-165 DIVULG 05-08-2016 PUBLIC 08-08-2016.

[118] STF. ARE 966306 AgR Rel. Min. Roberto Barroso., RE 954644 AgR. Rel. Min. Roberto Barroso, ambos publicados no DJe-166 DIVULG 08-08-2016 PUBLIC 09-08-2016.

[119] STF. ARE 873120 AgR-ED. Rel. Min. Luiz Fux., DJe-165 DIVULG 05-08-2016 PUBLIC 08-08-2016, ARE 955730 AgR, Rel. LUIZ FUX, Primeira Turma, julgado em 28/06/2016, PROCESSO ELETRÔNICO DJe-166 DIVULG 08-08-2016 PUBLIC 09-08-2016.

[120] STF. ARE 961559 AgR, Rel. Minª Carmen Lúcia. ARE 940292 AgR-AgR, ambos publicados no DJe-167 DIVULG 09-08-2016 PUBLIC 10-08-2016.

[121] STF. ARE 952007 AgR, Rel. Min. Dias Toffoli. RE 949293 AgR, REl. Min. Dias Toffoli, ambos públicados no DJe-165 DIVULG 05-08-2016 PUBLIC 08-08-2016.

[122] STF. AgInt no REsp 1507973/RS, Rel. Ministro João Otávio de Noronha, DJe 24/05/2016.

[123] STJ. AgInt nos EDcl no REsp n. 2.004.107/PB, Rel. Min. Mauro Campbell Marques, DJe de 19/12/2022.

36

RECURSO ADESIVO

O recurso adesivo não é "de *per se*, diverso em substância do recurso independente de igual denominação"[1], trata-se apenas de uma forma de se interpor apelação, recurso especial e recurso extraordinário quando sucumbência recíproca.

É, na verdade, uma segunda oportunidade concedida à parte que sucumbiu parcialmente e que não tinha interesse em recorrer autonomamente, por haver se conformado com a decisão. No entanto, podendo ser prejudicada pelo provimento do recurso da parte contrária, lhe é concedida oportunidade para aderir à pretensão de reforma da decisão manifestada no recurso principal. O CPC por reconhecer que a parte aderente não tinha interesse em recorrer autonomamente, subordina o recurso adesivo à admissibilidade do recurso principal. "O pedido de novo julgamento, pelo recorrente adesivo, está, pois, sujeito à condição legal de que o órgão *ad quem* venha efetivamente a julgar (*de meritis*) o recurso principal; em tal sentido, subordina-se a este"[2].

O recurso adesivo, portanto, além dos pressupostos genéricos de admissibilidade (CPC, art. 997, § 2º), em razão da subordinação, apresenta um pressuposto específico: a admissão do recurso principal. O não conhecimento do principal obsta o exame de admissibilidade do recurso adesivo, pois este nunca subsiste de forma independente e autônoma[3].

São pressupostos do recurso adesivo a sucumbência recíproca e a existência de interposição, pela parte contrária, de apelação, recurso especial, ou recurso extraordinário (art. 997, §2º, inc. II)[4].

---

1 BARBOSA MOREIRA, José Carlos. Comentários ao Código de Processo Civil, Op. cit., p. 313.

2 BARBOSA MOREIRA, José Carlos. Comentários ao Código de Processo Civil, Op. cit., p. 322.

3 STJ, AGA nº 183847, DJ 16/11/1998, p. 92, Rel. Min. CARLOS ALBERTO MENEZES DIREITO: "negado seguimento ao recurso especial principal, decisão da qual não se recorreu, inadmissível a pretensão de se determinar o prosseguimento do recurso adesivo independente do recurso especial principal."

4 STJ, REsp. nº 112876, DJ 02/02/1998, p. 124, Rel. Min. EDSON VIDIGAL: "A prejudicialidade do recurso principal acarreta a extinção do adesivo, dada a sua subordinação."

O preparo é exigível do recorrente adesivo mesmo se o recorrente principal tiver sido dispensado de efetua-lo. A jurisprudência divergia sobre a matéria, contudo, a Primeira Seção do STJ firmou o entendimento de que "a isenção conferida à parte que interpôs o recurso principal não vincula a análise quanto à exigibilidade do preparo do recurso adesivo"[5].

O recorrente adesivo pode empregar toda a argumentação que entender suficiente para o recurso ser provido. Inexiste, quanto à matéria, qualquer subordinação do recurso adesivo ao principal, pois, caso houvesse essa limitação à matéria versada no recurso principal o recurso adesivo não seria mais do que meras contrarrazões, desvirtuando-se de sua função impugnativa[6].

A legitimidade para interposição do recurso adesivo é restrita ao autor e ao réu (art. 997, § 1º). Por conseguinte, terceiros prejudicados e o Ministério Público, quando atua na qualidade de fiscal da ordem jurídica, não detém legitimidade para recorrer adesivamente, cabendo-lhes "sempre o ônus de interpor, no prazo comum, o recurso independente"[7]. "Tampouco se pode aderir a recurso de terceiro prejudicado, nem a recurso interposto pelo Ministério Público, se este até então não era parte, mas apenas fiscal da lei: o dispositivo fala em terem ficado "vencidos autor e réu" e, a seguir, em adesão da outra parte ao "recurso interposto por qualquer deles."[8]

O prazo para interposição do recurso adesivo, de 15 dias, flui concomitantemente com o prazo para a parte contrarrazoar (CPC, art. 997, § 1º, inc. I).

O procedimento é idêntico ao do recurso principal, sujeitando-se o recurso adesivo às mesmas regras e pressupostos.

O princípio da unirrecorribilidade veda a interposição simultânea de mais de um recurso, de modo que, interposto o principal, não pode a parte, posteriormente, recorrer adesivamente por ser inadmissível recurso adesivo complementar[9].

> A cumulação de apelações, a principal com a adesiva, contraria o pressuposto finalístico do recurso subordinado, que é, no dizer expressivo de Barbosa Moreira, o recurso "contraposto ao da parte adversa, por aquela que se dispunha a não impugnar a decisão, e só veio a impugná-la porque fizera o outro litigante[10].

---

5 STJ, EREsp 989.494/SP Rel. Min. BENEDITO GONÇALVES, DJe de 6/11/2009.

6 TJSP, RJTJESP 98/237: "Inexistência de restrição ou distinção quanto à matéria a ser versada, bastando a ocorrência de desacordo."

7 BARBOSA MOREIRA, José Carlos. Comentários ao Código de Processo Civil, Op. cit., p. 316.

8 BARBOSA MOREIRA, José Carlos. Comentários ao Código de Processo Civil, Op. cit., p. 313.

9 STF, RE nº 86327, DJ 17/03/78, p. 1417, Rel. Min. MOREIRA ALVES; RE nº 84867, j.31/08/1976; RE nº 90889, DJ DATA-03/07/79 PG-05159 Rel. DÉCIO MIRANDA; STJ, RESP nº 75573, DJ16/03/1998, p. 136, Rel. Min. SÁLVIO DE FIGUEIREDO TEIXEIRA; TARS, APC nº 11.167, j. 9/12/75, Rel. ATHOS GUSMÃO CARNEIRO; TAMG, APC nº 103062-4/00, RJTAMG 45/126, Rel. MERCEDO MOREIRA.

10 CARNEIRO, Athos Gusmão. Considerações sobre o recurso adesivo. In: Revista de Processo, Revista dos Tribunais, nº 18, abril/junho 1988, pp. 161-164.

37

DOS RECURSOS EM ESPÉCIE

37.1 EMBARGOS DE DECLARAÇÃO: FINALIDADE E HIPÓTESES DE CABIMENTO

Embargos de declaração é uma espécie recursal peculiaríssima. O interesse de recorrer não advém da sucumbência. Autor e réu têm direito à obter provimentos jurisdicionais adequada e congruentemente fundamentados. A finalidade dos embargos de declaração é a de aprimorar a decisão, clarificá-la para que possa ser bem compreendida e devidamente cumprida. Por isso, vencedor e vencido poderão ter igual interesse em interpor os declaratórios com a finalidade de "extrair da nova resposta jurisdicional pleiteada maior clareza, melhor completude ou mais rigorosa coerência interna do julgado. (...) Não pede que se *redecida*, pede-se que se *reexprima*"[1].

Os embargos de declaração foram concebidos, originariamente, com o propósito de promover a integração do julgado. O embargante atuava com vistas a qualificar a prestação jurisdicional uma vez que a inalterabilidade do julgado por meio dos embargos declaratórios era ponto pacífico na jurisprudência. O contraditório também era dispensado ante os baixos níveis de litigiosidade e de potencialidade de dano à parte contrária decorrente de seu eventual provimento.

O correr do tempo e as reformas do Código de Processo Civil fizeram com que o cenário mudasse.

O recebimento e julgamento de embargos de declaração com efeitos infringentes passaram a ser admitidos, e atualmente, naturalizaram-se. Diante dessa nova possibilidade, adequações no seu procedimento foram necessárias para assegurar o contraditório.

---

1 FABRÍCIO, Adroaldo Furtado. *Embargos de Declaração: importância e necessidade de sua reabilitação.* In: FABRÍCIO, Adroaldo Frutado (Coord.). Meios de impugnação ao julgado civil – estudos em homenagem a José Carlos Barbosa Moreira. Rio de Janeiro: Forense, 2007, p. 47-95, p. 49.

Os embargos de declaração são cabíveis contra qualquer decisão que for:

> I – obscura ou contraditória;
>
> II – omissa ao deixar de analisar ponto ou questão sobre o qual deveria haver pronunciamento;
>
> III – eivada de erro material.

O interesse recursal advém do interesse em integrar o julgado dissipando as obscuridades e/ou contradições, suprindo as omissões ou corrigindo o erro material do julgado.

A obscuridade e a contradição manifestam-se quando as proposições são inconciliáveis com os fundamentos e com o resultado, caracteriza-se pela falta de clareza a ponto de tornar a decisão *ininteligível*.

As hipóteses de omissão estão definidas no art. 489 e § único do art. 1022 do CPC. É omissa a decisão que:

> I – se limitar à indicação, à reprodução ou à paráfrase de ato normativo, sem explicar sua relação com a causa ou a questão decidida;
>
> II – empregar conceitos jurídicos indeterminados, sem explicar o motivo concreto de sua incidência no caso;
>
> III – invocar motivos que se prestariam a justificar qualquer outra decisão;
>
> IV – não enfrentar todos os argumentos deduzidos no processo capazes de, em tese, infirmar a conclusão adotada pelo julgador;
>
> V – se limitar a invocar precedente ou enunciado de súmula, sem identificar seus fundamentos determinantes nem demonstrar que o caso sob julgamento se ajusta àqueles fundamentos;
>
> VI – deixar de seguir enunciado de súmula, jurisprudência ou precedente invocado pela parte, sem demonstrar a existência de distinção no caso em julgamento ou a superação do entendimento.
>
> VII – deixe de se manifestar sobre tese firmada em julgamento de casos repetitivos ou em incidente de assunção de competência aplicável ao caso sob julgamento.

Por fim, também é embargável a decisão que contiver erro material. Adroaldo Furtado Fabrício elucida que o erro material manifesta-se quando as decisões "exibem erro que não é de julgamento, vale dizer, não se refere a fatos da causa nem à escolha ou interpretação da norma abstrata incidente, nem ainda à formulação da norma concreta – mas sim e somente a dados estranhos ao objeto do processo (...) manifesto erro de julgamento"[2].

---

2 FABRÍCIO, Adroaldo Furtado. *Embargos de Declaração: importância e necessidade de sua reabilitação.* In: FABRÍCIO, Adroaldo Frutado (Coord.). Meios de impugnação ao julgado civil – estudos em homenagem a José Carlos Barbosa Moreira. Rio de Janeiro: Forense, 2007, p. 47-95, p. 59.

37.1.1 Embargos de Declaração com efeitos modificativos

Os embargos declaratórios têm finalidade específica e estrita, integrar o julgado omisso, obscuro, contraditório ou eivado de erro material. Franquear a esse recurso o propósito revisional incondicionado da decisão é desnaturá-lo para lhe conferir ares hegemônicos, um recurso multiuso e polivalente, sucedâneo dos demais recursos, porém, ao arrepio das balizas legais estabelecidas no sistema recursal o que conferiria ao julgador arbitrários poderes revisionais.

Desta maneira, os embargos de declaração devem adstringir-se ao objetivo para o qual foram concebidos, qualificar a resposta jurisdicional suprindo a omissão, afastando a obscuridade ou contradição ou sanando o erro material, inviável, portanto, utilizá-los para ensejar a rediscussão das questões apreciadas.

Entretanto, a lei não tem aptidão para prever todas as ocorrências possíveis de acontecer no mundo dos fatos. Com efeito, situações extraordinárias demandarão soluções excepcionais, necessitando, assim, interpretar teleologicamente a norma jurídica. É o que acontece com os embargos de declaração que, em caráter excepcional, terão efeitos modificativos, como decorrência lógica do seu acolhimento, *v.g.* o suprimento da omissão relativa à prescrição, que, uma vez acolhida, por imperativo lógico, impõe a modificação do julgado embargado. Nesse sentido, pode-se afirmar que a lei serve ao Direito, sendo lapidar a advertência do Ministro Milton Luiz Pereira:

> o dogma processual dos limites e finalidade dos embargos declaratórios, como o direito, deve ser logico, cede com a utilização do juízo crítico racional para a eliminação de erros, diante de demonstração incontrastável que não pode ser omitida. em contrário, seria falsificar a realidade diante de fato provado criando--se juízo do incompreensível e do injusto para o jurisdicionado[3].

Visando ao resguardo das situações excepcionais, admitem-se embargos de declaração com efeitos modificativos, ocasião em que será observado o princípio da dialeticidade, mediante a oitiva do embargado, conforme preconizado no art. 1023, § 2º do CPC.

37.1.2 Sucessivas interposições de embargos de declaração

É possível a interposição de sucessivos embargos de declaração, condicionada sua admissibilidade ao apontamento de vícios na respectiva decisão embargada.

Se o embargante reitera embargos declaratórios relativamente à primeira decisão embargada, o recurso deverá ser considerado protelatório e sujeitar o embargante à multa cominada no art. 1026, § 2º do CPC[4].

---

3 STJ, EDcl no REsp 50.876/SP, Rel. Min. MILTON LUIZ PEREIRA, DJ 05/12/1994, p. 33533.

4 STF, AI 564050 AgR-ED-ED-ED, Rel. Min. EROS GRAU, DJe-082 DIVULG 16-08-2007 PUBLIC 17-08-2007 DJ 17-08-2007 PP-00091 EMENT VOL-02285-11 PP-02265. Precedentes: ARE 665.384-AgR-ED, Rel. Min. Gilmar Mendes, Segunda Turma, DJe de

37.1.3 Embargos de Declaração para fins de prequestionamento

Embargos de declaração para fins de prequestionamento com o propósito de submeter a matéria à instância superior só tem cabimento somente se houver omissão na decisão embargada.

Outra perceptível mudança na história dos embargos de declaração é certa distorção no seu manejo, fruto do desconhecimento de sua finalidade. Há uma prolífera utilização deste recurso para fins de prequestionamento de questões constitucionais ou legais. A parte, desavisadamente, objetiva atender ao pressuposto constitucional do prequestionamento a autorizar a interposição de recursos extraordinário ou especial, conforme o caso, por meio dos embargos de declaração. A jurisprudência tem adotado critérios mais técnicos e rigorosos para coibir os eventuais abusos na utilização dos embargos de declaração.

Evidentemente, as hipóteses do art. 1022 do CPC são taxativas e dele não consta previsão de embargos de declaração para prequestionar matérias não deduzidas anteriormente e que não foram enfrentadas na decisão. "A matéria não pode ser alegada pela primeira vez em embargos de declaração contra o acórdão do qual se pretende interpor RE ou REsp"[5]. O enviesamento deste recurso não produzirá o resultado almejado pelo embargante e ainda o expõe ao risco de uma sanção processual.

Foi como decidiu o STJ, ao reconhecer que a decisão da instância ordinária estava livre de vícios, nela constando as questões de modo claro e objetivo, decidiu que os embargos de declaração interpostos, cujo propósito era prequestionar caracterizaram abuso do direito de recorrer, dando ensejo à multa cominada no art. 1026, § 2º, do CPC.

> A jurisprudência desta Corte firmou a compreensão de que os embargos de declaração são cabíveis apenas para corrigir eventuais equívocos existentes no acórdão, de forma que a conduta que se distancia do propósito legal de sanar omissão porventura existente, ou mesmo de prequestionar a matéria, enseja a aplicação da multa.[6]

É importante ressaltar que são admitidos embargos de declaração para fins de prequestionamento, desde que o embargante fundamente o recurso na omissão existente na decisão. Consequentemente, suprida a omissão, a matéria constitucional ou legal terá, certamente, sido apreciada pelo acórdão, possibilitando ao embargante, em seguida, se valer dos recursos constitucionais. Persistindo a omissão,

---

04/09/2012; AI 727.244-AgR-ED-ED, Rel. Min. Joaquim Barbosa, Segunda Turma, DJe de 19/10/2012; AI 746.016-AgR-ED-ED, Rel. Min. Celso de Mello, Segunda Turma, DJe de 11/02/2010; e AI 362.828-AgR-ED-ED-EDv-AgR-ED, Rel. Min. Cezar Peluso, Tribunal Pleno, DJ de 06/10/2006.

[5] NERY JR., Nelson. Princípios fundamentais – teoria geral dos recursos. 4 ed. São Paulo: Revista dos Tribunais. 1997, p. 249.

[6] STJ, AgInt no AREsp n. 1.458.210/SP, relator Ministro Sérgio Kukina, Primeira Turma, julgado em 23/9/2019, DJe de 26/9/2019.

não sanada no julgamento dos embargos de declaração, abre-se a via do Recurso Especial, por violação do art. 1022 do CPC.

37.1.4 Impossibilidade do prequestionamento ficto por meio de Embargos de Declaração: interpretação conforme a constituição do art. 1025 do CPC

O requisito do prequestionamento é indispensável ao conhecimento dos recursos constitucionais, mesmo em relação às matérias de ordem pública, passíveis de exame de ofício nas instâncias ordinárias. Esse entendimento encontra-se externado no teor das Súmulas 282 e 356 do STF, a saber:

> Súmula 282 do STF – É inadmissível o recurso extraordinário, quando não ventilada, na decisão recorrida, a questão federal suscitada.
>
> Súmula 356 do STF – O ponto omisso da decisão, sobre o qual não foram opostos embargos declaratórios, não pode ser objeto de recurso extraordinário, por faltar o requisito do prequestionamento.

Assim, somente estará prequestionada a matéria no caso de o acórdão recorrido ter emitido algum juízo de valor acerca da norma apontada como violada.

O pressuposto do prequestionamento é corolário ou desdobramento lógico do texto constitucional na medida em que os arts. 102, inc. III e 105, III, da Constituição dispõem competir ao STF e ao STJ julgar recurso extraordinário ou especial interposto contra as causas decididas nas instâncias ordinárias. É neste sentido, que, há tempos, Nelson Nery Jr. ensina:

> O verdadeiro requisito de admissibilidade do RE e do Resp é o cabimento, que só ocorrerá quanto às matérias que tenham sido efetivamente "decidas" pelas instâncias ordinárias (CF 102 III e 105 III)[7].

O prequestionamento não é pressuposto autônomo, razão pela qual o recorrente não está exonerado de atender aos demais pressupostos de admissibilidade dos recursos constitucionais, tais como legitimidade, interesse, tempestividade, preparo prévio e petição fundamentada. O prequestionamento, esclarece Fredie Didier, é, "na verdade, etapa no exame do cabimento dos recursos extraordinários"[8].

Ora, ao estabelecer que, para fins de admissão dos recursos extraordinário e especial, a causa deve ter sido decidida pelo tribunal de origem, a Constituição nada mais faz que reforçar o papel que atribuiu aos tribunais constitucionais. A missão do STF e do STJ é, respectivamente, de assegurar a uniformização interpretativa do Direito e a integridade das normas constitucionais e infraconstitucionais.

Com efeito, não compete ao STF, em recurso extraordinário, conhecer de matéria nova, tampouco constitui o tribunal "terceira instância judicial". Sua função precípua

---

7 NERY JR., Nelson. Teoria Geral dos Recursos. São Paulo: Revista dos Tribunais, 2004, p. 301.

8 DIDIER JR., Fredie. Curso de Direito Processual Civil. Vol. 3. Salvador: Podivm, 2009, p. 262.

é a de zelar pela supremacia e unidade da Constituição da República, restaurando a integridade da norma constitucional quando violada pelas instâncias ordinárias.

Ausente no acórdão recorrido a questão constitucional, isto é, se o tribunal local não proferiu entendimento a respeito de determinada norma constitucional, então a causa decidida ali não contém a precitada questão, o que inviabiliza a interposição de recurso extraordinário. Assim, não é juridicamente admissível que o recorrente inove após o julgamento de segundo grau de jurisdição, afirmando que o entendimento esposado pelo tribunal implica violação à norma constitucional quando, em verdade, esta questão até então não havia sido posta em debate. Vale reiterar que os embargos de declaração não se destinam a veicular matéria ou tese novas; seu cabimento se restringe às hipóteses de existência de omissão, obscuridade, contradição ou erro material no provimento judicial. O mesmo vale, *mutatis mutandis*, para o recurso especial.

> A fim de que seja cabível, tanto o recurso especial como o extraordinário, é necessário que a questão legal ou constitucional já esteja presente nos autos, tendo sido decidida pelo tribunal (ou juízo, no caso de recurso extraordinário) *a quo*[9].

Matéria prequestionada nada mais seria, então, do que a matéria previamente conhecida e decidida pelo tribunal de origem, conforme entendimento sufragado pela jurisprudência do STF:

> O prequestionamento não resulta da circunstância de a matéria haver sido arguida pela parte recorrente. A configuração do instituto pressupõe debate e decisão prévios pelo Colegiado, ou seja, emissão de juízo sobre o tema. O procedimento tem como escopo o cotejo indispensável a que se diga do enquadramento do recurso extraordinário no permissivo constitucional. Se o Tribunal de origem não adotou tese explícita a respeito do fato jurígeno veiculado nas razões recursais, inviabilizado fica o entendimento sobre a violência ao preceito evocado pelo recorrente[41].

A questão é singela. Ao interpretar que "causas decididas" pressupõem o pronunciamento do órgão a quo sobre a matéria passível de impugnação pelos recursos constitucionais, o Supremo Tribunal Federal se atém aos limites da competência que lhe foi conferida pela Constituição da República:

> O requisito do prequestionamento assenta no fato de não ser aplicável à fase de conhecimento do recurso extraordinário o princípio *jura novit curia*: instrumento de revisão *in jure* das decisões proferidas em única ou última instância, o RE não investe o Supremo de competência para vasculhar o acórdão recorrido, à procura de uma norma que poderia ser pertinente ao caso, mas da qual não se cogitou. Daí a necessidade de pronunciamento explícito do Tribunal *a quo* sobre a questão suscitada no recurso extraordinário: Sendo o prequestionamento, por definição, necessariamente explícito, o chamado "prequestionamento implícito" não é mais do que uma simples e inconcebível contradição em termos[10].

---

9 MARINONI, Luiz Guilherme, ARENHART, Sérgio Cruz. Processo de Conhecimento. Vol 2. São Paulo: Revista dos Tribunais, 2008, p. 572.

10 STF. AI 253.566 AgR. Rel. Min. SEPÚLVEDA PERTENCE, julgado em 15 fev. 2000. Acesso em 15 de jun. 2013.

Não se pode perder de vista, portanto, que, se oportunamente, a questão constitucional não foi suscitada na jurisdição ordinária, o manejo de embargos de declaração para fins de prequestionamento, após o julgamento do tribunal *a quo*, não tem o condão de ampliar a tese jurídica deduzida pela parte[11].

Essa vedação explica-se pela inadmissibilidade jurídica de a parte, ao seu alvedrio, fabricar, por meio dos embargos de declaração, recursos constitucionais, independentemente do conteúdo da decisão impugnada. Seria juridicamente inexplicável o fato de a jurisdição excepcional, exercida pelos STF e STJ, estar submetida à vontade do jurisdicionado.

Essa possibilidade é lógica e juridicamente incompatível com a Constituição.

Há de se ressaltar, também, a inconstitucionalidade formal do art. 1025 do CPC, uma vez que a Constituição não atribuiu ao legislador poderes para ampliar as competências dos tribunais constitucionais, conforme decidiu o STF, por ocasião do julgamento da ADI nº 2797:

> Pretensão inadmissível de interpretação autêntica da Constituição por lei ordinária e usurpação da competência do Supremo Tribunal para interpretar a Constituição: inconstitucionalidade declarada. (...) Não pode a lei ordinária pretender impor, como seu objeto imediato, uma interpretação da Constituição: a questão é de inconstitucionalidade formal, ínsita a toda norma de gradação inferior que se proponha a ditar interpretação da norma de hierarquia superior. 4. Quando, ao vício de inconstitucionalidade formal, a lei interpretativa da Constituição acresça o de opor-se ao entendimento da jurisprudência constitucional do Supremo Tribunal – guarda da Constituição –, às razões dogmáticas acentuadas se impõem ao Tribunal razões de alta política institucional para repelir a usurpação pelo legislador de sua missão de intérprete final da Lei Fundamental: admitir pudesse a lei ordinária inverter a leitura pelo Supremo Tribunal da Constituição seria dizer que a interpretação constitucional da Corte estaria sujeita ao referendo do legislador, ou seja, que a Constituição – como entendida pelo órgão que ela própria erigiu em guarda da sua supremacia –, só constituiria o correto entendimento da Lei Suprema na medida da inteligência que lhe desse outro órgão constituído, o legislador ordinário, ao contrário, submetido aos seus ditames[12].

Deste modo, "a simples oposição dos embargos de declaração, sem o efetivo debate acerca da matéria versada pelo dispositivo constitucional apontado como malferido, não supre a falta do requisito do prequestionamento, viabilizador da abertura da instância extraordinária"[13].

A pretensão do art. 1025 do CPC de realizar interpretação autêntica da Constituição padece de inconstitucionalidade formal, pois, somente emenda constitucional tem aptidão para tal.

---

[11] STF, ARE 723369 AgR, Decisão monocrática. +Rel. Min. CÁRMEN LÚCIA, j. 17/12/2012. DJe 04/02/2013.

[12] STF. ADI nº 2797, Rel. Min. SEPÚLVEDA PERTENCE, julgado em 19 dez. 2006. Acesso em 15 de jun. 2013.

[13] STF. RE 627527, Rel. Min. LUIZ FUX, julgado em 04 dez. 2012. Acesso em 15 de jun. 2013.

Assim, na hipótese de haver negativa de prestação jurisdicional pela instância *a quo*, apesar do manejo de embargos declaratórios, haverá violação da legislação federal – especificamente, do art. 1022 do CPC –, o que autoriza a interposição de recurso especial. Nesse caso, o provimento do recurso pelo STJ implica a cassação do acórdão recorrido com a determinação para o tribunal ordinário suprir a omissão. Somente após a integração do julgado pelo tribunal *a quo* é que se poderá aferir o cabimento do recurso extraordinário ou especial para tratar da matéria de fundo. Esse é o entendimento do STJ:

> É firme o posicionamento do STJ no sentido de que "nos termos do art. 1.025 do CPC/2015, não há falar em prequestionamento ficto se a alegada matéria não foi discutida na origem e não foi verificada nesta Corte a existência de erro, omissão ou obscuridade"[14].
>
> A jurisprudência deste Tribunal Superior firmou-se no sentido de que o prequestionamento ficto previsto no art. 1025 do CPC/2015, pressupõe que a parte recorrente, após a oposição dos embargos de declaração na origem, também suscite nas razões do recurso especial a violação ao art. 1022 do CPC/2015 por negativa de prestação jurisdicional, pois, somente dessa forma, é que o Órgão julgador poderá verificar a existência do vício e proceder à supressão de grau.
>
> Não cumpridos os requisitos exigidos para o reconhecimento do prequestionamento ficto, permanece perfeitamente aplicável, ainda na vigência do CPC/15, o óbice da Súmula n. 211/STJ[15].
>
> Somente a indevida rejeição dos embargos de declaração opostos ao acórdão recorrido para provocar o debate da corte de origem acerca de dispositivos de lei considerados violados que versam sobre temas indispensáveis à solução da controvérsia autoriza o conhecimento do recurso especial em virtude do prequestionamento ficto, previsto no art. 1.025 do CPC, desde que, no apelo extremo, seja arguida violação do art. 1.022 do CPC, situação que autoriza o STJ a reconhecer o vício e, superando a supressão de instância, analisar o pedido[16].

A Súmula 211 do STJ[17], cujo enunciado é pela inadmissibilidade do Recurso Especial quando a matéria não foi prequestionada, apesar do manejo de embargos de declaração, continua válida. Portanto, a persistência da omissão não inviabiliza o Recurso Especial, que deverá, todavia, ter sua fundamentação construída a partir da violação do art. 1022 do CPC.

Por sua vez, a jurisprudência da Suprema Corte também é uníssona ao não compactuar com a admissão de recurso extraordinário com base em prequestionamento ficto, contemplado no art. 1025 do CPC.

---

14 STJ, AgInt noAREsp 1.218.379/SP, Rel. Min.Ricardo Villas Bôas Cueva, Terceira Turma, julgado em 24/4/2018, DJe 30/4/2018.

15 STJ, AgInt no REsp 1823725/AC, Rel. Min. MAURO CAMPBELL MARQUES, DJe 18/06/2020.

16 STJ. AgInt no REsp n. 2.031.194/PA, Rel Min. João Otávio de Noronha, DJe de 16/2/2023.

17 STJ, Súmula 211 – Inadmissível recurso especial quanto à questão que, a despeito da oposição de embargos declaratórios, não foi apreciada pelo Tribunal *a quo*.

Desta maneira, a tentativa de facilitação de acesso aos tribunais constitucionais, conforme almejado no art. 1025 do CPC, foi infrutífera, como se evidencia pelo entendimento do STF:

> O requisito do prequestionamento obsta o conhecimento de questões constitucionais inéditas. Esta corte não tem procedido à exegese a contrário sensu da Súmula STF 356 e, por consequência, somente considera prequestionada a questão constitucional quando tenha sido enfrentada, de modo expresso, pelo Tribunal a quo. A mera oposição de embargos declaratórios não basta para tanto. Logo, as modalidades ditas implícitas e ficta de prequestionamento não ensejam o conhecimento do apelo extremo. Aplicação da Súmula STF 282: "É inadmissível o recurso extraordinário, quando não ventilada, na decisão recorrida, a questão federal suscitada[18].

> Registro, por oportuno, que, ante a ausência de efetiva apreciação de questão constitucional por parte do Tribunal de origem é inadmissível o apelo extremo. É igualmente inadmissível o prequestionamento implícito ou ficto. Nesse sentido: RE nº 681.953/DF-AgR, Relator Ministro Celso de Mello, Segunda Turma, DJe de 9/11/12; e AI nº 735.115/RS-AgR, de minha relatoria, Primeira Turma, DJe de 11/5/12[19].

37.1.5 Aplicação do princípio da fungibilidade nos tribunais constitucionais: conversão dos Embargos de Declaração em Agravo Interno

Embargos de declaração com efeitos infringentes interpostos contra decisões proferidas monocraticamente pelos ministros do STJ e STF dá ensejo à fungibilidade recursal para admiti-los como agravo interno, nos termos do § 3º do art. 1024 do CPC.

A fungibilidade recursal, nesse caso, tem por pressuposto o efeito infringente pretendido pelo recorrente.

Assim, não ocorrerá a conversão quando houver interposição de embargos de declaração com fundamento no art. 1022 do CPC. Assim, embargada decisão monocrática, o julgamento far-se-á, também, monocraticamente, conforme disposto no § 2º do art. 1024 do CPC[20].

Pois bem, tratando-se de embargos de declaração com efeitos infringentes, sua conversão em agravo interno, dá ensejo ao seguinte procedimento:

> I – o relator concederá prazo ao recorrente para, em até cinco dias, complementar as razões recursais mediante a impugnação específica

---

18 STF. Agravo Regimental no Recurso Extraordinário nº 591.961/RJ. Relator Ministra Rosa Weber. Julgado em: 05.02.2013. Acesso em 27 de set. 2013.

19 STF. Agravo Regimental no Agravo de Instrumento nº 763.915/RJ. Relator Ministro Dias Toffoli. Julgado em: 12.03.2013.

20 STJ, AgInt nos EDcl no AREsp 833.902/MT, Rel. Min. PAULO DE TARSO SANSEVERINO, DJe 22/06/2017.

dos fundamentos da decisão agravada, § 3° do art. 1024 c/c o 1.021, § 1° do CPC.

II – emendada a petição recursal, será concedido ao recorrido prazo para resposta ao recurso (CPC, § 2°, art. 1021).

III – se o relator não se retratar, o julgamento do agravo interno será incluído em pauta.

37.1.6 Efeitos dos Embargos de Declaração

O art. 1026 do CPC atribui aos Embargos de Declaração efeito devolutivo e suspensivo *ope iudicis* se reconhecida a probabilidade de provimento do recurso ou, sendo relevante a fundamentação, se houver risco de dano grave ou de difícil reparação. Assim, se o relator não conferir efeito suspensivo aos embargos de declaração, a decisão embargada pode ser cumprida provisoriamente.

É importante salientar que os embargos de declaração interrompem o prazo para a interposição de outro recurso. Desta maneira, após o julgamento dos embargos, as partes terão a seu dispor a integralidade do prazo para interpor o recurso cabível contra a decisão que os julgou.

Duas situações podem ocorrer quando o embargado interpõe o recurso antes de serem julgados os embargos de declaração:

I - Os embargos são rejeitados ou não alteram a conclusão da decisão embargada, o recurso interposto pelo embargado, antecedentemente ao julgamento dos declaratórios, será automaticamente processado (CPC, § 5° do art. 1024).

II - Os embargos declaratórios são providos, caso em que ao embargado será concedido prazo de 15 dias para complementar as razões do recurso antecedentemente interposto, o aditamento deve ser feito "nos exatos limites da modificação, no prazo de 15 (quinze) dias, contado da intimação da decisão dos embargos de declaração" (CPC, § 4°, art. 1024). A complementaridade se justifica pelo fato de que, com o provimento dos embargos, a decisão anteriormente atacada pela parte contrária não tem mais o mesmo teor, donde a necessidade de o recorrente adequar as razões de seu inconformismo ao novo teor do julgado.

37.1.7 Sanções previstas para Embargos de Declaração protelatórios

Nos termos do art. 1026, § 2° do CPC, os embargos de declaração manifestamente protelatórios ensejarão aplicação de multa de até 2% sobre o valor atualizado da causa.

A reiteração da conduta procrastinatória ensejará a elevação da multa para até 10% sobre o valor atualizado da causa, condicionada a admissibilidade de qualquer recurso subsequente ao prévio depósito do valor da multa (CPC, § 3°, art. 1026).

Reconhecida a natureza protelatória de dois embargos de declaração sucessivos, o embargante não poderá interpor novos embargos de declaração (CPC, § 4º, art. 1026). A interposição dos terceiros embargos de declaração nessa hipótese não impedirá o trânsito em julgado da decisão embargada uma vez que recurso manifestamente inadmissível não impede a formação da coisa julgada.

37.1.8 Prazo para julgamento dos Embargos Declaratórios

Diz o Código, no art. 1024, que os embargos interpostos no primeiro grau de jurisdição devem ser julgados em cinco dias. Por sua vez, o § 1º do mesmo dispositivo diz que quando interpostos perante os tribunais, o relator os apresentará em mesa na sessão subsequente e, não havendo julgamento nessa sessão, o recurso será incluído em pauta automaticamente.

39.1.9 Demais pressupostos recursais dos Embargos de Declaração

PRAZO: cinco dias.

PREPARO: inexigível.

REGULARIDADE FORMAL: interposição por petição endereçada ao prolator da decisão embargada, com indicação do erro material, obscuridade, contradição ou omissão.

CONTRADITÓRIO: o princípio da dialeticidade será observado quando os embargos de declaração tiverem efeitos modificativos. O embargado será intimado para responder aos embargos de declaração no prazo de cinco dias.

37.2 AGRAVO DE INSTRUMENTO

37.2.1 Hipóteses de cabimento

37.2.1.1 De acordo com o CPC

O agravo de instrumento é o recurso cabível contra decisões interlocutórias que versarem sobre as matérias constantes do art. 1015 do CPC:

> I – tutelas provisórias;
>
> II – mérito do processo;
>
> III – rejeição da alegação de convenção de arbitragem;
>
> IV – incidente de desconsideração da personalidade jurídica;
>
> V – rejeição do pedido de gratuidade da justiça ou acolhimento do pedido de sua revogação;
>
> VI – exibição ou posse de documento ou coisa;
>
> VII – exclusão de litisconsorte;
>
> VIII – rejeição do pedido de limitação do litisconsórcio;
>
> IX – admissão ou inadmissão de intervenção de terceiros;

X – concessão, modificação ou revogação do efeito suspensivo aos embargos à execução;

XI – redistribuição do ônus da prova nos termos do art. 373, § 1°;

Tratava-se de *numerus clausus*. O CPC estabeleceu taxativamente as hipóteses de cabimento de agravo de instrumento.

O § único do referido art. 1015 do CPC, ressalva as fases de liquidação e cumprimento de sentença e os processos de execução e de inventário, que detém a irrestrita recorribilidade das decisões interlocutórias.

O texto normativo, entretanto, perdeu sua plena eficácia em face do que foi decidido pelo Superior Tribunal de Justiça, reconhecendo a taxatividade mitigada das hipóteses contempladas no art. 1015 do CPC. Essa decisão gerou uma situação de extrema perplexidade pois, ao afastar os parâmetros estabelecidos na lei, flexibilizou as hipóteses de cabimento do agravo de instrumento, desde que demonstrada a urgência.

37.2.1.2 De acordo com o Tema Repetitivo 988 do STJ: taxatividade mitigada[39]

O STJ, interpretando a enumeração das hipóteses de cabimento do art. 1015 do CPC, decidiu tratar-se de uma regra do que convencionou denominar de taxatividade mitigada. No entendimento do Tribunal, a mitigação do rol do art. 1015 se faz pelo critério da urgência, ou seja, havendo risco de dano irreparável ou de difícil reparação reconhece-se o interesse recursal para a impugnação imediata da decisão interlocutória. Nas palavras da relatora, Ministra Nancy Andrighi, "sempre em caráter excepcional e desde que preenchido o requisito urgência".

Ao decidir desta forma, o STJ ressuscitou o revogado art. 522 do CPC de 1973, que dispunha sobre o cabimento do agravo de instrumento exatamente "quando se tratasse de decisão suscetível de causar à parte lesão grave e de difícil reparação". Esclarecia Araken de Assis que "inexistindo o receio de 'lesão grave e de difícil reparação', o agravo de instrumento não é cabível"[21]. Vale dizer, foi em vão todo o esforço dispendido pelo legislador para alterar a sistemática do agravo de instrumento.

As consequências indesejáveis desse entendimento foram explicitadas no voto vencido proferido pela Ministra Maria Thereza de Assis Moura:

> A possibilidade desta Corte agir no lugar do legislador para tentar corrigir eventual equívoco não me parece razoável, pois penso que trará muita insegurança jurídica. (...)
>
> Vem-me desde logo a dúvida: como se fará a análise da urgência? Caberá a cada julgador fixar, de modo subjetivo, o que será urgência no caso concreto? Se for assim, qual a razão, então, de ser da atuação do STJ na fixação da tese, que em princípio, deve servir para todos os casos indistintamente? (...)

---

21 ASSIS, Araken de. *Manual dos recursos*. 6ª ed. São Paulo: RT, 2014, p. 562.

> A tese proposta em seu voto poderá causar um efeito perverso, qual seja, a de que os advogados tenham, a partir de agora, de interpor, sempre, agravo de instrumento de todas as interlocutórias, a pretexto de que se trata de situação urgente, agora, sim, sob pena de preclusão (que foi tratada de forma diferente na lei processual em vigor). E, cada tribunal decidirá conforme sua convicção. Ou seja, o repetitivo não cumprirá sua função paradigmática. (...)

Apesar do vaticínio da Min. Maria Thereza de Assis Moura, a tese vencedora consagrou o que se denominou taxatividade mitigada do rol do art. 1015:

> RECURSO ESPECIAL REPRESENTATIVO DE CONTROVÉRSIA. DIREITO PROCESSUAL CIVIL. NATUREZA JURÍDICA DO ROL DO ART. 1.015 DO CPC/2015. IMPUGNAÇÃO IMEDIATA DE DECISÕES INTERLOCUTÓRIAS NÃO PREVISTAS NOS INCISOS DO REFERIDO DISPOSITIVO LEGAL. POSSIBILIDADE. TAXATIVIDADE MITIGADA. EXCEPCIONALIDADE DA IMPUGNAÇÃO FORA DAS HIPÓTESES PREVISTAS EM LEI. REQUISITOS.
>
> 1- O propósito do presente recurso especial, processado e julgado sob o rito dos recursos repetitivos, é definir a natureza jurídica do rol do art. 1.015 do CPC/15 e verificar a possibilidade de sua interpretação extensiva, analógica ou exemplificativa, a fim de admitir a interposição de agravo de instrumento contra decisão interlocutória que verse sobre hipóteses não expressamente previstas nos incisos do referido dispositivo legal.
>
> 2- Ao restringir a recorribilidade das decisões interlocutórias proferidas na fase de conhecimento do procedimento comum e dos procedimentos especiais, exceção feita ao inventário, pretendeu o legislador salvaguardar apenas as "situações que, realmente, não podem aguardar rediscussão futura em eventual recurso de apelação".
>
> 3- A enunciação, em rol pretensamente exaustivo, das hipóteses em que o agravo de instrumento seria cabível revela-se, na esteira da majoritária doutrina e jurisprudência, insuficiente e em desconformidade com as normas fundamentais do processo civil, na medida em que sobrevivem questões urgentes fora da lista do art. 1.015 do CPC e que tornam inviável a interpretação de que o referido rol seria absolutamente taxativo e que deveria ser lido de modo restritivo.
>
> 4- A tese de que o rol do art. 1.015 do CPC seria taxativo, mas admitiria interpretações extensivas ou analógicas, mostra-se igualmente ineficaz para a conferir ao referido dispositivo uma interpretação em sintonia com as normas fundamentais do processo civil, seja porque ainda remanescerão hipóteses em que não será possível extrair o cabimento do agravo das situações enunciadas no rol, seja porque o uso da interpretação extensiva ou da analogia pode desnaturar a essência de institutos jurídicos ontologicamente distintos.
>
> 5- A tese de que o rol do art. 1.015 do CPC seria meramente exemplificativo, por sua vez, resultaria na repristinação do regime recursal das interlocutórias que vigorava no CPC/73 e que fora conscientemente modificado pelo legislador do novo CPC, de modo que estaria o Poder Judiciário, nessa hipótese, substituindo a atividade e a vontade expressamente externada pelo Poder Legislativo.
>
> 6- Assim, nos termos do art. 1.036 e seguintes do CPC/2015, fixa-se a seguinte tese jurídica: O rol do art. 1.015 do CPC é de taxatividade mitigada, por isso

admite a interposição de agravo de instrumento quando verificada a urgência decorrente da inutilidade do julgamento da questão no recurso de apelação.

7- Embora não haja risco de as partes que confiaram na absoluta taxatividade com interpretação restritiva serem surpreendidas pela tese jurídica firmada neste recurso especial repetitivo, eis que somente se cogitará de preclusão nas hipóteses em que o recurso eventualmente interposto pela parte tenha sido admitido pelo Tribunal, estabelece-se neste ato um regime de transição que modula os efeitos da presente decisão, a fim de que a tese jurídica somente seja aplicável às decisões interlocutórias proferidas após a publicação do presente acórdão.

37.2.1.2.1 Preclusão de acordo com o Tema Repetitivo 988 do STJ

O STJ, na trilha do voto da Ministra Nancy Andrighi estabeleceu que a interposição do agravo de instrumento sustentado na alegação de urgência, fora das hipóteses do art. 1015 do CPC, não acarreta preclusão alguma, nem mesmo a consumativa, confira:

Não há dúvida de que o novo CPC modificou substancialmente o regime de preclusões do processo. Pelo novo regime, apenas precluem as decisões que possuam o conteúdo descrito nas hipóteses previstas no art. 1.015 do CPC e que não tenham sido impugnadas por agravo de instrumento, ficando todas as demais questões imunizadas pelo sistema até momento futuro - prolação da sentença - ocasião em que as questões, até então imunes, deverão ser impugnadas pela parte no recurso de apelação ou em suas contrarrazões, sob pena de, a partir desse momento, tornarem-se indiscutíveis.

(....) se for adotada a tese jurídica que se propõe: taxatividade mitigada pelo requisito da urgência. De fato, admitindo-se a possibilidade de impugnar decisões de natureza interlocutória não previstas no rol do art. 1.015, em caráter excepcional, tendo como requisito objetivo a urgência decorrente da inutilidade futura do julgamento diferido da apelação, evidentemente não haverá que se falar em preclusão de qualquer espécie.

Não haverá preclusão temporal porque o momento legalmente previsto para a impugnação das interlocutórias - apelação ou contrarrazões - terá sido respeitado. A tese jurídica proposta não visa dilatar o prazo, mas, ao revés, antecipá-lo, colocando-se, em situação excepcional, a possibilidade de reexame de certas interlocutórias em momento anterior àquele definido pela lei como termo final para a impugnação.

Também **não haverá preclusão lógica**, na medida em que, nos termos da lei, a decisão interlocutória fora da lista do art. 1.015, em tese não impugnável de imediato, está momentaneamente imune. Nessa perspectiva, somente por intermédio de uma conduta ativa da parte - ato comissivo - é que se poderá, eventualmente e se preenchido o seu requisito, desestabilizar a questão, retirando-a do estado de espera que a própria lei a colocou e permitindo que seja examinada imediatamente.

Igualmente, **não há que se falar em preclusão consumativa**, porque apenas haverá o efetivo rompimento do estado de inércia da questão incidente se, além da tentativa da parte prejudicada, houver também juízo positivo de admissibilidade do recurso de agravo de instrumento, isto é, se o Tribunal reputar presente o requisito específico fixado neste recurso especial repetitivo, confirmando que a questão realmente exige reexame imediato.

Dito de outra maneira, o cabimento do agravo de instrumento na hipótese de haver urgência no reexame da questão em decorrência da inutilidade do julgamento diferido do recurso de apelação está sujeito a um duplo juízo de conformidade: um, da parte, que interporá o recurso com a demonstração de seu cabimento excepcional; outro, do **Tribunal, que reconhecerá a necessidade de reexame com o juízo positivo de admissibilidade. Somente nessa hipótese a questão, quando decidida, estará acobertada pela preclusão.**

Significa dizer que, quando **ausentes quaisquer dos requisitos acima mencionados, estará mantido o estado de imunização e de inércia da questão incidente, possibilitando que seja ela examinada, sem preclusão, no momento do julgamento do recurso de apelação.**

37.2.2 Sugestão prática

Diante da incondicionada hipótese de cabimento do agravo de instrumento e da inconsequência e desresponsabilização por eventual abusividade do direito de recorrer fora das hipóteses enumeradas no art. 1015 do CPC, tendo em vista o regime de preclusões acima delineado pelo STJ, o melhor caminho é a parte utilizar-se deste recurso todas as vezes que considerar oportuna e conveniente sua interposição.

A urgência é relativizada pela casuística e pela discricionariedade do agravante e do julgador. É o agravante que vai significar a urgência para justificar a admissibilidade do agravo de instrumento e, caso o tribunal não a reconheça, inadmitirá o recurso. Contudo, para o agravante não advirá nenhuma consequência dessa desinteligência.

37.2.3 Procedimento

O agravante deverá interpor o agravo de instrumento diretamente no tribunal competente em petição endereçada ao presidente do tribunal contendo os elementos indicados no art. 1016 do CPC:

> I – os nomes das partes;
>
> II – a exposição do fato e do direito;
>
> III – as razões do pedido de reforma ou de invalidação da decisão e o próprio pedido;
>
> IV – o nome e o endereço completo dos advogados constantes do processo.

A indicação do nome e do endereço de todos os advogados constantes do processo destina-se a fornecer ao tribunal os meios para proceder às intimações.

O agravante também deverá instruir o recurso com os documentos que considerar aptos à demonstração de sua pretensão recursal e que proporcionem ao tribunal o conhecimento suficiente da matéria a ser julgada, incumbindo-lhe, ainda, juntar, obrigatoriamente, cópia dos seguintes documentos arrolados no art. 1017, inc. I do CPC:

> I – petição inicial,
>
> II – contestação,
>
> III – petição que ensejou a decisão agravada,
>
> IV – decisão agravada,
>
> V – certidão da respectiva intimação ou outro documento oficial que comprove a tempestividade.

Tema Repetitivo 651: Considerando a prerrogativa que possui a Fazenda Nacional de ser intimada das decisões, por meio da concessão de vista pessoal e, em atenção ao princípio da instrumentalidade das formas, pode a certidão de concessão de vistas dos autos ser considerada elemento suficiente à demonstração da tempestividade do agravo de instrumento, substituindo a certidão de intimação legalmente prevista.

Tema Repetitivo 697: "A ausência da cópia da certidão de intimação da decisão agravada não é óbice ao conhecimento do Agravo de Instrumento quando, por outros meios inequívocos, for possível aferir a tempestividade do recurso, em atendimento ao princípio da instrumentalidade das formas.

VI – procurações outorgadas aos advogados do agravante e do agravado.

Ad cautelam, ainda que a questão ainda seja controvertida, recomenda-se ao agravante juntar toda a cadeia de procuração e substabelecimentos sucessivos que é necessária para aferição de que o advogado detém poderes de representação

Além das mencionadas cópias, incumbe ao agravante anexar à petição recursal o comprovante original do pagamento do preparo e, quando devido, do porte de retorno. Se o agravante litigar beneficiado pela assistência judiciária deverá instruir o recurso com a decisão concessiva da justiça gratuita.

Diante da inexistência de algum destes documentos, no caso, por exemplo, certidão de intimação da decisão indeferindo tutela de urgência, antecedentemente à citação do réu, o advogado declarará a inexistência do documento faltante, conforme permissivo contido no inc. II do art. 1017 do CPC.

O agravo de instrumento deverá ser protocolizado no tribunal competente, na própria comarca ou nas subseções judiciárias quando houver protocolo integrado, no correio, por postagem com Aviso de Recebimento.

O CPC ainda admite a possibilidade de protocolo do recurso mediante transmissão de "dados tipo fac-símile", tecnologia caduca e indisponível. Supondo sua subsistência, nos termos do § 4º do art. 1017, o agravante deverá juntar as peças no momento de protocolo da petição original, que deverá ser feito no prazo de cinco dias, conforme art. 2º da Lei 9800/99.

Atendidos os pressupostos recursais, o relator do agravo de instrumento ao admitir o recurso apreciará pedido de antecipação de tutela recursal, podendo suspender a eficácia da decisão agravada, ou, desde logo, antecipar o mérito do recurso, total ou parcialmente.

Em seguida, determinará a intimação do agravado para responder ao recurso e juntar os documentos que considerar necessários para corroborar a decisão recorrida. Se o agravado não estiver representado nos autos, a intimação será por Carta com AR; havendo defensor constituído, a intimação será feita por publicação no Diário da Justiça (CPC, art. 1019, II).

Se o Ministério Público intervier no processo como fiscal da ordem jurídica também será intimado para se manifestar sobre o agravo de instrumento.

Com ou sem manifestação do agravado e do MP, quando interveniente, o relator terá 30 dias de prazo para pedir dia para julgamento, intimando-se as partes de sua inclusão em pauta.

Nos termos do art. 937, inc. VIII do CPC, a sustentação oral no julgamento do agravo de instrumento é admissível nos recursos que impugnam decisões relacionadas a tutelas provisórias de urgência ou da evidência.

37.2.3.1 Dispensa de juntada de peças obrigatórias nos processos eletrônicos

Tratando-se de processo eletrônico, o agravante está dispensado de instruir o agravo de instrumento com as peças obrigatórias, sendo-lhe facultado instruir o recurso com as peças que considerar necessárias e úteis para a exata compreensão da controvérsia.

37.2.3.2 Comprovação da interposição do Agravo de Instrumento no juízo recorrido

O art. 1018 do CPC *faculta* ao agravante comprovar a interposição do agravo de instrumento no juízo *a quo* no prazo de até três dias após o protocolo do recurso.

A juntada do agravo de instrumento nos autos principais destina-se, precipuamente, a possibilitar ao juiz exercer o juízo de retratação. Havendo retratação o agravo de instrumento ficará prejudicado pela perda de objeto.

A comprovação perante o juízo *a quo*, no entanto, não deve ser compreendida como uma mera faculdade, mas sim, como um ônus processual. Caso o agravante não se desincumba desse ônus, o prejuízo de sua inércia será a inadmissão do agravo de instrumento caso o agravado comprove a omissão do agravante (CPC, art. 1018, § 3º).

37.2.4 Efeitos do Agravo de Instrumento

No caso do agravo de instrumento, o efeito devolutivo é evidente e afasta quaisquer discussões teóricas acerca de sua definição, uma vez que o recurso é interposto diretamente perante o tribunal competente. Com efeito, o reexame da decisão agravada é feita por órgão jurisdicional diverso e hierarquicamente superior do do juiz, seu prolator.

O efeito suspensivo é *ope iudicis,* isto é, depende de decisão do relator que o concederá se julgar que o cumprimento da decisão agravada possa provocar dano irreparável ou de difícil reparação. Admite-se, também, o deferimento da antecipação de tutela recursal monocraticamente, ocasião em que o relator decide, antecipadamente, o recurso, total ou parcialmente. Araken de Assis elucida que o relator deverá respeitar "dois pressupostos acerca do futuro julgamento do recurso no órgão fracionário, e o receio de lesão grave e de difícil reparação resultante do cumprimento da decisão agravada até o julgamento definitivo do agravo"[22].

Se o julgamento monocrático da antecipação da tutela recursal for favorável ao agravante a intimação do agravado é imprescindível para não violar o princípio do contraditório. Apenas se for negado seguimento ao agravo de instrumento é que se dispensa na imprescindibilidade de sua intimação para responder ao agravo de instrumento. Esse entendimento encontra-se consolidado na tese firmada nos Temas Repetitivos 376 e 377:

> A intimação da parte agravada para resposta é procedimento natural de preservação do princípio do contraditório (...) A dispensa do referido ato processual ocorre tão-somente quando o relator nega seguimento ao agravo, uma vez que essa decisão beneficia o agravado, razão pela qual conclui-se que a intimação para a apresentação de contrarrazões é condição de validade da decisão que causa prejuízo ao recorrente.

37.3 APELAÇÃO

37.3.1 Hipótese de cabimento

> Art. 1009. Da sentença cabe apelação.

A apelação é recurso próprio para impugnar a sentença, seja ela terminativa ou definitiva. Por sua vez, conceitua-se sentença como o ato do juiz de primeiro grau que extingue a fase cognitiva, resolvendo ou não o mérito da causa, ou a execução. (CPC, art. 203, § 1°). A partir de sua definição, evidencia-se que não é o conteúdo que determina a sentença.

A propósito, a decisão que julga parcialmente o mérito, nos termos do art. 356 do CPC é, para fins de recurso, equiparada à decisão interlocutória, apesar de resolver parcela do mérito da demanda. Com efeito, não se qualificando como sentença trata-se de decisão impugnável por agravo de instrumento (CPC, § 5º, do art. 356). Esclarece-se, entretanto, que, por ter conteúdo de sentença, a decisão

---

22 ASSIS, Araken de. *Manual dos recursos.* 6ª ed. São Paulo: RT, 2014, p. 562.

antecipada parcial do mérito, mesmo não se qualificando como sentença, deve fixar honorários sucumbenciais proporcionais ao pedido ou parcela do pedido julgado[23].

Assim, pode-se formular a regra de que apenas o ato decisório que encerra a fase cognitiva no primeiro grau de jurisdição ou que extingue a execução qualifica-se como sentença, sendo a apelação o recurso adequado para impugná-la.

O apelante, ao recorrer, tem o objetivo de ver o seu recurso provido a fim de que o tribunal reforme, total ou parcialmente a sentença que lhe desfavoreceu, ou casse a sentença em virtude de sua nulidade, por vício, intrínseco ao ato decisório, ou do próprio processo, quando, por exemplo, viola-se a garantia do contraditório.

Entretanto, é importante notar que a apelação pode ter objeto mais amplo do que, tão somente, a impugnação da sentença. Por força do efeito devolutivo que possui, a apelação pode abarcar o reexame de todo o processo, ressalvadas, tão somente, as preclusões e os capítulos da sentença não impugnados.

Nos termos do § 1º do art. 1009 do CPC, todas as decisões anteriores à sentença podem ser impugnadas na apelação, desde que não tenham se tornado preclusas, como as decisões interlocutórias que não podem ser impugnadas por agravo de instrumento ou que derem causa à nulidade processual. As interlocutórias agraváveis que se encontram elencadas no rol do art. 1015 do CPC geram preclusão consumativa, se a parte interpôs agravo de instrumento ou preclusão temporal, se a parte renunciou ao direito de recorrer. De qualquer forma, essas decisões tornaram-se preclusas e por isso, não podem ser rediscutidas na apelação.

Há de se considerar a decisão do STJ, no Tema Repetitivo 988, que reconheceu que a regra do art. 1015 do CPC é de taxatividade mitigada rompendo, assim, com a sistemática do agravo de instrumento.

De acordo com o entendimento do STJ, em relação às interlocutórias excluídas da hipóteses do art. 1015, a menos que o recurso seja admitido, não haverá preclusão de espécie alguma, temporal, lógica ou consumativa[24].

Por sua vez, as decisões que dão causa à nulidade processual se não forem "contestadas" na primeira oportunidade que a parte tem para se manifestar no processo, tornar-se-ão preclusas, conforme dispõe o art. 278 do CPC.

Como disse no item 18.4, a melhor forma de a parte demonstrar o seu inconformismo com o ato processual e evitar a preclusão é por meio do pedido de reconsideração porque neste pedido a parte, além de deixar expressa sua discordância, provocará nova manifestação judicial sobre a matéria.

---

[23] STJ, STJ, REsp 1.845.542/PR, Rel. Ministra NANCY ANDRIGHI, TERCEIRA TURMA, DJe de 14/05/2021.

[24] STJ. REsp 1704520/MT, Relª. Minª. NANCY ANDRIGHI, DJe 19/12/2018.

37.3.2 Efeitos: suspensivo, devolutivo e translativo

A apelação, salvo as exceções do § 1º do art. 1012 do CPC[25], tem efeito suspensivo, de modo que, uma vez interposta, priva a sentença de eficácia.

Há muito a sociedade reclama o reconhecimento da presunção de legitimidade e validade da sentença, a fim de conferir-lhe executoriedade. Afinal de contas, o juiz sentenciante é a autoridade mais habilitada para resolver o conflito, portanto, não há motivo plausível para a legislação privar de eficácia a sentença. É o juiz, quem participa cooperativamente do contraditório com as partes com vistas à construção do provimento, é ele quem tem contato imediato e direto com as provas do processo, o que o torna a autoridade jurisdicional mais apta, por estar melhor instrumentalizada para decidir a lide. Além disso, por determinação constitucional, o juiz reside na comarca onde atua, tornando-o parte integrante da comunidade onde as partes demandaram a solução adequada para resolver o conflito e nessa comunidade há, também, o controle social da atividade judicial.

No entanto, conforme a legislação vigente, a sentença, caso impugnada por apelação, estará privada de eficácia. Pelo efeito substitutivo, a interposição da apelação faz com que a decisão do tribunal que a julgar substitua a sentença. Portanto, o que será cumprido ao final é a decisão do tribunal e não a sentença, mesmo quando negado provimento ao apelo.

Veja que na instância administrativa, prestigiam-se as presunções que revestem o ato da autoridade, legitimidade e legalidade, razão pela qual se adota como regra a executoriedade imediata da decisão, haja vista que, nos termos do art. 61 da Lei nº 9784/99, "salvo disposição legal em contrário, o recurso não tem efeito suspensivo". Incompreensível o motivo pela qual se priva de eficácia a sentença judicial, pois, ambos os processos, administrativo e judicial, encontram-se cingidos à garantia do devido processo legal, no entanto, apenas o processo jurisdicional é decidido pelo juiz natural, que é independente.

Há mais de duas décadas proposta de modificação do efeito suspensivo da apelação foi apresentada. Em 1998, os Ministros do STJ à época, Sálvio de Figueiredo Teixeira e Athos Gusmão Carneiro, apresentaram ao Congresso Nacional anteprojeto modificando os efeitos da apelação, motivando a proposta nos seguintes termos:

> Relativo aos efeitos do recurso de apelação, a fim de elidir grave descompasso: realmente, por força do novo instituto da "antecipação dos efeitos da tutela" (art. 273, com a redação dada pela Lei nº 8.952, de 13/12/94, o juízo de verossimilhança, sob cognição sumária, conduzirá à execução provisória do provimento antecipatório; no entanto, embora emitida com base em juízo de certeza e após cognição

[25] § 1º Além de outras hipóteses previstas em lei, começa a produzir efeitos imediatamente após a sua publicação a sentença que: I – homologa divisão ou demarcação de terras; II – condena a pagar alimentos; III – extingue sem resolução do mérito ou julga improcedentes os embargos do executado; IV – julga procedente o pedido de instituição de arbitragem; V – confirma, concede ou revoga tutela provisória; VI – decreta a interdição.

exauriente, a sentença de regra não conduz à execução provisória, *ex vi* do efeito suspensivo de que a apelação normalmente se reveste. Cumpre, pois, adotar com urgência medida legislativa que possa corrigir tão grave incoerência no sistema[26].

Em 2019, o CNJ[27] apurou que a taxa de recorribilidade para os tribunais estaduais foi de 7,6% e de 18,8% para os tribunais regionais federais[28]. Essa diferença da taxa de recorribilidade se explica pela indisponibilidade do direito controvertido em virtude da presença constante da administração federal direta e indireta nos processos em trâmite na justiça federal, o que gera a obrigação de recorrer imposta, não só em razão da indisponibilidade do direito discutido, mas, também, por dever funcional a Advogados da União e Procuradores Federais. Esses percentuais, entretanto, demonstram que a aceitação da sentença pelas partes é superior a 90% na justiça estadual e a 80% na justiça federal, o que permite crer na qualidade do julgamento realizado pelo juiz. Assim, mostra-se injustificável a regra do efeito suspensivo da apelação. Essa regra deve ser revista para conferir coerência ao sistema processual e efetividade ao processo.

É preciso pontuar, quanto ao efeito suspensivo, as seguintes situações:

a) a tutela provisória perderá sua eficácia sobrevindo sentença de improcedência do pedido, independentemente de revogação expressa na decisão;

b) a tutela provisória concedida na sentença imuniza a decisão do efeito suspensivo da apelação (CPC, art. 1012, § 1º, inc. V). Essa questão deve ser impugnada na apelação.

c) a liquidação de sentença pode iniciar concomitantemente com o trâmite da apelação – (CPC, art. 512).

A apelação também possui os efeitos devolutivo e translativo, que conferem ampla competência revisional ao tribunal. A amplitude da competência do tribunal limita-se pelo princípio *tantum devolutum quantum apellatum*, que, em sua extensão horizontal, estabelece que o julgamento deve se ater àquilo que foi impugnado. Em sua extensão vertical o tribunal, ao julgar o apelo pode decidir sobre matérias de ordem pública, ainda que não suscitadas no recurso[29]. O tribunal, contudo, deve respeitar a coisa julgada em relação aos capítulos não impugnados da sentença, conforme ressalvado pelo Ministro Cesar Peluso:

> O órgão recursal tem inteira liberdade para o exame das questões de fato e de direito debatidas na causa, dentre as quais a de ordem pública, desde que se atenha aos precisos limites da parcela impugnada do conteúdo decisório da sentença[30].

---

26 CARNEIRO, Athos Gusmão, TEIXEIRA, Sálvio de Figueiredo. *Exposição de motivos do Anteprojeto de lei (unificado). Complementa as leis de reforma do Código de Processo Civil, e dá outras providências.* Brasília, 15 de outubro de 1998.

27 CNJ. *Justiça em números 2019.* Disponível em https://www.cnj.jus.br/wp-content/uploads/conteudo/arquivo/2019/08/justica_em_numeros20190919.pdf.

28 Não está disponível informação sobre o quantativo de sentenças reformadas.

29 Curso. Vol. III, 51ª ed. Op. cit., p. 1070.

30 STF, AC 112, Rel. Min. Cesar Peluso, j. 01/12/2004.

O efeito translativo da apelação possibilita que o tribunal, tendo conhecido do recurso, decida questões de ordem pública que devam ser conhecidas de ofício, ainda que não impugnadas pelas partes[31].

> Essa é a razão pela qual é perfeitamente lícito ao tribunal, por exemplo, extinguir o processo sem julgamento do mérito, em julgamento de apelação contra sentença de mérito interposta apenas pelo autor, não ocorrendo a *reformatio in pejus* proibida; há, em certa medida, reforma para pior, mas permitida pela lei, pois o exame das condições da ação é matéria de ordem pública a respeito da qual deve pronunciar-se *ex-officio*, independentemente de pedido ou requerimento da parte ou interessado[32].

A aplicação do efeito translativo da apelação pressupõe a observância do art. 10 do CPC, isto é, as partes devem ser ouvidas previamente ao julgamento, pois não se admite decisão surpresa, ainda que tenha por objeto matéria de ordem pública cognoscível de ofício.

O efeito translativo refere-se à devolutividade do recurso em seu aspecto vertical, nos termos do art. 1013, §§ 1º e 2º, do CPC e implica a abrangência de todas as questões relacionadas com os fundamentos do pedido e da defesa que tenham sido efetivamente resolvidas na sentença; aquelas matérias que deveriam ter sido examinadas de ofício pelo juiz e aquelas que, apesar de suscitadas e discutidas, deixaram de ser apreciadas.

A apelação, portanto, confere ao Tribunal competência para enfrentar todas as questões debatidas, ainda que não decididas na primeira instância, desde que relacionadas à impugnação. Devolve-se ao tribunal o reexame da matéria impugnada pelo apelante, admitindo-se, com fundamento no efeito translativo, que o tribunal decida sobre matérias de ordem pública, que podem ser conhecidas em qualquer tempo ou grau de jurisdição.

> A respeito da extensão, leciona a doutrina que o grau de devolutividade é definido pelo recorrente nas razões de seu recurso. Trata-se da aplicação do princípio *tantum devolutum quantum appellatum*, valendo dizer que, nesses casos, a matéria a ser apreciada pelo tribunal é delimitada pelo que é submetido ao órgão *ad quem* a partir da amplitude das razões apresentadas no recurso. Assim, o objeto do julgamento pelo órgão *ad quem* pode ser igual ou menos extenso comparativamente ao julgamento do órgão *a quo*, mas nunca mais extenso. Apesar da regra da correlação ou congruência da decisão, prevista nos artigos 128 e 460 do CPC, pela qual o juiz está restrito aos elementos objetivos da demanda, entende-se que, em se tratando de matéria de direito sancionador e revelando-se patente o excesso ou a desproporção da sanção aplicada, pode o Tribunal reduzi-la, ainda que não tenha sido alvo de impugnação recursal[33].

---

31 Cf. NERY JUNIOR, Nelson. Teoria Geral dos Recursos. 6ª ed. São Paulo: Revista dos Tribunais, 2004, p. 482.

32 NERY JUNIOR, Nelson. Teoria Geral dos Recursos. 6ª ed. Op. cit., p. 484.

33 STJ. REsp 1.293.624-DF, Rel. Min. Napoleão Nunes Maia Filho, julgado em 5/12/2013.

Pode-se dizer, enfim, que o efeito devolutivo da apelação ao possibilitar o tribunal julgar as questões suscitadas pelas partes e aquelas que deva conhecer de ofício, devolve ao tribunal o reexame do processo.

Todas as questões resolvidas na fase de conhecimento, se não estiverem preclusas, podem ser suscitadas em preliminar da apelação ou das contrarrazões.

Desta forma, a devolutividade vai além da impugnação da sentença, para abranger, também, as questões processuais que não estiverem preclusas.

Todavia, o apelante não pode inovar sua pretensão recursal deduzindo teses jurídicas e questões de fato que não submetidas ao debate no primeiro grau de jurisdição, exceto se obtiver êxito em demonstrar o impedimento provocado por força maior, conforme permite o art. 1014 do CPC. "As matérias não suscitadas na instância inferior, porém sustentadas em sede recursal, não podem ser conhecidas pelo Tribunal ad quem, pois além de prejudicar o direito de defesa da parte recorrida, estará também acarretando supressão de instância"[34].

37.3.3 Temas relevantes

37.3.3.1 Fundamentação livre

Dizer que a apelação é recurso de fundamentação livre significa ser suficiente, para sua admissibilidade, que o apelante, exponha os fundamentos de sua irresignação com sua sucumbência para, assim, permitir o reexame pelo tribunal da matéria decidida. Incumbe ao apelante apontar a existência de *error in iudicando* ou de *error in procedendo* para proporcionar novo exame da matéria impugnada. A impugnação do apelante dirige-se contra o pronunciamento judicial naquilo que lhe foi desfavorável, podendo impugnar parte ou a totalidade da sentença.

37.3.3.2 A petição de interposição

A apelação deve ser interposta no prazo de até quinze dias contados da publicação da sentença por petição devidamente motivada, sob pena de o tribunal, corretamente, fazer incidir a Súmula 284 do STF:

> Os argumentos postos na decisão hostilizada não foram atacados, insurgindo-se o recorrente contra aspectos não tratados na decisão que não conheceu do agravo, situação suficiente para inviabilizar o conhecimento do recurso. E, como se sabe, está pacificado no Superior Tribunal de Justiça entendimento segundo o qual, "mutatis mutandis", "é inadmissível o recurso especial que apresenta razões dissociadas do quadro fático e das premissas jurídicas expostos no acórdão recorrido. Aplicação da Súmula 284/STF. (AgRg no AREsp 32091 RJ, rel. Ministro SÉRGIO KUKINA, DJe 16/04/2013)[35].

---

[34] TJMG – Apelação Cível 2.0000.00.484671-7/000, Rel. Des. Pedro Bernardes, Dje de 25/11/2004.

[35] TJMG, Agravo Interno Cv 1.0407.10.004161-2/002, Rel. Des. Wander Marotta, Dje de 30/10/2019.

> Não se conhece de apelação cível, quando os fundamentos utilizados pelo apelante se revelam incompreensíveis para os fins a que se destina o recurso, estando dissociados dos fundamentos contidos na sentença e do que foi decidido. Situação equivalente à não-apresentação de razões do pedido de reforma da decisão proferida (Art. 514, II, CPC/1973 - Art. 1.010, II e III, CPC/2015), especialmente porque a deficiência na fundamentação do apelo não estaria a permitir a exata compreensão da controvérsia, circunstância que atrai, por analogia, o óbice contido no enunciado da Súmula 284 do STF, conforme precedentes do Superior Tribunal de Justiça[36].

O apelante ao elaborar sua petição deverá observar os elementos para ela enumerados no art. 1010 do CPC:

> I – os nomes e a qualificação das partes; (*estando as partes já qualificadas nos autos, é dispensável qualificar novamente*)
>
> II – a exposição do fato e do direito;
>
> III – as razões do pedido de reforma ou de decretação de nulidade;
>
> IV – o pedido de nova decisão
>
> V – comprovante do recolhimento do preparo, se for o caso.

A causa do pedido de reforma ou de cassação da sentença é constituída pelas razões, isto é, os fundamentos jurídicos, de fato e de direito, que motivam a pretensão recursal. As razões recursais devem impugnar os fundamentos decisórios visando à modificação do veredito, seja pela reforma ou pela cassação da sentença.

Barbosa Moreira esclarece não se caracterizar inovação na fase recursal o fato de o apelante usar "outra linha de argumentação jurídica, quiçá sugerida pelo teor mesmo do julgamento"[37]. O que é inadmissível por caracterizar-se como inovação recursal, é a parte formular pedido novo, não postulado perante o juízo de primeiro grau, ou "invocar outra *causa petendi*, sendo irrelevante a anuência do adversário"[38].

Em seguida à interposição, o apelado será intimado para responder ao recurso. As alegações do apelado devem reforçar os fundamentos da sentença, pois o seu interesse é de que o tribunal reconheça a correção do julgamento e, por isso, negue provimento à apelação. O apelado, havendo sucumbência parcial, pode interpor apelação adesiva, observados os mesmos pressupostos de admissibilidade do apelo principal: tempestividade, petição apta, preparo e oitiva da parte contrária.

---

36 TJMG, Agravo Interno Cv 1.0114.13.005703-6/003, Rel. Des. Claret de Moraes, DJe de 28/04/2017.

37 BARBOSA MOREIRA, J. C. *Comentários ao Código de Processo Civil.* Vol. V, 14ª ed. Rio de Janeiro: Forense, 2008, p. 428.

38 BARBOSA MOREIRA, J. C. *Comentários ao Código de Processo Civil.* Vol. V. Op. cit., p. 432.

37.3.3.3 Julgamento da causa madura

No julgamento da apelação interposta contra sentença terminativa, é possível, que o tribunal, ao prover o recurso, julgue, desde logo, o mérito da causa. Pelo princípio da causa madura o tribunal pode, originariamente, proferir decisão sobre o mérito da causa quando a sentença: for terminativa. Também se admite o julgamento de mérito pelo tribunal quando este decretar a nulidade da sentença por falta de fundamentação ou por incongruência com os limites do pedido ou da causa de pedir, bem como quando constatar a omissão no exame de um dos pedidos ou decretar a nulidade de sentença por falta de fundamentação.

> Não é aceitável, todavia, que podendo o apelante definir a extensão do recurso, venha o tribunal a decidir questão que intencionalmente a parte recorrente não quis incluir na devolução recursal. Cabendo-lhe o poder legal de fixar o conteúdo da apelação (art. 1013, *caput*), não é de aplicar-se o § 3º do mesmo artigo 1013, quando o recurso contra a sentença terminativa não contenha pedido de apreciçaão do mérito da causa.[39]

O CPC, conforme ensina Nelson Nery, atribui *competência originária ao tribunal,* para significar que o tribunal pode julgar, pela primeira vez, matéria não apreciada pelo juízo *a quo*, de onde proveio o recurso de apelação. Pela via do recurso o tribunal pode conhecer 'originariamente' do mérito"[40].

37.3.3.4 Saneamento na fase recursal

O § 1º do art. 938 do CPC admite a possibilidade de suspensão do julgamento da apelação, intimando-se as partes para diligenciarem a regularização do processo quando detectadas nulidades sanáveis.

37.3.3.5 Procedimento da apelação interposta contra sentença que julga antecipadamente o mérito

O juiz, independentemente da citação do réu, julgará liminarmente improcedente o pedido que estiver enquadrado nas hipóteses enumeradas nos incisos do art. 332 do CPC.

Se o autor interpuser apelação, possibilita-se, com fundamento no § 3º do art. 332 do CPC que o juiz se retrate, tornando, assim, prejudicada a apelação. Nesse caso, será determinada a citação para o réu apresentar defesa.

Caso o juiz mantenha a decisão de extinção liminar do processo, o réu será citado para apresentar contrarrazões da apelação. Não é possível aplicar a teoria da causa madura ness situação. Pois o réu não foi citado para se defender, mas, tão somente, para responder à apelação. Portanto, sem que lhe tenha sido ofertado o direito de defesa não pode ser julgada a lide por manifesta ofensar ao contraditório.

---

39 THEODORO JR. Humberto. *Curso.* Vol. III, Op. cit., p. 1079.

40 NERY JR., *Teoria Geral dos Recursos.* Op. cit., p. 434.

Desta forma, o provimento da apelação nesse caso é para devolver o processo ao juízo *a quo* para instaurar o procedimento em contraditório, oportunizando-se ao réu-apelado o direito de se defender.

37.3.3.6 Técnicas de julgamento

A apelação pode ser decidida monocraticamente pelo relator, pelo trio de desembargadores do órgão colegiado se a decisão for unânime, ou pelo colegiado estendido, caso decidida por maioria.

O art. 932 do CPC autoriza o relator decidir monocraticamente a apelação para:

> I – não conhecer de recurso inadmissível, prejudicado ou que não tenha impugnado especificamente os fundamentos da decisão recorrida;
>
> II – negar provimento a recurso que for contrário a:
>
> a) súmula do Supremo Tribunal Federal, do Superior Tribunal de Justiça ou do próprio tribunal;
>
> b) acórdão proferido pelo Supremo Tribunal Federal ou pelo Superior Tribunal de Justiça em julgamento de recursos repetitivos;
>
> c) entendimento firmado em incidente de resolução de demandas repetitivas ou de assunção de competência;
>
> III – dar provimento ao recurso se a decisão recorrida for contrária a:
>
> a) súmula do Supremo Tribunal Federal, do Superior Tribunal de Justiça ou do próprio tribunal;
>
> b) acórdão proferido pelo Supremo Tribunal Federal ou pelo Superior Tribunal de Justiça em julgamento de recursos repetitivos;
>
> c) entendimento firmado em incidente de resolução de demandas repetitivas ou de assunção de competência;

Fora destas hipóteses, o julgamento da apelação será feito pelo colegiado constituído por três desembargadores, caso decidam por unanimidade. Se houver divergência, outros dois desembargadores serão convocados para compor o colegiado, podendo-se prosseguir o julgamento na mesma sessão, assegurado pelo art. 942 do CPC, às partes e a eventuais terceiros o direito de sustentar oralmente suas razões perante os novos julgadores.

> O art. 942 do CPC não determina a ampliação do julgamento apenas em relação às questões de mérito. Na apelação, a técnica de ampliação do colegiado deve ser aplicada a qualquer julgamento não unânime, incluindo as questões preliminares relativas ao juízo de admissibilidade do recurso[41].

O direito de sustentar oralmente vai depender da modalidade de julgamento que está sendo realizado. O STJ tem entendimento de que se o julgamento for

---

[41] STJ, REsp 1798705/SC, Rel. Min. PAULO DE TARSO SANSEVERINO, DJe 28/10/2019.

virtual, a parte já havia desistido de fazer sustentação oral, caso em que não será alterado o rito para possibilitar a sustentação no julgamento estendido[42]. Assim, se para o julgamento convencional desistiu-se da sustentação oral a desistência produzirá efeitos em relação ao julgamento estendido.

Entretanto, esse entendimento não é mais adequado à garantia do contraditório. Deste modo, deve prevalecer o entendimento de Flávio Luiz Yarshell:

> é perfeitamente possível que não tenha havido sustentação oral ao ensejo do início do julgamento, do qual em seguida resultou divergência, fato a ensejar a continuação do julgamento. Portanto, nesse caso não se trata de "renovar" o que não ocorreu. Então, suposto que os advogados estejam presentes e habilitados (o que inclui, dentre outros, portarem suas vestes talares), a sustentação deve ser facultada para a continuação. Não há óbice legal, nem se pode cogitar de suposta preclusão por não ter havido o prévio exercício da palavra: a renúncia ao exercício daquela faculdade deve ser entendida de forma estrita, como válida para a realidade então presenciada[43].

37.4 AGRAVO INTERNO

Um dos grandes desafios do futuro é, sem sombra de dúvida, o desenvolvimento de novas formas de propriedade e de controle democrático do capital.

Thomas Piketty

As decisões monocráticas proferidas nos tribunais são impugnáveis por meio do agravo interno. Após seu processamento, caso não haja retratação pelo prolator da decisão, o agravo interno será submetido a julgamento perante o órgão colegiado competente para conhecer do pedido ou do recurso.

A petição do agravo interno é endereçada à autoridade prolatora da decisão que determinará a oitiva do agravado no prazo de quinze dias. Caso o prolator da decisão não se retrate, o recurso será incluído em pauta de julgamento para ser apreciado pelo colegiado competente.

As hipóteses de cabimento do agravo interno são a impugnação das seguintes decisões:

- art. 136 do CPC: decisão do relator que decidir o incidente de desconsideração da personalidade jurídica;
- art. 1021 do CPC: decisão singular do relator
- art. 1030, inc. I e § 2º do CPC: decisões proferidas pelo Presidente ou Vice-Presidente do tribunal no caso da negativa de seguimento a RE ou REsp;
- arts. 1035, § 7º e 1036, § 2º do CPC: decisão do presidente ou vice-presidente do tribunal que não acolhe requerimento da parte para afastar da

---

42 STJ. REsp 1811599/SP, Rel. Min. HERMAN BENJAMIN, DJe 19/12/2019.

43 YARSHELL, Flávio Luiz. Sustentação oral em julgamento estendido no caso de divergência do colegiado.

decisão de sobrestamento do recurso interposto intempestivamente, nos casos de repercussão geral admitida ou de recurso especial afetado para ser julgado pela técnica dos recursos repetitivos.

- art. 1037, § 13: decisão do relator que julgar o pedido de distinção previsto no § 9º do mesmo artigo.

37.4.1 Agravo Interno na legislação especial

Há na legislação especial extravagante, há previsão de agravo interno contra decisão que decidir o pedido de suspensão da execução de liminar. Essa decisão é de competência privativa do Presidente do STF ou do STJ, conforme o futuro recurso da causa trate de matéria constitucional, o pedido é endereçado ao presidente da Corte Constitucional, caso o tema refira-se à legislação infraconstitucional, o pedido é dirigido ao presidente do tribunal superior.

> O fundamento da causa foi o critério adotado pelo legislador, para a discriminação de competência, entre a Presidência do Supremo Tribunal Federal e a do Superior Tribunal de Justiça[44].

Apresentado o pedido de suspensão, o Presidente do tribunal decidirá a respeito do deferimento da suspensão da execução da liminar nas ações movidas contra o Poder Público ou seus agentes. A legitimidade para pleitear a suspensão é do Ministério Público ou da pessoa jurídica de direito público afetada pela decisão, cumprindo-lhes demonstrar haver manifesto interesse público ou flagrante ilegitimidade e o risco de grave lesão à ordem, à saúde, à segurança e à economia públicas que o cumprimento da liminar poderá ocasionar. (art. 4º da Lei nº 8437 e art. 15 da Lei do Mandado de Segurança nº 12016/2009).

Essa decisão é de natureza político-jurídica, caracterizando-se como contracautela, destinada a proteger do risco de grave lesão ao interesse público. Por não se tratar de recurso, o Presidente do tribunal não enfrenta o mérito da decisão cuja eficácia pretende-se suspender. O que é apreciado é, tão-somente, a potencialidade lesiva do ato decisório diante de interesses públicos relevantes, que compreendem a ordem administrativa em geral[45]. Desta maneira, quando aferida a potencialidade lesiva do ato decisório sustam-se os efeitos da medida liminar ou da sentença.

Importante assinalar a inexistência de qualquer relação de prejudicialidade entre o agravo de instrumento interposto contra a decisão que concedeu medida liminar e o pedido de suspensão dirigido ao presidente do tribunal competente para conhecer do recurso. A respectiva independência de cada um dos institutos, ocorre em razão dos fundamentos que os distinguem. O agravo de instrumento é recurso que, ao propiciar o reexame da matéria decidida pode acarretar, em razão de sua ilegalidade, a reforma ou cassação da decisão agravada. O pedido de suspensão é

---

[44] STF, Rcl 475, Rel. Min. Octávio Gallotti, DJ 22/04/1994.

[45] MEIRELLES, Hely Lopes, WALD, Arnold, MENDES, Gilmar Ferreira. *Mandado de segurança e ações constitucionais.* 32ª ed. São Paulo: Malheiros, 2009, p. 97.

de viés político[46]; o Presidente do Tribunal considera "tão-somente a ocorrência dos aspectos relacionados à potencialidade lesiva do ato decisório em face dos interesses públicos relevantes. Consagrados em lei, quais sejam, a ordem, a saúde, a segurança e a economia públicas."[47]

Este é o entendimento da jurisprudência do STJ:

> O pedido de suspensão de liminar não guarda relação de prejudicialidade com o respectivo recurso manejado contra a decisão liminar ou antecipatória, haja vista que possui pressupostos específicos relacionados a um juízo de natureza política destinado a evitar grave lesão à ordem, à saúde, à segurança e à economia públicas. Inteligência do art. 4º, § 6º, da Lei n. 8.437/1992. (...)
>
> No tocante à eficácia da decisão que defere o pedido de suspensão de liminar, o art. 4º, § 9º, da Lei n. 8.437/1992 assegura que "a suspensão deferida pelo Presidente do Tribunal vigorará até o trânsito em julgado da decisão de mérito na ação principal." O argumento de que o Presidente do Tribunal poderia definir outro marco temporal para a eficácia de sua decisão não implica reconhecer que haverá a perda automática da eficácia da decisão proferida no âmbito do pedido de suspensão de liminar com o julgamento do agravo de instrumento contra a decisão de Primeiro Grau. Precedentes: AgRg na Rcl 34.882/DF, Rel. Min. João Otávio de Noronha, Corte Especial, DJe 1º/4/2019; AgInt na Rcl 28.192/DF, Rel. Min. João Otávio de Noronha, Corte Especial, DJe 24/5/2019[48].

A decisão que decide sobre a suspensão da liminar desafia agravo interno, cujo prazo é de 05 dias, não se aplicando a dobra do art. 183 do CPC.

Sendo idêntico o objeto, o § 5º do art. 15 da Lei 12016/2009 confere ao presidente do tribunal a prerrogativa de estender os efeitos da suspensão às liminares supervenientes, bastando, para tanto, simples aditamento do pedido original.

A eficácia temporal da decisão que concede a suspensão da liminar ou da segurança é definido no § 9º do art. 4º da Lei 8437/92 e, muito bem explicado, através do enunciado da Súmula 626 do Supremo Tribunal Federal:

> A suspensão da liminar em mandado de segurança, salvo determinação em contrário da decisão que a deferir, vigorará até o trânsito em julgado da decisão definitiva de concessão da segurança ou, havendo recurso, até a sua manutenção pelo Supremo Tribunal Federal, desde que o objeto da liminar deferida coincida, total ou parcialmente, com o da impetração.

37.4.2 Hipóteses de não cabimento do Agravo Interno

Não são todas as decisões monocráticas proferidas nos tribunais passíveis de serem impugnadas por agravo interno. O CPC prevê algumas situações em que a decisão singular é irrecorrível, como se vê:

---

46 STJ, MC 4507, Rel. Min. João Otávio NoronhaDJ 22/09/2006, p. 246.

47 STF, SS 2260, Rel. Min. Ellen Gracie, DJ 02/09/2003. No mesmo sentido, STJ, Rel. Min. Ari Pargendler, Corte Especial, AgRg na SLS nº 1.374, DJ e 29/06/2012.

48 STJ. AgInt no REsp n. 1.673.891/BA, Rel. Min. Og Fernandes, DJe de 17/11/2020.

- art. 138 – a decisão do relator que admite *amicus curiae*;

O ingresso do *amicus curiae* no processo condiciona-se ao entendimento discricionário do Tribunal de que ele poderá contribuir para o esclarecimento da matéria. Indeferida a admissão do *amicus curiae,* ele poderá recorrer mediante agravo interno, apesar de, teoricamente, não haver fundamentos para atribuir-lhe legitimidade recursal. Como consagrado pela jurisprudência dos tribunais superiores, a decisão proferida sem a presença do *amicus curiae* não ofende o devido processo legal, não compromete qualquer direito subjetivo seu, nem lhe ocasiona prejuízo ou sucumbência, carecendo, assim, de interesse recursal. Com efeito, a única situação em que se admite recurso do *amicus curiae* é para impugnar a inadmissão do seu ingresso no feito.

> A decisão sobre a intervenção do amicus curiae, admitindo-a ou não a admitindo, é irrecorrível (art. 138, *caput,* CPC) (DIDIER JR., Fredie. Curso de direito processual civil. Vol. 1. 17ª edição. Bahia: Jus Podivm, 2015, p. 524). (...) Infelizmente, excepcionada a intervenção no caso do incidente de resolução de demandas repetitivas e os embargos declaratórios, o Código vetou linearmente a utilização de recursos pelo amigo da corte. Deveria ter possibilitado a intervenção de recurso nas situações relativas ao indeferimento do pedido de participação do amigo da corte, como vinha sendo reconhecido pela jurisprudência pátria. (GAJARDONI, Fernando da Fonseca; DELLORE, Luiz; ROQUE, André Vasconcelos; OLIVEIRA JR., Zulmar. Teoria geral do processo: comentários ao CPC de 2015. São Paulo: Forense, 2015. P. 447/448).
>
> Por tais razões, é imperioso que se reconheça o manifesto descabimento do agravo interno[49].

- art. 949 – a decisão do relator, no incidente de arguição de *in*constitucionalidade, que admite a manifestação de outros órgãos ou entidades.
- art. 1007, § 6º – a decisão do relator que releva a deserção reconhecendo o justo impedimento do recorrente para efetuar o preparo.
- art. 1031, §§ 2º e 3º – a decisão do relator do REsp que, em razão da prejudicialidade do recurso extraordinário, sobrestá o julgamento do REsp e remete os autos ao STF, bem como no caso de rejeitar a prejudicialidade, a decisão do relator do RE que devolve os autos ao STJ.

37.4.3 Procedimento do Agravo Interno

O prazo para interposição do agravo interno, conforme previsão do art. 1003, § 5º do CPC, é de 15 dias. Esse recurso não cobra recolhimento do preparo.

Na petição, dirigida ao relator, o agravante deve impugnar especifica e exaurientemente os fundamentos da decisão agravada. A deficiência da fundamentação atrai a incidência da Súmula 284 do STF.

---

49 STJ. Tema Repetitivo 988. Voto da Min. Nancy Andrighi, REsp 1704520. DJe 19/12/2018.

Caso o relator não se convença do desacerto de sua decisão, ao invés de retratar-se, determinará a inclusão do agravo interno em pauta de julgamento, que será realizado pelo colegiado.

Ao julgar o agravo interno, o relator não poderá repetir, em seu voto, apenas, os fundamentos da decisão agravada, incumbindo-lhe, conforme arts. 1021, § 3º c/c o 489, § 1º, inc. IV do CPC, o dever de responder à impugnação formulada pelo agravante. Ao ônus da impugnação específica que recai sobre o agravante corresponde o dever de fundamentação adequada do julgador.

37.4.4 Aplicação de multa no Agravo Interno

O agravante será multado entre 1% e 5% do valor atualizado da causa no caso de o tribunal decidir que o agravo interno é manifestamente inadmissível ou improcedente, em votação unânime. Caso sancionado, a interposição de qualquer outro recurso terá mais um pressuposto recursal, o depósito prévio do valor da multa aplicada. A Fazenda Pública e os beneficiários da assistência judiciária estão dispensados da obrigatoriedade do depósito prévio, cujo pagamento deverá ser feito ao final do processo.

No Tema Repetitivo 434, o Superior Tribunal de Justiça, acertadamente, afastou a incidência de multa no agravo interno manejado nas instâncias ordinárias, pois esse recurso destina-se ao exaurimento da jurisdição ordinária requisito necessário para oportunizar ao agravante o acesso aos tribunais constitucionais. As decisões monocráticas são decisões do tribunal que, no entanto, não exaurem a jurisdição, o que somente acontece com os julgamentos colegiados. Assim, para se obter um provimento definitivo do tribunal é necessário interpor o recurso de agravo interno cujo propósito é proporcionar o exame da matéria pelo respectivo órgão colegiado competente e assim, exaurir a jurisdição do tribunal, pressuposto para o manejo dos recursos constitucionais.

Desse modo, se o relator, monocraticamente, inadmitir o recurso haverá, sempre, a possibilidade de o recorrente se insurgir por meio do recurso de agravo interno (CPC, art. 1021). Esse recurso submeterá a decisão monocrática à apreciação do colegiado. O agravo interno tem, portanto, o condão de gerar a produção de um acórdão, o que é fundamental para o exaurimento da instância e, assim, possibilitar o prosseguimento da fase recursal nas instâncias constitucionais. Há de se considerar, a propósito, que a Constituição da República, arts. 102 e 105, respectivamente, para fins de cabimento de recurso extraordinário e especial, exige o exaurimento da instância, pois somente são admissíveis de decisão de única ou última instância proferida por órgãos jurisdicionais colegiados.

A jurisprudência consolidou o entendimento de que o desprovimento unânime do agravo interno não é motivo suficiente para aplicação da multa. Para tanto, deve ser considerada a intenção do agravante em recorrer com o manifesto propósito protelatório. Sem o abuso de direito processual inaplicável a multa:

No tocante à penalidade prevista no § 4º do art. 1.021 do CPC/2015, registra-se que esta não é automática, não se tratando de mera decorrência lógica do desprovimento do agravo interno em votação unânime. A condenação da parte agravante ao pagamento da aludida multa, a ser analisada em cada caso concreto, em decisão fundamentada, pressupõe que o agravo interno se mostre manifestamente inadmissível ou que sua improcedência seja de tal forma evidente que a simples interposição do recurso possa ser tida, de plano, como abusiva ou protelatória[50].

A interposição de recurso cabível não enseja litigância de má-fé, ainda que mediante a utilização de argumentos já refutados na origem ou sem alegação de fundamento novo[51].

Isso, porque a má-fé não pode ser presumida, sendo necessária a comprovação do dolo da parte, ou seja, da intenção de obstrução do trâmite regular do processo, nos termos do art. 80 do Código de Processo Civil de 2015[52].

O erro grosseiro, mediante a interposição de um recurso impróprio, todavia, caracteriza conduta protelatória, recriminada pelo ordenamento processual, fazendo incidir, conforme o art. 1021, § 4º do CPC, a multa[53]. A propósito:

> PROCESSUAL CIVIL. AGRAVO INTERNO CONTRA ACÓRDÃO DE TURMA DO STJ. RECURSO MANIFESTAMENTE INCABÍVEL. COMINAÇÃO DE MULTA. ERRO GROSSEIRO CARACTERIZADO.
>
> 1. É incabível Agravo Interno contra decisão colegiada, conforme dispõe o art. 259 do Regimento Interno do Superior Tribunal de Justiça.
>
> 2. O Agravo Interno pode ser interposto só contra decisão monocrática de Relator ou do Presidente de qualquer dos órgãos julgadores do STJ. Assim, torna-se evidente a impropriedade da via utilizada pela ora agravante, não sendo o caso de aplicação do princípio da fungibilidade recursal, ante a ocorrência de erro grosseiro, consoante dispõe o Código de Processo Civil de 2015 no art. 1.021.
>
> 3. Tendo em vista ser o recurso manifestamente inadmissível, caberá condenar a agravante a pagar ao agravado multa de 1% do valor atualizado da causa, nos termos do § 4º do art. 259 do Regimento Interno do STJ[54].

37.4.5 Fungibilidade

O art. 1024, § 3º do CPC admite a fungibilidade recursal para que os embargos de declaração com efeitos modificativos sejam admitidos como agravo interno. Nessa hipótese, deverá intimar o recorrente para, no prazo de cinco dias, complementar as razões recursais, de modo a ajustá-las às exigências do art. 1021, § 1º.

---

50 STJ. AgInt nos EREsp n. 1.120.356/RS, Rel. Min. MARCO AURÉLIO BELLIZZE, DJe 29/8/2016.

51 STJ. AgInt no REsp 1869871/RS, Rel. Min. MOURA RIBEIRO, DJe 01/07/2020.

52 STJ. EDcl no AgInt no AREsp 844.507/SP, Rel. Min. RAUL ARAÚJO, DJe de 23/10/2019.

53 STJ. AgInt no AgInt no AREsp 1606696/SP, Relª Minª NANCY ANDRIGHI, DJe 13/05/2020. AgInt no AREsp 1587340/RJ, Rel. Min. RAUL ARAÚJO, DJe 01/06/2020.

54 STJ. AgInt no REsp 1833225/SE, Rel. Min. HERMAN BENJAMIN, DJe 12/05/2020.

O órgão julgador pode receber, como agravo interno, os embargos de declaração que notoriamente visam a reformar a decisão monocrática do Relator, sendo desnecessária a intimação do embargante para complementar suas razões quando o recurso, desde logo, exibir impugnação específica a todos os pontos da decisão embargada. Inteligência do art. 1.024, § 3º, do Código de Processo Civil de 2015[55].

Vale dizer, portanto, que embargos de declaração com efeitos infringentes interpostos contra decisões proferidas monocraticamente pelos ministros do STJ e STF dá ensejo à fungibilidade recursal para admiti-los como agravo interno, nos termos do § 3º do art. 1024 do CPC.

A fungibilidade recursal nesse caso, tem por pressuposto o efeito infringente pretendido pelo recorrente.

Assim, não ocorrerá a conversão quando houver interposição de embargos de declaração com fundamento nas estritas hipóteses de cabimento do art. 1022 do CPC. Embargada decisão monocrática, o julgamento far-se-á, também, monocraticamente, conforme disposto no § 2º do art. 1024 do CPC[56].

Pois bem, tratando-se de embargos de declaração com efeitos infringentes, sua conversão em agravo interno, dá ensejo ao seguinte procedimento:

I – o relator concederá prazo ao recorrente para, em até cinco dias, complementar as razões recursais mediante a impugnação específica dos fundamentos da decisão agravada, § 3º do art. 1024 c/c o art. 1021, § 1º do CPC.

II – emendada a petição recursal, será concedido ao recorrido prazo para resposta ao recurso (CPC, § 2º, art. 1021).

III – se o relator não se retratar, o julgamento do agravo interno será incluído em pauta para ser colegiadamente decidido.

37.4.6 Cabimento de Agravo Interno contra capítulos da decisão agravada

Conforme entendimento sedimentado pela Corte Especial do Superior Tribunal de Justiça, "a decisão que não admite o recurso especial tem como escopo exclusivo a apreciação dos pressupostos de admissibilidade recursal. Seu dispositivo é único, ainda quando a fundamentação permita concluir pela presença de uma ou de várias causas impeditivas do julgamento do mérito recursal, uma vez que registra, de forma unívoca, apenas a inadmissão do recurso. Não há, pois, capítulos autônomos nesta decisão. A decomposição do provimento judicial em unidades autônomas tem como parâmetro inafastável a sua parte dispositiva, e não a fundamentação como um elemento autônomo em si mesmo, ressoando inequívoco, portanto, que

---

55 STF. RE 1060260 ED, Relator(a): ALEXANDRE DE MORAES, Primeira Turma, julgado em 24/11/2017, PROCESSO ELETRÔNICO DJe-282 DIVULG 06-12-2017 PUBLIC 07-12-2017.

56 STJ. AgInt nos EDcl no AREsp 833.902/MT, Rel. Min. PAULO DE TARSO SANSEVERINO, DJe 22/06/2017.

a decisão agravada é incindível e, assim, deve ser impugnada em sua integralidade, nos exatos termos das disposições legais e regimentais" (STJ, EAREsp 701.404/SC, Rel. Ministro JOÃO OTÁVIO DE NORONHA, Rel. p/ acórdão Ministro LUIS FELIPE SALOMÃO, CORTE ESPECIAL, DJe de 30/11/2018).

Todavia, tal compreensão não se aplica ao Agravo interno interposto contra decisão proferida por Ministro, no âmbito do STJ.

Com efeito, a Corte Especial, recentemente, "pacificou o entendimento no sentido do cabimento de impugnação parcial de capítulos autônomos em sede de agravo interno, admitindo a desnecessidade de impugnação específica de todos os fundamentos da decisão recorrida e reconhecendo a preclusão dos capítulos não impugnados: 'Diante desse contexto normativo e doutrinário, deve prevalecer a jurisprudência desta Corte no sentido de que a ausência de impugnação, no agravo interno, de capítulo autônomo e/ou independente da decisão monocrática do relator – proferida ao apreciar recurso especial ou agravo em recurso especial – apenas acarreta a preclusão da matéria não impugnada, não atraindo a incidência da Súmula 182 do STJ.' (excerto da ementa do EREsp 1424404/SP, Rel. Ministro LUIS FELIPE SALOMÃO, CORTE ESPECIAL, julgado em 20/10/2021, DJe 17/11/2021)" (STJ, EREsp 1.738.541/RJ, Rel. Ministro MAURO CAMPBELL MARQUES, CORTE ESPECIAL, DJe de 08/02/2022). Conforme decidiu a Corte Especial, essa orientação restringe-se ao Agravo interno no Recurso Especial e ao Agravo interno no Agravo em Recurso Especial, tendo em vista a possibilidade de, em tese, a decisão singular do relator ser decomposta em capítulos, vale dizer, unidades elementares e autônomas do dispositivo contido no provimento jurisdicional objeto do recurso. Assim, "a parte recorrente pode impugnar a decisão no todo ou em parte, mas deve, para cada um dos capítulos decisórios impugnados, refutá-los em tantos quantos forem os motivos autonomamente considerados para mantê-los", de modo que a Súmula 182/STJ e a previsão do art. 1.021, § 1º, do CPC/2015 terão incidência "nas hipóteses em que o agravante não apresenta impugnação aos fundamentos da decisão monocrática do Ministro do STJ ou se houver, na decisão agravada, capítulo autônomo impugnado parcialmente, ou seja, não impugnação de um dos fundamentos sobrepostos no mesmo capítulo" (STJ, AgInt no AREsp 895.746/SP, Rel. Ministro MAURO CAMPBELL MARQUES, SEGUNDA TURMA, DJe de 19/08/2016, invocado como fundamento, no julgamento dos EREsp 1.424.404/SP)[57].

37.5 RECURSOS CONSTITUCIONAIS: RECURSOS ORDINÁRIO, ESPECIAL E EXTRAORDINÁRIO

37.5.1 Recurso Ordinário

37.5.1.1 Hipóteses de cabimento

O recurso ordinário encontra-se previsto nos arts. 102, inc. II e 105, inc. II da CR/88.

---

57 STJ, AgInt no AgRg no AREsp n. 444.569/RS, relatora Ministra Assusete Magalhães, Segunda Turma, julgado em 19/9/2022, DJe de 22/9/2022.

Ao STF compete julgar recurso ordinário interposto contra acórdãos proferidos em julgamento de:

> a) habeas corpus, mandado de segurança, habeas data e mandado de injunção decididos em única instância pelos Tribunais Superiores, se denegatória a decisão;
>
> b) o crime político;
>
> Ao STJ compete julgar recurso ordinário interposto contra:
>
> I) acórdãos que julgarem:
>
> a) os habeas corpus decididos em única ou última instância pelos Tribunais Regionais Federais ou pelos tribunais dos Estados, do Distrito Federal e Territórios, quando a decisão for denegatória;
>
> b) os mandados de segurança decididos em única instância pelos Tribunais Regionais Federais ou pelos tribunais dos Estados, do Distrito Federal e Territórios, quando denegatória a decisão;
>
> II) sentença proferida por juiz federal nas causas em que forem partes Estado estrangeiro ou organismo internacional, de um lado, e, do outro, Município ou pessoa residente ou domiciliada no País. Nesse caso, as decisões interlocutórias poderão ser impugnadas por agravo de instrumento quando esse recurso for admissível.

Mesmo tratando-se de matéria trabalhista, a competência para julgar o recurso ordinário é do STJ.[58]

Importante salientar que contra decisão interlocutória do juiz federal em processo no qual seja parte o Estado estrangeiro cabe a interposição de agravo de instrumento para o STJ

37.5.1.2 Procedimento

Os arts. 1027 e 1028 do CPC disciplinam o procedimento do recurso ordinário nas ações cíveis, excluindo-se do seu âmbito regulamentar os recursos ordinários interpostos em ações não civis, *habeas corpus* e crime político.

É de se observar que o recurso ordinário para o STF, interponível em ações de mandado de segurança, *habeas data* e mandado de injunção, bem como o recurso ordinário para o STJ nas ações de mandado de segurança, têm por pressuposto a denegação da ordem. Portanto, apenas o impetrante tem interesse e legitimidade para interpor recurso ordinário.

Outra peculiaridade a ser destacada é que as hipóteses de cabimento de recurso ordinário indicadas na Constituição preveem sua interposição contra decisões de única instância ou última dos tribunais. Desta maneira, se faz necessário o exaurimento da jurisdição destes tribunais. Assim, se a denegação da ordem for

---

58 STJ. Rcl 879-RJ, Rel. Min. Sálvio de Figueiredo, j. em 11/12/2002.

por decisão singular do relator, é necessário interpor agravo interno para viabilizar a interposição do recurso ordinário[59].

Considerando que as Turmas Recursais dos Juizados Especiais não se qualificam como tribunais, de suas decisões não cabe recurso ordinário[60],[61].

Decisão denegatória, para fins de recurso ordinário significa tanto o acórdão que inadmite as ações (MS, MI e *habeas data)* por ausência dos pressupostos processuais ou das condições da ação, quanto o que julga o mérito da impetração, indeferindo a ordem.

Nos termos do art. 1028 do CPC, ao recurso ordinário aplicam-se, quanto aos requisitos de admissibilidade e ao procedimento no juízo de origem, as regras disciplinadoras do recurso de apelação, aplicando-se subsidiariamente os regimentos internos do STF e do STJ.

A jurisprudência do STF inadmite a aplicação da teoria da causa madura, recusando-se a julgar desde logo a lide, nos casos de provimento do recurso cassando acórdão de extinção do processo sem julgamento do mérito. No seu entendimento, com a aplicação da teoria da causa madura julgamento estar-se-ia "queimando etapas e suprimindo-se instância"[62]. Desenvolvendo esse raciocínio, conclui-se, que de acordo com o entendimento do Supremo Tribunal, ultrapassar a decisão terminativa do juízo *a quo* representaria violação ao princípio constitucional do juiz natural.

Esse entendimento, a meu ver, peca pelo rigorismo formal, porquanto a teoria da causa madura consagra um meio para conferir maior celeridade processual, sem impor sacrifício a qualquer garantia constitucional do processo. Baseado nos princípios da conformidade funcional e da força normativa da constituição, para assegurar uma eficácia ótima aos direitos e garantias individuais deveria o STF ter recepcionada a teoria da causa madura. Barbosa Moreira, sobre o tema, adverte ser inevitável a revisão das ideias correntes acerca do princípio do duplo grau de jurisdição – que, repita-se, não está definido em texto algum, nem tem significação universal fixada *a priori;* seu alcance será aquele que resulta do exame do *ius positum*, e portanto discutir se o infringe ou não disposição legal como a que ora se comenta é inverter os termos da questão[63].

No Superior Tribunal de Justiça, há divergência de entendimento; há decisões aplicando a teoria da causa madura e outras a rechaçando.

A favor da aplicação da teoria da causa madura o STJ entende que:

A interpretação encontra supedâneo na necessidade de dar-se efetividade ao princípio da celeridade processual, garantia fundamental inserida no inciso

---

59 STJ, RMS 5807, Rel. Min. Luiz Vicente Cernicchiaro, disponível em www.stj.jus.br.

60 STF, RMS 26259 AgR, Rel. Min. Celso de Mello, DJe-047 DIVULG 13-03-2008 PUBLIC 14-03-2008, disponível em www.stf.jus.br.

61 Constituição da República, art. 98, inc. I.

62 STF, RMS 24309 ED, Rel. Min. Marco Aurélio, disponível em: www.stf.jus.br.

63 BARBOSA MOREIRA, J. C. *Comentários ao Código de Processo Civil.* 14ª ed., Rio de Janeiro: Forense, 2008, p. 431.

LXXVIII do artigo 5º da Constituição, via Emenda Constitucional nº 45 de 2004"[64] "prestigiando-se, assim, os princípios da celeridade, da economia processual e da efetividade do processo, informadores do Direito Processual Civil Moderno[65].

> O Superior Tribunal de Justiça reconhece a possibilidade de substituição de um julgado extintivo, sem julgamento de mérito, por outro com julgamento de mérito, igualmente desfavorável, sem que tal represente reforma em prejuízo contra o recorrente. Isso porque se reconhece que o julgamento de mérito que a Corte superior faz, em tal oportunidade, é o mesmo que faria se mandasse o processo de volta ao órgão julgador *a quo*, onde receberia julgado de mérito com posterior remessa a este Tribunal Superior. Além disso se entende que, ao se insurgir contra a sentença terminativa, o recorrente tem ciência do risco de seu apelo ter seu mérito julgado desfavoravelmente, de modo que a piora substancial que se impuser ao recorrente é inerente ao sistema. Tendo ele conhecimento das regras, não há infração ao devido processo legal[66].

As decisões em sentido contrário, reproduzem os fundamentos adotados pelo STF: "pena de supressão indevida do juízo natural constitucionalmente estabelecido para a análise originária do mandado de segurança"[67], merecedor das mesmas críticas.

37.5.1.3 Impossibilidade de utilização de acórdãos proferidos em julgamento de Recurso Ordinário constituirem-se paradigma para interposição de Embargos de Divergência

No STJ consolidou-se entendimento "no sentido de que, mesmo sob a vigência do CPC/2015, não se admite como paradigma, em embargos de divergência, acórdão proferido em ações que possuem natureza de garantia constitucional como habeas corpus, recurso ordinário em habeas corpus, mandado de segurança, recurso ordinário em mandado de segurança, habeas data e mandado de injunção"[68]

37.5.1.4 Julgamento interessante: deposição Presidente João Goulart: implantação da ditadura militar no país

> ESTADO ESTRANGEIRO – IMUNIDADE DE JURISDIÇÃO – AÇÃO DE REPARAÇÃO DE DANOS CONTRA OS ESTADOS UNIDOS DA AMÉRICA – ATOS DE IMPERIO – DEPOSIÇÃO PRESIDENTE JOÃO GOULART – IMPLANTAÇÃO DA DITADURA MILITAR NO PAÍS
>
> MARIA THEREZA FONTELLA GOULART; JOÃO VICENTE FONTELLA GOULART; e DENISE FONTELLA GOULART propuseram Ação Ordinária

---

[64] STJ, RMS 25018/MG, Rel. Min. CARLOS FERNANDO MATHIAS (JUIZ FEDERAL CONVOCADO DO TRF 1ª REGIÃO), disponível em www.stj.jus.br.

[65] STJ, RMS 17220, Rel. Min. Eliana Calmon, disponível em: www.stj.jus.br.

[66] STJ. RMS 59709/RS, Rel. Min. HERMAN BENJAMIN, DJe 25/06/2020.

[67] STJ. AgInt no RMS 44349/MG, Rel. Min. GURGEL DE FARIA, DJe 12/12/2019.

[68] AgInt nos EDv nos EREsp 1.382.354/PE, Rel. Min. HERMAN BENJAMIN, DJe 10/3/2020.

perante os ESTADOS UNIDOS DA AMÉRICA DO NORTE, objetivando a sua condenação em indenização por danos morais, materiais, de imagem e de existência, tendo por fundamento a atividade que teria sido desenvolvida pelo réu no sentido de derrubar o Governo do então Exmo. Sr. Presidente da República, JOÃO GOULART, em 1964. (fls. 02/129). Proferida sentença terminativa (fls. 1004/1006), os autores dela recorreram (fls. 1011/1056), tendo o recurso ordinário sido provido, em parte, pela Colenda 3ª. Turma do Eg. STJ (fls. 1189/1190). Voltando os autos a este MM. Juízo, expediu-se carta precatória notificatória ao réu (fls. 1228), encaminhada pelo Ministério das Relações Exteriores como Nota Verbal no. 138, de 13.10.2010, recebida pela Embaixada dos Estados Unidos da América em 20.10.2010 (fls. 1235), não tendo sido respondida até a presente data. É o Relatório. Passo a decidir. PRELIMINARMENTE A regra geral é a de que os Estados estrangeiros somente podem responder perante a jurisdição de outro Estado se aceitarem fazê-lo. Não tendo havido resposta dos Estados Unidos da América do Norte quanto à solicitação de informação sobre se aceitariam renunciar à sua imunidade perante a jurisdição brasileira, depois de mais de ano e meio de recebimento da Nota Verbal no. 138/2010 encaminhada pelo Ministério das Relações Exteriores, a conclusão a que se chega é que houve recusa tácita à submissão daquele Estado à nossa jurisdição. Inviável o prosseguimento da ação. Isto posto, julgo a ação extinta, sem julgamento do mérito, na forma do art. 267, IV do CPC, condenando os autores nas custas, já pagas. Decorrido o prazo legal sem interposição de recurso, baixem-se e arquivem-se, certificando-se. P . R. I . Rio de Janeiro, 15 de agosto de 2012 ALBERTO NOGUEIRA JÚNIOR Juiz Federal da 10ª. Vara/RJ[69].

37.5.2 Recurso Especial e Recurso Extraordinário

Do not go where the path may lead, go instead where is no path and leave a trail.

Ralph Wando Emerson

37.5.2.1 Finalidade

Os recursos constitucionais, Recurso Especial e Recurso Extraordinário, são os que melhor se qualificam como recurso de fundamentação vinculada, nos quais "o recorrente precisa invocar o erro indicado como relevante para que o recurso caiba, e precisa demonstrar-lhe a efetiva ocorrência na espécie, para que o recurso proceda"[70].

A finalidade destes recursos é a de uniformizar a interpretação do direito, conferindo coerência e previsibilidade ao ordenamento jurídico. O STJ detém a responsabilidade de interpretar a legislação federal, o STF a de interpretar a Constituição.

---

69 ACÓRDÃO DO STJ - DANDO PROVIMENTO PARA DETERMINAR A OITIVA DOS ESTADOS UNIDOS DA AMÉRICA SOBRE EVENTUAL RENÚNCIA À IMUNIDADE DE JURISDIÇÃO.

70 BARBOSA MOREIRA, José Carlos. *Comentários ao Código de Processo Civil.* 14. ed. Rio de Janeiro: Forense, 2008, p. 233.

Os estágios recursais, com a sua concentração de jurisdição cada vez mais alta e finalmente única em uma suprema corte, conduz à harmonização e ao maior desenvolvimento do Direito urgentemente necessários. O interesse público na harmonização do Direito joga luz sobre um movimento conciso da lógica da prestação jurisdicional: o juiz deve decidir cada caso de um modo que preserve a coerência da ordem jurídica como um todo[71].

Desta maneira, o STJ tem a missão de assegurar a integridade e a uniformidade da interpretação da legislação federal. "Já ao STF, o que lhe cabe, em grau de recurso extraordinário, é atuar como soberana instância do controle de constitucionalidade (...). Por conseguinte, duas jurisdições que se marcam pela mesma estampa da soberania, somente passíveis de coexistência pelo fato de que atuam em diferenciados espaços de judicialização"[72].

37.5.3 Pressupostos recursais do RE e do RESP

Os recursos extraordinário e especial têm pressupostos específicos de admissibilidade estabelecidos pela Constituição da República. Desta maneira, no momento da interposição desses recursos, além dos pressupostos comuns: tempestividade, preparo e inexistência de fato impeditivo ou extintivo do poder de recorrer (extrínsecos); cabimento, legitimidade para recorrer e interesse em recorrer (intrínsecos), devem ser atendidos, também, os pressupostos específicos estabelecidos nos arts. 102, III e 105, III da Constituição, quanto à fundamentação e à regularidade formal.

37.5.3.1 Tempestividade

O prazo para interposição de todos os recursos, exceto embargos de declaração, de acordo com o § 5º do art. 1003 do CPC, é de quinze dias contados da intimação da decisão a ser impugnada.

O recurso interposto intempestivamente é considerado inexistente e, por essa razão, não impede a formação da coisa julgada, nem *o dies a quo* dos efeitos dela decorrentes, como, por exemplo a contagem do prazo decadencial para a propositura de ação rescisória[73].

O § 5º do art. 1024 do CPC dispõe que, independentemente de ratificação, será tempestivo o recurso interposto antes do julgamento dos embargos de declaração se estes forem rejeitados ou não alterarem a conclusão do julgamento anterior. No julgamento dos embargos declaratórios, em razão do provimento, é possível

---

71 STJ. REsp 1622386/MT, Rel. Ministra NANCY ANDRIGHI, TERCEIRA TURMA, julgado em 20/10/2016, DJe 25/10/2016.

72 STF. RE 479887, Rel. Min. Carlos Britto, DJe-134, divulg. 30-10-2007, public. 31-10-2007.

73 STF. AI 760304 AgR-ED-ED, Rel. Min. Roberto Barroso, DJe-110, divulg. 09-06-2015, public. 10-06-2015; STJ. REsp 511998, Rel. Min. Nancy Andrighi, DJ 01-02-2005, p. 540.

ocorrer alteração do julgado. Uma vez modificada a conclusão do julgamento, incidirá na espécie o princípio da complementaridade que concede ao recorrente a oportunidade de "complementar a fundamentação de seu recurso já interposto, se houver alteração ou integração da decisão"[74].

A interpretação do art. 1003, §6º do CPC, conforme consolidada jurisprudência do STF e do STJ, é no sentido de inadmitir a demonstração da tempestividade do recurso posteriormente à sua interposição[75]. Caracterizando-se a intempestividade como vício grave é inadmissível sua comprovação *a posteriori*, pois a gravidade do vício não admite que ele seja sanável.

37.5.3.2 Preparo

O preparo dos recursos endereçados ao STF e ao STJ compreende tão somente as custas recursais, tendo em vista que, atualmente, os processos são eletrônicos. Entretanto, situações excepcionais, previstas nas respectivas resoluções[76] que disciplinam a matéria no âmbito desses tribunais, podem fazer necessária a remessa dos autos físicos. Nessa situação, o preparo será integrado pelas custas recursais e pelo porte de remessa e retorno.

Nos termos do art. 1007 do CPC e da Súmula 187 do STJ[77], sob pena de deserção, a comprovação do recolhimento do preparo tem de ser feita no tribunal de origem, no ato da interposição do recurso, constituindo-se ônus do recorrente instruí-lo com as guias e respectivos comprovantes de pagamento.

É preciso ficar atento para o entendimento da jurisprudência sobre a insuficiência da juntada do comprovante de agendamento eletrônico do pagamento do preparo para afastar a deserção. Portanto, apenas o comprovante de quitação do pagamento atende a esse pressuposto recursal.

Sobre a matéria, a jurisprudência do STJ e do STF consolidou os seguintes entendimentos:

> 1. O número constante da guia de recolhimento da GRU deve guardar exata correspondência com o número de referência do processo, sob pena de deserção. A irregularidade no preenchimento das guias do preparo, no ato da interposição do recurso especial, caracteriza a sua deserção, sendo inviável nova intimação para regularizar o vício[78].

---

74 NERY JR. Nelson. *Teoria Geral dos Recursos.* 7 ed. São Paulo: Revista dos Tribunais, 2013, p. 184.

75 STF. AI 621919 AgR, Relª Minª ELLEN GRACIE, DJ 19-12-2006 PP-00035 STJ, REsp nº 1813684. Rel. Min. Luis Felipe Salomão, DJe 18/11/2019.

76 STF. Resolução nº 6+62, de 10/02/2020. STJ. Resolução STJ/GP nº 2, 01/02/2017.

77 STJ. Súmula 187: É deserto o recurso interposto para o Superior Tribunal de Justiça, quando o recorrente não recolhe, na origem, a importância das despesas de remessa e retorno dos autos.

78 AgInt no RMS 58.719/CE, Rel. Ministro Mauro Campbell Marques, Segunda Turma, DJe 19/12/2018.

2. Os recursos para o STJ devem estar acompanhados das guias de recolhimento devidamente preenchidas, além dos respectivos comprovantes de pagamento, ambos de forma visível e legível, sob pena de deserção[79].

3. Há deserção do recurso quando a parte não comprova o recolhimento do preparo no ato de interposição e, posteriormente, deixa de atender à intimação para o recolhimento em dobro. O STJ decidiu que o Tribunal "coopera com as partes quando determina a sanação de patente irregularidade, mas não coopera a parte que, sanando a eiva, incorre em nova irregularidade, pois, assim, o processo seguiria em um horizonte ilimitado de oportunidades para sanação de irregularidades (...). A reiteração de irregularidades não é tolerada"[80].

4. Não configura justo impedimento à realização e à comprovação do *preparo* o mal súbito da genitora de advogado credenciado no processo, quando o instrumento de mandato revela a outorga de poderes também a outros profissionais[81].

5. Efetuado o pedido de justiça gratuita somente na petição de recurso extraordinário, sua posterior concessão não tem o condão de retroagir de forma a afastar a deserção anteriormente configurada do RE[82].

6. Quando a declaração de pobreza for insuficiente para comprovar a necessidade da concessão da justiça gratuita, por haver indícios de capacidade econômica do recorrente, a ele será conferida a oportunidade de demonstrar essa necessidade ou de recolher o preparo, antes de julgar deserto o recurso[83].

7. Nos recursos para o STF e STJ é insuficiente, para comprovação do preparo, a apresentação somente do comprovante de pagamento das custas processuais, pois é indispensável a juntada das respectivas Guias de Recolhimento da União (GRU), hipótese em que o relator deverá determinar o saneamento, nos termos do art. 932, § único do CPC[84].

8. Nos termos do enunciado da Súmula 484 do STJ, há possibilidade de, dentro do prazo para recorrer, proceder-se ao recolhimento das custas processuais no primeiro dia útil subsequente quando o recurso é interposto após o término do expediente bancário. Ressalvada essa hipótese, o recolhimento do preparo posteriormente à interposição do recurso implica deserção. Assim, se a interposição do recurso ocorrer no último dia do prazo em horário posterior ao encerramento do expediente bancário o recurso será julgado deserto pela extemporaneidade do preparo.

9. Deve-se julgar deserto o recurso se o recorrente, apesar de intimado para regularizar o vício na comprovação do preparo, realizando o recolhimento em dobro, na forma do art. 1.007, § 4º, do CPC/2015, não o fizer no prazo determinado[85].

---

79 AgInt no AREsp 1132940/PR, Rel. Ministro LUIS FELIPE SALOMÃO, QUARTA TURMA, DJe 28/08/2018.

80 AgInt no RMS 60.185/PE, 3ª Turma, DJe 18/10/2019.

81 STF. RMS 24676, Rel. Min. Marco Aurélio, DJe de 28/05/2004.

82 STF. RE 747917 AgR, Rel. Min. DIAS TOFFOLI, DJe-164 DI.VULG 20-08-2015 PUBLIC 21-08-2015.

83 STJ. AgInt no AREsp 736.006/DF, Rel. Min. JOÃO OTÁVIO DE NORONHA, DJe 23/06/2016.

84 STJ. AgInt no REsp 1821871/RS, Relª. Minª ASSUSETE MAGALHÃES, DJe 17/03/2020.

85 STJ. AgInt no AgInt no AREsp 1436807. Rel. Min. Antônio Carlos Ferreira, DJe 01/04/2020. AgInt no AREsp 1458852, Rel. Min. MARCO AURÉLIO BELLIZZE, DJe 05/12/2019.

10. A mera alegação de falha do Tribunal de origem no processo de digitalização ou de extravio da guia de preparo, desacompanhada de qualquer comprovação, não se apresenta apta a afastar o óbice ao conhecimento do recurso[86].

11. Greve de bancários constitui justo impedimento, suficiente para relevar a deserção, desde que: I) a parte prove a incapacidade de efetuar o pagamento do preparo no ato da interposição do recurso em razão da greve; II) efetue o recolhimento das custas e juntada do comprovante e respectiva guia aos autos no dia subsequente ao término da paralisação (ou no prazo eventualmente fixado pelo respectivo Tribunal via portaria); III) e, ainda, na mesma petição de juntada, anexar prova demonstrando a data do término da greve[87].

37.5.3.2.1 Isenções legais

O Ministério Público, a Fazenda Pública e a Defensoria Pública estão isentos do preparo e têm os prazos em dobro para recorrer, conforme, estabecem, respectivamente, os arts. 180, 183, 186 e o § 1º do art. 1007 do CPC.

A prerrogativa do prazo em dobro estende-se, também, aos serviços de assistência judiciária prestados pelas entidades públicas de ensino superior[88]. É mais do que recomendável ao recorrente, beneficiário da justiça gratuita, indicar na petição recursal a folha dos autos físicos ou o evento do processo eletrônico em que consta a decisão concessiva do benefício.

37.5.3.3 Exaurimento da instância ordinária

Não há prestação jurisdicional *per saltum*, ou seja, não há como precipitar o acesso à instância excepcional, de modo que "a parte não pode abandonar ou deixar de utilizar os recursos ordinários para querer, desde logo, interpor o especial"[89] ou extraordinário.

A Constituição da República, arts. 102, inc. III e 105, inc. III, exige o prévio esgotamento das vias recursais ordinárias ao dispor que os recursos extraordinário e especial são cabíveis de decisão de última ou única instância. Os enunciados das Súmulas 281 e 282 do STF[90] e 207 do STJ[91] ratificam o texto constitucional.

---

[86] STJ. AgInt no REsp 1.703.321/DF, Rel. Min. OG FERNANDES, DJe 25/5/2018.

[87] STJ. AgInt no AREsp 1108666/RJ, Rel. Min. MAURO CAMPBELL MARQUES, DJe 20/10/2017.

[88] STJ. AgRg no REsp 1368808/DF, Rel. Ministro Leopoldo de Arruda Raposo (Desembargador Convocado do TJ/PE), Quinta Turma, julgado em 23/06/2015, dje 03/08/2015.

[89] MANCUSO, Rodolfo de Camargo. *Recurso Extraordinário e Recurso Especial.* 11. ed. São Paulo: Revista dos Tribunais, 2010, p. 101.

[90] Súmula 281 STF: "É inadmissível o recurso extraordinário, quando couber na Justiça de origem, recurso ordinário da decisão impugnada." Súmula 282 do STF: "É inadmissível o recurso extraordinário, quando não ventilada, na decisão recorrida, a questão federal suscitada."

[91] Súmula 207 STJ: "É inadmissível recurso especial quando cabíveis embargos infringentes contra acórdão proferido no tribunal de origem."

Com efeito, enquanto houver recorribilidade na instância ordinária inexistirá decisão de última instância, razão pela qual incabíveis o RE ou REsp. O exaurimento dos recursos ordinários, ensina Araken de Assis, "significa que o provimento há de se mostrar imune a outro recurso na instância ordinária"[92].

O STJ, no julgamento do Tema Repetitivo 434 assentou que "o agravo interposto contra decisão monocrática do Tribunal de origem, com o objetivo de exaurir a instância recursal ordinária, a fim de permitir a interposição de recurso especial e do extraordinário, não é manifestamente inadmissível ou infundado, o que torna inaplicável a multa"[93].

A Constituição da República tratou diferentemente a acessibilidade ao STF e ao STJ. Exige-se para interposição do RE que a decisão seja proferida em única ou última instância, admitindo-se, em tese, a possibilidade de interposição de RE manejado contra sentença de juiz, como ocorre nas causas de alçada limitadas pelo art. 34 da Lei da Execução Fiscal, Lei 6830/80. Afirma-se, a recorribilidade extraordinária, em tese, de sentença em execução fiscal porque dificilmente a matéria terá transcendência para possibilitar o reconhecimento da repercussão geral. Também é possível, em tese, ascender-se ao STF mediante recurso extraordinário contra decisões proferidas por turmas recursais dos juizados especiais estaduais, entretanto, na realidade forense, o Supremo Tribunal Federal deixou consignado no julgamento conjunto dos ARE 835833, ARE 837318 e ARE 836819 o seguinte:

> REs em causas de juizados especiais cíveis são admitidos apenas em situações excepcionais
>
> O Plenário Virtual do Supremo Tribunal Federal (STF) definiu que os recursos extraordinários contra decisões de juizados especiais cíveis estaduais só devem ser admitidos em situações extremamente excepcionais, nas quais o requisito da repercussão geral estiver justificado com indicação detalhada das circunstâncias concretas e dos dados objetivos que evidenciem a relevância econômica, política, social ou jurídica da matéria em discussão. (...)
>
> "Como é da própria essência e natureza dos Juizados Especiais Cíveis Estaduais previstos na Lei 9.099/1995, as causas de sua competência decorrem de controvérsias fundadas em relações de direito privado, revestidas de simplicidade fática e jurídica, ensejando pronta solução na instância ordinária", assinalou o ministro Teori. "Apenas excepcionalmente essas causas são resolvidas mediante aplicação direta de preceitos constitucionais e, mesmo quando isso ocorre, são incomuns e improváveis as situações em que a questão constitucional debatida contenha requisito da repercussão geral".
>
> O ARE 835833, por exemplo, teve início como ação de cobrança ajuizada por um produtor rural de Cruz Alta (RS) contra uma indústria de laticínios e uma empresa agropecuária, pelo não pagamento da venda de 5.310 litros de leite, no valor de R$ 3.397. O leite era vendido à indústria, e esta o revendia à agropecuária. (...)

---

92 ASSIS, Araken. *Manual dos Recursos.* 6ª ed. São Paulo: Revista dos Tribunais, 2013, p. 738.

93 STJ. REsp 1198108/RJ, Rel. Min. MAURO CAMPBELL MARQUES, DJe 21/11/2012.

Juizados especiais

O relator do recurso, ministro Teori Zavascki, destacou que a Lei 9.099/1995, que instituiu o Juizado Especial Cível no âmbito dos estados e do Distrito Federal, em substituição ao Juizado de Pequenas Causas, define sua competência com base em dois critérios: o valor da causa e a matéria jurídica em discussão. Estão fora de seu escopo, por exemplo, causas de natureza alimentar, falimentar, fiscal e de interesse da Fazenda Pública, e ainda as relativas a acidente de trabalho, a resíduos e ao estado e capacidade de pessoas.

Cabe aos juizados, portanto, o julgamento de causas cíveis de menor complexidade, cujo valor não exceda a 40 salários mínimos, e de direito privado. As causas envolvendo pessoas de direito público são da competência dos Juizados Especiais da Justiça Federal e da Fazenda Pública.

"É seguro afirmar que apenas excepcionalmente as causas processadas perante os Juizados Especiais Cíveis Estaduais encontram solução nos dispositivos da Constituição", assinala o ministro. "E mesmo quando tangenciam matéria constitucional, são extremamente incomuns e improváveis as situações em que se pode visualizar a repercussão geral".

O ministro observa que, apesar do elevado número de recursos extraordinários provenientes de causas julgadas segundo o regime da Lei 9.099/1995, a repercussão geral foi reconhecida, até 2014, em apenas nove casos, que dizem respeito a expurgos inflacionários, competência legislativa sobre relação de consumo, responsabilidade civil de provedor de conteúdo na internet e aspectos processuais relativos ao funcionamento dos juizados. "Não se pode eliminar por completo a possibilidade de existir matéria constitucional dotada de repercussão geral, mas isso não abala a constatação de que a quase totalidade dos milhares de recursos extraordinários interpostos nessas causas não trata de matéria constitucional com qualificado significado de repercussão geral a ensejar a manifestação do STF", afirma.

Por isso, o ministro firmou **a tese de que, pela natureza dos juizados especiais, é necessária a demonstração hábil a reverter a própria essência das causas de sua competência, que é a de envolver relações de direito privado de interesse particular e limitado às partes**. "O caso dos autos é típico", assinala. "Por mais relevante e importante que a causa possa ser, e se supõe que o seja para as pessoas nela envolvidas, é indispensável, para a funcionalidade e a racionalidade do sistema judiciário, da sobrevivência dos juizados especiais e da preservação do papel constitucional do STF que os atores do processo tenham consciência de que causas assim não poderiam ser objeto de recurso extraordinário".

Portanto, caso o presidente de turma recursal, a quem cabe a admissão do recurso extraordinário interposto nos juizados especiais cíveis, verificar a inexistência de matéria constitucional diretamente debatida na causa ou fundamentação insuficiente e genérica sobre a relevância e transcendência da questão, deve desde logo inadmitir o recurso – decisão que, em função da sistemática da repercussão geral, não pode ser objeto de impugnação no Supremo, mas somente por meio de agravo interno no âmbito da própria turma recursal[94].

[94] STF. Notícias STF 27/03/2015.

Por sua vez, o acesso à jurisdição recursal do STJ só é possível quando se tratar de decisão oriunda de tribunal, o que excluem decisões oriundas da Lei de Execução Fiscal e de Turmas Recursais dos Juizados Especiais. Essa diferenciação deixa nítida a possibilidade admitida pela Constituição, em caráter excepcional, de transigir-se com a legalidade quando a decisão for de única instância, mas não proferida por tribunal. Vê-se que as reduzidas hipóteses de descabimento do REsp referem-se a causas de pequeno valor econômico e baixo impacto social em tramitação nos Juizados Especiais estaduais, bem como de pequeno valor nos executivos fiscais. Entretanto, situação alguma compactua com a inconstitucionalidade, daí o cabimento de RE contra decisões proferidas em única ou última instância, independentemente de serem originárias de tribunal.

O STF não admite RE impugnando decisão provisória, como as que apreciam medidas liminares ou antecipatórias de tutela porque somente o julgamento do mérito se qualifica como decisão de única ou última instância. A questão pacificou-se por meio de enunciado sumulado:

> STF Súmula nº 735 – "Não cabe recurso extraordinário contra acórdão que defere medida liminar".

37.5.3.4 Descabimento de discussão de matéria fática

O RE e o REsp não se destinam à reapreciação da matéria fática[95] examinada nas instâncias ordinárias, "digamos, a operação mental de conta, peso e medida dos elementos de convicção"[96]. Como mencionado, o STF e o STJ têm a missão constitucional de uniformizar a interpretação e a aplicação do Direito. A inadmissibilidade do reexame da causa em seus aspectos factuais encontra-se consubstanciada nos enunciados das Súmulas 279 do STF e 7 do STJ.

Esses recursos exigem que "o problema seja resolvido juridicamente, ou seja, o resultado do raciocínio não pode ser a declaração de que se está diante de uma questão duvidosa"[97].

O Superior Tribunal de Justiça admite o REsp baseado no erro na valoração da prova, situando-o fora da restrição imposta pela Súmula 7. No entendimento pacificado pelo tribunal, a revaloração visa à correção de uma ilegalidade decorrente da regra jurídica aplicada:

> O chamado erro na valoração da prova, passível de análise no Recurso Especial, representa erro de direito e diz respeito ao valor da prova abstratamente

---

95 STF. AI 29710, Relator(a): EVANDRO LINS, Primeira Turma, julgado em 14/10/1963, DJ 17-12-1963 PP-04438 EMENT VOL-00566-01 PP-00346. A jurisprudência do STF a respeito desse tema é quase centenária: STF. CT 3713. Rel. Min. Guimarães Natal. Revista do STF. vol. 71, p. 75, 1924.

96 STJ. HC 148061, Rel. Min. Nilson Naves, DJe 23/08/2010.

97 WAMBIER, Teresa Arruda Alvim. *Apud*, MANCUSO, Rodolfo de Camargo. *Recurso Extraordinário e Recurso Especial*. 11. ed., São Paulo: Revista dos Tribunais, 2010, p. 127.

considerado, o qual não se confunde com a avaliação que o magistrado faz quanto a estar ou não comprovado determinado fato, juízo de valor que decorre do poder de convicção da prova, cujo reexame é vedado pela Súmula 7 do STJ. "A chamada 'valoração de prova' a ensejar o recurso especial é aquela em que há errônea aplicação de um princípio legal ou negativa de vigência a norma pertinente ao direito probatório[98].

Excepcionalmente, o STJ julga matéria fática diante de decisão flagrantemente arbitrária, isto é, o juízo que afronta os princípios da razoabilidade e da proporcionalidade. São situações infrequentes e por isso, caracterizam a excepcionalidade que permite o reexame da fixação do valor de indenização por danos morais[99], do arbitramento dos honorários advocatícios[100], das *astreintes*[101].

O STF não admite em hipótese alguma considerar o reexame dos elementos fáticos e das provas[102].

37.5.3.5 Prequestionamento

O prequestionamento ocorre "quando a causa tenha sido decidida à luz da legislação federal indicada, com emissão de juízo de valor acerca dos respectivos dispositivos legais, interpretando-se sua aplicação ou não ao caso concreto"[103].

O entendimento do STF e do STJ acerca do prequestionamento é harmônico, razão pela qual, por se tratar de matéria de envergadura constitucional, optou-se por abordar o prequestionamento a partir da interpretação do STF, fazendo-se menção ao entendimento do STJ quando necessário para melhor compreensão do assunto ou para frisar eventuais distinções existentes.

A questão relacionada ao prequestionamento gravita em torno da interpretação da expressão constitucional, "causa decidida". O RE e o REsp, na dicção da Constituição, são cabíveis para impugnar as causas decididas, com efeito, esses recursos serão inadmissíveis se não interpostos contra aquilo que foi decidido pela instância *a quo*.Dois enunciados sumulares do STF são os sustentáculos da teoria do prequestionamento:

> STF Súmula 282 – É inadmissível o recurso extraordinário, quando não ventilada, na decisão recorrida, a questão federal suscitada.
>
> STF Súmula 356 – O ponto omisso da decisão, sobre o qual não foram opostos embargos declaratórios, não pode ser objeto de recurso extraordinário, por faltar o requisito do prequestionamento.

98 STJ. AgRg no Ag 16.138/SP, Relator Ministro Barros Monteiro, DJ 04-10-93.

99 STJ. AgInt no AREsp 1551393/SP, Rel. Min. LUIS FELIPE SALOMÃO, DJe 30/06/2020.

100 STJ. EDcl no AgRg no REsp 1371930/MG, Rel. Min. SERGIO KUKINA.

101 STJ. AgRg no REsp 1073492/RS, Rel. Min. ARNALDO ESTEVES LIMA, DJe 04/05/2012.

102 STF. AI 145525 AgR. Rel. Min. Ilmar Galvão, DJ 07-05-1993.

103 STJ. AgRg no REsp 264.210/PB, Rel. Min. Eliana Calmon, DJ 10.06.2002.

Retornando ao conceito de recurso de Barbosa Moreira[104], percebe-se que a expressão constitucional 'causa decidida' pressupõe, para os recursos constitucionais, a existência de prévio pronunciamento judicial sobre a matéria objeto do recurso, ou seja, o prequestionamento. "O que se busca com esse remédio excepcional é, na verdade, um rejulgamento da causa, no tocante à questão de direito nela contida. Isso, obviamente, só pode acontecer em face de questão anteriormente decidida"[105].

Admitir-se o afastamento do pressuposto relacionado ao prequestionamento significaria admitir a violação do princípio do juiz natural, na medida em que a competência do STF e do STJ para julgar recursos Extraordinário e Especial, significa o reexame da decisão judicial impugnada. Sem o prévio pronunciamento da instância ordinária, as cortes constitucionais exerceriam competência originária, uma vez que julgariam a pretensão deduzida pelo recorrente pela primeira vez, pois não haveria o que reexaminar diante da inexistência da 'causa decidida'.

Mesmo matérias de ordem pública, que seriam cognoscíveis de ofício nas instâncias ordinárias, carecem de prequestionamento para ser admitido o Recurso Especial, porque este recurso não tem, em regra, efeito translativo.

Fredie Didier e Leonardo Carneiro da Cunha sustentam a admissibilidade pelo STF do "chamado prequestionamento ficto, que é aquele que se considera ocorrido com a simples interposição dos embargos de declaração diante da omissão judicial, independentemente do êxito dos embargos"[106]. Parece, todavia, que os autores, neste particular, não perfilham a teoria mais correta a respeito da matéria.

Indiferentemente de ser o prequestionamento ficto ou implícito, a consequência é a mesma: o RE é inadmissível:

> Esta Corte [STF] não tem procedido à exegese *a contrario sensu* da Súmula STF 356 e, por consequência, somente considera prequestionada a questão constitucional quando tenha sido enfrentada, de modo expresso, pelo Tribunal *a quo*. A mera oposição de embargos declaratórios não basta para tanto. Logo, as modalidades ditas implícita e ficta de prequestionamento não ensejam o conhecimento do apelo extremo"[107].
>
> A usual fórmula 'prequestionamento implícito' contém flagrante contradição. Faltando decisão, não cabe recurso ordinário e, ao revés, existindo decisão cabe o recurso, e o prequestionamento, por isso mesmo, mostra-se explícito[108].

---

[104] BARBOSA MOREIRA, José Carlos. *Comentários ao Código de Processo Civil.* 14 ed. Rio de Janeiro: Forense, 2008, p. 233. Recurso é "o remédio voluntário idôneo a ensejar, dentro do mesmo processo, a reforma, a invalidação, o esclarecimento ou a integração de decisão judicial que se impugna".

[105] THEODORO JR., Humberto. *Curso de Direito Processual Civil.* Vol. III, 47 ed. Rio de Janeiro: Forense, 2015, p. 1043.

[106] DIDIER JR, Fredie; CUNHA, Leonardo Carneiro da. *Curso de Direito Processual Civil.* Vol. 3, 9ª ed. Salvador: Juspodivm, 2011, p. 262.

[107] STF. ARE 678139 AgR, Rel. Min. Rosa Weber, Primeira Turma, julgado em 06/08/2013, DJe-163, divulg 20-08-2013, public. 21-08-2013.

[108] ASSIS, Araken de. *Manual dos Recursos.* 6ª ed. São Paulo: Revista dos Tribunais, 2014, p. 747.

O entendimento do STF sobre o prequestionamento fundamenta-se no seguinte:

> O requisito do prequestionamento assenta no fato de não ser aplicável à fase de conhecimento do recurso extraordinário o princípio *iura novit cúria*. (...) o RE não investe o Supremo de competência para vasculhar o acórdão recorrido, à procura de uma norma que poderia ser pertinente ao caso, mas da qual não se cogitou. Daí a necessidade de pronunciamento explícito do Tribunal *a quo* sobre a questão suscitada no recurso extraordinário. Sendo o prequestionamento, por definição, necessariamente explícito, o chamado 'prequestionamento implícito' não é mais do que uma simples e inconcebível contradição em termos[109].

Ademais, admitir o prequestionamento ficto representa uma subversão do sistema jurídico. A inevitabilidade da jurisdição estabelece que a pessoa que participou do procedimento em contraditório estará sujeita aos efeitos da decisão judicial. Ao se compartilhar o poder de prequestionar com a parte, a jurisdição ficaria subjugada à sua vontade, possibilitando-lhe criar situações em que o apelo extremo se torne falaciosamente cabível. Com efeito, impor-se-ia aos tribunais constitucionais o dever de julgar quaisquer recursos interpostos, transformando-os, consequentemente em terceira instância recursal, ou seja, em tribunais ordinários.

Absolutamente correta é a conclusão de Araken de Assis: "o prequestionamento não se subordina, absolutamente, à iniciativa das partes. (...) inexiste vínculo obrigatório entre a atividade das partes e o prequestionamento"[110]. Concluindo, é juridicamente inexplicável o fato de a jurisdição excepcional, exercida pelo STF e pelo STJ, submeter-se à vontade do jurisdicionado:

> O prequestionamento não resulta da circunstância de a matéria haver sido arguida pela parte recorrente. A configuração pressupõe debate e decisão prévios pelo Colegiado, ou seja, emissão de entendimento. O instituto visa o cotejo indispensável a que se diga enquadrado o recurso extraordinário no permissivo constitucional[111].
>
> A Corte Suprema não admite a tese do chamado prequestionamento implícito, sendo certo que, caso a questão constitucional não tenha sido apreciada pelo Tribunal a quo, é necessária e indispensável a oposição de embargos de declaração, os quais devem trazer a discussão da matéria a ser prequestionada, a fim de possibilitar ao Tribunal de origem a apreciação do ponto sob o ângulo constitucional, sob pena de se inviabilizar o conhecimento do recurso extraordinário[112].

Na hipótese de a questão constitucional não ter sido suscitada na jurisdição ordinária, o manejo de embargos de declaração para fins de prequestionamento, após o julgamento do tribunal *a quo*, não tem o condão de ampliar a tese jurídica

---

[109] STF. AI 253566 AgR. Rel. Min. Sepúlveda Pertence. Dj 03/03/2000.

[110] ASSIS, Araken de. *Manual dos Recursos*. Op. cit., p. 747.

[111] STF. ARE 889158 AgR, Rel. Min. Marco Aurélio, DJe-190, divulg. 23-09-2015, public 24-09-2015.

[112] STF. RE 383700 AgR, Rel. Min. Dias Toffoli, DJe-222, divulg. 06-11-2015, public. 09-11-2015.

deduzida pela parte[113]. Essa vedação explica-se pela inadmissibilidade jurídica de a parte, ao seu alvedrio, por meio dos embargos de declaração, criar hipóteses de cabimento dos recursos constitucionais, independentemente do conteúdo da decisão impugnada. Esta prática, denominada pós-questionamento, encontra-se repudiada na jurisprudência do STJ porque "o direito processual brasileiro não admite embargos declaratórios para pós-questionar temas estranhos ao debate"[114].

Destarte, a aplicação literal do art. 1025 do CPC, ao admitir o prequestionamento ficto, padece de inconstitucionalidade pelo fato de o STF, intérprete soberano e derradeiro da Constituição, reconhecer a imprescindibilidade, para admissão do extraordinário, da manifestação expressa do tribunal *a quo* sobre matéria constitucional[115]:

> A simples oposição dos embargos de declaração, sem o efetivo debate acerca da matéria versada pelo dispositivo constitucional apontado como malferido, não supre a falta do requisito do prequestionamento, viabilizador da abertura da instância extraordinária. Incidência da Súmula n. 282 do Supremo Tribunal Federal, verbis: é inadmissível o recurso extraordinário, quando não ventilada na decisão recorrida, a questão federal suscitada[116].

Sintetizando,

> a ausência de efetiva apreciação do litígio constitucional, por parte do Tribunal de que emanou o acórdão impugnado, não autoriza – ante a falta de prequestionamento explícito da controvérsia jurídica – a utilização do recurso extraordinário[117].

Assim, a validade do art. 1025 do CPC reclama interpretação teleológica para conformá-lo à Constituição. Se, como disposto na parte final do dispositivo, o tribunal superior considerar existentes erro, omissão, contradição ou obscuridade, ele não estará decidindo o recurso excepcional, mas sim, os próprios embargos declaratórios não decididos na instância originária. Nesse caso, há óbices intransponíveis para que o STF e o STJ possam julgar a existência de erro, omissão, contradição ou obscuridade no acórdão *a quo*. O primeiro é que a incompletude da decisão recorrida não exaure a instância ordinária, inexistindo, assim, decisão de última ou única instância. O outro obstáculo, também insuperável é a inexistência de causa decidida que possa se subsumir às hipóteses constitucionais de cabimento do RE e do REsp. Com efeito, essas duas circunstâncias afastam a competência dos tribunais constitucionais.

---

113 STF. ARE 725034 AgR, decisão monocráticaRel. Min. Cármen Lúcia, Segunda Turma, divulg 24-09-2013, public. 25-09-2013.

114 STJ. EDcl no REsp 31257, Rel. Ministro Humberto Gomes de Barros, DJ 23/05/1994, p. 12560.

115 STF. AI 743641 ED, Rel. Min. Ellen Gracie, Segunda Turma, julgado em 08/02/2011, DJe-039, divulg 25-02-2011, public. 28-02-2011.

116 STF. RE 638729 AgR, Rel. Min. Luiz Fux, Primeira Turma, julgado em 10/04/2012, DJe-099, divulg 21-05-2012, public 22-05-2012.

117 STF. ARE 883523 AgR, Relator(a): Min. Celso de Mello, Segunda Turma, julgado em 30/06/2015, DJe-154, divulg 05-08-2015, public 06-08-2015.

Assim, a solução para a hipótese é o reconhecimento de que havendo negativa de prestação jurisdicional, por recusar-se a instância ordinária a esclarecer ou integrar a decisão judicial, caracteriza-se ofensa aos arts. 489, inc. IV e 1022 do CPC, sendo cabível REsp por contrariedade ou negativa de vigência à lei federal (art. 105, inc. III, 'a' da CR/88). Assim, a Súmula 211 do STJ mantém-se plenamente aplicável:

> STJ Súmula nº 211 – Inadmissível recurso especial quanto à questão que, a despeito da oposição de embargos declaratórios, não foi apreciada pelo tribunal *a quo*.

O STF e o STJ reconhecem o prequestionamento da matéria mesmo quando o acórdão recorrido não menciona expressamente os dispositivos normativos relacionados à questão nele decidida[118]. Acontece que o Superior Tribunal de Justiça denomina essa situação de prequestionamento implícito. É preciso distinguir, contudo, que, nesse caso, a implicitude é da norma jurídica e não da matéria jurídica[119].

> O requisito do prequestionamento obsta o conhecimento de questões constitucionais inéditas. Esta corte não tem procedido à exegese a contrário sensu da Súmula STF 356 e, por consequência, somente considera prequestionada a questão constitucional quando tenha sido enfrentada, de modo expresso, pelo Tribunal a quo. A mera oposição de embargos declaratórios não basta para tanto. Logo, as modalidades ditas implícitas e ficta de prequestionamento não ensejam o conhecimento do apelo extremo. Aplicação da Súmula STF 282: "É inadmissível o recurso extraordinário, quando não ventilada, na decisão recorrida, a questão federal suscitada.[120]

> Registro, por oportuno, que, ante a ausência de efetiva apreciação de questão constitucional por parte do Tribunal de origem é inadmissível o apelo extremo. É igualmente inadmissível o prequestionamento implícito ou ficto. Nesse sentido: RE nº 681.953/DF-AgR, Relator Ministro Celso de Mello, Segunda Turma, DJe de 9/11/12; e AI nº 735.115/RS-AgR, de minha relatoria, Primeira Turma, DJe de 11/5/12[121].

37.5.3.6 Regularidade formal

37.5.3.6.1 Fundamentação suficiente

Embora não se exija, para fins de prequestionamento em recurso especial, que a instância ordinária decline os dispositivos normativos, bastando adentrar na matéria de direito, isso não exonera o recorrente do ônus de apontar, individualizadamente, os artigos violados. O desatendimento dessa exigência atrai a incidência da Súmula 284 do STF, que enuncia a inadmissibilidade de recurso constitucional quando o recorrente

---

[118] STF. RE 361341 ED, Rel. Min. Sepúlveda Pertence, Primeira Turma, julgado em 01/03/2005, DJ 01-04-2005.

[119] STF. AgRg no Ag 120.421/SC, Rel. Ministro Carlos Alberto Menezes Direito, Terceira Turma, julgado em 25/03/1997, DJ 19/05/1997.

[120] STF. Ag Rg no RE nº 591.961/RJ. Relator Ministra Rosa Weber. DJe 26/02/2013.

[121] STF. Ag Rg Agravo de Instrumento nº 763.915/RJ. DJe 07/05/2013.

deixa de indicar, expressamente, os dispositivos constitucionais ou da legislação federal por entender que, nesses casos, a fundamentação é precária. Entretanto, não é bastante apenas a indicação dos dispositivos violados. É necessário, ainda, que o recorrente demonstre motivadamente a violação dos dispositivos apontados.

A Súmula 283 do STF também é aplicável em relação aos ônus de fundamentação adequada que tocam ao recorrente. De acordo com seu enunciado, "é inadmissível o recurso extraordinário, quando a decisão recorrida assenta em mais de um fundamento suficiente e o recurso não abrange todos eles".

> Deixando a parte recorrente de, efetivamente, infirmar, de maneira específica, o fundamento do acórdão recorrido, nas razões do Recurso Especial, e de demonstrar no que consistiu a violação à lei federal, a pretensão recursal esbarra, inarredavelmente, nos óbices das Súmulas 283 e 284/STF[122].

37.5.3.6.2 Cotejo analítico da alegada divergência jurisprudencial

Fundamentando-se o recurso em dissídio jurisprudencial, o art. 1029, § 1º do CPC exige prova da divergência mediante a juntada aos autos da certidão, cópia ou citação do repositório de jurisprudência, oficial ou credenciado, em que foi publicado o acórdão paradigma, ou ainda a reprodução de julgado disponível na *internet*, com informação da respectiva fonte.

O recorrente ainda tem o ônus de proceder ao cotejo analítico entre as decisões conflitantes, apresentando as circunstâncias e similitudes fáticas que identificam ou assemelham o caso decidido com o acórdão paradigma. Não é demais insistir que decisões conflitantes do mesmo tribunal que proferiu a decisão recorrida não se prestam para caracterização do dissídio jurisprudencial.

37.5.3.6.3 A preliminar alegação de repercussão geral é pressuposto de admissibilidade do RE

O juízo de admissibilidade feito pela instância recorrida, nesse ponto, restringe-se à verificação da existência formal da preliminar. A decisão definitiva incumbe ao STF ao qual compete exercer o controle formal e substantivo da repercussão geral.

A partir de 2007, com a emenda ao Regimento Interno do STF e Emenda Constitucional nº 45/2004, denominada Reforma do Poder Judiciário, passou a ser exigida a repercussão geral como preliminar do recurso extraordinário, na qual o recorrente demonstrará a existência de questões constitucionais econômica, política, social ou juridicamente relevantes, que transcendem os interesses subjetivos das partes.

Inclui-se no âmbito do juízo de admissibilidade verificar se o recorrente, em preliminar do recurso extraordinário, desenvolveu fundamentação especificamente voltada para a demonstração, no caso concreto, da existência de repercussão

---

122 STJ. AgRg no AREsp 568521, Rel. Ministra Assusete Magalhães, DJe 20/11/2015.

geral. Exigência que também se aplica às hipóteses de repercussão geral presumida[123] ou já reconhecida pelo Supremo Tribunal Federal.

A ausência dessa preliminar na petição de interposição, conforme art. 327 do RISTF, possibilita seja negado seguimento ao recurso. A preliminar de Repercussão Geral tem duplo aspecto: o formal consubstanciado na verificação de sua existência na peça recursal que deve ser reconhecida pela instância ordinária, no filtro exercido pelo Presidente ou Vice-Presidente do tribunal *a quo*. Sob o aspecto substancial, a aferição dos efeitos transcendentes da matéria, a competência é privativa do Plenário Virtual do STF.

Uma vez reconhecida a inexistência da repercussão geral, a decisão valerá "para todos os recursos sobre questão idêntica" de modo que a qualquer outro recurso extraordinário versando sobre a mesma matéria, a instância ordinária deverá negar seguimento, nos termos do art. 1030, inc. I, do CPC[124].

Noutro sentido, uma vez reconhecida a repercussão geral, todos os demais recursos extraordinários que versarem sobre matéria idêntica ficarão sobrestados, nos termos do art. 1030, inc. III, do CPC.

37.5.3.7 A arguição de relevância no Recurso Especial

A EC nº 125/2022 modificou o art. 105 da Constituição da República, introduzindo uma inovação em relação ao Recurso Especial, qual seja, a *relevância das questões de direito federal.*

A norma aprovada pela referida Emenda Constitucional é de eficácia contida, isto é, não é autoaplicável, uma vez que o novo § 2º do art. 105 diz, expressamente, que a exigibilidade deste novo pressuposto recursal depende de regulamentação por lei. Acontece que essa lei ainda não foi aprovada, de modo que somente pela atuação do legislador é que a norma constitucional terá plena eficácia.

Com efeito, até o final do mês de março de 2023, os pressupostos de admissibilidade do recurso especial são os mesmos estabelecidos pelo constituinte originário.

Todavia, o Consultor Jurídico[125] publicou notícia em 08/10/2022, que cinco tribunais de justiça, do Distrito Federal, do Mato Grosso do Sul, de Goiás, da Paraíba e do Piauí, desde a publicação da Emenda Constitucional nº 125, passaram a exigir a arguição de relevância como pressuposto de admissibilidade do REsp, mesmo sem saber exatamente do que se trata.

---

123 CPC. Art. 987. Do julgamento do mérito do incidente caberá recurso extraordinário ou especial, conforme o caso. § 1º O recurso tem efeito suspensivo, presumindo-se a repercussão geral de questão constitucional eventualmente discutida.

124 RISTF, art. 326. Precedentes: RE 659.109-RG-ED/BA, Rel. Min. LUIZ FUX (Pleno); ARE 904.147-AgR, Rel. Min. CELSO DE MELLO.

125 Consultor Jurídico. CHEIOS DE PRESSA – Cinco tribunais já aplicam filtro da relevância para admitir recurso especial.

Esse entendimento é terrivelmente equivocado, pois, a despeito de o art. 2º da EC 125/2022 dispor que a relevância "será exigida nos recursos especiais interpostos após a entrada em vigor desta Emenda Constitucional", tal pressuposto não pode ser exigido antes de editada a lei regulamentadora, princípio básico de segurança jurídica. Caso prevalecesse o entendimento dos referidos tribunais, tais decisões estariam a negar a necessária previsibilidade para pautar a atuação do recorrente.

A propósito, situação assemelhada aconteceu em relação à aprovação da Reforma do Poder Judiciário promovida pela EC nº 45/2004, ocasião em que o Supremo Tribunal Federal solucionou o eventual conflito temporal de normas da seguinte forma:

> Recurso extraordinário: exigência de demonstração, na petição do RE, da repercussão geral da questão constitucional: termo inicial. 1. A determinação expressa de aplicação da L. 11.418/06 (art. 4º) aos recursos interpostos a partir do primeiro dia de sua vigência não significa a sua plena eficácia. Tanto que ficou a cargo do Supremo Tribunal Federal a tarefa de estabelecer, em seu Regimento Interno, as normas necessárias à execução da mesma lei (art. 3º). 2. As alterações regimentais, imprescindíveis à execução da L. 11.418/06, somente entraram em vigor no dia 03.05.07 – data da publicação da Emenda Regimental nº 21, de 30.04.2007. 3. No artigo 327 do RISTF foi inserida norma específica tratando da necessidade da preliminar sobre a repercussão geral, ficando estabelecida a possibilidade de, no Supremo Tribunal, a Presidência ou o Relator sorteado negarem seguimento aos recursos que não apresentem aquela preliminar, que deve ser "formal e fundamentada". 4. Assim sendo, a exigência da demonstração formal e fundamentada, no recurso extraordinário, da repercussão geral das questões constitucionais discutidas só incide quando a intimação do acórdão recorrido tenha ocorrido a partir de 03 de maio de 2007, data da publicação da Emenda Regimental n. 21, de 30 de abril de 2007[126].

Interpretando a Constituição, em sintonia com o entendimento da Suprema Corte, o Superior Tribunal de Justiça editou, em 19/10/2022, o Enunciado Administrativo 8, cuja redação é a seguinte:

> A indicação, no recurso especial, dos fundamentos de relevância da questão de direito federal infraconstitucional somente será exigida em recursos interpostos contra acórdãos publicados após a data de entrada em vigor da lei regulamentadora prevista no artigo 105, parágrafo 2º, da Constituição da República.

Assim, esse ato administrativo previne a adoção precipitada da arguição de relevância para o Recurso Especial, conferindo aos litigantes segurança jurídica.

37.5.4 O juízo de admissibilidade do RE e do REsp

A primeira alteração no CPC foi a Lei nº 13256/2015 que restabeleceu o juízo de admissibilidade dual: preliminar e provisoriamente, perante o tribunal

---

[126] STF. AI 664567 QO, Relator(a): MIN. SEPÚLVEDA PERTENCE, Tribunal Pleno, julgado em 18/06/2007, DJe-096 DIVULG 05-09-2007 PUBLIC 06-09-2007 DJ 06-09-2007 PP-00037.

ordinário que decide a respeito da admissibilidade do recurso. Posteriormente, uma vez admitido o recurso, em juízo definitivo, a corte superior aprecia a matéria.

A mudança foi comemorada pois o texto original representava um grande retrocesso, por impossibilitar a retenção dos recursos nos tribunais de origem, por aumentar, desnecessariamente, o tempo de duração do processo pela simples interposição do RE ou REsp e pela maior onerosidade do sistema judiciário.

Desta forma, os recursos constitucionais passam pelos seguintes filtros de admissibilidade:

1. juízo provisório de admissibilidade exercido pela presidência ou vice-presidência dos tribunais ordinários. O art. 1030 do CPC é uma tranca que impede a subida dos recursos aos tribunais constitucionais, a saber:

1. Será negado seguimento quando:

   a) o RE discute questão constitucional à qual o STF não tenha reconhecido a existência de repercussão geral ou a RE interposto contra acórdão que esteja em conformidade com entendimento do STF exarado no regime de repercussão geral;

   b) o recurso especial foi interposto contra acórdão em conformidade com entendimento do STJ exarado no regime de julgamento de recursos repetitivos (O CPC refere-se também a Recurso Extraordinário repetitivo, mas, nesse ponto, o texto legal deve ser desconsiderado por inexistir essa técnica de julgamento no STF).

2. Devolverá ao colegiado que proferiu o acórdão para que possa exercer o juízo de retratação quando entender que a decisão recorrida diverge do entendimento do STF ou do STJ exarado, conforme o caso, nos regimes de repercussão geral ou de recurso repetitivo.

3. Determinar o sobrestamento do recurso que estiver aguardando julgamento de controvérsia de caráter repetitivo ou com repercussão geral reconhecida.

4. Selecionar, se admissível o recurso e ele contiver abrangente argumentação e discussão a respeito da questão a ser decidida, como representativo de controvérsia constitucional ou infraconstitucional.

5. Enfim, se ultrapassados os filtros anteriores, realizar o juízo de admissibilidade. Se for positivo, somente remeterá o processo ao STF ou ao STJ no caso: a) de o recurso ainda não ter sido submetido ao regime de repercussão geral ou de julgamento de recursos repetitivos; b) de o recurso ter sido selecionado como representativo da controvérsia; ou, c) de o tribunal negar a retratação.

A inadmissão do recurso constitucional pelo presidente ou vice-presidente do tribunal é impugnável por agravo dirigido ao STJ, se inadmitido o REsp, ou ao STF, no caso de inadmissão do extraordinário. Somente nessa hipótese em que o recurso é inadmitido, é que se admite Agravo de Inadmissão do Recurso, previsto no art. 1042 do CPC:

> Art. 1042. Cabe agravo contra decisão do presidente ou do vice-presidente do tribunal recorrido que inadmitir recurso extraordinário ou recurso especial, salvo quando fundada na aplicação de entendimento firmado em regime de repercussão geral ou em julgamento de recursos repetitivos.

Por sua vez, a decisão que nega seguimento ao recurso é impugnável por Agravo Interno que devolve o julgamento do recurso ao próprio tribunal de origem (CPC, § 9º e ss. do art. 1037).

37.5.5 Livre trânsito dos recursos constitucionais

O art. 1031 estabelece que quando forem interpostos concomitantemente Recurso Extraordinário e Recurso Especial, os autos irão primeiro ao STJ.

Sendo provido o REsp, o RE ficará prejudicado por carecer o recorrente de interesse recursal, uma vez que ele não será mais sucumbente.

O relator do Recurso Especial, a seu juízo, poderá reconhecer a prejudicialidade do recurso em face do Recurso Extraordinário. Assim entendendo, em decisão irrecorrível, o relator sobrestará o julgamento e remeterá os autos ao STF.

Por sua vez, o relator do Recurso Extraordinário, também em decisão irrecorrível, pode discordar e não reconhecer a relação de prejudicialidade, ocasião em que devolverá os autos ao STJ para o julgamento do Recurso Especial.

Já os arts. 1032 e 1033 do CPC preveem hipótese de fungibilidade recursal entre os recursos especial e extraordinário.

O STJ, no julgamento do REsp, pode declarar-se incompetente para decidir, por reconhecer que a matéria recursal é de índole eminentemente constitucional. Nesse caso, observados os parâmetros definidos em sua jurisprudência: a) existência de equívoco na escolha da espécie recursal, evidenciado pela indicação nas razões do REsp de violação à CR/88; e b) não haver interposto recurso extraordinário[127], o relator facultará ao recorrente emendar a petição recursal com o propósito de demonstrar a existência de repercussão geral e manifestar-se sobre a questão constitucional. Procedida à adequação da petição recursal, os autos serão remetidos ao STF para que realize o juízo de admissibilidade, sendo possível, inclusive, determinar a devolução dos autos ao STJ. Nota-se que, neste procedimento, operou-se a fungibilidade do REsp em Recurso Extraordinário.

A regra do art. 1032 do CPC será inaplicável se coexistirem no acórdão recorrido fundamentos referentes à legislação federal e â matéria constitucional, pois,

---

[127] STJ. AgInt no REsp n. 2.005.444/RS, relator Ministro Herman Benjamin, Segunda Turma, julgado em 26/9/2022, DJe de 30/9/2022.

nesse caso, imprescindível a interposição concomitante do RE e do REsp[128], incidindo na espécie a Súmula STJ 126:

> Súmula STJ 126: É inadmissível recurso especial, quando o acórdão recorrido assenta em fundamentos constitucional e infraconstitucional, qualquer deles suficiente, por si só, para mantê-lo, e a parte vencida não manifesta recurso extraordinário.

Essa vedação se deve ao fato de o capítulo do acórdão recorrido fundamentado em base constitucional transitar em julgado em razão da inexistência do RE a impugná-lo[129].

A fungibilidade também não ocorrerá se interpostos o REsp e o RE, por inexistir motivos para se afastar a preclusão consumativa, ocorrida com a formalização do Recurso Extraordinário[130].

A fungibilidade também não será possível se o acórdão recorrido houver decidido a controvérsia à luz do texto constitucional, mas, no Recurso Especial, a impugnação versar sobre matéria infraconstitucional[131].

No STF, incide a regra do art. 1033 do CPC aplicável conforme a seguinte tese:

> A remessa do processo ao Superior Tribunal de Justiça, nos termos do art. 1.033 do CPC, é inviável diante da interposição concomitante de REsp e RE, exceto na hipótese em que o Supremo Tribunal Federal e o Superior Tribunal de Justiça não conheçam os recursos que lhes são endereçados exclusivamente em função do caráter infraconstitucional e constitucional da questão controvertida, respectivamente[132].

Desta forma, pode-se apontar como incabível a remessa dos autos ao STJ (I) quando houver a existência de outro óbice que impeça o seguimento do recurso, além da ausência de ofensa direta à Constituição; (II) se a causa for originária dos juizados especiais, considerado o não cabimento de recurso especial; (III) se o recurso houver sido interposto na vigência do CPC/73; ou, (IV) se interpostos simultaneamente RE e REsp.

37.5.6 Repercussão geral

A partir da Emenda Constitucional nº 45/2004 a repercussão geral passou a ser um pressuposto de admissibilidade do RE. A demonstração da repercussão

---

128 STJ. AgInt no REsp n. 1.818.950/RJ, relator Ministro Sérgio Kukina, Primeira Turma, julgado em 5/12/2022, DJe de 7/12/2022.

129 STJ. AgInt no AREsp n. 1.328.399/RJ, relator Ministro Sérgio Kukina, Primeira Turma, julgado em 13/2/2023, DJe de 16/2/2023.

130 STJ. AgInt no REsp n. 1.972.134/DF, relator Ministro Mauro Campbell Marques, Segunda Turma, julgado em 7/12/2022, DJe de 12/12/2022.

131 STJ. AgInt no AREsp n. 1.690.572/RJ, relatora Ministra Assusete Magalhães, Segunda Turma, julgado em 3/10/2022, DJe de 7/10/2022.

132 STF. RE 1258896 ED-AgR-ED-EDv-AgR, Rel. p/ Acórdão: Min. ALEXANDRE DE MORAES, PROCESSO ELETRÔNICO DJe-097 DIVULG 19-05-2022 PUBLIC 20-05-2022.

geral, é ônus do recorrente, e se faz por meio da alegação de existência de questões constitucionais relevantes sob o ponto de vista econômico, político, social ou jurídico, que ultrapassem os interesses subjetivos das partes. A decisão do STF tem de ter efeitos transcendentes ao caso julgado.

A repercussão geral reduziu consideravelmente o número de recursos no STF, por provocar o represamento dos processos nas instâncias ordinárias. Com essa medida o Supremo Tribunal Federal vem gradualmente conseguindo reduzir o déficit decisional. A princípio, é um pressuposto relacionado à regularidade procedimental, a ser analisado no tribunal de origem, pelo presidente ou vice-presidente a quem compete inadmitir caso inexistente a alegação específica sobre a repercussão geral. No STF, sobre a repercussão geral há o seguinte entendimento:

> NATUREZA E COMPETÊNCIA PARA O EXAME
>
> A existência da repercussão geral da questão constitucional suscitada é requisito necessário para o conhecimento de todos os recursos extraordinários, inclusive em matéria penal.
>
> Exige-se demonstração da repercussão geral, sob pena de inadmissão do recurso extraordinário.
>
> A verificação de demonstração da repercussão geral é de competência concorrente do Tribunal, Turma Recursal ou Turma de Uniformização de origem e do STF.
>
> A análise da existência ou não da repercussão geral, inclusive o reconhecimento de presunção legal de repercussão geral, é de competência exclusiva do STF[133].

Negada existência da repercussão geral nenhum outro recurso extraordinário que verse igual controvérsia será conhecido. Essa decisão, que não reconhece a presença de repercussão geral valerá "para todos os recursos sobre questão idêntica[134], de modo que, a qualquer outro recurso extraordinário, a instância ordinária deverá negar seguimento, nos termos do art. 1030, inc. I, do CPC[135].

Noutro sentido, uma vez reconhecida a repercussão geral, todos os demais recursos extraordinários que versarem sobre matéria idêntica ficarão sobrestados, nos termos do art. 1030, inc. III, do CPC.

A Emenda Regimental 54/2020, ao incluir o § 1º ao art. 326 do RISTF, passou a admitir a possibilidade de o relator negar repercussão geral com eficácia apenas para o caso concreto. Havendo recurso contra essa decisão, competirá ao Plenário julgá-lo, sendo necessária maioria de 2/3 dos ministros para confirmar a negativa. Caso não alcançado esse quórum, os §§ 3º e 4º do art. 326, determinam a redistribuição do processo e o novo relator sorteado prosseguirá no juízo de admissibilidade do recurso. A emenda regimental é justificada pela:

---

133 STF. Sobre a repercussão geral.

134 STF. ARE 904147 AgR, Relator(a): Min. CELSO DE MELLO, Segunda Turma, julgado em 15/09/2015, DJe-201, divulg 06-10-2015, public 07-10-2015.

135 RISTF, art. 326. Precedentes: RE 659.109-RG-ED/BA, Rel. Min. LUIZ FUX (Pleno); ARE 904.147– AgR, Rel. Min. CELSO DE MELLO.

Observação atenta das controvérsias retratadas nos milhares de decisões proferidas pelo SUPREMO sinaliza a predominância de assuntos destituídos de repercussão geral.

Isso tudo evidencia a conveniência de um método expedito e eficaz para a negativa de seguimento de tais recursos – que, a despeito da inexpressividade dos temas suscitados, não são contidos pelo filtro hoje existente, pensado para macrolides.

Sem a pretensão de formar precedentes abrangentes e vinculantes – uma característica do Plenário Virtual –, a sistemática introduzida pela Emenda Regimental 54/2020 objetiva uma ágil rejeição dos recursos desprovidos de repercussão geral, por meio de uma fundamentação concisa do Relator.

Esta solução precede a análise do extenso repertório de pressupostos recursais de admissibilidade, que, portanto, só será realizada caso o recurso ultrapasse o crivo de relevância definido nos novos parágrafos do art. 326 do RISTF[136].

37.5.7 Efeitos do Recurso Especial e do Recurso Extraordinário

37.5.7.1 Efeito devolutivo restrito – a fundamentação vinculada

O efeito devolutivo de todo recurso é considerado sob a extensão e a profundidade. A extensão refere-se ao exame horizontal da matéria deduzida. A profundidade é a verticalização da cognição do julgador considerada como efeito translativo dos recursos. Com fundamento nesse efeito, ultrapassada a admissibilidade do recurso, admite-se que o tribunal decida sobre matéria de ordem pública, sujeita a exame de ofício em qualquer tempo e grau de jurisdição, como é o caso das nulidades absolutas, das condições da ação, dos pressupostos processuais e das demais matérias cognoscíveis de ofício.

Não se pode desconsiderar, conforme entendimento do STF, por exemplo, o fato de o Tribunal não poder invocar o efeito translativo do recurso, além do âmbito de conhecimento do que foi interposto haja vista que o capítulo decisório da sentença não impugnado transita em julgado[137]. Trata-se de efeito inerente a todos os recursos[138]. Contudo, no caso do Recurso Especial e do Recurso Extraordinário, o efeito devolutivo é restrito às hipóteses de cabimento desses recursos excepcionais, tendo em vista a sua finalidade precípua de garantir a unidade interpretativa do direito federal), estabelecida nos artigos 103 e 105 da Constituição da República.

---

136 STF. ARE 1273640 AgR, Rel. Min. ALEXANDRE DE MORAES, DJe 24-09-2020.

137 STF. AC 112, Rel. Min. CEZAR PELUSO, DJ 04-02-2005 PP-00007.

138 Neste sentido: ASSIS, Araken de. *Manual dos Recursos.* 3ª ed. São Paulo: Revista dos Tribunais, 2011, p. 230; DIDIER JR., Fredie; CUNHA, Leonardo Carneiro da. *Curso de Direito Processual Civil.* Vol. 3, 6ª ed. – Salvador: Editora JusPodivim, 2011, p. 91. Contudo, em sentido contrário, José Carlos Barbosa Moreira afirma que não detém efeito devolutivo os recursos "em que o julgamento caiba ao mesmo órgão que proferiu a decisão recorrida", como nos embargos de declaração. (MOREIRA, José Carlos Barbosa. *Comentários ao Código de Processo Civil.* Vol. V, 16ª ed.– Rio de Janeiro: Forense, 2012, p. 260-261).

O Recurso Especial e o Recurso Extraordinário reanalisam o acórdão do tribunal local, que está sendo impugnado em razão de violação à lei federal ou à norma constitucional, respectivamente, a partir da questão de direito que foi abordada no julgamento. Tal exigência decorre da norma constitucional, que prevê que os tribunais superiores julgaram as "causas decididas" (artigo 102, III; e 105, III, da Constituição da República), visto que os recursos excepcionais não são meios ordinários de impugnação, não se constituindo, portanto, como terceira ou quarta instância. Tanto é assim que, nestes recursos excepcionais, é necessário o prequestionamento da questão de direito objeto do recurso, para que tal matéria possa ser reexaminada pelos tribunais superiores. Além disso, o Recurso Especial e o Recurso Extraordinário não são cabíveis para simples reexame da matéria fático-probatória, de modo as questões de fato e prova são recebidas da maneira como foram fixadas e apuradas no acórdão recorrido.

A redução da matéria objeto de conhecimento e devolução desses recursos excepcionais se justifica diante da função constitucional exercida pelos tribunais constitucionais.

> É sabido que, "nos termos da jurisprudência do Superior Tribunal de Justiça, o especial é recurso de fundamentação vinculada, não lhe sendo aplicável o brocardo iura novit curia e, portanto, ao relator, por esforço hermenêutico, não cabe extrair da argumentação qual dispositivo teria sido supostamente contrariado a fim de suprir deficiência da fundamentação recursal, cuja responsabilidade é inteiramente do recorrente" (AgInt no AREsp n. 2.025.474/MS, relatora Ministra Maria Isabel Gallotti, Quarta Turma, julgado em 10/10/2022, DJe de 17/10/2022)[139].

Desta maneira, constata-se que o efeito devolutivo no Recurso Especial e no Recurso Extraordinário é reduzido, de modo que: (I) devem ser abordadas apenas as questões prequestionadas no acórdão recorrido; e (II) o reexame cinge-se à questões constitucional, no caso do RE, ou de legislação infraconstitucional, no caso dos REsp.

O art. 1034 do CPC, prevê que "admitido o recurso extraordinário ou o recurso especial, o Supremo Tribunal Federal ou o Superior Tribunal de Justiça julgará o processo, aplicando o direito". Tal dispositivo normativo é reprodução quase literal da Súmula 456 do STF[140], editada no início dos anos 60 do séc. XX. Contudo, atualmente, há mais de meio século de sua edição, não tem o enunciado qualquer correspondência com a função exercida pelos tribunais constitucionais. A propósito, observe os julgados que subsidiaram a elaboração da súmula :

> EMENTA: (1) Para reexame das provas não cabe recurso extraordinário. (2) Só quando conhece do recurso extaordinário, entra o Supremo Tribunal no exame das provas, desde que indispensável para julgar a questão federal envolvida [141].

---

[139] STJ. AgInt nos EDcl no AREsp n. 2.175.300/BA, relator Ministro Marco Aurélio Bellizze, Terceira Turma, julgado em 13/2/2023, DJe de 16/2/2023.

[140] Súmula 456 do STF: "O Supremo Tribunal Federal, conhecendo do recurso extraordinário, julgará a causa, aplicando o direito à espécie".

[141] STF. Agravo de Instrumento nº 23.496, j. 11/07/1961.

EMENTA: 1) Sendo admissível a alienação do imóvel hipotecado, a inscrição anterior da hipoteca não impede a transcrição da escritura de compra e venda.

2) Tendo sido essa alienação realizada no curso do executivo hipotecário, em que não interveio o adquirente para remir a hipoteca, a sua transcrição não impede a transcrição ulterior da carta de arrematação.

3) O Supremo Tribunal Federal, quando conhece do recurso extraordinário, julga a causa[142] .

Do voto do Min. Victor Nunes Leal, colhe-se o seguinte :

A argumentação do acórdão recorrido, transcrita no relatório, não se desenvolve inteiramente de acôrdo com a dêste voto, pois êle teve como nula a trasncrição do adquirente, em virtude da enteriordiade da inscrição hipotecária; e eu a tenho como válida, porém inoponível à carta de arrematação, expedida regularmente. Mas estou, parece-me na linha da jurisprudência do Supremo Tribunal, porque, conhecendo do recurso, julgamos a causa.

EMENTA: 1) Conhecendo o recurso extraordinário, o Supremo Tribunal julga a causa. 2) Compromisso de compra e venda não registrado; inaplicabilidade do Dl. 58, de 1937.[143]

Com efeito, uma vez admitido o recurso constitucional, tendo sido a matéria impugnada e devidamente prequestionada, "no juízo de rejulgamento não há qualquer limitação cognitiva"[144].

37.5.7.2 Efeito suspensivo

Os recursos constitucionais não possuem efeito suspensivo, possibilitando o cumprimento provisório do acórdão recorrido.

Entretanto, é possível obter-se uma decisão conferindo efeito suspensivo ao recurso (CPC, § 5º do art. 1029). A competência para decidir o pedido de concessão de efeito suspensivo vai depender do estágio de processamento do recurso constitucional, como se vê adiante:

1ª Hipótese: o recurso ainda não foi distribuído ao relator no tribunal constitucional, o pedido de concessão de efeito suspensivo deve ser dirigido ao presidente deste tribunal que determinará a distribuição, por sorteio, do pedido de efeito suspensivo, o ministro que dele conhecer ficará prevento para processar e julgar também o recurso.

2ª Hipótese: Se o RE ou REsp já tiver sido distribuído, é o ministro relator quem decidirá sobre o efeito suspensivo.

3ª Hipótese: Se o RE ou REsp for selecionado como representativo da controvérsia ou estiver sobrestado por versar sobre a mesma matéria, o efeito suspensivo estender-se-á a todos esses processos.

---

142 STF. RE 35833.

143 STF. RE 46988 EI.

144 STJ, REsp 1200904, Rel. Min. Humberto Martins, DJe 24/05/2011.

A obtenção do efeito suspensivo pressupõe a demonstração pelo recorrente da presença dos seguintes requisitos: (I) o *fumus boni iuris*, que consiste na viabilidade de admissão do recurso e na plausibilidade jurídica da tese jurídica objeto do recurso; e (II)o *periculum in mora*, fundado na possibilidade da execução do acórdão recorrido causar lesão grave a parte ou de difícil reparação ao recorrente.

37.5.7.3 *Efeito translativo*

Há várias questões a serem ponderadas em relação ao efeito translativo dos recursos constitucionais, por isso, há de se considerar esse efeito com *granun salis*.

O efeito translativo é próprio dos recursos ordinários (apelação, agravo, embargos infringentes, embargos de declaração e recurso ordinário constitucional), e não dos recursos excepcionais, como é o caso do recurso especial (Resp nº 1.366.921/PR, Rel. Min. RICARDO VILLAS BÔAS CUEVA, Terceira Turma, j. 24/2/15).

Desta maneira, o STJ confere efeito translativo ao recurso apenas em caráter excepcional[145]. O Tribunal, no entanto, não abre mão do pressuposto constitucional do prequestionamento para o julgamento das matérias de ordem pública[146].

Com efeito, "o entendimento de que é possível conhecer das questões de ordem pública de ofício, ainda que não prequestionadas ou suscitadas, na excepcional hipótese de o recurso especial ter sido conhecido por outros fundamentos, em razão do efeito translativo, foi superado em nova análise pela Corte Especial, que concluiu pela necessidade do requisito do prequestionamento na instância extraordinária"[147].

O STF, por sua vez, estabeleceu que o efeito translativo do recurso não pode ir além do âmbito de conhecimento do que foi recorrido, haja vista que o capítulo decisório da sentença não impugnado transita em julgado.[148]

37.6 REEXAME NECESSÁRIO NO PROCESSO CIVIL BRASILEIRO: INCONSTITUCIONALIDADE

37.6.1 Introdução

O reexame necessário pode ser sintetizado como o procedimento por meio do qual, independentemente da interposição de recurso, se submete ao duplo grau de jurisdição toda a matéria arguida e discutida no juízo *a quo*, mesmo que a sentença não as tenha apreciado inteiramente. Admite-se que o Tribunal julgue aquém, fora ou além da impugnação voluntária das partes, e até mesmo sem ela.

---

[145] STJ. REsp 718.046/RS, Rel. Ministro Castro Meira, Segunda Turma, julgado em 08/04/2008, DJe 23/04/2008; STJ. REsp 660.519/CE, Rel. Ministro Teori Albino Zavascki, Primeira Turma, julgado em 20/10/2005, DJ 07/11/2005.

[146] STJ. REsp 1275025/PR, Rel. Ministro SÉRGIO KUKINA, DJe 19/04/2016.

[147] STJ. AgRg no AREsp 213.112/RS, Rel. Ministra ASSUSETE MAGALHÃES, DJe 16/09/2014.

[148] STF. AC 112, Rel. Min. Cezar Peluso, Tribunal Pleno, julgado em 01/12/2004, DJ 04-02-2005.

Este estudo se justifica pela necessidade de se preencher uma lacuna na literatura jurídica sobre a matéria, pois, pouca atenção foi dispensada à matéria, e raras são as críticas dirigidas a este vetusto instituto do direito processual civil brasileiro. Fruto de concepções ultrapassadas acerca do interesse público, sua recepção pela Constituição de 1988 foi acolhida de modo quase automático e acrítico, sem quaisquer questionamentos acerca da compatibilidade do reexame necessário com os direitos e garantias fundamentais consagrados na nova Carta.

Objetiva-se, no entanto, demonstrar que a natureza inquisitorial da remessa necessária é, quando menos, questionável quanto confrontado com o modelo constitucional de processo no Estado Democrático de Direito. O reexame necessário, ao representar uma vantagem unilateral e exclusivamente em favor da Fazenda Pública, que priva o juiz da imprescindível imparcialidade, ao nosso olhar, contraria os princípios dispositivo e da inércia da jurisdição.

O raciocínio desenvolvido, destinado a evidenciar a inconstitucionalidade do reexame necessário, tem como ponto de partida a retrospectiva histórica do instituto, mediante a contextualização de seu surgimento, perpassando pela infrutífera tentativa de sua eliminação no Anteprojeto do Código de Processo Civil de 1973 e culmina na análise do Projeto de Código de Processo Civil, atualmente, em tramitação no Congresso Nacional. Em seguida, o exame da estruturação das advocacias públicas e de seus órgãos de controle será considerado para demonstrar a perda da finalidade que permeia a figura do reexame necessário em face da devida representação judicial da Fazenda Pública.

O confronto entre o reexame necessário e os princípios balizadores do processo insculpidos na Constituição da República, em especial o da igualdade, da isonomia, do juízo natural e da razoável duração do processo permitirá lançar luzes sobre o problema que permeia todo o trabalho, que é o do exame da constitucionalidade deste instituto. Ao final, ao tratar da disciplina do reexame necessário no Código de Processo Civil projetado, pretende-se demonstrar que teremos mais do mesmo, sem contribuição alguma em direção às almejadas celeridade e efetividade processuais.

Pretende-se, assim, demonstrar a inexistência de permissão constitucional autorizativa da atuação *ex officio* da jurisdição ordinária no reexame necessário. Esta excepcional prerrogativa conferida pelo Código de Processo Civil à Fazenda Pública ao ser confrontada com o princípio da isonomia, ínsito ao contraditório e com a garantia de efetiva proteção judicial faz emergir a impossibilidade da manutenção do reexame necessário no processo civil brasileiro.

37.6.2 Evolução histórica do Reexame Necessário

O reexame necessário, originalmente denominado apelação *ex officio,* foi instituído pelo rei de Portugal, Dom Afonso IV, no direito processual penal português em 12 de março de 1355. As Ordenações Afonsinas instituíam a obrigatoriedade de o juiz criminal apelar de sua própria sentença porque, à época, o processo penal, influenciado pelo Direito Canônico, era predominantemente inquisitório e admitia, inclusive, que o próprio magistrado, de ofício, instaurasse a persecução criminal. Por esse motivo, a apelação *ex officio* visava a controlar os exageros e os desvios contidos nas sentenças. Buzaid assevera que "a faculdade de iniciativa, se por um lado era um bem, porque zelava pelos superiores interesses da sociedade na repressão do crime, por outro lado podia ser, nas mãos de uma judicatura menos imparcial, um perigoso instrumento de perseguição a inocentes. Não era possível que essa quase onipotência judicial ficasse sem um freio, ou sem um controle exatamente na época em que os reis portugueses começaram a fazer leis gerais destinadas a fixar os direitos e as obrigações dos seus povos"[149].

Em 1521, as Ordenações Manuelinas, também conhecidas como Código Manuelino, sucedendo às Afonsinas, estendeu a apelação *ex officio* às sentenças interlocutórias, assim entendidas como as decisões proferidas pelo juiz anteriormente à sentença definitiva[150]. Nestas Ordenações, para realçar a importância do instituto, previam-se penas graves para o juiz omisso, que poderiam culminar, inclusive, com a perda do próprio ofício[151].

As Ordenações Filipinas, vigentes a partir de 1603, mantiveram a apelação *ex officio* no processo penal. Esta foi a legislação que vigorou no Brasil durante todo o período colonial e nos primeiros anos do Império.

Após a independência, o legislador brasileiro estendeu, também, ao processo civil, a apelação *ex officio*[152], mediante a edição da Lei de 04 de outubro de 1.831. Neste diploma normativo impunha-se ao juiz o dever de recorrer de oficio das sentenças em que a Fazenda Nacional fosse vencida, sob pena de nulidade. Portanto, com finalidade de tutelar o erário, situação totalmente distinta daquela que motivou sua adoção no processo penal, instituiu-se o reexame necessário no direito processual civil brasileiro, que, lamentavelmente, vigora até os nossos dias sob o mesmo pretexto.

Com a reunificação da legislação processual civil, a partir do Código de 1939, a apelação *ex officio,* conforme dispunha seu artigo 822, seria cabível em face das sentenças de mérito que: (I)decretassem a nulidade do casamento; (II) homologassem o desquite amigável; e (III) contrariassem os interesses da União, Estados e Municípios[153].

---

149 BUZAID, Alfredo. *Da Apelação ex officio no Sistema do Código de Processo Civil.*Op. cit., p. 227.

150 PORTUGAL. Ordenações Manuelinas. Livro III, Título XLVIII. Disponível em [http://www.ci.uc.pt/ihti/proj/manuelinas/]. Acesso em: 03/05/2012.

151 TOSTA, Jorge. *Do Reexame Necessário.* São Paulo: Revista dos Tribunais, 2005, p. 106.

152 Note-se que o reexame obrigatório da sentença ainda encontra-se previsto no Código de Processo Penal brasileiro nas situações previstas no art. 574: "I – da sentença que conceder habeas corpus; II – da que absolver desde logo o réu com fundamento na existência de circunstância que exclua o crime ou isente o réu de pena, nos termos do art. 411".

153 BRASIL. Código de Processo Civil – Decreto-lei nº 1.608, de 18/1939.

Desta maneira, a impugnação das sentenças terminativas somente ocorria mediante recurso voluntário, por meio do manejo do agravo de petição, que, por sua vez, não foi recepcionado pela legislação processual atual.

Interessante destacar que a proposta de Buzaid para o Anteprojeto do Código de Processo Civil de 1973 suprimia o reexame necessário nas hipóteses de sentença contrária à Fazenda Pública. No seu entendimento, "os argumentos utilizados pelos defensores do recurso *ex officio* não lhe justificam a necessidade, nem sequer a utilidade prática como meio de impugnação de sentenças; procuram explicar a sua manutenção unicamente pelo receio de conluio entre pessoas que figuram na relação processual ou por deficiente tutela dos interesses públicos. Ora, o argumento de que os representantes do poder público podem agir com incúria não revela um defeito da função, mas do órgão, cuja inexação no cumprimento do dever merece ser punida pelos meios regulares de direito e não por transferência ao Judiciário do controle do seu comportamento irregular. A missão do judiciário é declarar relações jurídicas e não suprir as deficiências dos representantes da Fazenda ou do Ministério Público. Por outro lado, para obstar a formação do conluio entre as partes, no processo, confere o Código meios eficazes"[154].

No entanto, a despeito destas percucientes e incisivas ponderações, na tramitação do processo legislativo, aprovou-se emenda conservando o reexame necessário na hipótese de sentenças contrárias à Fazenda Pública.

Assim, manteve-se no Código Processual Civil vigente o reexame necessário como condição de eficácia da sentença. Trata-se de procedimento obrigatório, *conditio sinequa non* para que decisões contrárias à Fazenda Pública façam coisa julgada, porque conforme enuncia a Súmula nº 423 do Supremo Tribunal Federal, "não transita em julgado a sentença por haver omitido o recurso "*ex-oficio*", que se considera interposto *ex-lege*".

O legislador de 1973, todavia, em sintonia com a doutrina, alterou sua localização topográfica e o alocou no capítulo que trata da sentença e da coisa julgada, pois, de recurso não se trata, considerando faltar-lhe "a) enquadramento no art. 496 do CPC; b) iniciativa do recorrente (não se trata de remédio voluntário); c) contraditório; d) legitimidade; e) interesse em recorrer; f) preparo"[155].

Ressalvada a mudança topográfica do reexame necessário, constata-se que o Código de Processo Civil vigente manteve-se praticamente igual ao anterior, limitando-se apenas a incluir hipótese de sua incidência em face do julgamento de improcedência da execução de dívida ativa da Fazenda Pública e de excluir sua aplicação no caso das homologações de desquite amigável.

---

[154] BUZAID, Alfredo. *Exposição de Motivos. Anteprojeto do Código de Processo Civil.* Rio de Janeiro: Departamento de Imprensa Nacional, 1964, p. 36.

[155] MIRANDA, Gilson Delgado; PIZZOL, Patrícia Miranda. *Recurso no Processo Civil.* 5ª ed. São Paulo: Atlas, 2008, p. 42-43.

Por fim, a Lei 10.352, de 26 de dezembro de 2001, imbuído do propósito de atribuir maior celeridade aos processos, alterou substancialmente o artigo 475 do Código de Processo Civil, excluindo do reexame necessário as sentenças anulatórias de casamento, bem como aquelas cujo valor da condenação, em desfavor da Fazenda Pública, não exceda a sessenta salários mínimos. Codificou-se, ainda, a ampliação do rol dos entes públicos favorecidos pelo reexame necessário, para, a exemplo do que já determinava o art. 10 da Lei nº 9.469/97, estabelecer que as autarquias e fundações públicas também dele se beneficiam.

Nota-se que a manutenção do reexame necessário ao longo dos tempos reflete injustificável desconfiança do legislador nos órgãos jurisdicionais de primeiro grau, presumindo-os capazes de, dolosamente, proferirem sentenças lesivas ao erário. É o que se infere da Exposição de Motivos do Anteprojeto de Reforma do Código de Processo Civil nº 15, que resultou na atual redação do artigo 475 do Código de Processo Civil: "Não obstante objeções de ordem doutrinária, ainda se apresenta conveniente manter, no sistema processual brasileiro, o reexame necessário, também impropriamente nominado 'recurso de ofício', tendo em vista melhor preservar os interesses do erário, tutelando patrimônio que é, em última análise, de todos os cidadãos"[156].

A análise da evolução histórica do reexame necessário revela, portanto, que o instituto vocacionado, em suas origens, a proteger o indivíduo contra as arbitrariedades judiciais do processo penal inquisitório da Idade Média, sofreu severo desvirtuamento no Direito brasileiro, ao ser adotado na jurisdição civil com o propósito de proteger os interesses do Estado.

Esse instituto, entretanto, de raízes autoritárias, é incompatível com o devido processo legal democrático, encontrando-se sujeito a severas e irrespondíveis críticaspor exteriorizar, ainda, "um certo preconceito, como se aqueles que estão na pedreira, na primeira instância, não atuassem como Estado-Juiz"[157].

Dinamarco não economizou adjetivos ao taxar o reexame necessário de excrescência jurídica de matriz autoritária, que representa "aberrante favorecimento, que a generalidade dos ordenamentos processuais dos povos civilizados desconhece, põe o Estado em situação manifestamente mais cômoda que os particulares, além de apoiar-se no falso pressuposto da incapacidade profissional, desleixo ou mesmo corrupção generalizada entre os procuradores dos entes estatais"[158]. De mesmo jaez é o tom das objeções lançadas por Nery Jr., que, também faz coro à abolição desse instituto[159].

---

[156] BRASIL. Exposição de Motivos do Anteprojeto de Reforma do Código de Processo Civil nº 15.

[157] STF. Pet. nº 3211, Rel. Min. Marco Aurélio, j. 13/03/2008, DJe-117 Divulgado em 26/06/2008, publicado 27/06/2008.

[158] DINAMARCO, Cândido Rangel. *Instituições de Direito Processual Civil.* Vol. I, 4ª ed. São Paulo: Malheiros, 2004, p. 212.

[159] NERY JR. Nelson. *Teoria Geral dos Recursos.* 6ª ed. São Paulo: Revista dos Tribunais, 2004, p. 83.

À jurisprudência não passou despercebida sua matriz ditatorial:

> As normas do reexame necessário, pela sua afinidade com o autoritarismo, são de direito estrito e devem ser interpretadas restritivamente, em obséquio dos direitos fundamentais, constitucionalmente assegurados, até porque, ao menor desaviso, submeter-se-á o processo a tempos sociais prescritivos ou a aprofundamentos intoleráveis de privilégios, denegatórios do direito à tutela jurisdicional[160].

Historicamente, pode-se dizer que o reexame necessário, no direito processual civil brasileiro, foi instituído e conservado em momentos em que não se assegurava a independência dos magistrados, nem se conferia autonomia ao Poder Judiciário. Percebe-se que sua criação ocorreu no Império, quando a organização político-administrativa encontrava-se sob o jugo do Poder Moderador que sobrepairava sobre os demais poderes e era exercido monoliticamente pelo Imperador. A outra ocasião em que se legislou sobre a matéria foi sob a ditadura do Estado Novo, quando se reunificou a legislação processual civil, em razão da codificação. Por fim, sua manutenção no CPC de 1.973 explica-se pelo momento político vivenciado, pois estávamos sob o jugo da ditadura militar. Neste Código, ressalta-se que a disciplina do reexame necessário teve apenas um único mérito, o de corrigir a atecnia da norma revogada, não mais considerado na legislação como recurso, mas sim, como condição de eficácia da sentença.

Naquelas épocas, a existência de um privilégio processual como o reexame necessário justificava-se, pois, o Estado brasileiro encontrava-se divorciado da democracia. Atualmente, porém, com a Constituição da República irradiando os princípios democráticos como fundamento de interpretação e aplicação do Direito, o reexame necessário encontra-se absolutamente deslegitimado em face do texto constitucional.

Na linha do entendimento do Supremo Tribunal Federal, a sociedade e a comunidade jurídica em particular, deve considerar que "no caminho da efetivação do *due process of law* – que tem particular relevo na construção sempre inacabada do Estado de direito democrático – a tendência há de ser a da gradativa superação dos privilégios processuais do Estado, à custa da melhoria de suas instituições de defesa em juízo, e nunca a da ampliação deles ou a da criação de outros, como – é preciso dizê-lo – se tem observado neste decênio no Brasil"[161].

37.6.3 Análise da fazenda pública em juízo: interesse público e prerrogativas

O Código de Processo Civil, ao empregar a expressão 'Fazenda Pública', refere-se aos entes federativos dos três níveis, União, estados, Distrito Federal e municípios, e suas respectivas autarquias e fundações de direito público, titularizando-os

---

[160] STJ. EDcl no AgRg no AREsp 168837/PR. Relator: Ministro Hamilton Carvalhido, j. 08/11/2000, DJU 05/03/2001.

[161] STF. ADI 1910/MC, Relator: Ministro Sepúlveda Pertence, j. 22/04/2004, DJU 27/02/2004, p. 19.

como guardiões do interesse público que se sobrepõe ao do particular[162]. Neste sentido, a supremacia do interesse público, implica subordinação do interesse individual ao coletivo, bem como a irredutibilidade do bem comum à soma dos bens individuais[163].

Celso Antônio Bandeira de Mello esclarece que a invocação do argumento de supremacia do interesse público somente se legitima quando destinada à realização dos interesses da coletividade: "Percebe-se, pois que a Administração não pode proceder com a mesma desenvoltura e liberdade com que agem os particulares, ocupados na defesa das próprias conveniências, sob pena de trair sua missão própria e sua própria razão de existir"[164].

O Supremo Tribunal Federal, a seu turno, firmou entendimento de que os interesses da Fazenda Pública devem ser interpretados restritivamente, em harmonia com os direitos fundamentais: "É preciso advertir que as razões de Estado – quando invocadas como argumentos de sustentação da pretensão jurídica do Poder Público ou de qualquer outra instituição – representam expressão de um perigoso ensaio destinado a submeter, à vontade do Príncipe (o que é intolerável), a autoridade hierárquico-normativa da própria Constituição da República, comprometendo, desse modo, a ideia de que o exercício do poder estatal, quando praticado sob a égide de um regime democrático, está permanentemente exposto ao controle social dos cidadãos e à fiscalização de ordem jurídico-constitucional dos magistrados e Tribunais"[165].

Além disso, a invocação do princípio da supremacia do interesse público que deve ser ponderada diante de situações em que sua presença e realização ocorrem mediante a prevalência do interesse particular[166-167]. Considera-se, por exemplo, contemplado o interesse público quando se assegura o direito fundamental à efetiva e tempestiva garantia de proteção judicial, por transmitir à sociedade a certeza de que o Estado Democrático de Direito não tolera o ilícito e, por isso, prontamente responde ao pedido de tutela jurisdicional. Por esta razão, pode-se dizer que contemplariam o interesse público reformas processuais que acelerassem a marcha

---

162 DI PIETRO, Maria Sylvia Zanella. *Discricionariedade Administrativa na Constituição de 1988*. São Paulo: Atlas, 1991, p. 160.

163 BOBBIO, Norberto. *Estado, Governo, Sociedade: para uma Teoria Geral da Política*. 3ª ed. Tradução: Marco Aurélio Nogueira. Rio de Janeiro: Paz e Terra, 1987. p. 24-25. *Apud* CUNHA, Leonardo José Carneiro da. A Fazenda Pública em Juízo. 5. ed. São Paulo: Dialética, 2008. p. 31.

164 MELLO, Celso Antônio Bandeira de. *Curso de Direito Administrativo.*Op. cit., pp. 32 e 33.

165 STF. Agravo Regimental em Agravo de Instrumento nº 241.397/SP. Relator: Ministro Celso de Mello, Segunda Turma, j.em 10/08/1999, DJU 17/09/1999.

166 CUNHA, Leonardo José Carneiro da.A Fazenda Pública em Juízo. 6. ed. São Paulo: Dialética, 2008. p. 31-32.

167 JUSTEM FILHO, Marçal. *Curso de Direito Administrativo*. 4. ed. São Paulo: Saraiva, 2009. p. 51-71. SARMENTO, Daniel (Org.). *Interesses Públicos versus Interesses Privados: Desconstruindo o Princípio de Supremacia do Interesse Público.* Rio de Janeiro: Lúmen Juris, 2005.

procedimental, mediante a eliminação do reexame necessário, uma das várias prerrogativas processuais outorgadas à Fazenda Pública e responsável pela postergação indevida da prestação jurisdicional.

O argumento de que o reexame necessário protege o interesse e o patrimônio públicos não se sustenta no atual estágio da democracia brasileira. A Fazenda Pública dispõe de qualificada representação judicial na defesa de seus interesses, exercida por integrantes das carreiras da advocacia pública da União, dos Estados e dos municípios, de modo que o legislador ao lhes conferir uma série de prerrogativas processuais que ampliam o tempo de tramitação do processo, deve fazê-lo estritamente na medida necessária a viabilizar a ampla defesa e a garantia do contraditório.

Assim, a princípio, o tratamento processual diferenciado dispensado à Fazenda Pública, consubstanciado na concessão de prazo diferenciado para apresentar defesa e recorrer; na inoperância dos efeitos da revelia em seu desfavor; no direito à intimação pessoal, com vista dos autos; no regime diferenciado de fixação dos honorários sucumbenciais e no pagamento das condenações judiciais mediante a expedição de precatório, não se revelam inconstitucionais e não representam privilégio discriminatório, por encontrarem fundamentos juridicamente racionais demonstrando a razoabilidade e a proporcionalidade destas medidas, que visam a assegurar à Fazenda Pública paridade de armas em juízo.

Essa mesma situação não se verifica em relação ao reexame necessário, verdadeiro privilégio a afrontar o contraditório e a igualdade das partes. A Constituição não ampara um instituto que impõe a necessidade de um julgamento destinado, exclusivamente e tão somente, a aferir a possibilidade de agravar a situação do indivíduo.

A atuação da Advocacia Pública, como a atuação da Administração Pública em geral, contam com os devidos controles *interna corporis* e externo, este exercido pelo Ministério Público, Tribunais de Contas e Controladorias. Assim, o advogado público descuidado, negligente, ignorante ou ímprobo que prejudicar a defesa dos interesses da Fazenda Pública responderá administrativa, civil e criminalmente por seus atos desviantes, nos termos do § 4º do art. 37 da Constituição da República e da Lei nº 8.429/92. Da mesma maneira, existem instrumentos processuais que impedem que o magistrado peitado, parcial e tendencioso exerça jurisdição.

O Estado, conforme apurado pelo CNJ, é o maior usuário do sistema de justiça e, que apenas no ano de 2006, de acordo com o relatório *Justiça em Números,* verificou-se a presença da União Federal em mais de 6 milhões de processos, sendo autora em dois terços do total[168]. O CNJ apurou, ainda, que o Poder Público, nos três níveis, encabeça a lista dos maiores litigantes do país, o que permite inferir que em relação à representação judicial do Poder Público há de se presumir sua eficiência,

---

168 A União ajuizou 4.014.771 processos; e, por outro lado, foi demandada em outros 2.240.726 processos. FONTE: BRASIL. Conselho Nacional de Justiça. Relatório faz radiografia do judiciário Brasileiro. Brasília.

pois não há como deixar de qualificar como eficiente a advocacia pública capaz de se desincumbir dos ônus da defesa nesse volume extraordinário de processos em que a Fazenda Pública figura como parte.

A partir dos dados estatísticos pode-se inferir que a Fazenda Pública encontra-se devidamente representada e assistida em juízo o que torna prescindível o reexame necessário, haja vista que o advogado público, se, entender necessário, se valerá da apelação, que é o meio processual adequado para impugnar a sentença.

É indubitável, ainda, que o reexame necessário é causa de retardamento da prestação jurisdicional por estabelecer uma fase procedimental como condição para eficácia da sentença.

Nesse cenário, em que o Poder Judiciário se encontra em crise, dentre outras causas, em razão do acúmulo de processos, fica evidente que a manutenção do instituto do reexame necessário atenta contra a celeridade e efetividade processuais e atua em desfavor do interesse público, haja vista que a democracia não subsiste em um Estado que não assegura efetiva proteção judicial.

37.6.4 Inconstitucionalidade do Reexame Necessário

Os direitos fundamentais, previstos na Constituição da República, são imprescindíveis à existência e manutenção da democracia[169] por constituírem o núcleo do sistema jurídico[170]. Desta forma, as normas constitucionais que consagram direitos fundamentais não se referem apenas a direitos subjetivos dos indivíduos, estabelecendo, também, as garantias fundamentais da proteção desses direitos e os princípios objetivos da ordem democrática do Estado de Direito[171].

Os valores dispostos nas normas de direitos fundamentais incidem sobre a totalidade do ordenamento jurídico[172], que as reconhece hierarquicamente superiores às demais normas, razão pela qual devem, obrigatoriamente, serem observadas nas funções, decisões e ações dos Poderes Legislativo, Judiciário e Executivo, sob pena de ofensa à Constituição[173-174].

---

169 CANOTILHO, José Joaquim Gomes. *Direito Constitucional e Teoria da Constituição.* 7. ed. Coimbra: Almedina, 2003, p. 379.

170 ALEXY, Robert. *Teoria dos Direitos Fundamentais.* Trad. de Virgílio Afonso da Silva. São Paulo: Malheiros, 2008, p. 522.

171 QUEIROZ, Cristina. *Direitos Fundamentais (Teoria Geral).* Coimbra: Coimbra Editora: 2002, p. 71.

172 MENDES, Gilmar Ferreira. *Âmbito de proteção dos direitos fundamentais e as possíveis limitações. Hermenêutica constitucional e direitos fundamentais.* Brasília: Brasília Jurídica, 2002, p. 209.

173 BONAVIDES, Paulo. *Curso de Direito Constitucional.* 24. ed. São Paulo: Malheiros, 2009, p. 603-604.

174 Neste sentido, Ingo Wolfgang Sarlet afirma que "aos direitos fundamentais é atribuído um caráter contramajoritário". In: SARLET, Ingo Wolfgang. *A Eficácia dos Direitos Fundamentais: uma teoria geral dos direitos fundamentais na perspectiva constitucional.* 10. ed. Porto Alegre: Livraria do Advogado, 2009, p. 61.

Barroso e Barcellos ensinam que "as normas constitucionais conquistaram o status pleno de normas jurídicas, dotadas de imperatividade, aptas a tutelar direta e imediatamente todas as situações que contemplam. Mais que isso, a Constituição passa a ser a lente através da qual se lêem e se interpretam todas as normas infraconstitucionais. A Lei fundamental e seus princípios democráticos deram novo sentido e alcance ao direito civil, ao direito processual, ao direito penal, enfim, a todos os demais ramos jurídicos. A efetividade da Constituição é a base sobre a qual se desenvolveu, no Brasil, a nova interpretação constitucional"[175].

Assim, entre os direitos fundamentais relacionados à função jurisdicional do Estado, destaca-se o devido processo legal como um princípio genérico conformador dos demais princípios e garantias constitucionais processuais[176].

Desta maneira, incumbe ao legislador criar normas processuais adequadas para efetivar os direitos e garantias fundamentais previstos na Constituição, de modo que o processo seja teleologicamente estruturado, destinando-se à tutela, realização e concretização dos direitos fundamentais.

Neste contexto, é importante constatar que a norma que impõe o reexame necessário nos julgamentos desfavoráveis à Fazenda Pública, artigo 496 do CPC, não se harmoniza com os princípios do devido processo legal preconizados na Constituição da República.

Oreexame necessário é tão somente um pretenso mecanismo de salvaguarda do patrimônio, justificável em um período pretérito, em que o processo ainda não se revestia das garantias que mais tarde lhe seriam acrescidas pela Constituição da República.

No entanto, ao longo do tempo, o que se constatou é que a manutenção do reexame necessário gerou uma acomodação da maioria da comunidade jurídica, que passou a não mais questionar a legitimidade de sua existência, nem seus fundamentos. Foi neste contexto que a Constituição da República de 1988 recebeu o Código de Processo Civil vigente.

A inexistência de críticas permitiu que o reexame necessário continue a assoberbar o Poder Judiciário, mantendo-se o apego à tradição, independentemente dos abalos que o texto constitucional produza na convicção da sua legitimidade.

A Constituição de 1988 conferiu destaque aos direitos fundamentais e às garantias processuais, mas as transformações decorrentes do seu texto são tão profundas que estão sendo gradativamente assimiladas e implementadas.

Em relação ao devido processo legal não é diferente, por se tratar de uma construção histórica que percorreu diversas fases. A fase inaugurada com a Constituição da República, em 1988, ainda está em curso, mas, em relação ao reexame

---

175 BARROSO, Luís Roberto; BARCELLOS, Ana Paula de. *O começo da história: a nova interpretação constitucional e o papel dos princípios no direito brasileiro*. Câmara Municipal do Rio de Janeiro, 2003.

176 NERY JÚNIOR, Nelson. *Princípios do Processo na Constituição da República: processo civil, penal e administrativo.*9 ed. São Paulo: Revista dos Tribunais, 2009, p. 77.

necessário, a despeito de sua manifesta inconstitucionalidade, vinte e quatro anos depois da promulgação da Constituição, ainda não despertou a devida atenção da comunidade jurídica.

Não há, porém, justificativas para sua manutenção no ordenamento jurídico brasileiro, principalmente quando é frontal o confronto com a Constituição da República.

O reexame necessário é inconstitucional, não se legitimando pela longevidade. É que, especificamente no que tange a este instituto, um rol extenso de garantias de ordem constitucional que se incorporaram ao devido processo legal impede o tratamento diferenciado conferido à Fazenda Pública no caso do reexame necessário.

O legislador e o próprio judiciário, ao conservá-lo no sistema jurídico brasileiro, desvirtuam o devido processo legal, por violarem os princípios do contraditório, da isonomia, da inafastabilidade de lesão ou ameaça a direito, da duração razoável do processo e da efetividade processual, além de desconsiderar a existência de órgãos constitucionalmente destacados para exercer a defesa do ente público em juízo: a Advocacia Pública.

A organização político-administrativa do Estado que, no Império, motivou a criação do reexame necessário não existe mais. Deve-se ressaltar que, atualmente, os órgãos de defesa judicial dos entes federados são suficientemente bem estruturados e capacitados para exercer suas atividades. Além disso, órgãos de controle da Administração Pública, tais como o Ministério Público, as Controladorias e os Tribunais de Contas asseguram que as Advocacias Públicas do país exerçam a defesa do erário com eficiência, não havendo motivos razoáveis que expliquem a ruptura com a simétrica paridade de posições no processo.

Com efeito, deve-se reconhecer, além da inconstitucionalidade, que o reexame necessário impõe à sociedade um fardo extremamente oneroso, porquanto, ao postergar a formação da coisa julgada e ao assoberbar ainda mais os Tribunais, compromete a garantia de efetiva proteção judicial e por atentar contra a duração razoável do processo, abala a estrutura do Estado Democrático de Direito, que não prescinde da eficiência da função jurisdicional para atingir os fins a que se propõe.

37.6.4.1 *Ofensa à garantia fundamental da igualdade*

A observância da garantia do devido processo legal é o meio de impedir o arbítrio do poder estatal e de assegurar, aos cidadãos, os direitos previstos na legislação, razão pela qual vincula todos os Poderes da República, não restringindo seu alcance apenas ao processo jurisdicional, incidindo, também, de forma induvidosa, no processo legislativo e administrativo.

O devido processo legal assegura ao cidadão um processo justo ao estabelecer um procedimento que contemple o contraditório substancialmente isonômico, que permita às partes participarem da construção do provimento, em absoluta paridade, possibilitando-lhes influir, com seus argumentos e provas, sobre o convencimento decisório do juiz que deve ser, necessariamente, motivado, independente e imparcial. Também é essencial ao devido processo legal a garantia do duplo grau de jurisdição que permite às partes impugnar as sentenças mediante recurso.

A partir do conceito de contraditório, compreendido como "a igual oportunidade de tratamento, que se funda na liberdade de todos perante a lei"[177], tem-se o princípio da igualdade como nuclear do devido processo legal, presumindo-se, por este motivo, inconstitucionais as normas que tratam os litigantes de forma diferenciada. Todavia, não são todas as normas processuais que dispensam tratamento diferenciado às partes que padecem de inconstitucionalidade, mas, tão somente aquelas que injustificadamente desigualam os iguais. A propósito, tem-se a inversão do ônus da prova previsto no Código de Defesa do Consumidor, juridicamente justificado em face da hipossuficiência processual do consumidor, o que o torna, portanto, constitucional.

A aferição da constitucionalidade do reexame necessário, à luz do princípio da igualdade, deve considerara razoabilidade, no sentido de avaliar se a proteção jurisdicional extraordinária outorgada à Fazenda Pública é objetiva e razoavelmente justificável, notadamente se há critério e necessidade para a distinção[178].

Sob a existência de critério justificador da diferenciação, deve-se considerar a representação judicial da Fazenda Pública e sua capacidade de participar, em iguais condições, do contraditório.

A defesa judicial dos entes públicos, conforme estabelece a Constituição da República,é exercida, exclusivamente[179], por advogados públicos, previamente aprovados em concurso público. Esta aprovação no certame para ingresso na carreira da advocacia pública atesta a habilitação e qualificação dos seus membros para o desempenho deste mister.

Consequentemente, a participação da Fazenda Pública no contraditório é tecnicamente equivalente à do particular, afastando, assim, qualquer argumento que sustente a debilidade da defesa dos interesses públicos em juízo.

Evidenciado que a Fazenda Pública encontra-se adequadamente representada em juízo, endossa-se o entendimento de Laspro, para quem a adoção do reexame

---

[177] GONÇALVES, Aroldo Plínio. *Técnica Processual e Teoria do Processo.* Rio de Janeiro: AIDE, 1992, p. 127.

[178] ÁVILA, Humberto. *Teoria dos princípios -da definição à aplicação dos princípios jurídicos.*4 ed. Malheiros: São Paulo, 2005, p. 101.

[179] STF. Rcl nº 8.025, Rel. Min. Eros Grau. DJe-145 DIVULG 05-08-2010 PUBLIC 06-08-2010. "Preliminarmente, o Tribunal afirmou a ilegitimidade da representação judicial do advogado constituído pelo Presidente do Tribunal Regional Federal da 3ª Região, que deveria ser feita pela Advocacia Geral da União."

necessário em razão do resultado e não da matéria deduzida em juízo, "se mostra incompatível com o princípio da igualdade exposto no inc. I do art. 5º da CF"[180].

Ademais, apesar de ser amplo o efeito devolutivo da remessa necessária, por permitir que o Tribunal reexamine todas as matérias do processo, o julgamento, neste caso, se faz de forma parcial e tendenciosa, por não permitir, na ausência de recurso do particular, o reconhecimento de seus direitos, eventualmente negados na sentença. Essa prática é de manifesta inconstitucionalidade por admitir a realização de um julgamento destinado, exclusivamente, a beneficiar uma das partes, no caso a Fazenda Pública[181].

O princípio da igualdade deve ser considerado, ainda, sob o prisma da finalidade da diferenciação, no caso, a análise deve considerar se o reexame necessário atende ao interesse público, e, caso se conclua afirmativamente, cumpre avaliar se haverá um fundamento legitimador do tratamento diferenciado dispensado ao Estado em juízo.

A Constituição, para concretizar a garantia de efetiva proteção judicial, impôs ao legislador o dever de estabelecer um processo justo, com redução do tempo de duração, dos custos e das atividades[182].

Por sua vez, o reexame necessário representa um prolongamento do procedimento jurisdicional ocasionando, consequentemente, ampliação do prazo de duração e elevação do custo do processo.

Tendo em vista que o processo judicial no Brasil é notadamente moroso e oneroso, o procedimento que retarda a efetivação da decisão judicial, como é o caso do instituto em questão, conflita com a idéia de processo justo por contribuir para frustração da garantia de duração razoável e da efetividade da prestação jurisdicional.

Neste aspecto, o reexame necessário também não se justifica, porquanto demonstrado que sua existência e aplicação não atende uma necessidade social relevante, uma vez que atua em desfavor da garantia de efetiva proteção judicial. Ao frustrar a justiça do processo, o reexame necessário contribui para aguçar o sentimento de impunidade que sobrepaira na sociedade, deixando nítida a ausência de argumentos jurídicos razoáveis a justificá-lo, e, por esses motivos, permite afirmar que sua existência desatende o interesse público.

---

180 LASPRO, Oreste Nestor de Souza. *Duplo grau de jurisdição no Direito Processual Civil.* Revista dos Tribunais: São Paulo, 1.995, p. 171.

181 NERY JÚNIOR, Nelson. *Princípios do Processo na Constituição da República: processo civil, penal e administrativo.*9 ed. São Paulo: Revista dos Tribunais, 2009, p. 117.

182 COMOGLIO, Luigi Paolo. *Etica e técnica del 'giustoprocesso.*Torino: G. Giappichelli. 2004, p. 91. "Impone al legislatore, ove occorra, l'adozione dele opportuni eriform estrutturali, che, ancheattraverso um rafforzamento del ruolo diretivo del giudice, sai no idonee a ridurre tempi, durata e costi diogni processo, si da renderlo efetivamente 'giusto', com uma correlata economia di risorse e di attività."

Como a distinção preconizada pelo reexame necessário não se destina, simplesmente, ao estabelecimento de prerrogativas processuais propiciando adequada defesa aos entes públicos, mas se trata de uma técnica de julgamento que outorga tratamento privilegiado à Fazenda Pública em detrimento do particular, não há fundamentos jurídicos aptos à sua validação jurídica.

Portanto, o reexame necessário, por violar o princípio da isonomia, é inconstitucional. O embate do reexame necessário com a Constituição, entretanto, não se encerra na violação da igualdade das partes, sendo certo que este nefasto procedimento, como adiante será demonstrado, violenta outros princípios de mesma envergadura constitucional.

37.6.4.2 Ofensa à garantia do juiz natural

O julgamento da remessa necessária, apesar de devolver o reexame de todas as matérias do processo ao Tribunal, é parcial e tendencioso por não admitir, na ausência de recurso do particular, o reconhecimento *ex officio* de seus direitos eventualmente negados na sentença.

Esse é o entendimento da jurisprudência sintetizado no enunciado da Súmula 45 do STJ[183]. Com base nesta Súmula, a decisão do reexame necessário leva em consideração, exclusivamente, os interesses da Fazenda Pública, reconhecendo-se aplicável o princípio da vedação da *reformatio in pejus.*

Esse enunciado representa, entretanto, absoluta negação do Estado de Direito, pois, além de espezinhar a igualdade das partes no processo, ofende a garantia do juiz natural e o princípio dispositivo.

A imparcialidade é pressuposto essencial para o exercício da judicatura e o principal atributo do Judiciário. Portanto, a parcialidade do julgamento no reexame necessário é inadmissível, pois impõe ao juiz beneficiar uma das partes, no caso a Fazenda Pública.

Desta maneira, impossibilita-se alcançar o escopo da jurisdição, que é o de acertara situação jurídica controvertida, mediante a aplicação do direito ao caso concreto. Com efeito, ao vedar que o juiz reconheça o direito a quem efetivamente o possui não há outra conclusão possível, senão a de que, também por esse motivo, a remessa necessária é aberrantemente inconstitucional.

A tutela dos interesses do Estado por intermédio da atuação parcial do Poder Judiciário no julgamento do reexame necessário conflita com os fundamentos de legitimidade do Estado de Direito que consistem, precisamente, na vinculação dos Poderes da República ao direito, na garantia dos direitos, na realização dos direitos humanos e na concretização do princípios fundamentais da República.

---

183 STJ. Súmula nº 45: "No reexame necessário, é defeso, ao Tribunal, agravar a condenação imposta à Fazenda Pública."

Esses fundamentos encontram-se normatizados constitucionalmente, como é o caso da garantia de proteção judicial reconhecida no art. 5º, inc. XXXV da Constituição da República. Ao propiciar amplo acesso à justiça, a Constituição assegura que nenhuma lesão ou ameaça a direito deixará de ser reparada pelo Poder Judiciário.

Não é proporcional e razoável supor que o Poder Judiciário, em sede de reexame necessário, possa conhecer de toda a matéria arguida e discutida no processo em primeira instância, sem poder, no entanto, afastar lesão ou ameaça a direito sofrida pela parte contrária, simplesmente porque decisão neste sentido prejudicaria a Fazenda Pública. Por isso, viola-se a Constituição todas as vezes que o Tribunal, no julgamento do reexame necessário, deixa de aplicar corretamente o direito ao caso concreto porque, neste caso, simplesmente é vedada a possibilidade de modificação da sentença em prol da parte não estatal.

Evidencia-se, desta maneira que o reexame necessário implica clara violação ao acesso à justiça, consagrado no artigo 5º, XXXV, da Constituição da República de 1988. Nesta hipótese, o Estado pratica um ilícito constitucional por denegação de tutela jurisdicional efetiva, ao desamparar o indivíduo diante do ato ou omissão estatal que viola ou ameaça seus direitos subjetivos e que, na verdade, deveriam merecer proteção judicial. O Estado de Direito deve garantir proteção jurídica judicial ampla a todos, mesmo em face de atos do poder público, considerando que ao assegurar os direitos subjetivos estabelece-se, também, a vinculação dos poderes estatais ao Direito[184].Todavia, o reexame necessário nega essa possibilidade.

A técnica de julgamento empregada no reexame necessário agride, assim, a garantia do juiz natural. Evidentemente, a Constituição da República não acolhe dispositivo infraconstitucional algum a excepcionar a independência funcional dos juízes, nem lhes autoriza a decidir em sentido contrário ao estabelecido pelo Direito. Ao romper com a imparcialidade do magistrado, o reexame necessário vilipendia o princípio do juiz natural por romper com o dever de o magistrado assegurar efetiva proteção judicial a quem foi atingido em seu patrimônio jurídico por uma ação ou omissão estatal.

Andolina e Vignera lecionam que "de acordo com a Constituição, um sujeito é reconhecido como juiz e, consequentemente, atua legitimamente em um processo e profere o provimento adequado se possuir uma série de atributos, os quais, sendo conceitualmente diversos, conspiram a favor do mesmo escopo: assegurar na medida mais ampla possível a neutralidade do juiz, a justiça da sentença, a objetividade do veredito, a conformidade do provimento jurisdicional à norma jurídica e aos interesses por ela protegidos"[185].

---

184 HESSE, Konrad. *Elementos de Direito Constitucional da República Federal da Alemanha.* Porto Alegre: SAFE, 1998, (Trad. Luis Afonso Heck), p. 164.

185 ANDOLINA, Italo, VIGNERA, Giuseppe. *I fondamenticostituzionali dela giustiziacivile – il modelo costituzionaledel Processo Civile italiano.* Torino: G. Giappichelli Editore, 1997, p. 16 "Secondo la Costituzione um soggetto puó considerarsi giudice e, di conseguenza, può legitimamente operare in um processo per pronunciare i relativi provvedimenti, solo quando

O estatuto constitucional da magistratura brasileira confere ao juiz poderes mais amplos do que a Constituição italiana, pois, "sendo detentor de competência para exercer o controle difuso de constitucionalidade, ele se coloca acima da lei. Sujeita-se apenas à Constituição. O juiz tem absoluta liberdade para decidir e para interpretar a lei. Ele não está sequer sujeito à lei, como diz a Constituição italiana, pois pode deixar de aplicá-la quando a entender inconstitucional"[186].

Com efeito, a Constituição da República, a despeito do amplo espectro da independência funcional conferida aos magistrados, não lhes outorgou poder ilimitado, pois estabeleceu limites jurídicos balizando sua atuação. A propósito, o estatuto jurídico-constitucional da magistratura estabeleceu vedações concomitantes com as garantias de inamovibilidade, irredutibilidade de subsídios e vitaliciedade, conforme se vê no art. 95 da Constituição. Essa conjunção entre garantias e deveres objetiva assegurar independência funcional aos magistrados para que decidam com imparcialidade.

Ao compreender o dever de imparcialidade do juiz como fundamento de legitimidade dos provimentos jurisdicionais, e cotejá-lo com o instituto do reexame necessário, verifica-se o inconciliável conflito entre ambos, hipótese em que o reexame necessário deve ser eliminado para que o dever de imparcialidade, um dos componentes essenciais do princípio do juiz natural, não seja violentado.

37.6.4.3 *Inexistência de permissão constitucional para que os tribunais exerçam jurisdição ex officio*

O art. 2º do Código de Processo Civil consagra o princípio da inércia da jurisdição ao dispor que "nenhum juiz prestará a tutela jurisdicional senão quando a parte ou o interessado a requerer, nos casos e forma legais". Esta é uma das formas de assegurar-se a imparcialidade e equidistância do juiz em relação à demanda. "É o que se denomina de necessária indiferença inicial, o que constitui um dos traços próprios da jurisdição. (...) É a ação, portanto, uma condição indispensável para o exercício da jurisdição: *nemo judex sine actore*"[187].

Corolário da inércia da jurisdição é o princípio dispositivo, basilar do direito processual democrático, que inadmite possa o juiz substituir a iniciativa das partes.

A Constituição da República, ao definir as competências dos órgãos jurisdicionais, consagrou estes princípios, não admitindo a possibilidade de exercício da função jurisdicional sem provocação da parte.

---

possiede uma serie di attributi, i quali, pur essendo concettualmente diversi, cospirano tutti allo stesso scopo: assicurare nella misura più ampia possibile La neutralità del giudice, la giustizia dela sentenza, l'obiettività del giudizio, la conformità del provvedimento giurisdizionale alle norme giuridiche e dagli interessi da queste protetti."

[186] JAYME, Fernando G. *Tribunal Constitucional: exigência democrática*. Belo Horizonte: Del Rey, 2000, p. 80.

[187] MARQUES, José Frederico. *Instituições de Direito Processual Civil*. Vol. I, 3 ed. Rio de Janeiro: Forense, 1966, p. 215.

O art. 108 da Constituição, ao definir as competências dos Tribunais Regionais Federais, atribuiu-lhes competência originária *numerus clausus* e competência recursal genérica, para "julgar, em grau de recurso, as causas decididas pelos juízes federais e pelos juízes estaduais no exercício da competência federal da área de sua jurisdição. "O mesmo se deu em relação às competências atribuídas, respectivamente, ao Supremo Tribunal Federal e ao Superior Tribunal de Justiça, *ex vi* dos arts. 102 e 105 da Constituição.

A seu turno, o art. 125 do texto constitucional, respeitando a autonomia dos entes federados, conferiu aos Estados membros a prerrogativa de organizarem suas Justiças, porém, lhes impôs observância aos princípios da Constituição da República.

O princípio da simetria é parâmetro obrigatório para a organização dos Judiciários estaduais, consequentemente, nos Estados membros também é inadmissível regra admitindo atuação jurisdicional sem provocação do interessado. Portanto, assim como ocorre na Justiça Federal, os Tribunais estaduais devem ter ampla competência recursal.

Para desenvolver o raciocínio, mais uma vez distingue-se reexame necessário de recurso, agora, com base no conceito de Barbosa Moreira: recurso é "remédio voluntário e idôneo a ensejar, dentro do mesmo processo, a reforma, a invalidação, o esclarecimento ou a integração de decisão judicial que se impugna"[188].

Desta maneira, de forma objetiva e direta chega-se à conclusão elementar de que os tribunais estaduais e federais não detêm competência para julgar o reexame necessário, porque a única forma de a eles ascender é por meio do recurso.

É nítida, também no aspecto analisado neste tópico, a inconstitucionalidade do reexame necessário porque a Constituição não atribuiu jurisdição *ex offício* aos tribunais de segundo grau de jurisdição.

37.6.4.4 Violação das garantias fundamentais da duração razoável do processo e da efetividade processual

O Estado Democrático, por não reconhecer a autotutela como meio legítimo de solução das controvérsias, assumiu o monopólio da jurisdição garantindo acesso incondicional à justiça, nos termos do artigo 5º, XXXV, da Constituição da República. Fundamentado neste dispositivo, reconhece-se o direito ao provimento e aos meios executivos capazes de conferir efetividade ao direito substancial[189].

A garantia fundamental de acesso à justiça não significa, somente, que todos podem ir ajuízo para afastar eventual lesão ou ameaça à direito, mas, também, que todos têm direito à tutela jurisdicional efetiva, adequada e tempestiva[190].

---

188 BARBOSA MOREIRA, José Carlos. *Comentários ao Código de Processo Civil*. Vol. V, 14 ed. Rio de Janeiro: Forense, 2008, p. 233.

189 MARINONI, Luiz Guilherme. *Curso de Processo Civil – Teoria Geral do Processo*, 2. ed. vol. 1, 2007, p. 230.

190 MARINONI, Luiz Guilherme. *Tutela antecipatória, julgamento antecipado e execução imediata da sentença*. São Paulo: Revista dos Tribunais, 1997, p. 20.

O direito fundamental à duração razoável do processo já se encontrava inserido lógica e teleologicamente na Constituição da República, como corolário da cláusula geral que assegura a garantia ao devido processo legal.

Em 1992, com a adesão do Brasil à Convenção Americana de Direitos Humanos, explicitou-se o direito à duração razoável do processo como garantia fundamental. O artigo 8º, item 1 da Convenção assegura que "toda pessoa terá o direito de ser ouvida, com as devidas garantias e dentro de um prazo razoável, por um juiz ou Tribunal competente, independente e imparcial, estabelecido anteriormente por lei, na apuração de qualquer acusação penal formulada contra ela, ou na determinação de seus direitos e obrigações de caráter civil, trabalhista, fiscal ou de qualquer outra natureza"[191].

A despeito do que dispõe a Convenção Americana de Direitos Humanos, o Constituinte Reformador, por intermédio da Emenda Constitucional nº 45/2004, acrescentou expressamente no rol dos direitos fundamentais consagrados no artigo 5º da Constituição da República, o inc. LXXVIII, dispondo que "a todos, no âmbito judicial e administrativo, são assegurados a razoável duração do processo e os meios que garantam a celeridade de sua tramitação".

O direito à prestação jurisdicional efetiva e célere constitui-se, então, em um direito fundamental que visa a assegurar a realização tempestiva dos demais direitos materiais, conforme destaca Marinoni:

> Tal direito [da prestação jurisdicional efetiva] não poderia deixar de ser pensado como fundamental, uma vez que o direito à prestação jurisdicional efetiva é decorrência da própria existência dos direitos e, assim, a contrapartida da proibição da autotutela. O direito à prestação jurisdicional é fundamental para a própria efetividade dos direitos, uma vez que esses últimos, diante das situações de ameaça ou agressão, sempre restam na dependência da sua plena realização. Não é por outro motivo que o direito à prestação jurisdicional efetiva já foi proclamado como o mais importante dos direitos, exatamente por constituir o direito a fazer valer os próprios direitos[192].

Deste modo, "um julgamento tardio irá perdendo progressivamente seu sentido reparador, na medida em que se postergue o momento do reconhecimento judicial dos direitos; e, transcorrido o tempo razoável para resolver a causa, qualquer solução será, de modo inexorável, injusta, por maior que seja o mérito científico do conteúdo da decisão"[193].

---

[191] OEA, Convenção Interamericana de Direitos Humanos.

[192] MARINONI, Luiz Guilherme. *Técnica Processual e Tutela dos Direitos*, 3ª Ed. – São Paulo: Revista dos Tribunais, 2010, p. 143.

[193] BIELSA, Rafael; GRANÃ, Eduardo. *El tiempo y elproceso. Apud* TUCCI, José Rogério Cruz e. Duração Razoável do Processo (art. 5º, LXXVIII, da Constituição da República) *In*:FARIA, JulianaCordeiro de, JAYME, Fernando Gonzaga, LAUAR, Maira Terra (Coord.). *Processo Civil: novas tendências – Homenagem ao Professor Humberto Theodoro Júnior.*Belo Horizonte: Del Rey, 2008, pp. 433-452,p. 435.

O instituto do reexame necessário, ao condicionar o trânsito em julgado da sentença contrária à Fazenda Pública à sua reapreciação pelo órgão hierarquicamente superior, por contribuir decisivamente para o aumento da morosidade da prestação jurisdicional e para o assoberbamento dos Tribunais, atenta contra a efetividade do processo. Todavia, é de se perquirir até que ponto o retardamento da efetivação das decisões judiciais não é uma prática deliberada dos gestores públicos, conforme salienta Nery Jr.:

> Tem interessado, portanto, ao poder público valer-se da morosidade do Poder Judiciário para adiar o cumprimento de seus deveres constitucionais perante os administradores e cidadãos. (...). Melhorar a prestação do serviço público, para melhor servir a população no que tange aos processos judiciais e administrativos tem custo econômico e político e deveria estar nas prioridades dos governantes, que, de outra parte, têm interesse em manter o *status quo* da demora do processo[194].

Note-se que a coisa julgada é pressuposto inafastável da execução das condenações da Fazenda Pública, conforme dispõe o artigo 100, §§ 1º, 3º e 5º, da Constituição da República de 1988.

A vedação constitucional de executar-se provisoriamente a sentenças desfavoráveis à Fazenda Pública, que se diga, o maior litigante do país, somada à revisão obrigatória das sentenças que lhe forem desfavoráveis implica injustificável retardamento da entrega da prestação jurisdicional, em flagrante violação ao direito fundamental à razoável duração do processo, negando-se, por conseguinte, a garantia de acesso à efetiva proteção judicial.

Não se defende uma justiça açodada, porém, exige-se a observância da adequação temporal do processo, necessária para o julgamento justo.

A revisão das sentença contrárias ao interesse da Fazenda Pública deve se restringir às hipóteses de recurso, não se justificando, na atualidade, a manutenção do reexame necessário. Com a abolição deste instituto, evitar-se-iam situações teratológicas, em que, apesar de o ente público apelar apenas parcialmente, o tribunal procede a ampla reversibilidade da sentença[195].

O estatuto jurídico dos advogados públicos lhes impõe o dever funcional de recorrer das decisões contrárias ao interesse da Fazenda Pública. Porém, diante da inexistência de apelo voluntário do ente público, deve-se conferir validade jurídica à aquiescência com a sentença, reconhecendo tratar-se de renúncia tácita ao direito de recorrer.

---

194 NERY JÚNIOR, Nelson. *Princípios do Processo na Constituição da República: processo civil, penal e administrativo.*9 ed. São Paulo: Revista dos Tribunais, 2009, pp. 319 e 320.

195 TJMG, Apelação Cível/Reexame Necessário nº 1.0027.00.008638-2/001. Relator: Des. Eduardo Andrade. 1ª Câmara Cível, julgado em 31/08/2004, DJE 10/09/2004. No mesmo sentido: TJMG. Apelação Cível/Reexame Necessário nº 1.0024.04.464190-0/001. Relator: Des. Vieira de Brito. 8ª Câmara Cível, julgado em 18/11/2010, DJE 04/02/2011.

Esse entendimento representa um meio de se reconhecer e assegurar isonomia entre os litigantes, considerando-se que, em relação ao particular, deixar de recorrer implicará o trânsito em julgado da sentença.

Acresce-se, ainda, que o reexame necessário contribui, decisivamente, para o acúmulo de processos nos tribunais de segunda instância, assoberbando-os. Além disso, esse instituto, por prolongar o procedimento jurisdicional, onera, desnecessariamente, os cofres públicos, já que a tramitação dos processos judiciais nestes tribunais importa dispêndio de recursos do erário.

Além disso, os fundamentos que justificaram a adoção deste instituto pelo legislador de 1973 e ratificados na reforma de 2001, não têm aplicabilidade no atual estágio do Estado Democrático de Direito. O sistema constitucional de controle dos atos da administração pública assegura que, na hipótese de o advogado público prevaricar, corromper-se ou negligenciar o cumprimento de seu dever funcional, além de responder perante os órgãos correcionais internos, estará sujeito a prestar contas de seus atos ao Ministério Público, à Controladoria e ao Tribunal de Contas. Por sua vez, se a conduta desviante for proveniente do juiz sentenciante, responderá ele perante a Corregedoria do tribunal a que estiver vinculado, sem prejuízo de ser interpelado, também, pelo Conselho Nacional de Justiça.

Desta maneira, como o Estado vincula-se ao princípio da eficiência, conforme preceitua o artigo 37 da Constituição da República, deve-se assegurar tutela jurisdicional efetiva, adequada, tempestiva e econômica[196], o que pode ser viabilizado mediante a extinção do instituto do reexame necessário, por possibilitar, em muitos casos, a formação da coisa julgada com maior brevidade.

Neste sentido, Bueno reconhece que as prerrogativas processuais dos entes públicos estão sendo utilizadas como "subterfúgios para o não acatamento de decisões judiciais..."[197].

---

[196] O Documento Técnico 319, elaborado pelo Banco Mundial, intitulado 'O Setor Judiciário na América Latina e no Caribe – Elementos para reforma 'reconhece que "Um poder judiciário eficaz e funcional é relevante ao desenvolvimento econômico. A função do Poder Judiciário em qualquer sociedade é o de ordenar as relações sociais e solver conflitos entre os diversos atores sociais. Atualmente, o Judiciário é incapaz de assegurar a resolução de conflitos de forma previsível e eficaz, garantindo assim os direitos individuais e de propriedade. A instituição em análise tem se demonstrado incapaz em satisfazer as demandas do setor privado e da população em geral, especialmente as de baixa renda. Em face o atual estado de crise do sistema jurídico da América Latina e do Caribe, o intuito das reformas é o de promover o desenvolvimento econômico. A reforma do Judiciário faz parte de um processo de redefinição do estado e suas relações com a sociedade, sendo que o desenvolvimento econômico não pode continuar sem um efetivo reforço, definição e interpretação dos direitos e garantias sobre a propriedade. Mais especificamente, a reforma do judiciário tem como alvo o aumento da eficiência e equidade em solver disputas, aprimorando o acesso a justiça que atualmente não tem promovido o desenvolvimento do setor privado." In: DAKOLIAS, Maria. *O Setor Judiciário na América Latina e no Caribe – Elementos para reforma*. Washington DC: Banco Mundial, 1996, p. 06.

[197] BUENO, Cassio Scarpinella. *O Poder Público em Juízo*. 4 ed. São Paulo: Saraiva, 2008, p. 312.

Conclui-se, portanto, que a abolição do reexame necessário contribuirá para se assegurar a duração razoável dos processos em que a Administração Pública for parte, conferindo-se maior racionalidade, economia e efetividade à função jurisdicional.

37.6.5 O reexame necessário no Código de Processo Civil

O reexame necessário, rebatizado de *remessa necessária* ganhou no CPC uma seção específica e, em relação à legislação revogada, inovou no seguinte: (I) no aumento do valor da condenação que determina a incidência obrigatória do reexame necessário, de sessenta para mil salários mínimos; (II) na exclusão da aplicação do instituto nos casos de sentença em consonância com jurisprudência firmada em recurso representativo da controvérsia e em incidente de resolução de ações repetitivas, preservando, a hipótese vigente, de dispensa no caso de sentença fundada em súmula do Supremo Tribunal Federal ou do Superior Tribunal de Justiça.

A flexibilização de incidência do reexame necessário em razão do valor da condenação, escalonado entre mil, quinhentos e cem salários mínimos para as pessoas de direito público federal, estaduais e municipais, respectivamente, não tem o condão de afastar os fundamentos da inconstitucionalidade deste instituto. A ideia de se estabelecer como pressuposto do reexame necessário um determinado valor da condenação é incapaz de modificar essa realidade.

Enfim, o fato de o CPC ampliar as hipóteses de dispensa da remessa necessária não altera o entendimento de tratar-se, esse instituto, de verdadeiro atentado à Constituição da República por ofensa aos mais comezinhos princípios do devido processo legal, como o do contraditório, da isonomia, da duração razoável do processo e da efetividade processual. Ou seja, apesar de sua nova roupagem, o reexame necessário, ou remessa necessária, como queiram, continua inquinado pela inconstitucionalidade.

Resta à sociedade, tão somente, a esperança de que:

> um dia, algum tribunal do país há de reconhecer o caráter antisonômico do art. 475 [atual 496], se antes disso o próprio legislador não se aperceber de que vem acocorando valores inerentes a um perfil de Estado que não é aquele traçado pela Constituição da República[198].

---

[198] DINAMARCO, Cândido Rangel. *A reforma da reforma.*6 ed. São Paulo: Malheiros, 2003, p. 21.

38

INCIDENTE DE RESOLUÇÃO DE DEMANDAS REPETITIVAS – IRDR

É apenas uma tática, uma maneira de abreviar julgamentos, porque a celeridade está eleita como um objetivo fundamental do processo.

Ministro Napoleão Nunes Maia Filho

O IRDR é um incidente processual que se instaura quando há riscos ou para a segurança jurídica ou de ruptura da isonomia, provocados pela relevante divergência jurisprudencial em causas com mesmo fundamento de direito.

O IRDR inspirado no *Musterverfahren* do direito alemão, que foi criado em 2005, especificamente para prevenir a judicialização da situação jurídica relativa à comercialização de ações da empresa de telefonia alemã, que de má-fé sonegou informações relevantes para a celebração do negócio. Nesse caso, a admissão do procedimento, dentre outros requisitos, exigia a demonstração de que o procedimento-modelo teria repercussão transcendente à demanda de que emergiu, conforme doutrinam Gláucio Maciel e Victor Barbosa Dutra:

> No *Musterverfahren*, ao contrário, o legislador germânico estabeleceu critérios mais objetivos. Explica Astrid Stadler (STADLER, 2010, p. 101) que: (I) deve ser feito um requerimento em uma das ações individuais ajuizadas de submissão ao processo-modelo, que é anunciado em edital; (II) nos quatro meses seguintes devem ser formulados outros nove requerimentos de submissão ao processo-modelo, totalizando dez ao todo; (III) os pedidos são submetidos ao Tribunal Regional, que escolhe um autor-modelo, suspendendo-se os outros processos; (IV) os autores dos processos pendentes são 'partes convidadas', o acórdão-modelo reveste-se de autoridade de coisa julgada e as outras causas continuam no primeiro grau de jurisdição, terminando com acordo ou sendo sentenciados[1].

Em 2012, resolvidos os aproximadamente 13 mil processos relacionados ao tema, o *Musterverfahren* foi revogado[2].

---

1 GONÇALVES, Gláucio Maciel; DUTRA, Victor Barbosa. Apontamentos sobre o novo incidente de resolução de demandas repetitivas do código de processo civil de 2015. Revista de Informação Legislativa nº 208, ano 52, Brasília: out/dez/2015, pp. 191 e 193.

2 Interessante é que, no direito tedesco, o juiz de primeiro grau era quem definia os pontos controvertidos que seriam decididos no Tribunal.

O IRDR, se corretamente utilizado, poderá conferir efetividade substancial ao processo, adequando-o à realidade em que estamos inseridos, caracterizada, sobretudo, pela economia de uma sociedade massificada. A massificação social implica multiplicação de processos que reclamam decisões tempestivas, previsíveis e uniformes, por serem análogos os conflitos. A corresponsabilização da administração pela observância da correta aplicação do direito pronunciado no Incidente é de crucial importância para sua efetividade, pois, por meio do exercício dos poderes de polícia e sancionatório corretamente exercidos pode-se contribuir sobremaneira para a desjudicialização.

Além disso, é preciso que o Estado se reconheça como um ente unitário, de modo que garantir direitos dos cidadãos não é prerrogativa privativa do Poder Judiciário, mas atribuição de todos os seus órgãos e instituições. A realidade do sistema judicial brasileiro deixa evidenciada a impossibilidade de se pensar o processo como panaceia. Desta forma, ao compartilhar com a administração o dever de assegurar o respeito à decisão jurisdicional, ainda que o Estado não seja destinatário imediato da decisão representa um enorme fortalecimento da democracia brasileira. A redução da sobrecarga de processos que sufoca o Poder Judiciário contribuirá para qualificar prestação jurisdicional com vistas à almejada efetiva garantia de proteção judicial.

A utilização do IRDR, no entanto, deve ser excepcional, pois as diferenças interpretativas proporcionam o aprofundamento do debate sobre a matéria, permitindo amadurecer e aprimorar a aplicação das questões jurídicas que devem ser analisadas em toda sua plenitude e complexidade. A divergência de entendimentos não é um mal em si mesmo, podendo, até mesmo caracterizar-se como concreta realização de justiça, pois, para promover igualdade substancial é necessário reconhecer as desigualdades estruturais da nossa sociedade e tratar desigualmente os desiguais, na medida de suas diferenças. Não se deve perder de vista que o princípio da igualdade é incompatível com o tratamento igual a indivíduos 'essencialmente desiguais'[3].

Com efeito, o princípio da igualdade material há de ser considerado como instrumento para proporcionar fundamentos para romper privilégios e eliminar as discriminações existentes. Nesse diapasão, é preciso refletir sobre as consequências da desenfreada uniformização de interpretação e aplicação do direito em um país diverso como o nosso e com tantas iniquidades.

Brasil, um país com 8,5 milhões de km^2 e mais de 210 milhões de habitantes, contém diferenças abissais entre seus cidadãos, uma diversidade humana, geográfica, cultural, etnográfica, social, econômica, histórica fantásticas, que não cabem na mesma caixa. É de se questionar se, pela simples divergência de entendimentos judiciais, seja imposto para todos os casos um padrão decisório uniforme, válido

---

[3] CANOTILHO, J. J. Gomes. Direito Constitucional e teoria da constituição. 3ª ed. Coimbra: Almedina, 1999, p. 401.

para essas milhões de histórias contadas em cada um dos 78 milhões de processos em curso. A singularidade decisória, muitas vezes, carece de legitimidade democrática pois silencia a sociedade e a própria magistratura de primeiro grau, que não tem espaço discursivo para análise e crítica sobre as teses elaboradas nas cortes superiores. Nesse aspecto, importantes ao exame do tema as observações formuladas pelo Min. Marco Aurélio:

> As matérias são diversificadas, não há campo para julgamento compacto de vários processos, não há campo para julgamento 'a metro' de processos.
>
> Quando concebemos a atuação de órgão investido de ofício judicante, só podemos imaginar essa atuação do Estado-Juiz com absoluta espontaneidade, procedendo este à entrega da prestação jurisdicional a partir de um ato de vontade interpretativo da legislação de regência, à luz das balizas objetivas do processo. Não consigo conceber a vinculação de um órgão julgador a esta ou àquela decisão. Vinculação, sim, mas não pelo conteúdo da decisão. Admito que, pelo acerto, pela concretude, pela harmonia da decisão com o que está posto, haja vinculação, haja adoção, mas, aí, ela será espontânea, dessa mesma decisão[4].

Ainda reverbera a advertência do Ministro Fux: "Nem tudo que é maravilhoso na Europa é maravilhoso no Brasil. Até porque a cultura é completamente diferente em termos de cultura do povo"[5].

Entretanto, não se desconhece a importância que o IRDR desempenha para conferir racionalidade ao sistema judicial. Conforme Teresa Arruda Alvim e Bruno Dantas, "o escopo do IRDR é a tutela isonômica e efetiva, fundamentalmente, dos direitos individuais homogêneos"[6], assim entendidos os decorrentes de origem comum, conforme definição do art. 81, § único, inc. III do CDC, que coloca o instituto nos trilhos do processo democrático, uma vez que nessa hipótese é razoável e recomendável a uniformização do entendimento. O mesmo se pode dizer das relações entre os cidadãos e a administração pública, bem como nas questões tributárias.

O monopólio decisório das cortes, todavia, verga a magistratura, aniquilando a independência do juiz que recebe uma decisão pronta, que o priva de autonomia para julgar o caso, com graves consequências para o jurisdicionado, pois, "como se vê em Savigny, ao buscar segurança pela via da formalização do jurídico, pretende-se fugir da contingência do mundo real, das incertezas inerentes à vida humana[7] .

---

4 Min. Marco Aurélio (Presidente). AgRg na Rcl 1.880/SP, p. 351. Disponível em http://redir.stf.jus.br/paginadorpub/paginador.jsp?docTP=AC&docID=349828. Acesso em 01/07/2019.

5 Ata da 1ª Reunião da Comissão de Juristas "Novo Código de Processo Civil". 30/11/2019.

6 ARRUDA ALVIM, Teresa; DANTAS, Bruno. Recurso Especial, Recurso Extraordinário e a nova função dos tribunais superiores no direito brasileiro. 3ª ed. São Paulo: Revista dos Tribunais, 2018. p. 560

7 SILVA, Ovídio Baptista da. GOMES, Fábio. *Teoria Geral do Processo*. Op. cit., p. 70.

Vaticina Barbosa Moreira:

> Dia virá em que, a vingarem todas as propostas veiculadas – e outras que decerto estarão por vir, sempre no mesmo rumo – teremos dificuldade em identificar algum caso em que não haja vinculação e se conceda a juízes e tribunais, por especial favor, a liberdade de julgar de acordo com seu próprio convencimento[8].

As palavras do Ministro Ricardo Villas Bôas Cueva corroboram a preocupação com a padronização decisória, ao advertir, ainda, para o risco de assoberbamento do volume de processos nos tribunais ocasionando, em consequência, a subtração do juízo natural:

> A precipitação na iniciativa do incidente, principalmente por parte de magistrados de primeiro grau, como no presente caso, sufoca a discussão da questão jurídica perante as instâncias ordinárias, além de interferir sobremaneira no volume de trabalho dos Tribunais, com possibilidade de assoberbamento de suas funções, sem que ao incidente corresponda um processo respectivo para delimitar a competência do órgão julgador, definindo os contornos fáticos da causa para, desse modo, conter a jurisdição para exame daquela controvérsia jurídica específica[9].

Este instituto deve ser compreendido, portanto, em um contexto em que considere o multiculturalismo e as diversidades existentes em nosso país, de dimensões continentais com todas as suas idiossincrasias regionais. A interpretação uniforme do Direito tendo por destinatários cidadãos integrantes de uma sociedade totalmente diversa, plural e heterogênea, a pretexto de assegurar isonomia, pode causar verdadeira discriminação e violência às tradições, à cultura e aos projetos de vida destes indivíduos. A título de argumentação, considere-se, por exemplo, o crime de curandeirismo, tipificado no art. 284 do CP. Alguém reconheceria tipicidade na conduta de uma benzedeira ou de um pajé? Mais uma vez Barbosa Moreira elucida:

> Certas normas, todos reconhecem com facilidade que devem ser aplicadas do mesmo modo em todo o território nacional; entre elas, sem dúvida, em linha de princípio, as normas constitucionais. Já com relação a outras pode mostrar-se mais aconselhável dar espaço a porção menor ou maior de flexibilidade interpretativa, capaz de levar em conta variáveis regionais ou locais, a cuja luz também se justifique uma variação nas soluções[10].

O IRDR carrega consigo outro problema relacionado à sua democraticidade. O Incidente, indubitavelmente, privilegia o litigante habitual que está melhor aparelhado para as lides e, no caso, por ter, pela multiplicidade de demandas,

---

8 BARBOSA MOREIRA, José Carlos. Súmula, jurisprudência, precedente: uma escalada e seus riscos. In: *Temas de Direito Processual*. 9ª série. São Paulo: Saraiva, 2007, p. 299-313, p. 307-308.

9 STJ. ProAfR no REsp 1818564/DF, Rel. Ministro MOURA RIBEIRO, SEGUNDA SEÇÃO, julgado em 01/10/2019, DJe 04/10/2019. Voto vencido do Min. Ricardo Villas Bôas Cueva.

10 BARBOSA MOREIRA, José Carlos. Súmula, jurisprudência, precedente: uma escalada e seus riscos. In: *Temas de Direito Processual*. 9ª série. São Paulo: Saraiva, 2007, p. 299-313, p. 311.

conhecimento das teses difusamente apresentadas pelos litigantes eventuais, tem melhores condições para defender seus interesses concentradadamente em um Incidente com melhores meios e argumentos que validem suas teses.

> Há a imensa dificuldade de acesso individual dos lesados, em regra pobres, humildes e desinformados, aos órgãos jurisdicionais. E, mesmo para os que superem essas limitações e cheguem a colocar à face do juiz sua queixa, resta a monumental e desanimadora diferença de forças, meios e recursos que separa o litigante eventual do habitual. Aquele vai a juízo, talvez, uma ou duas vezes ao longo de toda a sua vida, nada sabe das coisas da justiça; seu nível de informação sobre a máquina judiciária, com o imponente complexo de juizados, cartórios, advogados, é praticamente nulo. Este outro, o litigante habitual, bem ao contrário, está permanentemente à barra dos pretórios e tem com eles a maior intimidade. Têm a seu favor a experiência acumulada dos litígios passados e a preparação sempre mais aprimorada para os futuros, o 'saber da experiência feito', os quadros próprios e eficientes de assessoria jurídica e procuratório judicial; está mais bem aparelhado à produção de provas do seu interesse; mais facilmente captará a simpatia do poder político, do econômico e da mídia – vantagens extraprocessuais estas últimas, sem dúvida, mas cuja importância seria ingênuo negligenciar[11].

A seu turno, o argumento da necessidade de uniformidade decisória como meio para conferir "coerência ao sistema jurídico" permitiria inferir que o sistema judiciário é incoerente, o que não se confirma. Como já mencionado, o contraditório é suficientemente potente para limitar e controlar esse poder judicial, na medida em que "manifesta uma relevante função epistêmica, configurando-se como uma técnica essencial de controle racional sobre o uso que o juiz faz de seus poderes"[12]. Juízes, desembargadores e ministros detém o mesmo cabedal jurídico que os habilita a exercerem a magistratura. As atribuições apenas se diferenciam em razão da competência de cada órgão jurisdicional e pelo procedimento.

Sob o aspecto quantitativo, a partir da estatística do Superior Tribunal de Justiça, é possível afirmar a inexistência de sistemático padrão decisório incoerente e esquizofrênico da magistratura brasileira. Tomando como referência o ano de 2019, constata-se que o Poder Judiciário foi capaz de resolver 29 milhões de processos. No STJ foram julgados 424.038 recursos, em que "a 12,7% foram concedidos, a 43,8%, negado, 36,5% não foram conhecidos e 7% encontram-se na categoria "outros" (homologação de desistência/acordo, decisões proferidas em conflitos de competência, entre outras decisões)"[13], o que equivale ao ínfimo percentual de 0,18% do total de processos solucionados que tiveram suas decisões reformadas pelo STJ.

---

11 FABRÍCIO, Adroaldo Furtado. As novas necessidades do processo civil e os poderes do juiz. In: TEIXEIRA, Sálvio de Figueiredo. *O judiciário e a constituição.* São Paulo: Saraiva, 1993, p.235-242, p. 236-237.

12 TARUFFO, Michele. *Uma simples verdade.* Op. cit., p. 204.

13 STJ, Relatório Estatístico 2019.

38.1 PRESSUPOSTOS DE ADMISSIBILIDADE

Os requisitos para a instauração do Incidente de Resolução de Demandas Repetitivas (IRDR) são cumulativos, devendo concorrer:

> I) a efetiva repetição de processos que contenham controvérsia sobre a mesma questão de direito que ofereçam risco de ofensa à isonomia e à segurança jurídica e, ainda;
>
> II) a inexistência de processo afetado para ser julgado pela técnica de recursos repetitivos sobre a mesma matéria.

Anotam Fredie Didier Jr e Leonardo Carneiro da Cunha que o IRDR deve ter "como requisito para a instauração a existência de prévia controvérsia sobre o assunto"[14], tese que foi acolhida no TJDFT:

> Apesar de não constar exigência expressa de recurso no tribunal como pressuposto para instauração do incidente de resolução de demandas repetitivas, necessária a existência de recurso pendente de julgamento no TJDFT, consoante se extrai do § único do art. 978 do CPC, segundo o qual o órgão colegiado incumbido de julgar o incidente e de fixar a tese jurídica julgará igualmente o recurso, a remessa necessária ou o processo de competência originária de onde se originou o incidente. Ou seja, referida disposição deixa implícito que há necessidade de recurso, remessa necessária ou processo de competência originária de onde se originou o incidente. E o incidente de resolução de demandas repetitivas deve ser julgado na mesma oportunidade que o recurso, remessa necessária ou processo de competência originária[15].

A ausência de qualquer dos pressupostos inviabiliza a admissão do IRDR, tornando prejudicado o julgamento do mérito. É viável o IRDR quando simultaneamente existirem reiteradas decisões sobre a mesma questão de direito e controvérsia relevante e atual entre órgãos judiciários, desde que não haja recurso afetado em Repercussão Geral ou REsp Repetitivo, no STF e no STJ, respectivamente.

A relevância caracteriza-se pelo reconhecimento de que a divergência está ocasionando grave insegurança jurídica e proliferação de processos.

A imprescindibilidade de observância de todos os pressupostos de admissibilidade do IRDR é fundamental para não subtrair o julgamento da causa do seu juiz natural. O Incidente não possui caráter preventivo. Portanto, não basta haver divergência. É preciso que ela seja relevante a ponto de abalar a segurança jurídica. Sem a relevância do dissídio há verdadeira usurpação da competência do juiz natural. A admissão do Incidente sem a existência da controvérsia relevante evidencia supressão de instância e privação da garantia fundamental de a parte ter o seu processo julgado pelo juiz natural.

---

[14] Curso de Direito Processual Civil, vol. 3, 13ª ed. Reform – Salvador: Ed. JusPodivm, 2016, p. 626/627.

[15] STJ, REsp 1631846/DF, Relª Minª NANCY ANDRIGHI, DJe 22/11/2019. Extraído do voto vencido do Min. Paulo de Tarso Sanseverino.

Assim, o IRDR será instaurado quando comprovada, de plano, a ocorrência, do potencial, em quantidade considerável, da efetiva repetição de processos e a existência de dissídio judicial apto a abalar a segurança jurídica, criando um cenário de perplexidade social e de enorme incerteza quanto à validade de determinada situação jurídica.

O enfrentamento prematuro da tese em IRDR é evitado pelo TJSP ao reconhecer, em sua jurisprudência, que "os pressupostos previstos no artigo 976, incisos I e II do CPC, exigem a demonstração de um superior interesse público, o de ser conveniente e oportuna a uniformização e consolidação da jurisprudência, com eficácia coletiva"[16].

O IRDR tem por escopo a resolução de controvérsia eminentemente jurídica, cujo julgamento definirá a tese adequada à questão de direito controvertida para ser aplicada nos casos presentes e futuros que contiverem idêntica questão.

> A razão da existência do IRDR é a reprodução concreta de ações nas quais a mesma questão de direito é reiterada de tal forma que poderá comprometer a observância do postulado da isonomia[17].

Com efeito, o IRDR pode ser definido como um julgamento objetivo realizado com o propósito de harmonizar a aplicação de determinada tese jurídica quando houver quantidade considerável de processos repetidos, decididos de forma divergente por vários juízos cuja eficácia das decisões abala a segurança jurídica, criando um cenário de incerteza quanto à validade de determinada situação jurídica. A decisão do Incidente faz com que as situações individuais se resolvam mediante aplicação da tese fixada no IRDR.

> No julgamento acontecido no incidente em apreciação, o Tribunal não decide lide alguma. Seu pressuposto são demandas repetitivas, mas o que o incidente se predispõe a solucionar são questões repetitivas. A cognição relevante é predominantemente de direito, de modo que se pode afirmar que o objeto do IRDR será uma questão jurídica repetida. Por certo que o quadro fático em que a questão repetitiva se instalou é importante e será levado em consideração no julgamento do IRDR. O Tribunal, no entanto, não o apreciará para julgar o caso concreto, do qual se originou o incidente, mas como fato-tipo, ou modelo[18].

Observa-se, contudo, que, conforme § único do art. 978 do CPC, o tribunal, ao julgar o IRDR, além de fixar a tese jurídica em abstrato, julga o caso concreto contido no recurso, remessa necessária ou o processo de competência originária que originou o referido incidente. Dai, podem-se inferir três possibilidades de julgamento dos IRDR:

1) o órgão julgador fixa a tese jurídica em abstrato e julga o caso concreto contido no processo selecionado;

---

16 TJSP, IRDR 0027305-03.2016.8.26.0000, Rel. Des. Amorim Cantuária, DJe 29/07/2016.

17 TJMG. IRDR – CV Nº 1.0000.16.018615-1/001, Rel. Des. Alberto Villas Boas, DJe 24/06/2016.

18 THEODORO JR. Humberto. *Curso de Direito Processual Civil.* Vol.II. 56ª ed. Rio de Janeiro: Forense, 2017, pp. 922-923.

2) havendo desistência no processo que originou o IRDR (CPC, art. 987, § 1º), no julgamento será apenas fixada a tese jurídica em abstrato, irradiando seus efeitos para os demais processos sobrestados que envolvam matéria idêntica,

3) tratando de pedido de revisão da tese jurídica fixada no IRDR, o julgamento analisa apenas as teses jurídicas fixadas em abstrato, a fim de mantê-las ou alterá-las, sem qualquer liame com um específico caso concreto.

No IRDR para que mais a questão de direito seja julgada, é necessário que seu objeto não esteja abrangido por tema afetado pelo STJ para ser decidido em REsp repetitivo ou pelo reconhecimento, pelo STF, de repercussão geral, por expressa vedação do art. 976, § 4º do CPC.

38.2 PROCEDIMENTO

O incidente de resolução de demandas repetitivas é admissível quando identificada, em primeiro grau, controvérsia com potencial de gerar multiplicação expressiva de demandas e o correlato risco da coexistência de decisões conflitantes.

É instaurado perante o Tribunal de Justiça ou regional Federal, por iniciativa do juiz, do MP, das partes, da Defensoria Pública ou pelo próprio Relator.

O juízo de admissibilidade e de mérito caberão ao tribunal pleno ou ao órgão especial, onde houver, e a extensão da eficácia da decisão acerca da tese jurídica limita-se à área de competência territorial do tribunal, salvo se, em grau de recurso, houver decisão em contrário do STF ou dos Tribunais superiores, estendendo a eficácia da decisão nacionalmente.

Admite-se a possibilidade de intervenção de *amici curiae.*

O incidente deve ser julgado no prazo de um ano, tendo preferência sobre os demais feitos, salvo os que envolvam réu preso ou pedido de habeas corpus. Por ter o julgamento do IRDR preferência legal sobre os demais feitos, está excluído da ordem cronológica de conclusão estabelecida no art. 12 do CPC, que ordena as decisões a serem proferidas.

O recurso especial e o recurso extraordinário, eventualmente interpostos da decisão do incidente, têm efeito suspensivo e se considera presumida a repercussão geral, de questão constitucional eventualmente discutida. Apesar da presunção de repercussão geral que ostenta o IRDR, o recorrente não está dispensado de atender esse pressuposto na petição de interposição do RE.

Se a tese firmada em IRDR deixar de ser observada, a parte deverá se valer de reclamação endereçada ao tribunal competente[19].

O procedimento do IRDR contempla duas fases distintas. A primeira, destinada ao exercício do juízo de admissibilidade e constitui a ocasião adequada para

---

[19] Exposição de motivos CPC.

que sejam avaliados os requisitos mencionados no art. 976, do CPC. A segunda, é destinada a garantir o mais amplo contraditório entre as partes, o Ministério Público e os *amici curiae* que podem contribuir para o julgamento de mérito do incidente.

Na primeira fase, instaurado o IRDR, não há necessidade de prévia oitiva das partes ou do Ministério Público, haja vista que o contraditório será garantido na etapa procedimental seguinte. Neste momento, apenas é realizado o exame prévio de seus pressupostos de admissibilidade.

O IRDR é gratuito, podendo sua instauração ser requerida pelo juiz ou o relator, pelas partes, pelo Ministério Público e pela Defensoria Pública. O requerimento, por ofício do juiz ou por petição, deve estar instruído com os documentos que comprovem o atendimento dos pressupostos de admissibilidade do Incidente.

Acontece no IRDR o mesmo que com os recursos repetitivos; a desistência não impede o tribunal de decidir sobre a questão jurídica (CPC, § 1º art. 976). O propósito de prosseguir com o procedimento, a despeito da desistência, é pela necessidade de conferir previsibilidade às futuras decisões judiciais nas matérias abrangidas pelo IRDR, conferindo estabilidade às relações jurídicas constituídas sob a sua égide e em decorrência dele e certeza quanto à eficácia dos atos praticados de acordo com o precedente e resguardar a confiança dos cidadãos nas ações do Estado.

> Os postulados da segurança jurídica e da proteção da confiança, enquanto expressões do Estado Democrático de Direito, mostram-se impregnados de elevado conteúdo ético, social e jurídico, projetando-se sobre as relações jurídicas, inclusive as de direito público, sempre que se registre alteração substancial de diretrizes hermenêuticas, impondo-se à observância de qualquer dos Poderes do Estado e, desse modo, permitindo preservar situações já consolidadas no passado e anteriores aos marcos temporais definidos pelo próprio Tribunal[20].

Por tais motivos, o § 1º do art. 976 do CPC prevê o julgamento do mérito do Incidente mesmo diante da desistência ou o abandono do processo pela parte. Nesta hipótese, o Ministério Público assume a titularidade ativa do incidente.

Portanto, o Ministério Público, no IRDR, caso não seja o requerente, oficiará como fiscal da ordem jurídica e, no caso de desistência ou abandono da causa, assumirá, obrigatoriamente, a titularidade ativa do processo.

No IRDR, a atuação da presidência do tribunal encerra-se com a determinação de distribuição do Incidente para o órgão colegiado competente. Uma vez distribuído o Incidente, as decisões, quanto aos juízos de admissibilidade e de mérito são sempre colegiadas[21].

---

[20] STF, MS 26.603, Rel. Min. Celso de Mello. DJe-241 DIVULG 18-12-2008 PUBLIC 19-12-2008.

[21] Enunciado 91 FPP. Cabe ao órgão colegiado realizar o juízo de admissibilidade do incidente de resolução de demandas repetitivas, sendo vedada a decisão monocrática.

Admitido o Incidente, ao relator compete:

> I – suspender os processos pendentes, individuais ou coletivos, no Estado ou na região, conforme o caso;
>
> II – requisitar informações a órgãos em cujo juízo tramita processo no qual se discute o objeto do incidente, a serem prestadas no prazo de 15 (dias;
>
> III – intimar o Ministério Público para, querendo, manifestar-se no prazo de 15 dias.

Quanto aos processos em trâmite perante os Juizados Especiais, eles não estarão vinculados pela eficácia da decisão do IRDR, razão pela qual, não serão suspensos. A inadmissibilidade de reclamação para assegurar a autoridade das decisões proferidas em IRDR é o motivo pelo qual não se estendem os efeitos do IRDR às causas em trâmite nos Juizados Especiais. Desta forma, além de não haver garantia apta a preservar a autoridade da decisão do IRDR, face a inadmissibilidade da reclamação, os Juizados Especiais integram um microssistema com estrutura normativa específica. Com efeito, as decisões do IRDR têm eficácia apenas persuasiva no âmbito dos Juizados Especiais.

Quanto a publicidade, incumbe ao registro eletrônico do CNJ dar ampla publicidade aos incidentes instaurados. Os tribunais também manterão banco eletrônico de dados atualizados com informações específicas sobre as teses jurídicas submetidas ao IRDR. O registro das teses jurídicas pelo CNJ conterá, no mínimo, os fundamentos determinantes da decisão e os dispositivos normativos a ela relacionados.

É possível, conforme sustenta Sofia Temer, com fundamento no art. 1029, § 4º do CPC, que os legitimados, baseando-se em fundamentos de necessidade de proteção da segurança jurídica ou de preservação de excepcional interesse social, obtenham a extensão do efeito suspensivo do Incidente para todo o território nacional, em requerimento dirigido aos presidentes do STJ ou do STF[22].

Novo pedido de instauração do IRDR pode ser formulado quando o anterior tiver sido inadmitido por ausência de pressupostos de admissibilidade. O novo pedido será processado caso suprida a ausência do pressuposto de admissibilidade anteriormente faltante.

Uma vez admitido o Incidente, o relator tem ampla autonomia para instruí-lo, podendo produzir quaisquer provas que considerar pertinentes, inclusive realização de audiência pública, como expressamente previsto no CPC.

O tribunal terá um ano, a partir da admissibilidade do IRDR, para julgar o incidente. O descumprimento do prazo fará cessar, *de iure,* a suspensão dos

---

22 TEMER, Sofia. Recursos no incidente de resolução de demandas repetitivas. In: NUNES, Dierle, MENDES, Aluisio, JAYME, Fernando G. *A nova aplicação da jurisprudência e precedentes no CPC/2015.* São Paulo: RT, 2017, p. 1035-1053.

processos que aguardavam a solução do seu caso. Desnecessário pronunciamento sobre o vencimento do prazo para fazer cessar a suspensão. No entanto, quanto ao prazo, o relator poderá prorroga-lo, em decisão fundamentada, mantendo a suspensão dos processos.

Durante o período de suspensão, as tutelas de urgência, porventura postuladas, serão decididas pelo juiz da causa.

As partes e demais interessados, logo após a leitura do relatório, poderão fazer sustentação oral na sessão de julgamento do Incidente. O prazo para sustentar oralmente é de 30 minutos para as partes e interessados. Os interessados que desejarem fazer sustentação oral deverão fazer acordo para distribuir o tempo entre eles. Esse prazo, a critério do tribunal, poderá ser ampliado se for grande o número de inscritos.

No julgamento do Incidente, todos os fundamentos suscitados e que guardem relação com seu objeto deverão ser enfrentados pelo colegiado do tribunal.

Julgado o mérito do Incidente e não havendo recursos especial ou extraordinário interpostos, a questão jurídica decidida torna-se preclusa e estabelecerá o precedente a ser observado pelos juízes de primeiro grau na jurisdição do tribunal prolator da decisão.

São efeitos do julgamento do IRDR, a incidência da tese jurídica:

I – a todos os processos individuais ou coletivos que versem sobre idêntica questão de direito e que tramitem na área de jurisdição do respectivo tribunal, inclusive àqueles que tramitem nos juizados especiais do respectivo Estado ou região;

II – aos casos futuros que versem idêntica questão de direito e que venham a tramitar no território de competência do tribunal, salvo revisão na forma do art. 986.

A decisão que julga o mérito do Incidente desafia, conforme o caso, recurso especial ou extraordinário que terão efeito suspensivo. A natureza do instituto e seus pressupostos de admissibilidade demonstram a transcendência necessária ao reconhecimento da existência de repercussão geral. A despeito da possibilidade de sempre se inferir logicamente a repercussão geral, o CPC instituiu uma presunção *iuris et de iure.*

Além dos ordinariamente legitimados a recorrer, a parte sucumbente, o terceiro interessado e o Ministério Público, o CPC, no art. 138 § 3º atribui, também, ao *amicus curiae* legitimidade para recorrer da decisão que julgar o IRDR.

Interposto e admitido o Recurso Especial para o STJ ou o Recurso Extraordinário para o STF, a extensão territorial da decisão do Incidente poderá abranger todo o País. Assim, a tese jurídica firmada no julgamento pode vir a ser aplicada, indistintamente, a todos os processos individuais ou coletivos que versarem sobre idêntica questão de direito.

A fim de assegurar a eficácia vinculante das decisões do IRDR, o Código conta com uma série de dispositivos esparsos que objetivam conferir concretude à autoridade da decisão. É o caso do art. 332 do CPC, que prevê o julgamento antecipadíssimo de improcedência da lide no caso de a pretensão deduzida for contrária à decisão do IRDR. Por sua vez, a sentença baseada em entendimento fixado em IRDR está dispensada do reexame necessário, conforme previsto no art. 496, § 4º, inc. III do CPC. Por fim, o art. 932, incs. IV e V, alínea 'c' do CPC, autoriza o relator a negar provimento a recurso que se insurge contra entendimento firmado em IRDR e, na hipótese contrária, dará provimento ao recurso caso a decisão recorrida contrarie o que foi decidido no Incidente.

A decisão do IRDR, ao menos em tese, não é causa de petrificação da interpretação do Direito, uma vez que o art. 986 contempla a revisibilidade da tese jurídica firmada. Os legitimados a pleitear a revisão são os mesmos admitidos para a instauração do Incidente e, uma vez admitida, dará ensejo à instauração de novo IRDR.

O Incidente de Resolução de Demandas Repetitivas poderá contribuir para a desjudicialização, pois, com a uniformização de teses jurídicas assegurar-se-á a integridade do Direito, previsibilidade e segurança jurídica com a resolução da questão anteriormente controvertida. Com efeito, é possível conceber a possibilidade de, assim, retirar do Poder Judiciário as lides aventureiras ou possibilitar que sejam decididas no nascedouro, com o julgamento de improcedência liminar do pedido.

O art. 985, § 2º confirma essa ideia ao trazer uma importantíssima inovação no nosso ordenamento jurídico, que é a de instar a administração pública *lato sensu* a fiscalizar o cumprimento do direito decidido no IRDR pelas prestadoras de serviço concedido, permitido ou autorizado. Trata-se de uma iniciativa fundamental para reduzir quantitativamente o volume de processos em tramitação no Poder Judiciário brasileiro e corroborar a tese do seu cabimento em casos relacionados à direitos individuais homogêneos. O CNJ apurou que, em 2011[23], entre os cem maiores litigantes brasileiros, encontravam-se os bancos, com 38% e as empresas de telefonia com 8% da quantidade de processos existentes dentre esses 100 maiores litigantes.

38.3 SISTEMA RECURSAL DO IRDR

38.3.1 Descabimento de REsp e RE para impugnar decisão de admissão ou inadmissão do IRDR

Não é cabível recurso especial em face do acórdão que inadmite a instauração do IRDR por falta de interesse recursal do requerente, pois, apontada a ausência de determinado pressuposto, será possível a instauração de um novo IRDR após o preenchimento do requisito inicialmente faltante, sem que tenha ocorrido preclusão, conforme expressamente autoriza o art. 976, § 3º, do CPC/15.

---

23 CNJ. *100 maiores litigantes.*

De outro lado, o descabimento do recurso especial na hipótese decorre ainda do fato de que o novo CPC previu a recorribilidade excepcional ao Superior Tribunal de Justiça e ao Supremo Tribunal Federal apenas contra o acórdão que resolver o mérito do Incidente, conforme se depreende do art. 987, *caput*, do CPC/15, mas não do acórdão que admite ou que inadmite a instauração do IRDR.

O acórdão que inadmite a instauração do IRDR não preenche o pressuposto constitucional da causa decidida apto a viabilizar o conhecimento de quaisquer recursos excepcionais, uma vez que ausente, na hipótese, o caráter de definitividade no exame da questão litigiosa, especialmente quando o próprio legislador previu expressamente a inexistência de preclusão e a possibilidade de o requerimento de instauração do IRDR ser novamente realizado quando satisfeitos os pressupostos inexistentes ao tempo do primeiro pedido[24].

38.3.2 Cabimento de Recurso Especial

A Corte Especial do STJ firmou o entendimento de que:

- o Órgão Julgador competente, após fixar a tese jurídica, julga o caso concreto selecionado para instaurar o IRDR. Hipótese em que é razoável admitir o cabimento do recurso especial da parte do acórdão que aplica a tese jurídica fixada no caso concreto que serviu como base para o julgamento do incidente.
- Nos casos de desistência ou revisão da tese fixada em IRDR não há julgamento de causa em concreto, mas apenas acórdão da fixação da tese em abstrato, o que afasta o cabimento do recurso especial em razão da inexistência do requisito constitucional de "causas decididas". Esse entendimento, de extrato constitucional, sustenta-se no fundamento de que "a questão jurídica decidida deve, necessariamente, ser efetivamente proferida pelo Tribunal de origem em um determinado processo em concreto, uma lide propriamente dita, ou bastaria qualquer pronunciamento judicial para o cumprimento do requisito, ainda que emitido em tese ou abstrato".

O recurso especial, no âmbito do julgamento do Incidente de Resolução de Demandas Repetitivas, sob a ótica do conceito constitucional de "causas decididas" previsto no art. 105, III, da Constituição Federal, pode ser interposto contra o acórdão que fixa a tese jurídica (ou naquele que revisa a tese jurídica fixada) em abstrato ou contra o acórdão que aplica a tese fixada e julga o caso concreto?

Portanto, em síntese, não cabe recurso especial contra acórdão proferido pelo Tribunal de origem que fixa tese jurídica em abstrato em julgamento do IRDR, por ausência do requisito constitucional de cabimento de "causa decidida", mas apenas naquele que aplica a tese fixada, que resolve a lide, desde que observados os demais requisitos constitucionais do art. 105, III, da Constituição Federal e dos dispositivos do Código de Processo Civil que regem o tema[25].

---

24 STJ. REsp 1631846/DF, Rel. p/ Acórdão Min. NANCY ANDRIGHI, DJe 22/11/2019.

25 STJ. REsp n. 1.798.374/DF, relator Ministro Mauro Campbell Marques, Corte Especial, julgado em 18/5/2022, DJe de 21/6/2022.

38.4 DISTINÇÃO ENTRE IRDR E RECURSOS REPETITIVOS

Os julgamentos do IRDR, assim como dos recursos repetitivos, têm a mesma finalidade, uniformizar a interpretação jurídica. Ambos decidem apenas sobre teses jurídicas. A eles o CPC atribui a mesma eficácia; a tese jurídica firmada em sede de recurso repetitivo ou de IRDR será aplicada aos casos que a ela corresponderem, presentes e futuros.

Distinguem-se, entretanto, porque o IRDR exige o atendimento a pressupostos qualitativos e quantitativos, enquanto os recursos repetitivos, têm requisito apenas quantitativo. O art. 1036, refere-se à multiplicidade de recursos extraordinários ou especiais com fundamento em idêntica questão de direito como suficiente para haver a afetação para julgamento.

É desnecessária a coexistência do IRDR e do recurso repetitivo, ficando prejudicado o Incidente. O julgamento do recurso repetitivo é menos onerosa, mais célere, com abrangência nacional e, portanto, mais efetiva. O tempo até a chegada do recurso do IRDR aos tribunais constitucionais certamente agravaria o estado de insegurança jurídica. Por isso, o § 4º do art. 976 diz ser incabível o Incidente quando a questão jurídica controvertida já estiver afetada no STJ para ser julgada sob a técnica dos recursos repetitivos.

Uma das principais diferenças no julgamento do IRDR e do recurso especial repetitivo apontadas pelo STJ é:

> No recurso especial repetitivo não há cisão cognitiva, pois, em regra, o Superior Tribunal de Justiça ao julgar o(s) processo(s) selecionado(s), diante dos fatos e provas delimitados no acórdão recorrido e das teses e dispositivos prequestionados pelo Tribunal de origem contidas no recurso especial, fixa tese jurídica extraída do caso concreto, isto é, não há julgamento em abstrato da interpretação da lei federal.

38.5 ANÁLISE DE CASO ADMITIDO PELO TJMG

O TJMG, ao julgar o IRDR nº 1.0273.16.000131-2/001 elaborou as seguintes teses jurídicas:

> (...) VÍTIMAS DO MESMO FATO, EM CONDIÇÕES IDÊNTICAS. UNIFORMIZAÇÃO DAS CONSEQUÊNCIAS JURÍDICAS. ISONOMIA. AÇÕES QUE POSSUEM CAUSA DE PEDIR AMPLA. AUSÊNCIA DE DECLINAÇÃO DE SITUAÇÃO FÁTICA ESPECÍFICA. PRETENSÃO LASTREADA NA INTERRUPÇÃO DO FORNECIMENTO DE ÁGUA. SEMELHANÇA. DESATE EQUIVALENTE QUE SE IMPÕE. INDENIZAÇÃO FIXADA.
>
> (...) É admissível, em sede de IRDR definir, para vítimas do mesmo fato, em condições idênticas, teses jurídicas uniformes para as mesmas consequências jurídicas. Para tal finalidade, em referência aos processos decorrentes do rompimento da barragem do Fundão, situada em Mariana, MG, por meio dos quais se pretende alcançar indenização de cunho imaterial decorrente da interrupção do fornecimento de água e de dúvida sobre sua qualidade, após o retorno da captação e sua distribuição a população, fixa-se as seguintes teses:

Tese firmada: Será legitimado ativo para a interposição de ações em que se busque o fornecimento de água e/ou reparação em razão da interrupção do fornecimento de água e/ou de dúvida sobre sua qualidade, após o retorno da captação e sua distribuição a população, todo aquele que na petição inicial houver alegado que, à época dos fatos, encontrava-se em localidade abastecida pela captação de água do Rio Doce.

Tese firmada: Para fins de comprovação da legitimidade ativa em ação que busca reparação devido à interrupção de fornecimento de água, a parte autora residente em localidades abastecidas pelo Rio Doce, deverá apresentar conta de água, luz, telefone fixo ou móvel, cartão de crédito, correspondência bancária, TV por assinatura, correspondência de órgãos públicos, da administração direta ou indireta, federal, estadual ou municipal, dentre outros que comprovem a residência da parte autora, emitida em novembro e dezembro de 2015. Na falta dos documentos especificados, que deverá ser justificada e aceita pelo Magistrado, os residentes poderão excepcionalmente, comprovar a condição de atingidos por qualquer meio de prova admitido no processo. Os não residentes deverão apresentar documentos emitidos em observância às regras do ordenamento jurídico vigente, que os identifiquem – nome e/ou CPF – e que sejam atinentes a novembro/dezembro de 2015, demonstrando ter permanecido na localidade, no mínimo, por mais de 24 horas.

Tese firmada: A dúvida subjetiva acerca da qualidade da água e sua aptidão para consumo e atividades diárias, por si só, não gera dano moral. Há caracterização de dano moral em razão de suspensão do fornecimento de água por vários dias e/ou pelo fornecimento de água contaminada a população, todavia, este depende de produção de prova técnica nos próprios autos ou prova emprestada realizada com a finalidade de aferir a qualidade da água, nos termos do IRDR de nº 1.0105.16.000562-2-001.

Tese firmada: A fixação do valor das indenizações imateriais nas ações decorrentes da suspensão do abastecimento de água potável pelo sistema público relativamente as localidades que captam água do Rio Doce devido ao rompimento da Barragem de rejeitos do Fundão em Mariana, MG, deve ter, além dos requisitos legais inerentes, as seguintes balizas como parâmetro: a) o tipo de alegações apresentadas nas respectivas peças de ingresso de cada processo, de modo a permitir aferir se as alegações apresentadas na exordial são genéricas, referindo-se apenas as amplas decorrências da interrupção do fornecimento de água, ou se há declinação de aspectos singulares em razão de situação particular de cunho pessoal decorrente de sua condição de saúde ou idade; b) que o dano moral se caracteriza com a simples interrupção do fornecimento de água por dias, como ocorrido na espécie, e que, apesar de a Samarco ter atuado de modo a fornecer água potável, não conseguiu atender integralmente as necessidades da população, tendo, apenas, limitado a dimensão do dano, o qual se revela, ainda assim, como de grande dimensão; c) o feito multiplicador da indenização, tendo em vista o universo de atingidos. d) a verificação do momento em que a parte autora se direcionou para as localidades atingidas pela suspensão do abastamento público de água potável, pois, se 24 horas após o advento dos fatos, não será devido o pagamento de indenização, exceto se houver comprovada e robusta justificativa de cunho familiar para adoção de tal comportamento, ou, ainda, se for a parte residente na localidade de destino.

> Tese firmada: O valor da indenização moral em razão da interrupção do fornecimento de água potável pelo sistema público das localidades abastecidas pelo Rio Doce, nas Ações indenizatórias em que em suas respectivas petições iniciais não tenha sido declinada qualquer casuística pessoal, ou seja, nas ações em que o pedido inicial tão somente se embasa em alegações genéricas, referindo-se apenas as amplas decorrências da interrupção do fornecimento de água, sem declinação de aspectos singulares em razão de situação particular de cunho pessoal decorrente de sua condição de saúde ou idade, deve corresponder a R$ 2.000,00 (dois mil reais) por pessoa.

A admissão e consequente julgamento deste IRDR suscita uma série de questionamentos quanto a garantia do devido processo legal.

Pressuposto de admissibilidade do Incidente é, nos termos do inc. I do art. 976 do CPC, a existência de múltiplos processos com controvérsia sobre a mesma questão unicamente de direito.

No julgamento do IRDR em análise, o TJMG considerou apenas o aspecto quantitativo – existência de múltiplos processos. A matéria em tela não é controvertida ou, pelo menos, sobre a controvérsia, omitiu-se o julgado ao deixar de mencioná-la.

Outro requisito inobservado, admitindo-se benevolentemente a controvérsia sobre a matéria, refere-se à natureza da questão envolvida no Incidente. As teses elaboradas pelo TJMG demonstram que a discussão é fática e não jurídica. A aplicação da teoria da asserção, prova da condição de atingido, valor da indenização por dano moral, todas elas têm os fatos por pano de fundo.

Acrescenta-se, ainda, que além de versar sobre matéria de fato, nem mesmo sobre tais fatos existe controvérsia. A teoria da asserção, para fins de aferição da legitimidade da parte, é pacífica na jurisprudência, conforme inúmeros julgados mencionados no voto condutor. O mesmo podendo ser afirmado em relação ao direito à indenização por dano moral decorrente da interrupção do serviço de fornecimento de água.

Evidente, portanto, que o TJMG ao ultrapassar os limites legais para admissão do Incidente violou o devido processo legal e a garantia do juiz natural.

A tese do TJMG, tarifando o valor da indenização por dano moral, sem adentrar no mérito quanto ao valor, subtraiu do juiz natural o poder de que está constitucionalmente investido de julgar o ilícito e sua extensão. É o juiz de primeiro grau a autoridade jurisdicional competente para definir o valor da indenização por dano moral, estipulando-o "proporcionalmente ao grau de culpa, ao nível socioeconômico do autor, e, ainda, ao porte da empresa, orientando-se o juiz pelos critérios sugeridos pela doutrina e jurisprudência, com razoabilidade, valendo-se de sua experiência e bom senso, atento à realidade da vida e às peculiaridades de cada caso, de modo que, de um lado, não haja enriquecimento sem causa de quem recebe a indenização e, de outro, haja efetiva compensação pelos danos morais experimentados por aquele que fora lesado"[26]. Ao Tribunal, por sua vez, compete, caso

---

26 STJ. REsp 1374284/MG, Rel. Ministro LUIS FELIPE SALOMÃO, SEGUNDA SEÇÃO, julgado em 27/08/2014, DJe 05/09/2014.

provocado por meio do recurso adequado, rever a decisão e, caso verifique que o valor dos danos morais definido na sentença é irrisório ou exagerado, proceder ao ajuste conforme os parâmetros acima apresentados.

A instauração indevida do IRDR carrega grave violação do devido processo legal pois afrontou a garantia do juiz natural, de quem se subtraiu o poder de fazer a e justiça do caso concreto.

Por essas razões, subscrevo as críticas de Dierle Nunes e Izabela Werneck formuladas no trabalho *O perigo da utilização estratégica do IRDR por litigantes habituais e a necessidade dos Tribunais refletirem sobre sua cooptação: a proibição do incidente preventivo e o caso Samarco*[27]:

> – não foi demonstrada efetiva e objetivamente a presença dos requisitos (...) banaliza a utilização do IRDR, distorcendo-o e transmutando-o em um mecanismo puramente de gestão de processos. (...)
>
> – não houve exposição das testes e argumentos dissonantes, o que decorre do próprio caráter preventivo do caso apreciado (...) é imprescindível que a decisão de admissibilidade, enquanto fase essencial para a preparação do julgamento do Incidente, trate adequadamente dos pontos de divergência, delimitando o âmbito da discussão. (...)
>
> – a discussão da questão jurídica no que tange a fixação do quantum indenizatório para o dano experimentado não poderia ter sido feito por meio do Incidente.

Enfim, pode-se afirmar que este IRDR destinou-se a atender "ao viés puramente utilitarista de gerenciamento de processos, esvaziando o papel dialógico que o devido processo constitucional deve cumprir"[28]. Com efeito, a decisão do IRDR ao visar, exclusivamente, interesses do poder jurisdicional, deixou o jurisdicionado e a sociedade carentes de efetiva garantia de proteção judicial na medida em que eliminou do contraditório a possibilidade do debate sobre o direito substancial relacionado à extensão da responsabilidade da empresa pelos graves e extensos danos ambientais a que deu causa.

38.6 CONSIDERAÇÕES CRÍTICAS A RESPEITO DO IRDR

A vinculação do efeito do julgamento do IRDR às instâncias inferiores coloca a magistratura deitada – metaforicamente representativa da posição do juiz ao aplicar a sistemática do incidente – que "é aquela dos juízes que antes de decidir perguntam: "Senhor Ministro, como quer que eu decida este caso?". Com efeito, retira a independência funcional do juiz, garantida constitucionalmente.

---

27 NUNES, Dierle; WERNECK, Izabela. *O perigo da utilização estratégica do IRDR por litigantes habituais e a necessidade dos Tribunais refletirem sobre sua cooptação: a proibição do incidente preventivo e o caso Samarco.*

28 NUNES, Dierle; WERNECK, Izabela. *O perigo da utilização estratégica do IRDR por litigantes habituais e a necessidade dos Tribunais refletirem sobre sua cooptação: a proibição do incidente preventivo e o caso Samarco.*

Outra reflexão a ser feita refere-se à desconsideração do multiculturalismo e das diversidades existentes em nosso país, de dimensões continentais com peculiaridades locais típicas. A interpretação uniforme do Direito tendo por destinatários membros de comunidades totalmente diversas, a pretexto de assegurar isonomia, pode representar verdadeira discriminação e violência às tradições e à cultura daquelas pessoas. A título de argumentação, considere-se, por exemplo, o crime de curandeirismo, tipificado no art. 284 do CP. Alguém reconheceria tipicidade na conduta de um pajé ou dos milhares de bolivianos migrantes? Barbosa Moreira pondera que "de certas normas todos reconhecem com facilidade que devem ser aplicadas do mesmo modo em todo o território nacional; entre elas, sem dúvida, em linha de princípio, as normas constitucionais. Já com relação a outras pode mostrar-se mais aconselhável dar espaço a porção menor ou maior de flexibilidade interpretativa, capaz de levar em conta variáveis regionais ou locais, a cuja luz também se justifique uma variação nas soluções[29].

38.6.2 O que é compreendido como independência funcional do juiz

A independência dos juízes brasileiros é mais abrangente do que a dos demais magistrados. No modelo europeu em razão do controle concentrado e exclusivo de constitucionalidade exercido pelos tribunais constitucionais, como se faz, por exemplo, na Itália, a independência dos magistrados, em relação aos demais poderes, significa subordinação apenas à lei: "I giudici sono soggetti sotanto alla legge".

Nos Estados Unidos, a cultura do judicial *self-restraint* faz com que o juiz ordinário seja cauteloso em relação à aplicação da Constituição para não invadir a esfera de atribuições da Corte Suprema, instituição cujo prestígio é sacralizado pela sociedade.

Esta garantia, contudo, não seria suficiente ao juiz brasileiro. Sendo detentor de competência para exercer o controle difuso de constitucionalidade, ele se coloca acima da lei. Sujeita-se, apenas à Constituição. O juiz tem absoluta liberdade para decidir e para interpretar a lei. Ele, sequer, está sujeito à lei, como diz a Constituição italiana, pois pode deixar de aplicá-la quando a entender inconstitucional. Não se admite, contudo, em nenhuma hipótese, "a substituição do legislador, pelo juiz, dos órgãos legislativos pelos judiciários, com evidente desprezo ao preceito básico do sistema democrático, relativo à separação e harmonia dos poderes" . Por esta razão, são lhe conferidas garantias de independência e, em contrapartida, exige-se que os julgamentos sejam ser técnicos e imparciais.

---

[29] BARBOSA MOREIRA, José Carlos. Súmula, jurisprudência, precedente: uma escalada e seus riscos. In: *Temas de Direito Processual.* 9ª série. São Paulo: Saraiva, 2007, p. 299-313, p. 311.

38.6.3 A posição dos litigantes habituais e eventuais

Há a imensa dificuldade de acesso individual dos lesados, em regra pobres, humildes e desinformados, aos órgãos jurisdicionais. E, mesmo para os que superem essas limitações e cheguem a colocar à face do juiz sua queixa, resta a monumental e desanimadora diferença de forças, meios e recursos que separa o litigante eventual do habitual. Aquele vai a juízo, talvez, uma ou duas vezes ao longo de toda a sua vida, nada sabe das coisas da justiça; seu nível de informação sobre a máquina judiciária, com o imponente complexo de juizados, cartórios, advogados, é praticamente nulo. Este outro, o litigante habitual, bem ao contrário, está permanentemente à barra dos pretórios e tem com eles a maior intimidade. Têm a seu favor a experiência acumulada dos litígios passados e a preparação sempre mais aprimorada para os futuros, o 'saber da experiência feito', os quadros próprios e eficientes de assessoria jurídica e procuratório judicial; está mais bem aparelhado à produção de provas do seu interesse; mais facilmente captará a simpatia do poder político, do econômico e da mídia – vantagens extraprocessuais estas últimas, sem dúvida, mas cuja importância seria ingênuo negligenciar"[30].

[30] FABRÍCIO, Adroaldo Furtado. As novas necessidades do processo civil e os poderes do juiz. In: TEIXEIRA, Sálvio de Figueiredo. *O judiciário e a constituição.* São Paulo: Saraiva, 1993, p. 235-242, p. 236-237.

39

RECLAMAÇÃO

39.1 DEFINIÇÃO E HIPÓTESES DE CABIMENTO

A Reclamação (Rcl) visa a preservar a competência ou garantir a autoridade das decisões de qualquer dos tribunais. Originariamente criada pela jurisprudência do STF, foi constitucionalizada em 1988, no âmbito dos tribunais constitucionais, conforme disposto nos arts. 102, inc. I, e 105, inc. I, alínea 'f', e, posteriormente, com o julgamento da ADI 2212[1], admitida também nos tribunais ordinários. Finalmente, incorporou-se à legislação processual civil por meio do art. 988 do CPC.

Cuida-se de instituto jurídico necessário à preservação da autoridade e respeitabilidade das decisões proferidas pelos tribunais, sendo admissível, nos termos do art. 988 do CPC, com o propósito de:

> I – preservar a competência dos tribunais;
>
> II – restaurar a autoridade das decisões proferidas pelos tribunais;
>
> III – garantir a observância da jurisprudência vinculante do STF;
>
> IV – fazer prevalecer os acórdãos proferidos em IRDR e IAC.

A jurisprudência do STF, com propriedade, elucida a hipótese de cabimento da Reclamação:

> O DESRESPEITO À EFICÁCIA VINCULANTE, DERIVADA DE DECISÃO EMANADA DO PLENÁRIO DA SUPREMA CORTE, AUTORIZA O USO DA RECLAMAÇÃO.
>
> – O descumprimento, por quaisquer juízes ou Tribunais, de decisões revestidas de efeito vinculante, proferidas pelo Supremo Tribunal Federal em sede de controle normativo abstrato, ainda que veiculadoras de medidas cautelares, autoriza a utilização da via reclamatória, também vocacionada, em sua específica função processual, a resguardar e a fazer prevalecer, no que concerne à Suprema Corte, a integridade, a autoridade e a eficácia subordinante dos comandos que emergem de seus atos decisórios. Doutrina. Precedentes.

---

[1] STF. ADI 2212, Relª. Minª ELLEN GRACIE, DJ 14-11-2003 PP-00014.

A DESOBEDIÊNCIA À AUTORIDADE DECISÓRIA DOS JULGADOS PROFERIDOS PELO SUPREMO TRIBUNAL FEDERAL IMPORTA EM INVALIDAÇÃO DO ATO QUE A HOUVER PRATICADO.

– A procedência da reclamação, quando promovida com o objetivo de fazer prevalecer o "*imperium*" inerente aos julgados proferidos pelo Supremo Tribunal Federal, importará em desconstituição do ato que houver desrespeitado a autoridade da decisão emanada da Suprema Corte[2].

A Reclamação é inadmissível após o trânsito em julgado da decisão reclamada ou antes de esgotada as instâncias ordinárias quando visar a observância de decisão do STF e STJ, respectivamente, em RE com repercussão geral reconhecida e REsp repetitivos (CPC, art. 988, §5º)[3], conforme magistério de Humberto Theodoro Jr.:

> a interposição do recurso cabível, para evitar a coisa julgada, não é empecilho a que, paralelamente se ajuíze a reclamação, que, quando cabível, é tecnicamente, de eficácia imediata e de consequências mais enérgicas do que aquelas proporcionáveis pela impugnação recursal. Ressalte-se que a coisa julgada capaz de impedir o manejo da reclamação (art. 988, § 5º, I) é a que preexistia à sua interposição, não a que veio a se aperfeiçoar na pendência da própria reclamação. Isto porque o julgamento do recurso pendente, na espécie, "não prejudica a reclamação", por expressa ressalva do § 6º do art. 988 do CPC[4].

É também inadmissível propor reclamação contra ato do próprio tribunal, a violação à autoridade ou competência do tribunal pressupõe ato de terceiros. A reclamação contra ato do próprio tribunal não possui objeto, pois, monocrática ou colegiadamente, o ato do tribunal é emanação de sua própria competência e autoridade.

É reiterada a jurisprudência reconhecendo incabível a propositura de reclamação como sucedâneo recursal[5], sendo imprestável, portanto, para reexaminar o conteúdo do ato reclamado ou com o fito de uniformizar a jurisprudência.

> Não cabe reclamação destinada a invalidar decisão de outro Tribunal, que haja porventura divergido da jurisprudência do Supremo Tribunal, firmada no julgamento de causa diferente, mesmo em se tratando de controvérsias de porte constitucional.
>
> Também não é a reclamação instrumento idôneo de uniformização de jurisprudência, tampouco sucedâneo de recurso ou rescisória, não utilizados tempestivamente pelas partes[6].

Quando ajuizada com vistas à preservação da autoridade das decisões com eficácia vinculante do STF e do STJ, ou decisões proferidas em IRDR ou IAC, o

---

2 STF. Rcl 1722, Rel. Min. Celso de Mello, DJ 13/05/2005.

3 STJ. Rcl 37.081/SP, Rel. Ministro Gurgel de Faria, Primeira Seção, DJe 23/04/2019.

4 THEODORO JR. Humberto. *Curso de Direito Processual Civil.* Vol. III. 50ª ed. Rio de Janeiro: Forense, 2017, p. 1154.

5 Instrumento jurídico diverso do recurso por meio do qual se admite impugnar decisão judicial.

6 STF. Rcl 724-AgR/ES, Rel. Min. OCTAVIO GALLOTTI.

ato reclamado há de ajustar-se, com exatidão e pertinência, à decisão tida por desrespeitada.

É necessário atentar, portanto, para as ressalvas da jurisprudência do STJ:

> Evidentemente, a reclamação dirigida ao STJ não se presta a proteger o jurisdicionado de decisões judiciais que não tenham seguido o posicionamento majoritário da jurisprudência desta Corte ou tese posta em enunciado de Súmula deste Tribunal (AgRg na Rcl 41.479/MG, Rel. Ministro REYNALDO SOARES DA FONSECA, Terceira Seção, DJe 29.03.2021).
>
> Ademais, o instrumento não é útil sequer para adequar as decisões reclamadas aos julgados do STJ proferidos em recursos repetitivos (AgInt na Rcl 41.859/SP, Rel. Ministro OG FERNANDES, Primeira Seção, DJe 09.11.2021).
>
> Ao que se dessume da espécie, não há possibilidade de ser processada a reclamação, uma vez que não é devida a utilização desse expediente, radicado no direito de petição, para que o desfecho do julgamento reclamado seja realinhado ao entendimento jurisprudencial deste Tribunal Superior. Cuida-se de pedido que não se ancora nas hipóteses do art. 988 do CPC/2015[7].

Sintetizando, conclui Marinoni:

> Que a reclamação constitucional não trata de instrumento adequado para o controle da aplicação dos entendimentos firmados pelo STJ em recursos especiais repetitivos. Esse controle é próprio do sistema recursal, ressalvada a via excepcional da ação rescisória, tal como desenhou o legislador no CPC. Em arremate, convém salientar que não é o cabimento da reclamação que torna obrigatória a observância da orientação firmada por esta Corte em seus precedentes. O efeito obrigatório decorre do próprio sistema de precedentes construído no CPC, no qual, rigorosamente, tendo em conta a função de outorga de unidade ao direito reconhecida ao Supremo Tribunal Federal e ao Superior Tribunal de Justiça, a necessidade de racionalização da atividade judiciária e o direito fundamental à razoável duração do processo, o tribunal de origem não pode recusar a aplicação do precedente ao caso concreto, porque aí estará simplesmente negando o seu dever de fidelidade ao direito[8].

39.2 NATUREZA JURÍDICA

A natureza jurídica da reclamação constitucional é polêmica, não havendo consenso a respeito. O Min. Celso de Mello catalogou uma série de posicionamentos teóricos a respeito deste instituto: recurso ou sucedâneo recursal[9], remédio incomum, incidente processual, medida de Direito Processual Constitucional ou medida

---

7 STJ, AgInt na Rcl n. 43.314/RS, relator Ministro Manoel Erhardt (Desembargador Convocado do TRF5), Primeira Seção, julgado em 16/8/2022, DJe de 18/8/2022.

8 MARINONI, Luiz Guilherme. Novo Código de Processo Civil comentado, 2ª ed. São Paulo: Editora Revista dos Tribunais, 2016, p. 1.119.

9 STJ. AgRg na Rcl 2.425/PR, Rel. Ministro CASTRO MEIRA, PRIMEIRA SEÇÃO, julgado em 08/08/2007, DJ 27/08/2007, p. 172. A reclamação não é instrumento processual adequado para o exame do acerto ou desacerto da decisão impugnada, como sucedâneo de recurso.

processual de caráter excepcional, concluindo não se identificar com nenhuma dessas definições[10]. À época, o STF reconheceu a reclamação "no âmbito do direito constitucional de petição previsto no artigo 5º, inciso XXXIV da Constituição Federal"[11].

No entanto, a jurisprudência atualizou-se e, hoje, tanto o STF quanto o STJ, unissonamente, reconhecem a Rcl como ação *sui generis*[12], com procedimento, naquilo que for compatível, similar ao da ação de mandado de segurança, com subsidiária aplicação das regras do CPC, a exemplo da exigência de indicação do valor da causa na petição inicial[13].

39.3 PROCEDIMENTO

I – Petição inicial: reconhecida a natureza jurídica da reclamação como ação, o reclamante deverá elaborar petição inicial, endereçada ao presidente do tribunal, com os requisitos do art. 319 do CPC. A prova admissível é a prova documental que deverá ser produzida no momento da propositura, uma vez que no procedimento da reclamação não haverá outra oportunidade para produzir provas.

É possível formular pedido de tutela provisória.

II – Distribuída a reclamação, o relator adotará as seguintes providências:

i) requisitará informações à autoridade infratora, que terá dez dias para responder;

ii) poderá ordenar a suspensão do processo ou do ato impugnado para evitar dano irreparável;

iii) determinará a citação do beneficiário da decisão impugnada para contestar a reclamação no prazo de 15 dias

III – De acordo com o CPC "qualquer interessado poderá impugnar o pedido do reclamante", devendo o interesse ser jurídico, ou seja, seu patrimônio jurídico será afetado pelo julgamento da reclamação.

IV – O Ministério Público, quando não for autor da reclamação, atuará como fiscal da ordem jurídica e terá o prazo de 5 dias, após o término do prazo da contestação, para se manifestar.

V – Julgada procedente a reclamação, o presidente do tribunal determinará o imediato cumprimento da decisão, lavrando-se o acórdão

---

10 Supremo Tribunal Federal, Rcl 336. Relator(a): Min. CELSO DE MELLO, DJ 15-03-1991 PP-02644.

11 Supremo Tribunal Federal, ADI 2212. Relator(a): Min. ELLEN GRACIE, DJ 14-11-2003 PP-00011.

12 Superior Tribunal de Justiça, RCD nos EDcl na Rcl 13082, Ministra ASSUSETE MAGALHÃES, DJe 06/05/2014.

13 STF. Rcl 16582 AgR/ES – Rel. Min. DIAS TOFFOLI PROCESSO ELETRÔNICO DJe-196 DIVULG 07-10-2014 PUBLIC 08-10-2014.

posteriormente. O julgamento de procedência significa que o tribunal cassará a decisão exorbitante de seu julgado ou determinará medida adequada à solução da controvérsia.

VI – A utilização da reclamação para preservação da competência do STJ não deve ser ampliada para o controle do mérito das decisões tomadas por juízes inegavelmente competentes para o processo principal, fora das hipóteses contidas no art. 988 do CPC, sob pena de transformar o presente instrumento de cunho excepcional em mero sucedâneo de recurso[14].

São cabíveis honorários advocatícios sucumbenciais na Reclamação:

O CPC/2015 promoveu modificação essencial no procedimento da reclamação, ao instituir o contraditório prévio à decisão final (art. 989, III). Neste novo cenário, a observância do princípio da causalidade viabiliza a condenação da sucumbente na reclamação ao pagamento dos respectivos honorários, devendo o respectivo cumprimento da condenação ser realizado nos autos do processo de origem, quando se tratar de impugnação de decisão judicial[15].

---

[14] STJ, Rcl n. 39.884/AL, relator Ministro Sérgio Kukina, relator para acórdão Ministro Og Fernandes, Primeira Seção, julgado em 22/6/2022, DJe de 19/8/2022.

[15] STF. Rcl n. 24.417/SP-AgR, Rel. Min. Roberto Barroso, DJe de 24/4/2017.

40

FASE DE CUMPRIMENTO DE SENTENÇA

40.1 INTRODUÇÃO

O devido processo legal é garantia da dignidade humana, da liberdade e do patrimônio material e imaterial das pessoas. A compreensão da dinâmica do procedimento possibilita a participação no contraditório, com o menor dispêndio de tempo, de recursos humanos e materiais possíveis, alcançando-se o acertamento da situação controvertida e a efetivação do direito pretendido pelos litigantes em tempo razoável.

O processo civil brasileiro, há quase duas décadas, rompeu com a dualidade de processos e passou a adotar o modelo sincrético entre cognição e execução. Assim, a execução é uma fase do processo que visa à satisfação do direito reconhecido na decisão judicial. Essa mudança trouxe efetividade e celeridade ao processo mediante a supressão de atos procedimentais que traziam grande embaraço ao tempo de duração, como, *v.g.*, a necessária citação do devedor para o processo de execução. A inovação normativa acolhe a lição de José Olímpio de Castro Filho para quem "há no processo uma necessidade de rapidez contra a qual não podem dispor as partes, sob pena de cometerem um abuso, nocivo à paz social"[1].

Até a fase de cumprimento, "o processo desenvolveu-se como um simples debate verbal, uma simples luta de palavras; a partir deste instante, cessam as palavras e começam os fatos"[2].

Assim, constituído o título executivo judicial, legalmente definido como "as decisões proferidas no processo civil que reconheçam a exigibilidade de obrigação de pagar quantia, de fazer, de não fazer ou de entregar coisa" (art. 515, inc. I, CPC), está a parte credora autorizada a postular o cumprimento da sentença. Esclarece-se que:

---

[1] CASTRO FILHO, José Olímpio. *Abuso do direito no processo civil.* 2ª ed. Rio de Janeiro: Forense, 1980, p. 102.

[2] COUTURE, Eduardo J. *Fundamentos del derecho procesal civil.* Buenos Aires: Roque de Palma, 1958, p. 442.

As sentenças que, mesmo não qualificadas como condenatórias, ao declararem um direito, atestem de forma exauriente a existência de obrigação certa, líquida e exigível, serão dotadas de força executiva. Esclareça-se que o referido dispositivo processual aplica-se também às sentenças declaratórias[3].

No processo civil, diferentemente do processo trabalhista[4], o cumprimento da sentença que reconhece obrigação de pagar quantia certa inicia-se apenas por requerimento da parte. Daí advém a diferença em relação à execução trabalhista, que admite a atuação *ex officio* do juiz para efetivar o comando sentencial.

Todavia, é preciso ter em mente que a fase de cumprimento de sentença evidencia que ter razão não é suficiente; o reconhecimento do direito materializado no acolhimento do pedido só se torna concreto em face de um devedor que possa pagar.

40.2 LIQUIDAÇÃO DE SENTENÇA

A liquidação de sentença é uma fase intermediária do procedimento que ocorre entre o acertamento da situação controvertida, pela sentença ou acórdão que reconhece a obrigação e a efetivação do direito reconhecido na decisão judicial.

Liquidar uma obrigação significa determinar a quantidade devida, estabelecer o *quantum debeatur*. Desta forma, nos termos do art. 509 do CPC, a sentença que condena o réu ao pagamento de obrigação ilíquida necessita de apuração do valor mediante procedimento de liquidação, que pode ser requerido por qualquer das partes, credora ou devedora.

Dinamarco esclarece que não apenas obrigações de pagar quantia são suscetíveis à liquidação de sentença, mas também, "as obrigações de entregar coisas determinadas pelo gênero e quantidade recebem um tratamento equivalente àquelas"[5].

O procedimento de liquidação de sentença é necessário quando houver um título executivo judicial ilíquido, bastando que a decisão contenha "a identificação integral de uma norma jurídica concreta, com prestação exigível de dar, fazer, não fazer ou pagar quantia"[6]. Assim, nos termos do art. 515 do CPC, podem carecer de liquidação as seguintes espécies de decisão:

a) proferida no processo civil que reconheça a exigibilidade de obrigação de pagar quantia,

---

3 STJ. REsp 1.481.117-PR, Rel. Min. João Otávio de Noronha, julgado em 3/3/2015, DJe 10/3/2015.

4 CLT, Art. 878 – A execução poderá ser promovida por qualquer interessado, ou ex officio pelo próprio Juiz ou Presidente ou Tribunal competente, nos termos do artigo anterior.

5 DINAMARCO, Cândido Rangel. *Instituições de Direito Processual Civil.* Vol. IV. São Paulo: Malheiros, 2004, p. 215.

6 STJ, Informativo nº 585, 11 a 30/06/2016. REsp 1.324.152-SP, Rel. Min. Luis Felipe Salomão, Corte Especial, julgado em 4/5/2016, DJe 15/6/2016.

b) homologatória de autocomposição judicial ou extrajudicial,

c) penal condenatória transitada em julgado,

d) arbitral[7] e,

e) estrangeira homologada pelo Superior Tribunal de Justiça.

Com efeito, excluem-se os títulos executivos extrajudiciais elencados no art. 784 do CPC. De acordo com o artigo antecedente, 783, a execução fundar-se-á sempre em título de obrigação certa, líquida e exigível. A ausência de liquidez do título executivo extrajudicial desnatura-o, retirando-lhe a executoriedade, daí, a necessidade da liquidação de sentença.

A sentença que depende apenas de cálculos aritméticos para definir o valor da condenação não é considerada ilíquida conforme o § 2º do art. 509. Desta forma, o credor pode promover o cumprimento da sentença instruindo o requerimento com os elementos exigidos no art. 524 do CPC, dentre eles, o demonstrativo discriminado e atualizado do crédito. Todavia, se a apuração do valor devido demandar contas complexas, cuja resolução dependa de conhecimento técnico, a fase de liquidação será imprescindível para viabilizar o cumprimento da sentença.

Importante salientar que será mais interessante para o credor, sempre que possível, evitar o procedimento de liquidação. Essa fase prolonga temporalmente a efetivação do julgado e possibilita o acesso às instâncias recursais para discussão de questões interlocutórias, o que pode causar a descontinuidade do processo e maior morosidade processual, ensejando, ainda, à possibilidade de condutas meramente procrastinatórias. A seu turno, o requerimento do cumprimento de sentença, quando possível, acompanhado do demonstrativo de débito remete eventual discussão relacionada ao *quantum debeatur* para a impugnação ao cumprimento de sentença[8] que, em regra, não tem efeito suspensivo e possibilita o prosseguimento da execução.

É importante registrar que na fase de liquidação de sentença há possibilidade de juntada de documento novo, visando a demonstrar o *quantum debeatur*. Assim, não haverá preclusão se na inicial da ação de conhecimento deixar a parte de exibir toda a documentação referente ao crédito, uma vez que essa prova não diz respeito, propriamente, ao direito da parte, que, nesse momento, deve comprovar apenas a existência do direito à reparação da lesão ao seu patrimônio jurídico. Posteriormente, caso procedente o pedido, apurar-se-á o valor da reparação.

---

[7] STJ, Informativo nº 569, 17 a 30/09/2015. REsp 1.102.460-RJ, Rel. Min. Marco Buzzi, Corte Especial, julgado em 17/6/2015, DJe 23/9/2015. "Tratando de cumprimento de sentença arbitral, a angularização da relação jurídica processual dar-se-á mediante citação do devedor no processo de liquidação ou de execução em vez da intimação promovida nos processos sincréticos. Eis, portanto, a única diferença procedimental entre o cumprimento da sentença proferida no processo civil e o da sentença arbitral".

[8] Neste sentido: STJ. REsp 1.274.466-SC, Rel. Min. Paulo de Tarso Sanseverino, julgado em 14/5/2014

A liquidação instaura uma nova demanda, "que contém um objeto próprio, a ser examinado pelo juiz, mediante atividade desenvolvida em contraditório e cooperação com as partes, mediante uma nova cognição"[9]. Confirma-se esse entendimento a jurisprudência do STJ que reconhece o direito a arbitramento de honorários advocatícios se procedimento liquidatório tornar-se contencioso. O Tribunal esclarece, ainda, serem inconfundíveis, porém cumuláveis, os honorários advocatícios da fase de liquidação e os devidos no cumprimento de sentença, impugnada ou não. Na fase de cumprimento de sentença incidem honorários de 10% sobre o valor do débito após o transcurso do prazo de 15 dias para a parte efetuar o pagamento voluntariamente (CPC, art. 523, § 1º)[10].

A extensão da cognição vai determinar o rito da liquidação (art. 509, CPC), se por arbitramento ou pelo procedimento comum. Será por arbitramento se houver necessidade de produção de prova pericial e, pelo procedimento comum caso se faça necessário provar fato novo.

A liquidação de sentença por arbitramento terá lugar por determinação judicial, por convenção das partes ou pela natureza do objeto da liquidação. Nessas hipóteses, as partes serão intimadas para apresentarem pareceres ou documentos elucidativos, no prazo estabelecido pelo juiz. Se esses documentos não forem suficientes para o julgamento de plano da liquidação, o juiz nomeará perito, observando-se o rito dos arts. 464 a 480 do CPC. Uma diferença substancial pode ser apontada em relação à fase de conhecimento, haja vista que na liquidação, os ônus dos honorários periciais, recaem sobre o devedor, a quem cumpre antecipá-los[11], Essa obrigação decorre do disposto no art. 82, § 2º, do CPC que atribui ao vencido, no caso o devedor, a responsabilidade por arcar com as custas processuais. Consequentemente, o devedor, por ser sucumbente, é responsável por antecipar as despesas processuais supervenientes à condenação. Afinal de contas, "não faz sentido atribuir a antecipação da despesa ao vencedor para depois imputá-la ao vencido"[12]. Nada impede, contudo, que, diante da resistência do devedor, mediante recusa ou protelação do recolhimento dos honorários periciais, o exequente, para evitar maior delonga, adiante as despesas e busque o ressarcimento na fase de cumprimento da sentença.

Observar-se-á o procedimento comum quando necessárias alegação e prova de fato novo. Nesse caso, o advogado ou a sociedade de advogados que representa

---

9 DIDIER JR., Fredie, CUNHA, Leonardo Carneiro, BRAGA, Paula Sarno, OLIVEIRA, Rafael. *Curso de Direito Processual Civil.* Vol. 5. 3ª ed. Salvador: Juspodium, 2011, p. 119.

10 STJ. AgRg no AgRg no REsp 1579990/RS, Rel. Ministro MAURO CAMPBELL MARQUES, SEGUNDA TURMA, julgado em 07/04/2016, DJe 15/04/2016.

11 STJ. REsp 1.274.466-SC, Rel. Min. Paulo de Tarso Sanseverino, julgado em 14/5/2014. Recurso Repetitivo: Temas 671, 672 e 871.

12 STJ. REsp 993.559-RS, Quarta Turma, DJe 10/11/2008; e REsp 117.976-SP, Quinta Turma, DJ 29/11/1999.

o requerido será intimado para contestar o pedido, no prazo de 15 dias, sob pena de revelia. Após a contestação, o procedimento desenvolve-se pelo rito comum.

Quando a decisão contiver uma parte líquida e outra ilíquida, o credor pode promover simultaneamente o cumprimento da sentença e a liquidação. O cumprimento se fará nos próprios autos e a liquidação em autos apartados, apensados aos autos principais.

Independentemente do efeito do recurso, o art. 512 do CPC autoriza requerer a liquidação da sentença, na pendência de seu julgamento. O pedido de liquidação será processado em autos apartados, no juízo competente para o cumprimento da sentença, competindo ao liquidante instruir o pedido com cópias das peças processuais necessárias à instrução do procedimento, isto é, com a documentação capaz de demonstrar a existência do débito. Incide, por analogia, a regra do art. 522 do CPC, devendo o requerimento de liquidação estar instruído, com, no mínimo, a decisão exequenda, a certidão de interposição do recurso e as procurações outorgadas pelas partes.

Por força do princípio da fidelidade ao título, na liquidação é vedada a rediscussão da lide ou a modificação da sentença que a julgou. A coisa julgada impõe ao juiz o dever de abstenção, privando-o de emitir qualquer juízo de valor sobre a sentença liquidanda. Para que não se ofenda à coisa julgada, na liquidação de sentença a apuração do *quantum debeatur* tem de ser realizada em estrita obediência à norma concreta da sentença exequenda, sem modificar o que foi efetivamente decidido.

Situações excepcionais, todavia, não conflitam com § 4º do art. 509, e, portanto, não violentam a coisa julgada. Nesse sentido, há vários exemplos que podem ser apresentados.

O enunciado da Súmula 344 do STJ dispõe que "A liquidação por forma diversa da estabelecida na sentença não ofende a coisa julgada", sendo "passível de ser corrigida, de ofício, sem ofensa à coisa julgada, a forma de liquidação, adequando-a ao tipo específico de sentença condenatória"[13].

> A melhor exegese a ser dada à Súmula 344 do STJ é a teleológica; assim, deve-se ter em mente que a finalidade da orientação jurisprudencial é facilitar que o vencedor obtenha do modo mais célere e eficaz o conteúdo da condenação garantido no processo de conhecimento.
>
> É inconcebível que se admita a alteração da forma de liquidação para criar obstáculos à apuração do montante já reconhecido como devido; é dizer, se o 'quantum debeatur' pode ser apurado com simples operação aritmética, a dispensa do procedimento de liquidação por artigos, com efeito, não ofende a coisa julgada, o que já não se pode afirmar do inverso, quando há imposição de novo ônus probatório ao credor, vitorioso na demanda[14].

---

[13] STJ. REsp 657.476-MS, Rel. Min. Nancy Andrighi, julgado em 18/5/2006.

[14] STJ. AgRg no REsp 1208963/DF, Rel. Ministro NAPOLEÃO NUNES MAIA FILHO, PRIMEIRA TURMA, julgado em 18/10/2016, DJe 26/10/2016. Extraído do voto do Min. Relator.

Na mesma toada, também não ofende a coisa julgada a ideia externada no enunciado da Súmula 254 do STJ: "Incluem-se os juros moratórios na liquidação, embora omisso o pedido inicial ou a condenação".

Aponte-se, ainda, a possibilidade de, a qualquer tempo, se rever o valor das *astreintes*, mesmo após o trânsito em julgado. As *astreintes* enquanto meio coercitivo imposto para o devedor cumprir a ordem judicial, ao fixa-las devem ser consideradas o caráter persuasivo do valor, sem, contudo, implicar enriquecimento sem causa do credor. Daí a possibilidade de revisão da multa a qualquer tempo, desde que observados os seguintes parâmetros:

I) valor da obrigação e importância do bem jurídico tutelado;

II) tempo para cumprimento (prazo razoável e periodicidade);

III) capacidade econômica e de resistência do devedor;

IV) possibilidade de adoção de outros meios pelo magistrado e dever do credor de mitigar o próprio prejuízo (*duty to mitigate de loss*)[15].

É importante ressaltar ser descabida a cominação de *astreintes* quando se tratar de execução de obrigação de quantia certa pois, entre os meios coercitivos e a obrigação deve-se observar a adequação do meio empregado. No caso de obrigação de pagar quantia certa, constrições de índole patrimoniais são muito mais úteis e adequadas[16].

> As astreintes constituem medida de execução indireta e são impostas para a efetivação da tutela específica perseguida ou para a obtenção de resultado prático equivalente nas ações de obrigação de fazer ou não fazer. Logo, tratando-se de obrigação de pagar quantia certa, é inaplicável a imposição de multa para coagir o devedor ao seu cumprimento, devendo o credor valer-se de outros procedimentos para receber o que entende devido[17].

Da mesma maneira, a jurisprudência do STJ firmou-se no sentido de admitir a inclusão de correção monetária plena[18], inclusive expurgos inflacionários nos cálculos elaborados na fase de liquidação de sentença, ainda que não discutidos na

---

15 STJ. AgInt no AgRg no AREsp 738.682/RJ, Rel. Ministra MARIA ISABEL GALLOTTI, Rel. p/ Acórdão Ministro LUIS FELIPE SALOMÃO, QUARTA TURMA, julgado em 17/11/2016, DJe 14/12/2016.

16 TJMG. Agravo de Instrumento Cv 1.0707.11.011516-9/001, Relator(a): Des.(a) Márcia De Paoli Balbino, 17ª CÂMARA CÍVEL, julgamento em 04/08/2011, publicação da súmula em 06/09/2011; TJMG – Apelação Cível 1.0408.04.005258-6/001, Relator(a): Des.(a) Eduardo Mariné da Cunha, 17ª CÂMARA CÍVEL, julgamento em 16/06/2011, publicação da súmula em 19/07/2011.

17 STJ. AgInt no REsp 1324029/MG, Rel. Ministro RICARDO VILLAS BÔAS CUEVA, TERCEIRA TURMA, julgado em 16/06/2016, DJe 29/06/2016.

18 "A decisão que, na fase de cumprimento de sentença, deixa de assegurar ao credor a indispensável atualização monetária dos valores devidos não cumpre seu papel preponderante de restabelecer o status quo ante, impondo-lhe, não obstante o reconhecimento judicial do seu direito, uma tutela jurisdicional imperfeita, que não contempla a efetiva recomposição do poder aquisitivo da moeda" (REsp n. 1.446.712/RJ).

fase de conhecimento, pois, a correção monetária assegura a efetividade da sentença, que seria corrompida pela corrosão do processo inflacionário no transcurso do tempo de duração do processo[19].

Os juros de mora e a correção monetária são encargos acessórios da obrigação principal e devem ser incluídos na conta de liquidação, ainda que já homologado o cálculo anterior, inexistindo preclusão ou ofensa à coisa julgada por causa dessa inclusão[20].

Situação diversa, ofensiva à coisa julgada, ocorre quando, na fase de liquidação, se pretenda alterar os critérios estabelecidos na decisão sobre a correção monetária e juros, pois, neste caso, a sentença exequenda está garantida pela imutabilidade que lhe confere a autoridade da coisa julgada.

Quanto à recorribilidade, a decisão que julga a liquidação de sentença é impugnável por agravo de instrumento, nos termos do art. 1015, § único do CPC. Ademais, toda e qualquer decisão interlocutória proferida na fase de liquidação é também impugnável por agravo de instrumento, conforme os precisos termos do dispositivo mencionado: "Também caberá agravo de instrumento contra decisões interlocutórias proferidas na fase de liquidação de sentença ou de cumprimento de sentença". Portanto, toda e qualquer decisão interlocutória a partir da fase de liquidação de sentença deve ser atacada por agravo de instrumento.

40.3 TÍTULOS EXECUTIVOS JUDICIAIS

O CPC, no art. 515, enumera os títulos executivos judiciais ou os títulos a eles equiparados. Apenas os documentos legalmente definidos adquirem a qualidade de título executivo, trata-se de enumeração *ope legis*.

De acordo com o referido dispositivo, são títulos executivos judiciais:

> I – as decisões proferidas no processo civil que reconheçam a exigibilidade de obrigação de pagar quantia, de fazer, de não fazer ou de entregar coisa. O exame do conteúdo da decisão é o critério mais adequado para se avaliar as sentenças passíveis de serem consideradas como título executivo, bastando que ela contenha "a identificação integral de uma norma jurídica concreta, com prestação exigível de dar, fazer, não fazer ou pagar quantia". Nesse ponto, é relevante salientar que os referidos dispositivos legais não atribuem eficácia executiva a todas as sentenças declaratórias indiscriminadamente, mas apenas àquelas que, reconhecendo a existência da obrigação, contenham, em seu bojo, os pressupostos de certeza e exigibilidade[21].

---

19 STJ. AgRg no AREsp 188.862-PR, Segunda Turma, DJe 14/9/2012. REsp 1.423.027-PR, Rel. Min. Humberto Martins, julgado em 6/2/2014.

20 STJ. REsp 1580589-CE, Rel. Ministro HERMAN BENJAMIN, DJe 19/12/2016.

21 STJ. REsp 1.324.152-SP, Rel. Min. Luis Felipe Salomão, Corte Especial, julgado em 4/5/2016, DJe 15/6/2016.

1. No atual estágio do sistema do processo civil brasileiro não há como insistir no dogma de que as sentenças declaratórias jamais têm eficácia executiva. O art. 4º, parágrafo único, do CPC/73 considerava "admissível a ação declaratória ainda que tenha ocorrido a violação do direito", modificando, assim, o padrão clássico da tutela puramente declaratória, considerada de cunho tipicamente preventivo. Atualmente, portanto, o Código dá ensejo a que a sentença declaratória possa fazer juízo completo a respeito da existência e do modo de ser da relação jurídica concreta.

2. Tem eficácia executiva a sentença declaratória que traz definição integral da norma jurídica individualizada. Não há razão alguma, lógica ou jurídica, para submetê-la, antes da execução, a um segundo juízo de certificação, até porque a nova sentença não poderia chegar a resultado diferente do da anterior, sob pena de comprometimento da garantia da coisa julgada, assegurada constitucionalmente. E instaurar um processo de cognição sem oferecer às partes e ao juiz outra alternativa de resultado que não um, já prefixado, representaria atividade meramente burocrática e desnecessária, que poderia receber qualquer outro qualificativo, menos o de jurisdicional[22].

II – a decisão homologatória de autocomposição judicial, mesmo se envolver sujeito estranho ao processo e versar sobre relação jurídica que não tenha sido deduzida em juízo.

III – a decisão homologatória de autocomposição extrajudicial de qualquer natureza;

IV – o formal e a certidão de partilha, exclusivamente em relação ao inventariante, aos herdeiros e aos sucessores a título singular ou universal;

V – o crédito de auxiliar da justiça, quando as custas, emolumentos ou honorários tiverem sido aprovados por decisão judicial;

VI – a sentença penal condenatória transitada em julgado. A sentença condenatória, nesse caso, torna certa a obrigação de reparar o dano decorrente do crime, conforme disposto no art. 91 do Código Penal, todavia, o dever de reparação carecerá de quantificação. Portanto, há necessidade de prévio procedimento de liquidação de sentença e, considerando que instaurar-se-á novo processo, o devedor deve ser necessariamente citado.

VII – a sentença arbitral. O STJ, ao julgar o tema 893 em recurso especial repetitivo equipara a sentença arbitral à judicial, em todos os seus efeitos, inclusive quanto a incidência da multa e honorários advocatícios preconizados no § 1° do art. 523 do CPC. A distinção reside apenas na forma de se comunicar o executado; "tratando de cumprimento de sentença arbitral, a angularização da relação jurídica processual dar-se-á mediante citação do devedor no processo de liquidação ou de execução em vez da intimação promovida nos

22 STJ. REsp 588.202/PR, Rel. Ministro TEORI ALBINO ZAVASCKI, PRIMEIRA TURMA, julgado em 10/02/2004, DJ 25/02/2004, p. 123.

processos sincréticos (nos quais ocorrida a citação no âmbito de precedente fase de conhecimento). Eis, portanto, a única diferença procedimental entre o cumprimento da sentença proferida no processo civil e o da sentença arbitral"[23].

VIII – a sentença estrangeira homologada pelo Superior Tribunal de Justiça. A homologação de sentença estrangeira está regulamentada pela Resolução STJ nº 09/2005[24]. A partir do trânsito em julgado da homologação da sentença pelo STJ, o credor pleiteará seu cumprimento definitivo.

A peculiaridade do título executivo formado com a homologação da sentença estrangeira é que a fase de homologação e a fase de cumprimento de sentença passam-se em juízos diversos: enquanto a homologação se processa perante o STJ (art. 105, "i", da Constituição da República), o cumprimento da sentença se processa perante o juízo de primeiro grau de jurisdição (art. 965 /2015). (...) Assim sendo, a partir do momento em que o credor dá início à fase de cumprimento (definitivo ou provisório) do título executivo, junto ao juízo de primeiro grau, passa a ser deste a competência para decidir acerca dos requerimentos formulados pelas partes relativas às medidas cautelares já deferidas ou por deferir. É o juízo de primeiro grau que será competente para decidir originariamente sobre quais bens preferencialmente recairão os atos executivos, bem como para decidir acerca de eventual concurso de credores[25].

IX – a decisão interlocutória estrangeira, após a concessão do exequatur à carta rogatória pelo Superior Tribunal de Justiça;

40.4 DO CUMPRIMENTO PROVISÓRIO DA SENTENÇA

O cumprimento provisório da sentença, disciplinado no CPC, arts. 520 a 522, pode ser requerido na pendência de julgamento de recurso desprovido de efeito suspensivo.

Se os autos não forem eletrônicos, o exequente requererá em autos apartados o cumprimento da sentença em petição que deverá ser instruída com a decisão exequenda, certidão de interposição do recurso, procurações outorgadas pelas partes, decisão de habilitação, se for o caso e com outras peças processuais que se fizerem necessárias para provar a existência do crédito (art. 522).

---

23 STJ. REsp 1102460/RJ, Rel. Ministro MARCO BUZZI, CORTE ESPECIAL, julgado em 17/06/2015, DJe 23/09/2015.

24 Resolução STJ nº 09/2005- Art. 5º Constituem requisitos indispensáveis à homologação de sentença estrangeira: I – haver sido proferida por autoridade competente; II – terem sido as partes citadas ou haver-se legalmente verificado a revelia; III – ter transitado em julgado; e IV – estar autenticada pelo cônsul brasileiro e acompanhada de tradução por tradutor oficial ou juramentado no Brasil. Art. 6º Não será homologada sentença estrangeira ou concedido exequatur a carta rogatória que ofendam a soberania ou a ordem pública.

25 STJ. MC 17.411/DF, Rel. Ministro BENEDITO GONÇALVES, CORTE ESPECIAL, julgado em 24/10/2016, DJe 04/11/2016.

O procedimento do cumprimento de sentença provisório segue o mesmo rito do cumprimento definitivo, observando-se as seguintes peculiaridades:

- corre por iniciativa e responsabilidade do exequente, que se obriga, se a sentença for reformada, a reparar os danos que o executado haja sofrido;

> Os danos causados a partir da execução de tutela antecipada (assim também a tutela cautelar e a execução provisória) são disciplinados pelo sistema processual vigente à revelia da indagação acerca da culpa da parte, ou se esta agiu de má-fé ou não. Com efeito, à luz da legislação, cuida-se de responsabilidade processual objetiva, bastando a existência do dano decorrente da pretensão deduzida em juízo para que sejam aplicados os arts. 273, § 3º, 475-O, incisos I e II, e 811 do CPC/1973 [correspondentes aos arts.297, parágrafo único, 520, I e II, e 302 do CPC em vigor][26].

A reforma da decisão exequenda confere certeza à obrigação de o exequente indenizar o executado pelos danos eventualmente experimentados na execução provisória, cujo valor exato há de ser apurado em liquidação nos próprios autos.

- conforme inc. II do art. 520 do CPC, fica sem efeito, sobrevindo decisão que modifique ou anule a sentença objeto da execução, restituindo-se as partes ao estado anterior e liquidando-se eventuais prejuízos nos mesmos autos. A restituição ao estado anterior a que se refere o inciso II não implica o desfazimento da transferência de posse ou da alienação de propriedade ou de outro direito real eventualmente já realizada, ressalvado, sempre, o direito à reparação dos prejuízos causados ao executado em pecúnia. Esses prejuízos serão aferidos, também, se o provimento do recurso for parcial e implicar em diminuição da obrigação, somente nesta ficará sem efeito a execução.

- a caução para levantamento de depósito é a regra, também aplicável aos casos em que houver transferência de posse ou alienação de propriedade ou de outro direito real, ou dos quais possa resultar grave dano ao executado. Como dito acima, se esses atos forem consumados, o provimento do recurso não importará o desfazimento, mas na transformação da caução em pagamento. Não se exigirá caução nas hipóteses contempladas no art. 521 do CPC.

A execução necessariamente produzirá danos de natureza irreparável ao executado. Trata-se do momento em que se inicia o cumprimento da decisão judicial visando à efetivação do direito reconhecido no título executivo. Isso não pode ser considerado antijurídico, nem o executado fica à mercê da execução, porque o contraditório assegura mecanismos para observância do devido processo legal resguardando-o de danos injustos, respeitando-se a sua dignidade e evitando que a execução transcorra de forma mais onerosa do que a necessária.

---

[26] STJ. REsp 1548749/RS, Rel. Ministro LUIS FELIPE SALOMÃO, SEGUNDA SEÇÃO, julgado em 13/04/2016, DJe 06/06/2016.

40.5 LEGITIMIDADE

Legitimada ativamente para o cumprimento de sentença é a parte vencedora na fase de conhecimento, podendo vir a ser substituída por seus sucessores, por ato *inter vivos* ou *causa mortis*. Por outro lado, obrigada é a pessoa a quem se impôs a obrigação pendente de prestação.

O § 5º do art. 513 do CPC diz serem partes passivas ilegítimas o fiador, o coobrigado ou o corresponsável que não tiverem participado da fase de conhecimento. Trata-se de corolário inerente ao contraditório. Somente quem participou do procedimento em contraditório pode sujeitar-se aos efeitos do provimento porque, nos termos do art. 506 do CPC, a coisa julgada não prejudica terceiros.

40.6 COMPETÊNCIA

O cumprimento da sentença, conforme art. 516 do CPC, realizar-se-á perante o mesmo juízo que processou a fase cognitiva. Desta maneira, serão competentes para o cumprimento os tribunais nas causas de sua competência originária e nos demais processos, o juízo que decidiu a causa no primeiro grau de jurisdição.

O inc. III do art. 516 do CPC contém erro material. Impertinente mencionar acórdão do Tribunal Marítimo quando tais decisões não constituem títulos executivos judiciais, por não se encontrarem enumeradas no rol taxativo do art. 515 do CPC. É bastante para a inteligência do dispositivo simplesmente desconhecer a equivocada menção ao Tribunal Marítimo, o que, para nós das Alterosas, é facílimo por nos situarmos geograficamente em um Estado continental.

A competência para o cumprimento da sentença no primeiro grau de jurisdição não é absoluta. O § único do art. 516 do CPC admite, alternativamente, a opção do exequente pelos foros do atual domicílio do executado ou o do local onde se encontrem os bens sujeitos à execução ou o de onde deva ser executada a obrigação de fazer ou de não fazer

40.7 PROCEDIMENTO DO CUMPRIMENTO DE OBRIGAÇÃO DE PAGAR QUANTIA CERTA

A fase de cumprimento pode iniciar-se a partir do momento em que o credor dispuser de um título executivo judicial, caracterizado pela certeza, liquidez e exigibilidade. O cumprimento será provisório se a sentença constitutiva do título exequendo estiver pendente de julgamento de recurso dotado de efeito apenas devolutivo. E, definitivo será o cumprimento baseado em sentença transitada em julgado.

É possível, ainda, ser proferida sentença condicional, que estabeleça uma relação jurídica sujeita a condição ou termo. Nesse caso, conforme o art. 514 do CPC, o cumprimento da sentença dependerá de demonstração de que se realizou a condição ou de que ocorreu o termo. Nesse caso, ensina Humberto Theodoro que "quando a lei permite a condenação condicional ou a termo o que tem em mira é a prestação e nunca a própria relação obrigacional. (...) A sentença somente deixará pendente o momento da exigibilidade da prestação, que será aquele em que ocorrer o fato condicionante ou o termo"[27].

Tratando-se de execução provisória, há de se advertir a presença de responsabilidade do exequente que fica obrigado a restituir a situação ao *status quo ante* se a sentença for reformada, bem como, obriga-se a reparar os danos causados ao executado. Os prejuízos sofridos pelo executado serão liquidados nos mesmos autos, por arbitramento[28]. Além disso, eventual levantamento de valor superior ao efetivamente devido impõe ao exequente a imediata restituição do excedente[29]. Trata-se de responsabilidade objetiva, independendo, pois, de má-fé ou culpa do exequente.

Sendo obrigação de pagar quantia certa, o art. 524 do CPC estabelece que o credor formulará o requerimento de cumprimento de sentença acompanhado do demonstrativo do débito, no qual serão declinadas todas as informações necessárias para a exata compreensão do valor pretendido. Desta maneira, nos termos do referido dispositivo, a composição do valor da execução deve conter discriminadamente os índices e o período de incidência da correção monetária e dos juros aplicados, informando, ainda, se houve capitalização. Também devem ser decotados eventuais descontos que incidirem sobre a obrigação. A clareza dos cálculos é essencial para se aferir a justeza do cumprimento da sentença, que atribuirá ao credor exatamente o que foi reconhecido no título executivo.

Requerido o cumprimento, o devedor será intimado para cumprir a sentença no prazo de 15 dias. Se a parte estiver representada pela Defensoria Pública ou por serviço de assistência judiciária prestado por instituição pública de ensino, o prazo, nos termos do § 5º do art. 5º da Lei nº 1060/50, é de 30 dias[30].

O art. 513 do CPC disciplina a forma da intimação considerando a situação do devedor no processo e o prazo do requerimento formulado pelo credor, observando-se o seguinte:

> I – Intimação por publicação no Diário da Justiça, na pessoa do advogado, será feita se o devedor estiver representado por defensor constituído nos autos.
>
> II – Intimação pelo correio, por carta com AR, se:
>
> a) o devedor estiver representado pela Defensoria Pública;

---

[27] THEODORO JR., Humberto. *Curso de Direito Processual Civil.* Vol. III, 47ª ed. Rio de Janeiro: Forense, 2015, p. 40.

[28] STJ. RMS 42.393/SP, Rel. Ministra ELIANA CALMON, SEGUNDA TURMA, julgado em 17/09/2013, DJe 24/09/2013.

[29] STJ. REsp 1104711/PR, Rel. Ministro MASSAMI UYEDA, TERCEIRA TURMA, julgado em 02/09/2010, DJe 17/09/2010.

[30] STJ. REsp 249.788/RJ, Rel. Ministro FERNANDO GONÇALVES, SEXTA TURMA, julgado em 22/08/2000, DJ 11/09/2000; REsp 1.261.856-DF, Rel. Min. Marco Buzzi, julgado em 22/11/2016, DJe 29/11/2016.

b) o devedor não tem procurador constituído nos autos, mas não foi revel citado por edital na fase de conhecimento;

c) o requerimento para cumprimento de sentença for feito após um ano do trânsito em julgado da sentença.

III – Intimação eletrônica quando, no caso do § 1° do art. 246 do CPC, as pessoas jurídicas de direito público, da administração direta e indireta, bem como empresas públicas e privadas não tiverem procurador constituído nos autos.

IV – Intimação por edital quando o devedor, citado por edital, tiver sido revel na fase de conhecimento.

O art. 274, § 1º do CPC dispõe presumir-se validamente intimado por via postal ou eletrônica a intimação feita no endereço constante dos autos se o devedor deixou de informar a mudança de endereço ao juízo.

Intimado ou citado, dependendo da espécie de título executivo judicial, o devedor tem o prazo de 15 dias para efetuar o pagamento espontâneo da obrigação. Deixando transcorrer o prazo, sem quitar o débito, o § 1º do art. 523 do CPC acresce ao débito multa de 10% e honorários advocatícios no mesmo percentual.

Além disso, o devedor pode ser sancionado com o protesto da sentença, que nada mais é do que a publicização da inadimplência do devedor com as consequentes restrições ao seu crédito. Enquanto não quitado o débito o nome do devedor estará positivado em todos os cadastros de maus pagadores. Em uma sociedade capitalista, de mercado, limitações ao crédito do cidadão importam em grandes limitações no seu cotidiano e severo constrangimento social e pessoal, embora lícito, porquanto autorizado por lei, especificamente, pelo art. 517 do CPC.

A efetivação do protesto se faz por meio de certidão do teor da decisão exequenda, na qual constará, nos termos do § 2º do art. 517 do CPC, o nome e a qualificação do exequente e do executado, o número do processo, o valor da dívida e a data de decurso do prazo para pagamento voluntário.

Caso o executado tenha proposto ação rescisória impugnando o título executivo judicial, poderá averbar à margem do título protestado a propositura da ação, conforme permissivo contido no § 3º do art. 517 do CPC.

O § 4º do referido art. 517 do CPC diz que devedor ao satisfazer integralmente a obrigação requererá ao juiz o cancelamento do protesto, a ser feito mediante expedição de ofício ao cartório de protestos em até três dias, contados a partir da data do protocolo do requerimento.

40.8 CUMPRIMENTO DE SENTENÇA DE PRESTAÇÃO DE ALIMENTOS

A pensão alimentícia, que pode ser arbitrada em salários mínimos pode sujeitar o devedor até mesmo ao encarceramento, pois, a prestação de natureza alimentar destina-se a salvaguardar o direito à vida do alimentando.

Nesse diapasão, o CPC faculta ao credor de alimentos a escolha por mais de um itinerário visando ao cumprimento da sentença: pelo rito especial, prevê o decreto prisional no caso de inadimplemento ou pelo rito da obrigação de pagar quantia certa, hipótese em que se afasta a possibilidade da prisão e a constrição é de índole exclusivamente patrimonial.

O credor poderá requerer o cumprimento da sentença ou da decisão interlocutória que condenarem à obrigação de prestar alimentos pelo rito especial da execução de alimentos, que pode até culminar na prisão do devedor.

Assim optando o credor, o requerimento de cumprimento da sentença de obrigação de prestar alimentos implicará na determinação, pelo juiz, da intimação pessoal do devedor para, em 3 (três) dias, pagar o débito, provar que o fez ou justificar a impossibilidade absoluta de efetuá-lo (art. 528 e §§, CPC), ou seja, "que se encontre em situação tal que esteja sem aferir renda por fato que não tenha dado causa. Não serve a alegação de desemprego"[31].

A justificativa deverá ser baseada em fato novo, isto é, que não tenha sido levado em consideração pelo juízo do processo de conhecimento no momento da definição do débito alimentar. Valendo-se da justificativa, o devedor terá o direito de comprovar a sua situação de penúria, devendo o magistrado conferir oportunidade para seu desiderato, sob pena de cerceamento de defesa[32].

O juiz determinará o protesto da sentença ou decisão interlocutória se transcorrer o tríduo sem o executado exonerar-se da obrigação pelo pagamento, ou, pela demonstração de tê-lo feito ou, pela justificativa de absoluta impossibilidade de cumprir a obrigação. "A impossibilidade do devedor deve ser apenas temporária; uma vez reconhecida, irá subtrair o risco momentâneo da prisão civil, não havendo falar, contudo, em exoneração da obrigação alimentícia ou redução do encargo, que só poderão ser analisados em ação própria"[33].

Tratando-se de até 3 (três) prestações anteriores ao ajuizamento da execução, bem como e as que se vencerem no curso do processo, o juiz, além do protesto, determinará a prisão do devedor pelo prazo de 1 a 3 meses. A prisão será cumprida em regime fechado em local específico para o cumprimento de prisão civil. não é admissível que seja expedido novo decreto em razão do mesmo débito, ainda que a primeira prisão não tenha sido fixada no período máximo previsto na legislação de regência[34].

---

31 DIAS, Maria Berenice. Manual de Direito das Famílias. 2015. 10.ed. p. 633.

32 STJ. REsp 1185040/SP, Rel. Ministro LUIS FELIPE SALOMÃO, QUARTA TURMA, julgado em 13/10/2015, DJe 09/11/2015.

33 REsp 1185040/SP, Rel. Ministro LUIS FELIPE SALOMÃO, QUARTA TURMA, julgado em 13/10/2015, DJe 09/11/2015.

34 TJMG. Agravo de Instrumento-Cv 1.0134.08.105260-4/001, Relator(a): Des.(a) Armando Freire, 1ª CÂMARA CÍVEL, julgamento em 26/05/2015, publicação da súmula em 03/06/2015.

Trata-se, a prisão do devedor de alimentos, de meio de coerção e por não ter caráter de pena, havendo pagamento, a prisão será imediatamente revogada. Por não ser de natureza sancionatória, o cumprimento da prisão não extingue o débito alimentar. Com efeito, a execução prosseguirá com a expropriação patrimonial.

Ressalta-se, entretanto que são insuficientes para sustar a ordem de prisão o pagamento parcial da pensão alimentícia ou a propositura de ação revisional, uma vez que esta ação não produz efeitos retroativos. Assim, mesmo que ajuizada a ação revisional, o inadimplemento anterior autoriza o decreto prisional[35].

Deve ser considerado, entretanto, que se houver maneira menos onerosa de se impor ao devedor o cumprimento da obrigação a prisão deve ser evitada.

> 1. Longe de estimular ou compactuar com a inadimplência, deve-se ter em mente que um dos fatores, senão o principal, a indicar a prisão civil é a existência da urgência alimentar.
>
> 2. A prisão civil não se coaduna com uma visão contemporânea do processo como instrumento de solução de litígios[36].

No mesmo sentido, Yussef Said Cahali leciona que:

> A forma de execução da sentença de alimentos mediante desconto em folha ou da renda é prioritária a benefício do alimentando, proclamando-se que sobre ela não tem precedência a penhora de bens oferecidos pelo executado; esta apenas fica como alternativa se embaraçado o desconto em folha; do mesmo modo, o desconto em folha sobrepõe-se inclusive à coação pessoal[37].

Em harmonia com o entendimento doutrinário, o § 3º do art. 529 do CPC dispõe que, sem prejuízo do pagamento dos alimentos vincendos, o débito objeto de execução pode ser descontado dos rendimentos ou rendas do executado, de forma parcelada, desde que a parcela devida, não ultrapasse cinquenta por cento dos rendimentos líquidos.

De acordo com o art. 529 do CPC, se o executado for funcionário público, militar, diretor ou gerente de empresa ou empregado sujeito à legislação do trabalho, o exequente poderá requerer o desconto em folha de pagamento da importância da prestação alimentícia. Esse desconto acontecerá a partir da primeira remuneração posterior à intimação do empregador. No ofício em que se intimará o empregador constará o CPF das partes, o valor a ser descontado, o prazo e a conta bancária onde deverá ser depositada de duração da pensão.

A execução de alimentos provisórios ou de alimentos fixados por sentença ainda não transitada em julgado será requerida em autos apartados.

---

35 STJ. RHC 79.070/DF, Rel. Ministro MOURA RIBEIRO, TERCEIRA TURMA, julgado em 21/02/2017, DJe 09/03/2017.

36 TJMG. AGRAVO DE INSTRUMENTO CV Nº 1.0525.13.007825-2/001, Rel. Des. Marcelo Rodrigues.

37 CAHALI, Yussef Said. *Dos Alimentos.* 4ª ed., São Paulo: Editora RT, 2002, p. 970.

O inadimplemento inescusável do pagamento de pensão alimentícia de forma deliberada e sem amparo legal tipifica o crime de abandono material, sujeitando o devedor à pena de 1 a 4 anos e multa. Há de se considerar que

> Não basta, para o delito do art. 244 do Código Penal, dizer que o não pagamento de pensão o foi sem justa causa, se não demonstrado isso com elementos concretos dos autos, pois, do contrário, toda e qualquer inadimplência alimentícia será crime e não é essa a intenção da Lei Penal[38].

Conforme o art. 533 e §§ do CPC, quando a indenização por ato ilícito incluir prestação de alimentos, caberá ao executado, a requerimento do exequente, constituir capital cuja renda assegure o pagamento do valor mensal da pensão. Esse capital pode ser constituído por imóveis ou por direitos reais sobre imóveis suscetíveis de alienação, títulos da dívida pública ou aplicações financeiras em banco oficial, será inalienável e impenhorável enquanto durar a obrigação do executado, além de constituir-se em patrimônio de afetação[39].

A constituição do capital pode ser substituída pela inclusão do exequente em folha de pagamento de pessoa jurídica de notória capacidade econômica ou, a requerimento do executado, por fiança bancária ou garantia real, em valor a ser arbitrado de imediato pelo juiz.

Tratando-se de obrigação de trato sucessivo, a alteração na fortuna do devedor ou do credor pode motivar a revisão do valor da pensão, pois, nos termos do art. 505, nesses casos, a sentença não faz coisa julgada material.

A jurisprudência do STJ entende possível a cumulação dos ritos da prisão e da coerção patrimonial no mesmo processo, desde que não acarrete prejuízo ao devedor, nem tumultue a marcha processual. Esse entendimento prestigia a "adequação e efetividade à tutela jurisdicional, tendo sempre como norte a dignidade da pessoa do credor necessitado", indicando o tribunal as cautelas processuais a serem adotadas pelo credor a fim de não vulnerar o contraditório:

> é recomendável que o credor especifique, em tópico próprio, a sua pretensão ritual em relação aos pedidos, devendo o mandado de citação/intimação prever as diferentes consequências de acordo com as diferentes prestações. A defesa do requerido, por sua vez, poderá ser ofertada em tópicos ou separadamente, com a justificação em relação às prestações atuais e com a impugnação ou os embargos a serem opostos às prestações pretéritas.
>
> (...) Por conseguinte, em princípio, é possível o processamento em conjunto dos requerimentos de prisão e de expropriação, devendo os respectivos mandados citatórios/intimatórios se adequar a cada pleito executório[40].

---

38 STJ, HC 141.069/RS, Rel. Ministra MARIA THEREZA DE ASSIS MOURA, DJe de 21/03/2012.

39 O Patrimônio de Afetação é a segregação patrimonial de bens do devedor que gerem rendimento suficiente para assegurar a continuidade das futuras prestações alimentícias.

40 STJ. REsp n. 1.930.593/MG, Rel. Min. Luis Felipe Salomão, DJe de 26/8/2022.

40.9 CUMPRIMENTO DE SENTENÇA DE OBRIGAÇÃO DE PAGAR QUANTIA CERTA PELA FAZENDA PÚBLICA

As pessoas jurídicas de Direito Público, categorizadas no que se denomina Fazenda Pública[41-42], quando condenadas judicialmente a pagar quantia certa são executadas mediante requerimento de cumprimento de sentença instruído com o demonstrativo discriminado e atualizado do crédito contendo, em relação a cada um dos credores:

> I – o nome completo e o número do CPF ou CNPJ;
>
> II – o índice de correção monetária adotado;
>
> III – os juros aplicados e as respectivas taxas;
>
> IV – o termo inicial e o termo final dos juros e da correção monetária utilizados;
>
> V – a periodicidade da capitalização dos juros, se for o caso;
>
> VI – a especificação dos eventuais descontos obrigatórios realizados.

É possível requerer separadamente o cumprimento da obrigação principal e dos honorários advocatícios sucumbenciais. Trata-se de credores e obrigações distintas, razão pela qual se afasta a vedação ao fracionamento estipulada no § 8º do art. 100 da CR/88. O mesmo raciocínio é válido quando se tratar de litisconsórcio, caso em que se admite a cobrança dos créditos individualmente[43]. Os honorários advocatícios, no caso de litisconsórcio, todavia, é parcela única, isto é, o percentual não podem ser individualizadamente destacado do crédito de cada litisconsorte. Com efeito, inadmite-se, a cobrança fracionada do percentual dos honorários advocatícios sucumbenciais correspondente a cada um dos litisconsortes, hipótese que caracterizaria o fracionamento, constitucionalmente vedado[44].

---

[41] STF. RE 852.302, rel. min. Dias Toffoli, j. 15-12-2015. "As sociedades de economia mista prestadoras de serviço público de atuação própria do Estado e de natureza não concorrencial submetem-se ao regime de precatório."

[42] STF, RE 938837, Rel. p/ acórdão Min. Marco Aurélio, j. 19/04/2017. Tema 877 de Repercussão Geral: "Os pagamentos devidos em razão de pronunciamento judicial pelos conselhos de fiscalização não se submetem ao regime de precatórios".

[43] No julgamento RE nº 586.645/SP, da relatoria da ministra Cármen Lúcia, submetido à sistemática da repercussão geral, o STF concluiu que a regra do § 4º do artigo 100 da Constituição da República, hoje correspondente ao § 8º do mesmo dispositivo, permite a execução autônoma e o pagamento dos créditos individualizados nos casos de litisconsórcio ativo facultativo.

[44] STF. RE 993265 AgR, Relator(a): Min. MARCO AURÉLIO, Primeira Turma, julgado em 07/02/2017, PROCESSO ELETRÔNICO DJe-066 DIVULG 31-03-2017 PUBLIC 03-04-2017; RE 914042 AgR-AgR, Relator(a): Min. MARCO AURÉLIO, Primeira Turma, julgado em 16/08/2016, ACÓRDÃO ELETRÔNICO DJe-201 DIVULG 20-09-2016 PUBLIC 21-09-2016.

Requerido o cumprimento, procede-se à intimação da Fazenda Pública na pessoa de seu representante judicial, por carga, remessa ou meio eletrônico, para, se quiser, oferecer impugnação, no prazo de 30 dias.

As matérias que podem ser deduzidas na impugnação da Fazenda Pública são as mesmas enumeradas no art. 525. Se a impugnação versar sobre excesso de execução, toca à Fazenda o ônus de apresentar o demonstrativo do débito que considera correto, sob pena de indeferimento liminar.

Caso não impugnado o cumprimento de sentença ou rejeitada a impugnação e o crédito não se qualifique como de pequeno valor, expedir-se-á o precatório em favor do exequente, observando-se o art. 100 da Constituição da República. Tratando-se de obrigação de pequeno valor, o juiz determinará o pagamento a ser feito no prazo de até dois meses contados da entrega da requisição, mediante depósito na agência de banco oficial mais próxima da residência do exequente.

Dispõe o § 4º do art. 535 do CPC que, tratando-se de impugnação parcial, a parte não questionada pela executada será, desde logo, objeto de cumprimento. Todavia, há de se questionar a validade desse dispositivo à luz do entendimento jurisprudencial do STF que inadmite o fracionamento[45]:

> A norma consubstanciada no art. 100 da Carta Política traduz um dos mais expressivos postulados realizadores do princípio da igualdade, pois busca conferir, na concreção do seu alcance, efetividade a exigência constitucional de tratamento isonômico dos credores do Estado.
>
> A exigência constitucional de expedição do precatório, com a consequente obrigação imposta ao Estado de estrita observância da ordem cronológica de apresentação daquele instrumento de requisição judicial de pagamento, tinha (e ainda tem) por finalidade impedir favorecimentos pessoais indevidos e frustrar injustas perseguições ditadas por razões de caráter político-administrativo. A regra inscrita no art. 100 da CF – cuja gênese reside, em seus aspectos essenciais, na Constituição de 1934 (art. 182) – tinha por objetivo precípuo viabilizar, na concreção de seu alcance normativo, a submissão incondicional do poder público ao dever de respeitar o princípio que conferia preferência jurídica a quem dispusesse de precedência cronológica ("*prior in tempore, potior in jure*")[46].

Se a Constituição da República realmente valesse para o Estado-devedor, os precatórios apresentados até 1º de julho seriam pagos até o final do exercício seguinte. Acontece que os Estados e os Municípios não cumprem o que determina o texto constitucional. E o pior, nada acontece aos agentes políticos que não efetivam as condenações judiciais, bastando para permanecerem imunes a qualquer sanção não desrespeitarem a ordem de precedência dos precatórios. A manutenção dessa

---

[45] STF. ADI 584 MC, Rel. Min. CELSO DE MELLO, Tribunal Pleno, DJ 22.5.1992. RE 687319, Rel. Min. Ricardo Lewandowski, DJe 26.05.2014; RE 666434, decisão monocrática Rel. Min. Roberto Barroso, DJe 28.5.2014; ARE 716626, decisão monocrática, Rel. Min. Luiz Fux, DJe 22.5.2014.

[46] STF. AC 254 QO, Rel. Min. CELSO DE MELLO, Segunda Turma, DJe 18.12.2009.

fila, deitada em berço esplêndido, não acarreta consequência alguma para o gestor inadimplente.

No prazo estabelecido constitucionalmente para o pagamento dos precatórios não incidirão juros de mora, nos termos da Súmula Vinculante 17 do STF.

No caso de o pagamento ocorrer após o prazo estabelecido pela Constituição, haverá a incidência de juros de mora, a partir do 1º de janeiro subsequente ao vencimento do prazo constitucionalmente estipulado.

A correção monetária incidirá por todo o período, por destinar-se apenas a preservar o valor monetário do crédito[47]. O § 12 do art. 100 da CR/88 foi declarado inconstitucional pelo STF porque a atualização monetária dos débitos fazendários inscritos em precatórios pela remuneração da caderneta de poupança não preserva o valor real do crédito. Assim, o STF determinou que, "quanto aos precatórios de natureza tributária, sejam aplicados os mesmos juros de mora incidentes sobre todo e qualquer crédito tributário. O art. 1º-F da Lei 9.494/1997, com redação dada pela Lei 11.960/2009, ao reproduzir as regras da EC 62/2009 quanto à atualização monetária e à fixação de juros moratórios de créditos inscritos em precatórios, incorre nos mesmos vícios de juridicidade que inquinam o art. 100, § 12, da CF, razão pela qual se revela inconstitucional por arrastamento (...)"[48].

Também foi reconhecida a inconstitucionalidade da compensação dos créditos, prevista nos §§ 9º e 10 do art. 100 porque "embaraça a efetividade da jurisdição (CF, art. 5º, XXXV), desrespeita a coisa julgada material (CF, art. 5º, XXXVI), vulnera a Separação dos Poderes (CF, art. 2º) e ofende a isonomia entre o poder público e o particular (CF, art. 5º, *caput*), cânone essencial do Estado Democrático de Direito (CF, art. 1º, *caput*)"[49].

O regime jurídico constitucional do RPV, requisição de pagamento de obrigações de pequeno valor é absolutamente distinto do que disciplina os precatórios. O RPV não está submetido à ordem cronológica de apresentação dos precatórios. O valor das obrigações de pequeno valor para fins de RPV varia de acordo com o ente federativo:

> I – União: 60 salários mínimos, conforme § 1º do art. 17 c/c o *caput* do art. 3º da Lei nº 10259/2001).
>
> II – 40 (quarenta) salários mínimos, quanto aos Estados e ao Distrito Federal, conforme inc. I do § 3º da Lei nº 12.153/2009.
>
> III – 30 (trinta) salários mínimos, quanto aos Municípios, conforme inc. II do § 3º da Lei nº 12.153/2009.

---

47 STF. ARE 638.195, rel. min. Joaquim Barbosa, j. 29-5-2013, P, *DJE* de 13-12-2013, com repercussão geral.

48 STF. ADI 4.425, rel. p/ o ac. min. Luiz Fux, j. 14-3-2013, P, *DJE* de 19-12-2013.

49 STF. ADI 4.425, rel. p/ o ac. min. Luiz Fux, j. 14-3-2013, P, *DJE* de 19-12-2013.

O prazo para o pagamento do RPV, como mencionado, é de 60 dias, contados da entrega da requisição, sendo que entre a elaboração dos cálculos e o efetivo pagamento não incidem juros moratórios. Por sua natureza, incide correção monetária no período compreendido entre a elaboração dos cálculos e o efetivo pagamento da RPV. Desatendida a requisição, o juiz poderá determinar o sequestro de numerário em valor suficiente para cumprir a decisão conforme dispõe o art. 17, *caput* e § 2º, da Lei nº 10259/2001, aplicável subsidiariamente às fazendas públicas estaduais e municipais por força do art. 26 da Lei nº 12153/2009.

41

DEFESAS DO EXECUTADO

41.1 IMPUGNAÇÃO AO CUMPRIMENTO DE SENTENÇA

Após a intimação, o devedor dispõe de 15 dias para efetuar o pagamento voluntariamente. Se assim proceder, estará isento do pagamento de honorários advocatícios e, obviamente, livre da multa de 10% cominada no § 1º do art. 523 do CPC.

Transcorridos os 15 dias sem pagamento, incide o § 1º do art. 523 do CPC e o débito será acrescido de 10% de multa e mais 10% a título de honorários advocatícios que incidirão, cumulativamente, na fase de cumprimento da sentença.

Escoado o prazo para pagamento, inicia-se, automaticamente, para o devedor novo prazo de 15 dias para que ele possa impugnar o cumprimento da sentença. Havendo litisconsortes representados por advogados distintos, o prazo para impugnar conta-se em dobro, portanto, será de 30 dias, (art. 525, § 3º).

Por meio da impugnação o executado contrapõe-se à execução aduzindo as matérias admitidas na legislação processual. Caso amplie o objeto da impugnação extrapolando os limites legalmente traçados, o juiz se absterá de se pronunciar a respeito.

As matérias admitidas na impugnação, conforme § 1º do art. 525 do CPC, são as seguintes:

> I – falta ou nulidade da citação se, na fase de conhecimento, o processo correu à revelia;
>
> II – ilegitimidade de parte: a ilegitimidade de parte, enquanto matéria de ordem pública pode ser apreciada a qualquer momento, no entanto, havendo decisão anterior obsta-se nova apreciação, sendo impossível rever pela autoridade da coisa julgada[1]. Destarte, havendo decisão na fase de conhecimento a respeito da legitimidade, é descabida a impugnação do cumprimento de sentença versando sobre a

---

[1] STJ. AREsp n. 636.312/RJ, Ministro ANTONIO CARLOS FERREIRA, DJe 12/5/2015 e AREsp n. 372227/RJ, Ministro LUIS FELIPE SALOMÃO, DJe 07/4/2015.

mesma matéria. A legitimidade conforme ensinamento de Humberto Theodoro afere-se observando o seguinte critério: "O cumprimento da sentença não pode ser promovido senão pela parte vencedora na fase de conhecimento do processo ou seu legítimo sucessor, nem pode ser intentado senão contra o devedor apontado na sentença, ou seu sucessor de direito"[2].

III – inexequibilidade do título ou inexigibilidade da obrigação: é necessário o exame dos pressupostos de admissibilidade do cumprimento de sentença, verificando-se a existência de título executivo judicial líquido, certo e exigível. Há situações subsequentes à sentença que afastam a exequibilidade do título, como, por exemplo, a prescrição ou a inexistência de valor a ser cobrado. A obrigação também pode ter se tornado inexigível em virtude de remissão da dívida ou transação.

IV – penhora incorreta ou avaliação errônea: considerando que o art. 525 do CPC dispensa a garantia do juízo como pressuposto para o devedor impugnar o cumprimento da sentença, essa matéria acabará por ser tratada subsequentemente, conforme disciplinado no § 11 desse artigo. Assim, questões relacionadas à validade da penhora ou correção da avaliação serão discutidas supervenientemente ao prazo para impugnação, "por simples petição, tendo o executado, em qualquer dos casos, o prazo de 15 (quinze) dias para formular esta arguição, contado da comprovada ciência do fato ou da intimação do ato". A penhora será incorreta se inobservar a ordem de preferência legal do art. 835 do CPC. Será nula se recair sobre bens impenhoráveis ou de terceiros. Incorreta ou nula a penhora, a impugnação será procedente e o ato constritivo será desconstituído. A execução, nesse caso, retoma o seu curso com o refazimento dos atos executivos reputados inválidos por violação do devido processo legal.

V – excesso de execução ou cumulação indevida de execuções: haverá a possibilidade de se impugnar o cumprimento da sentença mediante alegação de excesso de execução, recaindo sobre o executado o ônus de demonstrar, de forma discriminada, no momento do oferecimento da impugnação, o valor que entende correto. Esse demonstrativo de débito apresentado pelo impugnante deve conter os requisitos dos incs. II a VI do art. 524. A jurisprudência do STJ firmou-se no sentido de ser "indispensável apontar, na petição de impugnação ao cumprimento de sentença, a parcela incontroversa do débito, bem como as incorreções encontradas nos cálculos do credor, sob pena de rejeição liminar da petição, não se admitindo emenda à

2 THEODORO JR., Humberto. *Curso de Direito Processual Civil.* Vol. III, 47ª ed. Rio de Janeiro: Forense, 2015, p. 40.

inicial"[3] "ou, se cumulada com outras matérias, veda-se o juiz apreciar o alegado excesso de execução"[4]. Considerando a divergência entre as contas apresentadas pelo credor e pelo devedor, faculta-se ao juiz, com fundamento no § 2° do art. 524 do CPC buscar auxílio junto à contadoria judicial.

Jurisprudência STJ

Tema 673– Recurso Especial Repetitivo

Tese

Na hipótese do art. 475-L, § 2°, do CPC, é indispensável apontar, na petição de impugnação ao cumprimento de sentença, a parcela incontroversa do débito, bem como as incorreções encontradas nos cálculos do credor, sob pena de rejeição liminar da petição, não se admitindo emenda à inicial.

Também é possível impugnar o cumprimento de sentença se forem indevidamente cumuladas execuções cujos ritos sejam incompatíveis.

VI – incompetência absoluta ou relativa do juízo da execução: a regra de competência para o cumprimento da sentença observa a da fase de conhecimento, de modo que a execução seguirá no mesmo juízo que conheceu da ação em primeiro lugar. Assim, o cumprimento terá lugar no tribunal originariamente competente, ou, no mesmo juízo que decidiu a fase de conhecimento. O exequente também poderá escolher entre os juízos do atual domicílio do executado, ou o do local onde se encontrem os bens sujeitos à execução, ou do local onde deva ser executada a obrigação de fazer ou de não fazer. Se porventura o executado requerer o cumprimento perante juízo relativa ou absolutamente incompetente, a impugnação do executado corrigirá o vício, com a remessa dos autos ao juízo competente, e a execução seguirá adiante.

VII – qualquer causa modificativa ou extintiva da obrigação, como pagamento, novação, compensação, transação ou prescrição, desde que supervenientes à sentença.

Ainda sobre a inexigibilidade do título, o § 12 do art. 525 do CPC, diz ser inexigível a obrigação reconhecida em título executivo judicial fundado em lei ou ato normativo considerado inconstitucional pelo Supremo Tribunal Federal, ou fundado em aplicação ou interpretação da lei ou do ato normativo tido pelo Supremo Tribunal Federal como incompatível com a Constituição, em controle de constitucionalidade concentrado ou difuso.

---

3 STJ. REsp 1387248/SC, Rel. Ministro PAULO DE TARSO SANSEVERINO, CORTE ESPECIAL, julgado em 07/05/2014, DJe 19/05/2014.

4 STJ. AgRg no REsp 1106962/AL, Rel. Ministro RICARDO VILLAS BÔAS CUEVA, TERCEIRA TURMA, julgado em 22/04/2014, DJe 29/04/2014.

A primeira consideração a ser feita é que a constitucionalidade deste dispositivo foi corroborada pelo STF em Ação Direta de Inconstitucionalidade:

> São dispositivos que, buscando harmonizar a garantia da coisa julgada com o primado da Constituição, vieram agregar ao sistema processual brasileiro um mecanismo com eficácia rescisória de sentenças revestidas de vício de inconstitucionalidade qualificado, assim caracterizado nas hipóteses em que (a) a sentença exequenda esteja fundada em norma reconhecidamente inconstitucional – seja por aplicar norma inconstitucional, seja por aplicar norma em situação ou com um sentido inconstitucionais; ou (b) a sentença exequenda tenha deixado de aplicar norma reconhecidamente constitucional; e (c) desde que, em qualquer dos casos, o reconhecimento dessa constitucionalidade ou a inconstitucionalidade tenha decorrido de julgamento do STF realizado em data anterior ao trânsito em julgado da sentença exequenda[5].

Portanto, somente decisão anterior ao trânsito em julgado tem aptidão para desconstituir os efeitos do título executivo judicial, conforme enunciado da Súmula STJ 487 e § 14 do art. 525 do CPC. Sendo-lhe posterior, a sentença de mérito transitada em julgado só pode ser desconstituída mediante ajuizamento de ação rescisória ajuizada no biênio estabelecido no art. 975 do CPC. Após esse biênio há coisa soberanamente julgada, insuscetível de modificação, ainda que fundada em norma declarada inconstitucional pelo STF, porque, no entendimento da Corte Suprema, o instituto da coisa julgada material assegura a supremacia constitucional e é um elemento inerente à existência do Estado Democrático de Direito[6].

O Superior Tribunal de Justiça firmou a tese de que a coisa julgada poderia ser excepcionalmente alterada quando oriunda de sentenças proferidas com base em norma inconstitucional declarada pelo STF mediante:

(a) declaração de inconstitucionalidade com ou sem redução de texto; ou (b) interpretação conforme a Constituição. (...) as demais hipóteses de sentenças inconstitucionais, ainda que tenham decidido em sentido diverso da orientação firmada no STF, tais como as que: (a) deixaram de aplicar norma declarada inconstitucional, ainda que em controle concentrado; (b) aplicaram dispositivo da Constituição que o STF considerou sem auto-aplicabilidade; (c) deixaram de aplicar dispositivo da Constituição que o STF considerou auto-aplicável; e (d) aplicaram preceito normativo que o STF considerou revogado ou não recepcionado[7].

O STJ também firmou o entendimento de que somente decisão do Supremo Tribunal Federal tem aptidão para tornar inexigível a obrigação[8].

---

[5] STF. ADI 2418, Relator(a): Min. TEORI ZAVASCKI, Tribunal Pleno, julgado em 04/05/2016, ACÓRDÃO ELETRÔNICO DJe-243 DIVULG 16-11-2016 PUBLIC 17-11-2016.

[6] STF. RE 592.912-AgR, rel. Min. CELSO DE MELLO, Segunda Turma, DJe de 22-11– 2012.

[7] STJ. Tema 420: REsp 1189619/PE, Rel. Ministro CASTRO MEIRA, PRIMEIRA SEÇÃO, julgado em 25/08/2010, DJe 02/09/2010.

[8] STJ. AgRg no REsp 1558035/RJ, Rel. Ministro HUMBERTO MARTINS, SEGUNDA TURMA, julgado em 18/02/2016, DJe 25/02/2016.

A impugnação não tem efeito suspensivo, a menos que, nos termos da parte final do § 6º do art. 525 do CPC, garantido o juízo com penhora, caução ou depósito e, sendo relevantes os fundamentos deduzidos pelo executado, o juiz o conceda. Para suspender o prosseguimento da execução a garantia tem de ser suficiente e os fundamentos consistentes a ponto de convencer o juiz de que o prosseguimento da execução é manifestamente suscetível de, injustamente, causar ao executado grave dano de difícil ou incerta reparação. Encontrando-se o cumprimento da sentença em ordem, dentro dos parâmetros legalmente estabelecidos, inevitavelmente, o prosseguimento da execução, com base no princípio da patrimonialidade da execução, provocará, de forma lícita e desejada, grave dano ao executado, que sofrerá desfalque patrimonial irreversível para cumprir a obrigação. Portanto, somente se houver motivos consistentes que levem o magistrado a crer na injustiça da execução é que será concedido efeito suspensivo à impugnação.

O efeito suspensivo pode ser integral ou parcial. Será parcial se disser respeito apenas a parte do objeto da execução, conforme dispõe o § 8º do art. 525 do CPC, ou, se, nos termos do § 9º, a impugnação tiver sido apresentada por um dos executados e o respectivo fundamento referir-se exclusivamente a direito do impugnante.

Caso o exequente ofereça caução suficiente e idônea poderá prosseguir com a execução, fazendo cessar o efeito suspensivo.

O § 11 do art. 525 do CPC dispõe que se novas questões surgirem após o prazo para impugnar, bem como aquelas relativas à validade e à adequação da penhora, da avaliação e dos atos executivos subsequentes, podem ser, por petição, arguidas no prazo de 15 dias. O início do prazo começa a fluir do momento em que for comprovada a ciência do fato ou a intimação do ato.

É de se notar que a decisão que acolhe a impugnação e extingue a execução é sentença e desafia o recurso de apelação. Entretanto, a decisão que a rejeita, total ou parcialmente, é interlocutória e, nos termos do § único do art. 1015 do CPC é impugnável por agravo de instrumento. Não se admite a fungibilidade recursal por caracterizar erro grosseiro[9].

Quanto aos honorários advocatícios, tratando-se a impugnação ao cumprimento da sentença de mero incidente processual, no entendimento do STJ, não são cabíveis quando ela for rejeitada conforme Súmula STJ 519. Sendo acolhida, integral ou parcialmente, são arbitrados honorários em favor do impugnante[10].

Difícil de compreender esse posicionamento jurisprudencial, pois, se, na fase de liquidação houver contenciosidade incidem honorários sucumbenciais.

---

9 STJ. AgRg no AREsp 154.794/SP, Rel. Ministra Maria Isabel Gallotti, Quarta Turma, julgado em 25.11.2014, DJe 11.12.2014.

10 STJ. REsp 1134186/RS, Rel. Ministro LUIS FELIPE SALOMÃO, CORTE ESPECIAL, julgado em 01/08/2011, DJe 21/10/2011.

O mesmo raciocínio, com muito maior razão, deveria sustentar o pagamento de honorários na fase de impugnação pelo devedor que, sem razão, faz objeção à realização do direito reconhecido no título executivo. Ao impugnar, onera-se, ainda mais o Judiciário, aumenta o trabalho do advogado e retarda a efetivação do direito, não havendo justificativa para exonerar do pagamento de honorários o devedor sucumbente na impugnação. Entretanto, o STJ ao editar a Súmula 519 qualificou a impugnação como mero incidente processual e, analogicamente, aplicou-lhe os efeitos da exceção de pré-executividade, ou seja, acolhida a exceção são devidos honorários porquanto conduz à extinção do processo; rejeitada, o devedor arcará com as despesas processuais, mas não honorários.

> TEMA 812 – RG rejeitada
>
> Tese
>
> A questão acerca da apuração do valor da condenação em honorários advocatícios nas ações previdenciárias – notadamente quanto à incidência, ou não, de verba honorária sobre as prestações vencidas após a sentença – tem natureza infraconstitucional e a ela atribuem-se os efeitos da ausência de repercussão geral, nos termos do precedente fixado no RE 584.608, Relatora a Ministra Ellen Gracie, DJe 13/3/2009.

41.2 EXCEÇÃO DE PRÉ-EXECUTIVIDADE

A disciplina jurídica da impugnação retirou toda a utilidade e importância da exceção de pré-executividade pois, esta destinava-se a impedir a penhora e, "por igual, controlar os atos de satisfação (arrematação e adjudicação)", além de propiciar ao executado, superado o prazo da impugnação, formular "objeções e exceções imunes ao fenômeno da preclusão"[11]. Todas as matérias cabíveis na exceção de pré-executividade podem ser objeto de impugnação ou de petição em fase subsequente, daí a sua desnecessidade.

No entanto, caso o devedor faça a opção pela exceção de pré-executividade, deverá atender a dois pressupostos para sua admissão: (a) que a matéria deduzida seja suscetível de conhecimento de ofício pelo juiz; e (b) que a decisão possa ser tomada sem necessidade de dilação probatória.

Acolhida integral ou parcialmente a exceção de pré-executividade, o exequente será condenado a pagar honorários advocatícios sucumbenciais.

O agravo de instrumento é o recurso cabível contra a decisão que rejeita ou acolhe parcialmente a exceção de pré-executividade. Entretanto, no caso de ser procedente, acarretando a extinção da execução, a apelação será o recurso adequado.

---

[11] ARAKEN DE ASSIS. *Manual da execução.* 11 ed. São Paulo: RT, 2007, p. 1069.

42

PROCESSO DE EXECUÇÃO

42.1 INTRODUÇÃO

> Nenhuma ordem jurídica processual pode aspirar a meta do processo justo se não dispuser de mecanismos de promoção concreta de resultados capazes de eliminar as ofensas e os riscos corridos pelos direitos adjetivos. Por isso, sem um processo de execução enérgico, eficiente e acessível nenhum país pode ser considerado moderno em termos de direito processual civil[1].

> O processo de execução soluciona a lide da pretensão insatisfeita, realizando o objeto da prestação devida (...) caracterizado pelo princípio da sujeição, ou do vencido ou do obrigado tende a asseguração prática das consequências ou da coisa julgada, ou da responsabilidade decorrente de título executivo extrajudicial[2].

A jurisdição, no processo de execução, atua para entregar ao exequente a obrigação insatisfeita. No processo de execução há uma obrigação líquida, certa e exigível, insatisfeita, materializada em um título executivo extrajudicial, assim qualificado pela lei. Neste caso, o exequente pede a satisfação espontânea da obrigação ou, caso perdure o descumprimento da obrigação de pagar quantia certa, a expropriação de bens do devedor, suficientes para satisfação do crédito. Por meio da expropriação, os bens adjudicados pelo credor ou alienados a terceiros, têm o propósito de satisfazer a obrigação. No caso das obrigações de fazer, de não fazer ou de entregar coisa haverá a imposição de medidas coercitivas visando à tutela específica.

Pode-se dizer, assim, que o processo de execução tem o propósito de, por meio da atuação do Estado-juiz, satisfazer o direito reconhecido no título executivo:

> A jurisdição aparece com a nota de função secundária e substitutiva do Estado, que se traduz, no processo como atividade destinada a realizar, imediatamente.

---

1 THEODORO JR. Humberto. *O processos civil brasileiro no limiar do novo século.* Rio de Janeiro: Forense, 2002, p. 225.

2 NEVES, Celso. *Comentários ao Código de Processo Civil.* Vol. VII. 7ª ed. Rio de Janeior: Forense, 1999, p. VIII.

o direito objetivo, em seu mais amplo sentido e, por via de consequência, o *direito subjetivo*[3].

A tutela executiva prestada por meio do processo de execução tem, portanto, o propósito de compelir o devedor à satisfação material do direito de crédito do exequente.

A legislação processual civil, taxativamente enumera os documentos aos quais atribui a qualidade de título executivo autoriza ao titular do crédito pleitear, desde logo, atos materiais tendentes à realização do direito. Vale dizer, o sujeito ativo de uma obrigação reconhecida em um título executivo está dispensado do procedimento cognitivo, destinado à definição ou declaração do direito controvertido. O título executivo é o documento assim definido por lei, no qual há o reconhecimento da existência de uma obrigação certa, exigível e líquida que permite a realização dos atos executivos destinados à sua satisfação.

> O título executivo é o documento dotado de eficácia para tornar adequada a *tutela executiva* de determinada pretensão, sem o qual, não há como executar, pois é o título que dá a certeza da existência do crédito, necessária, portanto, para que a esfera *patrimonial* do devedor seja invadida. Além disso, consoante o artigo 586 do CPC, os requisitos da certeza, liquidez e exigibilidade devem estar ínsitos no título, sendo certo, portanto, que a apuração de fatos, a atribuição de responsabilidades, a exegese de cláusulas contratuais tornam necessário o processo de conhecimento e descaracterizam o documento como título executivo[4].

42.2 PRINCÍPIOS DO PROCESSO DE EXECUÇÃO

42.2.1 Princípio da dignidade da pessoa humana

O princípio da dignidade humana cuida, sobretudo, de "salvaguardar su esfera más personal, entendida aquella como derecho originário de todo ser humano"[5].

O processo de execução deve, a fim de não sacrificar o princípio da dignidade da pessoa humana, fazer uma ponderação de valores e princípios com o propósito de não frustrar a efetividade do processo, ao mesmo tempo em que não subjuga o executado deixando-o em uma condição existencial indigna.

A fim de proporcionar esse equilíbrio, o legislador limita os poderes judiciais adequando-os à teleologia do processo, estabelecendo o regime das impenhorabilidades, bem como o princípio da menor onerosidade possível para o devedor, e, por fim, a jurisprudência aboliu, definitivamente, a prisão do depositário infiel[6].

---

3 NEVES, Celso. *Comentários ao Código de Processo Civil.* Op. cit., p. VII.

4 STF. AI 664680. Rel Min. MENEZES DIREITO, Dje: 17/03/2009.

5 BENDA, Ernest. MAIHOFER, Werner, VOGEL, Hans-Jachen, HESSE, Konrad, WOLFANG, Heyde. *Manual de derecho constitucional.* Madrid: Marcial Pons, 1996, p. 118.

6 STF, RG. Tema 60 É ilícita a prisão civil de depositário infiel, qualquer que seja a modalidade do depósito. RE 466343, Rel. Min. CEZAR PELUSO, REPERCUSSÃO GERAL – MÉRITO DJe-104 DIVULG 04-06-2009 PUBLIC 05-06-2009.

Contudo, esse sistema de garantias não pode albergar a irresponsabilidade daqueles que violam o ordenamento jurídico. O Direito não pode albergar o ilícito e ficar desacreditado, nem se pode conceber que a garantia do devido processo legal e da efetiva garantia de proteção judicial transformem-se em arremedo, pois, isso implicaria na absoluta frustração dos objetivos e fundamentos da República Democrática, que não tem outro propósito senão o de assegurar "o exercício dos direitos sociais e individuais, a liberdade, a segurança, o bem-estar, o desenvolvimento, a igualdade e a justiça"[7]. Assim, para que o Estado de Direito não se deteriore, em uma indesejável ruptura do tecido social que inviabilizaria a convivência entre os cidadãos, a proteção ao devedor não pode ser motivo para a inefetividade do processo e legitimação do enriquecimento ilícito, por isso, necessário reverberar o entendimento do STF, no sentido de que:

> A prestação jurisdicional é uma das formas de se concretizar o princípio da dignidade humana, o que torna imprescindível seja ela realizada de forma célere, plena e eficaz[8].

42.2.2 Princípio da patrimonialidade

A execução de obrigação de pagar quantia certa visa a expropriação do patrimônio do devedor para satisfazer o direito do credor, conforme se apreende do art. 789 do CPC. Em apenas uma situação admite-se a coerção pessoal por dívida, a do responsável pelo inadimplemento voluntário e inescusável de obrigação alimentícia, nos termos do art. 5º, inc. LXVII da CR/88.

Nas execuções de obrigações de fazer, de não fazer ou de entregar coisa "só indiretamente os bens do executado respondem"[9] porque nestas execuções o objeto é a tutela específica correspondente à obrigação.

O CPC, no art. 139, inc. IV, confere ao juiz poderes para aplicar as denominadas medidas executivas atípicas de natureza indutiva, coercitiva, mandamental ou sub-rogatória que sejam necessárias, suficientes e razoáveis para assegurar o cumprimento da obrigação, inclusive nas execuções que tenham por objeto prestação pecuniária. Interpretando esse dispositivo, a jurisprudência do Superior Tribunal de Justiça estabeleceu os seguintes parâmetros:

> é possível ao juiz adotar meios executivos atípicos desde que, verificando-se a existência de indícios de que o devedor possua patrimônio apto a cumprir a obrigação a ele imposta, tais medidas sejam adotadas de modo subsidiário, por meio de decisão que contenha fundamentação adequada às especificidades da hipótese concreta, com observância do contraditório substancial e do postulado

---

7 Preâmbulo da Constituição da República.

8 STF. Rcl 5758, Rel. CÁRMEN LÚCIA, Tribunal Pleno, DJe-148 DIVULG 06-08-2009 PUBLIC 07-08-2009 EMENT VOL-02368-02 PP-00298 LEXSTF v. 31, n. 368, 2009, p. 241-251.

9 ARAKEN DE ASSIS. *Manual da Execução,* 11ª ed. São Paulo: Revista dos Tribunais, 2007, p. 201.

da proporcionalidade. adoção de meios necessários à satisfação da obrigação não delineados previamente no diploma legal[10].

Essas medidas coercitivas não ofendem o princípio da patrimonialidade pois destinam-se a estabelecer meios legítimos de coerção visando ao cumprimento da obrigação. Na prática forense, as medidas de cancelamento de cartão de crédito, apreensão de CNH e de passaporte são as mais usuais. O juiz deve determinar a medida que seja mais adequada e eficiente para efetivar a satisfação da obrigação, *v.g.* a busca e apreensão quando se tratar de obrigação para entrega de coisa.

42.2.3 Princípio da menor onerosidade possível para o devedor

A aplicação do princípio da menor onerosidade para o devedor tem lugar quando, por mais de uma forma puder se realizar a execução, realizar-se-á pelo meio menos gravoso para o devedor, desde que não prejudique a efetividade da execução.

A aferição da violação a este princípio deve ser feita conforme as circunstâncias do caso concreto, inexistindo meios para objetiva e abstratamente se delinear as hipóteses de sua ocorrência. E, ao apreciar a matéria, deverá o julgador fazer um juízo de proporcionalidade, para que, reciprocamente, a proteção dos interesses do devedor não se sobreponha à garantia de efetividade do processo executivo. Nesse aspecto, interessante a superação de entendimento na jurisprudência do STJ diante dos profundos impactos provocados pela pandemia do COVID-19:

> Não obstante a existência de precedentes em sentido contrário®[11], é inegável que o seguro garantia e a fiança bancária ganharam maior importância com a grave crise econômica decorrente da pandemia do COVID-19, pois equilibram o princípio da máxima eficácia da execução para o credor e o princípio da menor onerosidade para executado, constituindo instrumentos determinantes para a manutenção das atividades de muitas empresas[12].

---

[10] STJ. REsp 1896421/SP, Rel. Ministra NANCY ANDRIGHI, TERCEIRA TURMA, julgado em 06/04/2021, DJe 15/04/2021.

[11] STJ, AgRg no AREsp 726.208/RR, Rel. Ministro GURGEL DE FARIA, PRIMEIRA TURMA, DJe de 10/06/2016; REsp 1.592.339/PR, Rel. Ministro HERMAN BENJAMIN, SEGUNDA TURMA, DJe de 01/06/2016; AgInt no AREsp 1.300.960/DF, Rel. Ministra ASSUSETE MAGALHÃES, SEGUNDA TURMA, DJe de 26/10/2018; AgInt no AREsp 1.448.340/SP, Rel. Ministro OG FERNANDES, SEGUNDA TURMA, DJe de 20/09/2019; AgInt no AREsp 1.741.800/SP, Rel. Ministro BENEDITO GONÇALVES, PRIMEIRA TURMA, DJe de 05/05/2021; AgInt no AREsp 1.779.557/GO, Rel. Ministro FRANCISCO FALCÃO, SEGUNDA TURMA, DJe de 28/05/2021 "A Fazenda Pública não pode ser, em Execução Fiscal, obrigada a aceitar substituição de depósito judicial ou penhora em dinheiro por seguro garantia, sem que esteja demonstrada, concretamente, a existência de violação ao princípio da menor onerosidade".

[12] STJ. AgInt no REsp 1915046/RJ, Rel. Ministro GURGEL DE FARIA, PRIMEIRA TURMA, julgado em 28/06/2021, REPDJe 27/08/2021, DJe 01/07/2021.

42.2.4 Princípio da livre disponibilidade da execução

O art. 775 do CPC assegura a livre disponibilidade da execução, o que permite ao exequente, a qualquer tempo, desistir da execução ou de apenas alguma medida executiva, "mesmo porque, a execução existe em proveito do credor, para a satisfação do seu direito"[13].

Caso a execução tenha sido embargada ou impugnada, respectivamente, se fundadas em título executivo judicial ou extrajudicial, a desistência acarreta a extinção da defesa do executado se tiver por objeto apenas matéria de índole processual (CPC, art. 775, § único). No entanto, se o executado em sua defesa alegar matérias relacionadas à extinção da obrigação exequenda, a desistência da execução dependerá da concordância do executado. Pelo princípio da causalidade, em qualquer hipótese, a extinção dos embargos ou da impugnação farão recair sobre o exequente desistente, os ônus sucumbenciais.

É importante ressaltar que diante do pedido de desistência de execução embargada ou impugnada, é, nos termos do art. 10 do CPC e da jurisprudência do STJ, imprescindível ouvir o executado sobre o pedido[14].

Por fim, é importante esclarecer que a desistência da execução não implica extinção da obrigação inadimplida, sendo possível, inclusive, a propositura de nova ação de execução.

42.3 RESPONSABILIDADE DO EXEQUENTE DE REPARAR OS DANOS MATERIAIS E MORAIS DECORRENTES DE EXECUÇÃO INJUSTA

O art. 776 do CPC estabelece o dever do exequente indenizar o executado quando:

> a sentença, transitada em julgado, declarar inexistente, no todo ou em parte, a obrigação que ensejou a execução. A lei confere a ação executória anormal ao particular a seu risco e perigo, quer dizer, fazendo-o juiz responsável da existência efetiva de seu direito à prestação: se se apurar que esse direito inexiste, ele obriga-se pelos danos. Recai num círculo vicioso a afirmação de que não se pode obrigar pelos danos aquele que se serve de um direito seu, porquanto esse direito de demandar não é absoluto, mas limitado justamente ao risco que o autor vitorioso assume. E é mais justo que suporte o dano aquela das duas partes que provocou, para vantagem própria, a medida finalmente injustificada, desde que a outra nada fez para acarretar a si própria esse dano e nada era obrigada a fazer para evitá-lo[15].

---

13 ARAKEN DE ASSIS. *Manual da Execução.* Op. cit., p. 437.

14 STJ. REsp 7.370/PR, Rel. Ministro SÁLVIO DE FIGUEIREDO TEIXEIRA, QUARTA TURMA, julgado em 01/10/1991, DJ 04/11/1991, p. 15688.

15 Giuseppe Chiovenda, Instituições de direito processual civil, v. 1, p. 270. São Paulo: Saraiva, 1965. *Apud,* NUNES, Rizatto. *A questão da execução injusta.*

42.4 FRAUDE À EXECUÇÃO

O art. 792 do CPC tipifica como fraude à execução a alienação ou a oneração de bem quando: I – sobre o bem pender ação fundada em direito real ou com pretensão reipersecutória, desde que a pendência do processo tenha sido averbada no respectivo registro público, se houver; II – tiver sido averbada, no registro do bem, a pendência do processo de execução, na forma do art. 828; III – tiver sido averbado, no registro do bem, hipoteca judiciária ou outro ato de constrição judicial originário do processo onde foi arguida a fraude; IV – ao tempo da alienação ou da oneração, tramitava contra o devedor ação capaz de reduzi-lo à insolvência.

Nos termos do § 1º do art. 792, firmou-se a jurisprudência do STJ:

> A fraude à execução atua no plano da eficácia, de modo que conduz à ineficácia da alienação ou oneração do bem em relação ao exequente (art. 792, § 2º, do CPC/2015). Em outros termos, é como se o ato fraudulento não tivesse existido para o credor. Outrossim, ante a sua gravidade, é possível declarar a sua ineficácia nos autos da própria execução ou em sede de embargos de terceiros (art. 792, § 4º, do CPC/2015)[16].

Por sua vez, o enunciado da Súmula STJ 375, no sentido de que "o reconhecimento da fraude à execução depende do registro da penhora do bem alienado ou da prova de má-fé do terceiro adquirente" está superado pelo § 2º do art. 792, que meticulosamente dispõe que "no caso de aquisição de bem não sujeito a registro, o terceiro adquirente tem o ônus de provar que adotou as cautelas necessárias para a aquisição, mediante a exibição das certidões pertinentes, obtidas no domicílio do vendedor e no local onde se encontra o bem". O entendimento sumular ficou superado porque diferentemente do enunciado da súmula, a legislação atribui o ônus da prova ao terceiro adquirente, a quem incumbe demostrar haver observado todas as cautelas necessárias para aferir encontrar-se o bem adquirido livre e desembaraçado.

Todavia, "Inexistindo registro da penhora na matrícula do imóvel, é do credor o ônus da prova de que o terceiro adquirente tinha conhecimento de demanda capaz de levar o alienante à insolvência"[17].

Tratando-se de bem sujeito a registro, a inscrição da penhora no registro "gera presunção absoluta (juris et de jure) de conhecimento para terceiros e, portanto, de fraude à execução caso o bem seja alienado ou onerado após a averbação" (...)

> Desse modo, são pressupostos genéricos da fraude à execução: (i) processo judicial em curso em face do devedor/executado; (ii) registro, na matrícula do bem,

---

16 STJ. REsp 1863952/SP, Rel. Ministra NANCY ANDRIGHI, TERCEIRA TURMA, julgado em 26/10/2021, DJe 29/11/2021.

17 STJ. REsp 1863952/SP. Op. cit.

da penhora ou outro ato de constrição judicial ou averbação premonitória ou, então, prova da má-fé do terceiro adquirente[18].

Os embargos de terceiro representam a ação pela qual o terceiro adquirente poderá se defender na hipótese de suscitada fraude à execução. O § 4º do art. 792 do CPC estabelece o dever de o juiz citar o terceiro adquirente para no prazo de 15 dias opor embargos de terceiro.

Havendo desconsideração da personalidade jurídica, o marco temporal para caracterização de fraude à execução é a alienação realizada a partir da citação da parte cuja personalidade se pretende desconsiderar. (CPC, art. 792, § 3º).

42.5 LEGITIMIDADE

O credor a quem a lei confere título executivo é o legitimado ativo para a ação de execução, conforme disposto no art. 778 do CPC.

O credor originário pode ser sucedido: a) pelo Ministério Público, nos casos que a lei assim o autorizar; b) pelo espólio, herdeiros ou seus sucessores, sempre que houver transmissão *causa mortis* do direito resultante do título executivo; c) pelo cessionário, quando o direito resultante do título executivo lhe for transferido por ato entre vivos; d) pelo sub-rogado, nos casos de sub-rogação legal ou convencional, independentemente de consentimento do executado ((art. 778, §§ 1º e 2º do CPC). Com efeito:

> A execução conjunta de obrigações autônomas contra devedores distintos é hipótese fática que não compreende a cumulação subjetiva autorizada pelo art. 573 do Código de Processo Civil de 1973 [780 do CPC/2015], mas, configura, na verdade, a vedada coligação de devedores[19].

Passivamente, respondem pela execução aquelas pessoas ou entes elencados no art. 779 do CPC: I – o devedor, reconhecido como tal no título executivo; II – o espólio, os herdeiros ou os sucessores do devedor; III – o novo devedor que assumiu, com o consentimento do credor, a obrigação resultante do título executivo; IV – o fiador do débito constante em título extrajudicial; V – o responsável titular do bem vinculado por garantia real ao pagamento do débito; VI – o responsável tributário, assim definido em lei.

42.6 CUMULAÇÃO DE EXECUÇÕES

O art. 780 do CPC permite ao exequente cumular várias execuções fundadas em títulos executivos diferentes, desde que sejam os mesmos devedor, juízo competente e procedimento.

O STJ, entretanto, entendeu possível a cumulação subjetiva e objetiva de execuções quando baseadas em um ponto comum, de fato ou de direito, sob o

---

18 STJ. REsp 1863952/SP. Op. cit.

19 STJ, REsp 1635613/PR, Rel. Ministro RICARDO VILLAS BÔAS CUEVA, TERCEIRA TURMA, julgado em 13/12/2016, DJe 19/12/2016.

fundamento de que o crédito deve ser executado pelo modo mais efetivo para os credores e menos gravoso para o devedor, situação contemplada na cumulação de execuções. Assim, o Tribunal reconheceu possível a cumulação devido à economia processual e a ausência de prejuízo para a defesa do executado.

No caso decidido no STJ, houve cumulação de pretensões executivas de diversos credores cujas obrigações originaram-se do Programa de Emissão de Cédulas de Crédito Bancário (CCB's) para a construção de uma hidrelétrica no estado de Rondônia; No acórdão foi reconhecido que "os títulos executivos extrajudiciais que embasaram a execução representam dívida em dinheiro, líquida e exigível do mesmo emitente de todas CCB's, a caracterizar a identidade do devedor contra quem é exclusivamente movida a execução". Assim, prestigiou-se a economia processual que não causou prejuízo à garantia da ampla defesa do executado[20], consignando-se, ainda o seguinte:

> a opção de executar conjuntamente os títulos não é desarrazoada, pois atende interesse de economia processual, visto que propicia uma única penhora de bem do devedor solidário comum, facilitando também a obtenção da transação, visto que este poderá transigir acerca de toda a dívida que tem para com o credor/exequente.
>
> Igualmente, favorece o princípio da menor onerosidade da execução, pois submeterá seu patrimônio individual a uma única penhora, podendo também concentrar a defesa em único embargos do devedor e, se sucumbente, pagará apenas uma verba de sucumbência[21].

42.7 COMPETÊNCIA

A competência para a propositura da execução de título executivo extrajudicial é territorial, portanto, relativa, sendo competentes os seguintes juízos para conhecerem da ação executiva, nos termos do art. 781 do CPC:

> I – do foro de domicílio do executado, de eleição constante do título ou, ainda, de situação dos bens a ela sujeitos;
>
> II – tendo mais de um domicílio, o executado poderá ser demandado no foro de qualquer deles;
>
> III – sendo incerto ou desconhecido o domicílio do executado, a execução poderá ser proposta no lugar onde for encontrado ou no foro de domicílio do exequente;
>
> IV – havendo mais de um devedor, com diferentes domicílios, a execução será proposta no foro de qualquer deles, à escolha do exequente;

---

20 STJ, REsp 1688154/SP, Rel. Ministra NANCY ANDRIGHI, TERCEIRA TURMA, julgado em 12/03/2019, DJe 15/03/2019.

21 STJ. REsp 1366603/CE, Rel. Ministro LUIS FELIPE SALOMÃO, QUARTA TURMA, julgado em 22/05/2018, DJe 26/06/2018.

> V – a execução poderá ser proposta no foro do lugar em que se praticou o ato ou em que ocorreu o fato que deu origem ao título, mesmo que nele não mais resida o executado.

A arguição de incompetência, relativa ou absoluta, na execução de título executivo extrajudicial deve ser feita por meio da propositura de embargos à execução, nos termos dos arts. 914-920 do CPC. Especificamente, a incompetência encontra-se explicitamente prevista no art. 917, inc.V do CPC.

42.8 DOS ATOS EXECUTIVOS

O art. 782 estabelece que o juiz determinará os atos executivos, e o oficial de justiça os cumprirá, na mesma comarca onde se situa o júízo competente ou em comarcas contíguas, de fácil comunicação, e, ainda, naquelas situadas na mesma região metropolitana.

O uso de força policial será requisitada pelo juiz quando necessária.

O juiz, em atendimento a requerimento do exequente em execução de título extrajudicial ou judicial, determinará a inclusão do nome do executado em cadastros de inadimplentes que será cancelada imediatamente se for efetuado o pagamento, se for garantida a execução ou se a execução for extinta por qualquer outro motivo. Sobre essa medida, o STJ assim se pronunciou:

> É certo que o art. 782, § 3º, do CPC/2015 não possui a abrangência de impor ao julgador o dever de determinar essa 'negativação' do nome do devedor, considerando se tratar de mera faculdade (forma verbal 'pode'), condicionada às circunstâncias do caso concreto". "[...] a jurisprudência do Superior Tribunal de Justiça assentou que o fato de a execução se realizar no interesse do credor não impede que a parte requeira ao Judiciário a efetivação de medidas executivas, independentemente da comprovação do exaurimento das vias extrajudiciais". "[...] se o Superior Tribunal de Justiça consolidou o entendimento de que não é necessário o esgotamento das diligências na busca de bens a serem penhorados a fim de autorizar-se a 'penhora on line', não haveria óbice para medida que é menos gravosa ao executado, consistente na presente medida de simples inclusão do nome do devedor no cadastro de inadimplentes[22].
>
> Por fim, sob um prisma da análise econômica do Direito, e considerando as consequências práticas da decisão – nos termos do art. 20 do Decreto-Lei nº 4.657/1942 (acrescentado pela Lei nº 13.655/2018, que deu nova configuração à Lei de Introdução às Normas do Direito Brasileiro – LINDB) –, não se pode deixar de registrar a relevância para a economia do país e para a diminuição do "Custo Brasil" de que a atualização dos bancos de dados dos birôs de crédito seja feita por meio dos procedimentos menos burocráticos e dispendiosos, tais como os utilizados no SERASAJUD, a fim de manter a qualidade e precisão das

[22] STJ, REsp 1736217/SC, Rel. Ministro FRANCISCO FALCÃO, SEGUNDA TURMA, julgado em 21/02/2019, DJe 01/03/2019. Informações complementares.

informações prestadas. Postura que se coaduna com a previsão do art. 5º, inc. XXXIII, da CF/88 ("todos têm direito a receber dos órgãos públicos informações de seu interesse particular, ou de interesse coletivo ou geral, que serão prestadas no prazo da lei, sob pena de responsabilidade, ressalvadas aquelas cujo sigilo seja imprescindível à segurança da sociedade e do Estado")[23].

O STJ estendeu a aplicabilidade deste dispositivo às execuções fiscais, em julgamento da Tese 1026, por meio da técnica de Recurso Especial repetitivo, assim enunciada:

> O art. 782, § 3º do CPC é aplicável às execuções fiscais, devendo o magistrado deferir o requerimento de inclusão do nome do executado em cadastros de inadimplentes, preferencialmente pelo sistema SERASAJUD, independentemente do esgotamento prévio de outras medidas executivas, salvo se vislumbrar alguma dúvida razoável à existência do direito ao crédito previsto na Certidão de Dívida Ativa - CDA.

42.9 TÍTULOS EXECUTIVOS EXTRAJUDICIAIS

O processo de execução, cuja finalidade é a de realizar o direito, rege-se pelo princípio *nulla executio sine titulo*, – é nula a execução sem título. Desta forma, em relação à execução de título executivo extrajudicial, é pressuposto inafastável que o exequente seja credor de uma obrigação de pagar quantia certa, ou de fazer ou de não fazer ou de entregar coisa reconhecida em um documento definido por lei como título executivo extrajudicial, no qual se reconhece a presunção relativa de certeza, liquidez e exigibilidade da obrigação,

> O título executivo nada mais é que o elemento de natureza processual, abstrato e independente do direito material, que é suficiente para que o Estado ofereça a seu titular a via executiva para a satisfação do direito material nele inscrito[24].

A lição teórica foi acolhida na legislação processual nos seguintes termos:

> CPC
>
> Art. 783. A execução para cobrança de crédito fundar-se-á **sempre** em título de obrigação certa, líquida e exigível.

O título executivo é portanto, pressuposto de qualquer demanda executiva, razão pela qual ensina Humberto Theodoro Jr.:

> E evidente que nenhum credor pode iniciar a execução sem título executivo. Mas se por descuido do órgão judicial foi despachada uma petição inicial sem esse pressuposto básico da execução, é claro que será nulo todo o processado[25].

O STJ tem jurisprudência firmada no sentido de "ser possível o conhecimento de ofício pelas instâncias ordinárias das questões referentes aos requisitos

---

[23] STJ. REsp 1807923/SC, Rel. Ministro OG FERNANDES, PRIMEIRA SEÇÃO, julgado em 24/02/2021, DJe 11/03/2021.

[24] STJ. REsp 1758383/MT, Rel. Ministra NANCY ANDRIGHI, TERCEIRA TURMA, julgado em 04/08/2020, DJe 07/08/2020.

[25] THEODORO JR. Humberto. *Processo de Execução,* 23.ª ed. São Paulo: LEUD, 2005, p. 264.

constitutivos do título executivo (certeza, liquidez e exigibilidade), porquanto trata-se de matéria de ordem pública que não se submete aos efeitos da preclusão"[26].

O titulo executivo é um documento caracterizado pela presunção de certeza, liquidez e exigibilidade. Nesse diapasão, Ada Pellegrini Grinover ensina que a liquidez, "sabidamente é um dos requisitos impostos pela lei ao título executivo, consiste em um *plus* que se acrescenta à certeza da obrigação; não somente devem ser conhecidos a natrrueza e o objeto do direito, mas tma'bme, quanto se deve ou o que se deve (*quantum debeatur)*"[27].

O art. 784 do CPC, enumera os títulos executivos extrajudiciais:

> I – a letra de câmbio, a nota promissória, a duplicata, a debênture e o cheque;
>
> II – a escritura pública ou outro documento público assinado pelo devedor;
>
> III – o documento particular assinado pelo devedor e por 2 (duas) testemunhas que seja líquido, certo e exigível;
>
> IV – o instrumento de transação referendado pelo Ministério Público, pela Defensoria Pública, pela Advocacia Pública, pelos advogados dos transatores ou por conciliador ou mediador credenciado por tribunal;
>
> V – o contrato garantido por hipoteca, penhor, anticrese ou outro direito real de garantia e aquele garantido por caução;
>
> VI – o contrato de seguro de vida em caso de morte;
>
> VII – o crédito decorrente de foro e laudêmio;
>
> VIII – o crédito, documentalmente comprovado, decorrente de aluguel de imóvel, bem como de encargos acessórios, tais como taxas e despesas de condomínio;
>
> IX – a certidão de dívida ativa da Fazenda Pública da União, dos Estados, do Distrito Federal e dos Municípios, correspondente aos créditos inscritos na forma da lei;
>
> X – o crédito referente às contribuições ordinárias ou extraordinárias de condomínio edilício, previstas na respectiva convenção ou aprovadas em assembleia geral, desde que documentalmente comprovadas;
>
> XI – a certidão expedida por serventia notarial ou de registro relativa a valores de emolumentos e demais despesas devidas pelos atos por ela praticados, fixados nas tabelas estabelecidas em lei;
>
> XII – todos os demais títulos aos quais, por disposição expressa, a lei atribuir força executiva, a exemplo dos compromissos de

---

[26] STJ. AgRg no REsp 1.350.305/RS, Rel. Ministro Humberto Martins,, DJe 26/2/2013.

[27] GRINOVER, Ada Pelegrini. *O processo – estudos e pareceres.* São Paulo: DPJ, 2005, p. 133.

ajustamento de conduta às exigências legais celebrados perante os órgãos públicos conforme previsto no art. 5°, § 6° da Lei n° 7347/85 (Lei da Ação Civil Pública) e no art. 211 da Lei n° 8069/90 (ECA) ou, ainda, o instrumento de transação, mediação ou conciliação referendado pelo Defensor Público, nos termos do art. 4°, § 4° da LCP 80/2004 (Lei Orgânica da Defensoria Pública).

O § 1º do art. 784 do CPC adverte que a propositura de qualquer ação relativa a débito constante de título executivo não inibe o credor de promover-lhe a execução. A finalidade deste dispositivo é destacar que o título executivo não perde sua eficácia e possibilita o acesso do exequente à tutela satisfativa por meio do processo de execução mesmo diante da propositura de ação de cognição direcionada a atacar o título. Inobstante, é possível a concessão de tutela provisória hipótese em que cabe ao juízo executório decidir favoravelmente à suspensão da Execução, enquanto tramitar a Ação Anulatória capaz de desconstituir o título executivo, conforme art. 313, V, 'a' do CPC[28].

Em relação aos títulos executivos extrajudiciais oriundos de país estrangeiro, dispõem os §§ 2º e 3º do art. 784 do CPC, não ser pressuposto da execução sua homologação, todavia, só terão eficácia executiva quando satisfeitos os requisitos de formação exigidos pela lei do lugar de sua celebração e quando o Brasil for indicado como o lugar de cumprimento da obrigação. O reconhecimento da executoriedade do título executivo extrajudicial oriundo de país estrangeiro pressupõe a tradução juramentada do título, (CPC, art. 192, § único), e a conversão do valor em moeda nacional, "no ato da propositura da ação, posto que é nulo de pleno direito o título que não estipula o pagamento em moeda nacional"[29].

No que diz respeito às obrigações contraídas em moeda estrangeira, o Superior Tribunal de Justiça pacificou o seguinte entendimento:

> O artigo 1º da Lei 10.192/01 proíbe a estipulação de pagamentos em moeda estrangeira para obrigações exequíveis no Brasil, regra essa encampada pelo artigo 318 do Código Civil/02 e excepcionada nas hipóteses previstas no art. 2º do DL 857/69. A despeito disso, pacificou-se no Superior Tribunal de Justiça o entendimento de que são legítimos os contratos celebrados em moeda estrangeira, desde que o pagamento se efetive pela conversão em moeda nacional.
>
> A indexação de dívidas à variação cambial de moeda estrangeira é prática vedada desde a entrada em vigor do Plano Real, excepcionadas as hipóteses previstas no artigo 2º do DL 857/69 e os contratos de arrendamento mercantil celebrados entre pessoas residentes e domiciliadas no País, com base em captação de recursos provenientes do exterior (artigo 6º da Lei 8.880/94).

---

28 STJ, AgInt no REsp. 1.700.752/SP, Rel. Min. MAURO CAMPBELL MARQUES, DJe 3.5.2018; CC 105.358/SP, Rel. Min. MAURO CAMPBELL MARQUES, DJe 22.10.2010; CC 106.041/SP, Rel. Min. CASTRO MEIRA, DJe 9.11.2009.

29 STJ, REsp 4.819/RJ, Rel. Ministro WALDEMAR ZVEITER, DJ 10/12/1990, p. 14805.

Quando não enquadradas nas exceções legais, as dívidas fixadas em moeda estrangeira deverão, no ato de quitação, ser convertidas para a moeda nacional, com base na cotação da data da contratação, e, a partir daí, atualizadas com base em índice oficial de correção monetária[30].

O art. 785 do CPC afasta a carência de ação por falta de interesse de agir quando o credor, detentor de um título executivo extrajudicial optar pelo processo de conhecimento, a fim de obter título executivo judicial. Para o credor, no entanto, só faz sentido propor ação de conhecimento ao invés de execução se houver fundadas dúvidas quanto a perfectibilidade formal do título, seja por falta de requisitos essenciais de validade, seja por falta de liquidez, ou quando sobrepairarem dúvidas quanto a executoriedade do crédito reconhecido no título executivo.

A opção do credor pela tutela cognitiva, mesmo sendo possuidor de título executivo não traz prejuízos para o devedor. Ao contrário, terá ampla oportunidade de se defender e verá postergados os efeitos dos atos executórios de constrição patrimonial.

O titular do crédito há de se considerar, ainda, antes de ingressar com a tutela cognitiva, a viabilidade de ação monitória. Essa ação de procedimento especial é cabível nos casos em que o autor possuir prova escrita, sem eficácia de título executivo, cujo documento reconhece o direito de exigir do devedor capaz o cumprimento de obrigação de pagar quantia, de entregar coisa ou de fazer ou de não fazer, A inércia do devedor, deixando de opor embargos à ação monitória, constituirá de pleno direito o título executivo judicial, independentemente de qualquer formalidade, Todavia, se o réu na ação monitória opuser embargos, suspende-se a exigibilidade do crédito e a ação terá o rito comum do processo de conhecimento. (CPC, arts. 700-702).

O interesse de agir para a execução surge a partir do momento em que o devedor deixa de satisfazer a obrigação certa, líquida e exigível, consubstanciada em título executivo (CPC, art. 786). O § único deste artigo destaca que a necessidade de o credor demonstrar a evolução da dívida por meio de contas aritméticas, na qual se computam correção monetária e juros, não retira a liquidez do título.

Havendo a interdependência das prestações, o art. 787 do CPC, impõe ao exequente o ônus de provar, no ato da propositura da execução, que satisfez a prestação que lhe cabia antes de exigir a contraprestação do executado, sob pena de indeferimento da inicial do processo executivo. A jurisprudência, todavia, ressalta que o reconhecimento da interdependência das obrigações com aptidão para estabelecer uma relação de prejudicialidade com o processo de execução deve estar prevista no próprio título executivo, pois, "caso contrário, devem ser consideradas totalmenteindependentes as prestações, devendo a matéria relativa à extensão do direito material ser dirimida em eventuais embargos à execução"[31].

---

[30] STJ. REsp. n. 1.323.219/RJ, rel. Ministra Nancy Andrighi, DJe 26/9/2013.

[31] STJ. REsp 1758383/MT, Rel. Ministra NANCY ANDRIGHI, TERCEIRA DJe 07/08/2020.

O § único do art. 787 do CPC admite que o executado, para eximir-se da obrigação, deposite em juízo a prestação ou a coisa, ficando, nesse caso, condicionada a satisfação do credor o cumprimento da contraprestação que lhe couber.

O art. 788, por sua vez, veda ao credor iniciar a execução ou nela prosseguir se o devedor cumprir a obrigação, exceto se recusar o recebimento da prestação por ela não corresponder ao direito ou à obrigação estabelecidos no título executivo. Evidentemente, ao credor é assegurado o direito de embargar a execução forçada para demonstrar a plena satisfação da obrigação, dentre outras matérias que considerar conveniente deduzir nos embargos à execução.

42.10 A PETIÇÃO INICIAL

O processo de execução é de iniciativa do credor, que, com fundamento no princípio da demanda, deverá provocar a jurisdição mediante o exercício do direito de ação. A propositura da ação executiva pressupõe a formulação do pedido de tutela executiva por meio de uma petição inicial apta, que, para tanto, deverá conter os elementos exigidos no art. 319 do CPC:

> I – endereçamento ao juízo competente;
>
> II – qualificação do exequente e do executado, informando os nomes, os prenomes, o estado civil, a existência de união estável, a profissão, o CPF ou CNPJ, o endereço eletrônico, o domicílio e a residência;
>
> III – descrição do fato e fundamentação jurídica do pedido, que no processo de execução consiste na individualização do título executivo, descrição da obrigação nele materializada e na demonstração da ocorrência da condição ou do termo, ou de que houve o adimplemento da contraprestação correspondente se o executado não for obrigado a satisfazer a sua prestação senão mediante a contraprestação do exequente.
>
> IV – indicação da espécie de execução de sua preferência, quando por mais de um modo puder ser realizada e dos bens suscetíveis de penhora, quando se tratar de execução de obrigação de quantia.
>
> V – o pedido que deve ser certo e determinado, deve considerar a especificidade da obrigação que se pretende efetivar, devendo ser formulado nos seguintes termos:
>
> a) Na Execução de obrigação de Entrega de Coisa Certa, o exequente formula o pedido, nos termos do art. 806 do CPC para que o executado seja citado para, em quinze dias, entregar a coisa.
>
> b) Na Execução de obrigação de Entrega de Coisa Incerta: se a escolha couber ao exequente, ele formulará o pedido individualizando a coisa e requer a citação do executado para que a entregue no prazo de 15 dias. Se a escolha competir ao executado, o exequente formula o pedido para que o executado, no prazo de 15 dias, entregue a coisa dentre aquelas que lhe foi facultado escolher. (art. 811 e § único).

c) Na Execução de Obrigação de Fazer: o exequente, baseado no art. 815 do CPC, formula o pedido de citação do executado para satisfazer a obrigação no prazo que o juiz estabelecer se o título executivo não houver estipulado o prazo para cumprimento.

d) Na Execução de Obrigação de Não Fazer: nos termos do art. 822, o exequente requererá a citação do executado para que no prazo determinado pelo juiz desfaça o que foi feito.

e) Na Execução de Obrigação de Pagar Quantia: O exequente pede a citação do executado para no prazo de três dias, estabelecido no art. 829 do CPC, pagar a dívida, requerendo, ainda, no caso de não cumprimento neste prazo, que seja realizada a penhora e a avaliação dos bens que o executado indicar.

f) Na Execução Contra a Fazenda Pública: o exequente, nos termos do art. 910 do CPC, pede a citação da Fazenda Pública para opor embargos em \trinta dias.

g) Na Execução de Obrigação de Alimentos: o exequente pede a citação do executado para pagar em três dias as parcelas vencidas até o início da execução e das que se vencerem no seu curso. Se o executado for funcionário público, militar, diretor ou gerente de empresa, bem como empregado sujeito à legislação do trabalho, o exequente poderá requerer a expedição de ofício para que o empregador proceda ao desconto em folha de pagamento da importância das prestações alimentícias vincendas. Desnecessário formular pedido de prisão considerando a admissibilidade da imposição desta medida coercitiva de ofício pelo juiz.

VI – em relação às provas, dispõe o art. 799 do CPC, que a petição inicial deve ser instruída com os seguintes documentos:

a) o título executivo extrajudicial;

b) o demonstrativo do débito atualizado até a data de propositura da ação, quando se tratar de execução por quantia certa, indicando:

– o índice de correção monetária adotado;

– a taxa de juros aplicada;

– os termos inicial e final de incidência do índice de correção monetária e da taxa de juros utilizados;

– a periodicidade da capitalização dos juros, se for o caso;

– a especificação de desconto obrigatório realizado.

c) a prova de que se verificou a condição ou ocorreu o termo, se for o caso;

d) a prova, se for o caso, de que adimpliu a contraprestação que lhe corresponde ou que lhe assegura o cumprimento, se o executado não for obrigado a satisfazer a sua prestação senão mediante a contraprestação do exequente;

VII – incumbe ainda ao exequente, conforme determinação do art. 799 do CPC, requerer na petição inicial a intimação:

1 – do credor pignoratício, hipotecário, anticrético ou fiduciário, quando a penhora recair sobre bens gravados por penhor, hipoteca, anticrese ou alienação fiduciária;

2– do titular de usufruto, uso ou habitação, quando a penhora recair sobre bem gravado por usufruto, uso ou habitação;

3 – do promitente comprador, quando a penhora recair sobre bem em relação ao qual haja promessa de compra e venda registrada;

4– do promitente vendedor, quando a penhora recair sobre direito aquisitivo derivado de promessa de compra e venda registrada;

5 – do superficiário, enfiteuta ou concessionário, em caso de direito de superfície, enfiteuse, concessão de uso especial para fins de moradia ou concessão de direito real de uso, quando a penhora recair sobre imóvel submetido ao regime do direito de superfície, enfiteuse ou concessão;

6 – do proprietário de terreno com regime de direito de superfície, enfiteuse, concessão de uso especial para fins de moradia ou concessão de direito real de uso, quando a penhora recair sobre direitos do superficiário, do enfiteuta ou do concessionário;

7 – da sociedade, no caso de penhora de quota social ou de ação de sociedade anônima fechada, para o fim previsto no art. 876, § 7° ;

8 – do titular da construção-base, bem como, se for o caso, do titular de lajes anteriores, quando a penhora recair sobre o direito real de laje;

9 – do titular das lajes, quando a penhora recair sobre a construção--base.

VII – a opção do exequente pela realização de audiência de conciliação ou de mediação: O CPC não menciona esta possibilidade no processo de execução de título executivo extrajudicial, creio, todavia, que a situação deva ser criteriosamente analisada pelo exequente. A solução consensual possibilitará a satisfação da obrigação de forma menos onerosa, mesmo reconhecendo que esse ato implica a ampliação temporal do processo, creio ser esse tempo irrelevante, diante do potencial resolutivo que o encontro dialógico entre as partes possui.

VIII – o valor da causa corresponde ao valor econômico da execução. Desta forma, na execução por quantia, o valor da causa corresponde à importância cobrada; na execução para entrega de coisa, deve-se atribuir à causa o valor da coisa reclamada; nas obrigações de fazer ou de não fazer o valor da causa é equivalente ao conteúdo patrimonial da obrigação ou do proveito econômico pretendido.

42.10.1 Emenda da petição inicial

O art. 801 do CPC estabelece que, se constatar que a petição inicial está incompleta ou desacompanhada dos documentos indispensáveis à propositura da execução,, o juiz determinará que o exequente proceda à emenda da inicial no prazo de quinze dias.

42.11 EFEITOS DA CITAÇÃO

Presentes as condições da ação e atendidos os pressupostos processuais, o juiz determinará a citação do executado.

O despacho que determina a citação, nos termos do art. 802 e seu § único, interrompe a prescrição retroativamente à data de propositura da ação, ainda que proferido por juízo incompetente, desde que o autor no prazo de dez dias, desincumba-se das providências necessárias para viabilizazá-la,(§ 2º do art. 240 do CPC).

42.12 A PRESCRIÇÃO NO PROCESSO DE EXECUÇÃO E OS ÔNUS DA SUCUMBÊNCIA

Uma vez interrompida, o prazo prescricional reinicia o seu curso, havendo a possibilidade de ser reconhecida a extinção da obrigação em razão da inércia do exequente em adotar as medidas necessárias ao prosseguimento do processo se verificado lapso temporal suficiente para reconhecer consumada a prescrição intercorrente. Sua consumação ocorrerá quando, no curso do processo de execução, após a citação fluir o prazo de prescrição da obrigação em virtude da inércia do exequente, deixando de dar andamento ao processo.

O prazo prescricional não corre durante o prazo de até um ano previsto no § 2º do art. 921 do CPC, período em que a execução é suspensa devido a não localização do executado ou em virtude de não serem encontrados bens penhoráveis. Com efeito, "após o decurso do prazo de suspensão da execução, requerida pelo credor por não possuir o devedor bens penhoráveis, a desídia daquele em promover atos e diligências que lhe competiam para o andamento da execução configura causa para a fluência da prescrição intercorrente"[32].

Ainda que a extinção da execução ocorra em razão da inércia do exequente possibilitando a consumação da prescrição intercorrente, a ele não tocarão os ônus sucumbenciais, pois a jurisprudência do STJ firmou-se no sentido de reconhecer que "a extinção do feito por ocorrência da prescrição intercorrente por ausência de localização de bens não retira o princípio da causalidade em desfavor do devedor, nem atrai a sucumbência para o exequente"[33].

42.13 EXECUÇÃO CONTRA DEVEDOR SOLVENTE

O art. 797 do CPC dispõe que sendo solvente o devedor, "a execução realiza-se no interesse do exequente que adquire, pela penhora, o direito de preferência sobre os bens penhorados".

---

[32] STJ. AgRg no REsp 300.046/DF, Rel. Ministra NANCY ANDRIGHI, PRIMEIRA SEÇÃO, julgado em 20/04/2001, DJ 25/06/2001, p. 174.

[33] STJ. AgInt no AREsp 1.355.818/SP, Rel. Ministra MARIA ISABEL GALLOTTI, QUARTA TURMA, julgado em 30/03/2020, DJe de 02/04/2021.

Tratando-se de devedor insolvente, haverá a execução concursal, verdadeira falência civil, cujo procedimento ocorre em duas fases: a primeira, de natureza cognitiva, e a segunda, de índole executiva. Na fase executiva, acontece a liquidação de todo o patrimônio do executado, tornando real e efetiva a aplicação do princípio *par conditio creditorum*. Na insolvência civil, todo o impulso da execução concursal é de ofício, pois, por sua universalidade e pela predominância do interesse público que a envolve, não se subordina à vontade das partes[34].

O § único do art. 797 combinado com o art. 908 do CPC/2015 esclarece que recaindo mais de uma penhora sobre o mesmo bem, há de se observar a ordem de prioridade no pagamento conforme dois critérios: a prioridade em razão da natureza do crédito e, em seguida, a preferência decorrente da anterioridade da penhora, à luz do princípio do *prior in tempore.*

42.14 NULIDADE DA EXECUÇÃO

O art. 803 enumera as situações que inquinam de nulidade o processo de execução:

> I – o título executivo extrajudicial não corresponder a obrigação certa, líquida e exigível;
>
> II – o executado não for regularmente citado;
>
> III – for instaurada antes de se verificar a condição ou de ocorrer o termo.

Nos termos do § único deste artigo, a nulidade "será pronunciada pelo juiz, de ofício ou a requerimento da parte, independentemente de embargos à execução". Com efeito, sendo evidente a nulidade, aferível sem a necessidade de dilação probatória, o devedor poderá argui-la por petição, nos próprios autos da execução. Caso se faça necessária a produção de provas, o devedor deverá se valer da ação autônoma de embargos do devedor.

42.15 ARREMATAÇÃO DE BEM GRAVADO POR PENHOR, HIPOTECA OU ANTICRESE

O art. 804 do CPC estipula que a eficácia da alienação, em relação ao credor pignoratício, hipotecário ou anticrético, pressupõe sua intimação. Entretanto, há um marco temporal para a insurgência do credor pignoratício, hipotecário ou anticrético no processo de execução. De acordo com a jurisprudência do STJ, "a desconstituição da arrematação, após a expedição da respectiva carta de arrematação e transferência da propriedade, deve ser deduzida em ação própria, anulatória." [35]

---

[34] STJ. AgRg no REsp 300.046/DF, Rel. Ministra NANCY ANDRIGHI, PRIMEIRA SEÇÃO, julgado em 20/04/2001, DJ 25/06/2001, p. 174.

[35] STJ. REsp 1219329/RJ, Rel. Ministro JOÃO OTÁVIO DE NORONHA, DJe 29/04/2014.

A jurisprudência do STJ também esclarece que:

O objetivo da notificação, de que trata o art. 1501 do Código Civil, é levar ao conhecimento do credor hipotecário o fato de que o bem gravado foi penhorado e será levado à praça de modo que este possa vir a juízo em defesa de seus direitos, adotando as providências que entender mais convenientes, dependendo do caso concreto.

Realizada a intimação do credor hipotecário, nos moldes da legislação de regência (artigos 619 e 698 do Código de Processo Civil [1973]), a arrematação extingue a hipoteca, operando-se a sub-rogação do direito real no preço e transferindo-se o bem ao adquirente livre e desembaraçado de tais ônus por força do efeito purgativo do gravame[36].

A ineficácia também acontece em relação à alienação de bem:

- Art. 804, § 1º – objeto de promessa de compra e venda ou de cessão registrada, em relação ao promitente comprador ou ao cessionário não intimado.
- Art. 804, § 2º – sobre o qual tenha sido instituído direito de superfície, seja do solo, da plantação ou da construção, em relação ao concedente ou ao concessionário não intimado.
- Art. 804, § 4º – imóvel sobre o qual tenha sido instituída enfiteuse, concessão de uso especial para fins de moradia ou concessão de direito real de uso, em relação ao enfiteuta ou ao concessionário não intimado.
- Art. 804, § 6º – sobre o qual tenha sido instituído usufruto, uso ou habitação, em relação ao titular desses direitos reais não intimado.
- A mesma ineficácia atingirá a alienação de direito(s):
- Art. 804,§ 3º – aquisitivo de bem objeto de promessa de venda, de promessa de cessão ou de alienação fiduciária, em relação ao promitente vendedor, ao promitente cedente ou ao proprietário fiduciário não intimado.
- Art. 804, § 5º – do enfiteuta, do concessionário de direito real de uso ou do concessionário de uso especial para fins de moradia, em relação ao proprietário do respectivo imóvel não intimado.

É necessário consignar que o executado não possui legitimidade para questionar a ineficácia do ato; apenas as pessoas referidas nos dispositivos acima mencionados são legitimados para arguir a ineficácia do negócio jurídico.

Por fim, a ineficácia da alienação em relação aos acima referidos credores hipotecários, anticréticos, etc. significa que o direito de sequela se mantém sobre o bem alienado.

---

[36] STJ. REsp 1201108/DF, Rel. Ministro RICARDO VILLAS BÔAS CUEVA,, DJe 23/05/2012.

42.16 EXECUÇÃO PARA A ENTREGA DE COISA CERTA

Nos termos do art. 806 do CPC e seu § 1º, citar-se-á o devedor de obrigação de entrega de coisa certa, constante de título executivo extrajudicial, para, em quinze dias, satisfazer a obrigação, podendo, desde logo o juiz arbitrar multa, passível de revisão, caso futuramente se mostre irrisória ou exorbitante. Constará, ainda, do mandado citatório ordem para imissão na posse ou busca e apreensão, conforme se tratar de bem imóvel ou móvel, cujo cumprimento se dará de imediato, se o executado não satisfizer a obrigação no prazo que lhe foi designado (§ 2º).

Se o executado entregar a coisa, diz o art. 807 do CPC, será lavrado o termo respectivo e considerada satisfeita a obrigação, prosseguindo-se a execução para o pagamento de frutos ou o ressarcimento de prejuízos, se houver.

Se a coisa tiver sido alienada, quando já litigiosa, o mandado será expedido contra o terceiro adquirente, que após depositá-la será ouvido.

Frustrada a entrega da coisa, conforme disposto no art. 809 do CPC, converter- se-á em obrigação de pagar quantia certa, equivalente ao valor da coisa e perdas e danos. O dispositivo exemplifica algumas situações em que a coisa não poderá ser entregue, em razão da deterioração, de não ter sido encontrada ou não ter sido reclamada do poder de terceiro adquirente.

Caso o título executivo extrajudicial seja silente em relação ao valor da coisa e não sendo possível avalia-la, o credor estimará o seu valor pecuniário, sujeitando-a ao arbitramento judicial. Havendo meios de estimar o valor da obrigação e dos prejuízos, a apuração far-se-á por liquidação (CPC, art. 809, §§ 1º e 2º).

Conforme determinado no art. 810 do CPC, havendo benfeitorias indenizáveis feitas na coisa pelo executado ou por terceiros de cujo poder ela houver sido tirada, a liquidação prévia é obrigatória. Se houver ressarcimento a ser pago ao devedor, o credor efetuará o depósito do valor no ato da propositura da execução; sendo o exequente credor esse valor poderá ser cobrado nos mesmos autos do processo de execução.

> As astreintes objetivam prestigiar a efetividade das decisões judiciais por meio de tutela específica, possibilitando que o credor obtenha a satisfação da obrigação de fazer, não fazer ou de entrega de coisa almejada, ou resultado prático equivalente, por meio da intimidação do devedor a realizar determinado comportamento ou abster-se, tal qual ajustado no plano do direito material. (...)
>
> Assim, deixando a medida de ser adequada para seu mister, não havendo mais justa causa para sua mantença, deve-se reconhecer, também, a possibilidade de revogação das astreintes pelo magistrado, notadamente quando a prestação tiver se tornado fática ou juridicamente inexigível, desnecessária ou impossível, tendo-se modificado sobremaneira a situação para a qual houvera sido cominada, sempre levando-se em conta os parâmetros da razoabilidade e proporcionalidade[37].

---

[37] STJ. REsp 1186960/MG, Rel. Ministro LUIS FELIPE SALOMÃO, DJe 05/04/2016.

A cominação de multa é admissível contra a Fazenda Pública "como meio executivo para cumprimento de obrigação de fazer (fungível ou infungível) ou entregar coisa".[38]

42.17 EXECUÇÃO PARA A ENTREGA DE COISA INCERTA

Tratando-se de execução de obrigação de entrega de coisa incerta, cabendo ao executado a escolha, ele será citado, nos termos do art. 811 do CPC. para entregá-la de forma individualizada sobre coisa determinada pelo gênero e pela quantidade. Se a escolha couber ao exequente, ele a fará na petição inicial.

O art. 812 do CPC dispõe que no prazo de quinze dias qualquer das partes poderáimpugnar a escolha feita pela outra, e o juiz decidirá de plano ou, se necessário, ouvindo perito de sua nomeação.

As regras da execução para entrega de coisa certa aplicam-se ao presente procedimento de execução de obrigação de coisa incerta.

42.18 EXECUÇÃO DAS OBRIGAÇÕES DE FAZER E NÃO FAZER

No processo de execução de obrigação de fazer ou de não fazer, o juiz despachará a inicial fixando o prazo para o cumprimento e fixará multa que incidirá, em favor do credor, em caso de atraso (CPC, art. 814). A despeito de Araken de Assis admitir a possibilidade de o devedor agravar deste despacho visando a dilação do prazo[39].

No arbitramento da multa o juiz observará a proporcionalidade e a razoabilidade, de modo que poderá adequar o valor mesmo quando a multa estiver prevista no título executivo extrajudicial, aumentando-o ou reduzindo-o.

Como visto no cumprimento de sentença, de acordo com a jurisprudência do STJ, o art. 139, inc. IV do CPC contempla a possibilidade de o juiz impor medidas executivas atípicas, tais como a apreensão do passaporte e a suspensão da CNH. Sob a perspectiva teórica, reconhece-se o juiz "não fica adstrito apenas à multa periódica e pode se valer de outros mecanismos dos arts. 497, § único e 536 e seus §§ para dar a melhor, mais justa e efetiva tutela ao credor da obrigação de fazer e não-fazer[40]", entendimento que foi consolidado na jurisprudência do STJ:

> A adoção de meios executivos atípicos é cabível desde que, verificando- se a existência de indícios de que o devedor possua patrimônio expropriável, tais medidas sejam adotadas de modo subsidiário, por meio de decisão que contenha fundamentação adequada às especificidades da hipótese concreta, com observância do contraditório substancial e do postulado da proporcionalidade[41].

---

[38] STJ. EREsp 770969/RS, 1ª Seção. Rel. Min. José Delgado, DJ 21.08.2006. REsp 893.041/RS, Rel. Min.Teori Albino Zavascki, DJ 14/12/2006.

[39] ASSIS, Araken de. *Manual da Execução.*11ª ed. RT: São Paulo, 2007, p. 525.

[40] THEODORO JR., Humberto. *Curso de Direito Processual Civil.* Vol. III, 51ª ed. Forense: Rio de Janeiro, 2018, p. 431.

[41] STJ, REsp 1.788.950/MT, Rel. Min. Nancy Andrighi, DJe 26.4.2019.

O procedimento da execução forçada de obrigação de fazer é impactado pela espécie de obrigação a ser satisfeita.

Tratando-se de obrigação fungível, nos termos dos arts. 816 e ss. do CPC, a irresignação do devedor possibilita que o credor requeira a satisfação da obrigação à custa do executado, hipótese em que o juiz, ao autorizar a prestação por terceiro, determinará que o credor adiante o valor da quantia estipulada na proposta por ele aprovada. É possível, também, que o exequente, no prazo de cinco dias após a aprovação judicial da proposta, realize a obrigação, pessoalmente ou sob sua direção e vigilância, pelo mesmo valor.

Realizada a prestação, o juiz ouvirá as partes no prazo de dez dias e, havendo ou não impugnação, decidirá sobre a satisfação da obrigação.

Tratando-se de obrigações de fazer infungíveis, que por serem de caráter personalíssimo, tornam inviáveis sua prestação por outrem, diante de uma obstinada resistência do devedor, mesmo submetido a medidas coercitivas visando à tutela específica, há de se resolver em perdas e danos. Assim, verificando a indomável resistência do devedor, o juiz deverá converter a obrigação em perdas e danos, sem prejuízo da obrigação de natureza cominatória, a multa.

A propósito, demandas interessantes sobre o tema foram assim decididas pelo STJ:

> I – A peculiaridade deste caso se dá em razão das partes envolvidas, a Rede Globo e a artista mineira, Gorete Milagres:
>
> DIREITO CIVIL. EXECUÇÃO DE OBRIGAÇÃO DE FAZER E NÃO FAZER. CONTRATO DE PRESTAÇÃO DE SERVIÇOS ARTÍSTICOS CELEBRADO ENTRE EMISSORA DE TV E COMEDIANTE. QUEBRA DA CLÁUSULA DE EXCLUSIVIDADE. EMBARGOS DO DEVEDOR. INADIMPLEMENTO DE OBRIGAÇÃO PERSONALÍSSIMA. COBRANÇA DE MULTA COMINATÓRIA. CABIMENTO.
>
> I – É admissível a aplicação de multa no caso de inadimplemento de obrigação personalíssima, como a de prestação de serviços artísticos, não sendo suficiente a indenização pelo descumprimento do contrato, a qual visa a reparar as despesas que o contratante teve que efetuar com a contratação de um outro profissional.
>
> II – Caso contrário, o que se teria seria a transformação de obrigações personalíssimas em obrigações sem coerção à execução, mediante a pura e simples transformação em perdas e danos que transformaria em fungível a prestação específica contratada. Isso viria a inserir caráter opcional para o devedor, entre cumprir ou não cumprir, ao baixo ônus de apenas prestar indenização. Recurso Especial provido[42].
>
> II – Este caso é destacado para demonstrar o descaso com que a empresa Lafarge Brasil S.A., maior fabricante de cimento do Brasil, trata o direito e o patrimônio públlco ao trafegar em rodovias federais com excesso de peso:

[42] STJ. REsp 482.094/RJ, Rel. p/ Acórdão Ministro SIDNEI BENETI, DJe 24/04/2009.

PROCESSUAL CIVIL. ADMINISTRATIVO. AÇÃO CIVIL PÚBLICA. TRÁFEGO EM RODOVIAS FEDERAIS. VEÍCULO COM EXCESSO DE PESO. PROIBIÇÃO. DANOS MATERIAIS E MORAIS. CONFIGURAÇÃO. ALEGAÇÃO DE OFENSA AO ART. 535 DO CPC/1973. NÃO OCORRÊNCIA. INEXISTÊNCIA DE REINCIDÊNCIA. INDENIZAÇÃO. QUANTUM. PRETENSÃO DE REEXAME FÁTICO-PROBATÓRIO. INCIDÊNCIA DO ENUNCIADO N. 7 DA SÚMULA DO STJ. SANÇÕES DO CTN. INSUFICIÊNCIA. ACÓRDÃO ALINHADO COM A JURISPRUDÊNCIA DO STJ.

I – Na origem, trata-se de ação civil pública ajuizada pelo Ministério Público Federal contra a sociedade empresária Lafarge Brasil S.A. objetivando compeli-la de abster-se de dar saída à veículos de carga, de seus estabelecimentos, ou de estabelecimentos de terceiros contratados a qualquer título, com excesso de peso, em desacordo com a legislação de trânsito, bem como sua condenação ao pagamento de indenização por dano material e moral coletivo.

II – Na sentença, o processo foi extinto, sem resolução de mérito, por falta de interesse processual do autor. No Tribunal a quo, a sentença foi reformada para julgar procedente o pedido, sendo fixada a multa pecuniária no montante de R$ 10.000,00 (dez mil reais) em caso de descumprimento da ordem judicial, bem como para condenar a ré no pagamento de indenização por danos materiais (cujo montante deverá ser apurado na fase de liquidação do julgado) e danos morais coletivos, no montante de R$ 250.000,00 (duzentos e cinquenta mil reais). Nesta Corte, conheceu-se parcialmente do recurso especial para, nessa parte, negar-lhe provimento. (...)[43].

A conversão da obrigação de fazer em perdas e danos, conforme § único do art. 821 do CPC, observará o procedimento de execução por quantia certa, o que demandará a fase de liquidação de sentença para apuração dos prejuízos suportados pelo exequente.

Na execução da obrigação de não-fazer, o ato a que o devedor deveria se abster já ocorreu, conforme se apreende do teor do art. 822 do CPC. Com efeito, o objetivo da execução é, quando possível e útil, o desfazimento do ato praticado ou então, a indenização, por não ser mais cabível a tutela específica, tampouco o resultado prático equivalente.

Enfim, "não sendo possível desfazer-se o ato, a obrigação resolve-se em perdas e danos, caso em que, após a liquidação, se observará o procedimento de execução por quantia certa" (CPC, art. 823, § único).

42.19 EXECUÇÃO POR QUANTIA CERTA CONTRA DEVEDOR SOLVENTE

A partir da norma fundamental do processo civil que assegura a satisfação do direito, o art. 824 do CPC, "a execução por quantia certa realiza-se pela

[43] STJ. AgInt no REsp 1862876/MG, Rel. Ministro FRANCISCO FALCÃO, SEGUNDA TURMA, julgado em 19/10/2020, DJe 22/10/2020.

expropriação de bens do executado". O Código prossegue indicando que a expropriação consiste em I – adjudicação; II – alienação e III – apropriação de frutos e rendimentos de empresa ou de estabelecimentos e de outros bens.

Visando assegurar a menor onerosidade possível para o executado, o art. 826 do CPC preconiza que "antes de adjudicados ou alienados os bens, o executado pode, a todo tempo, remir a execução, pagando ou consignando a importância atualizada da dívida, acrescida de juros, custas e honorários advocatícios".

Encontrando-se presentes as condições da ação e os pressupostos processuais, o juiz despachará a petição inicial, determinando a citação do devedor para pagar a dívida, acrescida de honorários advocatícios de 10%, no prazo de três dias, contados a partir da juntada aos autos do mandado de citação ou do AR ou da certidão de citação eletrônica. Se o devedor atender ao mandado, quitando a dívida neste prazo, o § 1º do art. 827 do CPC assegura-lhe a redução à metade do valor dos honorários advocatícios.

Constará, ainda, do mandado de citação, "a ordem de penhora e a avaliação a serem cumpridas pelo oficial de justiça tão logo verificado o não pagamento no prazo assinalado, de tudo lavrando-se auto, com intimação do executado".

Dispõe o art. 829, § 2º do CPC que "a penhora recairá sobre os bens indicados pelo exequente, salvo se outros forem indicados pelo executado e aceitos pelo juiz, mediante demonstração de que a constrição proposta lhe será menos onerosa e não trará prejuízo ao exequente".

A forma mais eficiente de se realizar a penhora é por meio do sistema SISBAJUD, Sistema de Busca de Ativos do Poder Judiciário que ainda está em desenvolvimento pelo CNJ, em parceria com o Banco Central e a Procuradoria da Fazenda Nacional (PGFN), que substituiu o BACENJUD e que é operado pelo juiz da causa. Por meio deste sistema, procede-se ao bloqueio das contas bancárias do devedor até o limite do débito, trata-se da medida executiva mais apropriada para realizar o objetivo da execução por quantia certa que é a de conferir ao credor o valor pecuniário reconhecido no título executivo.

> As funcionalidades deste sistema prometem agilizar a requisição de informações e o envio de ordens judiciais. Por esse sistema, permite-se requisitar informações detalhadas sobre extratos em conta corrente no formato esperado pelo sistema SIMBA do Ministério Público Federal, bem como os juízes poderão emitir ordens requisitando, das instituições financeiras, informações dos devedores, tais como: extratos simplificados, cópia dos contratos de abertura de conta-corrente e de conta de investimento, fatura do cartão de crédito, contratos de câmbio, cópias de cheques, além de extratos do PIS e do FGTS. O sistema permite o envio de ordem de bloqueio de valores em conta-corrente e também de ativos mobiliários como títulos de renda fixa e ações[44].

44 CNJ. SISBAJUD.

É possível, ainda, que o credor requeira a penhora via Renajud:

> um sistema on-line de restrição judicial de veículos criado pelo Conselho Nacional de Justiça (CNJ), que interliga o Judiciário ao Departamento Nacional de Trânsito (Denatran). A ferramenta eletrônica permite consultas e envio, em tempo real, à base de dados do Registro Nacional de Veículos Automotores (Renavam), de ordens judiciais de restrições de veículos — inclusive registro de penhora — de pessoas condenadas em ações judiciais[45].

Também está à disposição do juiz o sistema INFOJUD:

> tem por objetivo atender as solicitações feitas pelo Poder Judiciário à Receita Federal. Através dele é possível afastar o sigilo fiscal (declaração de imposto de renda de uma pessoa física ou jurídica), obter declaração de imposto territorial rural e informações cadastrais, bem como identificar os responsáveis fiscais das empresas. É possível ainda consultar a Declaração de Operações Imobiliárias (DOI)[46].

Entretanto, esse sistema não é admitido no processo de execução de titulo extrajudicial tendo em vista que os sigilos bancário e fiscal constituem direito fundamental. Deste modo modo, sua flexibilização somente se legitima para resguardar o interesse público, "não se afigurando cabível, ao revés, para a satisfação de interesse nitidamente particular, sobretudo quando não caracterizar nenhuma medida indutiva, coercitiva, mandamental ou sub- rogatória, como estabelece o art. 139, IV, do CPC/2015". Assim, "constitui mitigação desproporcional desse direito fundamental - que decorre dos direitos constitucionais à inviolabilidade da intimidade (art. 5º, X, da CF/1988) e do sigilo de dados (art. 5º, XII, da CF/1988) –, mostrando-se, nesses termos, descabida a sua utilização como medida executiva atípica"[47].

O arresto de bens do devedor, medida de natureza cautelar, vai ser realizado se o Oficial de Justiça não encontrar o executado. O arresto recairá sobre parcela do patrimônio do devedor suficiente para satisfação do crédito. Realizado o arresto, nos dez dias subsequentes, o oficial de justiça procurará o executado duas vezes em dias distintos para citá-lo. Se o Oficial suspeitar que o devedor está se ocultando, a citação será feita por hora certa (CPC, art. 830 e § 1º). Efetivada a citação, transcorridos os três dias para o devedor pagar,o débito, o arresto converte-se em penhora.

A penhora "tem a função de individualizar o bem, ou os bens, sobre os quais o ofício executivo deverá atuar para dar satisfação ao credor e submetê-los materialmente, à transferência coativa"[48]. É preciso salientar que o bem penhorado não o torna inalienável, desde que o executado, demonstre que a alienação não o tornou insolvente. Caso não se desincumba dessa prova, configurar-se-á fraude à execução e a alienação será ineficaz em relação ao exequente.

---

45 CNJ. Disponível em https://wwwh.cnj.jus.br/sistemas/renajud-4/ . Acesso em 07/01/2022.

46 TST. Disponível em https://www.tst.jus.br/web/corregedoria/infojud . Acesso em 07/01/2022.

47 STJ. REsp 1951176/SP, Rel. Min. MARCO AURÉLIO BELLIZZE, DJe 28/10/2021.

48 THEODORO JR., Humberto. *Curso de Direito Processual Civil.* Vol. III, 51ª ed. Forense: Rio de Janeiro, 2018, p.453.

O exequente, para se resguardar, deve estar atento ao enunciado do art. 844 do CPC. Assim, para que haja presunção absoluta, *juris et de jure*, de conhecimento por terceiros, deve o exequente providenciar a averbação do arresto ou da penhora no registro competente, independentemente de mandado judicial. Compreende-se, assim, que a inscrição da penhora não é um elemento constitutivo, tratando-se de requisito de eficácia perante terceiros e consequente caracterização da fraude à execução quando o bem tiver sido alienado após a averbação.

O princípio da dignidade humana também se concretiza no processo de execução quando o CPC define o regime das impenhorabilidades, ao elencar no art. 833 os bens impenhoráveis:

> I – os bens inalienáveis e os declarados, por ato voluntário, não sujeitos à execução;
>
> II – os móveis, os pertences e as utilidades domésticas que guarnecem a residência do executado, salvo os de elevado valor ou os que ultrapassem as necessidades comuns correspondentes a um médio padrão de vida;
>
> III – os vestuários, bem como os pertences de uso pessoal do executado, salvo se de elevado valor;
>
> IV – os vencimentos, os subsídios, os soldos, os salários, as remunerações, os proventos de aposentadoria, as pensões, os pecúlios e os montepios, bem como as quantias recebidas por liberalidade de terceiro e destinadas ao sustento do devedor e de sua família, os ganhos de trabalhador autônomo e os honorários de profissional liberal, ressalvado o § 2º;
>
> V – os livros, as máquinas, as ferramentas, os utensílios, os instrumentos ou outros bens móveis necessários ou úteis ao exercício da profissão do executado;
>
> VI – o seguro de vida;
>
> VII – os materiais necessários para obras em andamento, salvo se essas forem penhoradas;
>
> VIII – a pequena propriedade rural, assim definida em lei, desde que trabalhada pela família;
>
> IX – os recursos públicos recebidos por instituições privadas para aplicação compulsória em educação, saúde ou assistência social;
>
> X – a quantia depositada em caderneta de poupança, até o limite de 40 (quarenta) salários-mínimos;
>
> XI – os recursos públicos do fundo partidário recebidos por partido político, nos termos da lei;
>
> XII – os créditos oriundos de alienação de unidades imobiliárias, sob regime de incorporação imobiliária, vinculados à execução da obra.
>
> (...)

> § 3º Incluem-se na impenhorabilidade prevista no inciso V do *caput* os equipamentos, os implementos e as máquinas agrícolas pertencentes a pessoa física ou a empresa individual produtora rural, exceto quando tais bens tenham sido objeto de financiamento e estejam vinculados em garantia a negócio jurídico ou quando respondam por dívida de natureza alimentar, trabalhista ou previdenciária.

A impenhorabilidade não é absoluta, haja vista que os §§ 1º e 2º do art. 833 do CPC não admite invoca-la quandp a dívida exequenda for relativa ao próprio bem, inclusive àquela contraída para sua aquisição, nem quando se tratar de prestação alimentícia,, bem como às importâncias excedentes a 50 (cinquenta) salários-mínimos mensais.

O art. 835 do CPC, por sua vez, define a ordem preferencial dos bens penhoráveis:

> I – dinheiro, em espécie ou em depósito ou aplicação em instituição financeira;
>
> II – títulos da dívida pública da União, dos Estados e do Distrito Federal com cotação em mercado;
>
> III – títulos e valores mobiliários com cotação em mercado;
>
> IV – veículos de via terrestre;
>
> V – bens imóveis;
>
> VI – bens móveis em geral;
>
> VII – semoventes;
>
> VIII – navios e aeronaves;
>
> IX – ações e quotas de sociedades simples e empresárias;
>
> X – percentual do faturamento de empresa devedora;
>
> XI – pedras e metais preciosos;
>
> XII – direitos aquisitivos derivados de promessa de compra e venda e de alienação fiduciária em garantia;
>
> XIII – outros direitos.

Os §§ 1º e 2º do art. 835 admitem a substituição dos bens penhorados, considerando que mesmo a penhora de dinheiro, que,é preferencial sobre todas as demais, pode ser substituída por fiança bancária ou seguro garantia judicial no valor do pedido constante da inicial, acrescido de trinta por cento. Nas demais hipóteses, a substituição da penhora será admitida se não frustrar a efetividade da execução, consideradas as circunstâncias do caso concreto.

Por sua vez, o § 3º dispõe que "na execução de crédito com garantia real, a penhora recairá sobre a coisa dada em garantia, e, se a coisa pertencer a terceiro garantidor, este também será intimado da penhora".

O art. 836 do CPC, na interpretação do STJ, é compreendido no sentido de reconhecer que a irrisoriedade do valor penhorado, comparado ao total da dívida executada, não impede a penhora. Neste caso, suspende-se a execução porque os bens existentes forem insuficientes para que se efetivasse uma penhora útil, Com efeito, o dispositivo em comento, não obsta a penhora, a pretexto de que os valores penhorados são irrisórios, por isso não caracterizar uma das hipóteses de impenhorabilidade[49].

Nos termos dos §§ 1º e 2º do art. 836 do CPC, não sendo encontrados bens penhoráveis, o oficial de justiça descreverá na certidão os bens que guarnecem a residência ou o estabelecimento do executado, quando este for pessoa jurídica e nomeará o executado ou o representante legal da pessoa jurídica depositário provisório destes bens até ulterior determinação do juiz.

Realizada a penhora mediante a lavratura do respectivo termo ou auto, dela será intimado o devedor na pessoa do seu advogado ou da sociedade de advogados a que aquele pertencer. Se o executado não estiver representado nos autos, mas presenciou a realização da penhora, será intimado no ato, caso contrário, a intimação será feita, preferencialmente por via postal.

O art. 847 do CPC faculta ao executado, no prazo de 10 dias contado da intimação da penhora, pleitear a substituição do bem penhorado, desde que comprove que lhe será menos onerosa e não trará prejuízo ao exequente.

Incumbe, ainda, ao executado, individualizar os bens que oferece em substituição, devendo indicar onde se encontram, exibir a prova de sua propriedade e a certidão negativa ou positiva de ônus, bem como abster-se de qualquer atitude que dificulte ou embarace a realização da penhora. Tratando-se de executado casado em regime diverso do da separação absoluta de bens, o pedido de substituição por bem imóvel deve estar instruído com a expressa anuência do cônjuge.

Faz-se remissão, aos arts. 854 a 869 do CPC que estabelecem o procedimento a ser adotado de acordo com a espécie e natureza do bem ou direito constritos pela penhora.

Aperfeiçoada a penhora, o oficial de justiça procederá, se necessário, à avaliação do bem penhorado, conforme dispõe o art. 870 ou, se forem necessários conhecimentos especializados e o valor da execução o comportar, o juiz nomeará avaliador, fixando-lhe prazo não superior a 10 (dez) dias para entrega do laudo.

> O art. 871 do CPC elenca as hipóteses em que a avaliação é prescindível: I – se uma das partes aceitar a estimativa feita pela outra;
>
> II – se tratar de títulos ou de mercadorias que tenham cotação em bolsa, comprovada por certidão ou publicação no órgão oficial;

[49] STJ. AgRg no REsp 1.487.540/PR, Rel. Ministro Og Fernandes, DJe 18/12/2014; REsp 1.421.482/PR, Rel. Ministra Eliana Calmon, DJe 18/12/2013; AgRg no REsp 1.383.159/RS, Rel. Ministro Benedito Gonçalves, DJe 13/9/2013 REsp 1242852/RS, DJe 10-05-2011, REsp 1241768/RS, DJe 13-04-2011; REsp 1187161/MG, DJe 19-08- 2010. AgRg no REsp 1383159/RS, DJe 13-09-2013.

> III – se tratar de títulos da dívida pública, de ações de sociedades e de títulos de crédito negociáveis em bolsa, cujo valor será o da cotação oficial do dia, comprovada por certidão ou publicação no órgão oficial;
>
> IV – se tratar de veículos automotores ou de outros bens cujo preço médio de mercado possa ser conhecido por meio de pesquisas realizadas por órgãos oficiais ou de anúncios de venda divulgados em meios de comunicação, caso em que caberá a quem fizer a nomeação o encargo de comprovar a cotação de mercado.

O avaliador, seja o oficial de justiça ou nomeado judicialmente, deverá, ao indicar o valor, deverá, também, nos termos do art. 872 do CPC caracterizá-los e descrever o estado em que se encontram. Quando se tratar de imóvel divisível, a avaliação, será realizada em partes, sugerindo-se, com a apresentação de memorial descritivo, os possíveis desmembramentos para alienação.

Uma nova avaliação poderá ser realizada nos casos previstos no art. 873 do CPC quando:

> I – qualquer das partes arguir, fundamentadamente, a ocorrência de erro na avaliação ou dolo do avaliador;
>
> II – se verificar, posteriormente à avaliação, que houve majoração ou diminuição no valor do bem;
>
> III – o juiz tiver fundada dúvida sobre o valor atribuído ao bem na primeira avaliação.

Após a avaliação, o juiz, fundamentado no art. 874 do CPC poderá: I - reduzir a penhora aos bens suficientes ou transferi-la para outros, se o valor dos bens penhorados for consideravelmente superior ao crédito do exequente e dos acessórios; ou, II - ampliar a penhora ou transferi-la para outros bens mais valiosos, se o valor dos bens penhorados for inferior ao crédito do exequente.

Finda a fase de avaliação, o procedimento prosseguirá com a expropriação dos bens penhorados visando à satisfação do crédito. A expropriação pode ser efetivada por adjudicação, alienação particular ou arrematação.

O exequente pode, conforme permissivo contido no art. 876 do CPC, adjudicar os bens pelo valor da avaliação. A adjudicação é a forma preferencial de expropriação eleita pelo Código, por ser o procedimento mais singelo em comparação com as outras formas d, promove maior efetividade, celeridade e economia ao processo de execução. É "a adjudicação como ato de expropriação executiva em que o bem penhorado se transfere *in natura* para o credor, fora da arrematação"[50]. Além do credor, também estão legitimadas para adjudicar as pessoas enumeradas no art. 889, pelos credores concorrentes que hajam penhorado o mesmo bem, pelo cônjuge, companheiro, descendentes ou ascendentes do executado. Havendo mais

---

[50] THEODORO JR., Humberto. *Curso de Direito Processual Ciuvil.* Vol. III, 51ª ed. Op. cit., p. 564.

de um pretendente, diz o § 6º do art. 876 do CPC que se procederá à licitação entre eles, tendo preferência, em caso de igualdade de oferta, respectivamente, o cônjuge, o companheiro, o descendente ou o ascendente.

Requerida a adjudicação pelo exequente ou por qualquer dos legitimados, o executado será intimado para, se quiser, remir a execução, mediante o depósito judicial ou pagamento do valor da dívida atualizado e com todos os consectários legais, conforme art. 826 do CPC.

Em relação ao valor do crédito, observar-se-á o seguinte:

– se inferior ao dos bens, o requerente da adjudicação depositará de imediato a diferença, que ficará à disposição do executado;

– se superior ao dos bens, a execução prosseguirá pelo saldo remanescente. O que não tem sentido fazer no processo de execução:

– A adjudicação pelo exequente quando houver pluralidade de credores ou exequentes com direito ao valor da adjudicação porque terá de depositar o valor do bem adjudicado em juízo e, "nesse tipo de concurso, o exequente só tem direito dee levantar o produto da alienação judicial se houver sobra depois de satisfeitos os credores preferenciais.55" Somente um desavisado adjudicará o bem nesse caso, pois, além de não satisfazer o crédito o exequente ainda terá de desembolsar o valor do bem adjudicado para ser rateado entre os credores preferenciais.

- A remição do bem penhorado gravado por hipoteca se o valor não for suficiente para a satisfação integral do débito. O § 3º do art. 877 do CPC admite a remição do bem mediante o oferecimento de preço igual ao da avaliação, se não tiver havido licitantes, ou ao do maior lance oferecido. Todavia, se o valor do depósito efetuado para a remição do bem não for suficiente para extinguir a execução pela satisfação do crédito, "o imóvel remido continuará sujeito a ser penhorado para complementar o resgate da obrigação"[51]. Com efeito, a remição do bem nesse caso terá efeito nenhum.

Tratando-se de penhora sobre cotas ou ações de sociedade de pessoas, o art. 876, § 7º do CPC determina a intimação da sociedade para esta cientifique os sócios e estes, uma vez cientes da penhora, poderão exercer o direito de preferência.

Conforme o art. 877 do CPC, após o prazo de cinco dias, contado da última intimação, e decididas eventuais questões, o juiz ordenará a lavratura do auto de adjudicação, que será considerada perfeito e acabado com a assinatura do auto pelo juiz, pelo adjudicatário, pelo escrivão ou chefe de secretaria, e, se estiver presente, pelo executado. Em seguida, junto à carta de adjudicação será expedido em favor do adjudicante o mandado de imissão na posse, quando se tratar de bem imóvel. A carta de adjudicação deverá descrever o imóvel adjudicado com as informações necessárias e suficientes para possibilitar o seu registro cartorário., bem como a

[51] THEODORO JR., Humberto. *Curso de Direito Processual Ciuvil.* Vol. III, 51ª ed. Op. cit., p. 566.

prova de quitação dos tributos incidentes, considerando que "o bem arrematado ou adjudicado nas alienações judiciais passa ao arrematante ou adjudicante livre de ônus tributários, que não sejam os decorrentes da própria transmissão operada em juízo"[52].

Tratando-se de bem móvel, a carta de adjudicação será acompanhada da ordem de entrega ao adjudicatário.

Enfim, o art. 878 do CPC admite a realização ode novo pleito adjudicatório quando frustradas as tentativas de alienação do bem, sendo possível nova avaliação do bem.

Outra modalidade de expropriação é a alienação por iniciativa particular, que se encontra disciplinada no art. 880 do CPC, que terá lugar se o bem não tiver sido adjudicado. O procedimento a ser observado é o seguinte:

> I – O exequente fará o requerimento informando ao juízo se a alienação será realizada por sua própria iniciativa ou por intermédio de corretor ou leiloeiro público credenciado perante o órgão judiciário. Nas comarcas em que não houver profissional credenciado, o leiloeiro ou o corretor será de livre escolha do exequente.
>
> II – O juiz, ao deferir o requerimento, fixará o prazo para que se efetive a alienação, a forma de publicidade, o preço mínimo, as condições de pagamento, as garantias e, se for o caso, a comissão de corretagem.
>
> III – A alienação será formalizada por termo nos autos, com a assinatura do juiz, do exequente, do adquirente e, se estiver presente, do executado.
>
> IV – Após a lavratura do termo de alienação será expedia a carta de alienação e o mandado de imissão na posse, quando se tratar de bem imóvel ou a ordem de entrega ao adquirente, quando se tratar de bem móvel.

Diz o art. 881 do CPC que a alienação em leilão judicial, por leiloeiro público, ocorrerá se não efetivada a adjudicação ou a alienação por iniciativa particular. Apenas os bens sujeitos à alienação a cargo de corretores de bolsa de valores não estarão sujeitos ao leilão público.

O leilão será preferencialmente realizado por meio eletrônico, observadas as normas estabelecidas pelo CNJ. A prioridade do meio eletrônico se explica pelo fato de ampliar a concorrência, já que há uma considerável expansão da participação. O leilão judicial deverá atender aos requisitos de ampla publicidade, autenticidade e segurança, e, sendo eletrônico, deverá também, observar as regras sobre certificação digital. (CPC, arts. 882, 883)

---

52 THEODORO JR., Humberto. *Curso de Direito Processual Ciuvil.* Vol. III, 51ª ed. Op. cit., p. 574.

A designação judicial do leiloeiro poderá recair sobre aquele, porventura, indicado pelo exequente. O juiz também estabelecerá o preço mínimo, as condições de pagamento e as garantias que poderão ser prestadas pelo arrematante. (CPC, art. 885)

O art. 884 do CPC elenca as atribuições do leiloeiro público: I - publicar o edital, anunciando a alienação, atendendo aos requisitos elencados no art. 886; II - realizar o leilão onde se encontrem os bens ou no lugar designado pelo juiz; III - expor aos pretendentes os bens ou as amostras das mercadorias; IV - receber e depositar, dentro de 1 (um) dia, à ordem do juiz, o produto da alienação; V - prestar contas nos 2 (dois) dias subsequentes ao depósito.

O edital deverá, nos termos do art. 886 e §§, ser publicado na internet com pelo menos cinco dias de antecedência em relação à data do leilão. Os §§ 3º a 5º deste dispositivo são absolutamente obsoletos, pois atribuem ao meios impressos maior efetividade e alcance do que os meios eletrônicos, razão pela qual dispensam comentários.

O art. 889 do CPC estabelece a intimação da alienação judicial, com pelo menos cinco dias de antecedência das seguintes pessoas:

> I – do executado, por meio de seu advogado ou, se não tiver procurador constituído nos autos, por carta registrada, mandado, edital ou outro meio idôneo; Se for revel e não tiver advogado constituído, nem conste dos autos seu endereço atual ou, ainda, não sendo ele encontrado no endereço constante do processo, a intimação considerar-se-á feita por meio do próprio edital de leilão.
>
> II – do coproprietário de bem indivisível do qual tenha sido penhorada fração ideal;
>
> III – do titular de usufruto, uso, habitação, enfiteuse, direito de superfície, concessão de uso especial para fins de moradia ou concessão de direito real de uso, quando a penhora recair sobre bem gravado com tais direitos reais;
>
> IV – do proprietário do terreno submetido ao regime de direito de superfície, enfiteuse, concessão de uso especial para fins de moradia ou concessão de direito real de uso, quando a penhora recair sobre tais direitos reais;
>
> V – do credor pignoratício, hipotecário, anticrético, fiduciário ou com penhora anteriormente averbada, quando a penhora recair sobre bens com tais gravames, caso não seja o credor, de qualquer modo, parte na execução;
>
> VI – do promitente comprador, quando a penhora recair sobre bem em relação ao qual haja promessa de compra e venda registrada;
>
> VII – do promitente vendedor, quando a penhora recair sobre direito aquisitivo derivado de promessa de compra e venda registrada;
>
> VIII – da União, o Estado e o Município, no caso de alienação de bem tombado.

Todas as pessoas que estejam na livre administração de seus bens podem oferecer lance em leilão público, nos termos do art. 890 do CPC, exceto:

> I - os tutores, os curadores, os testamenteiros, os administradores ou os liquidantes, quanto aos bens confiados à sua guarda e à sua responsabilidade;
>
> II - os mandatários, quanto aos bens de cuja administração ou alienação estejam encarregados;
>
> III - o juiz, os membros do Ministério Público e da Defensoria Pública, todos os servidores e auxiliares da justiça, em relação aos bens e direitos objeto de alienação na localidade onde servirem ou a que se estender a sua autoridade;
>
> IV - os leiloeiros e seus prepostos, quanto aos bens de cuja venda estejam encarregados;
>
> V - os advogados de qualquer das partes.

O art. 891 do CPC veda a admissibilidade de lance que ofereça preço vil, assim compreendido como "o preço inferior ao mínimo estipulado pelo juiz e constante do edital, e, não tendo sido fixado preço mínimo, considera-se vil o preço inferior a cinquenta por cento do valor da avaliação" (CPC, § único do art. 891)[53].

Determina o art. 892 do CPC que o arrematante efetuará o pagamento imediatamente, por depósito judicial ou por meio eletrônico, a não ser que o juiz tivesse concedido prazo diverso..

O exequente pode arrematar o bem em leilão público, o que pode representar vantagem em relação à adjudicação, pois, diferentemente da adjudicação, a arrematação pode ser feita por valor inferior ao da avaliação. O § 1º do art. 892 dispõe que, se o exequente for o arrematante e o único credor, não estará obrigado a exibir o preço; todavia, se o valor dos bens exceder o do seu crédito, terá três dias para depositar a diferença, sob pena de tornar-se sem efeito a arrematação, designando-se novo leilão, à custa do exequente.

Se houver concurso de pretendentes, o § 2º do art. 892 do CPC determina que se faça uma licitação entre eles, e, havendo empate entre os lances terá preferência, respectivamente, o cônjuge, o companheiro, o descendente ou o ascendente do executado. Tratando-se de bem tombado, o § 3º estabelece em caso de igualdade de oferta, a seguinte ordem de preferência: União, Estados e Municípios.

Se o leilão for de diversos bens e houver mais de um lançador, o art. 893 do CPC resolve o imbróglio reconhecendo a preferência daquele que se propuser "a arrematá-los todos, em conjunto, oferecendo, para os bens que não tiverem lance, preço igual ao da avaliação e, para os demais, preço igual ao do maior lance que, na tentativa de arrematação individualizada, tenha sido oferecido para eles."

---

53 STJ. REsp 1796263/SP, Rel. Ministro HERMAN BENJAMIN, SEGUNDA TURMA, julgado em 28/03/2019, DJe 22/04/2019.

Se o imóvel admitir cômoda divisão, o art. 894 autoriza o juiz a acatar o requerimento do executado, para, em homenagem à menor onerosidade possível da execução, determinar a a alienação judicial de parte dele, desde que suficiente para o pagamento do exequente e para a satisfação das despesas da execução. Nesse caso, deverá o executado pleitear a venda fracionada antes da publicação do edital e instruir o requerimento com a planta e o memorial descritivo do imóvel (§ 2º).

Entretanto, conforme o § 1º, não havendo lançador, a alienação será do imóvel em sua totalidade. Ademais, a jurisprudência do STJ firmou-se no sentido de reconhecer que a possibilidade da do bem indivisível, em sua integralidade, em qualquer hipótese de copropriedade, desde que se resguarde ao coproprietário o direito de preferência na arrematação do bem ou, caso não o queira, a reparação financeira de sua quota-parte conforme o valor da avaliação e não sobre o preço obtido na alienação judicial (art. 843 do CPC/15). Assevera, ainda, a Corte, que a penhora recairá apenas na cota-parte pertencente ao executado, pois, trata-se de "um ato de afetação, por meio do qual são individualizados, apreendidos e depositados bens do devedor, que ficarão à disposição do órgão judicial para realizar o objetivo da execução, que é a satisfação do credor (...) que, à toda evidência, não pode ultrapassar o patrimônio do executado ou de eventuais responsáveis pelo pagamento do débito, seja qual for a natureza dos bens alcançados"[54].

O art. 895 do CPC admite a possibilidade de lance para pagar parceladamente o preço, em até 30 meses, se o pedido for formulado no primeiro leilão pelo valor da avaliação ou no segundo por preço que não se caracterize como vil e a proposta contemple, pormenorizadamente a forma de pagamento com o compromisso de pagar pelo menos 25% do valor à vista. Tratando-se de arrematação de bem móvel, o lançador deverá oferecer caução, sendo imóvel, o bem será gravado com hipoteca. No caso de impontualidade "no pagamento de qualquer das prestações, incidirá multa de dez por cento sobre a soma da parcela inadimplida com as parcelas vincendas" (§ 4º), Além disso, "o inadimplemento autoriza o exequente a pedir a resolução da arrematação ou promover, em face do arrematante, a execução do valor devido" (§ 5º). Essassanções são suficientemente graves para que o arrematante somente faça a proposta de pagamento parcelado se estiver suficientemente seguro da sua capacidade de pagamento.

Obiviamente, a proposta de pagamento à vista sempre prevalecerá sobre as propostas de parclemaneto (§ 7º). Do mesmo modo, havendo pluralidade de propostas de parcelamento, prevalecerá a de maior valor (§ 8º). E, por fim, esclarece o § 9º que "os pagamentos feitos pelo arrematante pertencerão ao exequente até o limite de seu crédito, e os subsequentes, ao executado"

---

[54] STJ. REsp 1818926/DF, Rel. Ministra NANCY ANDRIGHI, TERCEIRA TURMA, julgado em 13/04/2021, DJe 15/04/2021.

Tratando-se de imóvel de incapaz, os arst. 896, §§ a 898 do CPC disciplinam o procedimento a ser observado. Caso a proposta de arrematação seja inferior a 80% do valor da avaliação, o juiz poderá adiar por até um ano a alienação. Para evitar prejuízos para o incapaz, nomeará depositário responsável pela administração do bem, admitindo-se, inclusive sua locação. Findo o prazo, será designado novo leilão.

Havendo interessado em pagar o valor da avaliação do bem durante o prazo de suspensão, o juiz exigirá caução idônea e determinará a alienação em leilão. O arrependimento do pretendente ocasionar-lhe-á multa de 20% do valor da avaliação do bem em proveito do incapaz; essa que aplica a sanção constituir- se-á título executivo judicial. Caso o arrematante ou seu fiador não pague o preço no prazo, além de serem excluídos do novo leilão, perderão, em favor do exequente, a caução. Será sub-rogado nos direitos de arrematante o fiador do arrematante que pagar o valor do lance e a multa.

O leilão será suspenso assim que o produto da alienação for bastante para o pagamento do credor e das despesas processuais. O processo seguirá à fase de satisfação do credor se o arrematante eftuar o pagamento conforme condições e prazos estabelecidos no processo. Caso haja inadimplência do arrematante, cessa a suspensão e arrematação retoma sua marcha., com a publicação de novo edital designando data e demais requisitos para a perfectibilidade do leilão (CPC, art. 899).

Se o leilão não se encerrar no horário de expediente forense, ou seja, até às 20 horas, prosseguirá no dia útil imediato, à mesma hora em que teve início".

Nos termos do art. 901 do CPC, "a arrematação constará de auto que será lavrado de imediato e poderá abranger bens penhorados em mais de uma execução, nele mencionadas as condições nas quais foi alienado o bem". O § 1º determina que "a ordem de entrega do bem móvel ou a carta de arrematação do bem imóvel, com o respectivo mandado de imissão na posse" somente será expedida "após o depósito ou prestadas as garantias pelo arrematante, bem como realizado o pagamento da comissão do leiloeiro e das demais despesas da execução".

Independentemente da modalidade de leilão, conforme disposto no art. 903 do CPC, a arrematação será considerada perfeita, acabada e irretratável, assegurada a de reparação pelos prejuízos sofridos, bem como a invalidação da arrematação quando maculada por algum dos vícios indicados no § 1º. Prosseguindo, o dispositivo estabelece que após a expedição da carta de arrematação ou da ordem de entrega, o requerimento de invalidação da arrematação poderá ser endereçado ao juízo da execução no prazo de 10 dias ou, então, vencido esse prazo, por ação autônoma, na qual o arrematante participará litisconsorte necessário.

A jurisprudencial do STJ é pacífica no sentido de reconhece que "expedida a carta de arrematação, o reconhecimento de sua nulidade demanda ação própria; e, não sendo possível o retorno ao *statu quo ante*, deve o prejudicado pedir indenização por meio de ação própria, caso entenda que aquela arbitrada pelo juízo da execução é insuficiente para recompor sua indevida perda patrimonial"[55].

O arrematante pode desistir da arrematação caso alguma das hipóteses previstas no § 5º do art. 903 do CPC:

> I – se provar, nos 10 (dez) dias seguintes, a existência de ônus real ou gravame não mencionado no edital;
>
> II – se, antes de expedida a carta de arrematação ou a ordem de entrega, demonstrar;
>
> a) a invalidade da rematação por ter sido realizada por preço vil ou com outro vício;
>
> b) a ineficácia da arrematação por ter a alienação de bem gravado por penhor, hipoteca ou anticrese sido realizada sem a intimação do credor pignoratício, hipotecário ou anticrético;
>
> c) A resolução da arrematação por falta de pagamento do preço ou da prestação da caução.
>
> III – citado para responder a ação autônoma anulatória, o arrematante apresente a desistência no prazo de que dispõe para responder a essa ação.

É preciso cautela e responsabilidade no momento de questionar a higidez da arrematação, pois o § 6º do art. 903 do CPC tipifica como "ato atentatório à dignidade da justiça a suscitação infundada de vício com o objetivo de ensejar a desistência do arrematante, devendo o suscitante ser condenado, sem prejuízo da responsabilidade por perdas e danos, ao pagamento de multa, a ser fixada pelo juiz e devida ao exequente, em montante não superior a vinte por cento do valor atualizado do bem."

A satisfação do crédito ocorre:

> I – pela entrega do dinheiro ou
>
> II – pela adjudicação dos bens penhorados. (CPC, art. 904).

O exequente, na execução singular, tem direito, nos termos do art. 905 do CPC a receber o valor correspondente à satisfação do seu crédito, seja mediante levantamento do dinheiro depositado para garantir o juízo ou do produto dos bens alienados, ou do faturamento de empresa, ou de outros frutos e rendimentos de coisas ou de empresas penhoradas. Ressalvam-se duas situações: a execução concursal e a existência de preferência ou privilégio sobre os bens penhorados.

Estabelece o art. 906 do CPC que o exequente, por termo nos autos, dará quitação do que houver recebido por meio do mandado de levantamento ou pela

---

[55] Cf. STJ. AgRg no Ag 945.726/MG, Rel. Ministra MARIA THEREZA DE ASSIS MOURA,, DJe 18/10/2010; REsp 1763376/TO, Rel. Ministro LUIS FELIPE SALOMÃO, DJe 16/11/2020.

transferência eletrônica da conta do juízo para a sua conta. Se houver valor excedente, será restituído ao executado (CPC, art. 907)

Havendo mais de um credor o dinheiro será distribuído na ordem das respectivas preferências (CPC, art. 908). Na adjudicação ou alienação, os créditos que recaírem sobre o bem, inclusive os *propter rem*, sub-rogam-se sobre o respectivo preço, observada a ordem de preferência; por sua vez, não havendo ordem de preferência legalmente estabelecida, a distribuição do dinheiro seguirá a ordem de anterioridade das penhoras.

42.19.1 Do parcelamento do débito

O art. 916 prevê a possibilidade de parcelamento do débito cobrado em execução de título executivo extrajudicial. Para tanto, o devedor, conforme seus §§ 2º e 3º deve, no prazo que teria para opor embargos, a eles renunciar mediante requerimento de parcelamento da dívida em até 6 prestações mensais, mediante a concordância com o valor da execução e concomitante depósito de 30% do total, acrescido de custas e de honorários de advogado. As parcelas subsequentes ao depósito inicial serão acrescidas de correção monetária e de juros de um por cento ao mês.

Feito o requerimento, nos termos do § 3º do art. 916, ouve-se o exequente, que somente poderá se contrapor ao parcelamento se forem desatendidos os pressupostos previstos no referido art. 916. Em seguida, o juiz decidirá a matéria em até cinco dias. Trata-se, naturalmente, de mais um prazo impróprio, que não acarreta qualquer consequência para o magistrado que descumpri-lo. Entretanto, para o executado, os efeitos do requerimento de parcelamento são imediatos por incumbir-lhe o depósito das parcelas vincendas, independentemente do pronunciamento positivo do juiz.

Se o credor exercer a faculdade que lhe confere o § 2º do art. 916 e levantar as parcelas depositadas pelo executado haverá preclusão lógica por aceite tácito do pedido de parcelamento. Com efeito, enquanto cumpridas as condições do parcelamento pelo executado os atos executivos ficarão sobrestados. Destarte, o levantamento dos depósitos pelo credor equivale à transação e produzirá os mesmos efeitos do deferimento judicial.

O parcelamento, na execução de título executivo extrajudicial, é um direito subjetivo do devedor, que tem a seu favor o direito de ver a execução ser processada da forma que lhe for menos gravosa (CPC, art. 805), de sorte que, atendidos os pressupostos do parcelamento ele deve, necessariamente, ser deferido, independentemente da aquiescência do credor (CPC, art. 916, § 4º).

Se por qualquer razão não se fizerem presentes os pressupostos para o parcelamento, ele será indeferido, a execução prosseguirá e o depósito realizado pelo devedor será convertido em penhora. Há de se destacar um detalhe importante; certamente, nessa hipótese, o prazo para oposição de embargos pelo devedor já terá se escoado, cessando, assim, para o executado a possibilidade de contraposição à execução ou à higidez do título executivo extrajudicial.

Uma vez favorecido pelo parcelamento, incumbe ao devedor observar os prazos para o pagamento das prestações, sob pena de, nos termos do § 5º do art. 916 do CPC, acarretar o vencimento das prestações subsequentes, acrescidas de 10% e a retomada dos atos executivos.

Na vigência do Código revogado, admitia-se, nos mesmos moldes da legislação em vigor, o parcelamento do débito oriundo de título executivo extrajudicial. A despeito de inexistir vedação expressa para admiti-lo nas cobranças de título executivo judicial, uma interpretação restritiva era possível, pois, embargos do devedor só são oponíveis contra execução de título executivo extrajudicial. Assim, o revogado art. 745-A ao dizer que o parcelamento poderia ser requerido "no prazo para embargos" teria se referido, exclusivamente a execução de título executivo extrajudicial.

Todavia, apesar da inexistência de norma autorizativa do parcelamento em execução de título executivo judicial, a jurisprudência do STJ interpretando teologicamente o art. 745-A do Código revogado, admitia o parcelamento. Foi consignado que "a efetividade do processo, como instrumento de tutela de direitos, é o principal desiderato das reformas processuais produzidas pelas Leis n. 11.232/2005 e 11.382/2006"[56].

Pois bem, na codificação vigente, há expressa vedação ao parcelamento do débito na fase de cumprimento de sentença, § 7º do art. 916 e, interpretando esse dispositivo é fácil concluir que essa vedação milita em desfavor da cooperação, da efetividade e da duração razoável.

Todavia, a despeito dos inúmeros motivos favoráveis à admissibilidade do parcelamento da execução judicial, há de se considerar a arbitrariedade que significa o Judiciário afastar-se da aplicação da lei para decidir baseado em juízo de conveniência e oportunidade. Trata-se de manifesto abuso de poder em flagrante ofensa ao princípio da separação de poderes por ser atribuição do legislador delinear o procedimento que emoldura a garantia do devido processo legal. Consequentemente, o parcelamento do débito em execução de título judicial, por ser contrária a texto expresso de lei, abala o Estado de Direito Democrático. Assim, a despeito de todos os argumentos pró-parcelamento, registra-se a advertência do Ministro do Supremo Tribunal Federal Neri da Silveira:

> O respeito à Constituição e às leis há de ser postulado primeiro da ação do Poder Judiciário independente. Somente assim nele poderão todos os cidadãos, sem qualquer distinção, ter a certeza de que seus direitos e liberdades serão garantidos, de conformidade com a ordem jurídica e os valores que a informam[57].

Ressalva feita ao risco representado pelo ativismo judicial, atendo-se especificamente em relação ao instituto do parcelamento do débito, dúvidas não restam

---

[56] STJ. REsp 1194020/SP, Rel. Ministro JOÃO OTÁVIO DE NORONHA, TERCEIRA TURMA, julgado em 07/08/2014, DJe 25/08/2014. REsp 1264272/RJ, Rel. Ministro LUIS FELIPE SALOMÃO, QUARTA TURMA, julgado em 15/05/2012, DJe 22/06/2012.

[57] SILVEIRA, José Neri. *A Independência do Poder Judiciário e dos Magistrados.* Op. cit.

de que esse entendimento representaria vantagem, na medida em que conferiria efetividade à decisão judicial.

Além disso, o parcelamento contribuiria para desonerar o serviço judiciário, livrando-o da realização de uma série de atos executivos de considerável complexidade e onerosidade, sem perder de vista, ainda, a tumultuada realidade do Poder Judiciário perante o qual, o prazo de um semestre é irrisório. Para o credor é lucrativo, na medida em que o débito é corrigido monetariamente e acrescido de juros de 1% ao mês, taxa bastante atraente e extremamente difícil de ser obtida no mercado financeiro e, por fim, assegurar-se-ia ao devedor o direito ao meio executivo menos gravoso.

Extrai-se da Exposição de Motivos do Anteprojeto um argumento a mais a favor do parcelamento, uma vez que "a efetividade do acesso à Justiça deve continuar sendo alvo de nossas lutas, o que deve ocorrer é uma ampliação dos canais de obtenção da satisfação do jurisdicionado, não devendo haver restrições".

Na jurisdição ordinária, a matéria ainda não está pacificada. O TJSP, a propósito, ante a literalidade do dispositivo em questão, nega o parcelamento[58]. O TJMG, por sua vez, apresenta posicionamento favorável ao parcelamento[59], apesar de, ainda sob a égide da legislação revogada haver decisões negando-o. Favoravelmente também decidiu o TJRS[60].

Diante da divergência entre os tribunais estaduais, bem como a vantagem que representaria o parcelamento do débito na execução de título judicial, o legislador deveria considerar a possibilidade de emendar o CPC para contemplar esta possibilidade.

42.20 EXECUÇÃO DE TÍTULO EXECUTIVO EXTRAJUDICIAL CONTRA A FAZENDA PÚBLICA

Na execução fundada em título extrajudicial contra a Fazenda Pública, a citação é feita para que possa opor embargos à execução no prazo de trinta dias. Os embargos opostos pela Fazenda Pública podem ser total ou parcial, admitindo- se a alegação de qualquer matéria (CPC, art. 910)

Não opostos os embargos ou transitando em julgado a decisão que os rejeitar, expedir-se-á precatório, observando-se o art. 100 da Constituição da República.

Tratando-se de obrigação de pequeno valor, o juiz determinará o pagamento a ser feito no prazo de até dois meses contados da entrega da requisição, mediante depósito na agência de banco oficial mais próxima da residência do exequente.

---

58 Agravo de Instrumento nº 2163158-47.2016.8.26.0000, Relator(a): Maria Lúcia Pizzotti, 30ª Câmara de Direito Privado; Data do julgamento: 22/02/2017; Data de registro: 24/02/2017.

59 TJMG. Agravo de Instrumento-Cv 1.0701.14.046296-4/002, Relator(a): Des.(a) Luciano Pinto, 17ª CÂMARA CÍVEL, julgamento em 15/12/2016, publicação da súmula em 27/01/2017.

60 TJRS, Agravo de Instrumento nº 70067927814, 10ª Câmara Cível, Relator: Jorge Alberto Schreiner Pestana, Diário da Justiça do dia 27/04/2016.

Nos termos da jurisprudência do STJ, somente se forem opostos embargos à execução é que serão devidos honorários advocatícios na execução de título executivo extrajudicial contra a Fazenda Pública[61].

42.21 EXECUÇÃO DE TÍTULO EXECUTIVO EXTRAJUDICIAL DE OBRIGAÇÃO DE PRESTAR ALIMENTOS

Na execução fundada em título executivo extrajudicial que contenha obrigação alimentar, o juiz mandará citar o executado para pagar em três dias as parcelas vencidas anteriormente à execução e as que se vencerem no seu curso ou então, provar que o pagamento ou justificar a impossibilidade de fazê-lo.(CPC, art. 911), Nos termos dos §§ 2º a 7º do art. 528 do CPC, aplicáveis supletivamente no processo de execução de obrigação alimentar, extrai-se que somente a comprovação d a impossibilidade absoluta de pagar é que justifica o inadimplemento.

Com efeito, a alegação de incapacidade econômica do devedor não é suficiente para justificar o descumprimento da obrigação, dando causa, *a contrario sensu* à decretação de prisão civil, estipulada pelo juiz decretará pelo período de um a três meses, a ser cumprida em regime fechado.

Situações excepcionais que impliquem risco graves à saúde ou integridade física do executado autorizam a substituição do regime fechado para prisão domiciliar[62].

Considerando que a prisão é medida coativa, o aprisionamento não extingue a obrigação, sendo certo que, havendo pagamento a ordem de soltura é *in continenti*.

O débito alimentar autorizativo da prisão civil do alimentante é o que compreende. até as três prestações anteriores ao ajuizamento da execução e as que se vencerem no curso do processo.

Não se pode perder de vista que o propósito da execução de alimentos é assegurar a subsistência do exequente, o art. 912 do CPC estipula por isso que, quando possível, deverá ser realizado o desconto em folha de pagamento. Desta maneira, se o executado for funcionário público, militar, diretor ou gerente de empresa, bem como empregado sujeito à legislação do trabalho, o exequente deverá requerer o desconto em folha de pagamento de pessoal da importância da prestação alimentícia e, na omissão, cumpre ao juiz expedir de ofício a ordem de desconto.

Se o exequente optar pelo procedimento da execução por quantia certa, conforme art. 824 e ss., recaindo a penhora em dinheiro, a concessão de efeito suspensivo aos embargos à execução não impede o exequente de levantar mensalmente a importância da prestação.

---

61 STJ. AgInt na PET no REsp 1852630/RJ, Rel. Ministro BENEDITO GONÇALVES, PRIMEIRA TURMA, julgado em 16/08/2021, DJe 18/08/2021.

62 STJ. RHC 86.842/SP, Rel. Ministra NANCY ANDRIGHI, TERCEIRA TURMA, julgado em 17/10/2017, DJe 19/10/2017.

43

A DEFESA DO EXECUTADO: EMBARGOS À EXECUÇÃO

O executado, independentemente de garantir o juízo poderá opor embargos à execução, cujo procedimento encontra-se delineado nos arts. 914 a 920 do CPC..

Os embargos constituem-se ação autônoma, são distribuídos por dependência e autuados em apartado. É recomendável que o embargante instrua a inicial com cópia integral do processo de execução e com outros documentos que reputar necessários à demonstração dos fatos alegados.

A competência para processar e julgar os embargos é do juízo da execução. Na execução por carta, faculta-se ao devedor distribuir os embargos à execução no juízo deprecante ou no juízo deprecado, sem que o local da distribuição interfira na competência. Há uma exceção em que a competência será do juízo deprecado: quando os embargos veicularem unicamente matéria relacionada a vícios ou defeitos da penhora, da avaliação ou da alienação dos bens efetuadas no juízo deprecado.

O prazo para oposição dos embargos é de quinze dias contados a partir da citação, na forma do art. 231 do CPC. Se houver litisconsórcio passivo, o prazo para os embargos é contado separadamente, a partir da respectiva citação, a não ser que os litisconsortes sejam cônjuges ou companheiros, iniciando-se a fluência do prazo a partir da última citação. Não há prazo em dobro para oposição dos embargos, isto é, a regra do art. 229 do CPC não se aplica aos embargos à execução.

Tratando-se de execução por carta, o prazo para os embargos será contado:

> I – da citação no juízo deprecado, se versarem unicamente sobre vícios ou defeitos da penhora, da avaliação ou da alienação dos bens;
>
> II – da juntada da comunicação eletrônica transmitida pelo juízo deprecado ao juízo deprecante noticiando a realização da citação nos autos do processo de execução
>
> III – ou, não havendo a referida comunicação eletrônica, da juntada da carta precatória nos autos de origem e os embargos versarem sobre questões além dos vícios dos atos de penhora, avaliação ou alienação realizados no juízo deprecado.

O executado poderá, nos termos do art. 916 do CPC, requerer o parcelamento do débito em até seis parcelas, desde que, concorde com o valor da execução e, no prazo dos embargos, comprovando o depósito de trinta por cento do valor em execução, acrescido de custas e de honorários de advogado. O valor das parcelas será monetariamente atualizado e acrescido de juros de um por cento ao mês.

Antes de decidir sobre o parcelamento o exequente será ouvido e, este, verificando a insuficiência do depósito inaugural, ao invés de se insurgir contra o parcelamento, adotará uma posição bem mais vantajosa caso requeira a intimação do executado para complementa-lo ou para que acresça às parcelas vincendas o valor faltante. Indubitavelmente, o processo será mais célere, econômico e efetivo.

A demora judicial em apreciar o pedido de parcelamento não suspende a exigibilidade das parcelas vincendas, cabendo ao executado depositá-las. Deferida a proposta, o exequente levantará a quantia depositada, e os atos executivos serão suspensos.

Se o executado não atender aos requisitos legais para o parcelamento, a proposta será indeferida e a execução seguirá seu curso. O § 4º do art. 916 do CPC, diz que o depósito será convertido em penhora. Essa regra, no entanto, não faz sentido tendo em vista que, a despeito de desatendidos os pressupostos para obtenção do parcelamento, precluiu o prazo para o executado se opor à execução de modo que ela prosseguirá, sem resistência, em direção à expropriação patrimonial do executado. Portanto, muito mais efetivo e razoável seria o CPC reconhecer esse depósito como pagamento parcial, autorizando, desde logo seu levantamento pelo exequente, prosseguindo-se os atos executórios pelo saldo remanescente.

Deferido o parcelamento, o inadimplemento do pagamento das prestações implica no vencimento antecipado das demais parcelas, acrescidas de multa de dez por cento e na retomada do curso da execução, com a realização dos atos executórios.

Diferentemente da impugnação ao cumprimento da sentença, não há limitação das matérias a serem deduzidas em embargos à execução, sendo o rol do art. 917 do CPC meramente exemplificativo, haja vista que a defesa do executado é ampla e irrestrita.

Vícios relacionados à penhora ou avaliação podem ser alegados, no prazo de quinze dias contados da ciência do ato, na própria execução, sem necessidade do ajuizamento dos embargos.

Tratando-se de execução por quantia certa, se porventura o executado alegar nos embargos excesso de execução, incumbe-lhe o ônus de indicar o valor que entende correto e instruir a petição com o demonstrativo discriminado e atualizado do cálculo.

Se o executado não se desincumbir destes ônus, a matéria estará preclusa, uma vez que não há previsão legal admitindo a emenda da petição inicial dos embargos[1]. Assim, se o excesso for a única matéria deduzida nos embargos à execução, serão liminarmente indeferidos. Se além do excesso outras matérias forem deduzidas, é vedado ao juiz deliberar sobre o alegado excesso de execução.

Além da situação acima, o art. 918 do CPC estabelece que os embargos à execução serão liminarmente indeferidos quando for o caso de: intempestividade/inépcia da petição inicial; julgamento de improcedência liminar do pedido e embargos protelatórios.

Indeferidos os embargos por serem manifestamente protelatórios o juiz condenará o embargante nas sanções cominadas à prática dos atos atentatórios à dignidade da justiça.

Via de regra, os embargos não possuem efeito suspensivo, podendo tal efeito ser deferido se presentes os requisitos para a concessão da tutela provisória e a execução esteja garantida por penhora, depósito ou caução suficientes. A tutela provisória parcialmente concedida não impede o prosseguimento da execução em relação à parcela do objeto não acobertada pelo efeito suspensivo.

Tratando-se de litisconsórcio passivo na execução, o § 4º do art. 919 dispõe que a concessão de efeito suspensivo aos embargos oferecidos por um dos executados não suspende a execução em relação aos demais, quando o respectivo fundamento disser respeito exclusivamente ao embargante.

Esclarece-se que o efeito suspensivo não obsta a realização dos atos de substituição, de reforço ou de redução da penhora e de avaliação dos bens.

Admitem-se, ainda, a propositura de embargos de retenção por benfeitorias, situação que permite aoo exequente requerer a compensação de seu valor com o dos frutos ou dos danos considerados devidos pelo executado. Se necessário, o juiz poderá, para a apuração dos respectivos valores determinar a produção de prova pericial. Note-se que o § 6º do art. 917 do CPC possibilita ao exequente ser imitido na posse da coisa, desde que preste caução ou deposite o valor devido pelas benfeitorias ou resultante da compensação.

Recebidos os embargos, o embargado será intimado na pessoa do seu advogado para impugna-los no prazo de quinze dias, se for o caso, haverá o julgamento antecipado do pedido ou, então, proceder-se-á à instrução e, em seguida, ao julgamento.

Da sentença que julga os embargos cabe apelação. O apelo contra a sentença que os extingue sem resolução do mérito ou os julga improcedentes será recebida com efeito meramente devolutivo, possibilitando o prosseguimento da execução. Sendo procedentes, a apelação será recebida em ambos efeitos, devolutivo e suspensivo.

---

1 STJ. AgInt nos Edcl no Resp n.1.333.388/PR, Rel. Ministro MARCO BUZZI, DJe 9/12/2018.

44

EXTINÇÃO DO PROCESSO DE EXECUÇÃO

Será proferida sentença declarando a extinção da execução se presentes quaisquer das situações preconizadas no art. 924 do CPC:

> I – a petição inicial for indeferida;
>
> II – a obrigação for satisfeita;
>
> III – o executado obtiver, por qualquer outro meio, a extinção total da dívida;
>
> IV – o exequente renunciar ao crédito;
>
> V – ocorrer a prescrição intercorrente.

45

EXECUÇÃO FISCAL

A Lei de Execução Fiscal (LEF), Lei nº 6830/80, regula a cobrança judicial dos créditos da administração públic

a, trata-se, portanto, de um fenômeno jurídico que se realiza fundamental e exclusivamente perante a jurisdição. Além disso, trata-se de uma norma em vigor há mais de quatro décadas, tempo suficiente para o amadurecimento de vasta e consolidada jurisprudência sobre a matéria. Desta maneira, a experiência de mais de quarenta anos dos tribunais na lida cotidiana e prolífica com a execução fiscal nos permite basear o desenvolvimento do tema apenas a partir do entendimento jurisprudencial. Essa opção pela jurisprudência como fonte primária do estudo da execução fiscal, sem desconhecer a doutrina, implica em expressa e consciente renúncia à exposição teórica considerando a natureza didática e prática que identifica esta obra.

No caso da execução fiscal, além da escassez de literatura especializada, a teoria que está conforme o entendimento dos tribunais encontra-se recepcionada pela jurisprudência, estando, assim, por ela absorvida. Os entendimentos teóricos dissonantes, por sua vez, dada a robustez da jurisprudência, não têm aptidão para reverter a *jurisdictio*, principalmente quando se considera que o CPC filiou-se a um paradigma de sistema processual fortemente baseado na uniformidade, integridade, estabilidade e coerência da jurisprudência. Desta maneira, é crível e razoável sustentar que sem mudanças na LEF a jurisprudência, construída ao longo das últimas quatro décadas, permanecerá estável e uniforme.

O fato de a LEF viger desde 1980 não significa, contudo, tratar-se de uma norma que confira efetividade, eficiência e satisfatividade dos créditos públicos cobrados judicialmente. Ao contrário, o que se apreende do Relatório Justiça em Números 2021 é que a execução fiscal é a principal causa da morosidade processual; com os processos tendo duração média de 131 meses na Justiça Federal e 94 meses no judiciário estadual. Para dar ideia da situação, o CNJ assevera que se fosse possível estancar a propositura de novas execuções fiscais, o Poder Judiciário necessitaria de 82 meses para liquidar o acervo existente[64]. Pode-se ver, portanto, que a morosidade e inefetividade entrelaçam-se.

> A maior parte dos processos de execução é composta pelas execuções fiscais, que representam 68% do estoque em execução. Esses processos são os principais responsáveis pela alta taxa de congestionamento do Poder Judiciário, representando aproximadamente 36% do total de casos pendentes e congestionamento de 87% em 2020. Há de se destacar, no entanto, que há casos em que o Judiciário esgotou os meios previstos em lei e ainda assim não houve localização de patrimônio capaz de satisfazer o crédito, permanecendo o processo pendente. Ademais, as dívidas chegam ao Judiciário após esgotados os meios de cobrança administrativos, por isso a difícil recuperação (...)
>
> as execuções fiscais representarem cerca de 38% do acervo de primeiro grau na Justiça Estadual (...) apenas no TJSP são 11 milhões de execuções fiscais pendentes. Na Justiça Federal, com média de 46% de execuções pendentes em relação ao acervo de ações pendentes[1].

Enfim, como afirmou o Supremo Tribunal Federal, o executivo fiscal "apresenta alto custo, reduzido índice de recuperação dos créditos públicos e contribui para o congestionamento do Poder Judiciário"[2].

A indisponibilidade dos créditos do Estado corresponde ao dever de cobrar suas dívidas como forma de assegurar a isonomia, a responsabilidade e justiça fiscais e arrecadar. Felizmente, a execução fiscal não é a única forma de o Estado cobrar suas dívidas. Com a cobrança judicial coexistem meios extrajudiciais, como é o caso do protesto de Certidão de Dívida Ativa,, que dá publicidade ao descumprimento das obrigações para com o Estado, além dos meios autocompositivos de conflitos e a arbitragem. A integração das formas heterocompositivas e autocompositivas de solução das dívidas fiscais amplia o acesso à justiça do Poder Público. Com efeito, ao proporcionar instrumentos mais efetivos e céleres de satisfação dos seus créditos o Estado assegura o respeito ao princípio da isonomia, pois, efetivamente, dispensa igual tratamento a todos perante a lei, além disso, ao realizar os seus créditos o Estado estará com melhor situação financeira para poder realizar adequadamente as funções públicas, além de fortalecer o Estado de Direito ao coibir o locupletamento ilícito dos devedores.

A execução fiscal é o instrumento processual de que se vale a administração pública, direta e indireta, da União, estados, Distrito Federal e municípios para cobrar Dívida Ativa, independentemente da natureza do crédito, pública ou privada, tributária ou não tributária, nos termos do art. 2º, § 1º da Lei nº 6830/80:

> Art. 2º Constitui Dívida Ativa da Fazenda Pública aquela definida como tributária ou não tributária na Lei nº 4.320, de 17 de março de 1964, com as alterações posteriores, que estatui normas gerais de direito financeiro para elaboração e controle dos orçamentos e balanços da União, dos Estados, dos Municípios e do Distrito Federal.

---

1 CNJ. Relatório Justiça em Números 2021.

2 STF. ADI 5135, Relator(a): ROBERTO BARROSO, Tribunal Pleno, julgado em 09/11/2016, PROCESSO ELETRÔNICO DJe-022 DIVULG 06-02-2018 PUBLIC 07-02-2018.

> § 1° Qualquer valor, cuja cobrança seja atribuída por lei [à administração pública, direta e indireta da União, estados, Distrito Federal e municípios]°, será considerado Dívida Ativa da Fazenda Pública.

A Lei nº 6.830/80 (LEF) ao disciplinar a Execução Fiscal estabeleceu um procedimento executivo especial considerando a indisponibilidade do interesse público que reveste a satisfação dos créditos da administração pública, bem como os propósitos da cobrança: promover a arrecadação e realizar justiça fiscal. A LEF reconhece as prerrogativas de autotutela administrativa que o Estado possui ao elaborar o título executivo extrajudicial, bem como, a necessidade de um processo diferenciado de cobrança judicial desses créditos. Esse processo, a execução fiscal, caracteriza-se pela supremacia do interesse público personificado nas pessoas jurídicas de direito público, o que se evidencia, *v.g.*, a partir da preferência do crédito tributário em relação aos demais créditos, ressalvados, apenas, os de natureza trabalhista[3].

Extraem-se da decisão proferida no REsp. Repetitivo nº 1.350.804-PR os requisitos a serem atendidos para inscrição do débito em dívida ativa:

1º) existência de lei autorizativa para a apuração administrativa que proporcionará a constituição do crédito;

2º) assegurar o contraditório prévio à apuração; e

3º) previsão legal autorizativa da inscrição do débito em dívida ativa[4].

A Certidão da Dívida Ativa (CDA), nos termos do § 6º do art. 2º da LEF, deve indicar todos os elementos necessários à identificação do débito, a fim de assegurar a legitimidade da cobrança e também, possibilitar a defesa do executado.

Os requisitos legais para a regularidade da certidão de dívida ativa encontram-se enumerados no artigo 2º, §§ 5º e 6º, da Lei nº 6.830/80 e servem para proporcionar a ampla defesa. Desse modo, a inexatidão ou eventual irregularidade constante da Certidão de Dívida Ativa somente implicará no decreto de nulidade quando privar o executado da completa compreensão da dívida cobrada[5]. Com efeito, a LEF ao enumerar os requisitos da certidão da dívida ativa tem o propósito de garantir ao executado defender-se em juízo tendo conhecimento do débito e do seu fundamento jurídico, evitando-se a arbitrariedade das execuções fiscais[6].

---

[3] A propósito: STJ. AgInt na SLS 2.889/MA, Rel. Ministro HUMBERTO MARTINS, CORTE ESPECIAL, DJe 25/06/2021.

[4] Cf. STJ. REsp 1860018/RJ, Rel. Ministro MAURO CAMPBELL MARQUES, PRIMEIRA SEÇÃO, DJe 28/06/2021. Julgamento do Tema Repetitivo nº 1064.

[5] STJ. AgRg no REsp nº 782075/MG, Rel. Ministro FRANCISCO FALCÃO, DJ de 06.03.2006; REsp nº 660895/PR, Rel. Ministro CASTRO MEIRA, DJ de 28.11.2005; REsp nº 660623/RS, Rel. Ministro LUIZ FUX, DJ de DJ 16.05.2005; REsp nº 485743/ES.

[6] STJ. REsp 1793716/RJ, Rel. Ministro HERMAN BENJAMIN, SEGUNDA TURMA, julgado em 26/02/2019, DJe 12/03/2019.

As lacunas deliberadamente existentes no procedimento disciplinado pela LEF são preenchidas pela aplicação subsidiária das normas do CPC. Entre ambos os textos normativos há uma relação de complementaridade. Com efeito, a aplicabilidade subsidiária do CPC tem lugar na ausência de norma específica na LEF. É de se ressaltar, portanto, que o CPC não se aplicará nas hipóteses em que conflitar com a LEF. A jurisprudência do STJ exemplifica casos de aplicação subsidiária do CPC no executivo fiscal:

> a) é possível a utilização do sistema Serasajud nos processos de Execução Fiscal;
>
> b) é legal a realização de pesquisas nos sistemas Bacenjud, Renajud e Infojud, por serem meios colocados à disposição da parte exequente para agilizar a satisfação de seus créditos, dispensando-se o esgotamento das buscas por outros bens do executado;
>
> c) sendo medida menos onerosa à parte executada, a anotação do nome em cadastro de inadimplentes pode ser determinada antes de exaurida a busca por bens penhoráveis;
>
> d) o uso da expressão verbal "pode", no art. 782, § 3°, do CPC/2015, demonstra que se cuida de faculdade atribuída ao juiz, a ser por ele exercida ou não, a depender das circunstâncias do caso concreto[71];
>
> I – Considerando a inexistência de regra específica na Lei n° 6.830/1980, admite-se a aplicação subsidiária do art. 827, § 1°, do CPC/2015 na hipótese de pagamento integral da dívida objeto da execução fiscal no prazo legal, possibilitando, assim, a redução do valor da verba honorária inicialmente fixado.
>
> III – Conforme o art. 10 da LEF, a penhora, na execução fiscal, pode recair sobre qualquer bem pertencente à parte executada, resguardados, tão somente aqueles que o ordenamento jurídico declara absolutamente impenhoráveis, sendo subsidiariamente aplicável o art. 833, IV, do CPC[7].
>
> IV – A instauração do incidente de desconsideração da personalidade jurídica – IDPJ, em sede de execução fiscal, para a cobrança de crédito tributário, revela-se excepcionalmente cabível diante da: (I) relação de complementariedade entre a LEF e o CPC, e não de especialidade excludente; e (II) previsão expressa do art. 134 do CPC quanto ao cabimento do incidente nas execuções fundadas em títulos executivos extrajudiciais[74].
>
> V – O requerimento de indisponibilidade de bens e direitos no âmbito de execução fiscal de dívida ativa não tributária encontra-se, em

---

[7] STJ. REsp 1793716/RJ, Rel. Ministro HERMAN BENJAMIN, SEGUNDA TURMA, julgado em 26/02/2019, DJe 12/03/2019.

> tese, fundamentado no poder de geral de cautela contemplado nos arts. 297 e 771 do CPC, subsidiariamente aplicáveis[8].

O cálculo da Dívida Ativa da Fazenda Pública, abrange a atualização monetária, os juros e multa de mora e os demais encargos previstos em lei ou contrato, inclusive os honorários devidos na execução fiscal. Assim, pode-se afirmar que todas essas parcelas compõem os "créditos fiscais exigíveis no âmbito do executivo fiscal, com as prerrogativas a este inerentes"[9]. Com efeito:

> Na ação executiva fiscal, o valor da causa será o da dívida constante da certidão, com os encargos legais, sendo certo que, nos embargos à execução, aquele (o valor da causa) deve ser equivalente à parte do crédito impugnado, de modo que o "quantum da condenação" e o "proveito econômico obtido" aos quais se refere o § 3º do art. 85 do CPC/2015 devem ter correlação com o crédito tributário controvertido[10].

Em relação à prescrição, o art. 2º, § 3º, da Lei 6.830/80, segundo a qual a inscrição em dívida ativa suspende o prazo prescricional por 180 (cento e oitenta) dias ou até a distribuição da execução fiscal, se anterior àquele prazo, aplica-se tão-somente às dívidas de natureza não-tributárias, porque a prescrição das dívidas tributárias regula-se por lei complementar, no caso o art. 174 do CTN[11]. A interrupção da prescrição pela citação ocorre com a citação de qualquer devedor, inclusive aqueles para quem a execução foi redirecionada.

Nos termos do § 8º do art. 2º da LEF e da Súmula STJ 392, "A Fazenda Pública pode substituir a certidão de dívida ativa (CDA) até a prolação da sentença de embargos, quando se tratar de correção de erro material ou formal, vedada a modificação do sujeito passivo da execução".

Ainda, de acordo com o entendimento sedimentado no STJ, há necessidade de prévia oportunização para emenda ou substituição da CDA, e, somente em caso de desatendimento haverá preclusão temporal ocasionando o, decreto de nulidade do título executivo[12].

O voto do Ministro Castro Meira no EREsp 846.064/RS, DJ 16/4/2007, esclarece a distinção entre emenda da CDA e substituição e respectivas consequências:

> Emenda constitui correção de defeito ou de erro, na inscrição e na certidão, por provocação da parte interessada ou de ofício pelo juiz, sem que se tenha que substituí-los integralmente por outros. A emenda refere- se, portanto, ao

---

8 STJ. REsp 1.713.033/SP, Rel. Ministro Herman Benjamin, DJe 14/11/2018; REsp 1.720.172/PE, Rel. Ministro Herman Benjamin, DJe 2/8/2018.

9 STJ. REsp 447.415/RS, Rel. Ministro JOSÉ DELGADO, Rel. p/ Acórdão Ministro LUIZ FUX, DJ 17/03/2003, p. 188.

10 STJ. REsp 1822840/SC, Rel. Ministro GURGEL DE FARIA, DJe 11/12/2019.

11 STJ. REsp 893.541/RS, Rel. Ministro FRANCISCO FALCÃO, PRIMEIRA TURMA, julgado em 12/12/2006, DJ 08/03/2007, p. 182. REsp 1165216/SE, Rel. Ministra ELIANA CALMON, SEGUNDA TURMA, julgado em 02/03/2010, DJe 10/03/2010.

12 STJ. REsp 954.770/RS, Rel. Ministra ELIANA CALMON, DJe 14/08/2008.

saneamento de possíveis irregularidades existentes na certidão. Geralmente, o juiz, que conduz as diligências e atos processuais da ação de execução fiscal, examina a certidão tão logo lhe chegue em conclusão o processo, após os trabalhos de autuação e registro. Pode ser que neste momento verifique defeito ou erro que possa ser sanado. Quando isto ocorre, determina, então, que seja emendada.

Já a substituição diz respeito a colocação de uma certidão nova no lugar da anterior, em virtude de defeito ou erro grave que implica na sua nulidade. Assim, ao contrário da emenda, a substituição tem como causa a necessidade de alteração completa da certidão da dívida ativa, inclusive da quantia cobrada. No entanto, o prazo para que a Fazenda Pública proceda à substituição termina no momento em que for proferida a decisão de primeira instância. Este prazo é de preclusão ("A Execução da Dívida Ativa da Fazenda Pública", pp. 146/147)". 7. Dessume-se dos dispositivos legais citados e do trecho transcrito do voto condutor nos EREsp 846.064/RS a necessidade de distinguir substituição de emenda, e que a Súmula 392/STJ somente se aplica às hipóteses de substituição integral da CDA para correção de erro material ou formal que não implique modificação do sujeito passivo. Não se dirige às situações de emenda, por versarem estas sobre defeitos plenamente sanáveis cujo vício não detém gravidade ou extensão suficiente a ensejar a completa substituição do título executivo, tampouco produz prejuízo substantivo à defesa que determine a extinção do processo para a correção do defeito. 8. A razão para a aplicabilidade limitada da restrição contida na Súmula 392 é que os arts. 203 do CTN e 2º, § 8º, da LEF cuidam da situação de nulidade do título condicionada à demonstração de prejuízo.

O STJ assevera:

3. A pena de nulidade da inscrição e da respectiva CDA, prevista no art.

203 do CTN, deve ser interpretada *cum granu salis*. Isto porque o insignificante defeito formal que nãocompromete a essência do título executivo não deve reclamar por parte do exequente um novo processo com base em um novo lançamento tributário para apuração do tributo devido, posto conspirar contra o princípio da efetividade aplicável ao processo executivo extrajudicial.

4. Destarte, a nulidade da CDA não deve ser declarada por eventuais falhas que não geram prejuízos para o executado promover a sua a defesa.

5. Estando o título formalmente perfeito, com a discriminação precisa do fundamento legal sobre que repousam a obrigação tributária, os juros de mora, a multa e a correção monetária, revela-se descabida a sua invalidação, não se configurando qualquer óbice ao prosseguimento da execução[13].

Por sua vez, "a jurisprudência do STJ firmou-se no sentido de que não é possível corrigir, na certidão, vícios do lançamento e/ou da inscrição. A emenda ou substituição da CDA é admitida diante da existência de erro material ou formal, não sendo cabível, entretanto, quando os vícios decorrem do próprio lançamento ou da inscrição"[14].

---

13 STJ. AgRg no Ag 485.548/RJ, Rel. Ministro Luiz Fux, DJ 19/05/2003.

14 STJ. REsp 1782735/RS, Rel. Ministro HERMAN BENJAMIN, SEGUNDA TURMA, julgado em 07/05/2019, DJe 22/05/2019.

Entretanto, o acolhimento dos embargos do devedor por excesso de execução, alterando o valor da execução fiscal não retira a liquidez e certeza da CDA, não havendo, portanto, necessidade de retificação ou substituição do título executivo[15].

A competência territorial para a propositura da execução fiscal é concorrente, conforme o § 5º do art. 46 do CPC: "no foro de domicílio do réu, no de sua residência ou no lugar onde for encontrado".

O STJ no julgamento do Tema Repetitivo nº 1092 firmou a seguinte tese:

> É possível a Fazenda Pública habilitar em processo de falência crédito objeto de execução fiscal em curso, mesmo antes da vigência da Lei n. 14.112/2020 e desde que não haja pedido de constrição no juízo executivo[16].

A respeito da legitimidade passiva na execução fiscal, o Superior Tribunal de Justiça entende que na CDA, "além do nome do devedor e de outras informações, pode constar o nome de pessoas físicas ou jurídicas na qualidade de corresponsáveis pelo adimplemento do débito que tenham participado do procedimento administrativo fiscal, admitindo-se, assim, que a execução fiscal possa ser redirecionada ao corresponsável nela indicado, cabendo à parte então executada defender-se por meio dos embargos do devedor"[17].

A petição inicial na execução fiscal tem os seus requisitos indicados no art. 6º da LEF, não havendo a possibilidade de uma interpretação jurídica para se outros não previstos no referido dispositivo. Para a propositura valida da execução fiscal, compete ao exequente, na petição inicial indicar o juiz a quem é dirigida, formular pedido, requerer a citação do devedor e especificar o valor da causa que será o valor da dívida. A CDA instruirá a inicial por ser documento indispensável à propositura da ação. O § 2º do art. 6º admite que a petição inicial e a CDA constituam um único documento.

Sobre o tema, o STJ, no julgamento do Tema Repetitivo 268 construiu a seguinte tese:

> É desnecessária a apresentação do demonstrativo de cálculo, em execução fiscal, uma vez que a Lei n. 6.830/80 dispõe, expressamente, obre os requisitos essenciais para a instrução da petição inicial e não elenca o demonstrativo de débito entre eles[18].

E ainda, no julgamento do Tema Repetitivo 876 o STJ firmou mais uma tese em favor da prevalência do art. 6º da LEF:

> Em ações de execução fiscal, descabe indeferir a petição inicial sob o argumento da falta de indicação do CNPJ da parte executada (pessoa jurídica), visto

---

15 STJ. AgInt no REsp n. 1.704.550/SP, Rel. Ministro Mauro Campbell Marques, DJe 14/8/2018, AgInt no AREsp n. 1.488.089/SP, Rel. Ministro Francisco Falcão, DJe 11/5/2020. STJ. REsp 1872759/SP, Rel. Ministro GURGEL DE FARIA, DJe 25/11/2021.

16 STJ. REsp 1872759/SP, Rel. Ministro GURGEL DE FARIA, DJe 25/11/2021.

17 STJ. AREsp 1700670/GO, Rel. Ministro GURGEL DE FARIA, DJe 08/04/2021.

18 STJ. REsp 1138202/ES, Rel. Ministro LUIZ FUX, DJe 01/02/2010.

tratar-se de requisito não previsto no art. 6º da Lei nº 6.830/80 (LEF), cujo diploma, por sua especialidade, ostenta primazia sobre a legislação de cunho geral, como ocorre frente à exigência contida no art. 15 da Lei nº 11.419/06[19].

O procedimento da execução fiscal a partir do despacho liminar positivo observa o seguinte rito:

> Nos termos do art. 7º da Lei n. 6.830/1980, o despacho do juiz que defere a petição inicial da execução fiscal importa em ordens sucessivas ao oficial de justiça, o qual, citando a parte executada e não ocorrendo o pagamento nem a garantia da execução, deve proceder à penhora ou ao arresto de bens e/ou direitos, avaliando-os. Não havendo bens para serem penhorados pelo oficial de justiça, por força do art. 40 da Lei n. 6.830/1980, o juiz suspende o curso da execução e determina a intimação da Fazenda Nacional para que esta proceda às diligências que entender cabíveis para localização de bens penhoráveis; decorrido um ano e não encontrados bens, há o arquivamento da execução fiscal (§ 2º do art. 40 da Lei n. 6.830/1980)[20].

Não encontrados o devedor ou bens para serem penhorados, "inicia-se automaticamente o prazo de suspensão, na forma do art. 40, *caput*, da LEF (...) O que importa para a aplicação da lei é que a Fazenda Pública tenha tomado ciência da inexistência de bens penhoráveis no endereço fornecido e/ou da não localização do devedor. Isso é o suficiente para inaugurar o prazo, *ex lege*"[21].

Nos termos do art. 9º da LEF, o executado tem o dever de oferecer bens à penhora observando a ordem legal de preferência estabelecida no art. 11, sendo admissível afastar essa ordem se houver comprovação pelo executado de que a inversão se faz necessária em observância ao princípio da menor onerosidade da execução.

O art. 12 da LEF define a forma de intimação do devedor acerca da penhora realizada, como todo ato de comunicação processual, trata-se de ato formal realizado, via de regra, por publicação no DJ e, subsidiariamente, pelo correio, ou pessoalmente, por oficial de justiça. No julgamento do Recurso Especial 1.112.416 entendeu a Corte no sentido de que "o termo inicial para a oposição dos Embargos à Execução Fiscal é a data da efetiva intimação da penhora, e não a da juntada aos autos do mandado cumprido"[22].

Esse entendimento é relevante para a defesa do executado, pois, nos termos do art. 16 da LEF, o prazo de 30 dias para o devedor opor embargos à execução conta-se da penhora. Importante apontar que o STJ não reconhece o comparecimento espontâneo do executado após o ato de penhora como apto a substituir sua

---

19 STJ. REsp 1455091/AM, Rel. Ministro SÉRGIO KUKINA, DJe 02/02/2015.

20 STJ. REsp 1374556/RN, Rel. Ministro BENEDITO GONÇALVES, DJe 28/08/2013.

21 STJ. EDcl no REsp 1340553/RS, Rel. Ministro MAURO CAMPBELL MARQUES, DJe 13/03/2019.

22 STJ. AgRg no AREsp 613.798/SC, Rel. Ministro BENEDITO GONÇALVES, julgado em 24/02/2015, DJe 04/03/2015.

intimação formal, da qual deve constar a advertência do prazo para o oferecimento dos embargos à execução fiscal[23].

A garantia da execução é pressuposto da ação de embargos do devedor na execução fiscal. O § 1º do art. 16 é taxativo: "não são admissíveis embargos do executado antes de garantida a execução".

> No julgamento do REsp 1.127.815/SP, sob o rito do art. 543-C do CPC/1973, esta Corte consolidou o entendimento de que "não se deve obstar a admissibilidade ou apreciação dos embargos à execução pelo simples fato de que o valor do bem constrito é inferior ao valor exequendo, devendo o juiz proceder à intimação do devedor para reforçar a penhora". Ressaltou-se, entretanto, que "a insuficiência patrimonial do devedor é a justificativa plausível à apreciação dos embargos à execução sem que o executado proceda ao reforço da penhora, [...], desde que comprovada inequivocamente"[24].

Nos embargos à execução fiscal assegura-se ao executado a ampla defesa, conforme § 2º do art. 16 da LEF, lhe é facultado "alegar toda matéria útil à defesa, requerer provas e juntar aos autos os documentos e rol de testemunhas, até três, ou, a critério do juiz, até o dobro desse limite."

Os embargos do devedor podem ter efeito suspensivo, considerando-se que o "art. 919, § 1º, do CPC/2015) aplica-se às execuções fiscais, devendo ser observados os seguintes requisitos: requerimento do embargante; garantia do juízo; verificação, pelo Juiz, da relevância da fundamentação (fumus boni juris) e do perigo de dano irreparável ou de difícil reparação (periculum in mora)"[25].

O enunciado da Súmula 393/STJ diz que "a exceção de pré-executividade é admissível na execução fiscal relativamente às matérias conhecíveis de ofício que não demandem dilação probatória". A vantagem para o executado em utilizar a exceção de pré-executividade ao invés dos embargos é pelo fato de que a garantia do juízo não é pressuposto para sua admissibilidade. Rememora- se que a exceção de pré-executividade possibilita ao executado,, sem a necessidade dos embargos do devedor e, consequentemente, no caso da execução fiscal, sem a necessidade de garantia do juízo, questionar a viabilidade do processo executivo por ausência das condições da ação ou nulidades absolutas; matérias de ordem pública que devem ser conhecidas de ofício pelo juiz e que não demandam dilação probatória.

A respeito dos recursos, a LEF contém uma situação diferenciada. o art. 34 dispõe que causas de valor inferior a cinquenta Obrigações Reajustáveis do Tesouro Nacional (ORTNs), que "em maio de 2021 correspondia a R$1.113,30"[26] não

---

23 STJ. AgRg no REsp 1201056/RJ, Rel. p/ Acórdão Ministro MAURO CAMPBELL MARQUES, DJe 23/09/2011.

24 STJ. AgInt no REsp 1699802/RJ, Rel. Ministro BENEDITO GONÇALVES, DJe 26/03/2019.

25 STJ. AgInt no REsp 1920708/ES, Rel. Ministro BENEDITO GONÇALVES, julgado em 28/06/2021, DJe 30/06/2021.

26 TJMG. Apelação Cível 1.0000.21.151632-3/001, Rel. Des.(a) Wagner Wilson, DJe 24/11/2021.

ascendem ao segundo grau de jurisdição. Assim, abaixo desse valor, as decisões interlocutórias não são impugnáveis por agravo de instrumento e a sentença é impugnada pelo recurso de embargos infringentes dirigido e decidido pelo juízo da execução fiscal.

Por fim, em relação à distribuição dos ônus da sucumbência, o art. 26 da LEF diz que "se, antes da decisão de primeira instância, a inscrição de Divida Ativa for, a qualquer título, cancelada, a execução fiscal será extinta, sem qualquer ônus para as partes.

O STJ por meio da Súmula 153 decidiu que "a desistência da execução fiscal, após o oferecimento dos embargos, não exime o exequente dos encargos da sucumbência".

O pagamento extrajudicial do débito fiscal não exime o devedor dos ônus da sucumbência por "equivaler ao reconhecimento da dívida executada e do pedido da execução, e, em homenagem ao princípio da causalidade, leva o executado a arcar com o adimplemento integral dos honorários advocatícios, por ter dado causa ao ajuizamento da ação"[27].

A prescrição intercorrente não ocasiona ônus sucumbenciais para a Fazenda Pública[28], diferentemente do que acontece com a exceção de pré-executividade acolhida (excepcionado o caso de exceção embasada na prescrição intercorrente)

A jurisprudência do Superior Tribunal de Justiça tem se orientado "pela possibilidade de arbitramento de honorários advocatícios de sucumbência, cumulativamente, na execução fiscal e na ação que visa desconstituir o crédito executado"[29].

---

[27] STJ. REsp 1931060/PE, Rel. Min. MANOEL ERHARDT (DESEMBARGADOR CONVOCADO DO TRF5), DJe 23/09/2021.

[28] STJ. AgInt no REsp 1.892.578/CE, Rel. Ministro FRANCISCO FALCÃO, DJe de 06/04/2021.

[29] STJ. AgInt no REsp 1845746/RS, Rel. Ministro Benedito Gonçalves, DJe 15/4/2021.

46

AÇÃO RESCISÓRIA

O ordenamento jurídico brasileiro adota dois meios de impugnação das decisões judiciais: os recursos e as ações autônomas de impugnação, dentre as quais se inclui a ação rescisória, além da reclamação, do mandado de segurança e do *habeas corpus*. O que distingue os recursos das ações autônomas é o fato de que aqueles são interpostos no mesmo processo em que proferida a decisão judicial, enquanto as ações autônomas de impugnação instauram um novo processo.

A *ação rescisória* visa a rescindir a decisão de mérito *transitada* em julgado, com a possibilidade de rejulgamento da causa. Para não colocar em risco a segurança jurídica, as hipóteses de cabimento da ação rescisória são as estritamente previstas na legislação e devem ser interpretadas de forma restritiva, caso contrário, a eternização dos conflitos seria algo cogitável, porém indesejável, tendo em vista a possibilidade também, de ação rescisória contra decisão de mérito proferida em ação rescisória. Além disso, restaria severamente comprometida a segurança jurídica. "Com efeito, a Ação Rescisória não pode ser utilizada como sucedâneo de recurso, tendo lugar apenas nos casos em que a transgressão à lei é flagrante"[1].

Um aspecto de distinção substancial entre ação rescisória e os recursos é o fato de que a ação rescisória não se destina a "rever a (in)justiça da decisão rescindenda por eventual equívoco na apreciação da prova produzida no processo originário"[2], para isso, há a garantia do duplo grau de jurisdição.

---

1 STJ, AR 3.996/SC, Rel. Ministro GURGEL DE FARIA, Rel. p/ Acórdão Ministro NAPOLEÃO NUNES MAIA FILHO, PRIMEIRA SEÇÃO, julgado em 13/03/2019, DJe 21/05/2019. AR 4.112/SC, Rel. Ministro Marco Aurélio Bellizze, Terceira Seção, DJe 26.4.2013; AR 4.220/MG, Rel. Ministro Napoleão Nunes Maia Filho, Terceira Seção, DJe 18.5.2011; e AR 1.545/PR, Rel. Ministro Castro Meira, Primeira Seção, DJe 1º.10.2010.

2 STJ. AgRg no REsp 1.220.274/SP, Rel. Ministro Humberto Martins, Segunda Turma, DJe 22/02/2011; AR 1.084/SP, Rel. Ministro Mauro Campbell Marques, Primeira Seção, DJe 15/03/2010; AR 1.434/RS, Rel. Ministra Laurita Vaz, Terceira Seção, DJe 01/02/2010; AgRg na AR 4.325/PR, Rel. Ministro Luiz Fux, Primeira Seção, DJe 25/11/2009.

A ação rescisória, desta maneira, tem por causa de pedir a presença de uma grave ilegalidade que justifica a revisão da coisa julgada. Todavia, somente se admite sua propositura dentre as hipóteses taxativamente previstas nos incs. I a VIII do art. 966, do CPC, cuja finalidade é rescindir a decisão de mérito *transitada* em julgado e quando necessário, propiciar novo julgamento da causa. Há, assim, em regra, um duplo julgamento nas ações rescisórias, o da rescisão da decisão impugnada – *judicium rescindens* e o de novo julgamento da causa cuja decisão foi rescindida, *judicium rescissorium.*

A existência de quaisquer das causas de rescindibilidade, todavia, não afasta a autoridade da coisa julgada, que subsistirá enquanto não for julgada procedente a ação rescisória. Como ensina Barbosa Moreira e conforme disposto no art. 969 do CPC, a decisão transitada em julgado

> é até pressuposto da rescisão de ter-se ela revestido de tal autoridade. Enquanto não rescindida, apesar de defeituosa, a sentença tem força que normalmente teria, e produz os efeitos que normalmente produziria, se nenhum vício contivesse.(...) A sentença rescindível nem por isso deixa de ser exequível, o efeito executório produz-se como qualquer outro e nem sequer a propositura da ação rescisória o detém[3].

Assim, para suspender a eficácia da decisão rescindenda é necessário o autor da ação rescisória pleitear tutela provisória de urgência a ser deferida quando atendidos seus requisitos: – a verossimilhança das alegações – *fumus boni iuris*, consubstanciada na probabilidade de procedência do pedido da ação rescisória e, – o *periculum in mora,* consistente no perigo de lesão grave e de difícil reparação ao direito da parte, (CPC, art. 300)[4].

O STJ ressalva, todavia, que a concessão de tutela de urgência em ação rescisória exige um maior rigor no exame dos requisitos considerando "o caráter excepcional e específico dos aludidos pressupostos, em virtude da presunção de legitimidade das decisões judiciais e da necessidade de preservação da coisa julgada, corolários do princípio da segurança jurídica"[5].

Para fins de ação rescisória, é considerada decisão de mérito proferida conforme o art. 487 do CPC, ou seja, a que:

> I – acolhe ou rejeita o pedido formulado na ação ou na reconvenção;
>
> II – decide, de ofício ou a requerimento, sobre a ocorrência de decadência ou prescrição.

---

3 BARBOSA MOREIRA, J. C. *Comentários ao Código de Processo Civil.* Vol. V, 14ª ed. Rio de Janeiro: Forense, 2008, p. 107-108.

4 STJ, AgInt na AR 7.010/DF, Rel. Ministra REGINA HELENA COSTA, PRIMEIRA SEÇÃO, julgado em 28/09/2021, DJe 08/10/2021.

5 STJ, AgInt na AR 6.608/DF, Rel. Ministro LUIS FELIPE SALOMÃO, SEGUNDA SEÇÃO, julgado em 15/06/2021, DJe 21/06/2021. Informações complementares.

Desse dispositivo, se infere a possiblidade de ação rescisória para impugnar decisão interlocutória, desde que se "faça juízo sobre a existência ou a inexistência ou o modo de ser da relação de direito material objeto da demanda"[6].

Entretanto, é preciso ponderar, com base no que ensina Pontes de Miranda, que não só decisões de mérito são rescindíveis, haja vista a possibilidade de se propor ação rescisória para impugnar decisões terminativas:

> A despeito de no art. 485 [*atual 966*], do Código de Processo Civil se falar de 'sentença de mérito', qualquer sentença que extinga o processo sem julgamento do mérito (art. 267) [*atual 485*] e dê ensejo a algum dos pressupostos do art. 485, I-IX [*atual 966*], pode ser rescindida[7].

Nessa linha de entendimento, o art. 966, § 2º do CPC, contempla hipótese de ação rescisória para atacar decisões transitadas em julgado que, embora não sejam de mérito, impeçam:

> I – nova propositura da demanda, como no caso da extinção do processo por ilegitimidade de parte; ou
>
> II – a admissibilidade do recurso correspondente, hipótese em que o pedido é, tão somente, para que o recurso seja admitido, sob o argumento de ilegalidade da decisão rescidenda.

Por sua vez, decisões meramente homologatórias, capituladas no inc. III do referido art. 487 não são rescindíveis porque nelas não há julgamento na acepção do termo. Com efeito, "sentença que não aprecia o mérito do negócio jurídico de direito material, simplesmente homologatória, não enseja a ação rescisória e, sim, ação anulatória."[8] Ou nos precisos termos da lei:

> Os atos de disposição de direitos, praticados pelas partes ou por outros participantes do processo e homologados pelo juízo, bem como os atos homologatórios praticados no curso da execução, estão sujeitos à anulação, nos termos da lei. (CPC, § 4º do art. 966)

Da mesma forma, adecisões estabilizadas em tutelas antecipadas requeridas em caráter antecedente, nos termos do art. 304 do CPC, também não são impugnáveis por ação rescisória. A razão do impedimento se explica pelo § 6º do mesmo artigo, que não atribui a tais decisões aptidão para adquirirem autoridade de coisa julgada.

Por fim, por expressa vedação legal, também não são rescindíveis as decisões de mérito proferidas no âmbito dos juizados especiais, bem como aquelas

---

6 STJ, AgRg na AR 4.799/AL, Rel. Ministro Herman Benjamin, Primeira Seção, DJe 8/11/2016; REsp 784.799/PR, Rel. Ministro Teori Albino Zavascki, Primeira Turma, DJe 2/2/2010, AgInt no REsp 1.500.733/RS, Rel. Ministro BENEDITO GONÇALVES, PRIMEIRA TURMA, DJe 29/8/2018.

7 PONTES DE MIRANDA, Tratado da ação rescisória". Campinas: Bookseller, 1998, p. 171.

8 STF. AR 2440 AgR, Rel. Min. RICARDO LEWANDOWSKI, PROCESSO ELETRÔNICO DJe-195 DIVULG 06-09-2019 PUBLIC 09-09-2019.

proferidas no âmbito do controle concentrado de constitucionalidade pelo STF, ADI, ADC e ADPF.

O pressuposto genérico para a propositura da ação rescisória é o trânsito em julgado da decisão rescidenda, pouco importando a forma como essa decisão passou em julgado. Assim, é juridicamente irrelevante para a admissibilidade da ação rescisória se o trânsito em julgado se deu, por exemplo, em razão da renúncia, tácita ou expressa, ao direito de recorrer, ou pela desistência ou intempestividade do recurso.

Pressupostos específicos são a configuração das hipóteses explicitadas nos incs. I a VIII do art. 966 do CPC:

I – *se verificar que foi proferida por força de prevaricação (CP, art. 319), concussão (CP, art. 316) ou corrupção do juiz (CP, art. 317)*: essa regra, explica Barbosa Moreira, não tem por pressuposto prévia condenação criminal, "nem sequer a preexistência de processo penal contra ele instaurado. Caberá ao órgão julgador da rescisória, para os fins a que visa a ação, verificar a ocorrência dos extremos da figura delituosa invocada."[9]

II – *for proferida por juiz impedido ou por juízo absolutamente incompetente:* hipótese em que o julgamento de procedência do pedido rescisório implica a remessa dos autos ao juízo competente para o julgamento do processo cuja decisão foi rescindida. Esse é um dos casos em que não há cumulação de pedidos, formula-se apenas o pedido de rescisão da decisão impugnada – *judicium rescindens* –, pois, reconhecida a incompetência, o processo será remetido ao órgão jurisdicional competente que realizará o julgamento da matéria rescindida.

III – *resultar de dolo ou coação da parte vencedora em detrimento da parte vencida ou, ainda, de simulação ou colusão entre as partes, a fim de fraudar a lei:* nesse caso, "a configuração do dolo processual depende da violação voluntária, pela parte vencedora, do dever de veracidade previsto no art. 17, II, CPC/73 [revogado] [atual CPC, art. 80, inc. II], que induza o julgador a proferir decisão reconhecendo-lhe um falso direito (AR 3.785/RJ, Rel. Ministro JOÃO OTÁVIO DE NORONHA, SEGUNDA SEÇÃO, julgado em 12/02/2014, DJe 10/03/2014), ou seja, deveria o Autor comprovar a utilização de expedientes e artifícios maliciosos capazes de influenciar o juízo dos magistrados."[10]

IV – *ofender a coisa julgada:* vício que se caracteriza quando a decisão rescindenda tiver sido proferida posteriormente a uma decisão transitada

---

9 BARBOSA MOREIRA, J.C. *Comentários ao Código de Processo Civil.* Vol. V. 14ª ed. Rio de Janeior: Forense, 2008, p. 123.

10 STJ. AR 4.560/SC, Rel. Ministro REYNALDO SOARES DA FONSECA, TERCEIRA SEÇÃO, julgado em 23/09/2015, DJe 29/09/2015.

em julgado relativa à mesma controvérsia jurídica, sendo coincidentes as partes, a causa de pedir e o pedido.

V – *violar manifestamente norma jurídica:* a respeito dessa hipótese, é preciso primeiramente levar em consideração o enunciado da Súmula 343 do STF, segundo o qual, "não cabe ação rescisória por ofensa a literal disposição de lei, quando a decisão rescindenda tiver baseado em texto legal de interpretação controvertida nos tribunais". Com efeito, é necessário para a procedência da ação rescisória "que a interpretação conferida pela decisão rescindenda seja de tal forma extravagante que infrinja o preceito legal em sua literalidade."[11]

É preciso, no entanto, ressalvar que, uma vez uniformizado o entendimento pelo STJ ou STF, mesmo que posteriormente ao trânsito em julgado da decisão rescidnenda, a Súmula não se aplica, pois, nesse caso, encerrou-se a controvérsia jurídica sobre a matéria. Assim, pode-se dizer que a interpretação controvertida do Direito ao tempo da prolação da decisão rescindenda não prejudica a ação rescisória se, posteriormente ao trânsito em julgado da decisão rescidenda, ela não estiver em harmonia com o precedente vinculante estabelecido pela jurisprudência do STF ou STJ.

Importante salientar que a ação rescisória na hipótese ora tratada pressupõe manifesta ofensa à ordem jurídica, aferível quando houver violação frontal à norma jurídica aferível de plano, sem necessidade de reexame de provas.

Os §§ 12 e 15 do art. 525 do CPC incidem quanto à violação da Constituição, de modo que, sobrevindo decisão do STF admitir-se-á a propositura de ação rescisória. Com efeito, caberá ação rescisória mesmo posteriormente ao trânsito em julgado da decisão judicial exequenda fundada em lei ou ato normativo considerado inconstitucional pelo STF, ou baseada em aplicação ou interpretação da lei ou do ato normativo tido pelo Supremo como incompatível com a Constituição, independentemente de ter sido decidido em controle de constitucionalidade concentrado ou difuso. O prazo bienal para a ação rescisória inicia seu curso a partir do trânsito em julgado da decisão do STF.

VI – *for fundada em prova cuja falsidade tenha sido apurada em processo criminal ou venha a ser demonstrada na própria ação rescisória:* nesse caso, é imprescindível a comprovação de que a prova falsa foi considerada na decisão rescindenda. Assim, se o autor da ação rescisória obtiver sucesso em demonstrar a falsidade da prova, a decisão do processo originário será rescindida e novo julgamento será proferido com fundamento nas provas remanescentes, que não foram contaminadas pelo vício. O julgamento rescisório, todavia, não será necessariamente diverso da decisão rescindida, pois, mesmo abstraída a prova falsa do

---

11 STJ, AR 624/SP, Relator Ministro José Arnaldo da Fonseca, DJ 23/11/98.

conjunto probatório, o tribunal poderá chegar ao mesmo veredito por reconhecer, por exemplo, que a prova cuja falsidade tenha sido apurada era irrelevante para o deslinde da controvérsia ou que o elenco probatório remanescente lhe dá sustentação[12].

Isto significa dizer que a prova falsa há de ser a causa imediata daquele resultado obtido; por isso, se a despeito dela o juiz chegaria à conclusão a que chegou, a falsidade probatória de *per si* não é suficiente ao acolhimento do pedido rescisório[13].

Indistintamente, material ou ideologicamente falsa, a falsidade da prova dá ensejo à propositura da ação rescisória.

Para que o juízo rescindente será procedente além de comprovada a falsidade da prova, não devem restar outras provas capazes de sustentar o veredito da decisão rescidenda, conduzindo, assim, à conclusão de que esta decisão se baseou em elementos falsos. A *contrario senso*, "é incabível a ação rescisória fundada em prova falsa quando remanesce fundamento independente apto a ensejar a manutenção da decisão rescindenda"[14].

VII – *obtiver o autor, posteriormente ao trânsito em julgado, prova nova cuja existência ignorava ou de que não pôde fazer uso, capaz, por si só, de lhe assegurar pronunciamento favorável.* Neste caso, além de não ter podido se utilizar da prova no momento processual oportuno, incumbe ao autor demonstrar que ela se refere aos fatos controvertidos e seria capaz de, isoladamente, modificar o veredito a favor do autor da rescisória. Incumbe, portanto, ao autor da rescisória desincumbir-se do ônus de comprovar: a impossibilidade de utilização da prova devido à ignorância de sua existência ou por não lhe ter tido acesso; a obtenção da prova nova em momento posterior ao trânsito em julgado; e, a aptidão que a prova nova possui para modificar o resultado do julgamento.

VIII – *for fundada em erro de fato verificável do exame dos autos*: o erro de fato considerado nesta hipótese, a procedência deve pressupor a "presença concomitante dos seguintes elementos: (a) admitir um fato inexistente, ou considerar inexistente um fato efetivamente ocorrido; (b) a questão seja incontroversa no processo originário, e não tenha sido objeto de pronunciamento judicial; e (c) tenha o fato influído de forma determinante na decisão rescindenda"[15].

---

12 Neste sentido, STJ. REsp 11.106/SC, Rel. Ministro ADHEMAR MACIEL, SEGUNDA TURMA, DJ 16/03/1998, p. 75.

13 FUX, Luiz. Curso de Direito Processual Civil. Rio de Janeiro, Editora Forense, 2001, p. 735.

14 STJ, AR 5.655/PA, 1ª Seção, DJe 22/08/2017.

15 RORATO, Izabella Freschi, SOARES, Marcelo Negri. Ação rescisória: 2ª ed, São Paulo: Blucher, 2019. p. 126.

Portanto, para caracterização do erro de fato é necessário não ter havido pronunciamento judicial sobre a inexistência do fato que a decisão rescindenda reconheceu ou sobre fato tido por existente quando este não ocorreu, que seja determinante para o julgamento da causa rescindida, aferível pelo exame das provas dos autos. Acertadamente, Nelson Nery e Rosa Maria Nery, esclarecem "ser inadmissível a produção, na rescisória, de nova provas para demonstrá-lo."[16] O erro de fato caracteriza-se quando houver uma falsa percepção dos fatos, seja por reconhecer como existente um fato inexistente ou inexistente um fato existente. O STJ expôs de forma sintética e esquemática a aplicação deste dispositivo:

> o erro que justifica a rescisória é aquele decorrente da desatenção do julgador quanto à prova, não o decorrente do acerto ou desacerto do julgado em decorrência da apreciação dela, porquanto a má valoração da prova encerra injustiça, irreparável pela via rescisória' [...].
>
> É manifestamente incabível a propositura de ação rescisória com o único intuito de obter a reinterpretação à luz do contexto dos autos e a reforma do julgamento proferido, por mero inconformismo da parte com a justiça da decisão, quando desvinculada a causa de pedir de quaisquer dos vícios a que se referem os incisos do art. 485 [*atual art. 966*] do CPC.[...][17]

Os legitimados à propositura da ação rescisória estão elencados no art. 967 do CPC, sendo eles:

a) as partes do processo original ou seu sucessor. Trata-se de legitimação ordinária, por serem os titulares do conflito de interesses.

b) o terceiro juridicamente interessado

c) o Ministério Público quando não tiver sido ouvido no processo em que deveria obrigatoriamente intervir ou quando a decisão rescindenda resultar de simulação ou de colusão das partes, a fim de fraudar a lei, havendo, também, a necessidade de formação de litisconsórcio passivo necessário.

d) o terceiro que não foi ouvido no processo em que lhe era obrigatória a intervenção.

Nas hipóteses 'b' a 'd' acima, há formação de litisconsórcio passivo necessário com os autores da ação originária, haja vista que o julgamento de procedência da rescisória repercutirá nos respectivos patrimônios jurídicos.

Quando a ação rescisória for ajuizada por quem não foi ouvido no processo em que lhe era obrigatória a intervenção, a procedência importará na anulação do processo desde a decisão saneadora, para que se proceda à citação do autor da ação rescisória, prosseguindo-se o feito em direção ao julgamento da causa[18].

---

16 NERY JR, Nelson, NERY, Rosa Maria de Andrade. *Código de Processo Civil Comentado: leg. Extravagante.* 8ª ed. São Paulo: RT, 2004, p. 912.

17 STJ. AR 5.889/DF, Rel. Ministra MARIA ISABEL GALLOTTI, SEGUNDA SEÇÃO, julgado em 22/09/2021, DJe 30/09/2021. Informações complementares.

18 STJ, REsp 28.559/SP, Rel. Ministro ANTONIO TORREÃO BRAZ, QUARTA TURMA, julgado em 13/12/1994, DJ 20/03/1995, p. 6120. REsp 476.665/SP, Rel. Ministro

A legitimidade do terceiro interessado advém do fato de ser titular da relação jurídica conexa com a da ação rescidenda e da existência de prejuízo jurídico. É imprescindível, assim, que o terceiro demonstre a relação de interdependência entre o seu interesse de intervir e a demanda originária. O prejuízo é jurídico, de modo que prejuízo econômico, moral ou de fato não são suficientemente robustos para o reconhecimento da legitimidade no caso[19].

Desta maneira, a demonstração do interesse jurídico a justificar a legitimidade do terceiro juridicamente interessado há de evidenciar que sua posição jurídica pode ser modificada devido ao julgamento da causa. Alexandre Freitas Câmara, de maneira didática, elucida:

> Como regra, o terceiro juridicamente interessado será aquele que pode intervir no processo original como assistente. Considera-se, também, terceiro legitimado a propor a 'ação rescisória' aquele que esteve ausente do processo principal, embora dele devesse ter participado na condição de litisconsorte necessário[20].

A inexistência de citação ou sua nulidade, quando houver revelia, admite a propositura de ação rescisória e a arguição de *querela nullitatis* considerando a insanabilidade do vício que apenas aparentemente dá ensejo à formação da coisa julgada.

A opção pela *querela nulitatis insanabilis* é, a meu ver, mais conveniente ao autor. Na arguição de *querela nulitatis* a parte é dispensada do depósito de 5% sobre o valor da causa e há maior facilidade para a admissibilidade da arguição, que não se encontra adstrita aos limites estreitos para o conhecimento da ação rescisória. Além disso, há a ampliação do contraditório, na medida em que se ampliam as possibilidades de recorribilidade, já que a competência para dela conhecer é do juízo de primeiro grau.

> Nulidade insanável – por ausência dos pressupostos de existência – é vício que, por sua gravidade, pode ser reconhecido mesmo após o trânsito em julgado, mediante simples ação declaratória de inexistência de relação jurídica (o processo), não sujeita a prazo prescricional ou decadencial e fora das hipóteses taxativas do art. 485 [atual art. 966] do CPC (ação rescisória). A chamada querela nullitatis insanabilis é de competência do juízo monocrático, pois não se pretende a rescisão da coisa julgada, mas apenas o reconhecimento de que a relação processual e a sentença jamais existiram. (...)
>
> A pretensão *querela nullitatis* pode ser exercida e proclamada em qualquer tipo de processo e procedimento de cunho declaratório. (...)[21].

ANTÔNIO DE PÁDUA RIBEIRO, CORTE ESPECIAL, julgado em 01/12/2004, DJ 20/06/2005, p. 112.

19 STJ. EDcl no AgRg no Ag 977707/SP, Rel. Ministro TEORI ALBINO ZAVASCKI, PRIMEIRA TURMA, DJe 02/02/2011; REsp 362112/MG, Rel. Ministro PAULO GALLOTTI, SEXTA TURMA, DJe 07/05/2007 p. 367.

20 CÂMARA, Alexandre Freita. Lições de Direito Processual Civil, Vol. II. 10ª ed. Rio de Janeiro: Lumen Juris, 2005, pp.24/25.

21 STJ. REsp 1015133/MT, Rel. Ministra ELIANA CALMON, Rel. p/ Acórdão Ministro CASTRO MEIRA, SEGUNDA TURMA, julgado em 02/03/2010, DJe 23/04/2010.

O interesse público de que é revestida a ação rescisória por ter foco no princípio da segurança jurídica, torna compulsória a intervenção do Ministério Público como fiscal da ordem jurídica nestas ações, conforme determina o § único do art. 967 do CPC.

A petição inicial da ação rescisória deve observar os mesmos requisitos de qualquer outra ação. O autor deve estar atento para, quando for o caso, formular os pedidos de forma cumulada, o pedido de rescisão e o de novo julgamento do processo. Além disso, é condição de procedibilidade que o autor deposite valor correspondente a 5% do valor da causa, no limite de até 1000 salários mínimos, que se converterá em multa a favor do réu, caso a ação seja, por unanimidade de votos, declarada inadmissível ou improcedente.

É inexigível o depósito da administração pública, direta e indireta, do Ministério Público, da Defensoria Pública e dos que gozarem do benefício da assistência judiciária.

A competência para a ação rescisória é sempre originária de um tribunal. Considerando o art. 108 e o princípio da simetria estabelecido no art. 125 da Constituição da República, a competência será do TRF's ou dos tribunais de justiça quando a rescisão recair sobre acórdãos por eles proferidos ou quanto às sentenças proferidas por juízes federais ou juízes de direito vinculados aos respectivos tribunais. Por força dos arts. 102 e 105 da CR/88, a competência para a ação rescisória será, respectivamente do STF e do STJ se esses tribunais proferiram juízos de mérito na causa rescindenda. Portanto, serão incompetentes se não decidiram o mérito do recurso extraordinário ou do recurso especial, por questões meramente processuais ou relacionadas à inadmissibilidade do recurso pois, nesse caso, não se produziu o efeito substitutivo do recurso. São as Súmulas 249 e 515 do STF que conferem as balizas da competência das cortes constitucionais para o julgamento da ação rescisória:

> Súmula 249: É competente o Supremo Tribunal Federal para a ação rescisória, quando, embora não tendo conhecido do recurso extraordinário, ou havendo, negado provimento ao agravo, tiver apreciado a questão federal controvertida.
>
> Súmula 515 do STF: A competência para a ação rescisória não é do Supremo Tribunal Federal, quando a questão federal, apreciada no recurso extraordinário ou no agravo de instrumento, seja diversa da que foi suscitada no pedido rescisório.

Caso o tribunal se declare incompetente, os §§ 5º e 6º do art. 968 do CPC, disciplinam o procedimento a ser adotado. Intima-se o autor para emendar a petição inicial, adequando-a a fim de impugnar o acórdão rescindendo proferido pelo tribunal para o qual será declinada a competência. Após, abre-se ao réu a oportunidade de complementar os fundamentos de sua defesa e, em seguida, remetem-se os autos ao tribunal competente.

Sendo positivo o despacho liminar, a ação rescisória seguirá o rito comum, exceto pelo prazo de defesa, que poderá ser fixado pelo relator entre 15 e 30 dias.

A instrução da ação rescisória poderá ser delegada ao órgão que proferiu a decisão rescindenda, por meio de carta de ordem com prazo de até três meses para sua conclusão. Finda a fase probatória, as partes, sucessivamente, terão 10 dias de prazo para apresentar razões finais, e, em seguida, os autos serão conclusos ao relator que pedirá ao presidente do colegiado competente, dia para julgamento.

Ao julgar procedente o pedido rescindente, o tribunal rescindirá a coisa julgada, se for o caso, proferirá novo julgamento da causa e, também, determinará a restituição do depósito inicial de 5% sobre o valor da causa. Caso contrário, se a ação rescisória for julgada, por unanimidade, inadmissível ou improcedente, o o depósito inicial será revertido em favor do réu. Em qualquer das situações, procedência ou improcedência, o tribunal condenará o vencido nos ônus da sucumbência.

O prazo para a propositura da ação rescisória, diz o art. 975 do CPC, é decadencial de 2 anos, contados do trânsito em julgado da última decisão proferida no processo. O Código adotou o entendimento consubstanciado na Súmula STJ 401, entretanto, a matéria não está livre de controvérsias. O Pleno do STF, a propósito, reconheceu a existência de coisas julgadas parciais, a partir do trânsito em julgado de capítulos da sentença. É difícil contrapor a esse entendimento, como se depreende dos fundamentos constantes do voto do Min. Marco Aurélio:

> Considerada a implicação apontada pelos mestres de ontem e de hoje, deve ser afastada qualquer óptica versando unidade absoluta de termo inicial do biênio previsto no artigo 495 do Código de Processo Civil. O prazo para formalização da rescisória, em homenagem à natureza fundamental da coisa julgada, só pode iniciar-se de modo independente, relativo a cada decisão autônoma, a partir da preclusão maior progressiva. Nas palavras de Humberto Theodoro Júnior, revelada a presença de capítulos diferentes e de recursos parciais, não há como fugir da possibilidade de contar-se o prazo da rescisória a partir do trânsito em julgado de cada um dos capítulos em que se dividiu a sentença, se nem todos foram uniformemente afetados pelos diversos recursos manejados (Curso de Direito Processual Civil. Volume I. 52ª ed. 2011, p. 745-746). Essa é, há muito tempo, a posição prevalecente no Supremo[22].

Na legislação processual vigente, a razoabilidade do entendimento externado pelo STF acentua-se à medida em que, diferentemente do Código revogado, o CPC atual admite, no curso do procedimento, sentenças parciais de mérito, não havendo, assim, razão para que uma vez transitadas em julgado, o prazo rescisório não inicie o seu curso em relação a tais sentenças parciais de mérito.

---

22 STF. AI 654291 AgR-AgR-AgR-ED-ED-EDv-AgR, Relator(a): MARCO AURÉLIO, Tribunal Pleno, julgado em 18/12/2015, ACÓRDÃO ELETRÔNICO DJe-032 DIVULG 19-02-2016 PUBLIC 22-02-2016.

A solução é, para as ações de competência originária do STF, que o autor observe o prazo decadencial fracionado, com início a partir dos capítulos transitados em julgado. Todavia, tratando-se de competência originária do STJ e das cortes ordinárias, TRF's e TJ's, cumpra-se a lei, por ser esse o entendimento que prevalecerá por coincidir com a jurisprudência do STJ, que, sobre o tema, é a última instância decisória. (§ 2º do art. 975 do CPC)

Quando a ação rescisória for baseada na *obtenção pelo autor, posteriormente ao trânsito em julgado, de prova nova cuja existência ignorava ou de que não pôde fazer uso, capaz, por si só, de lhe assegurar pronunciamento favorável tem por* termo inicial do prazo a data de descoberta da prova nova, observado o prazo máximo de 5 anos, contado do trânsito em julgado da última decisão proferida no processo (CPC, § 3º do art. 975).

No caso de a ação rescisória fundar-se em simulação ou colusão das partes, o prazo bienal começa a contar, para o terceiro prejudicado e para o Ministério Público, que não interveio no processo, a partir do momento em que tiverem ciência da simulação ou da colusão.

Por fim, em relação ao prazo para a ação rescisória, encontra-se no art. 525, § 15 do CPC, a definição de mais um prazo extraordinário para seu ajuizamento. O § 12 do art. 525 do CPC dispõe ser inexigível a obrigação reconhecida em título executivo judicial fundado em lei ou ato normativo considerado inconstitucional pelo STF, ou fundado em aplicação ou interpretação da lei ou do ato normativo tido pelo STF como incompatível com a CR/88, em controle de constitucionalidade concentrado ou difuso. Se o trânsito em julgado da decisão do STF for anterior ao da decisão exequenda, a desconstituição da obrigação será feita por impugnação ao cumprimento da sentença. Todavia, ocorrendo o trânsito em julgado da decisão do STF posteriormente ao da decisão exequenda, o reconhecimento da inexigibilidade da obrigação deverá ser buscada por meio de ação rescisória, cujo prazo bienal será contado do trânsito em julgado da decisão do STF. A constitucionalidade do dispositivo foi assentada pelo STF, todavia, remanescem dúvidas quanto ao prazo para a propositura da ação rescisória. Nos *obter dicta* do julgamento da ADI 2418 pelo STF, infere-se que o prazo estará diferido enquanto não tramitar o cumprimento de sentença; encerrado este, nada mais poderá ser feito.

REFERÊNCIAS BIBLIOGRÁFICAS

ALCALÁ-ZAMORA Y CASTILLO, Niceto. Estudios de Teoria General e Historia del Proceso (1945-1972). T. I. México: UNAM, 1974.

ALEXY, Robert. Teoria dos Direitos Fundamentais. Trad. de Virgílio Afonso da Silva. São Paulo: Malheiros, 2008.

ALMEIDA, Cleber Lúcio de. Elementos da teoria geral da prova – a prova como direito humano e fundamental das partes no processo judicial. LTR: São Paulo, 2013.

ALVARO DE OLIVEIRA, Carlos Alberto. Do formalismo no processo civil. São Paulo: Saraiva, 2.003.

ALVARO DE OLIVEIRA, Carlos Alberto. Poderes do juiz e visão cooperativa do processo. Academia Brasileira de Direito Processual Civil.,

ALVARO DE OLIVEIRA, Carlos Alberto. Teoria e prática da tutela jurisdicional. Ed. Forense. 2008.

ALVARO DE OLIVEIRA, Carlos Alberto. Livre apreciação da prova: perspectivas atuais.

ANDOLINA, Italo. I fondamenti costituzionali della giustizia civile. 2ª ed. Torino: G. Giappichelli, 1997

ANDOLINA, Italo. Il modello Costituzionale de Processo Civile Italiano. Turim: Giappichelli Editore, sd.

ANDRADE, Érico. Gestão processual flexível, colaborativa e proporcional: cenários para implementação das novas tendências no CPC/2015. Rev. Fac. Direito UFMG, Belo Horizonte, n. 76, pp. 183-212, jan./jun. 2020.

ANDRADE, Érico. A "Contratualização" do Processo. In: THEODORO JUNIOR, Humberto (Coord.). Processo Civil Brasileiro: Novos Rumos a partir do CPC/2015. Belo Horizonte: Del Rey, 2016, p. 47-65,

ANDRADE, Érico; NUNES, Dierle. Os contornos da estabilização da tutela provisória de urgência antecipatória no novo CPC e o "mistério" da ausência de formação de coisa julgada. In: FREIRE, Alexandre; BARROS, Lucas Buril de Macedo; PEIXOTO, Ravi. Coletânea Novo CPC: Doutrina Selecionada. Salvador: Juspodivm, 2015.

ARAKEN DE ASSIS. Doutrina e prática do processo civil contemporâneo. São Paulo: RT, 2001.

ARAKEN DE ASSIS. Manual da execução. 11 ed. São Paulo: RT, 2007.

ARRUDA ALVIM. Manual de Direito Processual Civil. Vol. 2. 10ª ed. São Paulo: Revista dos Tribunais, 2006.

ARRUDA ALVIM. Novo contencioso cível no CPC/2015. São Paulo: Revista dos Tribunais, 2016.

ARRUDA ALVIM, Teresa; DANTAS, Bruno. Recurso Especial, Recurso Extraordinário e a nova função dos tribunais superiores no direito brasileiro. 3ª ed. São Paulo: Revista dos Tribunais, 2018.

ATIENZA, Manuel. VIGO, Rodolfo Luis. Código Ibero-americano de ética judicial. Manuel Atienza, Rodolfo Luís Vigo. – Brasília: CJF, 2008.

ÁVILA, Humberto. Teoria dos princípios -da definição à aplicação dos princípios jurídicos.4 ed. Malheiros: São Paulo, 2005.

AZEVEDO, Antônio Junqueira de. Por uma nova categoria de dano na responsabilidade civil: o dano social. In: FILOMENO, José Geraldo Brito; WAGNER JR., Luiz Guilherme da Costa.

BAHIA, Alexandre, NUNES, Dierle, PEDRON, Flávio Quinaud. Teoria Geral do Processo. Salvador: Juspodium, 2020.

BANCO MUNDIAL. Investment Climate Advisory Services of the World Bank Group. Alternative Dispute Resolution Guidelines. Washington, 2011.

BANDEIRA DE MELLO, Lydio Machado. Diretrizes da Ação Penal – o acusador e o defensor. O Ministério Público. O advogado criminal. Belo Horizonte, publicação independente, 1958.

BARACHO, José Alfredo de Oliveira. Teoria Geral do Processo Constitucional. Manaus: FGV, 1999.

BARBI, Celso. Comentários ao Código de Processo Civil. Vol. I.8ª ed. Rio de Janeiro: Forense, 1998.

BARBI, Celso Agrícola. Os poderes do juiz e a reforma do Código do Processo Civil. Revista da Faculdade de Direito da UFMG. Out/1965.

BARBOSA MOREIRA, José Carlos. Comentários ao Código de Processo Civil. Vol. V, 14ª ed. Rio de Janeiro: Forense, 2008.

BARBOSA MOREIRA, José Carlos. Efetividade do processo e técnica processual..

BARBOSA MOREIRA, José Carlos. Ética e justiça. Revista da EMERJ, v. 8, n. 29, 2005..

BARBOSA MOREIRA, José Carlos. O direito à assistência jurídica: evolução no ordenamento brasileiro de nosso tempo. In: TEIXEIRA, Sálvio de Figueiredo (coord.). As garantias do cidadão na justiça. São Paulo: Saraiva, 1993, p. 207-218

BARBOSA MOREIRA, José Carlos. O Novo Processo Civil Brasileiro. 7 ed. Rio de Janeiro: Forense, 1986.

BARBOSA MOREIRA, José Carlos. Por um processo socialmente efetivo. Revista de Processo vol. 105/2002, pp. 181-190. Jan-Mar/2002.

BARBOSA MOREIRA, J. C. Temas de Direito Processual - 1ª série. São Paulo: Saraiva, 1977

BARBOSA MOREIRA, José Carlos. Temas de Direito Processual, 2ª Série. São Paulo: Saraiva, 1980.

BARBOSA MOREIRA, José Carlos. Temas de Direito Processual - 4ª série. São Paulo: Saraiva, 1989.

BARBOSA MOREIRA, José Carlos. Temas de Direito Processual. 9ª Série. São Paulo: Saraiva: 2007.

BARROSO, Luís Roberto; BARCELLOS, Ana Paula de. O começo da história: a nova interpretação constitucional e o papel dos princípios no direito brasileiro. Câmara Municipal do Rio de Janeiro, 2003.

BEDAQUE, José Roberto dos Santos. Efetividade do processo e técnica processual. São Paulo: Malheiros, 2006.

BENDA, Ernest. MAIHOFER, Werner, VOGEL, Hans-Jachen, HESSE, Konrad, WOLFANG, Heyde. Manual de derecho constitucional. Madrid: Marcial Pons, 1996.

BOBBIO, Norberto. Estado, Governo, Sociedade: para uma Teoria Geral da Política. 3ª ed. Tradução: Marco Aurélio Nogueira. Rio de Janeiro: Paz e Terra, 1987.

BOBBIO, Norberto. O futuro da democracia - uma defesa das regras do jogo. São Paulo: Paz e Terra, 1986, p. 83.

BONAVIDES, Paulo. Curso de Direito Constitucional, 24ª ed. São Paulo: Malheiros, 2009.

BORGES, João Eunápio. Curso de Direito Comercial Terrestre. 5ª ed. Rio de Janeiro: Forense, 1971.

BRASIL. Câmara dos Deputados. Comissão especial destinada a proferir parecer ao Projeto de Lei nº 6.025, de 2005, ao Projeto de Lei nº 8.046, de 2010, ambos do Senado Federal, e outros, que tratam do "Código de ProcessoCivil" (revogam a Lei nº 5.869, de 1973)..

BRASIL. Decreto-lei nº 1608/1939 (Exposição de Motivos do CPC/1939).

BRASIL. Ministério da Justiça. III Diagnóstico da Defensoria Pública no Brasil. 2009.

BRASIL. Ministério da Justiça. Estudo diagnóstico da Defensoria Pública. Brasília, 2014.

BRASIL. Ministério da Justiça. Manual de Mediação de Conflitos para Advogados. Brasília, 2014.

BRASIL. Secretaria Especial de Direitos Humanos do Ministério das Mulheres, da Igualdade Racial e dos Direitos Humanos. Brasília, 2016.

BRASIL. Anteprojeto de modificação do Código de Processo Civil – A ser discutido com a comunidade. Revista de Processo nº 43, julho/setembro 1986, São Paulo. Integraram a Comissão do Anteprojeto de 1985 os juristas Luis Antônio de Andrade, José Joaquim Calmon de Passos, Kazuo Watanabe, Joaquim Correia de Carvalho Junior, Sérgio Bermudes.

BRASIL. Congresso Nacional. Senado Federal. Código de Processo Civil: anteprojeto/Comissão de Juristas Responsável pela Elaboração do Anteprojeto de Código de Processo Civil. Brasília: Senado Federal, Presidência, 2010.

BRASIL. Exposição de Motivos do Anteprojeto de Reforma do Código de Processo Civil nº 15.

BRASIL. Senado Federal. Ata da 1ª Reunião da Comissão de Juristas "Novo Código de Processo Civil". 30/11/2019.

BUENO, Cassio Scarpinella. O Poder Público em Juízo. 4 ed. São Paulo: Saraiva, 2008.

BUZAID, Alfredo. Exposição de Motivos. Anteprojeto do Código de Processo Civil. Rio de Janeiro: Departamento de Imprensa Nacional, 1964.

CABIEDES, Eduardo Gutierrez. Estudios de Derecho Procesal. Pamplona: Ediciones Universidad de Navarra, S.A., 1974.

CABRAL, Antonio do Passo. Nulidades no processo moderno. 2ª ed. Rio de Janeiro: Forense, 2010.

CABRAL, Antônio do Passo; Modificação e extinção das convenções processuais. *In:* SANTOS LUCON, Paulo Henrique, DE FARIA, Juliana Cordeiro, MARX NETO, Edgard Audomar, REZENDE, Ester Camila Gomos Norato. Processo Civil Contemporâneo – homenagem aos 80 anos do Professor Humberto Theodoro Junior. Rio de Janeiro: Forense, 2018, p. 3-25.

CAHALI, Yussef Said. Dos Alimentos. 4ª ed., São Paulo: Editora RT, 2002.

CALAMANDREI, Piero. Instituições de Direito Processual Civil. Vol. I Campinas: Bookseller, 2003.

CALMON DE PASSOS, José Joaquim. O devido processo legal e o duplo grau de jurisdição. Revista da Associação dos Juízes do Rio Grande do Sul. Porto Alegre, vol. 25, ano IX, jul. 1982.

CALMON DE PASSOS, J. J. Comentários ao Código de Processo Civil. Vol. III, 9ªed. Rio de Janeiro: Forense, 2004.

CALMON DE PASSOS. J.J. Direito, justiça, processo e poder. Rio de Janeiro: Forense, 1999.

CALMON DE PASSOS, J. J. Ensaios e artigos. Vol.I. Salvador: Juspodium, 2014.

CALMON DE PASSOS, José Joaquim. O devido processo legal e o duplo grau de jurisdição. Revista da Associação dos Juízes do Rio Grande do Sul. Porto Alegre, vol. 25, ano IX, jul. 1982.

CÂMARA, Alexandre Freita. Lições de Direito Processual Civil, Vol. II. 10ª ed. Rio de Janeiro: Lumen Juris, 2005.

CAPONI, Remo. Autonomia privata e processo civile: gli accordi processual. 2007.

CAPPELLETTI, Mauro, GARTH, Bryant. Acesso à Justiça. Porto Alegre: SAFE, 1988.

CAPPELLETTI, Mauro, GARTH, Brian. Access to Justice, Vol. 1: A World Survey. Milão: A. Giuffrè, 1978-1979, p. 7, Apud: Cornford, T. (2016). The Meaning of Access to Justice. In E. Palmer, T. Cornford, A. Guinchard & Y. Marique (Eds.). Access to Justice: Beyond the Policies and Politics of Austerity (pp. 27–40). Oxford: Hart Publishing. Retrieved October 24, 2022

CAPPELLETTI, Mauro. Fundamental Guarantees of the Parties in Civil Litigation: Comparative Constitutional, International, and School Trends, 25 Stan. L. Rev. 651 (1973).

CAPPELLETTI, Mauro. Juízes irresponsáveis ? Porto Alegre: SAFE, Trad. Carlos Alberto Alvaro de Oliveira. 1989.

CAPPELLETTI, Mauro. Processo, ideologias e sociedade. V. I, Porto Alegre: SAFE, 2007.

CARNEIRO, Athos Gusmão, TEIXEIRA, Sálvio de Figueiredo. Exposição de motivos do Anteprojeto de lei (unificado). Complementa as leis de reforma do Código de Processo Civil, e dá outras providências. Brasília, 15 de outubro de 1998.

CARNELUTTI, Francesco. Derecho y processo. Buenos Aires: Ediciones Jurídicas Europa-América, 1975.

CARNEIRO, Athos Gusmão. Considerações sobre o recurso adesivo. In: Revista de Processo, Revista dos Tribunais, nº 18, abril/junho 1988, pp. 161-164.

CARVER, Todd B., VONDRA, Albert A. Alternative Dispute Resolution: Why It Doesn't Work and Why It Does. Harvard Business Review. Maio-Junho/1994.

CASTRO, Amilcar de. O Direito no Amago da Sentenca. Revista da Faculdade de Direito da Universidade Federal de Minas Gerais, 1961, 1961, p. 175-187.

CASTRO FILHO, José Olímpio. Abuso do direito no processo civil. 2ª ed. Rio de Janeiro: Forense, 1980,

CHIOVENDA, Giuseppe. Instituições de Direito Processual Civil. V. I. São Paulo: Saraiva, 1942,

CNJ. TOFFOLLI, José Antônio Dias, GUSMÃO, Bráulio Gabriel (Coord.). Inteligência artificial na Justiça. Brasília: CNJ, 2019.

CNJ. 100 maiores litigantes.

CNJ. Justiça em Números 2014.

CNJ. Justiça em números 2015.

CNJ. Justiça em Números, 2016.

CNJ. Justiça em Números 2019.

CNJ. Justiça em Números 2021

CNJ. Justiça em Números, 2022.

CNJ. Justiça 4.0: Inteligência Artificial está presente na maioria dos tribunais brasileiros

CNJ. Manual de Mediação Judicial. 6ª ed. Brasília: Conselho Nacional de Justiça, 2016.CNJ. Tecnologia da informação e comunicação.

CNJ. Relatório faz radiografia do Judiciário Brasileiro. Brasília: 14.02.2008,

COMOGLIO, Luigi Paolo. Etica e técnica del 'giustoprocesso. Torino: G. Giappichelli. 2004.

COOLEY, Judge Thomas M. A Treatise on Constitutional Limitations, 5th Ed. Little, Brown & Co.: Boston, 1883, Sec.353-54.

CONSELHO REGIONAL DE MEDICINA. PARECER CRM-MG Nº 103/2018 – PROCESSO-CONSULTA Nº 6.138/2017 PARECERISTAS: Cons. Augusto Diogo Filho e Cons. Ricardo Hernane Lacerda Gonçalves de Oliveira.

CONSULTOR JURÍDICO. CHEIOS DE PRESSA – Cinco tribunais já aplicam filtro da relevância para admitir recurso especial.

COSTA, José Rubens. Tratado do Processo de Conheicmento. São Paulo: Juarez Oliveira Editor, 2.003.

COUTURE, Eduardo J. Fundamentos del Derecho Procesal Civil. Buenos Aires: De Palma. 1.974.

COUTURE. Interpretação das leis processuais. Rio de Janeiro: Forense, 19

CUNHA, Leonardo José Carneiro da. A Fazenda Pública em Juízo. 6. ed. São Paulo: Dialética, 2008.

DA ROS, Luciano. O custo da Justiça no Brasil: uma análise comparativa exploratória.

DAVID, René. Os grandes sistemas de direito contemporâneo. 4ª ed. São Paulo: Martins Fones, 2002.

DEUTSCH, Morton. A resolução do conflito. Trad. Arhur Coimbra de Oliveira, rev. Francisco Schertel Mendes. In: AZEVEDO, André Gomma de (org.). Estudos em arbitragem, mediação e negociação. Brasília: UNB, 2004.

DI PIETRO, Maria Sylvia Zanella. Discricionariedade Administrativa na Constituição de 1988. São Paulo: Atlas, 1991.

DIAS, Maria Berenice. Manual de Direito das Famílias. 2015. 10.ed.

DIDIER JR., Fredie. Curso de Direito Processual Civil 1. 17ª ed. Salvador: JusPodium, 2015.

DIDIER JR., Fredie, BRAGA, Paula Sarno, OLIVEIRA, Rafael Alexandria de. Curso de Direito Processual Civil. Vol. 2. 10ª ed. Salvador: Juspodium, 2015.

DIDIER JR., Fredie. Curso de Direito Processual Civil. Vol. 3. Salvador: Podivm, 2009.

DIDIER JR., Fredie, CUNHA, Leonardo Carneiro, BRAGA, Paula Sarno, OLIVEIRA, Rafael. Curso de Direito Processual Civil. Vol. 5. 3ª ed. Salvador: Juspodium, 2011

DIDIER JR., Fredie, BRAGA, Paula Sarno, OLIVEIRA, Rafael Alexandria de. Estabilização da tutela provisória antecedente e os honorários advocatícios sucumbenciais. Revista do Advogado: Associação dos Advogados de São Paulo nº 126, maio/2015, p. 95-101.

DINAMARCO, Cândido Rangel. A jurisdição e os demais Estados: competência internacional. 2015.

DINAMARCO, Cândido Rangel. A reforma do Código de Processo Civil. 4 ed. São Paulo: Malheiros, 1998.

DINAMARCO, Cândido Rangel. A reforma da reforma. 6. ed. São Paulo: Malheiros, 2003, p. 21.

DINAMARCO, Cândido Rangel. Competência territorial.

DINAMARCO, Cândido Rangel. Execução Civil. 6. ed. São Paulo: Malheiros Editores, 1998.

DINAMARCO, Cândido R. Fundamentos do Processo Civil Moderno. 4ª ed. T. I. São Paulo: Malheiros Editores, 2001.

DINAMARCO, Cândido Rangel. Instituições de Direito Processual Civil. Vol. I, 4ed. São Paulo: Malheiros, 2004.

DINAMARCO, Cândido Rangel. Instituição de Direito Processual Civil. Vol. II, 4ª ed. São Paulo: Malheiros, 2004.

DINAMARCO, Cândido Rangel. Instituições de Direito Processual Civil. Vol. IV. São Paulo: Malheiros, 2004.

DIREITO FGV SP. Índice de Confiança no Judiciário. 2017.

DIREITO FGV SP. Índice de confiança no Judiciário. 2021.

DEVIS ECHANDÍA, Hernando. La teoría general de la prueba judicial. T. I. Víctor de Zavalía Editor: Buenos Aires, s.d.

EJEF. Enunciados sobre O Código de Processo Civil/2015.

FABRÍCIO, Adroaldo Furtado. As novas necessidades do processo civil e os poderes do juiz. *In:* TEIXEIRA, Sálvio de Figueiredo. O judiciário e a constituição. São Paulo: Saraiva, 1993, p.235-242.

FABRÍCIO, Adroaldo Furtado. Embargos de Declaração: importância e necessidade de sua reabilitação. In: FABRÍCIO, Adroaldo Frutado (Coord.). Meios de impugnação ao julgado civil – estudos em homenagem a José Carlos Barbosa Moreira. Rio de Janeiro: Forense, 2007, p. 47-95.

FARIA, Juliana Cordeiro de. Princípio da cooperação, efetividade e responsabilidade processual: balizas do CPC para as empresas como sujeitos do processo. *In:* FERRUCI, Felipe Falcone, MAIA, Felipe Fernandes Ribeiro, LEROY, Guilherme Costa (org.). Os impactos do novo CPC no Direito Empresarial. Belo Horizonte: D'Plácido, 2017, p. 15-28.

FAVOREU, Louis. Los Tribunales Constitucionales. In: La Jurisdicción Constitucional en Iberoamerica. Madrid: Dykinson, 1997.

FAZZALARI, Elio. Instituições de Direito Processual. Tradução de Elaine Nassif. Bookseller: Campinas, 2006.

FERRÃO, Brisa Lopez de Mello, RIBEIRO, Ivan César Ribeiro. Como os juízes decidem casos no Brasil ?. Berkeley Program in Law & Economics. Latin American and Caribbean Law and Economics Association (ALACDE) Annual Papers (University of California, Berkeley). 2006.

FGV. Relatório ICJ Brasil 2021.

FIUZA, César. Contratos empresariais e negócios processuais. In: FERRUCI, Felipe Falcone, MAIA, Felipe Fernandes Ribeiro, LEROY, Guilherme Costa (org.), p. 29-50.

FRAN MARTINS. Curso de Direito Comercial. 9ª ed. Rio de Janeiro: Forense, 1984.

FREITAS, Jéssica Oníria Ferreira de. Na contramão da Democraticidade: a permanência do juiz inquisidor no processo penal brasileiro. Belo Horizonte: UFMG, Dissertação de Mestrado, 2014.

FUX, Luiz. Curso de Direito Processual Civil. 3ª ed. Rio de Janeiro: Forense, 2005.

GAJARDONI, Fernando Fonseca. O saneamento compartilhado no novo CPC.

GALANTER, Marc. Porque 'quem tem' sai na frente: especulações sobre os limites da transformação no1 direito. Trad. e organização Ana Carolina Chasin.

GALENO LACERDA. Despacho saneador. 3ª ed. Porto Alegre: SAFE, 1993.

GAMBOGI, Luís Carlos Balbino. Direito: razão e sensibilidade – as intuições na hermenêutica jurídica. Belo Horizonte: Del Rey, 2006.

GLOECKER, Ricardo Jacobse. Uma nova teoria das nulidades: processo peNal e instrumentalidade constitucional. UFPR: Tese de Doutorado, 2010.

GONÇALVES, Aroldo Plínio. Expectativas em torno do novo Código de Processo Civil como instrumento de aprimoramento do Direito. Faculdade de Direito da UFMG, 27.11.2015, Conferência de encerramento do I Congresso Mineiro Sobre os Impactos do Novo Código de Processo Civil no Judiciário.

GONÇALVES, Aroldo Plinio. Nulidades processuais. 2ª ed. Del Rey: Belo Horizonte, 2013.

GONÇALVES, Aroldo Plínio. Técnica Processual e Teoria do Processo. Rio de Janeiro: AIDE, 1992.

GONÇALVES, Gláucio Maciel; DUTRA, Victor Barbosa. Apontamentos sobre o novo incidente de resolução de demandas repetitivas do código de processo civil de 2015. Revista de Informação Legislativa nº 208, ano 52, Brasília: out/dez/2015.

GONÇALVES, Renato Afonso (coord.). O Código Civil e sua interdisciplinaridade. Belo Horizonte: Del Rey, 2004.

GORDON, Robert W. Lawyers, the Legal Profession e Access to Justice in the United States: A Brief History.

GRECO, Leonardo. Eficácia da Declaração 'Erga Omnes' de Constitucionalidade ou Inconstitucionalidade em Relação à Coisa Julgada Anterior. *In:* DIDIER JR., Fredie. Relativização da Coisa Julgada. 2ª ed. Salvador: Juspodivm, 2008. p. 251-261.

GRECO, Leonardo. Estudos de Direito Processual. Campos dos Goytacases: Ed. Faculdade de Direito de Campos, 2005.

GRECO, Leonardo. Princípios de uma teoria geral dos recursos. Revista Eletrônica de Direito Processual – REDP. Volume V. Rio de Janeiro: UERJ.

GRECO FILHO, Vicente. Direito Processual Civil Brasileiro. vol. 1. São Paulo: Saraiva, 1981.

GRINOVER, Ada Pelegrini. Novas tendências do Direito Processual. Forense Universitária: Rio de Janeiro, 1988.

GRINOVER, Ada Pelegrini. O Processo em sua unidade II. Rio de Janeiro: Forense, 1984.

GRINOVER, Ada Pelegrini. O processo – estudos e pareceres. São Paulo: DPJ, 2005.

GRINOVER, Ada Pellegrini; ARAÚJO CINTRA, Antônio Carlos de; DINAMARCO, Cândido Rangel. Teoria Geral do Processo. 9ª ed. São Paulo: Malheiros, 1993.

GUIMARÃES, José Augusto Chaves. Elaboração de ementas jurisprudenciais: elementos teórico-metodológicos. Brasília: Conselho da Justiça Federal - Centro de Estudos Judiciários. 2004.

GUSTIN, Miracy Barbosa de Sousa. Necessidades Humanas, autonomia e o direito à inclusão em uma sociedade que se realiza na interculturalidade e no reconhecimento de uma justiça do bem-estar. In: GRINOVER, Ada Pelegrini; LIMA, Paulo César Vicente de; GUSTIN, Miracy et alli. (Org.). Direitos fundamentais das pessoas em situação de rua. Belo Horizonte: D'Plácido, 2014.

HECK, Luiz Afonso. Tribunal Constitucional Federal e o Desenvolvimento dos Princípios Constitucionais. Safe: Porto Alegre, 1995.

HESSE, Konrad. Elementos de Direito Constitucional da República Federal da Alemanha. Trad. Luiz Afonso Heck. Porto Alegre: Sergio Antonio Fabris Editor, 1998.

IPEA. Mapa da Defensoria Pública no Brasil. 2013.

JAYME, Fernando G. Direitos Humanos e sua efetivação pela Corte Interamericana de Direitos Humanos. Belo Horizonte: Del Rey, 2006.

JAYME, Fernando G. Tribunal Constitucional: exigência democrática. Belo Horizonte: Del Rey, 2000.

JUNQUEIRA FILHO, Manuel Octaviano. A evolução do Ministério Público. São Paulo: Justitia, vol. I, 1973.

JUSTEM FILHO, Marçal. Curso de Direito Administrativo. 4. ed. São Paulo: Saraiva, 2009.

LASCANO, David H. Nulidades de Procedimiento. Revista General de Derecho y Jurisprudencia, 3, 1932, p. 201-248.

LASPRO, Oreste Nestor de Souza. Duplo grau de jurisdição no Direito Processual Civil. Revista dos Tribunais: São Paulo, 1.995.

LEAL, Victor Nunes. Problemas de Direito Público e outros problemas. Vol. I, Brasília: Imprensa Nacional, 1999.

LEITE, Gisele. A preclusão e o Novo CPC.

LEITE SAMPAIO, José Adércio. O Conselho Nacional de Justiça e a independência do Judiciário. Belo Horizonte: Del Rey, 2007.

LEMOS, Vinicius Silva. A regra da não preclusão imediata do art. 1008, § 1º e a conjunção com o art. 278: protesto antipreclusivo no CPC/2015?.

LEONEL, Ricardo de Barros. Tutela jurisdicional diferenciada. São Paulo: Revista dos Tribunais, 2010.

LIEBMAN, Enrico Tullio. Manual de Direito Processual Civil, vol. I. 2.ed.. Tradução Cândido Rangel Dinamarco. Rio de Janeiro: Forense, 1985.

LLOBREGAT, José Garberí. Constitución y Derecho Procesal – los fundamentos constitucionales del Derecho Procesal. Pamplona: Thomson Reuters, 2009.

LLOBREGAT, José Garberi. El deecho a la tutela judicial efectiva em la jurisprudência del Tribunal Constitucional. Barcelona: BOSCH, 2008.

LYRA, Roberto. Teoria e prática da promotoria pública. Porto Alegre: SAFE, 1989.

MAFFESSONI, Behlua Ina Amaral. Convenções processuais em matéria probatória e poderes instrutórios do juiz. Dissertação de mestrado. Belo Horizonte: UFMG, 2020.

MAIA, Renata Christiana Vieira. A efetividade do processo de conhecimento mediante a aplicação do processo oral. Tese de Doutorado: Faculdade de Direito da UFMG, 2015.

MANCUSO, Rodolfo de Camargo. *Recurso Extraordinário e Recurso Especial.* 11. ed., São Paulo: Revista dos Tribunais, 2010.

MANDRIOLI, Crisanto. Corso di Diritto Processuale Civile. Torino: G. Giappichelli Editore, 1975. v. 1.

MARANHÃO, Clayton. Agravo de instrumento no Código de ProcessoCivil de 2015: entre a taxatividade do rol e um indesejado retorno do mandado de segurança contra ato judicial. *In:* REPRO Vol. 256 (Junho 2016), p. 147-168.

MARINONI, Luiz Guilherme, ARENHART, Sérgio Cruz. Manual do Processo de Conhecimento. São Paulo: Revista dos Tribunais, 2000.

MARINONI, Luiz Guilherme, ARENHART, Sérgio Cruz. Processo de Conhecimento. Vol 2. São Paulo: Revista dos Tribunais, 2008.

MARINONI, Luiz Guilherme. Novas linhas do Processo Civil. São Paulo: RT, 1993.

MARINONI, Luiz Guilherme. Técnica Processual e Tutela dos Direitos, 3ª ed. São Paulo: Revista dos Tribunais, 2010.

MARINONI, Luiz Guilherme. Tutela antecipatória, julgamento antecipado e execução imediata da sentença. São Paulo: Revista dos Tribunais, 1997.

MARSHALL, Tony F. Restorative Justice: na overview. Londres, 1999.

MEIRELLES, Hely Lopes, WALD, Arnold, MENDES, Gilmar Ferreira. Mandado de segurança e ações constitucionais. 32ª ed. São Paulo: Malheiros, 2009.

MENDES, Aluisio Gonçalves de Castro. Normas fundamentais do Código de Processo Civil de 2015: breves reflexões. Revista Eletrônica de Direito Processual – REDP. Rio de Janeiro. Ano 10. Volume 17. Número 2. Julho a Dezembro de 2016.

MENDES, Gilmar Ferreira; COELHO, Inocêncio Mártires, BRANCO, Gustavo Gonet. Curso de Direito Constitucional. 2 ed. São Paulo: Saraiva, 2008.

MENDES, Gilmar Ferreira. Âmbito de proteção dos direitos fundamentais e as possíveis limitações. Hermenêutica constitucional e direitos fundamentais. Brasília: Brasília Jurídica, 2002.

MIGUEL, Luis Felipe. Consenso e conflito na teoria democrática: para além do "agonismo".

MILAGRES, Marcelo de Oliveira. Negócio processual e o compromisso de ajustamento de conduta pelo Ministério Público. In: LUCON, Paulo Henrique dos Santos, et alli. Processo civil contemporâneo – homenagem aos 80 anos do professor Humberto Theodoro Jr. Op. Cit., p. 201-214.

MIRANDA, Gilson Delgado; PIZZOL, Patrícia Miranda. Recurso no Processo Civil. 5ª ed. São Paulo: Atlas, 2008.

MITIDIERO, Daniel. Novo Curso de Processo Civil. 2. ed. Vol. 2. São Paulo: RT, 2015.

MONIZ DE ARAGÃO. Comentários ao Código de Processo Civil. Vol. II. Rio de Janeiro: Forense, 1974.

MONTES, José Luis González. Instituciones de Derecho Procesal. t. I. Madrid: Tecnos, 1993.

MOORE, Christopher W. O Processo de Mediação: Estratégias Práticas para a Resolução de Conflitos. 2. ed. Porto Alegra: Artmed, 1998.

NEGRÃO, Theotônio. Código de Processo Civil e legislação processual em vigor. 31ª ed. São Paulo: Saraiva, 1991.

NERY JR., Nelson, NERY, Rosa Maria Andrade. Código de Processo Civil Comentado. 10ª ed. São Paulo: Revista dos Tribunais, 2007.

NERY, Nelson. Princípios do processo na Constituição da República. 9ª ed. São Paulo: RT, 2009.

NERY JUNIOR, Nelson. Teoria Geral dos Recursos. 4 ed. São Paulo: Revista dos Tribunais, 1997.

NERY JUNIOR, Nelson. Teoria Geral dos Recursos. 6ª ed. São Paulo: Revista dos Tribunais, 2004.

NEVES, Celso. Comentários ao Código de Processo Civil. Vol. VII. 7ª ed. Rio de Janeior: Forense, 1999.

NUNES, Dierle; WERNECK, Izabela. O perigo da utilização estratégica do IRDR por litigantes habituais e a necessidade dos Tribunais refletirem sobre sua cooptação: a proibição do incidente preventivo e o caso Samarco.

NUNES, Rizatto. *A questão da execução injusta.*

OAB-RJ. A cartilha digital 'Lei do Processo Eletrônico no novo CPC' apresenta um quadro comparativo dos artigos da Lei 11.419/2006 e as disposições trazidas pelo novo CPC.

ONU. Princípios Básicos Relativos à Independência do Judiciário, adotadas pelo Sétimo Congresso das Nações Unidas sobre Prevenção do Delito e Tratamento do Delinqüente celebrado em Milão, 26.08 a 06.09 de 1985, confirmado pela Assembléia Geral em suas resoluções 40/32, de 29 de novembro de 1985 e 40/146 de 13 de dezembro de 1985.

PAIXÃO JR., Manuel Galdino. Teoria Geral do Processo. Belo Horizonte: Del Rey, 2002. PIZZORUSSO, Alessandro. Lecciones de Derecho Constitucional. Madrid: Centro de Estudios Constitucionales, 1984. v. 2.

PNUD. A Democracia na América Latina rumo a uma democracia de cidadãs e cidadãos. New York, 2004.

PNUD. Parceria entre CNJ e PNUD, Programa Justiça 4.0 amplia uso de novas tecnologias no Judiciário.

PONTES DE MIRANDA. Tratado da ação rescisória. Campinas: Bookseller, 1998.

PRADO, Eunice M. B. MÜNCH, Luciane A. Corrêa, VILARROAL, Márcia A. Corrêa Ughini. Sob controle do usuário: formação dos juízes brasileiros para o uso ético da IA no Judiciário. Porto Alegre: Direito Hoje, TRF4. 2022.

QUEIROZ, Cristina. Direitos Fundamentais (Teoria Geral). Coimbra: Coimbra Editora: 2002.

RADBRUCH, Gustav. Introdução à Ciência do Direito. São Paulo: Martins Fontes, 2000.

REQUIÃO, Rubens. Curso de Direito Comercial. Vol. 1. 14ª ed. São Paulo: Saraiva, 1989.

RESCIA, Víctor Manuel Rodríguez. El debido proceso legal y la Convención Americana Sobre Derechos Humanos.

REZENDE, Ester Camila Gomes Norato. Breves linhas sobre a tutela provisória. In: THEODORO JUNIOR, Humberto (Coord.). JAYME, Fernando Gonzaga; GONCALVES, Glaucio Maciel; FARIA, Juliana Cordeiro de; FRANCO, Marcelo Veiga; ARAUJO, Mayara de Carvalho; CREMASCO, Suzana Santi (Org.). Processo Civil Brasileiro: Novos Rumos a partir do CPC/2015. Belo Horizonte: Del Rey, 2016, p. 79-90.

REZENDE, Ester Camila Gomes Norato. Fortalecimento da tutela do direito provável: Atipicidade e generalização da tutela em combate ao dano marginal no direito brasileiro. Belo Horizonte: UFMG. Tese de doutorado. 2016.

RHODE, Deborah L. Access to Justice.

RIVAS, Adolfo A. Teoría General del Derecho Procesal. Buenos Aires: LexisNexis. 2005.

ROJAS, Claudio Nash, DAVID, Valeska C. Igualdad y no discriminación en el sistema interamericano de derechos humanos. *In:* Derechos humanos y juicio justo. Red Interamericana de Formación em Governabilidad y Derechos Humanos, Colégio de las Américas - COLAM, Organización Interamericana Universitária. Editores Claudio Nash Rojas y Ignacio Mujica Torres. p. 159-212.

RORATO, Izabella Freschi, SOARES, Marcelo Negri. Ação rescisória: 2ª ed. São Paulo: Blucher, 2019.

ROSS, Alf. Direito e Justiça. São Paulo: EDIPRO, 2000.

RUBIN, Fernando. As importantes alterações firmadas em relação à atuação da preclusão no projeto do novo CPC. *In:* NUNES, Dierle et alii. Novas tendências do processo civil. Estudos sobre o Projeto do Novo Código de Processo Civil. Salvador: JusPodivm, 2013, p.411-432.

SADEK, Maria Tereza Aina. Poder Judiciário: perspectivas de reforma. Opin. Publica vol.10 no.1 Campinas May 2004.

SANTOS, Marina França. A garantia do duplo grau de jurisdição. Belo Horizonte: Del Rey, 2012.

SARLET, Ingo Wolfgang. A Eficácia dos Direitos Fundamentais: uma teoria geral dos direitos fundamentais na perspectiva constitucional. 10 ed. Porto Alegre: Livraria do Advogado, 2009.

SARMENTO, Daniel (Org.). Interesses Públicos versus Interesses Privados: Desconstruindo o Princípio de Supremacia do Interesse Público. Rio de Janeiro: Lúmen Juris, 2005.

SCARPINELLA, Cassio Bueno. Curso sistematizado de Direito Processual Civil. 7 ed. São Paulo: Saraiva, 2013.

SILVA, Flávio Pâncaro. Prológo da 2ª edição. In: LACERDA, Galeno. Despacho Saneador. 3ª ed. Porto Alegre: SAFE, 1990.

SILVA, Heitor Victor Mendonça. Doze problemas e Onze Soluções Quanto à Chamada Estabilização da Tutela Antecipada.

SILVA, Ovídio Baptista da. Curso de Processo Civil. Vol. I, 3. ed. Porto Alegre: Sergio Antonio Fabris Editor, 1996.

SILVA, Ovídio A. Baptista, GOMES, Fábio Luiz. Teoria geral do processo. São Paulo: Revista dos Tribunais, 1997.

SOUSA, Alexandre Rodrigues. Evolução da tutela sumária no direito brasileiro: A estabilização da tutela antecipada e seu diálogo com o contraditório e a coisa julgada material. Belo Horizonte: UFMG. Dissertação de mestrado, 2019.

SKONTZOS, Athanassios V. The burden and standard of proof in model international procedural law: dealing with the burden and standard of proof in international disputes. Unif. L. Rev., Vol. 23, 2018, 569-592.

STF. Relatório de Atividades, biênio 2006-2007.

STF. Estatística 2015.

STF. Estatística 2016.

STJ. Relatório Estatístico 2015.

STJ. Relatório Estatístico 2016.

STJ. Relatório Estatístico 2019.

STJ. Relatório Estatístico 2021

STJ. STJ encerra o semestre forense com mais de 223 mil processos julgados. 01/07/2016.

STJ. Boletim Estatístico, agosto de 2022.

STJ. Discurso de posse do Ministro Humberto Gomes de Barros no cargo de Presidente do STJ, proferido em 07/04/2008.

STF. Relatório de Atividades, biênio 2006-2007.

STF.Relatório de Atividades 2007.

STF. Relatório de Atividades de 2011.

STF. Paineis estatísticos.

STRECK, Lenio Luiz, DELFINO, Lúcio, BARBA, Rafael Giorgio Dalla, LOPES, Ziel Ferreira . Aposta na bondade – A cooperação processual do novo CPC é incompatível com a Constituição.

STRECK, Lenio Luiz, NUNES, Dierle, CUNHA, Leonardo Carneiro da (Org.). Comentários ao Código de Processo Civil. São Paulo: Saraiva, 2016.

TARTUCE, Fernanda. Mediação nos Conflitos Civis. 3. ed. São Paulo, Método, 2016.

TARUFFO, Michele. Uma simples verdade – o juiz e a construção dos fatos. São Paulo: Marcial Pons, 2012.

TEMER, Sofia. Recursos no incidente de resolução de demandas repetitivas. *In:* NUNES, Dierle, MENDES, Aluisio, JAYME, Fernando G. A nova aplicação da jurisprudência e precedentes no CPC/2015. São Paulo: RT, 2017, p. 1035-1053.

TEIXEIRA, Sálvio de Figueiredo. A última aula, In: Compromisso com o Direito e a Justiça. Belo Horizonte: Del Rey.

THEODORO JR., Humberto; ANDRADE, Érico. A Autonomização e a Estabilização da Tutela de Urgência no Projeto do CPC. Revista de Processo, n. 206 – abr./2012.

THEODORO JR., Humberto. Curso de Direito Processual Civil. Vol. I, 59ª ed. Rio de Janeiro: Forense, 2018.

THEODORO JR., Humberto. Curso de Direito Processual Civil. Vol. III, 51ª. Rio de Janeiro: Forense, 2018.

THEODORO JUNIOR, Humberto. Celeridade e efetividade da prestação jurisdicional. Insuficiência das reformas das leis processuais. Revista da Academia Mineira de Letras Jurídicas. Vol. 1, Belo Horizonte: Del Rey, 2007, p. 159-185.

THEODORO JR., Humberto. As nulidades no Código de Processo Civil. *In:* Doutrinas Essenciais de Processo Civil | vol. 3 | p. 911 | Out / 2011.

THEODORO JÚNIOR, Humberto. Código de Processo Civil anotado. 6 ed. Rio de Janeiro: Forense, 1999.

THEODORO JR. Humberto. O processos civil brasileiro no limiar do novo século. Rio de Janeiro: Forense, 2002.

THEODORO JR. Humberto. Processo de Execução, 23.ª ed. São Paulo: LEUD, 2005.

THEODORO JR. Humberto. Processo justo e contraditório dinâmico. Revista de Estudos Constitucionais, Hermenêutica e Teoria do Direito (RECHTD) 2(1): 64-71 janeiro-junho 2010.

TORNAGHI, Hélio. A Relação Processual Penal. 2ª ed. São Paulo: Saraiva, 1987.

TOSTA, Jorge. Do Reexame Necessário. São Paulo: Revista dos Tribunais, 2005.

TOURINHO FILHO, Fernando da Costa. Processo Penal. São Paulo: Saraiva, 1990. vol. I.

TROCKER, Nicòlo. Processo Civile e Costituzione. Milão: Dott. A. Giuffrè Editore, 1974.

US Supreme Court. Legal Information Institute. Cornell Law School.

VIGORITI, Vicenzo. Garantie Costituzionali del Processo Civile. Milão: Dott. A. Giuffrè Editore, 1973.

VITULLO, Gabriel Eduardo. O lugar do conflito na teoria democrática contemporânea.

WALLENSTEEN, Peter, and SVENSSON, Isak. Talking Peace: International Mediation in Armed Conflicts. Journal of Peace Research, vol. 51, no. 2, 2014, pp. 315–27.

WATANABE, Kazuo. Cognição no processo civil. 4ª ed. São Paulo: Saraiva, 2012.
WATANABE, Kazuo. Acesso à justiça e sociedade moderna. In: GRINOVER, Ada Pellegrini. (Org.). Participacao e Processo. São Paulo: Ed Revista dos Tribunais, 1988, p. 128-135.

WORLD JUSTICE PROJECT. World Justice Project Rule of Law Index® 2020.

WORLD JUSTICE PROJECT. Global Insights on Access to Justice

YARSHELL, Flávio Luiz. Sustentação oral em julgamento estendido no caso de divergência do colegiado.

JURISPRUDÊNCIA REFERENCIADA

CORTE EUROPEIA DE DIREITOS HUMANOS. CASO CASTRO FERREIRA LEITE c. PORTUGAL SENTENÇA (Queixa n.º 19881/06)

CORTE INTERAMERICANA DE DIREITOS HUMANOS. Caderno de Jurisprudência da Corte Interamericana de Direitos Humanos No. 36: Jurisprudência sobre o Brasil / Corte Interamericana de Direitos Humanos. -- San José, C.R.: Corte IDH, 2022.

CORTE INTERAMERICANA DE DIREITOS HUMANOS. CASO SALES PIMENTA *vs.* BRASIL.

CORTE INTERAMERICANA DE DIREITOS HUMANOS. Caso *López Álvarez vs. Honduras* Voto concorrente do Juiz CANÇADO TRINDADE.

CORTE INTERAMERICANA DE DIREITOS HUMANOS. Caso Garibaldi *vs.* Brasil,

CORTE INTERAMERICANA DE DIREITOS HUMANOS, Caso Ximenes Lopes *vs.* Brasil. Fondo, Reparaciones y Costas. Sentencia de 4 de julio de 2006.

CORTE INTERAMERICANA DE DIREITOS HUMANOS. *Opinião Consultiva nº 16/99.* Voto concorrente do Juiz Sergio Garcia Ramirez.

CORTE INTERAMERICANA DE DERECHOS HUMANOS. Caso Castillo Petruzzi y otros *vs.* Peru, Sentencia, de 30/05/99.

STF. AC 112, Rel. Min. Cezar Peluso, Tribunal Pleno, julgado em 01/12/2004, DJ 04-02-2005.

STF. AC 254 QO, Rel. Min. CELSO DE MELLO, Segunda Turma, DJe 18.12.2009.

STF. ACO 3376 MC, Decisçao Monocrática. Rel. Min. ALEXANDRE DE MORAES, DJe-082 DIVULG 02/04/2020 PUBLIC 03/04/2020.

STF. ADI 584 MC, Rel. Min. CELSO DE MELLO, Tribunal Pleno, DJ 22.5.1992.

STF. ADIMC-514/DF, Rel. Min.CELSO DE MELLO, DJ 18.03.94, p. 5164.

STF, ADI 1063 MC, Rel. Min. CELSO DE MELLO, DJ 27-04-2001, P. 57.

STF, ADI 1910 MC, Rel. Min. Sepúlveda Pertence. DJ 27-02-2004 PP-00019.

STF. ADC 1, Rel. Min. Moreira Alves, julgada em 1º.12.1993, DJ de 16.6.1995.

STF. ADI 1.254-AgR/RJ, Rel. Min. CELSO DE MELLO, RTJ 164/506-509.

STF. ADI 1539, Rel. Min. MAURÍCIO CORRÊA, DJ 05-12-2003 PP-00017.

STF. ADI nº 2797, Rel. Min. SEPÚLVEDA PERTENCE, julgado em 19 dez. 2006.

STF. ADI 3189, Rel. Min. JOAQUIM BARBOSA, DJe-072 DIVULG 02-08-2007 PUBLIC 03-08-2007.

STF. ADI 3819, Relator(a): Min. EROS GRAU, Tribunal Pleno, julgado em 24/10/2007, DJe-055 DIVULG 27-03-2008 PUBLIC 28-03-2008 EMENT VOL-02312-03 PP-00356 RTJ VOL-00206-01 PP-00170.

STF. ADI 1127, Rel. p/ Acórdão: Min. RICARDO LEWANDOWSKI, DJe-105 DIVULG 10-06-2010 PUBLIC 11-06-2010.

STF. ADI 2160, Relª Minª: CÁRMEN LÚCIA, Tribunal Pleno, julgado em 01/08/2018, PROCESSO ELETRÔNICO DJe-033 DIVULG 18-02-2019 PUBLIC 19-02-2019.

STF. ADI 3745, Rel. Min. DIAS TOFFOLI, ACÓRDÃO ELETRÔNICO DJe-148 DIVULG 31-07-2013 PUBLIC 01-08-2013.

STF. ADI 4.425, rel. p/ o ac. min. Luiz Fux, j. 14-3-2013, P, *DJE* de 19-12-2013.

STF. ADI 4414, Rel. Min. Luiz Fux. DJ 17/06/2013.

STF. ADI 2418, Relator(a): Min. TEORI ZAVASCKI, Tribunal Pleno, julgado em 04/05/2016, ACÓRDÃO ELETRÔNICO DJe-243 DIVULG 16-11-2016 PUBLIC 17-11-2016.

STF. ADI 5135, Relator(a): ROBERTO BARROSO, Tribunal Pleno, julgado em 09/11/2016, PROCESSO ELETRÔNICO DJe-022 DIVULG 06-02-2018 PUBLIC 07-02-2018.

STF. ADI 5371, Relator(a): ROBERTO BARROSO, Tribunal Pleno, julgado em 02/03/2022, PROCESSO ELETRÔNICO DJe-061 DIVULG 30-03-2022 PUBLIC 31-03-2022.

STF. ADI 3460 ED, Rel. Min. Teori Zavascki, DJe-047 DIVULG 11-03-2015 PUBLIC 12-03-2015

STF, ADI 4858 AgR, Relator(a): Min. EDSON FACHIN, Tribunal Pleno, julgado em 24/03/2017, PROCESSO ELETRÔNICO DJe-066 DIVULG 31-03-2017 PUBLIC 03-04-2017.

STF. AgRg no Ag 120.421/SC, Rel. Ministro Carlos Alberto Menezes Direito, Terceira Turma, julgado em 25/03/1997, DJ 19/05/1997.

STF. Ag Rg Agravo de Instrumento nº 763.915/RJ. DJe 07/05/2013.

STF, AG. REG. EM AG. DE INST. OU DE PETIÇÃO nº 152676, DJ 03/11/95, p. 37245 Rel. Min. MAURÍCIO CORREA.

STF. Ag Rg no RE nº 591.961/RJ. Relator Ministra Rosa Weber. DJe 26/02/2013.

STF. Agravo Regimental em Agravo de Instrumento nº 241.397/SP. Relator: Ministro Celso de Mello, Segunda Turma, j.em 10/08/1999, DJU 17/09/1999.

STF. Agravo Regimental no Recurso Extraordinário nº 591.961/RJ. Relator Ministra Rosa Weber. Julgado em: 05.02.2013.

STF. Agravo Regimental no Agravo de Instrumento nº 763.915/RJ. Relator Ministro Dias Toffoli. Julgado em: 12.03.2013.

STF. Ag.Reg. no Ag.Reg. no Recurso Extraordinário com Agravo 759.130, Relator(a): Min. Rosa Weber, Primeira Turma, julgado em 29/04/2014, DJe-092, divulg 14-05-2014, public 15-05-2014.

STF. AG.REG. NO RE COM AGRAVO 956.652, Rel. Min. Marco Aurélio, DJe 08-08-2016.

STF, AGRRE nº 167787, Rel. Min. CELSO DE MELLO DJ 30/06/95, p. 20451.

STF. AI 664567 QO, Relator(a): MIN. SEPÚLVEDA PERTENCE, Tribunal Pleno, julgado em 18/06/2007, DJe-096 DIVULG 05-09-2007 PUBLIC 06-09-2007 DJ 06-09-2007 PP-00037.

STF. AI-QO-RG 791292, Relator(a): Min. MIN. GILMAR MENDES, julgado em 23/06/2010, publicado em 13/08/2010.

STF. AI 23.496, Rel. Min. Victor Nunes Leal. j. 11/07/1961.

STF. AI 29710, Relator(a): EVANDRO LINS, Primeira Turma, julgado em 14/10/1963, DJ 17-12-1963 PP-04438 EMENT VOL-00566-01 PP-00346.

STF. AI 664680. Rel Min. MENEZES DIREITO, Dje: 17/03/2009.

STF, AI 673934 , Rel. Min. Ellen Gracie, DJe-148 DIVULG 06-08-2009 PUBLIC 07-08-2009.

STF, AI 759421 RG, Rel. Min. CEZAR PELUSO, DJe-213 DIVULG 12-11-2009 PUBLIC 13-11-2009.

STF. AI 362.828-AgR-ED-ED-EDv-AgR-ED, Rel. Min. Cezar Peluso, Tribunal Pleno, DJ de 06/10/2006.

STF. AI 746.016-AgR-ED-ED, Rel. Min. Celso de Mello, Segunda Turma, DJe de 11/02/2010.

STF, AI 564050 AgR-ED-ED-ED, Rel. Min. EROS GRAU, DJe-082 DIVULG 16-08-2007 PUBLIC 17-08-2007 DJ 17-08-2007 PP-00091 EMENT VOL-02285-11 PP-02265.

STF. AI 727.244-AgR-ED-ED, Rel. Min. Joaquim Barbosa, Segunda Turma, DJe de 19/10/2012.

STF. AI 362.828-AgR-ED-ED-EDv-AgR-ED, Rel. Min. Cezar Peluso, Tribunal Pleno, DJ de 06/10/2006.

STF. AI 760304 AgR-ED-ED, Rel. Min. Roberto Barroso, DJe-110, divulg. 09-06-2015, public. 10-06-2015.

STF. AI 654291 AgR-AgR-AgR-ED-ED-EDv-AgR, Relator(a): MARCO AURÉLIO, Tribunal Pleno, julgado em 18/12/2015, ACÓRDÃO ELETRÔNICO DJe-032 DIVULG 19-02-2016 PUBLIC 22-02-2016.

STF. AI 145525 AgR. Rel. Min. Ilmar Galvão, DJ 07-05-1993.

STF, AI 177313 AgR, Rel. Min. Celso de Mello, DJ de 17/05/1.996, p. 16.343.

STF. AI 253.566 AgR. Rel. Min. SEPÚLVEDA PERTENCE, j. 15 fev. 2000, *DJ* de 3-3-2000.

STF. AI 621919 AgR, Relª Minª ELLEN GRACIE, DJ 19-12-2006 PP-00035.

STF. AI 794759 AgR, Relator(a): Min. LUIZ FUX, Primeira Turma, julgado em 13/04/2011, DJe-088 DIVULG 11-05-2011 PUBLIC 12-05-2011 EMENT VOL-02520-02 PP-00425

STF. AI 743641 ED, Rel. Min. Ellen Gracie, Segunda Turma, julgado em 08/02/2011, DJe-039, divulg 25-02-2011, public. 28-02-2011.

STF. AP 986 AgR, Rel. Min. DIAS TOFFOLI, ACÓRDÃO ELETRÔNICO DJe-243 DIVULG 16-11-2016 PUBLIC 17-11-2016.

STF, AP 470 QO-décima primeira, Rel. Min. JOAQUIM BARBOSA, ACÓRDÃO ELETRÔNICO DJe-034 DIVULG 18-02-2014 PUBLIC 19-02-2014.

STF. AP 986 AgR, Rel. Min. DIAS TOFFOLI, ACÓRDÃO ELETRÔNICO DJe-243 DIVULG 16-11-2016 PUBLIC 17-11-2016.

STF. AR 1538 AgR-AgR, Rel. Min. MAURÍCIO CORRÊA, DJ 08-02-2002 PP-0026.

STF. AR 1348, Relator(a): Min. LUIZ FUX, julgado em 30.09.2015.

STF. AR 2440 AgR, Rel. Min. RICARDO LEWANDOWSKI, PROCESSO ELETRÔNICO DJe-195 DIVULG 06-09-2019 PUBLIC 09-09-2019.

STF. ARE 665.384-AgR-ED, Rel. Min. Gilmar Mendes, Segunda Turma, DJe de 04/09/2012.

STF. ARE 678139 AgR, Rel. Min. Rosa Weber, Primeira Turma, julgado em 06/08/2013, DJe-163, divulg 20-08-2013, public. 21-08-2013.

STF, ARE 723369 AgR, Decisão monocrática. Rel. Min. CÁRMEN LÚCIA, j. 17/12/2012. DJe 04/02/2013.

STF. ARE 725034 AgR, decisão monocrática.Rel. Min. Cármen Lúcia, Segunda Turma, divulg 24-09-2013, public. 25-09-2013.

STF. ARE 1273640 AgR, Rel. Min. ALEXANDRE DE MORAES, DJe 24-09-2020.

STF. ARE 716626, decisão monocrática, Rel. Min. Luiz Fux, DJe 22.5.2014.

STF. ARE 792562 AgR, Relator Ministro Teori Zavascki, Segunda Turma, julgamento em 18.3.2014, DJe de 2.4.2014.

STF. ARE 889158 AgR, Rel. Min. Marco Aurélio, DJe-190, divulg. 23-09-2015, public 24-09-2015.

STF. ARE 883523 AgR, Relator(a): Min. Celso de Mello, Segunda Turma, julgado em 30/06/2015, DJe-154, divulg 05-08-2015, public 06-08-2015.

STF. ARE 889158 AgR, Rel. Min. Marco Aurélio, DJe-190, divulg. 23-09-2015, public 24-09-2015.

STF. ARE 904.147– AgR, Rel. Min. CELSO DE MELLO, DJe 07-10-2015.

STF. ARE 904147 AgR, Relator(a): Min. CELSO DE MELLO, Segunda Turma, julgado em 15/09/2015, DJe-201, divulg 06-10-2015, public 07-10-2015.

STF. ARE 943694 AgR. Rel. Min. Marco Aurélio, publicados no DJe-165 DIVULG 05-08-2016 PUBLIC 08-08-2016.

STF. ARE 966306 AgR Rel. Min. Roberto Barroso, DJe. 09/08/2016.

STF. ARE 955730 AgR, Rel. LUIZ FUX, Primeira Turma, julgado em 28/06/2016, PROCESSO ELETRÔNICO DJe-166 DIVULG 08-08-2016 PUBLIC 09-08-2016

STF. ARE 961559 AgR, Rel.. Minª Carmen Lúcia. DJe-167 DIVULG 09-08-2016 PUBLIC 10-08-2016

STF. ARE 940292 AgR-AgR, DJe-167 DIVULG 09-08-2016 PUBLIC 10-08-2016

STF. ARE 952007 AgR, Rel. Min. Dias Toffoli. DJe-165 DIVULG 05-08-2016 PUBLIC 08-08-2016

STF. ARE 922529 AgR, Relator(a): ROBERTO BARROSO, Primeira Turma, julgado em 28/06/2016, ACÓRDÃO ELETRÔNICO DJe-169 DIVULG 10-08-2016 PUBLIC 12-08-2016

STF, ARE 946340 AgR, Rrel. Min. Marco Aurélio. DJe-174 DIVULG 17-08-2016 PUBLIC 18-08-2016.

STF, ARE 1028397 AgR, Rel. Min. ROBERTO BARROSO, DJe-171 DIVULG 03-08-2017 PUBLIC 04-08-2017.

STF. ARE 873120 AgR-ED. Rel. Min. Luiz Fux., DJe-165 DIVULG 05-08-2016 PUBLIC 08-08-2016.

STF, ARE 811910 ED-ED. Relª Minª ROSA WEBER, DJe-125 DIVULG 10/06/2019 PUBLIC 11/06/2019.

STF. ARE 638.195, Rel. Min. Joaquim Barbosa, j. 29-5-2013, P, *DJE* de 13-12-2013.

STF, ARE 648629, Rel. Min. Luiz Fux, DJe-069 DIVULG 07-04-2014 PUBLIC 08-04-2014

STF. ARE 796473 RG, Rel. Min. GILMAR MENDES, julgado em 03/04/2014, ACÓRDÃO ELETRÔNICO DJe-207 DIVULG 20-10-2014 PUBLIC 21-10-2014.

STF. ARE 914045, Relator Ministro Edson Fachin, Tribunal Pleno – meio eletrônico, julgamento em 15.10.2015, DJe de 19.11.2015, Tema 856.

STF. ARE 1346046 AgR, Rel. NUNES MARQUES, PROCESSO ELETRÔNICO DJe-119 DIVULG 20-06-2022 PUBLIC 21-06-2022.

STF. CC 7204, Rel. Min. Ayres Britto, DJ de 9.12.05.

STF. CT 3713. Rel. Min. Guimarães Natal. Revista do STF. vol. 71, p. 75, 1924.

STF, EXT-633 / CH, Rel. Min. Celso de Mello, DJ de 06/04/01.

STF, HC 68437, Rel. Min. CELSO DE MELLO, DJ 15-03-1991 PP-02650 EMENT VOL-01612-03 PP-00463.

STF. HC 68530, Relator(a): Min. CELSO DE MELLO, Primeira Turma, julgado em 05/03/1991, DJ 12-04-1991 PP-04159 EMENT VOL-01615-01 PP-00131.

STF, HC 67759, Rel. Min. Celso de Mello, J. 06-08-1992.

STF. HC 68884, Rel. Min. NÉRI DA SILVEIRA, DJ 05-03-1993 PP-02897.

STF, HC nº 71402 / RJ, Rel. Min. CELSO DE MELLO, DJ 23/09/94, p. 25315.

STF, HC nº 74530, Rel. Min. ILMAR GALVÃO, DJ 13/12/96, P.50167.

STF, HC nº 73801, Rel. Min. CELSO DE MELLO, DJ 27/06/97, p. 30226

STF. HC 74073, Relator(a): Min. CELSO DE MELLO, Primeira Turma, julgado em 20/05/1997, DJ 27-06-1997 PP-30227 EMENT VOL-01875-03 PP-00597.

STF. HC 75.404, Rel. Min. Maurício Corrêa, julgamento em 27-6-1997, Segunda Turma, DJ de 27-4-2001.

STF. HC 82672, Rel. Min. CARLOS BRITTO, Rel. p/ Acórdão: Min. MARCO AURÉLIO, DJ 01-12-2006, p. 76.

STF. HC 92604 / SP, Rel. Min. Gilmar Mendes, j. 01/04/2008

STF. HC nº 93.050/RJ, Segunda Turma, Relator o Ministro Celso de Mello, DJe 31/7/08.

STF. HC 98621, Rel. Min. RICARDO LEWANDOWSKI, DJe-071 DIVULG 22-04-2010 PUBLIC 23-04-2010.

STF. HC 102062, Rel. Min. RICARDO LEWANDOWSKI, j. 02/12/2010.

STF. HC 115201, Rel. Min. LUIZ FUX, DJe-187 DIVULG 23-09-2013 PUBLIC 24-09-2013.

STF. HC 103325, Rel. Min. CELSO DE MELLO, DJe-213 DIVULG 29-10-2014 PUBLIC 30-10-2014.

STF, HC 173777 AgR, Rel. Min. EDSON FACHIN, DJe-275 DIVULG 11-12-2019 PUBLIC 12-12-2019.

STF. HC 164493, Rel Min. EDSON FACHIN, Rel. p/ Acórdão: Min. GILMAR MENDES, DJe-106 DIVULG 02-06-2021 PUBLIC 04-06-2021.

STF. MS 21239, rel. Min. Sepúlveda Pertence, DJ 23/04/1993, p. 6.920.

STF. MS 21.689, Relo. Min. Octavio Gallotti, DJU de 07/04/1995.

STF. MS 24.268, Rel. Min. Gilmar Mendes, DJe 17-09-2004.

STF, MS 26.603, Rel. Min. Celso de Mello. DJe-241 DIVULG 18-12-2008 PUBLIC 19-12-2008

STF, MS 33528 AgR, Relator(a): Min. CELSO DE MELLO, Segunda Turma, julgado em 06/09/2016, PROCESSO ELETRÔNICO DJe-201 DIVULG 20-09-2016 PUBLIC 21-09-2016.

STF. Pet. nº 3211, Rel. Min. Marco Aurélio, j. 13/03/2008, DJe-117 Divulgado em 26/06/2008, publicado 27/06/2008.

STF. Pet 3211 QO, Relator(a) p/ Acórdão: Min. MENEZES DIREITO, DJe-117 DIVULG 26-06-2008 PUBLIC 27-06-2008.

STF. RE nº 586.645/SP, Rel. Min. Cármen Lúcia, DJ 12-08-2008.

STF, Rcl 475, Rel. Min. Octávio Gallotti, DJ 22/04/1994.

STF. Rcl 1722, Rel. Min. Celso de Mello, DJ 13/05/2005.

STF. Rcl 5758, Rel. CÁRMEN LÚCIA, Tribunal Pleno, DJe-148 DIVULG 06-08-2009 PUBLIC 07-08-2009 EMENT VOL-02368-02 PP-00298 LEXSTF v. 31, n. 368, 2009.

STF. Rcl 6568, Relator(a): Min. EROS GRAU, Tribunal Pleno, julgado em 21/05/2009, DJe-181 DIVULG 24-09-2009 PUBLIC 25-09-2009 EMENT VOL-02375-02 PP-00736.

STF. Rcl nº 8.025, Rel. Min. Eros Grau. DJe-145 DIVULG 05-08-2010 PUBLIC 06-08-2010.

STF. Rcl 14889 MC, Relator Ministro Joaquim Barbosa, Decisão Monocrática, julgamento em 13.11.2012, DJe de 19.11.2012.

STF, Rcl 14362 AgR-AgR, Rel. Min. RICARDO LEWANDOWSKI, DJe-034 DIVULG 18-02-2014 PUBLIC 19-02-2014.

STF. Rcl 4335, Rel; Min. GILMAR MENDES, Tribunal Pleno, julgado em 20/03/2014, DJe-208 DIVULG 21-10-2014 PUBLIC 22-10-2014.

STF. Rcl 10084 AgR-ED, Relator(a): Min. LUIZ FUX, Tribunal Pleno, julgado em 17/03/2016, PROCESSO ELETRÔNICO DJe-076 DIVULG 19-04-2016 PUBLIC 20-04-2016.

STF. Rcl nº 24.417/SP-AgR, Rel. Min. Roberto Barroso, DJe de 24/4/2017.

STF. RE 46988 EI. Rel. Min.Antônio Villas Boas, DJ 13-04-1961.

STF. RE 35833 Rel. Min. Victor Nunes, DJ de 11/01/1962 RTJ 21/80

STF. RE nº 84867, Rel. Min. Cunha Peixoto, j. 31/08/1976, DJ 12/11/1976.

STF, RE nº 86327, Rel. Min. MOREIRA ALVES, DJ 17/03/78, p. 1417.

STF. RE nº 90889, Rel. DÉCIO MIRANDA . DJ DATA-03/07/79 PG-05159.

STF RE nº 97153, Rel. Min. SOARES MUNOZ, DJ 22/10/82, p. 742

STF, RE nº 169347 ED, Rel. Min. MOREIRA ALVES, DJ 19-04-1996.

STF. RE 205029, Rel. Min. CARLOS VELLOSO, DJ 07-03-1997 PP-05416 EMENT VOL-01860-06 PP-01198.

STF. RE 228955, Rel. Min. Ilmar Galvão, DJ 24/03/2001.

STF: RE 330.007-RO, Rel. Min. ELLEN GRACIE, julgado em 28/06/2001, DJ 23-08-2002 PP-00109

STF. RE 422.642. Rel. Min. Celso de Mello (Decisão monocrática), Dj de 23/04/2004.

STF. RE 361341 ED, Rel. Min. Sepúlveda Pertence, Primeira Turma, julgado em 01/03/2005, DJ 01-04-2005.

STF. RE 396.989-7-GO, Rel. Min. MARCO AURÉLIO, DJ 03-03-2006 PP-00073.

STF. RE 479887, Rel. Min. Carlos Britto, DJe-134, divulg. 30-10-2007, public. 31-10-2007.

STF.RE 455024 AgR-ED, Rel. Min. CEZAR PELUSO, DJe-055 DIVULG 27-03-2008 PUBLIC 28-03-2008.

STF, RE 245646 AgR, Rel. Min. Celso de Mello, DJe-030 DIVULG 12-02-2009 PUBLIC 13-02-2009

STF. RE 466343, Rel. Min. CEZAR PELUSO, REPERCUSSÃO GERAL - MÉRITO DJe-104 DIVULG 04-06-2009 PUBLIC 05-06-2009.

STF. RE RG nº 567.454-1/BA, Rel. Min. CARLOS BRITTO, REPERCUSSÃO GERAL - MÉRITO DJe-162 DIVULG 27-08-2009 PUBLIC 28-08-2009 EMENT VOL-02371-08 PP-01604.

STF, RE 590409, Rel. Min. RICARDO LEWANDOWSKI, REPERCUSSÃO GERAL - MÉRITO, DJe-204 DIVULG 28-10-2009 PUBLIC 29-10-2009.

STF, RE 477554 AgR, Rel. Min. CELSO DE MELLO, DJe-164 DIVULG 25-08-2011 PUBLIC 26-08-2011.

STF. RE 637135 RG, Relator(a): Min. MINISTRO PRESIDENTE, julgado em 05/08/2011, PROCESSO ELETRÔNICO DJe-170 DIVULG 02-09-2011 PUBLIC 05-09-2011.

STF. RE 638729 AgR, Rel. Min. Luiz Fux, Primeira Turma, julgado em 10/04/2012, DJe-099, divulg 21-05-2012, public 22-05-2012.

STF. RE 592.912-AgR, rel. Min. CELSO DE MELLO, Segunda Turma, DJe de 22-11- 2012.

STF. RE 627527, Rel. Min. LUIZ FUX, julgado em 04 dez. 2012.

STF. RE 681953 AgR, Rel. Min. CELSO DE MELLO, DJe-221 DIVULG 08-11-2012 PUBLIC 09-11-2012.

STF. RE 592.912-AgR, rel. Min. CELSO DE MELLO, Segunda Turma, DJe de 22-11- 2012.

STF. RE 659109 RG, Relator(a): CEZAR PELUSO, Relator(a) p/ Acórdão: LUIZ FUX, Tribunal Pleno, julgado em 21/09/2012, ACÓRDÃO ELETRÔNICO DJe-090 DIVULG 14-05-2013 PUBLIC 15-05-2013.

STF. RE 687319, Rel. Min. Ricardo Lewandowski, DJe 26.05.2014.

STF. RE 666434, decisão monocrática Rel. Min. Roberto Barroso, DJe 28.5.2014;

STF. RE 666589, Rel. Min. MARCO AURÉLIO, DJe-106 DIVULG 02-06-2014 PUBLIC 03-06-2014.

STF. RE 631.111, Rel. Min. TEORI ZAVASCKI, DJe de 30/10/2014.

STF, RE 608482 / RN. Rel. Min. TEORI ZAVASCKI, DJe 30-10-2014.

STF. RE 747917 AgR, Rel. Min. DIAS TOFFOLI, DJe-164 DI.VULG 20-08-2015 PUBLIC 21-08-2015.

STF. RE 383700 AgR, Rel. Min. Dias Toffoli, DJe-222, divulg. 06-11-2015, public. 09-11-2015.

STF. RE 852.302, rel. min. Dias Toffoli, j. 15-12-2015.

STF. RE 955227 RG, Relator(a): Min. ROBERTO BARROSO, julgado em 31/03/2016, ACÓRDÃO ELETRÔNICO DJe-081 DIVULG 26-04-2016 PUBLIC 27-04-2016.

STF. RE 949297 RG, Relator(a): Min. EDSON FACHIN, julgado em 24/03/2016, PROCESSO ELETRÔNICO DJe-097 DIVULG 12-05-2016 PUBLIC 13-05-2016.

STF. RE 949293 AgR, Rel. Min. Dias Toffoli, DJe-165 DIVULG 05-08-2016 PUBLIC 08-08-2016. STF.

STF. RE 954644 AgR. Rel. Min. Roberto Barroso, DJe-166 DIVULG 08-08-2016 PUBLIC 09-08-2016.

STF. RE 914042 AgR-AgR, Rel. Min. MARCO AURÉLIO, Primeira Turma, julgado em 16/08/2016, ACÓRDÃO ELETRÔNICO DJe-201 DIVULG 20-09-2016 PUBLIC 21-09-2016

STF, RE 760931/DF, RG Tema 245. Relª. Minª. Rosa Weber, julgamento em 2-2-2017.

STF. RE 993265 AgR, Relator(a): Min. MARCO AURÉLIO, Primeira Turma, julgado em 07/02/2017, PROCESSO ELETRÔNICO DJe-066 DIVULG 31-03-2017 PUBLIC 03-04-2017.

STF, RE 938837, Rel. p/ acórdão Min. Marco Aurélio, j. 19/04/2017, PROCESSO ELETRÔNICO REPERCUSSÃO GERAL - MÉRITO DJe-216 DIVULG 22-09-2017 PUBLIC 25-09-2017.

STF. RE 1060260 ED, Relator(a): ALEXANDRE DE MORAES, Primeira Turma, julgado em 24/11/2017, PROCESSO ELETRÔNICO DJe-282 DIVULG 06-12-2017 PUBLIC 07-12-2017

STF RE 1007436 RG, Relator(a): Min. LUIZ FUX, Relator(a) p/ Acórdão: Min. EDSON FACHIN, julgado em 22/02/2019, PROCESSO ELETRÔNICO DJe-211 DIVULG 26-09-2019 PUBLIC 27-09-2019

STF. RE 643978, Rel. ALEXANDRE DE MORAES, Tribunal Pleno, julgado em 09/10/2019, PROCESSO ELETRÔNICO REPERCUSSÃO GERAL – MÉRITO DJe-232 DIVULG 24-10-2019 PUBLIC 25-10-2019.

STF. RE 905357, Rel. Min. ALEXANDRE DE MORAES, DJe-282 DIVULG 17-12-2019 PUBLIC 18-12-2019

STF. RE 1101937, Relator(a): ALEXANDRE DE MORAES, Tribunal Pleno, julgado em 08/04/2021, PROCESSO ELETRÔNICO REPERCUSSÃO GERAL – MÉRITO DJe-113 DIVULG 11-06-2021 PUBLIC 14-06-2021.

STF. RE 1258896 ED-AgR-ED-EDv-AgR, Rel. p/ Acórdão: Min. ALEXANDRE DE MORAES, PROCESSO ELETRÔNICO DJe-097 DIVULG 19-05-2022 PUBLIC 20-05-2022.

STF. RE 1256969 AgR-ED-segundos, Relator(a): ROSA WEBER, Primeira Turma, julgado em 05/09/2022, PROCESSO ELETRÔNICO DJe-179 DIVULG 08-09-2022 PUBLIC 09-09-2022.

STF, RHC 79785, Rel. Min. SEPÚLVEDA PERTENCE, DJ 22-11-2002, p. 57.

STF, RHC 90376, Relator(a): Min. CELSO DE MELLO, DJe-018 DIVULG 17-05-2007 PUBLIC 18-05-2007 DJ 18-05-2007.

STF, RHC 128143 AgR, Rel. Min. CELSO DE MELLO, DJe-232 DIVULG 18-11-2015 PUBLIC 19-11-2015.

STF. RHC 222619 ED, Rel. Min. LUIZ FUX, PROCESSO ELETRÔNICO DJe-031 DIVULG 17-02-2023 PUBLIC 22-02-2023.

STF. RMS 24676, Rel. Min. Marco Aurélio, DJe de 28/05/2004.

STF, RMS 25354, Rel[a] Min[a] CÁRMEN LÚCIA, DJe-187 DIVULG 02-10-2008 PUBLIC 03-10-2008 EMENT VOL-02335-01 PP-00122.

STF. SE-AgR 5206, Rel. Min. Sepúlveda Pertence, Pleno, DJ 30.4.2004

STF. SEC 7209, Rel. Min. MARCO AURÉLIO, DJ 29-09-2006 PP-00036.STF.

STF. SS 260 QO, Rel. Min. NÉRI DA SILVEIRA, DJ 05-05-1989 PP-07158

STF. SS 1319, Rel. Min. CELSO DE MELLO, julgado em 07/04/1999, publicado em DJ 19/04/1999, p. 31.

STF, SS 2260, Rel. Min. Ellen Gracie, DJ 02/09/2003.

STJ, REsp 1688154/SP, Rel. Ministra NANCY ANDRIGHI, TERCEIRA TURMA, julgado em 12/03/2019, DJe 15/03/2019

STJ AgRg no REsp 588.108-PE, DJ 20/6/2005.

STJ, AgRg no REsp 1174005, Rel.Min. MARIA THEREZA DE ASSIS MOURA, DJe 01/02/2013.

STJ, MC 15465, Rel. Min. Nancy Andrighi, DJe 20/09/2009

STJ, AGA nº 183847, DJ 16/11/1998, p. 92, Rel. Min. CARLOS ALBERTO MENEZES DIREITO:

STJ, AgInt na AR 6.608/DF, Rel. Ministro LUIS FELIPE SALOMÃO, SEGUNDA SEÇÃO, julgado em 15/06/2021, DJe 21/06/2021. Informações complementares.

STJ, AgInt na AR 7.010/DF, Rel. Ministra REGINA HELENA COSTA, PRIMEIRA SEÇÃO, julgado em 28/09/2021, DJe 08/10/2021

STJ, AgInt no AgRg no AREsp n. 444.569/RS, relatora Ministra Assusete Magalhães, Segunda Turma, julgado em 19/9/2022, DJe de 22/9/2022.

STJ, AgInt no AREsp 1.468.820/MG, Rel. Min. Marco Aurélio Bellizze, Dje 27/9/2019.

STJ, AgInt no AREsp 370579, Rel. Min. João Otávio Noronha, DJe 30/06/2016

STJ, AgInt no AREsp n. 1.457.765/SP, Rel. Ministro MARCO AURÉLIO BELLIZZE, DJe 22/8/2019.

STJ, AgInt no AREsp n. 1.458.210/SP, relator Ministro Sérgio Kukina, Primeira Turma, julgado em 23/9/2019, DJe de 26/9/2019.

STJ, AgInt no REsp 1823725/AC, Rel. Min. MAURO CAMPBELL MARQUES, DJe 18/06/2020.

STJ. AgInt no REsp n. 2.005.444/RS, relator Ministro Herman Benjamin, Segunda Turma, julgado em 26/9/2022, DJe de 30/9/2022.

STJ. AgInt no REsp n. 1.818.950/RJ, relator Ministro Sérgio Kukina, Primeira Turma, julgado em 5/12/2022, DJe de 7/12/2022.

STJ. AgInt no AREsp n. 1.328.399/RJ, relator Ministro Sérgio Kukina, Primeira Turma, julgado em 13/2/2023, DJe de 16/2/2023.

STJ. AgInt no REsp n. 1.972.134/DF, relator Ministro Mauro Campbell Marques, Segunda Turma, julgado em 7/12/2022, DJe de 12/12/2022.

STJ. AgInt no AREsp n. 1.690.572/RJ, relatora Ministra Assusete Magalhães, Segunda Turma, julgado em 3/10/2022, DJe de 7/10/2022.

STJ. AgInt no REsp n. 1.988.260/MG, Rel. Min. Gurgel de Faria, DJe de 16/2/2023.

STJ, AgInt no REsp. 1.700.752/SP, Rel. Min. MAURO CAMPBELL MARQUES, DJe 3.5.2018.

STJ, AgInt noAREsp 1.218.379/SP, Rel. Min.Ricardo Villas Bôas Cueva, Terceira Turma, julgado em 24/4/2018, DJe 30/4/2018.

STJ, AgInt nos EDcl no AREsp 1553027/RJ, Rel. Min. MARCO BUZZI, DJe 01/04/2020.

STJ, AgInt nos EDcl no AREsp 833.902/MT, Rel. Min. PAULO DE TARSO SANSEVERINO, DJe 22/06/2017.

STJ, AGRAR 57/RJ, RELATOR: MINISTRO DEMÓCRITO REINALDO, DJ 28/06/1993, p. 12820.

STJ, AgRg na AR 4.799/AL, Rel. Ministro Herman Benjamin, Primeira Seção, DJe 8/11/2016.

STJ, AgRg na MC 301/SP, Rel. Min. NILSON NAVES, DJ 23/10/1995, p. 35660.

STJ, AgRg na SLS nº 1.374, Rel. Min. Ari Pargendler, Corte Especial,DJ e 29/06/2012.

STJ, AgRg no Ag 1154432/MG, Rel. Min. Marco Aurélio Bellizze, DJe 14/11/2012.

STJ, AgRg no AREsp 237755, Rel. Min. CASTRO MEIRA, DJe 06/12/2012

STJ, AgRg no AREsp 418.019/RJ, Rel. Ministro MARCO BUZZI, QUARTA TURMA, julgado em 17/12/2013, DJe 04/02/2014.

STJ, AgRg no AREsp 471.037/MG, Rel. Ministro LUIS FELIPE SALOMÃO, Quarta Turma, julgado em 27/05/2014, DJe 03/06/2014

STJ, AgRg no AREsp 726.208/RR, Rel. Ministro GURGEL DE FARIA, PRIMEIRA TURMA, DJe de 10/06/2016;

STJ, AgRg no REsp 1454702/PE, Rel. Min. HERMAN BENJAMIN, DJe 27/11/2014

STJ, AgRg no REsp 845048, Rel. Min. Francisco Falcão, DJ 16/10/2006, P. 326.

STJ. AgRg no REsp n. 2.019.975/RN, Rel. Min. Jorge Mussi, DJe de 14/12/2022.

STJ, AR 5.655/PA, 1ª Seção, DJe 22/08/2017.

STJ, AR 624/SP, Relator Ministro José Arnaldo da Fonseca, DJ 23/11/98.

STJ, AR 3.996/SC, Rel. Ministro GURGEL DE FARIA, Rel. p/ Acórdão Ministro NAPOLEÃO NUNES MAIA FILHO, PRIMEIRA SEÇÃO, julgado em 13/03/2019, DJe 21/05/2019.

STJ, AREsp 797369, Rel. Min. Maria Isabel Gallotti, DJe 09/11/2015. (Decisão monocrática)

STJ,CC124633,Rel.Min.ALDERITARAMOSDEOLIVEIRA(DESEMBARGADORA CONVOCADA DO TJ/PE), DJe 01/02/2013

STJ, CC 17.735. DIREITO, Rel. p/ac. Min. COSTA LEITE

STJ, EDcl no AgRg na Rcl 1.450-PR, Corte Especial, DJ 29/8/2005.

STJ, EDcl no AgRg no AREsp 671.379/SP, Rel. Ministro HERMAN BENJAMIN, SEGUNDA TURMA, DJe de 08/09/2015.

STJ, EDcl no AgRg no AREsp 709.402/MS, Rel. Ministro MARCO AURÉLIO BELLIZZE, TERCEIRA TURMA, DJe de 09/12/2015.

STJ, EDcl no MS 21.315/DF, Rel. Minª Diva Malerbi, (Convocada), DJe 15/6/2016

STJ, EDcl no REsp 1.280.825/RJ, Rel. Ministra Maria Isabel Gallotti, DJe 01/08/2017.

STJ, EDcl no REsp 50.876/SP, Rel. Min. MILTON LUIZ PEREIRA, DJ 05/12/1994, p. 33533.

STJ, EREsp 674.215/RJ, Rel. Min. ARI PARGENDLER, DJe 04/11/2008.

STJ, EREsp 766.637/RS, Relª. Minª. Eliana Calmon, DJe 1/7/2013

STJ, EREsp 989.494/SP Rel. Min. BENEDITO GONÇALVES, DJe de 6/11/2009.

STJ, HC 141.069/RS, Rel. Ministra MARIA THEREZA DE ASSIS MOURA, DJe de 21/03/2012

STJ, HC 148.178/PR, Rel. Min. ROGERIO SCHIETTI CRUZ, DJe 05/12/2013

STJ, HC 233377, Rel. Min. Sebastião Reis Jr., DJe 07/05/2013

STJ, HC 503.665/SC, Rel. Ministro RIBEIRO DANTAS, QUINTA TURMA, julgado em 16/05/2019, DJe 21/05/2019

STJ, Informativo nº 569, 17 a 30/09/2015. REsp 1.102.460-RJ, Rel. Min. Marco Buzzi, Corte Especial, julgado em 17/6/2015, DJe 23/9/2015.

STJ, Informativo nº 585, 11 a 30/06/2016.

STJ, MC 4507, Rel. Min. João Otávio Noronha, DJ 22/09/2006, p. 246

STJ, Recurso Especial Repetitivo. Tema 436, 437, 438, 439, 440 e 441.

STJ, Relatório Estatístico 2019..

STJ, REsp 1.788.950/MT, Rel. Min. Nancy Andrighi, DJe 26.4.2019

STJ, REsp 1089121, Rel. Min. HERMAN BENJAMIN, DJe 20/04/2009

STJ, REsp 1089993, Rel. Min. Massami Uyeda, DJe 08/03/2010.

STJ, REsp 1091287, Rel. Min. MARCO BUZZI, DJe 19/11/2013

STJ, RESP 109692 / PI, Rel. Min. Edson Vidigal,

STJ, REsp 1200904, Rel. Min. Humberto Martins, DJe 24/05/2011.

STJ, REsp 1225854/RS, Rel. Ministro MARCO BUZZI, DJe 04/11/2016

STJ, REsp 1310322/SC, Rel. Ministro LUIS FELIPE SALOMÃO, QUARTA TURMA, julgado em 07/11/2019, DJe 18/12/2019.

STJ, REsp 1310322/SC, Rel. Ministro LUIS FELIPE SALOMÃO, QUARTA TURMA, julgado em 07/11/2019, DJe 18/12/2019.

STJ. REsp n. 1.170.028/SP, Rel. Min. Raul Araújo, DJe de 29/8/2017.PA

STJ, REsp 1324432/SC, Rel. Ministro Herman Benjamin, Corte Especial, DJe 10/05/2013.

STJ, REsp 1388792/SE, Rel. Min. HERMAN BENJAMIN, DJe 18/06/2014

STJ, REsp 1631846/DF, Relª Minª NANCY ANDRIGHI, DJe 22/11/2019.

STJ, REsp 1635613/PR, Rel. Ministro RICARDO VILLAS BÔAS CUEVA, TERCEIRA TURMA, julgado em 13/12/2016, DJe 19/12/2016

STJ, REsp 1641154, Relª Minª Nancy Andrighi, DJe 17/08/2018. Informações complementares.

STJ, REsp 1676027/PR, Rel. Ministro HERMAN BENJAMIN, REPDJe 19/12/2017, DJe 11/10/2017.

STJ, REsp 1676027/PR, Rel. Ministro HERMAN BENJAMIN, REPDJe 19/12/2017, DJe 11/10/2017.

STJ, REsp 1676027/PR, Rel. Ministro HERMAN BENJAMIN, REPDJe 19/12/2017, DJe 11/10/2017.

STJ, REsp 1736217/SC, Rel. Ministro FRANCISCO FALCÃO, SEGUNDA TURMA, julgado em 21/02/2019, DJe 01/03/2019. Informações complementares.

STJ, REsp 1782867/MS, Rel. Min. MARCO AURÉLIO BELLIZZE, DJe 14/08/2019.

STJ, REsp 1798705/SC, Rel. Min. PAULO DE TARSO SANSEVERINO, DJe 28/10/2019.

STJ, REsp 1818766/AM, Rel. Ministro HERMAN BENJAMIN, SEGUNDA TURMA, julgado em 20/08/2019, DJe 18/10/2019

STJ, REsp 200195/RJ, Rel. Min. Sálvio de Figueiredo Teixeira

STJ, REsp 245.647/SC, Rel. Min. Waldermar Zveiter, DJ 02/04/2001.

STJ, REsp 28.559/SP, Rel. Ministro ANTONIO TORREÃO BRAZ, QUARTA TURMA, julgado em 13/12/1994, DJ 20/03/1995, p. 6120

STJ, REsp 345.436/SP, Relª. Minª. NANCY ANDRIGHI, DJ 13/05/2002, p. 208.

STJ, REsp 4.819/RJ, Rel. Ministro WALDEMAR ZVEITER, DJ 10/12/1990, p. 14805

STJ, REsp 61.455/PA, Rel. Ministra ELIANA CALMON, SEGUNDA TURMA, julgado em 15/08/2000, DJ 20/11/2000, p. 284

STJ, REsp 649824, Rel. Min. ELIANA CALMON, DJ 30/05/2006 p. 136

STJ, REsp 823.122/DF, Rel. Min. NAPOLEÃO NUNES MAIA FILHO, DJ 18/02/2008, p. 59.

STJ, REsp nº 57455, Rel. Min. José Dantas, j. 26/08/1996, DJ 16/09/1996, p. 33756,

STJ, REsp nº 1.738.656. Rel. Min. Nancy Andrighi, DJe 05/12/2019

STJ, REsp nº 1813684. Rel. Min. Luis Felipe Salomão, DJe 18/11/2019.

STJ, REsp nº 299. Rel. Min. Sálvio de Figueiredo Teixeira, DJ 02/10/1989, P. 15350

STJ, REsp nº 472.740, Rel. Min. JOÃO OTÁVIO DE NORONHA.

STJ, REsp nº 61789, Rel. Min. ANTÔNIO DE PÁDUA RIBEIRO, DJ 04/09/1995, p.27823,.

STJ, RESP nº 75573, Rel. Min. SÁLVIO DE FIGUEIREDO TEIXEIRA, DJ16/03/1998, p. 136.

STJ, REsp. nº 112876, DJ 02/02/1998, p. 124, Rel. Min. EDSON VIDIGAL.

STJ, REsp. Nº 141.794, DJ 26/04/1999, p106, Rel. Min. SÁLVIO DE FIGUEIREDO.

STJ. REsp n. 1.537.768/DF, Rel. Min. Napoleão Nunes Maia Filho, DJe de 5/9/2019.

STJ, REsp. nº 172422, DJ 29/03/1999, p. 88.

STJ. REsp n. 1.829.945/TO, Rel. Min. Nancy Andrighi, DJe de 4/5/2021.

STJ. REsp n. 1.930.593/MG, Rel. Min. Luis Felipe Salomão, DJe de 26/8/2022.

STJ, RMS 19943/AL, Rel. Min. Laurita Vaz;

STJ, RMS 30170, Rel. Min. Nancy Andrighi, DJe 13/10/2010

STJ, RMS 39.041-DF, Rel. Min. Raul Araújo, julgado em 7/5/2013.

STJ, RMS 9147/SP, Rel. Min. Sálvio de Figueiredo Teixeira.

STJ, ROMS nº 12688, Rel. Garcia Vieira, DJ de 11/06/2001, p. 99.

STJ, ROMS nº 8784, DJ 10/11/1997, p.57731, Rel. Min. ADHEMAR MACIEL,

STJ, STJ, REsp 1.845.542/PR, Rel. Ministra NANCY ANDRIGHI, TERCEIRA TURMA, DJe de 14/05/2021

STJ. AR 4.220/MG, Rel. Ministro Napoleão Nunes Maia Filho, Terceira Seção, DJe 18.5.2011.

STJ. Ag no AgRg 150796, Rel. Min. Sálvio de Figueiredo Teixeira, DJ 08/06/1998 p. 123.

STJ. AgInt no AREsp 1.300.960/DF, Rel. Ministra ASSUSETE MAGALHÃES, SEGUNDA TURMA, DJe de 26/10/2018.

STJ. AgInt no AREsp 1.448.340/SP, Rel. Ministro OG FERNANDES, SEGUNDA TURMA, DJe de 20/09/2019.

STJ. AgInt no AREsp 1.741.800/SP, Rel. Ministro BENEDITO GONÇALVES, PRIMEIRA TURMA, DJe de 05/05/2021.

STJ. AgInt no AREsp 1.779.557/GO, Rel. Ministro FRANCISCO FALCÃO, SEGUNDA TURMA, DJe de 28/05/2021.

STJ. AgInt no AREsp 1240070, Rel. Min. MARCO AURÉLIO BELLIZZE, DJe 28/10/2019.

STJ. AgInt no AREsp 1327290/SP, Rel. Ministro RAUL ARAÚJO, QUARTA TURMA, julgado em 20/08/2019, DJe 09/09/2019.

STJ. AgInt no AREsp 1448100/SP, Rel. Min. ANTONIO CARLOS FERREIRA, DJe 26/03/2020.

STJ. AgInt no AREsp 1458852, Rel. Min. MARCO AURÉLIO BELLIZZE, DJe 05/12/2019.

STJ. AgInt no AREsp 1587340 / RJ, Rel. Min. RAUL ARAÚJO, DJe 01/06/2020

STJ. AgInt no AREsp n. 1.488.089/SP, Rel. Ministro Francisco Falcão, DJe 11/5/2020.

STJ. AgInt no REsp 1.500.733/RS, Rel. Ministro BENEDITO GONÇALVES, PRIMEIRA TURMA, DJe 29/8/2018

STJ. AgInt no REsp 1869871 / RS, Rel. Min. MOURA RIBEIRO, DJe 01/07/2020..

STJ. AgInt nos Edcl no Resp n.1.333.388/PR, Rel. Ministro MARCO BUZZI, DJe 9/12/2018

STJ. AgRg no REsp 1.118.367/SC, Rel. Ministro Napoleão Nunes Maia Filho, Primeira Turma, DJe 22/5/2013.

STJ. AgRg no EDcl no REsp 1.036.329-SP, DJe 18/6/2008,

STJ. AgRg no REsp 1.107.598/PR, Rel. Min. Mauro Campbell Marques, Segunda Turma, DJe 6.10.2010.

STJ. AgRg no REsp 1.147.834/RS, Rel. Ministro João Otávio de Noronha, Quarta Turma, julgado em 10.05.2011, DJe 19.05.2011.

STJ. AgRg no REsp 1.383.159/RS, Rel. Ministro Benedito Gonçalves, DJe 13/9/2013 REsp 1242852/RS, DJe 10-05-2011.

STJ. AgRg no REsp 300.046/DF, Rel. Ministra NANCY ANDRIGHI, PRIMEIRA SEÇÃO, julgado em 20/04/2001, DJ 25/06/2001, p. 174

STJ. AgRg no REsp 738.576/DF, DJ 12/09/2005.

STJ. AgRg no REsp 897.548-SP, Terceira Turma, DJ 1º/8/2007.

STJ. AgRg nos EAREsp 86.915/SP, Rel. Ministro RAUL ARAÚJO, CORTE ESPECIAL, julgado em 26/02/2015, DJe 04/03/2015

STJ. AgRg nos EDcl no AgRg no REsp 1.233.228/PR, Rel. Min. Benedito Gonçalves, Primeira Turma, DJe 10.8.2011.

STJ. AR 1.084/SP, Rel. Ministro Mauro Campbell Marques, Primeira Seção, DJe 15/03/2010. STJ. AR 1.434/RS, Rel. Ministra Laurita Vaz, Terceira Seção, DJe 01/02/2010; AgRg na AR 4.325/PR

STJ. AR 1.545/PR, Rel. Ministro Castro Meira, Primeira Seção, DJe 1º.10.2010.

STJ. AR 5.889/DF, Rel. Ministra MARIA ISABEL GALLOTTI, SEGUNDA SEÇÃO, julgado em 22/09/2021, DJe 30/09/2021. Informações complementares.

STJ. AREsp n. 372227/RJ, Ministro LUIS FELIPE SALOMÃO, DJe 07/4/2015.

STJ. CC 106.041/SP, Rel. Min. CASTRO MEIRA, DJe 9.11.2009.

STJ. MS 7068/MA, Relator Ministro Francisco Peçanha Martins, DJ de 04.03.2002.

STJ. REsp 1.188.013/ES, Rel. Ministro CASTRO MEIRA, SEGUNDA TURMA, DJe de 08/09/2010

STJ. REsp 1.261.856-DF, Rel. Min. Marco Buzzi, julgado em 22/11/2016, DJe 29/11/2016.

STJ. REsp 1.306.828/PI, Rel. Ministro Humberto Martins, Segunda Turma, DJe 13/10/2014.

STJ. REsp 1.330.172-MS, Rel. Min. Nancy Andrighi, julgado em 11/3/2014.

STJ. REsp 1.421.482/PR, Rel. Ministra Eliana Calmon, DJe 18/12/2013.

STJ. REsp 1.490.726/SC, Rel. Ministro PAULO DE TARSO SANSEVERINO, TERCEIRA TURMA, DJe de 30/10/2017.

STJ. REsp 1.704.972/CE, Rel. Ministro RICARDO VILLAS BÔAS CUEVA, DJe 15/10/2018.

STJ. REsp 1061530/RS, Rel. Ministra NANCY ANDRIGHI, SEGUNDA SEÇÃO, julgado em 22/10/2008, DJe 10/03/2009.

STJ. REsp 1091710, Rel. Min. LUIZ FUX, DJe 25/03/2011.

STJ. REsp 1169755/RJ. relator Ministro Vasco Della Giustina (Desembargador Convocado do TJRS), Terceira Turma, julgado em 6/5/2010, DJe de 26/5/2010

STJ. REsp 117.976-SP, Quinta Turma, DJ 29/11/1999

STJ. REsp 1241768/RS, DJe 13-04-2011;

STJ. REsp 129.261-RJ, DJ 18/9/2000,

STJ. REsp 1330058/PR, Rel. Ministro MAURO CAMPBELL MARQUES, SEGUNDA TURMA, julgado em 20/06/2013, DJe 28/06/2013.

STJ. REsp 1330058/PR,, Rel. Ministro MAURO CAMPBELL MARQUES, SEGUNDA TURMA, julgado em 20/06/2013, DJe 28/06/2013.

STJ. REsp 1404796/SP, Rel. Ministro MAURO CAMPBELL MARQUES, DJe 09/04/2014.

STJ. REsp 1763376/TO, Rel. Ministro LUIS FELIPE SALOMÃO, DJe 16/11/2020

STJ. REsp 302.626/SP, Rel. Ministro FRANCIULLI NETTO, SEGUNDA TURMA, DJe de 04/08/2003;

STJ. REsp 397.598/RJ, Rel. Ministro RAUL ARAÚJO, QUARTA TURMA, julgado em 18/08/2011, DJe 19/09/2011.

STJ. REsp 431.716-PB, Quarta Turma, DJ 19/12/2002.

STJ. REsp 469.211/SP, Rel. Min. Luiz Fux, DJ 29.09.2003

STJ. REsp 490726/SC, Relator Ministro Teori Zavascki, DJ de 21.03.2005.

STJ. REsp 588.202/PR, Rel. Ministro TEORI ALBINO ZAVASCKI, PRIMEIRA TURMA, julgado em 10/02/2004, DJ 25/02/2004.

STJ. REsp 714.792/RS, Rel. Min. Luiz Fux, DJ 01.06.2006.

STJ. REsp 746.685/RS, Rel. Min. Luiz Fux, DJ 07.11.2006.

STJ. REsp 784.799/PR, Rel. Ministro Teori Albino Zavascki, Primeira Turma, DJe 2/2/2010.

STJ. REsp 855.073/SC, Rel. Min. Teori Albino Zavascki, DJ de 28/6/2007.

STJ. REsp 927.216/RS, Rel. Min. Eliana Calmon, DJ de 13/8/2007.

STJ. REsp 993.559-RS, Quarta Turma, DJe 10/11/2008.

STJ. REsp nº 660623/RS, Rel. Ministro LUIZ FUX, DJ de DJ 16.05.2005.

STJ. REsp 1.481.117-PR, Rel. Min. João Otávio de Noronha, julgado em 3/3/2015, DJe 10/3/2015.

STJ. REsp 1.423.027-PR, Rel. Min. Humberto Martins, julgado em 6/2/2014.

STJ. REsp 905.771-CE, Rel. Min. Teori Albino Zavascki, julgado em 29/6/2010.

STJ. REsp n. 1.644.191/RS, Rel. Min. Herman Benjamin, DJe de 4/8/2020.

STJ., Rel. Ministro Luiz Fux, Primeira Seção, DJe 25/11/2009.

STJ. .EREsp 220.304-SP, Rel. Min. Fernando Gonçalves, julgados em 27/6/2001

STJ. AgInt no REsp n. 1.704.550/SP, Rel. Ministro Mauro Campbell Marques, DJe 14/8/2018,

STJ. AgInt na AR 5.303/BA, Rel. Min. ASSUSETE MAGALHÃES, DJe 24/10/2017

STJ. AgInt na AR n. 4.914/DF, relator Ministro Herman Benjamin, Primeira Seção, julgado em 14/11/2018, DJe de 25/3/2019.

STJ. AgInt na PET no REsp 1852630/RJ, Rel. Ministro BENEDITO GONÇALVES, PRIMEIRA TURMA, julgado em 16/08/2021, DJe 18/08/2021

STJ. AgInt na SLS 2.889/MA, Rel. Ministro HUMBERTO MARTINS, CORTE ESPECIAL, DJe 25/06/2021

STJ. AgInt na TutPrv no AREsp 1107398/PR, Rel. Ministro LUIS FELIPE SALOMÃO, QUARTA TURMA, julgado em 11/06/2019, DJe 28/06/2019

STJ. AgInt no AgInt no AREsp 1436807. Rel. Min. Antônio Carlos Ferreira, DJe 01/04/2020.

STJ. AgInt no AgInt no AREsp 1606696 / SP, Relª Minª NANCY ANDRIGHI, DJe 13/05/2020.

STJ. AgInt no AgRg no AREsp 738.682/RJ, Rel. Ministra MARIA ISABEL GALLOTTI, Rel. p/ Acórdão Ministro LUIS FELIPE SALOMÃO, QUARTA TURMA, julgado em 17/11/2016, DJe 14/12/2016

STJ. AgInt no AREsp 1.111.470/SP, DJe 03/05/2018.

STJ. AgInt no AREsp 1.218.977/SC, DJe 19/06/2018,

STJ. AgInt no AREsp 1.355.818/SP, Rel. Ministra MARIA ISABEL GALLOTTI, QUARTA TURMA, julgado em 30/03/2020, DJe de 02/04/20201

STJ. AgInt no AREsp 1108666/RJ, Rel. Min. MAURO CAMPBELL MARQUES, DJe 20/10/2017.

STJ. AgInt no AREsp 1132940/PR, Rel. Ministro LUIS FELIPE SALOMÃO, QUARTA TURMA, DJe 28/08/2018.

STJ. AgInt no AREsp 1391730/SP, Rel. Min. MOURA RIBEIRO, DJe 19/02/2020

STJ. AgInt no AREsp 1457801/SP, Relator Ministro OG FERNANDES, SEGUNDA TURMA, Julgamento em 01/10/2019, DJe 07/10/2019.

STJ. AgInt no AREsp 1551393/SP, Rel. Min. LUIS FELIPE SALOMÃO, DJe 30/06/2020.

STJ. AgInt no AREsp 576.733/RN, Rel. Ministro NAPOLEÃO NUNES MAIA FILHO, PRIMEIRA TURMA, julgado em 25/10/2018, DJe 07/11/2018.

STJ. AgInt no AREsp 736.006/DF, Rel. Min. JOÃO OTÁVIO DE NORONHA, DJe 23/06/2016.

STJ. AgInt no AREsp 961.640/RS, Rel. Min. LUIS FELIPE SALOMÃO, DJe 11/09/2018

STJ. AgInt no AREsp 991.944/GO, Rel. Ministro LUIS FELIPE SALOMÃO, DJe de 05/05/2017.

STJ. AgInt no AREsp n. 1.359.921/SP, relator Ministro Ricardo Villas Bôas Cueva, DJe de 21/11/2019

STJ. AgInt no AREsp n. 1.597.135/PR, relatora Ministra Assusete Magalhães, Segunda Turma, julgado em 10/10/2022, DJe de 13/10/2022.

STJ. AgInt no AREsp n. 1.895.825/SP, Rel. Min. Raul Araújo, DJe de 26/8/2022.

STJ. AgInt no AREsp n. 2.043.258/MG, Rel. Min. Raul Araújo, DJe de 26/8/2022.

STJ. AgInt no AREsp n. 1.268.996/AM, Rel. Min. Marco Buzzi, DJe de 26/4/2019.

STJ. AgInt no REsp 1.703.321/DF, Rel. Min. OG FERNANDES, DJe 25/5/2018.

STJ. AgInt no REsp 1.892.578/CE, Rel. Ministro FRANCISCO FALCÃO, DJe de 06/04/2021

STJ. AgInt no REsp 1324029/MG, Rel. Ministro RICARDO VILLAS BÔAS CUEVA, TERCEIRA TURMA, julgado em 16/06/2016, DJe 29/06/2016.

STJ. AgInt no REsp 1507973/RS, Rel. Ministro João Otávio de Noronha, DJe 24/05/2016

STJ. AgInt no REsp 1552014/ES, Rel. Min. MARIA ISABEL GALLOTTI, DJe 04/05/2017.

STJ. AgInt no REsp 1694174/TO, Rel. Ministro LUIS FELIPE SALOMÃO, QUARTA TURMA, julgado em 04/09/2018, DJe 11/09/2018

STJ. AgInt no REsp 1699802/RJ, Rel. Ministro BENEDITO GONÇALVES, DJe 26/03/2019.

STJ. AgInt no REsp 1759721/PR, Rel. Ministro PAULO DE TARSO SANSEVERINO, TERCEIRA TURMA, julgado em 18/11/2019, DJe 21/11/2019.

STJ. AgInt no REsp 1801395/PB, Rel. Min. PAULO DE TARSO SANSEVERINO, DJe 03/06/2019

STJ. AgInt no REsp 1821871/RS, Relª. Minª ASSUSETE MAGALHÃES, DJe 17/03/2020.

STJ. AgInt no REsp 1833225 / SE, Rel. Min. HERMAN BENJAMIN, DJe 12/05/2020.

STJ. AgInt no REsp 1845746/RS, Rel. Ministro Benedito Gonçalves, DJe 15/4/2021

STJ. AgInt no REsp 1862876/MG, Rel. Ministro FRANCISCO FALCÃO, SEGUNDA TURMA, julgado em 19/10/2020, DJe 22/10/2020

STJ. AgInt no REsp 1915046/RJ, Rel. Ministro GURGEL DE FARIA, PRIMEIRA TURMA, julgado em 28/06/2021, REPDJe 27/08/2021, DJe 01/07/2021

STJ. AgInt no REsp 1920708/ES, Rel. Ministro BENEDITO GONÇALVES, julgado em 28/06/2021, DJe 30/06/2021.

STJ. AgInt no REsp n. 1.950.376/CE, Rel. Min Francisco Falcão, DJe de 1/12/2022.

STJ. AgInt no REsp n. 1.965.829/DF, Rel. Ministro Og Fernandes, DJe de 24/6/2022.

STJ. AgInt no REsp n. 1.984.433/RS, relatora Ministra Regina Helena Costa, DJe de 23/9/2022.

STJ. AgInt no REsp n. 1.988.382/CE, Rel. Min. Francisco Falcão, DJe de 19/8/2022.

STJ. AgInt no REsp n. 1.992.135/PB, Rel. Min. Francisco Falcão, DJe de 24/8/2022.

STJ. AgInt no REsp n. 1.972.466/DF, Rel. Min. Regina Helena Costa, DJe de 17/11/2022.

STJ. AgInt no REsp n. 1.673.891/BA, Rel. Min. Og Fernandes, DJe de 17/11/2020.

STJ. AgInt no RMS 60.185/PE, 3ª Turma, DJe 18/10/2019.

STJ. AgInt nos EDcl no AREsp 1.908.161/DF, Relator Ministro MARCO AURÉLIO BELLIZZE, Terceira Turma, julgado em 21/3/2022, DJe de 24/3/2022.

STJ. AgInt no RMS 67.753/SC, Rel. Ministro Francisco Falcão, DJe de 2/6/2022.

STJ. AgInt nos EDcl no AREsp 1016839/RJ, Rel. Ministra NANCY ANDRIGHI, DJe 29/06/2017.

STJ. AgInt nos EDcl no AREsp 833.902/MT, Rel. Min. PAULO DE TARSO SANSEVERINO, DJe 22/06/2017.

STJ. AgInt nos EDcl no AREsp 917.762/MG, DJe 16/06/2017.

STJ. AgInt nos EDcl no REsp 1590103, REsp 1579060.

STJ. AgInt nos EDcl no REsp n. 2.004.107/PB, Rel. Min. Mauro Campbell Marques, DJe de 19/12/2022.

STJ. AgInt nos EDcl no REsp n. 1.542.476/PR, Rel. Min. Mauro Campbell Marques, DJe de 18/3/2021.

STJ. AgInt nos EREsp n. 1.120.356/RS, Rel. Min. MARCO AURÉLIO BELLIZZE, DJe 29/8/2016.

STJ. AgInt no REsp n. 2.031.194/PA, Rel Min. João Otávio de Noronha, DJe de 16/2/2023.

STJ. AgInt no RMS n. 64.734/GO, Rel. Min. Gurgel de Faria, DJe de 24/2/2022.

STJ. AgRg no AREsp 289.339/MG, Rel. Ministro Benedito Gonçalves, Primeira Turma, julgado em 9/4/2013, DJe 15/4/2013.

STJ. AgRg no AREsp 332.296/RJ, Rel. Ministra Assusete Magalhães, Segunda Turma, julgado em 5/11/2015, DJe 19/11/2015

STJ. AgRg no REsp n. 911.557/MG, Rel. Min. Paulo de Tarso Sanseverino, DJe de 29/6/2011.

STJ. AgRg no REsp 1.350.305/RS, Rel. Ministro Humberto Martins,, DJe 26/2/2013.

STJ. AgRg no Ag 1.236.181-PR, DJe 13/9/2010.

STJ. AgRg no Ag 1.292.628/SP, Rel. Min. João Otávio de Noronha, Quarta Turma, DJe 19.8.2011.

STJ. AgRg no Ag 1.329.466-MG, relator Ministro João Otávio de Noronha, Quarta Turma, julgado em 10/5/2011, DJe de 19/5/2011

STJ. AgRg no Ag 1176138/MS, Rel. Ministro RAUL ARAÚJO, QUARTA TURMA, julgado em 09/10/2012, DJe 06/11/2012.

STJ. AgRg no Ag 1367472/SC, Relª. Minª MARIA ISABEL GALLOTTI, DJe 27/10/2015)DJe-243 DIVULG 16-11-2016 PUBLIC 17-11-2016.

STJ. AgRg no Ag 16.138/SP, Relator Ministro Barros Monteiro, DJ 04-10-93.

STJ. AgRg no Ag 485.548/RJ, Rel. Ministro Luiz Fux, DJ 19/05/2003.

STJ. AgRg no Ag 671.524/SC, Rel. Ministro HUMBERTO GOMES DE BARROS, TERCEIRA TURMA, julgado em 23/11/2005, DJ 12/12/2005, p. 374

STJ. AgRg no Ag 945.726/MG, Rel. Ministra MARIA THEREZA DE ASSIS MOURA,, DJe 18/10/2010.

STJ. AgRg no AgRg no REsp 1579990/RS, Rel. Ministro MAURO CAMPBELL MARQUES, SEGUNDA TURMA, julgado em 07/04/2016, DJe 15/04/2016.

STJ. AgRg no AREsp 154.794/SP, Rel. Ministra Maria Isabel Gallotti, Quarta Turma, julgado em 25.11.2014, DJe 11.12.2014

STJ. AgRg no AREsp 18.272-SP, Rel. Min. Humberto Martins, julgado em 4/2/2014

STJ. AgRg no AREsp 188.862-PR, Segunda Turma, DJe 14/9/2012.

STJ. AgRg no AREsp 213.112/RS, Rel. Ministra ASSUSETE MAGALHÃES, DJe 16/09/2014.

STJ. AgRg no AREsp 322.510/BA, Rel. Ministro Herman Benjamin, 2ª Turma, j.11/06/2013, DJe 25/06/2013.

STJ. AgRg no AREsp 322.510/BA, Rel. Ministro Herman Benjamin, 2ª Turma, j.11/06/2013, DJe 25/06/2013.

STJ. AgRg no AREsp 343.989/DF, Rel. Ministro João Otávio de Noronha, Terceira Turma, DJe 11/11/2013

STJ. AgRg no AREsp 549.696/ES, Rel. Ministro LUIS FELIPE SALOMÃO, QUARTA TURMA, julgado em 05/05/2016, DJe 11/05/2016

STJ. AgRg no AREsp 549.696/ES, Rel. Ministro LUIS FELIPE SALOMÃO, QUARTA TURMA, julgado em 05/05/2016, DJe 11/05/2016

STJ. AgRg no AREsp 568521, Rel. Ministra Assusete Magalhães, DJe 20/11/2015.

STJ. AgRg no AREsp 613.798/SC, Rel. Ministro BENEDITO GONÇALVES, julgado em 24/02/2015, DJe 04/03/2015

STJ. AgRg no AREsp 682.744/MG, Rel. Ministro JOÃO OTÁVIO DE NORONHA, TERCEIRA TURMA, julgado em 24/11/2015, DJe de 1º/12/2015.

STJ. AgRg no AREsp 85.452/MG, Rel. Min. SEBASTIÃO REIS JÚNIOR, DJe 10/03/2014.

STJ. AgRg no AREsp 99.364/RS, Rel. Ministra MARGA TESSLER (JUÍZA FEDERAL CONVOCADA DO TRF 4ª REGIÃO), PRIMEIRA TURMA, julgado em 24/02/2015, DJe 03/03/2015.

STJ. AgRg no MS 10744/DF, Relator Ministro Gilson Dipp, DJ de 27.03.2006;

STJ. AgRg no MS 14562, Rel. Min. Luiz Fux.

STJ. AgRg no REsp 1.184.036-DF, Rel. Min. Antonio Carlos Ferreira, julgado em 7/2/2013.

STJ. AgRg no REsp 1.220.274/SP, Rel. Ministro Humberto Martins, Segunda Turma, DJe 22/02/2011.

STJ. AgRg no REsp 1.305.905-DF, Rel. Min. Humberto Martins, julgado em 13/10/2015, DJe 18/12/2015

STJ. AgRg no REsp 1.487.540/PR, Rel. Ministro Og Fernandes, DJe 18/12/2014.

STJ. AgRg no REsp 1073492/RS, Rel. Min. ARNALDO ESTEVES LIMA, DJe 04/05/2012.

STJ. AgRg no REsp 1106962/AL, Rel. Ministro RICARDO VILLAS BÔAS CUEVA, TERCEIRA TURMA, julgado em 22/04/2014, DJe 29/04/2014

STJ. AgRg no REsp 1186083, Rel. Min. Humberto Martins, DJe 06/11/2013.

STJ. AgRg no REsp 1201056/RJ, Rel. p/ Acórdão Ministro MAURO CAMPBELL MARQUES, DJe 23/09/2011.

STJ. AgRg no REsp 1208963/DF, Rel. Ministro NAPOLEÃO NUNES MAIA FILHO, PRIMEIRA TURMA, julgado em 18/10/2016, DJe 26/10/2016.

STJ. AgRg no REsp 1354814/SP, Rel. Min. MAURO CAMPBELL MARQUES, DJe 10/06/2013.

STJ. AgRg no REsp 1368808/DF, Rel. Ministro Leopoldo de Arruda Raposo (Desembargador Convocado do TJ/PE), Quinta Turma, julgado em 23/06/2015, dje 03/08/2015.

STJ. AgRg no REsp 1537625/RJ, Rel. Ministro MOURA RIBEIRO, julgado em 06/10/2015, DJe 13/10/2015.

STJ. AgRg no REsp 1558035/RJ, Rel. Ministro HUMBERTO MARTINS, SEGUNDA TURMA, julgado em 18/02/2016, DJe 25/02/2016

STJ. AgRg no REsp 235.154/DF, Relª. Minª. NANCY ANDRIGHI, DJ 09/04/2001, p. 354.

STJ. AgRg no REsp 264.210/PB, Rel. Min. Eliana Calmon, DJ 10.06.2002.

STJ. AgRg no REsp 297.538/MG, Rel. Ministra NANCY ANDRIGHI, TERCEIRA TURMA, julgado em 22/05/2001, DJ 25/06/2001, p. 173.

STJ. AgRg no REsp 300.046/DF, Rel. Ministra NANCY ANDRIGHI, PRIMEIRA SEÇÃO, julgado em 20/04/2001, DJ 25/06/2001, p. 174

STJ. AgRg no REsp 848.742/SP, Rel. Ministro FRANCISCO FALCÃO, J. 10-10-2006, DJ 26.10.2006 p. 253.

STJ. AgRg no REsp nº 466.775/DF, Rel. Min. HUMBERTO GOMES DE BARROS, DJ de 01.09.2003.

STJ. AgRg no REsp nº 782075/MG, Rel. Ministro FRANCISCO FALCÃO, DJ de 06.03.2006.

STJ. AgRg no REsp 1.063.425-RS, DJe 9/12/2008.

STJ. AgRg nos EDcl no AGRAVO EM RECURSO ESPECIAL Nº 283.687. Rel. Ministro Jorge Mussi, Quinta Turma, julgado em 14/5/2013, DJe de 23/5/2013.

STJ. AgRg nos EDcl no AREsp 396.902/ES, Rel. Ministro RAÚL ARAÚJO, QUARTA TURMA, DJe de 16/09/2014.

STJ. AgRg nos EDcl no HC n. 668.662/SP, Rel. Min. Ribeiro Dantas, DJe de 17/12/2021.

STJ. AgRg nos EDcl no RE nos EDcl no AgRg no Ag 1275049/PB, Rel. Min. Felix Fischer, Corte Especial, DJe 7.12.2011

STJ. AgRg nos EDcl nos EREsp 1449212/RN, Rel. Ministra LAURITA VAZ, DJe 16/12/2015.

STJ. AgRg nos EREsp 1.271.634/RS, Rel. Ministra Regina Helena Costa, Primeira Seção, DJe 15/12/2015.

STJ. AR 2510, REsp 1694682.

STJ. AR 4.112/SC, Rel. Ministro Marco Aurélio Bellizze, Terceira Seção, DJe 26.4.2013.

STJ. AR 4.560/SC, Rel. Ministro REYNALDO SOARES DA FONSECA, TERCEIRA SEÇÃO, julgado em 23/09/2015, DJe 29/09/2015

STJ. AREsp 1546193/SP, Rel. Ministro HERMAN BENJAMIN, SEGUNDA TURMA, julgado em 04/02/2020, DJe 27/02/2020.

STJ. AREsp 1700670/GO, Rel. Ministro GURGEL DE FARIA, DJe 08/04/2021.

STJ. AREsp n. 636.312/RJ, Ministro ANTONIO CARLOS FERREIRA, DJe 12/5/2015

STJ. CC 105.358/SP, Rel. Min. MAURO CAMPBELL MARQUES, DJe 22.10.2010.

STJ. CC 107109, Rel. Min. Castro Meira, DJe 18/03/2010.

STJ. EDcl no Ag 453.716-RJ, Rel. Min. Hélio Quaglia Barbosa, julgados em 21/3/2006.

STJ. EDcl no AgInt no AREsp 844.507/SP, Rel. Min. RAUL ARAÚJO, DJe de 23/10/2019.

STJ. EDcl no AgInt no AREsp 973.872/SP, Rel. Min. ROGERIO SCHIETTI CRUZ, DJe 23/03/2017.

STJ. EDcl no AgRg no Ag 977707/SP, Rel. Ministro TEORI ALBINO ZAVASCKI, PRIMEIRA TURMA, DJe 02/02/2011.

STJ. EDcl no AgRg no AREsp 168837 / PR. Relator: Ministro Hamilton Carvalhido, j. 08/11/2000, DJU 05/03/2001..

STJ. EDcl no AgRg no CC 89.783/RS, Rel. Ministro Mauro Campbell Marques, Primeira Seção, DJe 18/6/2010.

STJ. EDcl no AgRg no REsp 1.146.013/SC, Rel. Min. Gilson Dipp, Quinta Turma, DJe 22.11.2010.

STJ. EDcl no AgRg no REsp 1.464.703/SC, Rel. Ministra DIVA MALERBI (Desembargadora Convocada do TRF/3ª Região), SEGUNDA TURMA, DJe de 1º/03/2016.

STJ. EDcl no AgRg no REsp 1371930/MG, Rel. Min. SERGIO KUKINA.

STJ. EDcl no REsp 1340553/RS, Rel. Ministro MAURO CAMPBELL MARQUES, DJe 13/03/2019

STJ. EDcl no REsp 1424304/SP, Relª. Minª NANCY ANDRIGHI, DJe 26/08/2014

STJ. EDcl no REsp 31257, Rel. Ministro Humberto Gomes de Barros, DJ 23/05/1994, p. 12560.

STJ. EDcl no RMS 8802. ReL. Min. Fernando Gonçalves. DJ15/03/1999.

STJ. EREsp 1264894/PR, Rel. Ministra NANCY ANDRIGHI, CORTE ESPECIAL, julgado em 16/09/2015, DJe 18/11/2015.

STJ. ERESP 26715 / AM; Rel. Min. PAULO COSTA LEITE, CORTE ESPECIAL, DJ 12/02/2001.

STJ. EREsp 422.778/SP, Rel. Ministro JOÃO OTÁVIO DE NORONHA, Rel. p/ Acórdão Ministra MARIA ISABEL GALLOTTI, SEGUNDA SEÇÃO, julgado em 29/02/2012, DJe 21/06/2012.

STJ. EREsp 770969/RS, 1ª Seção. Rel. Min. José Delgado, DJ 21.08.2006.

STJ. EREsp 805.804/ES, Rel. Min. João Otávio de Noronha, j. 03/06/2015

STJ. ERESP 9271 / AM, Rel. Min. ANTÔNIO DE PÁDUA RIBEIRO, CORTE ESPECIAL, DJ de 05/02/1996.

STJ. EREsp nº 218.426, REl. Min. Vicente Leal, DJ 19/04/2004.

STJ. ERESP nº30224/SP, Rel. Min. Edson Vidigal, DJ 15/03/1999, p. 73.

STJ. HC n. 27.786/SP, Rel. Min. HUMBERTO GOMES DE BARROS, Corte Especial, DJe 19/12/2003.

STJ. HC 148061, Rel. Min. Nilson Naves, DJe 23/08/2010.

STJ. Inf.. Compl. REsp 1817845/MS, Rel. Ministro PAULO DE TARSO SANSEVERINO, Rel. p/ Acórdão Ministra NANCY ANDRIGHI, TERCEIRA TURMA, julgado em 10/10/2019, DJe 17/10/2019.

STJ. MC 17.411/DF, Rel. Ministro BENEDITO GONÇALVES, CORTE ESPECIAL, julgado em 24/10/2016, DJe 04/11/2016

STJ. Pet 2.639/RJ, Rel. Ministro LUIZ FUX, CORTE ESPECIAL, julgado em 18/05/2005, DJ 25/09/2006, p. 198)

STJ. ProAfR no REsp 1818564/DF, Rel. Ministro MOURA RIBEIRO, SEGUNDA SEÇÃO, julgado em 01/10/2019, DJe 04/10/2019.

STJ. Rcl 12.062/GO, Rel. Ministro RAUL ARAÚJO, SEGUNDA SEÇÃO, julgado em 12/11/2014, DJe 20/11/2014.

STJ. Rcl 2.790/SC, Rel. Min. Teori Albino Zavascki, Corte Especial, DJe 4.3.2010.)".

STJ. REsp 249.788/RJ, Rel. Ministro FERNANDO GONÇALVES, SEXTA TURMA, julgado em 22/08/2000, DJ 11/09/2000.

STJ. REsp 1.120.276/PA, Rel. Min. Luiz Fux, DJe de 1º.2.2010.

STJ. REsp 1.133.706-SP, Rel. Min. Massami Uyeda, julgado em 1º/3/2011. Informativo nº 465.

STJ. REsp 1.145.728/MG, Rel. p/ acórdão Ministro Luis Felipe Salomão, Quarta Turma, julgado em 28.06.2011, DJe de 08.09.2011.

STJ. REsp 1.176.440-RO, Rel. Min. Napoleão Nunes Maia Filho, julgado em 17/9/2013.

STJ. REsp 1.274.466-SC, Rel. Min. Paulo de Tarso Sanseverino, julgado em 14/5/2014

STJ. REsp 1.274.466-SC, Rel. Min. Paulo de Tarso Sanseverino, julgado em 14/5/2014. Recurso Repetitivo: Temas 671, 672 e 871.

STJ. REsp 1.293.624-DF, Rel. Min. Napoleão Nunes Maia Filho, julgado em 5/12/2013.

STJ. REsp 1.324.152-SP, Rel. Min. Luis Felipe Salomão, Corte Especial, julgado em 4/5/2016, DJe 15/6/2016.

STJ. REsp 1.324.152-SP, Rel. Min. Luis Felipe Salomão, Corte Especial, julgado em 4/5/2016, DJe 15/6/2016.

STJ. REsp 1.349.806/MG, DJe 21/05/2013,

STJ. Resp 1.366.921/PR, Rel. Min. RICARDO VILLAS BÔAS CUEVA, Terceira Turma, j. 24/2/15

STJ. REsp 1.592.339/PR, Rel. Ministro HERMAN BENJAMIN, SEGUNDA TURMA, DJe de 01/06/2016.

STJ. REsp 1.713.033/SP, Rel. Ministro Herman Benjamin, DJe 14/11/2018;

STJ. REsp 1.720.172/PE, Rel. Ministro Herman Benjamin, DJe 2/8/2018.

STJ. REsp 1015133/MT, Rel. Ministra ELIANA CALMON, Rel. p/ Acórdão Ministro CASTRO MEIRA, SEGUNDA TURMA, julgado em 02/03/2010, DJe 23/04/2010.

STJ. REsp 1026821/TO, Rel. Ministro MARCO BUZZI, QUARTA TURMA, julgado em 16/08/2012, DJe 28/08/2012.

STJ. REsp 1091539/AP, Rel. Ministra MARIA THEREZA DE ASSIS MOURA, TERCEIRA SEÇÃO, julgado em 26/11/2008, DJe 30/03/2009.

STJ. REsp 11.106/SC, Rel. Ministro ADHEMAR MACIEL, SEGUNDA TURMA, DJ 16/03/1998, p. 75

STJ. REsp 1102460/RJ, Rel. Ministro MARCO BUZZI, CORTE ESPECIAL, julgado em 17/06/2015, DJe 23/09/2015.

STJ. REsp 1104711/PR, Rel. Ministro MASSAMI UYEDA, TERCEIRA TURMA, julgado em 02/09/2010, DJe 17/09/2010

STJ. REsp 1125710/SP, Rel. Ministro Castro Meira, Segunda Turma, julgado em 03/08/2010, DJe 17/08/2010

STJ. REsp 1132866/SP, Rel. Ministra MARIA ISABEL GALLOTTI, Rel. p/ Acórdão Ministro SIDNEI BENETI, SEGUNDA SEÇÃO, julgado em 23/11/2011, DJe 03/09/2012

STJ. REsp 1134186/RS, Rel. Ministro LUIS FELIPE SALOMÃO, CORTE ESPECIAL, julgado em 01/08/2011, DJe 21/10/2011

STJ. REsp 1138202/ES, Rel. Ministro LUIZ FUX, DJe 01/02/2010

STJ. REsp 1145146/RSIO, Rel. Ministro LUIZ FUX, PRIMEIRA SEÇÃO, julgado em 09/12/2009, DJe 01/02/2010.

STJ. REsp 1165216/SE, Rel. Ministra ELIANA CALMON, SEGUNDA TURMA, julgado em 02/03/2010, DJe 10/03/2010.

STJ. REsp 1185040/SP, Rel. Ministro LUIS FELIPE SALOMÃO, QUARTA TURMA, julgado em 13/10/2015, DJe 09/11/2015

STJ. REsp 1186960/MG, Rel. Ministro LUIS FELIPE SALOMÃO, DJe 05/04/2016

STJ. REsp 1187161/MG, DJe 19-08- 2010. AgRg no REsp 1383159/RS, DJe 13-09-2013.

STJ. REsp 1194020/SP, Rel. Ministro JOÃO OTÁVIO DE NORONHA, TERCEIRA TURMA, julgado em 07/08/2014, DJe 25/08/2014. REsp 1264272/RJ, Rel. Ministro LUIS FELIPE SALOMÃO, QUARTA TURMA, julgado em 15/05/2012, DJe 22/06/2012.

STJ. REsp 1194020/SP, Rel. Ministro JOÃO OTÁVIO DE NORONHA, TERCEIRA TURMA, julgado em 07/08/2014, DJe 25/08/2014.

STJ. REsp 1198108/RJ, Rel. Min. MAURO CAMPBELL MARQUES, DJe 21/11/2012.

STJ. REsp 1200856, Rel. Min. SIDNEI BENETI, DJe 17/09/2014.

STJ. REsp 1201108/DF, Rel. Ministro RICARDO VILLAS BÔAS CUEVA,, DJe 23/05/2012

STJ. REsp 1203244/SC, Rel. Ministro HERMAN BENJAMIN, PRIMEIRA SEÇÃO, julgado em 09/04/2014, DJe 17/06/2014.

STJ. REsp 1219329/RJ, Rel. Ministro JOÃO OTÁVIO DE NORONHA, DJe 29/04/2014

STJ. REsp 1224195/SP, Rel. Ministro LUIS FELIPE SALOMÃO, QUARTA TURMA, julgado em 13/09/2011, DJe 01/02/2012.

STJ. REsp 125.316/MG, Rel. Ministro EDUARDO RIBEIRO, DJ 23/08/1999, p. 120.

STJ. REsp 1264272/RJ, Rel. Ministro LUIS FELIPE SALOMÃO, QUARTA TURMA, julgado em 15/05/2012, DJe 22/06/2012.

STJ. REsp 1275025/PR, Rel. Ministro SÉRGIO KUKINA, DJe 19/04/2016

STJ. REsp 1307407/SC, Rel. Ministro MAURO CAMPBELL MARQUES, SEGUNDA TURMA, julgado em 22/05/2012, DJe 29/05/2012.

STJ. REsp 1310704/MS, Rel. Ministro RICARDO VILLAS BÔAS CUEVA, TERCEIRA TURMA, julgado em 10/11/2015, DJe 16/11/2015.

STJ. REsp 1361527/DF, Rel. Ministro SÉRGIO KUKINA, PRIMEIRA TURMA, julgado em 06/12/2016, DJe 17/02/2017.

STJ. REsp 1361800/SP, Rel. Ministro RAUL ARAÚJO, Rel. p/ Acórdão Ministro SIDNEI BENETI, CORTE ESPECIAL, julgado em 21/05/2014, DJe 14/10/2014.

STJ. REsp 1366603/CE, Rel. Ministro LUIS FELIPE SALOMÃO, QUARTA TURMA, julgado em 22/05/2018, DJe 26/06/2018

STJ. REsp 1374284/MG, Rel. Ministro LUIS FELIPE SALOMÃO, SEGUNDA SEÇÃO, julgado em 27/08/2014, DJe 05/09/2014

STJ. REsp 1374556/RN, Rel. Ministro BENEDITO GONÇALVES, DJe 28/08/2013.

STJ. REsp 1387248/SC, Rel. Ministro PAULO DE TARSO SANSEVERINO, CORTE ESPECIAL, julgado em 07/05/2014, DJe 19/05/2014

STJ. REsp 1401560, Rel. Min. ARI PARGENDLER, Primeira Seção, DJe 13/10/2015.

STJ. REsp 1455091/AM, Rel. Ministro SÉRGIO KUKINA, DJe 02/02/2015.

STJ. REsp 1484162/PR, Rel. Ministro Ricardo Villas Bôas Cueva, Terceira Turma, DJe 13/03/2015.

STJ. REsp 1538497/SP, Rel. Ministro SÉRGIO KUKINA, PRIMEIRA TURMA, julgado em 15/12/2015, DJe 17/03/2016

STJ. REsp 1548749/RS, Rel. Ministro LUIS FELIPE SALOMÃO, SEGUNDA SEÇÃO, julgado em 13/04/2016, DJe 06/06/2016

STJ. REsp 1580589-CE, Rel. Ministro HERMAN BENJAMIN, DJe 19/12/2016.

STJ. REsp 1622386/MT, Rel. Ministra NANCY ANDRIGHI, TERCEIRA TURMA, julgado em 20/10/2016, DJe 25/10/2016.

STJ. REsp 1622386/MT, Rel. Ministra NANCY ANDRIGHI, TERCEIRA TURMA, julgado em 20/10/2016, DJe 25/10/2016.

STJ. REsp 1631846/DF, Rel. Ministro PAULO DE TARSO SANSEVERINO, Rel. p/ Acórdão Ministra NANCY ANDRIGHI, TERCEIRA TURMA, julgado em 05/11/2019, DJe 22/11/2019

STJ. REsp 1632750/SP, Rel. p/ Acórdão Min. NANCY ANDRIGHI, DJe 13/11/2017.

STJ. REsp 1694984/MS, Rel. Min. LUIS FELIPE SALOMÃO, DJe 01/02/2018

STJ. REsp 1704520/MT, Rel. Min. NANCY ANDRIGHI, julgado em 05/12/2018, DJe 19/12/2018.

STJ. REsp 1704520/MT, Relª. Minª. NANCY ANDRIGHI, DJe 19/12/2018.

STJ. REsp 1704520/MT, Relª. Minª. NANCY ANDRIGHI, DJe 19/12/2018.

STJ. REsp 1715256/SP, Rel. Ministro NAPOLEÃO NUNES MAIA FILHO, PRIMEIRA SEÇÃO, julgado em 13/02/2019, DJe 11/03/2019.

STJ. REsp 1716095/RJ, Rel. Ministro HERMAN BENJAMIN, SEGUNDA TURMA, julgado em 21/06/2018, DJe 22/11/2018

STJ. REsp 1724421/MT, Rel. Ministro SÉRGIO KUKINA, PRIMEIRA TURMA, julgado em 24/04/2018, DJe 25/05/2018

STJ. REsp 1729110/CE, Relª. Minª. NANCY ANDRIGHI, TERCEIRA TURMA, julgado em 02/04/2019, DJe 04/04/2019.

STJ. REsp 1758383/MT, Rel. Ministra NANCY ANDRIGHI, TERCEIRA DJe 07/08/2020

STJ. REsp 1758383/MT, Rel. Ministra NANCY ANDRIGHI, TERCEIRA TURMA, julgado em 04/08/2020, DJe 07/08/2020

STJ. REsp 1760966, Rel. Min. MARCO AURÉLIO BELLIZZE, DJe 07/12/2018.

STJ. REsp 1782735/RS, Rel. Ministro HERMAN BENJAMIN, SEGUNDA TURMA, julgado em 07/05/2019, DJe 22/05/2019

STJ. REsp 1793716/RJ, Rel. Ministro HERMAN BENJAMIN, SEGUNDA TURMA, julgado em 26/02/2019, DJe 12/03/2019.

STJ. REsp 1796263/SP, Rel. Ministro HERMAN BENJAMIN, SEGUNDA TURMA, julgado em 28/03/2019, DJe 22/04/2019

STJ. REsp 1797365, Relª. p/acórdão Minª. REGINA HELENA COSTA, DJe 22/10/2019

STJ. REsp 1807923/SC, Rel. Ministro OG FERNANDES, PRIMEIRA SEÇÃO, julgado em 24/02/2021, DJe 11/03/2021

STJ. REsp 1811599/SP, Rel. Min. HERMAN BENJAMIN, DJe 19/12/2019.

STJ. REsp 1817845/MS, Rel. Ministro PAULO DE TARSO SANSEVERINO, Rel. p/ Acórdão Ministra NANCY ANDRIGHI, TERCEIRA TURMA, julgado em 10/10/2019, DJe 17/10/2019

STJ. REsp 1818926/DF, Rel. Ministra NANCY ANDRIGHI, TERCEIRA TURMA, julgado em 13/04/2021, DJe 15/04/2021

STJ. REsp 1822840/SC, Rel. Ministro GURGEL DE FARIA, DJe 11/12/2019.

STJ. REsp 1824337/CE, Rel. Ministro MOURA RIBEIRO, TERCEIRA TURMA, julgado em 10/12/2019, DJe 13/12/2019

STJ. REsp 1834003/SP, Terceira Turma, DJe 20/09/2019,.

STJ. REsp 1835867/AM, Rel. Ministro MARCO AURÉLIO BELLIZZE, TERCEIRA TURMA, julgado em 10/12/2019, DJe 17/12/2019).

STJ. REsp 1860018/RJ, Rel. Ministro MAURO CAMPBELL MARQUES, PRIMEIRA SEÇÃO, DJe 28/06/2021. Julgamento do Tema Repetitivo nº 1064.

STJ. REsp 1863952/SP, Rel. Ministra NANCY ANDRIGHI, TERCEIRA TURMA, julgado em 26/10/2021, DJe 29/11/2021

STJ. REsp 1872759/SP, Rel. Ministro GURGEL DE FARIA, DJe 25/11/2021.

STJ. REsp 1896421/SP, Rel. Ministra NANCY ANDRIGHI, TERCEIRA TURMA, julgado em 06/04/2021, DJe 15/04/2021

STJ. REsp 1931060/PE, Rel. Min. MANOEL ERHARDT (DESEMBARGADOR CONVOCADO DO TRF5), DJe 23/09/2021.

STJ. REsp 1951176/SP, Rel. Min. MARCO AURÉLIO BELLIZZE, DJe 28/10/2021.

STJ. REsp n. 1.770.124/SP, Rel. Min. Marco Aurélio Bellizze, DJe de 24/5/2019.

STJ. REsp 221.275-RN, DJ 19/2/2001.

STJ. REsp 266219, Rel. Min. LUIZ FUX, DJ 03/04/2006 p. 226.

STJ. REsp 362112/MG, Rel. Ministro PAULO GALLOTTI, SEXTA TURMA, DJe 07/05/2007 p. 367

STJ. REsp 410.814/MG, Rel. Ministro ALDIR PASSARINHO JUNIOR, QUARTA TURMA, julgado em 06/11/2007, DJe 09/06/2008.

STJ. REsp 447.415/RS, Rel. Ministro JOSÉ DELGADO, Rel. p/ Acórdão Ministro LUIZ FUX, DJ 17/03/2003, p. 188

STJ. REsp 465580/RS, Relator Ministro Castro Meira, DJ de 08.05.2006.

STJ. REsp 466500/RS, Relatora Ministra Denise Arruda, DJ de 03.04.2006.

STJ. REsp 476.665/SP, Rel. Ministro ANTÔNIO DE PÁDUA RIBEIRO, CORTE ESPECIAL, julgado em 01/12/2004, DJ 20/06/2005, p. 112

STJ. REsp 482.094/RJ, Rel. p/ Acórdão Ministro SIDNEI BENETI, DJe 24/04/2009

STJ. REsp 511998, Rel. Min. Nancy Andrighi, DJ 01-02-2005, p. 540.

STJ. REsp 53.393/SP, Rel. Min. SALVIO DE FIGUEIREDO TEIXEIRA, DJ 05/12/1994, p. 33567.

STJ. REsp 57.329/SP, Rel. Ministro CESAR ASFOR ROCHA, PRIMEIRA TURMA, julgado em 06/03/1995, DJ 20/03/1995, p. 6098.

STJ. REsp 657.476-MS, Rel. Min. Nancy Andrighi, julgado em 18/5/2006

STJ. REsp 660.519/CE, Rel. Ministro Teori Albino Zavascki, Primeira Turma, julgado em 20/10/2005, DJ 07/11/2005.

STJ. REsp 7.370/PR, Rel. Ministro SÁLVIO DE FIGUEIREDO TEIXEIRA, QUARTA TURMA, julgado em 01/10/1991, DJ 04/11/1991, p. 15688

STJ. REsp 718.046/RS, Rel. Ministro Castro Meira, Segunda Turma, julgado em 08/04/2008, DJe 23/04/2008.

STJ. REsp 736.966/PR, Rel. Ministra NANCY ANDRIGHI, TERCEIRA TURMA, DJe de 06/05/2009.

STJ. REsp 763.231/PR, Rel. Ministro LUIZ FUX, PRIMEIRA TURMA, julgado em 15/02/2007, DJ 12/03/2007.

STJ. REsp 780.396-PB, Primeira Turma, DJ 19/11/2007.

STJ. REsp 802.832/MG, Rel. Ministro PAULO DE TARSO SANSEVERINO, SEGUNDA SEÇÃO, julgado em 13/04/2011, DJe 21/09/2011.

STJ. REsp 802.832/MG, Rel. Ministro PAULO DE TARSO SANSEVERINO, SEGUNDA SEÇÃO, julgado em 13/04/2011, DJe 21/09/2011.

STJ. REsp 84.754-DF, DJ °/7/1996

STJ. REsp 893.041/RS, Rel. Min.Teori Albino Zavascki, DJ 14/12/2006.

STJ. REsp 893.541/RS, Rel. Ministro FRANCISCO FALCÃO, PRIMEIRA TURMA, julgado em 12/12/2006, DJ 08/03/2007, p. 182.

STJ. REsp 954.770/RS, Rel. Ministra ELIANA CALMON, DJe 14/08/2008

STJ. REsp n. 1.446.712/RJ.

STJ. Resp n. 190.690/RJ, rel. Min. Barros Monteiro, DJU de 20.3.2000.

STJ. REsp nº 108.973/MG, Rel. Min. SÁLVIO DE FIGUEIREDO TEIXEIRA, DJ de 09.12.1997.

STJ. REsp nº 660895/PR, Rel. Ministro CASTRO MEIRA, DJ de 28.11.2005.

STJ. REsp nº 902.811, Rel. Min. José Delgado. DJe 01/09/2008

STJ. REsp nº 902.811, Rel. Min. José Delgado. DJe 01/09/2008

STJ. REsp Repetitivo 1404796/SP, Rel. Ministro MAURO CAMPBELL MARQUES, DJe 09/04/2014.

STJ. REsp, nº 1682678/SP, Rel. Ministro OG FERNANDES, PRIMEIRA SEÇÃO, DJe 30/04/2018.

STJ. REsp. 167123, DJ 22/06/1998, p. 205, Rel. Min. VICENTE LEAL.

STJ. REsp. n. 1.323.219/RJ, Rel. Min. Nancy Andrighi, DJe 26/9/2013.

STJ. REsp n. 1.798.374/DF, Rel. Min. Mauro Campbell Marques, Corte Especial, julgado em 18/5/2022, DJe de 21/6/2022.

STJ. RHC 37.587/SC. Rel. Ministro Reynaldo Soares da Fonseca. DJe 23/02/2016.

STJ. RHC 61.248/GO, Rel. Ministro JOEL ILAN PACIORNIK, QUINTA TURMA, julgado em 19/06/2018, DJe 29/06/2018.

STJ. RHC 79.070/DF, Rel. Ministro MOURA RIBEIRO, TERCEIRA TURMA, julgado em 21/02/2017, DJe 09/03/2017

STJ. RHC 86.842/SP, Rel. Ministra NANCY ANDRIGHI, TERCEIRA TURMA, julgado em 17/10/2017, DJe 19/10/2017

TAMG, APC nº103062-4/00, RJTAMG 45/126 Rel. Juiz MERCEDO MOREIRA.

TAPR, APC nº 100274200, j. 10/08/98, DJ 21/08/98; TJSP, AI nº 172.636-2, LEX JTJ 133/183, Rel. Des. MARIZ DE OLIVEIRA.

TAPR, EIC nº 3192, Rel. DES. LUIZ PERROTTI, DJ 27.04.98.

TARS, APC nº 11.167, j. 9/12/75, Rel. ATHOS GUSMÃO CARNEIRO

TASP, AI nº 341.976-3-00, Rel. Batista Lopes, in, LEX, JTACSP 135/289.

TJDF. APC nº 40095.96, DJ 11/12/96, p. 23.111, Rel. Des. ROMÃO C. OLIVEIRA.

TJMG – Apelação Cível 1.0408.04.005258-6/001, Relator(a): Des.(a) Eduardo Mariné da Cunha, 17ª CÂMARA CÍVEL, julgamento em 16/06/2011, publicação da súmula em 19/07/2011.

TJMG – Agravo Interno Cv 1.0000.19.036375-4/001, Rel. Des. Estevão Lucchesi, DJe de 06/09/2019.

TJMG – Apelação Cível 1.0000.17.065101-2/001, Relator(a): Des.(a) Luciano Pinto, 17ª CÂMARA CÍVEL, julgamento em 19/10/0017, publicação da súmula em 20/10/2017.

TJMG – Apelação Cível 2.0000.00.484671-7/000, Rel. Des. Pedro Bernardes, Dje de 25/11/2004.

TJMG, Agravo Interno Cv 1.0114.13.005703-6/003, Rel. Des. Claret de Moraes, DJe de 28/04/2017.

TJMG, AI 10024122471584001, Rel. Des. Veiga de Oliveira, DJ 12/01/2013.